KB246212

# 전기설비 실무가이드

# Revit WorkBook

㈜비아이엠에스 지음

전기설비 실무가이드

# Revit
# WorkBook

2014. 11.  3.  1판 1쇄 인쇄
**2014. 11. 10.  1판 1쇄 발행**

저자와의
협의하에
인지생략

지은이 | (주)비아이엠에스
펴낸이 | 이종춘
펴낸곳 | BM 성안당
주소 | 121-838 서울시 마포구 양화로 127 첨단빌딩 5층(출판기획 R&D 센터)
      | 413-120 경기도 파주시 문발로 112(제작 및 물류)
전화 | 02) 3142-0036
     | 031) 955-0511
팩스 | 031) 955-0510
등록 | 1973.2.1 제13-12호
출판사 홈페이지 | **www.cyber.co.kr**
ISBN | 978-89-315-5334-5 (13000)
정가 | 33,000원

**이 책을 만든 사람들**
기획·진행 | 염병문
교정·교열 | 보물섬
본문·표지디자인 | 想 company
홍보 | 전지혜
마케팅 | 구본철, 차정욱, 나진호, 이동후, 강호묵
제작 | 김유석

최근 들어 BIM의 업무 특성에 따라 설계, 건설 관리, 샵 드로잉, As-Built 업무 등과 관련된 설계 데이터를 생산하고 취급하는 일이 점차 복잡해지고 있습니다. 이로 인해 현업에 종사하는 엔지니어들과 취업을 준비하는 예비 엔지니어들이 쉽게 습득할 수 있는 안내서가 필요해졌습니다.

BIM은 도입 초기에 사용 목적의 명확한 정의 없이 수행된 여러 시범 사업들에 있어서 유용성을 의심받기도 하지만, 이를 극복하기 위한 노력들도 함께 시도되고 있습니다. 필자가 그 동안 경험한 프로젝트에 비추어볼 때 앞으로도 다양한 업무들이 요구될 것으로 판단되며, BIM 프로젝트 발주 또한 전략적이고 체계적인 환경 속에서 수행될 것으로 보입니다. 향후 예측되는 발주처의 과업 지시서를 이해함에 있어서도 이 책이 도움이 되기를 바랍니다.

MEP 작업은 건축, 구조의 설비 예약 공간 안에서 이루어져야 하는 작업으로, 이를 위해서는 설계 도면을 해석할 수 있는 능력과 시공에 대한 경험 또는 관련 지식이 필요합니다. 그리고 이것들을 기반으로 Revit 툴을 다루어야 작업의 완성도를 높일 수 있습니다.

이 책은 작업 방식에 따른 반복 작업으로 구성되어 있어서 Revit을 이용한 전기, 전기 소방 설비 작업에 훨씬 쉽게 익숙해질 수 있을 것입니다. 설계 엔지니어에게는 설계 작업에 활용할 수 있는 툴이 될 수 있기를 바라고, 시공 엔지니어에게는 시공 현장에서 원활히 활용할 수 있는 툴이 되기를 바랍니다. 그리고 Revit을 처음 접한 사용자에게는 기본적인 작업 기술을 익혀서 Revit을 이용한 전기 설비 설계(시공)팀의 일원이 될 수 있기를 진심으로 바라고, 팀 매니저나 프로젝트를 관리하는 사람에게는 다양한 작업 방식 중에서 진행되는 프로젝트에 적합한 작업 방식을 적용할 수 있기를 바랍니다. 아울러 Revit으로 전기 설비 작업을 계획하는 모든 사용자에게 이 책이 큰 도움이 되기를 바랍니다.

㈜비아이엠에스

최근 들어 실무 현장에서 BIM의 도입 추세가 증가하고 있습니다. 그러나 건축 분야와는 달리 전기 분야는 과업지시서의 소극적인 혹은 애매한 표현으로 인하여 증가하는 프로젝트 수만큼 활성화 되지 못하고 일정 수준에 머물러 있다고 생각됩니다. 이는 코디네이션 과정에서 발생하는 문제점의 해결이라는 소극적인 활용에서 야기되는 것으로 엔지니어링 데이터의 활용이라는 주제에 주목할 때 전기 분야의 BIM은 새로운 활용의 지평을 열 수 있다고 생각합니다.

아직은 설계 업무에 필요한 충분한 기능을 제공하고 있다고 할 수는 없지만 Revit은 많은 프로젝트에서 활용되고 있는 소프트웨어임에는 틀림없으며, 프로그래밍 언어에 익숙하지 않은 국내의 건축, 전기설비 설계에 종사하는 엔지니어들이 쉽게 접근할 수 있는 환경을 제공하고 있습니다. 그러나 쉽게 배울 수 있는 프로그램이지만 BIM은 실무지식을 동반하지 않고는 수행하기 어렵습니다. 또한 전통적인 2D CAD의 지식 취득 방식으로는 BIM을 통해 해결하고자 하는 도전과제들을 해결할 수가 없습니다. 이런 상황 속에 (주)비아이엠에스의 워크북 시리즈는 실무 현장과 학생들에게 이 업무에 쉽게 접근할 수 있는 기회를 제공하고 있다고 생각합니다. 본 도서를 통해 Revit이 제공하는 기능들을 쉽게 습득하고 현업의 업무를 해결할 수 있기를 기대합니다.

한국 건축전기설비 기술사회 회장 김인규

BIM 도입 추세와 그 효과에 대한 시장 조사 보고서 중 가장 자주 언급되는 자료로는 미국 McGraw Hill사의 "Smart Market Report"를 들 수 있습니다. 그중에서도 2012년 발표된 "Business Value of BIM in North America"라는 보고서는 BIM이 가장 먼저 보급된 북미 지역의 최근 5년간 BIM 도입과 그 영향에 대한 변화를 보여주고 있습니다. 초기에는 BIM 도입을 주도하고, 그로 인한 비즈니스적인 가치를 가장 많이 느끼는 주체가 건축가와 도읍 업체였지만, 최근 들어 BIM이 빠르게 확산됨에 따라 BIM 프로젝트에 참여할 수 있는 역량을 갖춘 엔지니어로 바뀌고 있습니다.

국내 시장은 건축설계 분야와 대형 건설사에서 BIM의 도입과 실행을 이끌고 있지만, BIM 기반 해외 프로젝트 수주가 증가하고, 정부 및 공공 기관으로부터의 BIM 프로젝트 발주가 점차 증가하는 시점에서는 엔지니어링 기업의 BIM 역량이 필연적으로 요구될 것으로 보입니다. 그리고 대형 건설사를 중심으로 자사 프로젝트에 참여할 BIM 기반 전기설비 엔지니어 협력사를 양성하는 움직임이 시작되고 있는 것은 이에 대한 반증이라고 할 수 있습니다.

BIM의 가장 대중적이고 파워풀한 플랫폼인 Revit은 국내에서도 여러 교재가 만들어졌지만, MEP 분야의 실무적인 전문성에 기반을 둔 엔지니어들이 좀 더 쉽게 BIM에 접근하고, 이에 대한 역량을 갖추는데 도움이 되는 교재는 매우 드물었습니다. 이러한 상황에서 다양한 BIM 프로젝트 수행 경험을 바탕으로 수년간 MEP 엔지니어에게 전문화된 솔루션과 교육을 제공해온 비아이엠에스에서 이 교재를 출간한다는 것은 무척 의미 있는 일이라고 할 수 있습니다.

최고의 교재를 완성하기 위해 많은 노력을 기울여 주신 비아이엠에스 임직원 여러분의 건승을 기원하며, 아무쪼록 이 교재가 실무적 관점에서 프로세스의 연속성을 가지고 MEP 분야의 Revit 활용 방법론을 제시하는 소중한 길잡이 역할을 하게 되기를 기대합니다.

오토데스크 코리아 이사 김진희

BIM(Building Information Modeling)이란 3차원의 가상공간에서 이루어지는 설계, 시공 및 유지관리의 기법입니다. BIM은 기존 2D 설계 방식과는 전혀 다른 객체기반에서 이루어지며, 3차원의 단순한 기하학적인 속성만을 표현하는 3D CAD와도 차별됩니다. BIM은 프로젝트의 모든 정보를 담은 직관적 의사소통이 가능한 3D 모델 위에 각 공종별 전문 분야의 엔지니어링 요소들을 탑재한 통합정보시스템인 것입니다. 즉, BIM은 단순한 디지털 도구라는 개념을 넘어 각각의 모델링되는 객체 하나하나에 다양한 속성정보를 부여하고, 이를 필요에 따라 여러 형태로 활용될 수 있는 기반을 제공하여 건설 사업의 전 생애주기에 걸쳐 프로젝트를 효율적이고 생산적으로 관리할 수 있는 새로운 설계 업무 수행방식입니다.

건축, 전기설비 분야에 있어 BIM의 적용이 활성화되어 있지 않다는 것은 소프트웨어가 타 분야보다 실무에 필요한 기능을 제공하고 있지 못하다는 것이지, 전기 분야에 종사하는 엔지니어의 참여가 활성화되지 않은 것을 의미하지 않습니다.

지난 몇 년간 전기 분야의 라이브러리 공급을 위한 준비를 하면서 전기 분야에 종사하는 엔지니어를 위한 BIM 모델링 지침서가 필요하다는 것을 느끼고 있었는데 (주)비아이엠에스에서 워크북 시리즈를 출간한다는 소식을 접하고 참으로 적절한 기획이라고 생각하였습니다.

강단에서 BIM을 처음 접하는 학생들과 실무를 수행해야 하는 현업 종사자들 모두를 만족시키는 교재를 만든다는 것은 쉬운 작업이 아닙니다. 본 교재는 현업 종사들이 실무를 수행하는 관점에서 필요한 기능들만을 추려서 제공함으로서 많은 시간을 들이지 않고 Revit이라는 프로그램을 습득할 수 있는 기회를 제공하고 있으며, 학생들도 쉽게 접근할 수 있는 구성으로 BIM을 배울 수 있는 기회를 제공하고 있습니다.

본 교재를 통해서 엔지니어링을 동반한 BIM의 도입을 통한 건설 산업의 생산성 향상이라는 우리 모두의 염원이 이뤄질 수 있는 기회가 되기를 기원합니다.

두원공과대학교 전기공학과 교수(기술사/공학박사)  김세동

## About this book

- 이 책은 총 11장으로 나누어져 있으며, 총 21개의 레슨으로 구성되어 있습니다. 초보자가 쉽게 따라할 수 있도록 각 작업에 대한 내용이 빠짐없이 설명되어 있으며, 각 Step을 통해 단계별로 학습할 수 있습니다.

- 국내 컴퓨터 환경에서 Revit을 가장 효율적으로 사용할 수 있는 방법에 초점을 맞추어 모든 기능을 설명하였습니다.

### 레슨 제목 및 발문

각 레슨에서 학습할 제목과 배우게 될 중요한 핵심 내용을 파악할 수 있습니다.

### 따라하기

예제를 직접 활용하여 익혀보는 과정으로, 따라하기 형식으로 구성하였습니다. 단계별로 구성되어 있기 때문에 누구나 쉽게 학습할 수 있습니다.

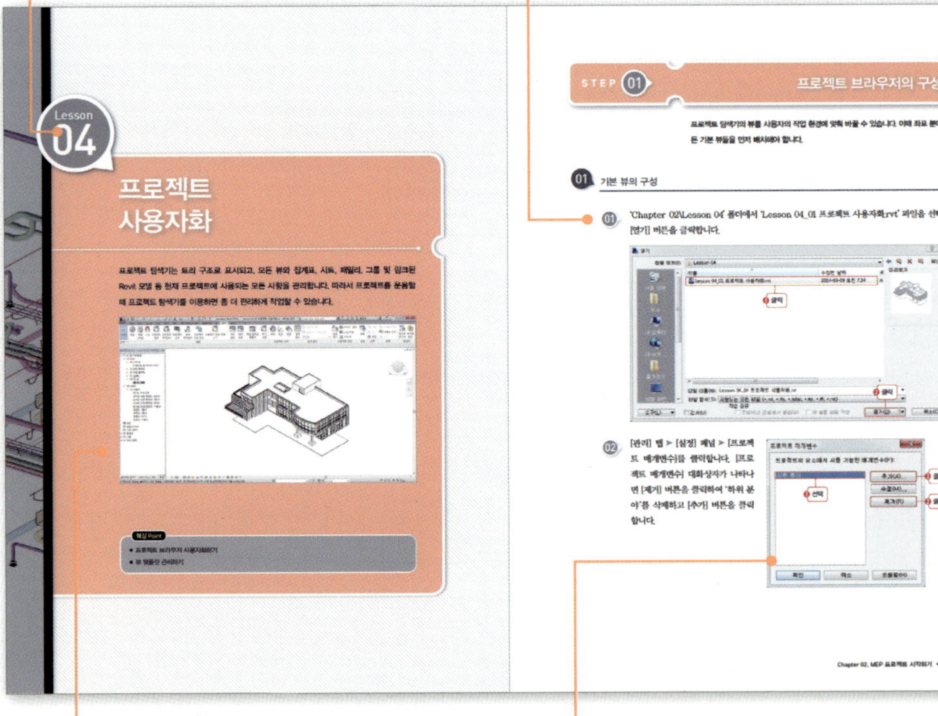

### 완성된 결과 화면

해당 레슨에서 학습할 내용을 미리 보기 화면을 통해 알 수 있습니다.

### 예제 파일

학습에 필요한 경로와 파일명을 알 수 있습니다.

Tip
앞에서 배운 Step 과정 외에 추가로 알아야 할 사항이나 새로운
기능을 소개합니다.

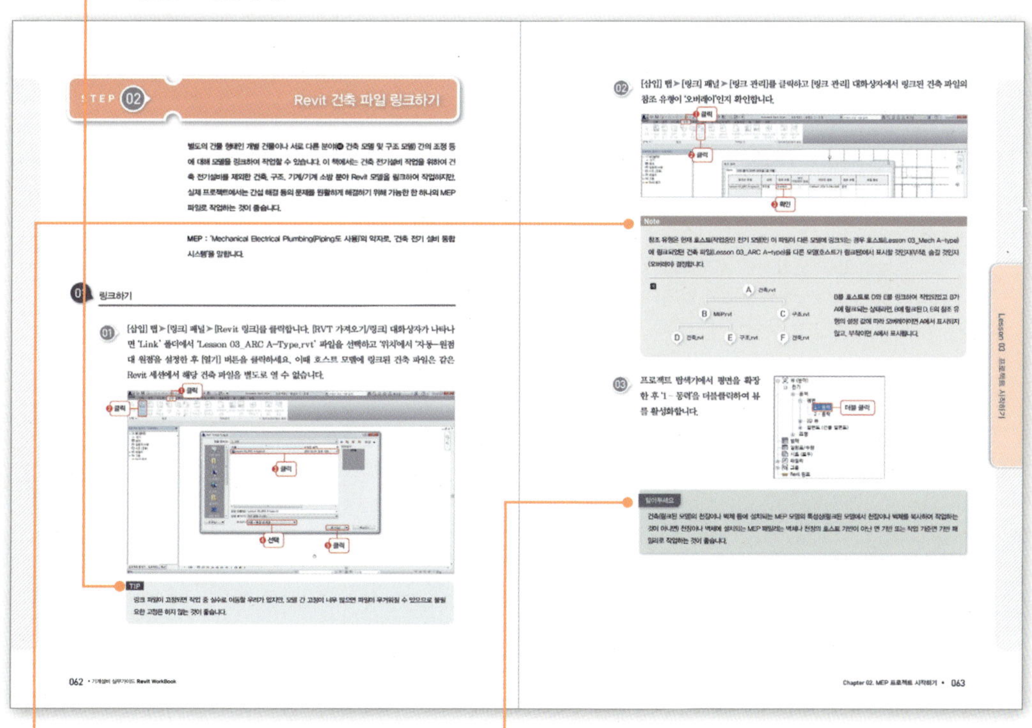

Note
본문에 미처 담지 못한 내용과 꼭 필요한 핵심
내용을 정리하였으며, 저자의 노하우가 담긴 팁
을 담았습니다.

알아두세요
Revit 작업의 효율을 향상시키려고 할 때 알아두면 좋을 유용
한 내용과 저자의 풍부한 실전 경험을 바탕으로 한 알짜 노하
우를 정리하였습니다.

# CONTENTS



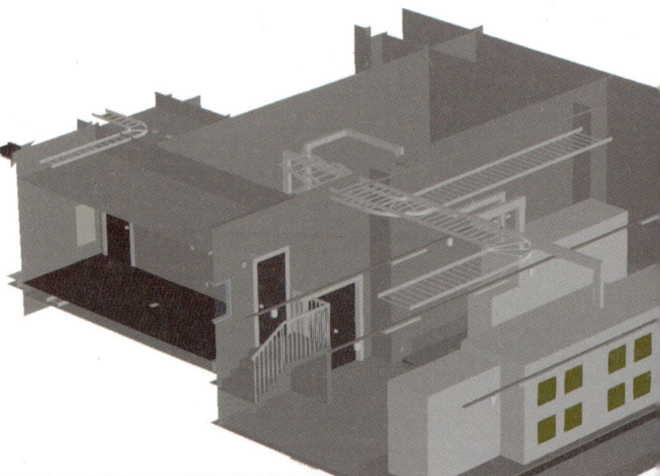

**Chapter 04** 공간

**Chapter 05** 모델링의 기본



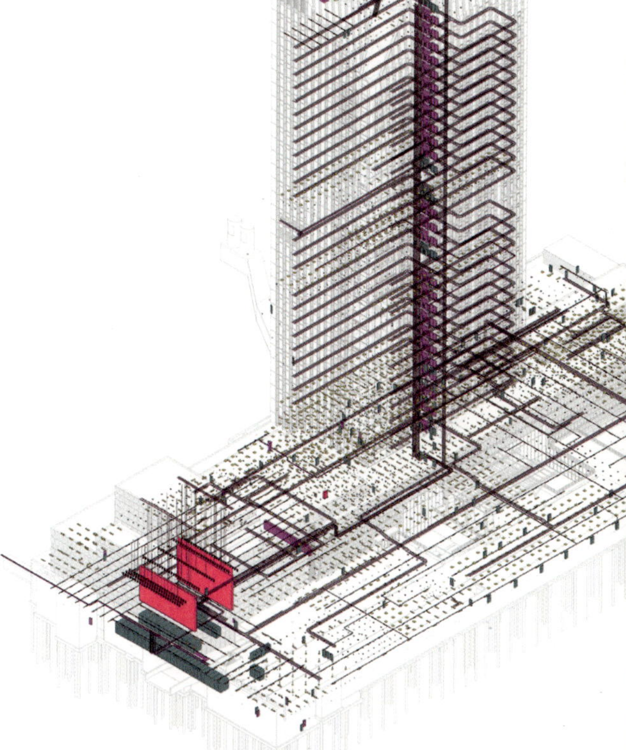

# CONTENTS

## Chapter 06 패널 일람표



## Chapter 07 패밀리



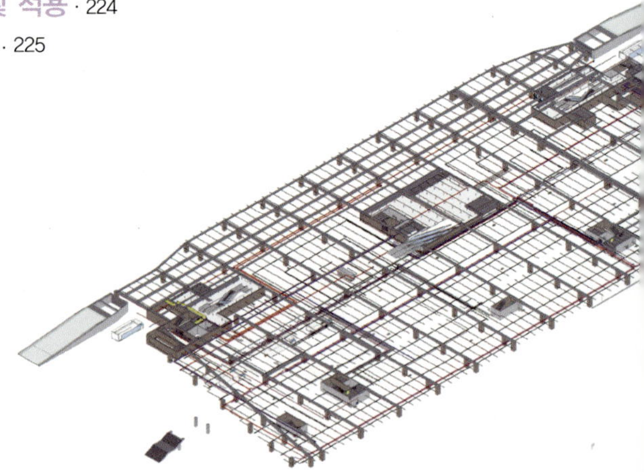

## Chapter 08 프로젝트 점검 및 간섭 확인

## Chapter 09 문서화

## Chapter 10 내보내기

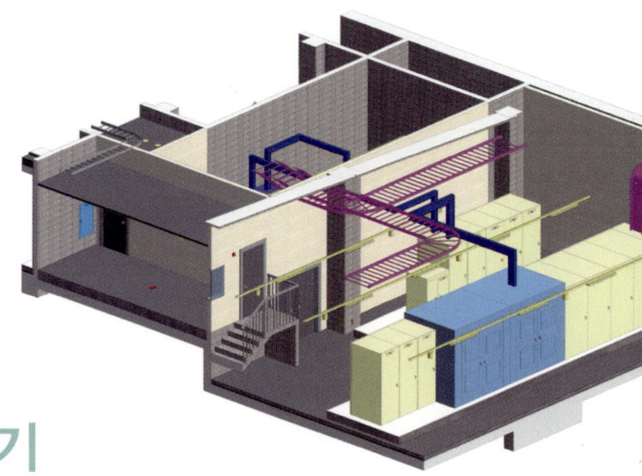

## Chapter 11 작업 세트 활용하기

# Revit Platform

Revit 플랫폼은 건물 프로젝트에 필요한 설계, 도면 및 일람표를 지원하는 설계 및 문서 시스템이고, BIM(빌딩 정보 모델링)은 프로젝트 설계, 범위, 분량 및 공정에 대한 정보를 제공합니다. 이번 장에서는 Revit을 사용한 건물 정보 모델링의 기본적인 작업 환경과 사용자 인터페이스를 사용자화하여 생산성을 높이고 작업 흐름을 단순화하는 방법에 대해 알아보겠습니다.

# Revit 이해하기

Revit 환경에 대한 기본적인 내용을 익힐 수 있습니다. 프로젝트를 원활하게 수행하기 위해서는 Revit 사용자 환경에 대한 기본적인 이해가 매우 중요합니다.

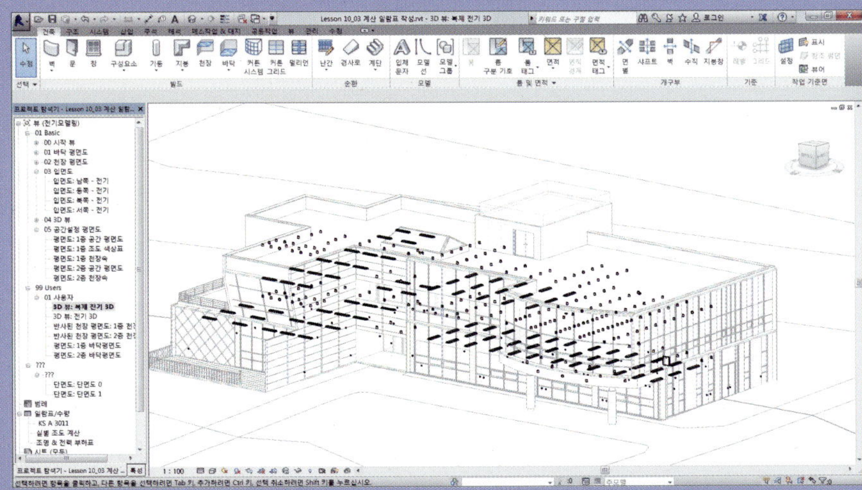

**핵심 Point**

- BIM 이해하기
- Revit 작업 환경 이해하기

BIM은 'Building Information Modeling'의 약자로, 건축물의 설계, 시공, 유지 관리 단계의 생애 주기 동안 생성되거나 관리되는 모든 정보를 담고 있는 디지털 모델을 의미합니다. BIM이 건물의 생애 주기상에서 발생하는 정보를 대상으로 하는 영역인 만큼 각 단계에서 모델링을 진행하는 과정 자체도 BIM의 한 축이라 할 수 있습니다.

BIM에 대한 정의는 여러 가지가 있는데, 국토해양부에서 발표한 '건축 분야 BIM 적용 가이드'에서는 다음과 같이 정의하고 있습니다.

*'BIM'이라 함은 건축, 토목, 플랜트를 포함한 건설 전체 분야에서 시설물 객체의 물리적 또는 기능적 특성에 의하여 시설물 수명 주기 동안 의사 결정을 하는 데 있어 신뢰할 수 있는 근거를 제공하는 디지털 모델과 그의 작성을 위한 업무 절차를 포함하여 지칭한다.*

다시 말해 기존 도면 작업에서 2D 방식으로 작업할 때 평면도, 입면도, 단면도상의 모든 객체는 선의 색상을 통해 구분한 후 부재의 이름을 통해 정의했다면, BIM 방식으로 작성된 모든 부재는 길이, 높이, 볼륨 등의 정보를 가지고 필요한 데이터를 추출하여 활용할 수 있습니다. BIM 기술은 단순히 2D 도면을 3D 도면으로 변경하는 툴이 아니라 건설 과정의 프로세스를 변화시키는 건설 과정에 필요한 하나의 기술이라고 할 수 있습니다.

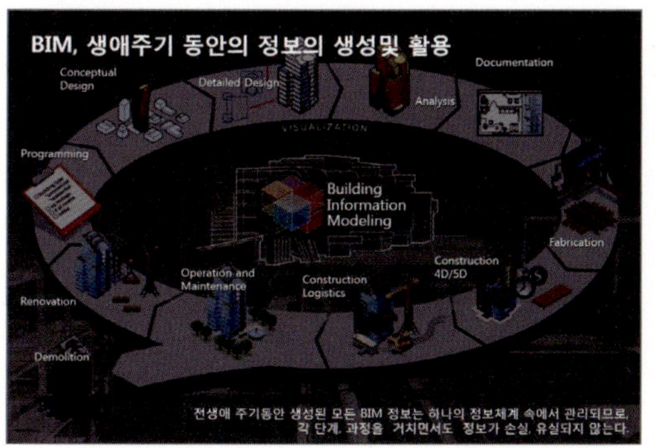


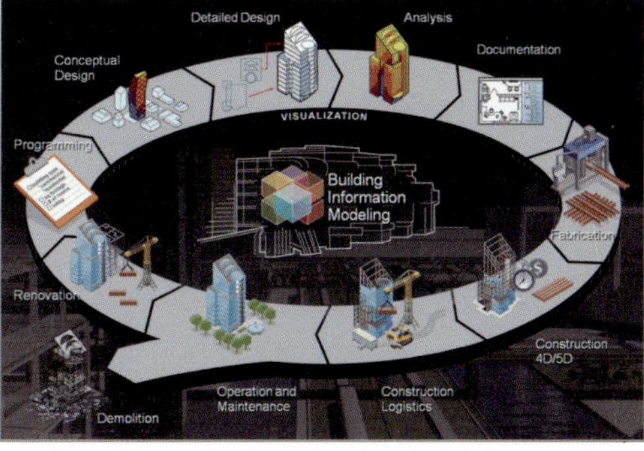




Lesson 01  Revit 이해하기

Revit은 BIM을 구현하기 위해 설계된 소프트웨어입니다. Revit은 건축 설계, 구조, MEP 엔지니어링, 그리고 시공을 위한 기능을 포함하는 단일 응용 프로그램으로, 각 분야 간에 협업이 가능하도록 구성되어 있습니다.

Revit의 특징에는 파라메트릭 관계성(Parametric Relationship)과 작업의 양방향성(Bidirectional Associativity)이 있습니다.

### ■ 파라메트릭 관계성(Parametric Relationship)

파라메트릭(Parametric)이란, 여러 개의 독립적인 변수를 사용한 공식에 의하여 정의되는 직선, 곡선 또는 표면 등의 그래픽 데이터를 처리하는 것을 말합니다. 다시 말해서 Revit이 제공하는 좌표 및 변경 관리를 가능하게 하는 모든 모델 요소 간의 관계를 말합니다. Revit 프로젝트에서 어떠한 요소를 변경하면, 어느 부분을 언제 변경하는지에 상관 없이 전체 프로젝트에 걸쳐 변경 사항을 조정하는데, 이것이 '파라메트릭(Parametric)'이며, 이것을 정의하는 숫자나 특징을 '매개변수(Parameter)'라고 합니다.

### ■ 양방향성(Bidirectional Associativity)

모델의 일부 뷰에서 특정 객체를 변경할 경우 관련된 모든 뷰에서 변경된 정보가 모두 업데이트되는 것 또는 그러한 소프트웨어의 능력을 말합니다.

Revit에서 매개변수는 모델의 모든 요소에 대한 정보를 저장하고 전달하는 데 사용되며, 다음과 같이 세 가지 유형의 매개변수가 있습니다.

- **공유 매개변수(Shared Parameter)** 일람표와 태그로 표시되는 매개변수로, 여러 프로젝트 및 패밀리에서 공유할 수 있고, ODBC로 내보낼 수 있으며, 다양한 카테고리로 표시되는 일람표를 작성하는 데 필요합니다('다중 카테고리 일람표 작성'이라고도 합니다). 공유 매개변수는 별도의 파일(*.txt)로 존재하고 패밀리와 프로젝트에서 공유가 가능합니다.

- **프로젝트 매개변수(Project Parameter)** 해당 프로젝트에서만 사용하는 매개변수로, 프로젝트 매개변수에 저장된 정보는 다른 프로젝트와 공유할 수 없습니다.

- **패밀리 매개변수(Family Parameter)** 패밀리 편집기에서 패밀리에 매개변수를 추가하여 사용하는 매개변수로, 일람표나 태그에 나타내지 않고 패밀리 내부에서만 사용하기 위해 추가하는 매개변수입니다.

Revit에서는 다음과 같이 세 가지 유형의 요소가 프로젝트에 사용됩니다.


● **모델 요소(Model Elements)** 건물의 실제 3D 형상을 나타내며 모델의 관련 뷰에 표시됩니다. **예** 벽, 지붕, 천장, 조명 기구, 케이블 트레이, 콘센트 등

● **기준 요소(Datum Elements)** 프로젝트 맥락(전후 관계, 콘텍스트)을 정의하는 데 도움이 됩니다. **예** 그리드, 레벨, 참조 평면 등

● **뷰 특정 요소(View-specific Elements)** 배치된 뷰에만 표시됩니다. 이 요소는 모델을 설명하거나 문서화하는 데 도움이 됩니다. **예** 치수, 태그, 2D 상세 구성 요소 등

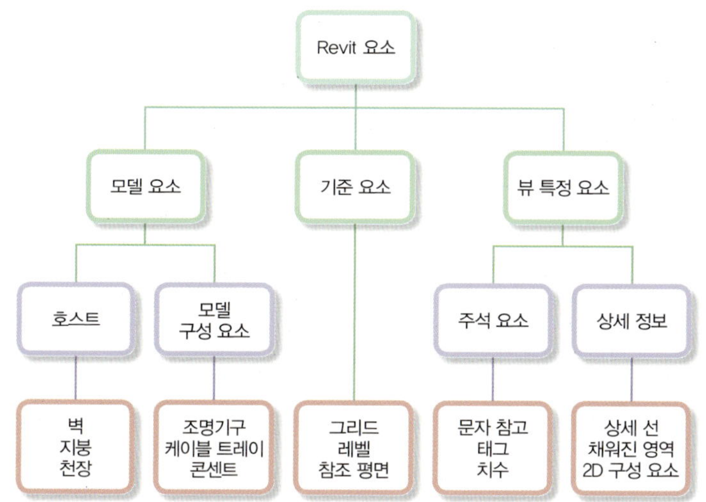


모델 요소의 유형은 다음과 같이 두 가지가 있습니다.


● **호스트 요소(Hosts elements)** 일반적으로 공사현장에서 구성 **예** 벽, 천장, 바닥, 지붕 등

● **모델 구성 요소(Model components)** 건물 모델에 있는 다른 모든 유형의 요소 **예** 호스트 요소가 필요한 조명기구, 콘센트, 분전반 등과 호스트 요소가 필요 없는 케이블 트레이, 배선(전선관 배관) 등


뷰 특정 요소의 유형은 다음과 같이 두 가지가 있습니다.


● **주석 요소(Annotation Elements)** 모델을 문서화하고 도면의 축척을 유지하는 2D 구성 요소 **예** 치수, 태그, 키노트 등

● **상세 정보(Details)** 특정 뷰에서 건물 모델에 대한 상세 정보를 제공하는 2D 항목 **예** 상세 선, 채워진 영역, 2D 구성 요소 등

Revit에서 객체 식별에 사용하는 용어는 대부분 일반적인 산업 표준 용어입니다. 반면 Revit에서 만 사용하는 용어도 있는데, 이를 이해하려면 다음 용어를 잘 알고 있어야 합니다.

● **프로젝트(Project)** Revit에서 프로젝트는 설계에 대한 단일 정보 데이터베이스인 건물 정보 모델을 말합니다. 프로젝트 파일에는 형상에서 구성 데이터에 이르기까지 건물 설계에 대한 모든 정보가 포함되는데, 모델 설계에 사용된 구성 요소, 프로젝트 뷰, 설계 도면 등이 정보를 구성합니다. Revit에서는 단일 프로젝트 파일을 사용하여 설계를 쉽게 변경할 수 있을 뿐만 아니라 연관된 모든 영역(평면 뷰, 입면 뷰, 단면 뷰, 일람표 등)에도 변경 사항을 적용할 수 있고, 한 개의 파일 만 추적하면 되므로 프로젝트를 관리하기도 쉽습니다.

● **레벨(Level)** 레벨은 지붕, 바닥, 천장 같은 레벨 호스트 요소에 참조 역할을 하는 무한 수평 기준면을 말합니다. 대부분 의 경우 레벨을 사용하여 건물 안에 수직 높이나 층을 정의할 수 있는데, 건물의 알려진 층이나 다른 필요한 참조(**예** 1층, 벽의 상단, 구조의 하단)에 대해 레벨을 작성합니다. 또한 레벨은 단면 뷰 또는 입면 뷰에서만 배치할 수 있습니다.

> **TIP**
>
> 모델의 정확도를 확인하려면 모델의 형상이 프로젝트 기준점의 시작 위치로부터 20마일 이내에 있어야 합니다. 거리가 20마일을 넘는 경우에는 모델 형상을 프로젝트 기준점의 시작 위치에서 20마일 이내로 이동합니다(1mile≒1,609,344mm).

● **요소(Element)** 프로젝트를 작성할 때는 파라메트릭 건물 요소를 설계에 추가해야 합니다. 이때 Revit은 카테고리별, 패밀리별 및 유형별로 요소를 분류합니다.

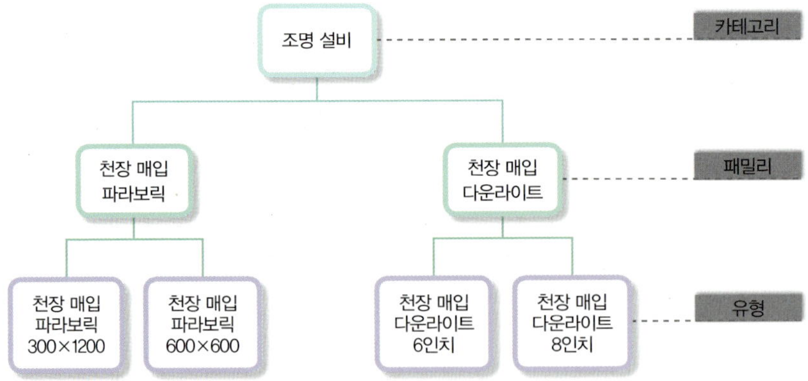

● **카테고리(Category)** 카테고리는 건물 설계를 모델링 또는 문서화하는 데 사용하는 요소 그룹으로, Revit 사용자가 추가하거나 편집할 수 없습니다.

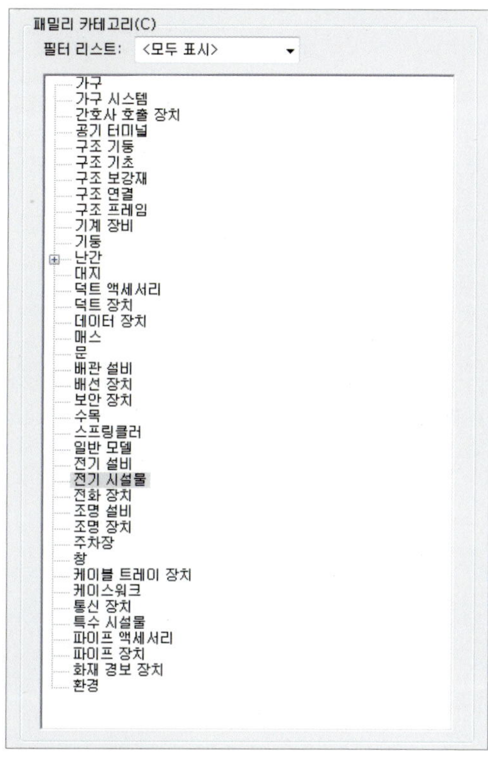

[전체 패밀리 카테고리]

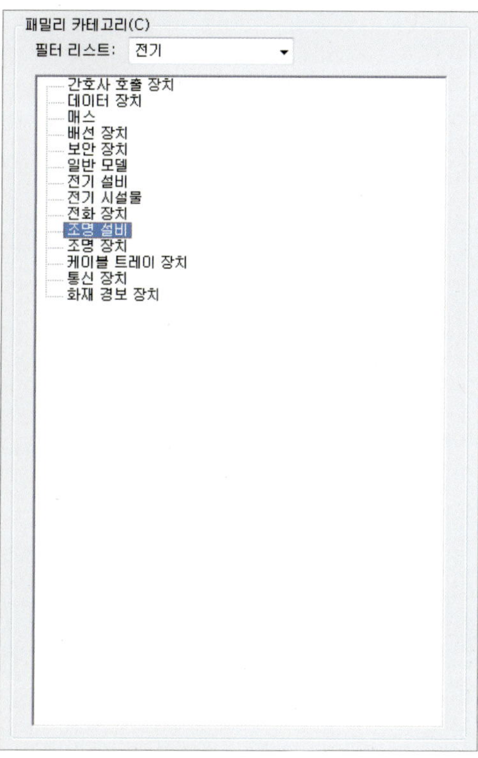

[전기분야 패밀리 카테고리]

● **패밀리(Family)** 패밀리는 카테고리 안에 있는 요소 클래스로, 공통 매개변수 세트(특성), 동일한 용도 및 유사한 그래픽을 표시하는 요소를 그룹화합니다. 패밀리 안에 있는 여러 요소의 특성 값은 일부 또는 모두 다를 수 있지만, 특성 세트(특성 이름 및 의미)는 동일합니다.

- **로드할 수 있는 패밀리 :** 프로젝트에 로드하고, 패밀리 템플릿에서 작성할 수 있으며, 패밀리의 특성 세트와 그래픽 표현을 결정할 수 있습니다.

- **시스템 패밀리 :** 별도 파일로 로드하거나 작성할 수 없습니다. Revit은 시스템 패밀리의 특성 세트와 그래픽 표현을 사전에 정의하는데, 미리 정의한 유형을 사용하면 프로젝트 안의 이 시스템 패밀리에 속하는 새 유형을 생성할 수 있습니다. 예를 들어 레벨 동작은 시스템에서 미리 정의되지만, 다른 구성을 사용하면 다른 유형의 레벨을 작성할 수 있습니다. 또한 프로젝트 간에 시스템 패밀리를 전송할 수도 있습니다. **예** 케이블 트레이, 배선(전선관 배관) 및 와이어 등

- **내부 패밀리 :** 프로젝트의 콘텍스트에서 작성되는 사용자 요소를 정의합니다. 프로젝트에 재사용하지 않을 고유한 형상이 필요하거나 다른 프로젝트 형상과 여러 관계를 유지해야 하는 형상이 필요한 경우에는 내부 편집 요소를 작성합니다. 그리고 내부 편집 요소는 프로젝트에서 제한적으로 사용하기 위한 것이므로 각 내부 패밀리에는 단일 유형만 포함되어 있습니다. 프로젝트에 여러 개의 패밀리 내부 편집을 작성할 수도 있고, 프로젝트에 같은 내부 편집 요소의 사본을 배치할 수도 있습니다. 그러나 시스템 및 표준 구성 요소 패밀리와 달리 내부 패밀리 유형을 복제하여 여러 유형을 작성할 수 없습니다.

- **유형(Type)** 각 패밀리에는 여러 가지 유형이 있는데, 각 유형은 300×400 또는 A3표제 블록과 같은 특정 크기의 패밀리가 될 수 있습니다. 또한 유형은 치수에 대한 기본 정렬 또는 기본 각도 스타일 등의 스타일이 될 수도 있습니다.

- **인스턴스(Instance)** 인스턴스는 건물(모델 인스턴스) 또는 도면 시트(주석 인스턴스)의 특정 위치에 있는 실제 항목(개별 요소)으로, 프로젝트에 배치됩니다.

● **프로젝트 파일(Project File) : *.rvt**

프로젝트 파일 안에는 건축 및 MEP의 모델링 데이터를 포함하여 모든 설계 정보가 담겨 있습니다.

● **패밀리 파일(Family File) : *.rfa**

패밀리 파일은 Revit의 가장 기초적이며 근본적인 데이터로, 단독으로 사용하기보다 프로젝트에 배치되어 사용합니다.
패밀리 편집기를 통해 작성되며, 형상 정보뿐만 아니라 각종 파라미터 및 속성을 가지고 있습니다.

● **템플릿 파일(Template File) : *.rte**

프로젝트에 필요한 기초 데이터를 담을 수 있고, 프로젝트에서 사용할 패밀리, 평면, 단면, 입면 뷰, 계산 및 도면 작성에
필요한 스타일 설정, 각종 일람표 등을 저장할 수 있습니다. 이렇게 저장하면 프로젝트를 수행할 때마다 같은 작업을 반
복하지 않기 때문에 작업의 효율성을 높일 수 있습니다.

● **데이터 파일 : 패밀리 유형(*.txt), 룩업 테이블(*.csv)**

패밀리에서 데이터를 참조하는 데이터 파일입니다. 그리고 공유 매개변수는 별도의 파일(*.txt)로 존재하고, 패밀리와 프
로젝트에서 공유할 수 있습니다.

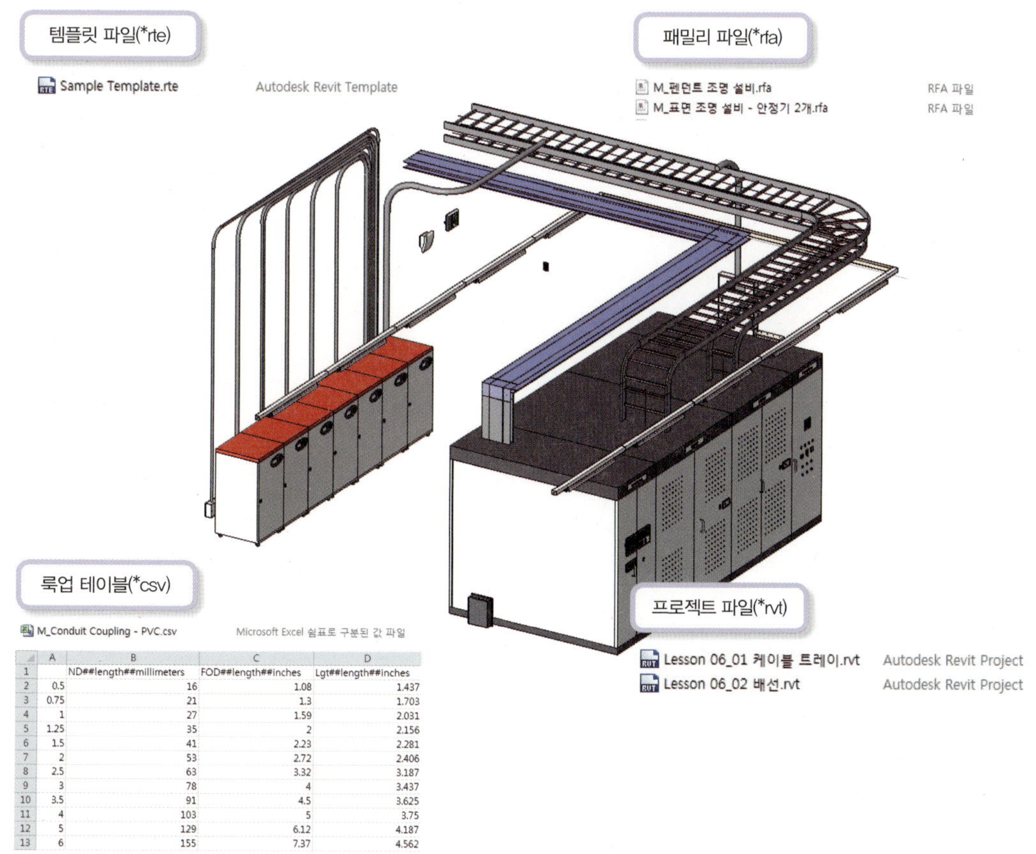


| | A | B | C | D |
|---|---|---|---|---|
| 1 | ND##length##millimeters | | FOD##length##inches | Lgt##length##inches |
| 2 | 0.5 | 16 | 1.08 | 1.437 |
| 3 | 0.75 | 21 | 1.3 | 1.703 |
| 4 | 1 | 27 | 1.59 | 2.031 |
| 5 | 1.25 | 35 | 2 | 2.156 |
| 6 | 1.5 | 41 | 2.23 | 2.281 |
| 7 | 2 | 53 | 2.72 | 2.406 |
| 8 | 2.5 | 63 | 3.32 | 3.187 |
| 9 | 3 | 78 | 4 | 3.437 |
| 10 | 3.5 | 91 | 4.5 | 3.625 |
| 11 | 4 | 103 | 5 | 3.75 |
| 12 | 5 | 129 | 6.12 | 4.187 |
| 13 | 6 | 155 | 7.37 | 4.562 |

이번에는 Revit을 구성하는 사용자 환경을 간단하게 소개하는데, 이 책을 공부하면서 해당 도구를 이용할 때 좀 더 자세하게 이해할 수 있습니다.

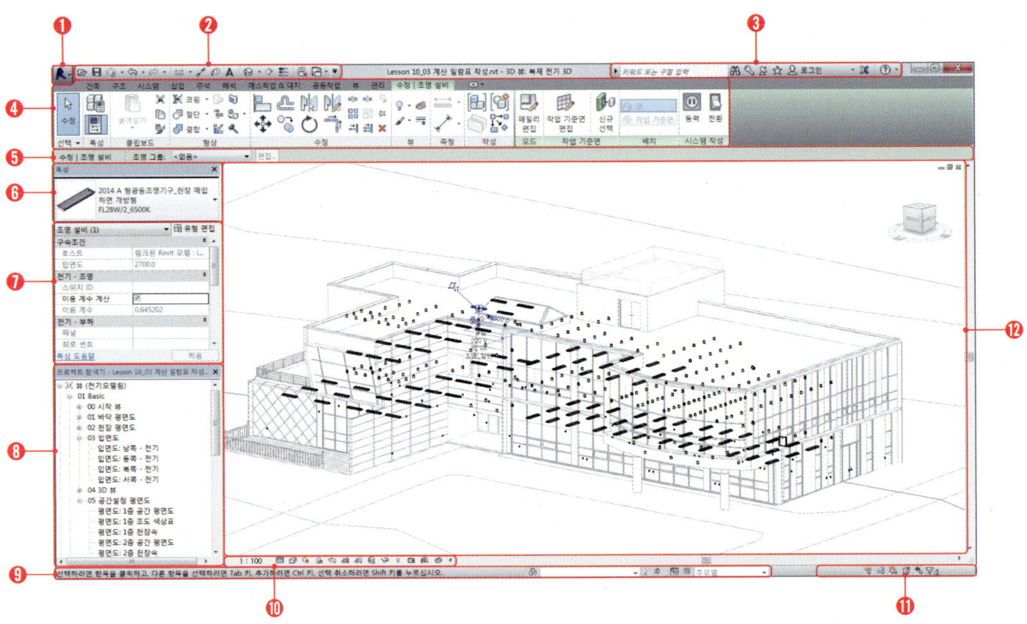

❶ **응용 프로그램 메뉴 :** [새로 만들기], [열기] 및 [저장]과 같은 일반 파일 작업 메뉴입니다.

❷ **신속 접근 도구 막대 :** 사용자가 자주 사용하는 도구를 도구 막대에 추가할 수 있습니다.

❸ **정보 센터 :** 정보 센터에서는 Internet Explorer를 사용하여 Autodesk LiveUpdate 기술을 지원받을 수 있습니다.

❹ **리본 :** 프로젝트 및 패밀리 작성에 필요한 모든 도구가 정렬되어 있습니다.

❺ **옵션 막대 :** 선택한 요소에 따라 옵션 막대의 표시 내용이 달라집니다.

❻ **유형 선택기 :** 현재 선택된 패밀리 유형을 식별하고 다른 유형을 선택할 수 있는 드롭다운 버튼을 제공합니다.

❼ **[특성] 대화상자 :** Revit에서 요소의 특성을 정의하는 매개변수를 수정할 수 있는 대화상자입니다.

❽ **프로젝트 탐색기 :** 프로젝트 탐색기는 현재 프로젝트의 모든 뷰, 일람표, 시트, 패밀리, 그룹 및 기타 부분에 대한 계층 구조를 표시합니다.

❾ **상태 막대 :** 수행할 작업에 대한 추가 정보 및 힌트가 표시됩니다.

❿ **뷰 조절 막대 :** 현재 뷰의 가시적 상태를 조절하는 도구 막대입니다.

⓫ **요소 선택 제어 :** 선택할 수 있는 요소와 선택 동작을 제어합니다.

⓬ **도면 영역 :** 요소가 보이거나 움직이는 작업 영역입니다.

### ❶ 응용 프로그램 메뉴

을 클릭하여 응용 프로그램 메뉴를 활성화합니다.

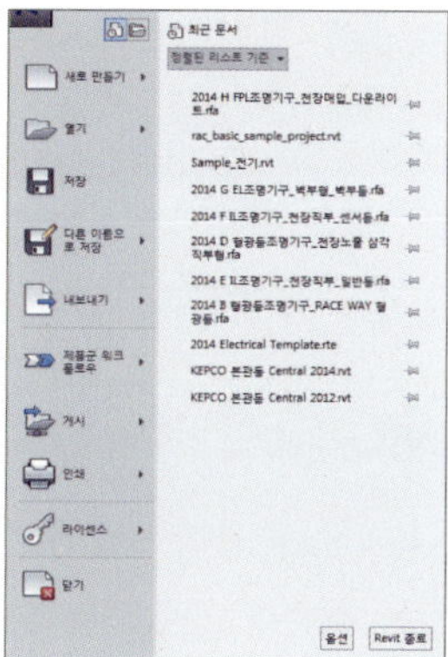

• 메뉴 오른쪽의 화살표 버튼(▶)을 클릭하면 상세 리스트가 활성화됩니다.

• 응용 프로그램 메뉴에는 [새로 만들기], [열기], [저장], [다른 이름으로 저장], [내보내기], [게시] 등의 도구를 사용하여 파일을 관리할 수 있습니다.

● **최근 문서**  응용 프로그램 메뉴에서 [최근 문서]를 선택하여 최근에 사용한 프로젝트 목록을 확인할 수 있습니다.

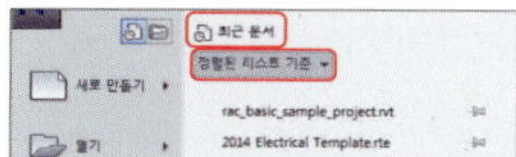 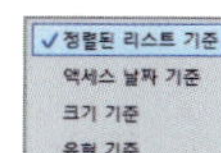

[정렬된 리스트 기준]을 선택하면 정렬 기준을 선택하여 목록을 확인할 수 있습니다.

핀 을 클릭하면 프로젝트 목록에서 제외되거나 누락되지 않아 프로젝트를 항상 빠르게 확인할 수 있습니다.

● **열린 문서**  응용 프로그램 메뉴에서 [열린 문서]를 선택하면 현재 열려있는 프로젝트 목록 및 뷰를 확인할 수 있습니다.

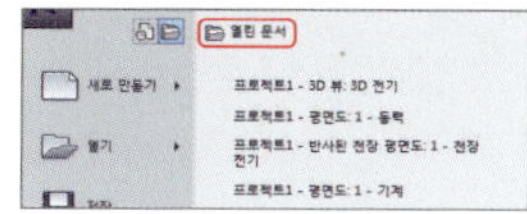

### ❷ 신속 접근 도구 막대

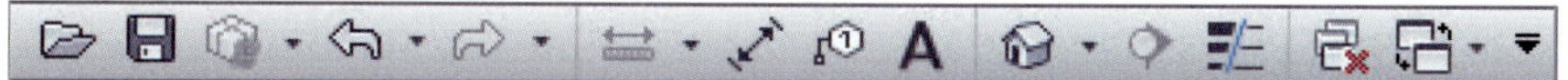

신속 접근 도구 막대에는 기본적인 도구 세트가 포함되어 있으며, 도구 막대를 사용자화하여 자주 사용하는 도구를 표시할 수 있습니다.

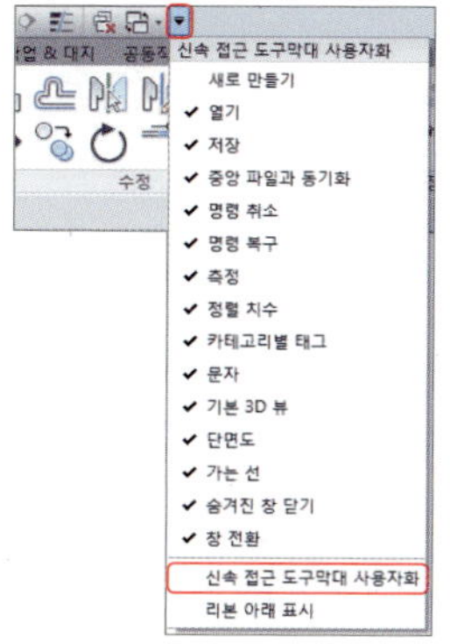 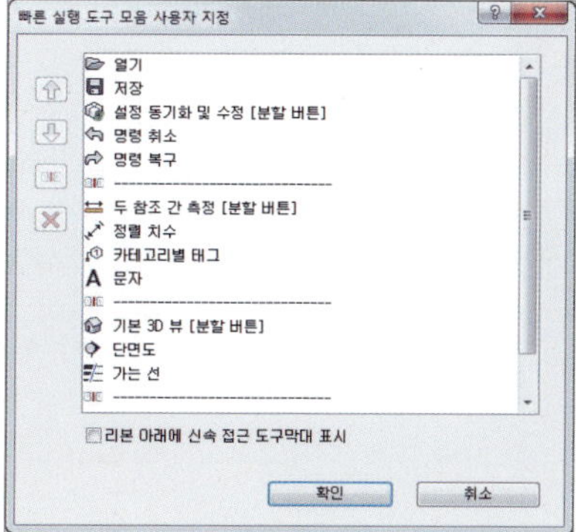

리본에서 마우스 오른쪽 버튼을 클릭한 후 [신속 접근 도구막대에 추가]를 선택하여 추가할 수 있습니다.

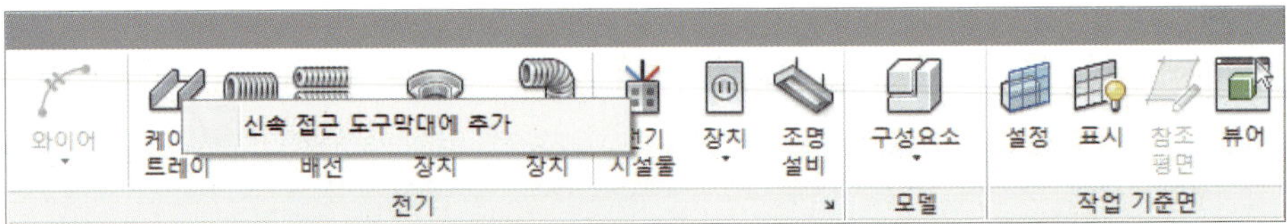

### ❸ 정보 센터

정보 센터 도구 막대에는 검색, Subscription 센터, 커뮤니티 센터, 즐겨찾기, Autodesk Exchange, 정보 센터 설정 등의 도구로 구성되어 있습니다. 정보 센터에서는 항상 Internet Explorer를 사용하여 Autodes사의 지원을 받을 수 있습니다.

### ❹ 리본

리본은 [건축], [구조], [시스템] 등의 탭으로 주요 기능을 구분하고 각 탭의 아래쪽은 탭의 기능에 맞는 패널로 구성됩니다. 특정 도구를 사용하거나 요소를 선택하면 해당 도구나 요소에 관련된 도구가 상황별 리본 탭에 표시되는데, 패널을 클릭한 상태에서 움직여 패널의 순서를 변경할 수 있습니다.

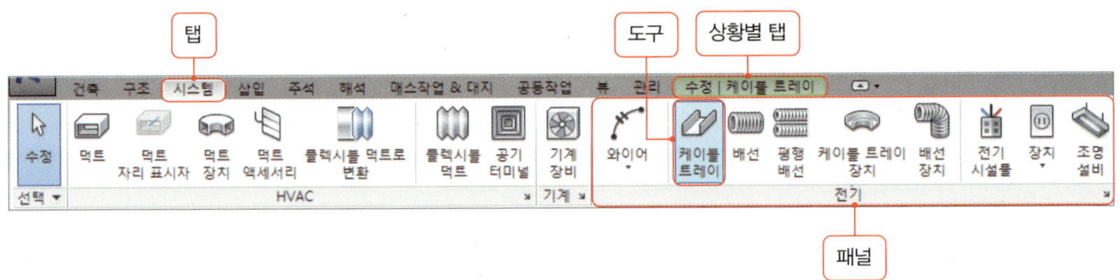


● 리본 구성

• **탭** : 도구의 특성에 따라 탭이 존재하며, 추가로 특정 도구를 사용하거나 요소를 선택하면 해당 도구나 요소에 관련된 도구가 상황별 리본 탭에 표시됩니다.

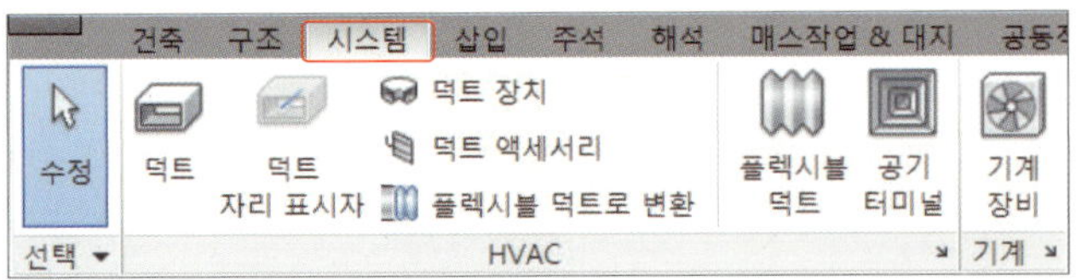

• **상황별 탭** : 선택한 객체 또는 현재 작업과 관련된 도구를 제공합니다.

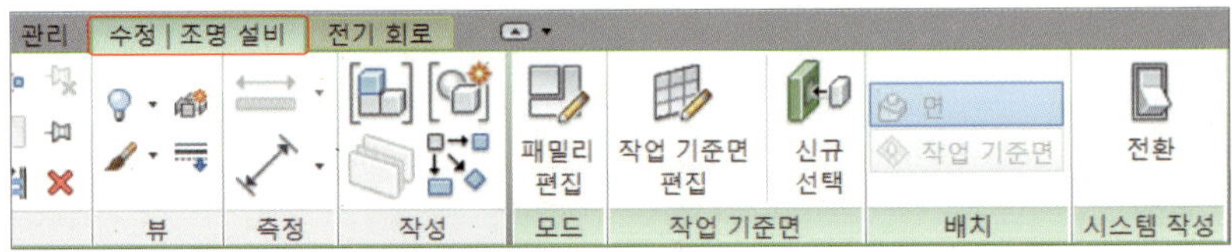

• **패널** : 탭의 특성에 맞춰 구성된 도구가 그룹화되어 표시됩니다.

• **도구** : 리본의 현재 탭에 있는 도구입니다.

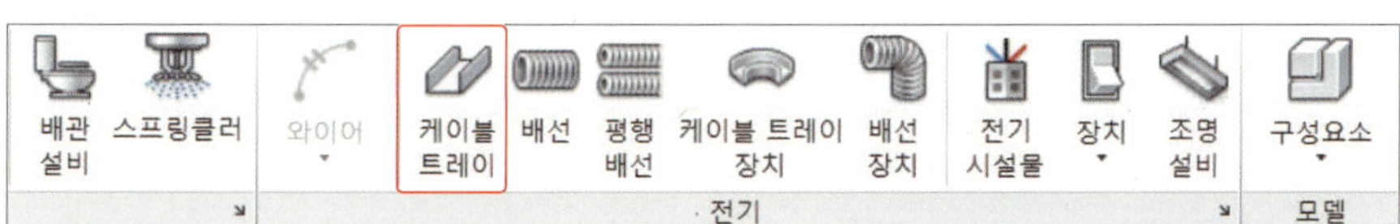



리본 탭의 패널을 이동하려면 패널을 클릭한 상태에서 원하는 위치로 드래그합니다. 패널 제목의 옆에 ▼ 가 있으면 관련 도구가 있다는 의미로, 이것을 클릭하면 패널이 확장되면서 관련 도구가 나열됩니다. 확장된 패널을 고정하려면 패널 제목에서 왼쪽 아래의 모서리에 있는 핀 을 클릭하세요.

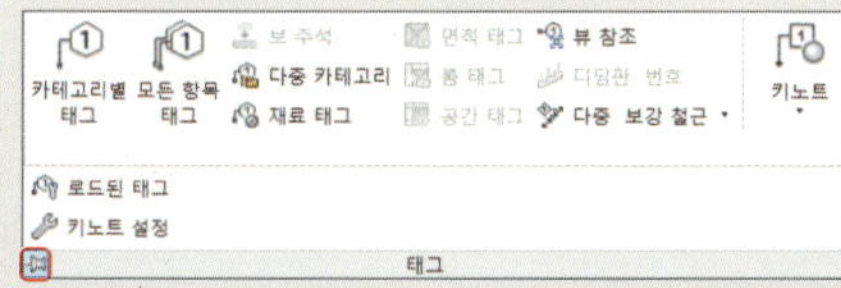

패널 제목의 오른쪽 아래 모서리에 있는 화살표를 클릭하면 해당 도구의 설정 대화상자가 활성화됩니다.

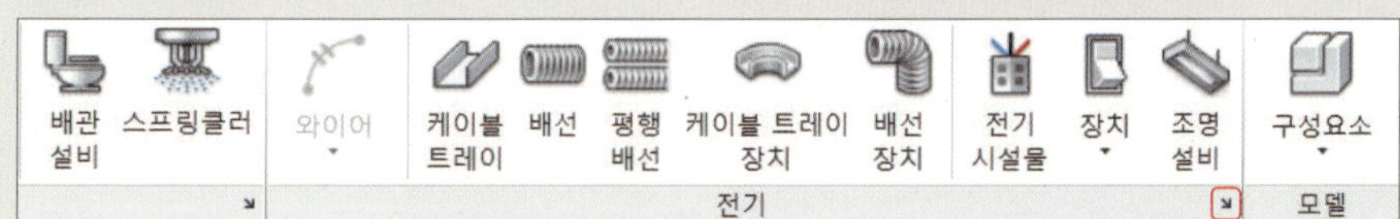

[전기 설정] 대화상자에서 와이어의 정의 및 케이블 트레이 또는 배선의 크기 및 설정을 변경할 수 있습니다.

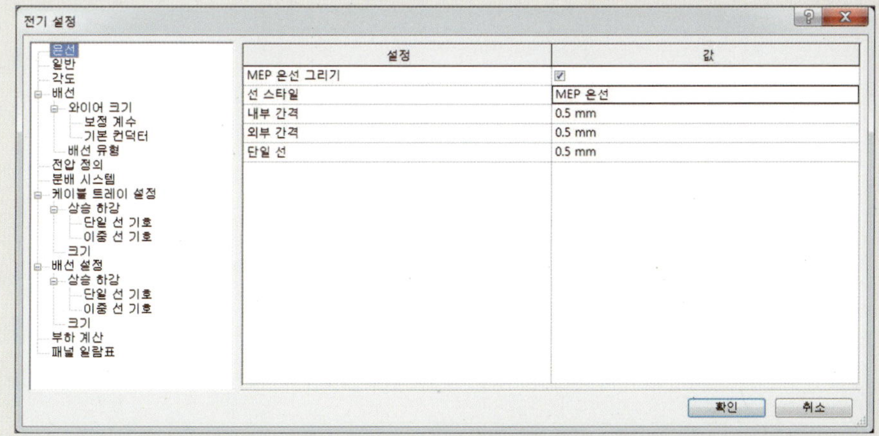

### ❺ 옵션 막대

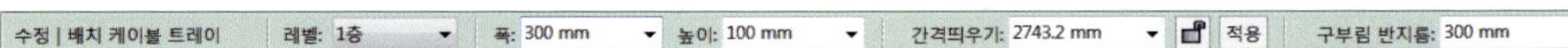



옵션 막대는 선택한 요소에 따라 생성되는 내용이 달라집니다. 옵션 막대는 도면 영역의 상단 또는 뷰 조절 막대의 하단에 고정할 수 있습니다.

### ❻ 유형 선택기

배치할 요소 또는 배치된 요소의 유형을 선택하면 [특성] 대화상자의 상단에 있는 유형 선택기가 활성화됩니다. 드롭다운 버튼 ▼ 을 클릭하면 다른 유형을 선택할 수 있습니다.

### ❼ [특성] 대화상자

기본적으로 뷰를 활성화하면 뷰의 인스턴스 특성이 표시되고, 요소를 배치하는 경우 특성 필터가 선택된 요소의 인스턴스 특성이 표시됩니다. 또한 선택한 요소가 시스템에 속하는 경우 리본에서 [시스템] 탭을 클릭하면 대화상자에 인스턴스 특성이 아니라 요소의 시스템 특성이 표시됩니다.

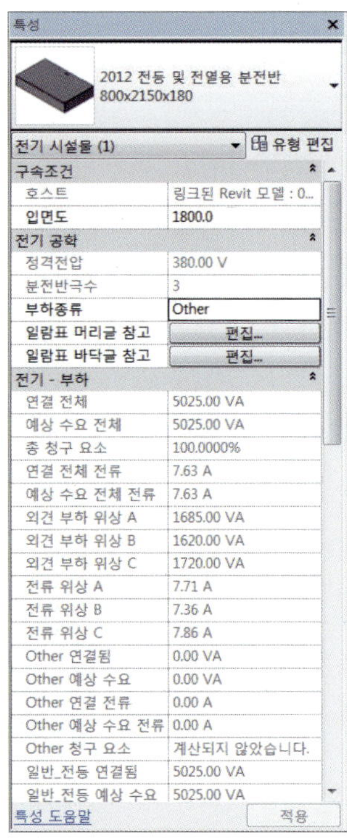

| 특성 | |
|---|---|
| 2012 전동 및 전열용 분전반 800x2150x180 | |
| 전기 시설물 (1) | 유형 편집 |
| **구속조건** | |
| 호스트 | 링크된 Revit 모델 : 0... |
| 입면도 | 1800.0 |
| **전기 공학** | |
| 정격전압 | 380.00 V |
| 분전반극수 | 3 |
| 부하종류 | Other |
| 일람표 머리글 참고 | 편집... |
| 일람표 바닥글 참고 | 편집... |
| **전기 - 부하** | |
| 연결 전체 | 5025.00 VA |
| 예상 수요 전체 | 5025.00 VA |
| 총 청구 요소 | 100.0000% |
| 연결 전체 전류 | 7.63 A |
| 예상 수요 전체 전류 | 7.63 A |
| 외견 부하 위상 A | 1685.00 VA |
| 외견 부하 위상 B | 1620.00 VA |
| 외견 부하 위상 C | 1720.00 VA |
| 전류 위상 A | 7.71 A |
| 전류 위상 B | 7.36 A |
| 전류 위상 C | 7.86 A |
| Other 연결됨 | 0.00 VA |
| Other 예상 수요 | 0.00 VA |
| Other 연결 전류 | 0.00 A |
| Other 예상 수요 전류 | 0.00 A |
| Other 청구 요소 | 계산되지 않았습니다. |
| 일반_전등 연결됨 | 5025.00 VA |
| 일반_전등 예상 수요 | 5025.00 VA |
| 특성 도움말 | 적용 |

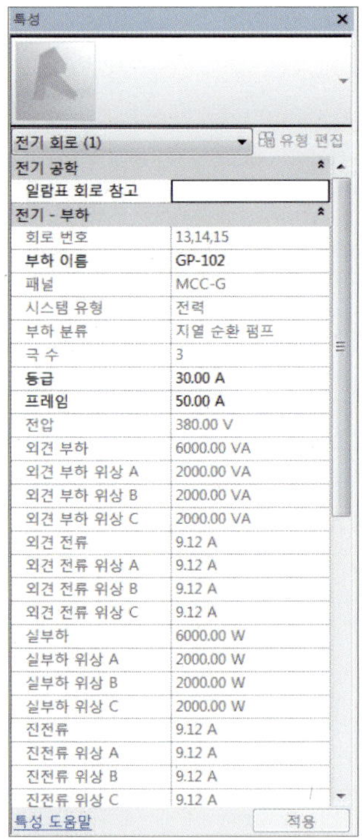

| 특성 | |
|---|---|
| 전기 회로 (1) | 유형 편집 |
| **전기 공학** | |
| 일람표 회로 참고 | |
| **전기 - 부하** | |
| 회로 번호 | 13,14,15 |
| 부하 이름 | GP-102 |
| 패널 | MCC-G |
| 시스템 유형 | 전력 |
| 부하 분류 | 지열 순환 펌프 |
| 극 수 | 3 |
| 등급 | 30.00 A |
| 프레임 | 50.00 A |
| 전압 | 380.00 V |
| 외견 부하 | 6000.00 VA |
| 외견 부하 위상 A | 2000.00 VA |
| 외견 부하 위상 B | 2000.00 VA |
| 외견 부하 위상 C | 2000.00 VA |
| 외견 전류 | 9.12 A |
| 외견 전류 위상 A | 9.12 A |
| 외견 전류 위상 B | 9.12 A |
| 외견 전류 위상 C | 9.12 A |
| 실부하 | 6000.00 W |
| 실부하 위상 A | 2000.00 W |
| 실부하 위상 B | 2000.00 W |
| 실부하 위상 C | 2000.00 W |
| 진전류 | 9.12 A |
| 진전류 위상 A | 9.12 A |
| 진전류 위상 B | 9.12 A |
| 진전류 위상 C | 9.12 A |
| 특성 도움말 | 적용 |

**❽ 프로젝트 탐색기**

프로젝트 탐색기에서 뷰의 구성을 사용자화할 수 있습니다.

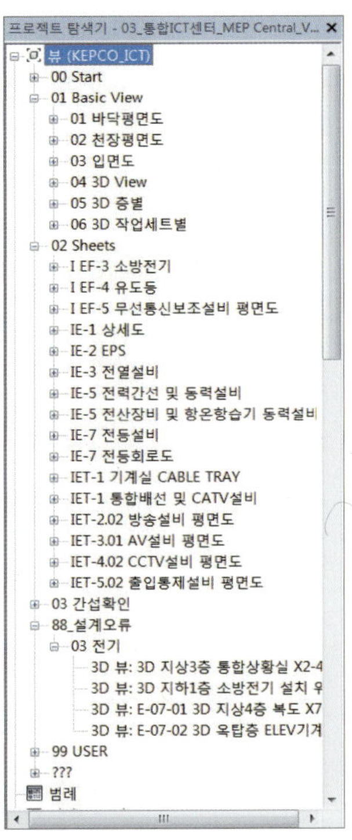



### 알아두세요

프로젝트 탐색기와 [특성] 대화상자는 마우스로 끌어다 놓는 방식(Drag and Drop)으로 도면 영역에서 사용자가 원하는 대로 구성할 수 있습니다.

■ **첫 번째 구성 방법**        ■ **두 번째 구성 방법**

■ **세 번째 구성 방법**        ■ **네 번째 구성 방법**

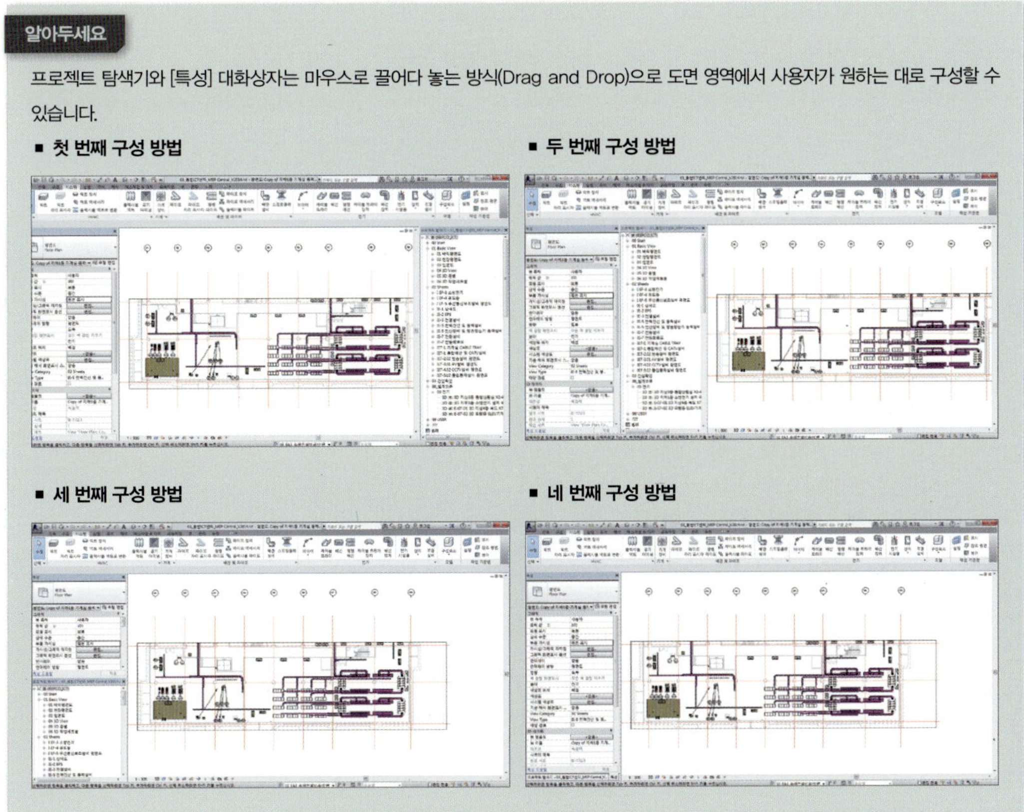

**❾ 상태 막대**

파일이 열릴 때 상태 막대의 왼쪽에 진행 막대가 활성화되면서 파일이 다운로드한 정도를 나타냅니다. 또한 마우스 포인트를 요소에 가까이 올려놓으면 패밀리 및 유형 이름이 표시됩니다.

**❿ 뷰 조절 막대**

뷰 조절 막대는 현재 뷰의 축척, 상세 수준, 비주얼 스타일 등과 같이 뷰에 영향을 미치는 기능에 빠르게 접근할 수 있습니다.

- **축척** 도면 영역에서 객체를 나타내는 데 사용하는 도구로, 활성화된 뷰의 객체의 비율을 설정합니다. 뷰 조절 막대에서 축적을 클릭하고 프로그램에서 정의된 축척을 선택하는데, 프로그램에서 제공하는 축척 이외의 다른 축척을 적용하려면 [사용자]를 클릭하여 사용자가 원하는 축척을 입력할 수 있습니다.

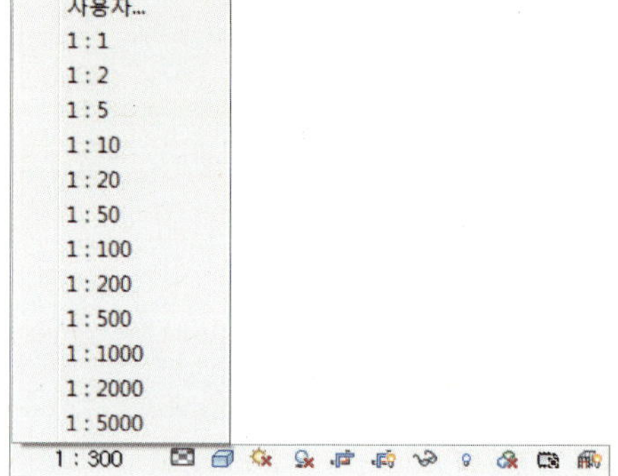


- **상세 수준** 상세 수준은 '낮음', '중간', '높음'과 같이 세 개의 상세 수준을 설정할 수 있습니다. 각 상세 수준은 패밀리 작성시 설정한 상세 수준을 바탕으로 프로젝트에 반영됩니다.

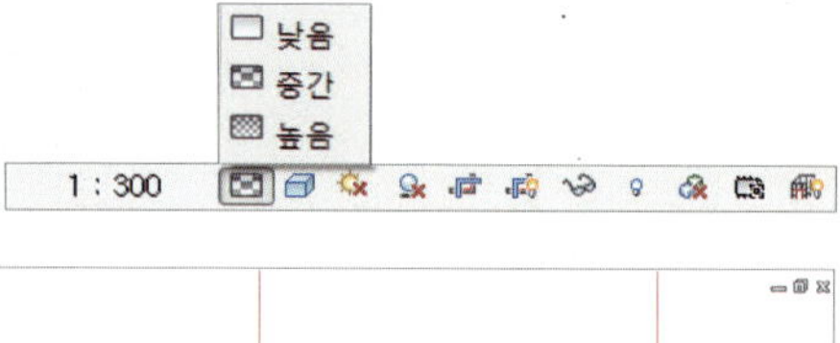


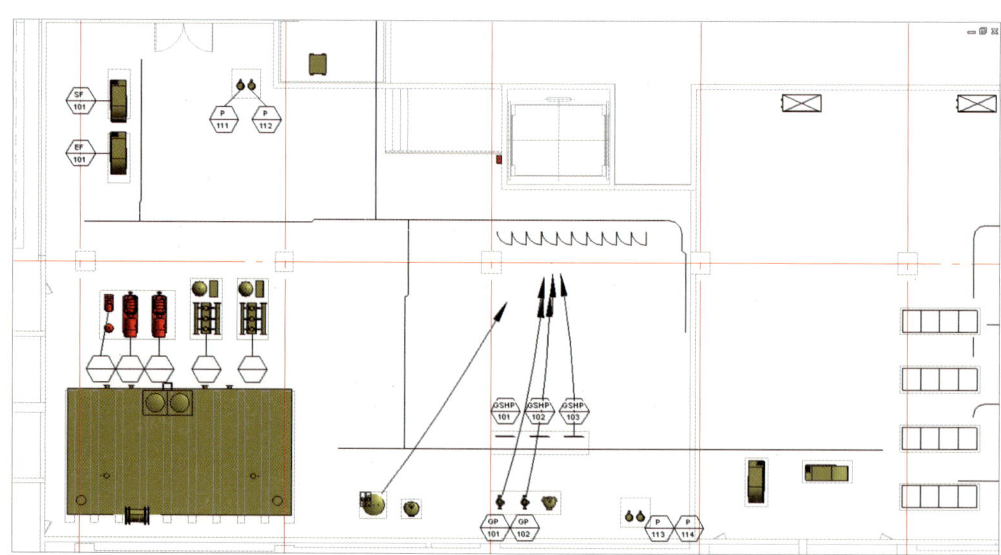

[낮음]

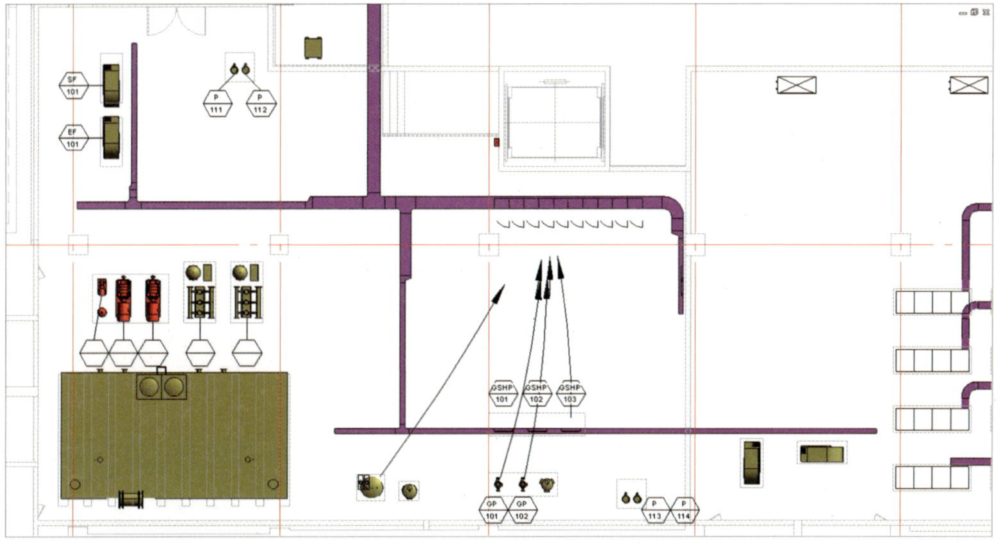

[중간]

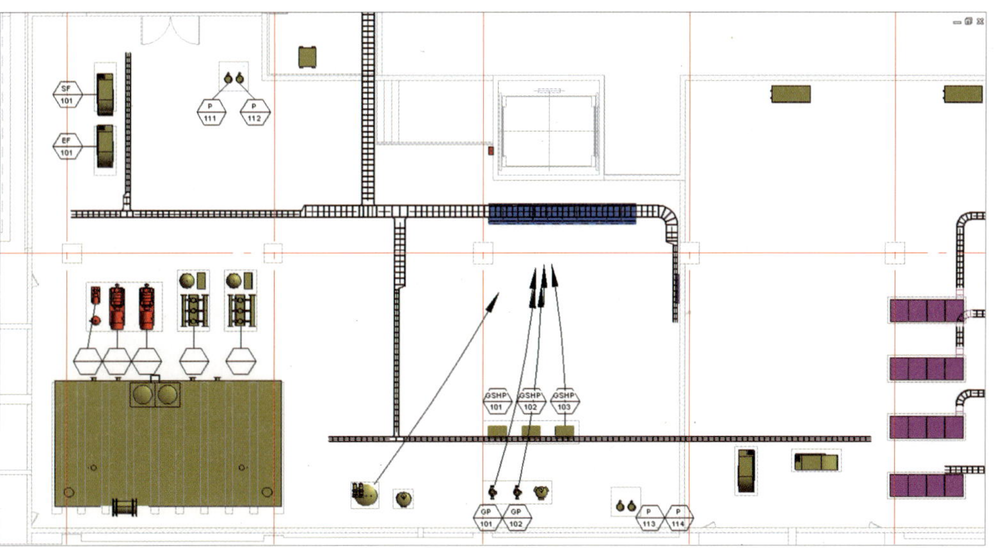

[높음]



패밀리 편집기에서 패밀리를 작성할 때 사용자가 설정한 '낮음', '중간', '높음'의 상세 수준에 따라 다르게 표시할 수 있습니다.

● **비주얼 스타일**  여러 개의 그래픽 스타일을 지정할 수 있습니다.

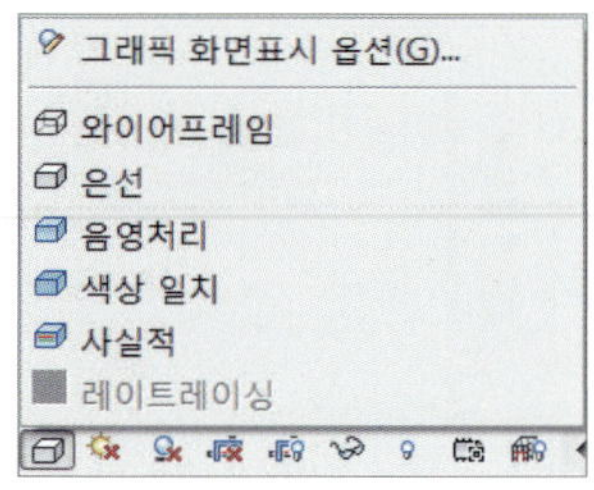


・ **와이어프레임 :** 모든 객체가 표면이 아닌 선으로 표현됩니다.

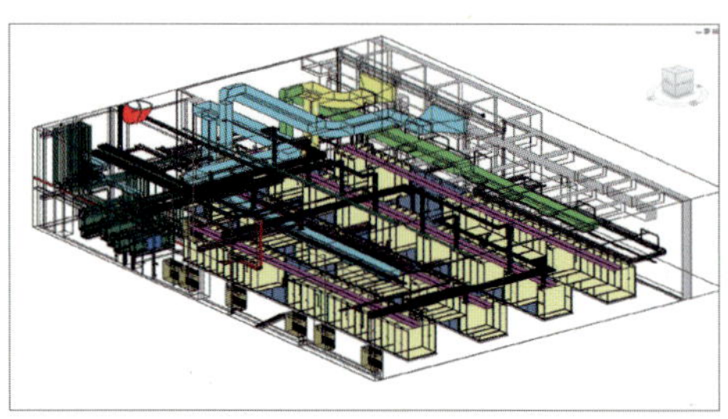

・ **음영 처리 :** 요소의 재료 색상을 설정할 때 지정한 음영 색상이 적용되어 표현되고, 광원에 따라 표현되는 색상이 지정된 색상보다 밝게 표현됩니다.

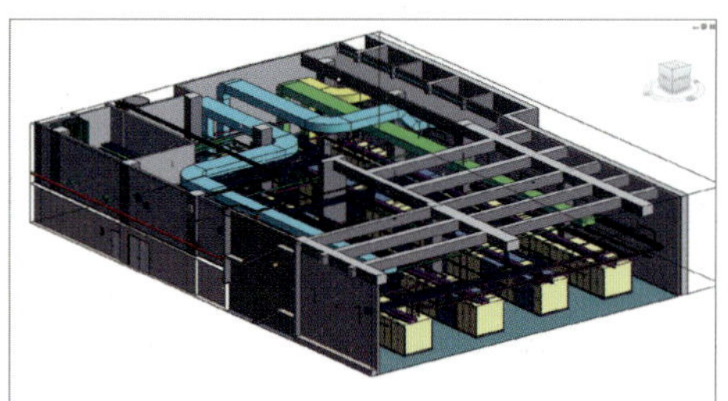

・ **사실적 :** 재료 모양에서 설정한 재료가 적용되어 표현됩니다.

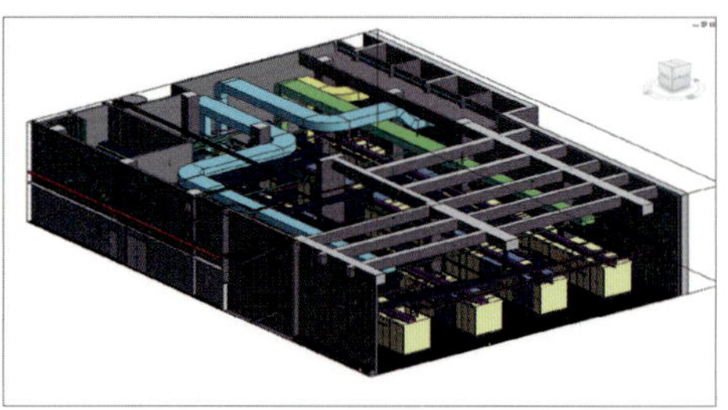

・ **은선 :** 표면을 바탕으로 모든 모서리와 선이 표현됩니다.

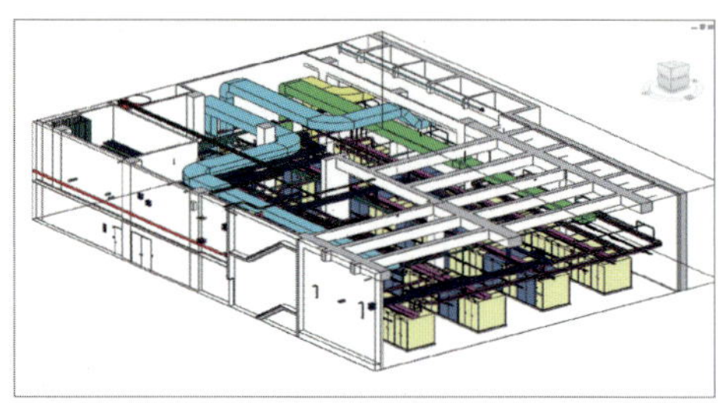

・ **색상 일치 :** 재료 색상 설정에서 지정한 음영 색상이 적용되어 모든 표면에 표현됩니다. 색상 일치는 광원의 방향과 관계 없이 지정된 음영 색상으로 표현됩니다.

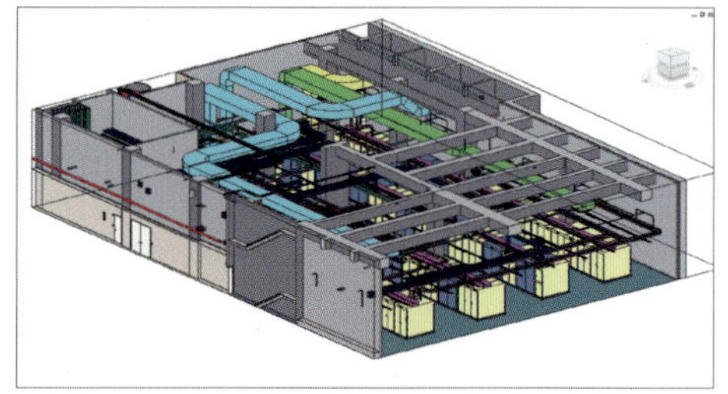

・ **레이트레이싱 :** 사실적 렌더링 모드로, 낮은 해상도에서 시작해서 사실적인 재료 표현이 빠르게 진행됩니다.

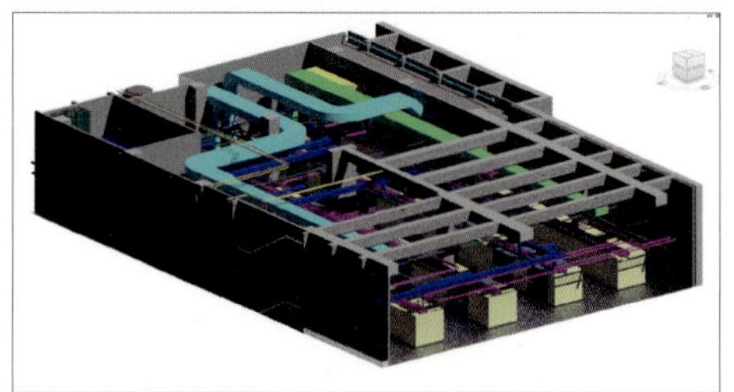

● 태양 경로 켜기/끄기 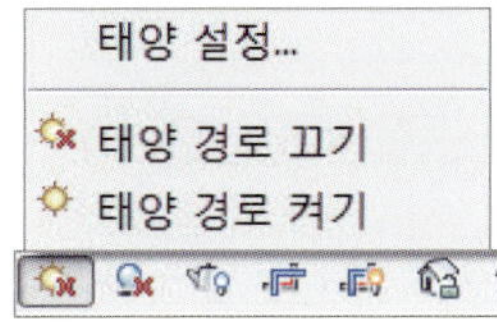 태양 경로를 켜면 도면 영역에 태양 경로가 켜지고, 태양의 위치를 설정할 수 있습니다.

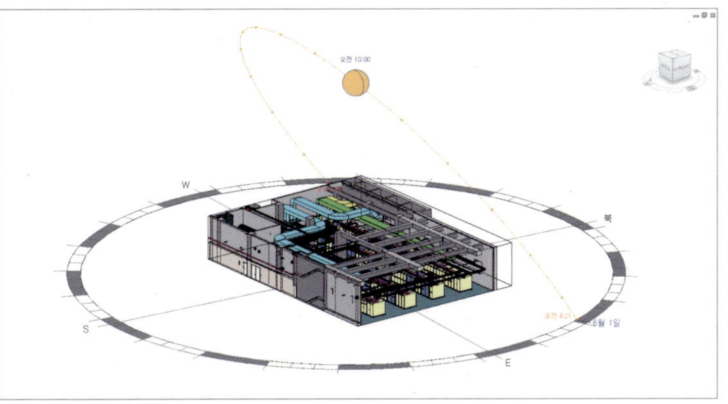

프로젝트의 위치, 날짜 및 시간을 기반으로 설정할 수 있으며, '일일', '수일', '조명' 등을 설정하여 일조 연구도 할 수 있습니다.

● 그림자 켜기/끄기  태양, 간접 조명 등의 영향으로 그림자가 표현됩니다.

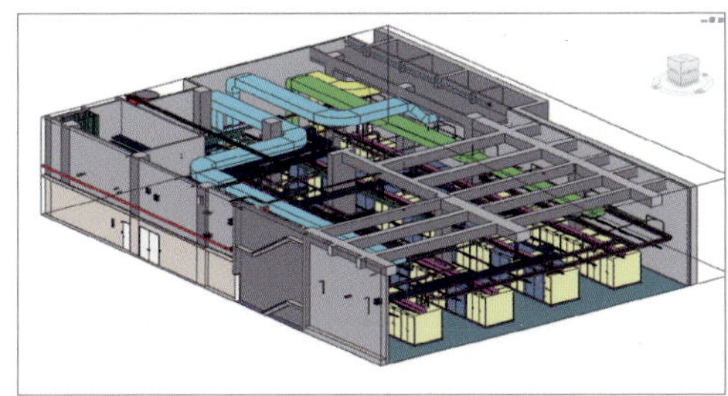

[그림자 끄기]

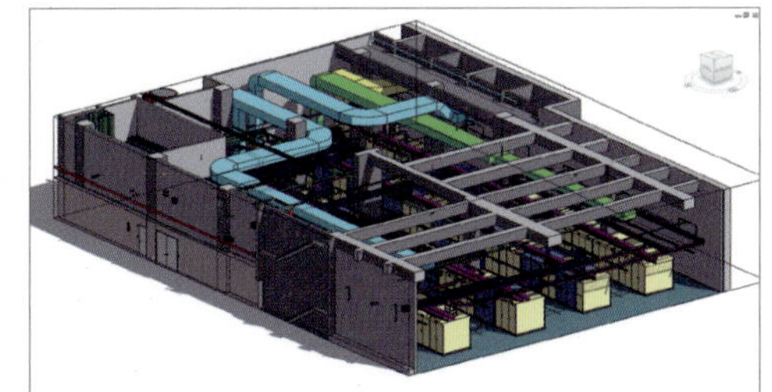

[그림자 켜기]

● 렌더링 대화상자 표시/숨기기 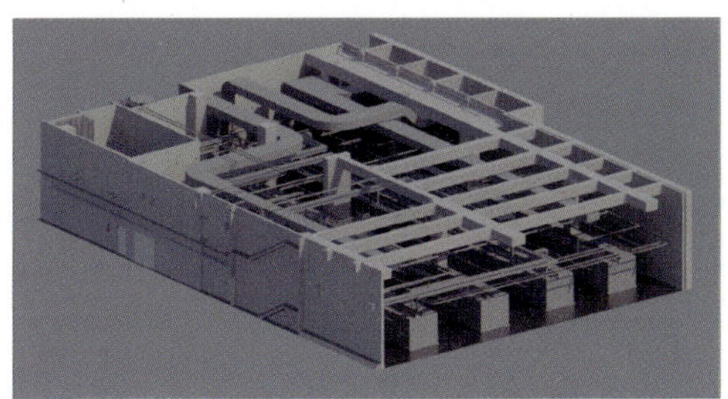 도면 영역에 3D 뷰가 표시된 경우에만 활성화되는 도구입니다. [렌더링] 대화상자에서 렌더링 뷰 영역 및 렌더링 품질을 설정할 수 있습니다.

렌더링 이미지의 해상도와 조명, 배경 등의 옵션 값을 렌더링을 실행하기 전에 설정할 수 있습니다. 그리고 렌더링 이미지의 노출은 렌더링 전후에 설정할 수 있습니다.

● 뷰 자르기 ⊞ 뷰 자르기는 프로젝트 뷰의 경계
를 말합니다. 모든 프로젝트 뷰는 도면 영역에서
모델 자르기 영역과 주석 자르기 영역을 표시할
수 있지만, 투시도 3D 뷰에서는 주석 자르기 영
역을 지원하지 않습니다. 뷰 자르기 및 자르기 영
역 표시는 뷰에 대한 [특성] 대화상자의 '범위' 그
룹 매개변수에서도 설정할 수 있습니다.

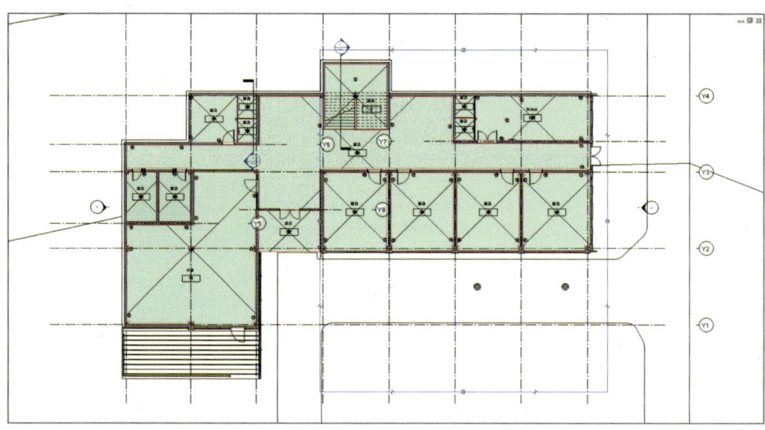

[뷰를 자르지 않음]

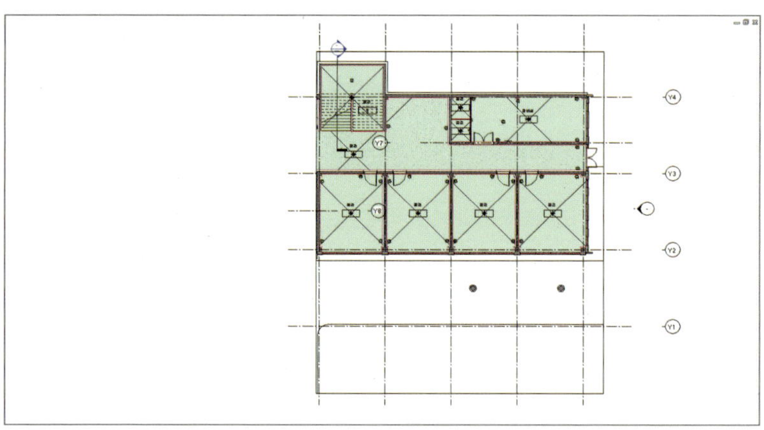

[뷰 자르기 켜기]

● 자르기 영역 표시/숨기기 ⊞ 뷰 자르기의 영역
을 도면 영역에 표시/숨기는 옵션입니다. 자르기
영역 표시는 뷰 조절 막대 및 뷰에 대한 [특성] 대
화상자에서 설정할 수 있습니다.

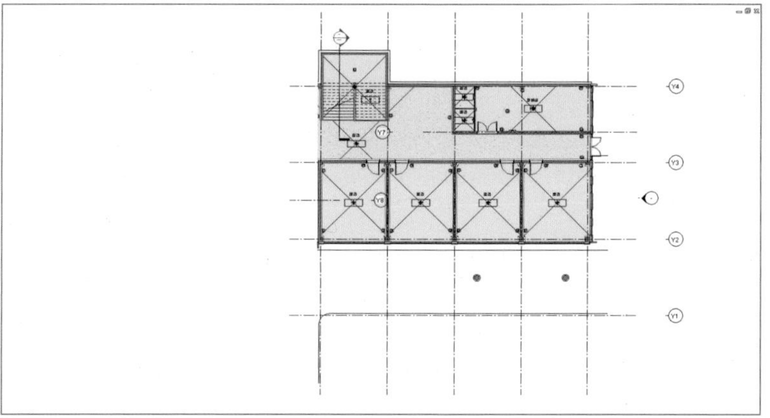

[자르기 영역 숨기기]

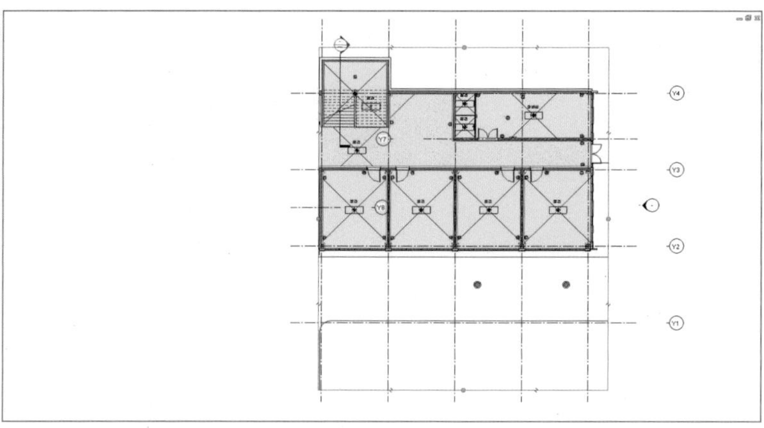

[자르기 영역 표시]

● **잠금 해제된/잠긴 3D 뷰** 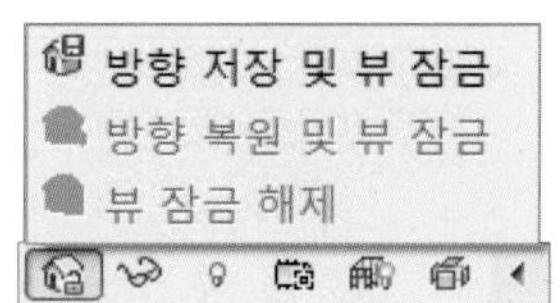 기본 3D 뷰에서는 뷰를 잠글 수 없기 때문에 뷰를 복제해야 합니다. 잠긴 3D 뷰에서는 태그와 키노트를 배치할 수 있습니다.



· **방향 저장 및 뷰 잠금** : 현재 도면 영역에 표시되는 뷰를 잠급니다.

· **방향 복원 및 뷰 잠금** : 잠금이 해제되고 방향이 재지정된 뷰를 이전의 잠긴 방향으로 복원합니다.

· **뷰 잠금 해제** : 잠금이 해제되고, 3D 뷰 탐색과 궤도 변경이 가능합니다.

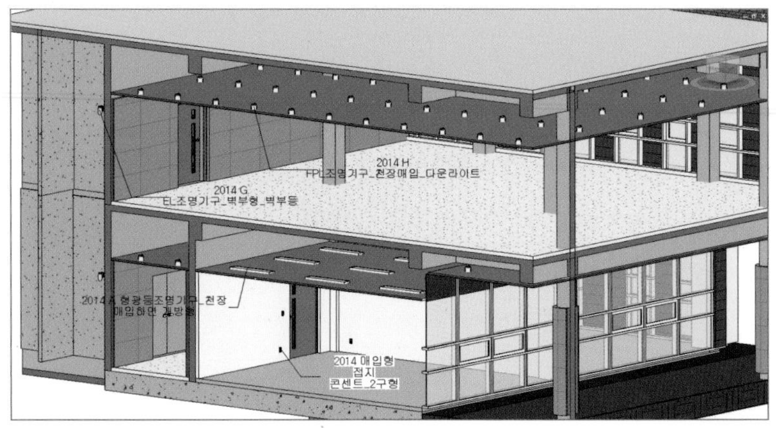

[뷰 잠금]

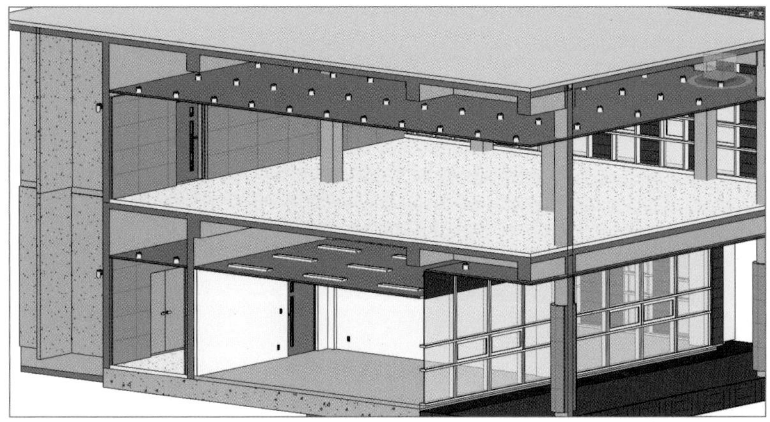

[뷰 해제]

● 임시 숨기기/분리 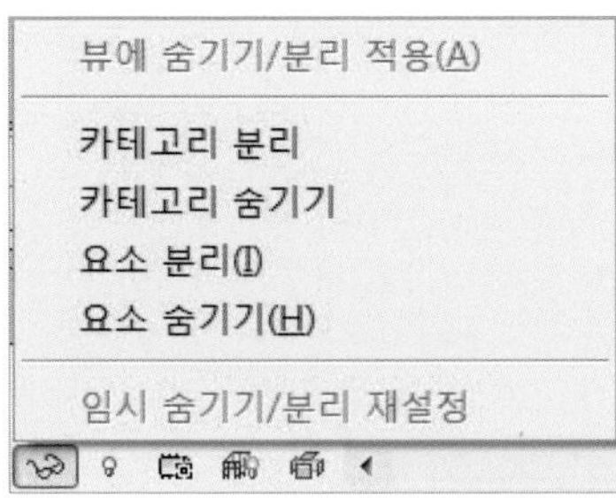 뷰에서 요소, 특정 카테고리를 분리해서 보거나 숨기는 도구입니다.



- **뷰에 숨기기/분리 적용** : 임시 숨기기/분리 모드를 종료하고 현재 지정된 설정을 영구적으로 설정합니다.
- **카테고리 분리** : 도면 영역에서 몇 개의 요소를 선택하고 카테고리를 분리하면 선택한 요소의 카테고리만 보입니다.
- **카테고리 숨기기** : 뷰에서 선택한 요소의 카테고리를 숨깁니다.
- **요소 분리** : 선택한 요소만 분리되어 보입니다.
- **요소 숨기기** : 선택한 요소만 숨기고, 나머지 요소는 뷰에서 보입니다.
- **임시 숨기기/분리 재설정** : 현재 지정된 설정을 저장하지 않고 임시 숨기기/분리 모드를 종료합니다.

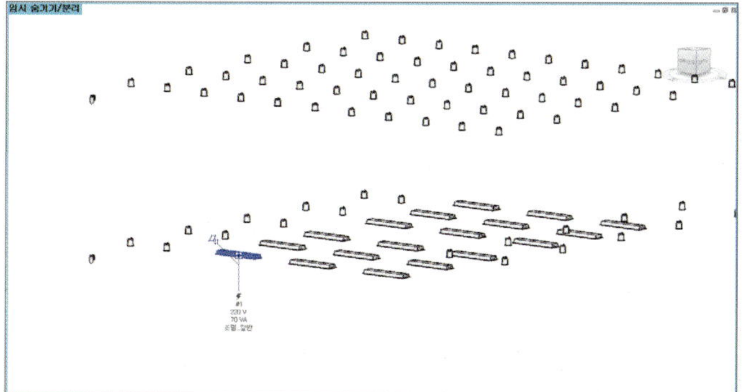

[카테고리 분리]

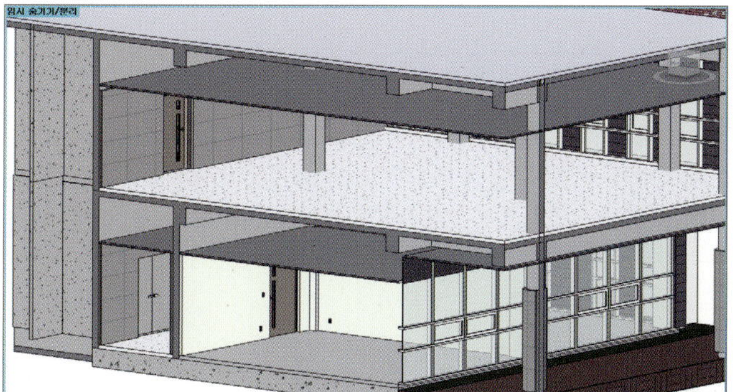

[카테고리 숨기기]

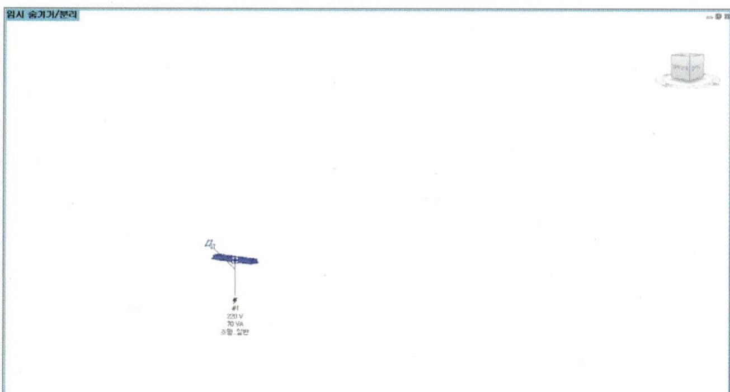

[요소 분리]

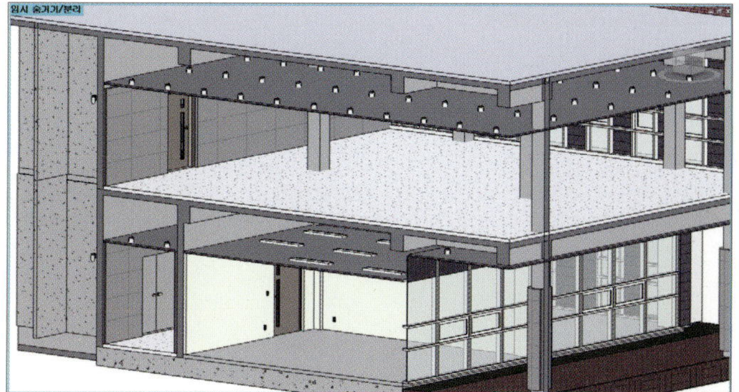

[요소 숨기기]

● **숨겨진 요소 표시** 도면 영역에서 숨겨진 요소의 색상 경계를 표시하여 '숨겨진 요소 표시' 모드에 있음을 나타냅니다.

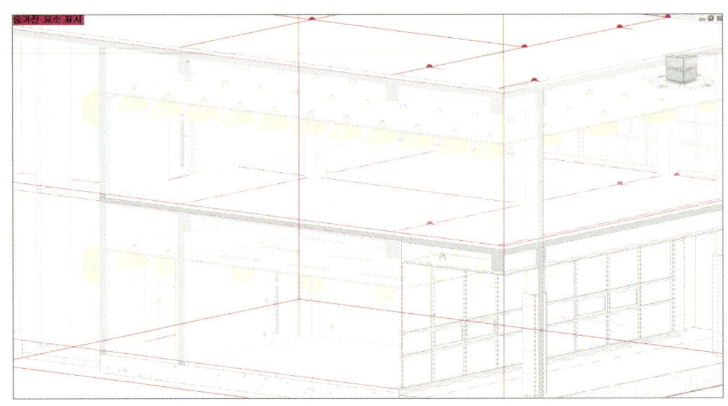

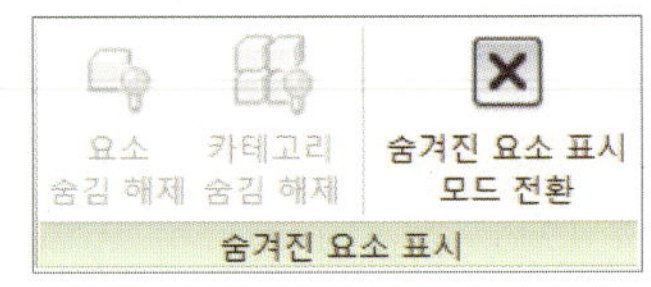

[수정] 탭 ➤ [숨겨진 요소 표시] 패널 ➤ [숨겨진 요소 표시 모드 전환]을 클릭하여 기본 도면 영역으로 변경할 수 있습니다.

● **임시 뷰 템플릿** 지정된 템플릿이 아니라 임시적으로 다른 뷰 템플릿을 적용할 때 사용하는 도구입니다.

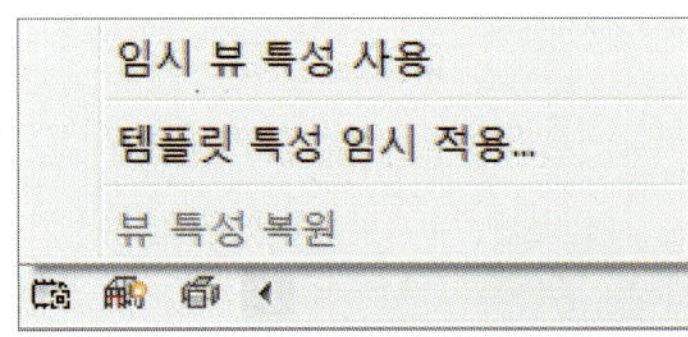

- **임시 뷰 특성 사용** : 임시 뷰 모드로 전환됩니다. 임시 뷰 모드에서는 임시적으로 뷰의 가시성 그래픽 및 뷰 조절 막대를 사용하여 뷰 특성을 변경할 수 있습니다. [뷰 특성 복원]을 선택하면 뷰는 임시 뷰 특성을 사용하기 이전의 뷰 상태를 보여줍니다.
- **템플릿 특성 임시 적용...** : 뷰 템플릿을 임시로 적용할 수 있습니다.
- **뷰 특성 복원** : 임시 뷰 모드를 종료하고 임시 뷰 템플릿 적용 이전의 뷰를 표시합니다.

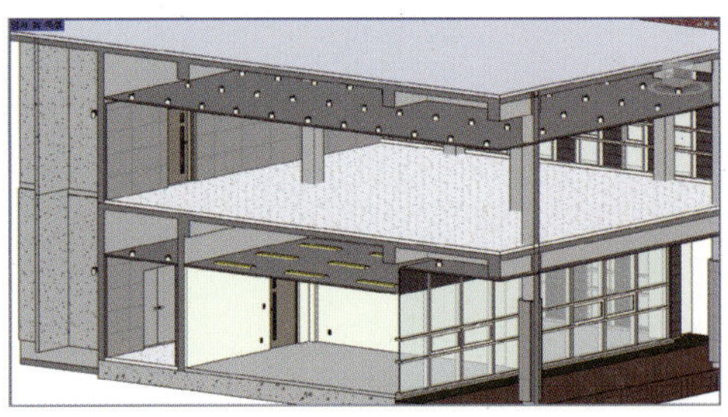

[임시 뷰 특성 사용]

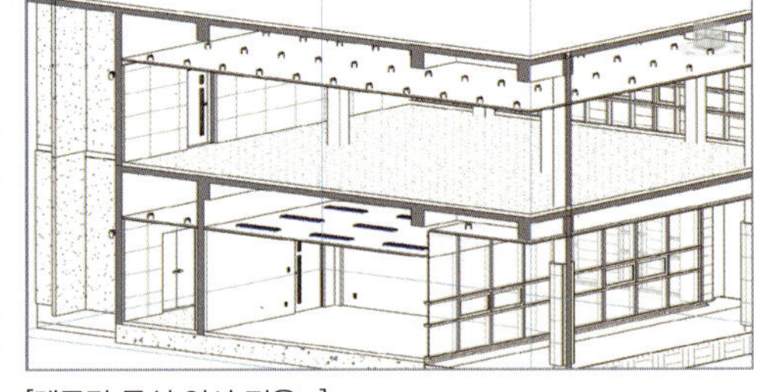

[템플릿 특성 임시 적용...]

● **최근 템플릿** 마지막으로 사용한 5개의 템플릿 리스트를 표시합니다.

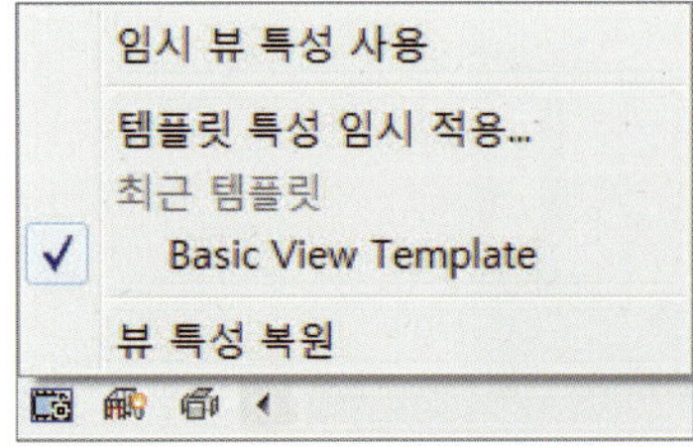

● **해석 모델 표시**  현재 뷰에서 해석 모델을 표시하거나 숨길 수 있습니다. Revit에서 해석 모델은 실제 구조 모델에 대한 공학적 관점의 전체 설명을 간단한 3D로 표현하는데, 이들의 해석 모델에 대한 기능입니다.

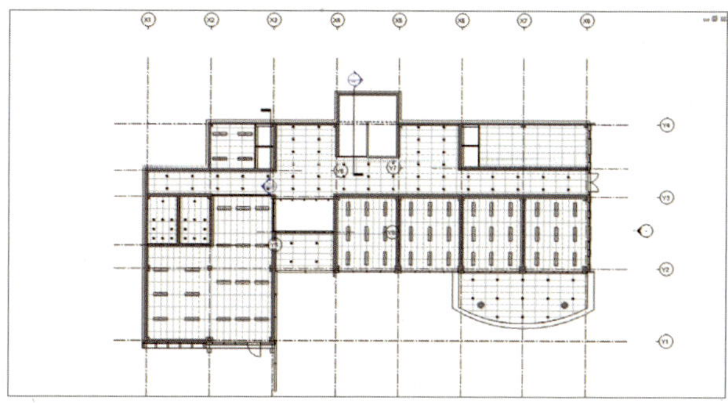

[해석 모델 숨기기]

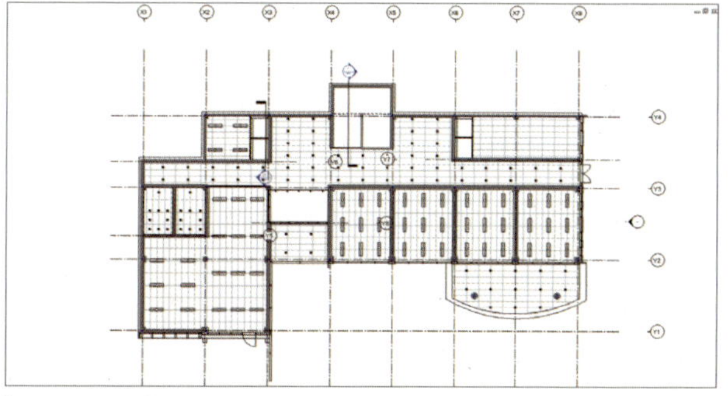

[해석 모델 표시]

● **변위 세트 강조 표시**  변위 세트는 하나 또는 여러 요소로 구성될 수 있고, 여러 요소는 하나의 세트로 컨트롤할 수 있습니다. 변위 동작은 X축, Y축, Z축을 따라 끌어서 컨트롤할 수 있습니다.

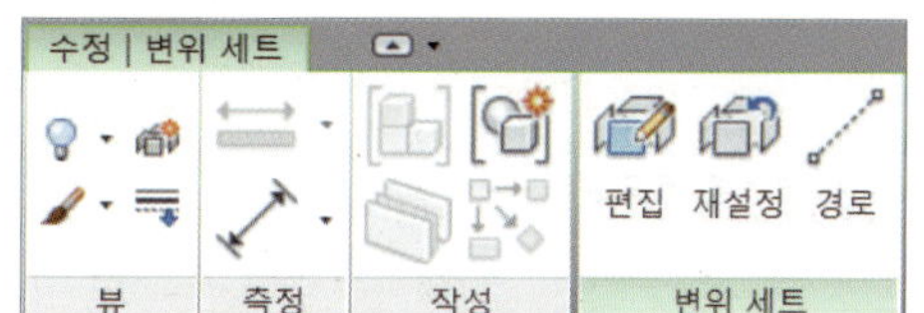


[수정 | 변위 세트] 탭 ▶ [변위 세트] 패널 ▶ [재설정]을 클릭하면 요소가 이동하기 전의 상황으로 되돌아갑니다. 그리고 변위된 뷰를 사용하여 모델 요소가 모델에 대해 가지고 있는 관계를 전반적으로 보여줄 수 있습니다. 변위 세트는 변위된 뷰를 작성하기 위해 요소 변위 도구에서 사용하는 선택된 요소 또는 여러 요소를 가리킵니다.

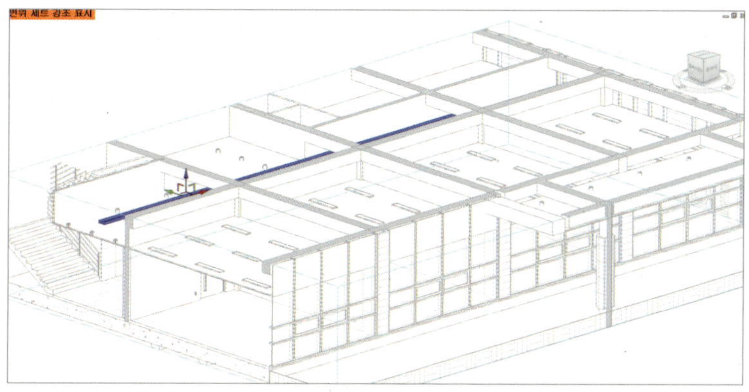


[변위 세트 강조 표시]

## ⓫ 요소 선택 제어

선택 제어 옵션을 On/Off하여 선택할 수 있는 요소와 선택 동작을 제어합니다. 요소 선택 제어는 열려 있는 모든 뷰에 적용되며, 뷰에 따라 개별적으로 적용할 수 없습니다.

- **링크 선택**  링크된 파일의 요소 선택을 제어합니다. 링크 선택을 On할 경우 링크된 요소들을 선택할 수 있고, Off할 경우 링크된 요소들을 선택할 수 없습니다. Off되어 있어도 링크 요소로 스냅과 정렬을 할 수 있습니다.

- **언더레이 요소 선택**  언더레이에 포함된 요소들의 선택을 제어합니다. 언더레이 요소들의 선택이 필요할 경우에는 On으로, 선택이 필요하지 않을 경우에는 Off로 하는데, Off로 되어 있어도 언더레이 요소로 스냅과 정렬을 할 수 있습니다.

- **핀 요소 선택**  핀으로 고정된 요소들의 선택을 제어합니다. 핀 요소 선택을 On으로 하면 핀으로 고정된 요소들을 선택할 수 있고, Off로 하면 핀으로 고정된 요소들을 선택할 수 없습니다.

- **면별 요소 선택**  요소를 선택할 때 면에서 요소를 선택할 수 있도록 제어합니다. 면별 요소 선택이 On으로 되어 있으면 면에서 요소를 선택할 수 있지만, Off로 되어 있으면 요소를 선택할 때 모서리에서 요소를 선택해야 합니다.

- **선택된 요소 끌기**  요소를 선택할 때 요소가 끌기하여 이동하는 것을 제어합니다. 요소를 선택할 때 실수로 이동하는 것을 방지하려면 이 옵션을 꺼두는 것이 좋습니다.

- **필터**  선택한 요소들을 카테고리별로 좀 더 구체적으로 지정합니다. 필터를 사용하면 선택한 여러 요소들을 원하는 카테고리만 지정하여 선택할 수 있습니다.


## ⓬ 도면 영역

도면 영역에는 현재 뷰가 표시됩니다. 도면 영역의 기본 배경은 흰색이지만 검은색으로 전환할 수 있습니다.

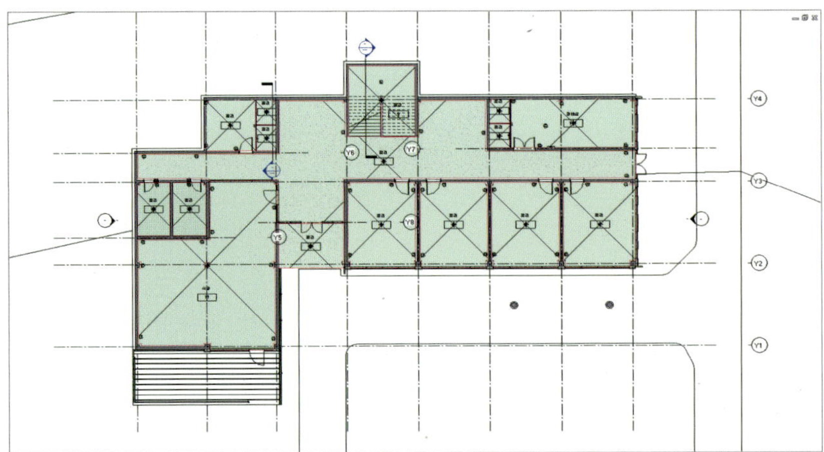

### 배경색 전환하기

[옵션] ➤ [그래픽]에서 '색상' 항목의 '배경 반전'에 체크하면
바탕이 검은색으로 전환됩니다.

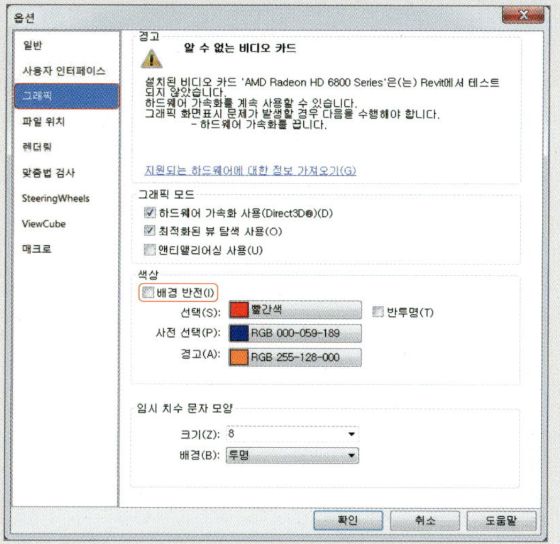

### 줌 도구

- **ZR(Zoom in Region) 영역 확대 보기 :** 이 메뉴를 선택하면 돋보기 모양의 아이콘이 나타나며, 확대하려는 객체나 영역을 지정
  하면 확대됩니다.
- **ZO(Zoom Out(2X)) 축소 보기 :** 이 메뉴를 선택하면 현재 화면의 1/2로 축소됩니다.
- **ZF(Zoom to Fit) 최적 보기 :** 현재 창에 최적화합니다.
- **ZA(Zoom All to Fit) 전체 최적 보기 :** 현재의 모든 창에 최적화합니다.
- **ZE(Zoom Extents) 확대 보기 :** 현재 창에 최대화합니다.
- **ZS(Zoom Sheet Size) :** 시트 크기로 줌(zoom) 합니다.
- **ZP(Previous Pan/Zoom) :** 이전 초점으로 이동합니다.
- **Next Pan/Zoom :** 다음 초점으로 이동하고 마우스 오른쪽 버튼을 클릭하여 사용합니다.

### 스냅

[관리] 탭➤ [설정] 패널➤ [스냅]을 클릭하여 스냅 기능을 설
정하고 사용할 수 있습니다.

> **TIP**
>
> 객체 스냅의 단축키는 자주 사용하므로 단축키를 미리
> 익혀두는 것이 좋습니다.

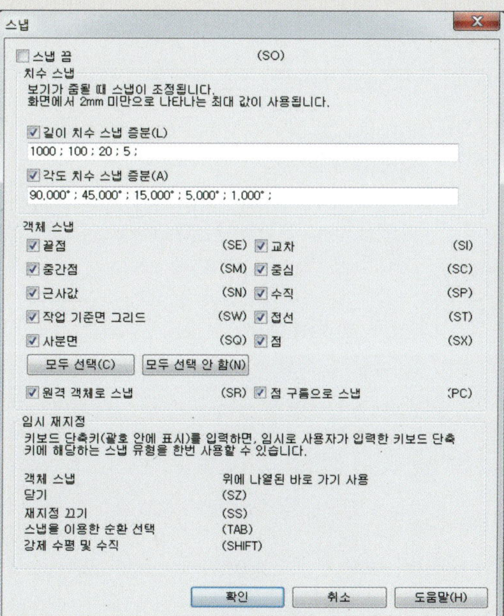

Revit에서는 평면도, 입면도, 단면도와 같은 2D 뷰 및 3D 뷰를 제공합니다. 평면 뷰에는 평면도, 반사된 천장 평면도, 입면도, 단면도, 3D 뷰, 일람표, 범례, 상세 뷰 등이 있는데, 이 중에서 평면도, 반사된 천장 평면도는 가상의 절단면을 기준으로 아래쪽 또는 위쪽 방향으로 지정된 깊이까지 작성된 요소를 뷰에 보여줍니다.

● **평면도 뷰 범위**  모든 평면 뷰에는 '뷰 범위'라는 특성이 있습니다. 뷰 범위는 뷰에서 객체의 가시성과 화면 표시를 제어하는 일련의 수평 기준면인데, 상단과 하단 자르기 기준면은 뷰 범위의 최상단과 최하단의 위치를 나타냅니다. 절단 기준면은 뷰에서 특정 요소가 절단되어 표시되는 높이를 결정합니다. 이들 세 가지 기준면이 뷰 범위의 1차 범위를 정의하고, 뷰 깊이는 1차 범위 밖의 추가 기준면입니다.

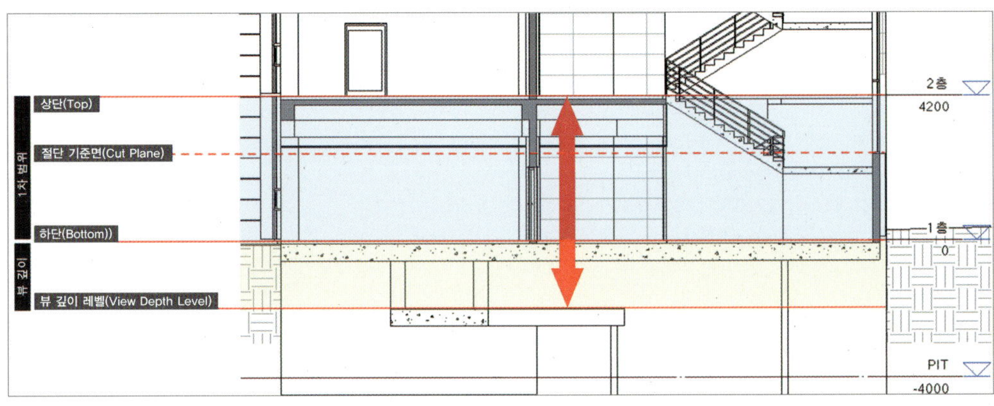


[평면도 뷰 범위]

뷰 깊이가 하단보다 깊은 경우 위 이미지의 화살표 범위에 해당하는 요소들이 뷰에 나타납니다.

> **알아두세요**  **평면도 뷰 범위 편집시 주의 사항**
> 1. 절단 기준면은 반드시 상단과 하단 사이에 있어야 하고 상단과 하단 범위를 벗어나면 오류가 발생합니다.
> 2. 뷰 깊이는 1차 범위의 하단과 같거나 하단 아래에 있어야 하고 하단보다 높게 지정하면 오류가 발생합니다.

### 평면도 뷰 범위 예제

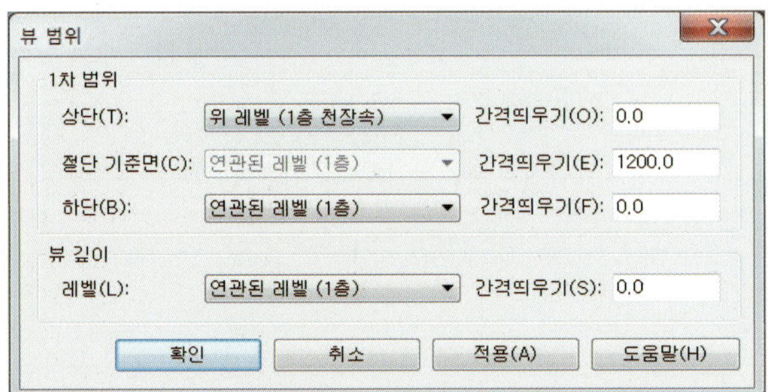

뷰 범위에서 설정된 1차 범위 및 뷰 깊이를 포함한 범위가 해당 평면 뷰에 반영됩니다. 즉 평면 뷰의 기준은 절단 기준면의 레벨인 연관된 레벨(1층)의 '간격띄우기' 값인 1200mm를 기준으로(절단 가능한 객체는 지정된 높이의 절단 기준면에 의해 절단) 위로는 상단 레벨인 연관된 레벨(1층 천장속)의 간격 띄우기 0mm까지, 아래로는 추가된 뷰 깊이 레벨인 연관된 레벨(1층)의 간격 띄우기 0mm까지 범위에 포함된 요소들이 평면 뷰에 나타납니다.



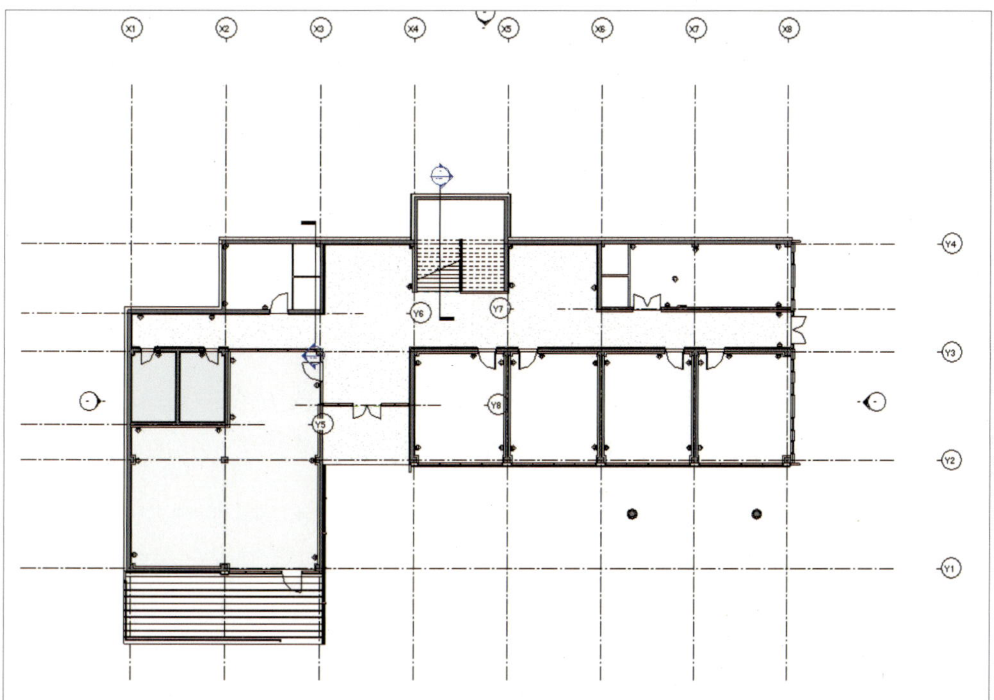

- **절단 가능 패밀리** : 패밀리가 절단 가능이면 뷰의 절단 기준면이 모든 유형의 뷰에서 해당 패밀리를 교차할 때 패밀리가 절단으로 표시됩니다.

| 패밀리 템플릿으로 작성<br>절단시 옵션 사용 가능 | 패밀리 템플릿으로 작성<br>절단시 옵션 사용 불가 | 시스템 패밀리 |
| --- | --- | --- |
| ■ 케이스워크<br>■ 기둥<br>■ 문<br>■ 대지<br>■ 구조 기둥<br>■ 구조 기초<br>■ 구조 프레임<br>■ 창 | ■ 커튼월 패널<br>■ 일반 모델<br>■ 지형 | ■ 천장<br>■ 바닥<br>■ 지붕<br>■ 벽 |

- **절단 불가능 패밀리 :** 다음 패밀리는 절단할 수 없으며 항상 뷰의 투영에 표시됩니다.

| | | | | |
|---|---|---|---|---|
| ■ 난간 동자 | ■ 전기 설비 | ■ 가구 시스템 | ■ 주차장 | ■ 특수 시설물 |
| ■ 상세 항목 | ■ 환경 | ■ 조명 설비 | ■ 수목 | |
| ■ 전기 시설물 | ■ 가구 | ■ 기계 장비 | ■ 배관 설비 | |

뷰에 대한 [특성] 대화상자의 분야가 건축 또는 구조로 지정되어 경우 절단 기준면에서 뷰 깊이를 포함한 범위가 해당 평면 뷰에 반영됩니다.

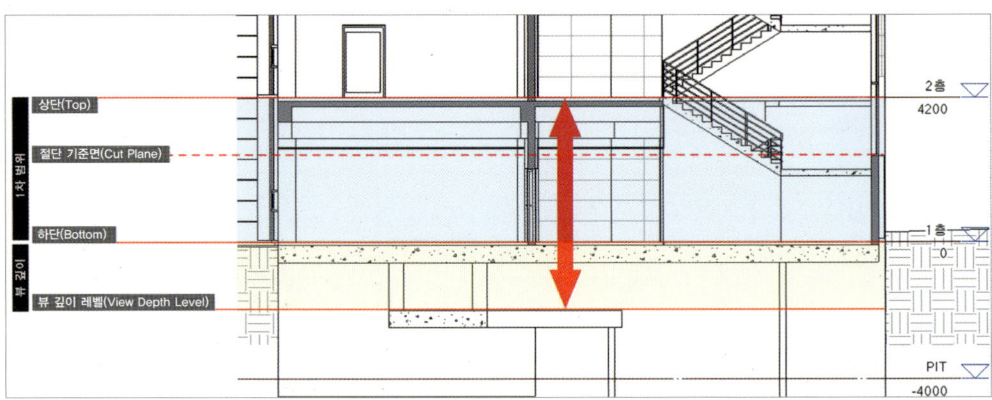


[평면도 뷰 범위]

뷰 깊이가 하단보다 깊은 경우 위 이미지의 화살표 범위에 해당하는 요소들이 뷰에 나타납니다.

● **반사된 천장 평면도 뷰 범위** 반사된 천장 평면도(RCP)는 해당 레벨에서 천장을 바닥에 반사시켜 보는 것처럼 작성되지만, 객체가 보이는 우선 순위는 천장을 올려다보는 것과 같습니다. 즉 절단 기준면을 기준으로 위쪽 방향으로(상위 레벨 방향) 뷰 깊이가 설정됩니다. 하단 자르기 기준면은 비활성화되며, 절단 기준면의 간격 띄우기 값과 같은 값이 적용됩니다.

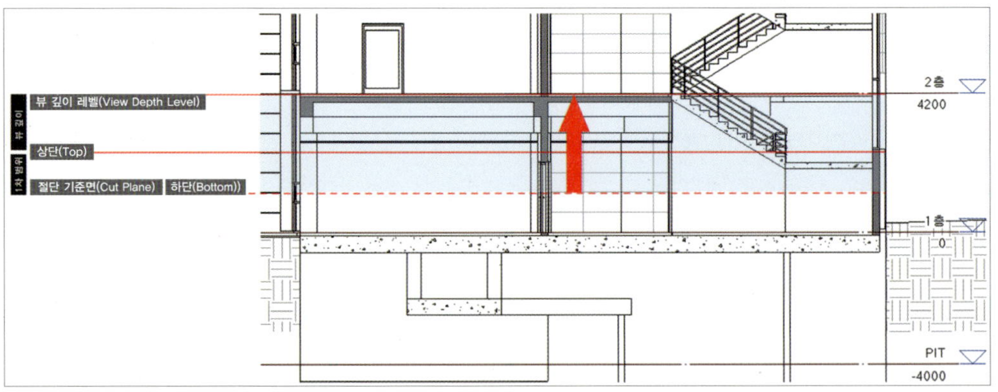


[반사된 천장 평면도 뷰 범위]

뷰 깊이가 하단보다 높은 경우 위 이미지의 화살표 범위에 해당하는 요소들이 뷰에 나타납니다.

> **알아두세요** **반사된 천장 평면도의 뷰 범위 편집시 주의 사항**
>
> 1. 절단 기준면은 반드시 상단과 하단 사이에 있어야 하고, 상단 범위를 벗어나면 오류가 발생합니다.
> 2. 뷰 깊이는 1차 범위의 상단과 같거나 상단 위에 있어야 하고, 상단보다 낮게 지정하면 오류가 발생합니다.

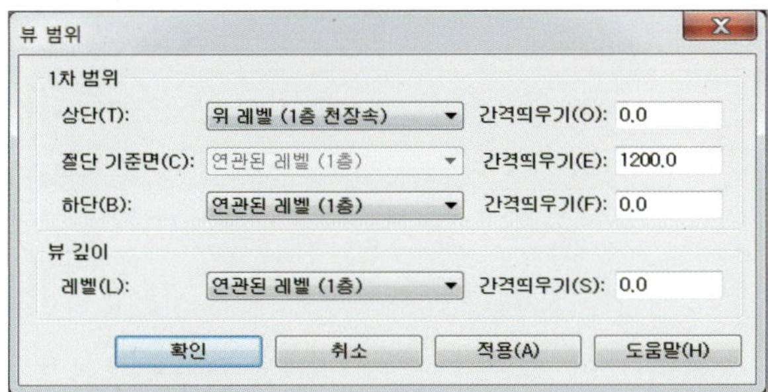

절단 기준면 레벨인 연관된 레벨(1층)의 간격 띄우기 1200mm을 기준으로 상단 레벨인 연관된 레벨(1층) 간격 띄우기 3000mm에서 뷰 깊이 레벨인 (2층) 간격 띄우기 0mm까지 포함된 요소들이 반사된 천장 평면도에 나타납니다.

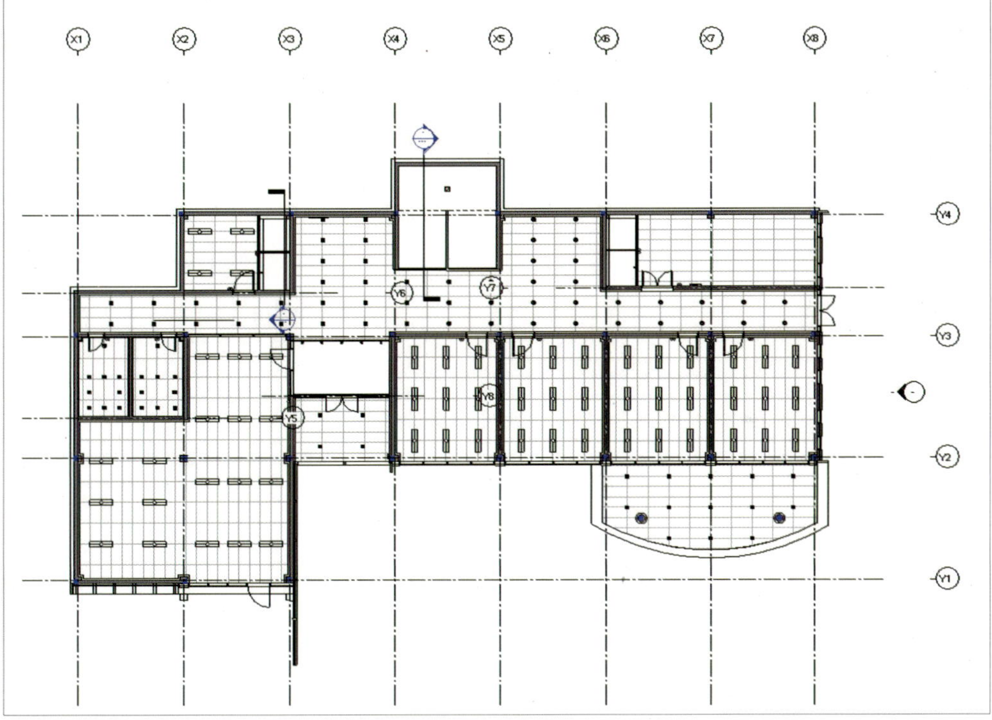

[반사된 천장 평면도]

**알아두세요**

뷰 범위를 정확히 이해하는 것이 도면화 작업 또는 모델링 작업에 유리합니다. 예를 들어 천장이 작업되어 있는 반사된 천장 평면도에서 천장에 배열된 조명기구의 배치를 보려면 분야가 건축, 구조, 좌표인 경우에 절단 기준면이 천장보다 낮아야 합니다. 반면 천장 배열이 아닌 천장 내부 케이블 트레이 및 배선(전선관 배관)을 보려면 절단 기준면이 천장보다 높아야 합니다. 분야가 기계, 전기, 배관인 경우에는 천장에 의해 가려지지 않으므로 범위 내 요소들이 뷰에 전부 나타납니다.

# MEP 프로젝트 시작하기

Revit에서 새 프로젝트를 시작할 준비가 되면 템플릿 파일을 이용하여 프로젝트 파일을 작성합니다. 이번 장에서는 새 프로젝트에 Revit으로 작성한 건축, 구조를 링크하는 방법을 살펴보면서 프로젝트를 작성하여 프로젝트 파일을 관리하고 다른 소스에서 정보를 가져온 후 활용하는 방법에 대해서도 알아보겠습니다.

# 프로젝트
# 작성하기

새로운 MEP 프로젝트를 시작할 때 해당 프로젝트의 특성에 맞게 구성된 프로젝트 템플릿을 이용하는 것이 좋습니다. 그러면 여러 프로젝트가 동시에 진행되더라도 일관성 있게 체계적인 프로젝트를 기반으로 작업할 수 있으며, 프로젝트 초기의 작업 준비 시간을 최소화할 수 있습니다. 프로젝트 템플릿에는 뷰 템플릿, 시스템 패밀리, 로드된 패밀리, 프로젝트 설정(예 전기 설정, 단위, 뷰 축척 등), 인쇄 설정 등을 미리 정의하여 포함시킬 수 있습니다.

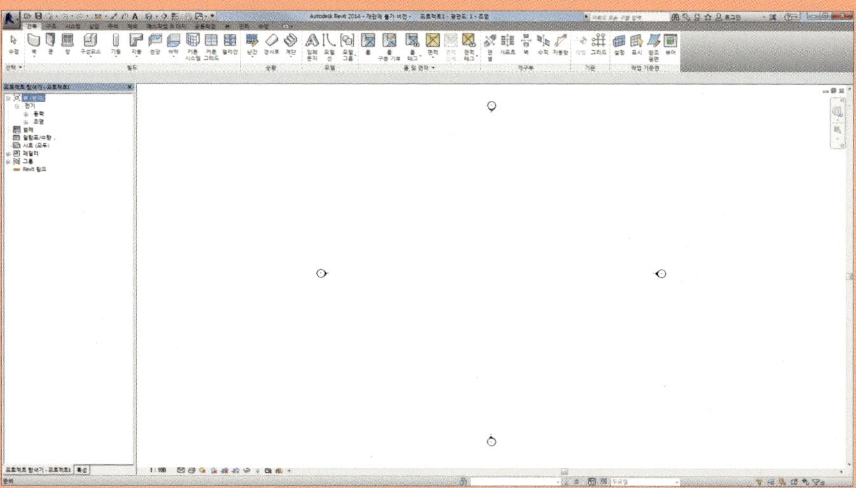

**핵심 Point**

- 프로젝트 템플릿 작성하기
- 프로젝트 템플릿 파일의 위치 지정하기

**01** 새 템플릿 파일을 열기 위해 ▣ ➤ [새로 만들기] ➤ [프로젝트]를 클릭합니다.

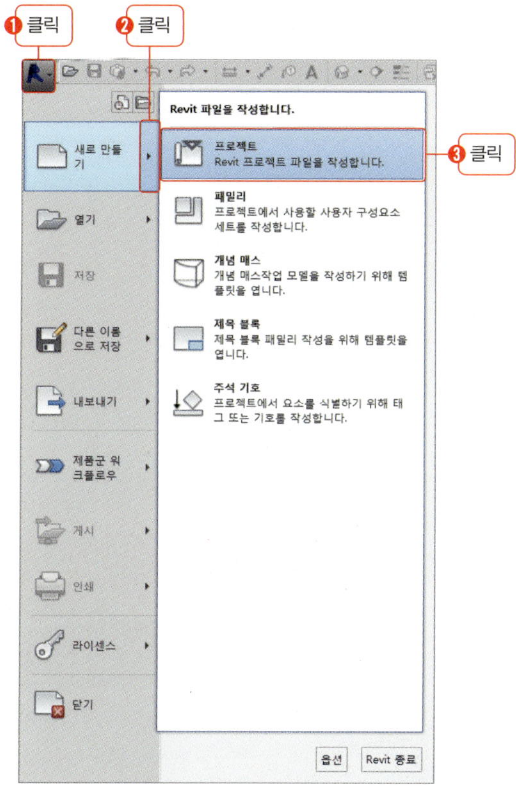


또는 Revit 화면에서 [새로 작성]을 클릭합니다. Revit 2014에서 제공하는 기본 템플릿(Electrical −DefaultKORKOR.rte)으로 템플릿을 작성할 수 있습니다.

**02** [템플릿 선택] 대화상자가 나타나면 'Electrical–DefaultKORKOR.rte' 파일을 선택하고 [열기] 버튼을 클릭합니다. [새 프로젝트] 대화상자가 나타나면 '새로 작성' 항목에서 '프로젝트 템플릿'을 선택하고 [확인] 버튼을 클릭합니다.

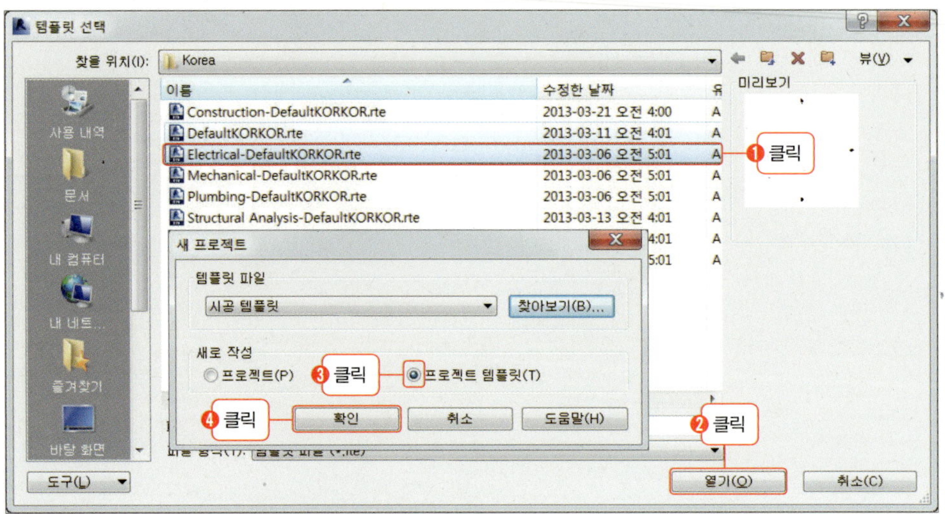


**03** [관리] 탭 ▶ [설정] 패널 ▶ [프로젝트 단위]를 클릭하여 기본 단위를 설정 또는 확인합니다.

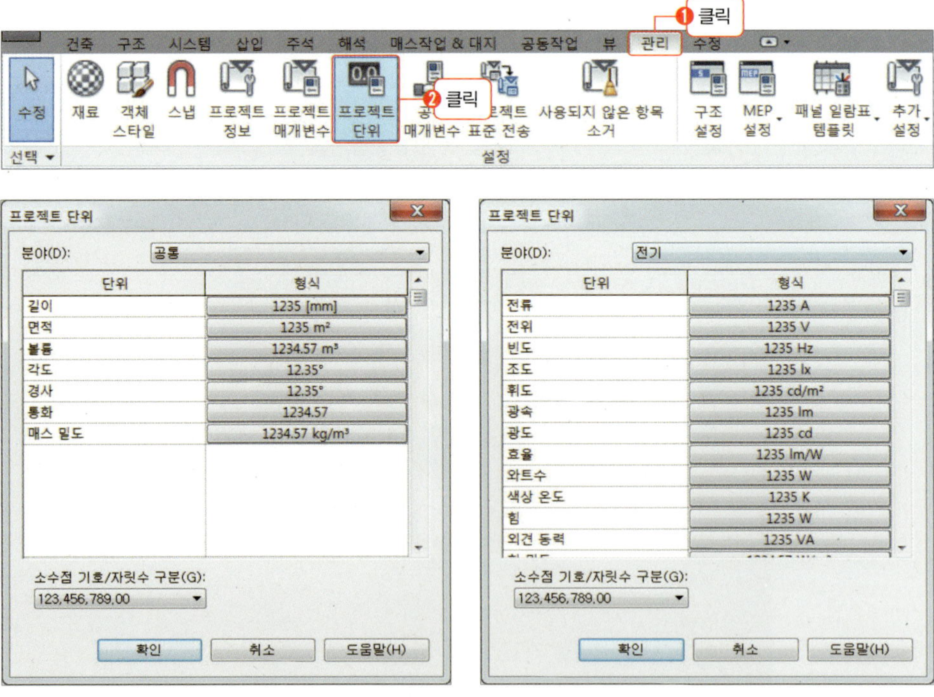

제공되는 프로젝트 템플릿 또는 패밀리 템플릿을 사용하기 전에 .미터법(Metric System) 단위인지, 인치(Inch) & 파운드 (Pound)를 사용하는 Imperial System인지 확인한 후 전기 설정에서 필요한 사항을 지정합니다. 그리고 케이블 트레이는 기본 설정을 사용할 수 있지만 전압 설정 및 와이어, 배선은 별도 설정이 필요하므로 내선 규정 및 IEC 규정을 참고하여 각각 지정해야 합니다.

| 단위 | 명칭 | 단위 | 명칭 | 단위 | 명칭 |
|---|---|---|---|---|---|
| mm | 밀리미터 | W | 와트 | Ω | 옴 |
| cm | 센티미터 | kW | 킬로와트 | MΩ | 메가 옴 |
| M | 미터 | V | 볼트 | Hz | 헤르츠 |
| km | 킬로미터 | kV | 킬로볼트 | mq | 밀리크론 |
| mm² | 제곱밀리미터 | A | 암페어 | μF | 마이크로화라트 |
| cm² | 제곱센티미터 | mA | 밀리암페어 | ℃ | 섭씨온도 |
| m² | 제곱미터 | VA | 볼트암페어 | % | 퍼센트 |
| kg | 킬로그램 | kVA | 킬로볼트암페어 | N | 뉴턴 |



**형식 대화상자**

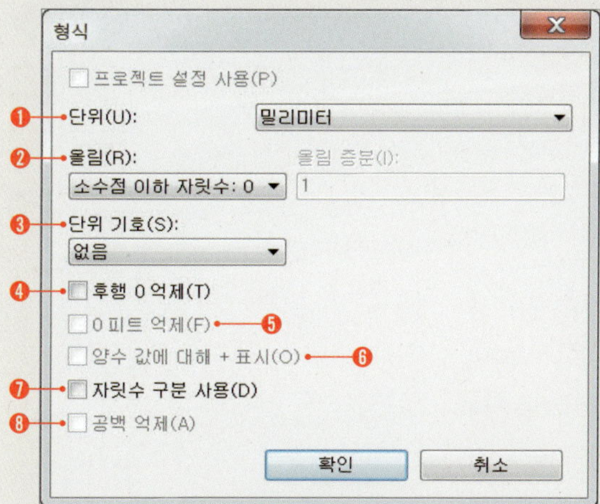


❶ **단위** : 필요한 경우 단위를 지정합니다.

❷ **올림** : 올림에 대해 해당 값을 선택하고 사용자를 선택할 경우 '올림 증분' 입력란에 값을 입력합니다.

❸ **단위 기호** : 리스트에서 적절한 옵션을 선택합니다.

❹ **후행 0 억제** : 체크하면 후행 0이 표시되지 않습니다. **예** 123.4000 → 123.4로 표시

❺ **0 피트 억제** : 체크하면 0 피트 값이 표시되지 않는데, 이 옵션은 길이 및 경사 단위에 사용할 수 있습니다. **예** 0' − 4" → 4" 로 표시

❻ **양수 값에 대해 + 표시**

❼ **자릿수 구분 사용** : 체크하면 [프로젝트 단위] 대화상자에서 지정한 소수점 기호/자릿수 구분 옵션이 단위 값에 적용됩니다.

❽ **공백 억제** : 체크하면 피트 및 앞뒤로 공백이 표시되지 않고, 길이 및 경사 단위에 사용할 수 있습니다. **예** 1' − 2" → 1' − 2" 로 표시

**04** [관리] 탭 ➤ [설정] 패널 ➤ [추가 설정]을 통하여 필요한 설정을 미리 지정할 수 있습니다. 그리고 채우기 패턴, 렌더링 소스, 선 스타일, 선 두께, 태양 설정, 태그, 화살표, 임시 치수, 상세 수준 등을 사용자화 합니다.

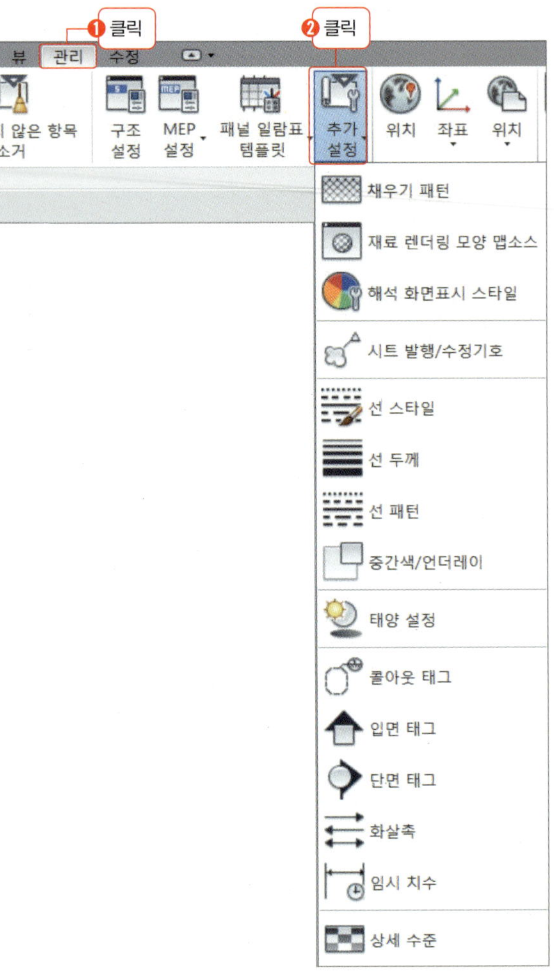


**05** ➤ [인쇄] ➤ [인쇄 설정]을 클릭하여 [인쇄 설정] 대화상자를 나타낸 후 인쇄 환경을 설정할 수 있습니다. 뷰와 시트를 프린터로 출력 가능하고 기타 가상 드라이버나 출력용 소프트웨어를 설치하면 기타 문서 및 파일로 출력할 수 있습니다.

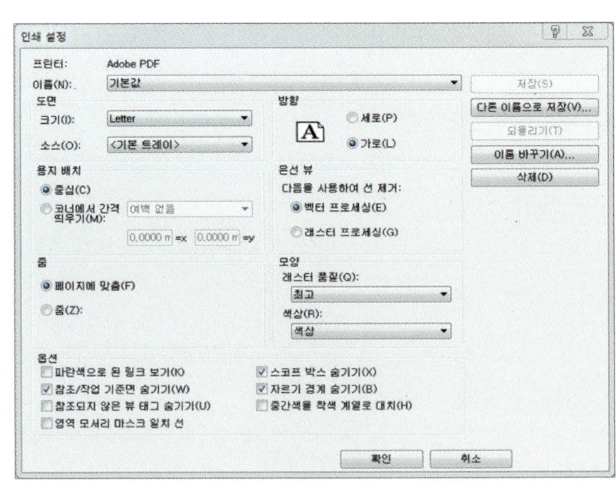

  ➤ [다른 이름으로 저장]➤[템플릿]을 클릭하여 프로젝트 템플릿(*.rte)으로 저장합니다. 이 때 파일 이름을 '2014 Electrical Template.rte'로 저장합니다.

**Revit 템플릿 파일 위치 :** C:\ProgramData\Autodesk\RVT 2014\Templates\Korea

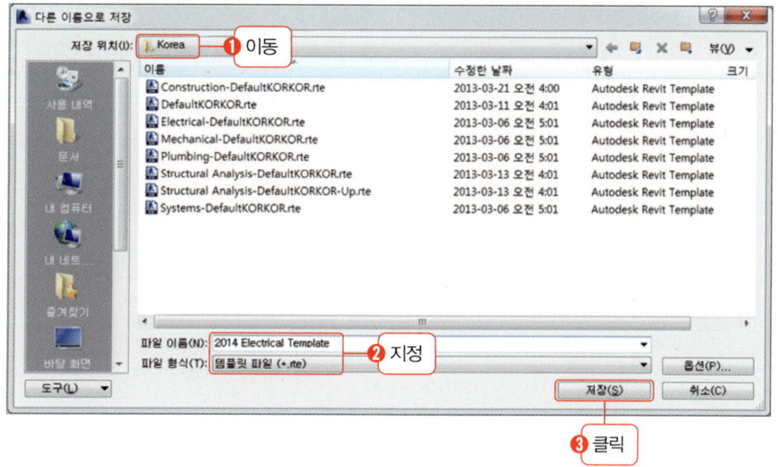

작업 세트를 포함하여 작업한 프로젝트가 아니면 ▮ ➤ [다른 이름으로 저장] ➤ [템플릿]을 클릭하여 프로젝트 파일(*.rvt)을 프로젝트 템플릿(*.rte)으로 저장할 수 있습니다. 프로젝트를 템플릿으로 저장할 때 작업된 모델(형상 정보)을 제외하고 싶거나 작업 세트가 포함된 프로젝트여서 '템플릿으로 저장하기'가 활성화되지 않으면 다음의 순서대로 프로젝트 템플릿을 만들 수 있습니다.

---

**01** 프로젝트 템플릿으로 적용할 Revit MEP 프로젝트(**예** Chapter 02\Lesson 02\Lesson 02 _01 Electrical.rvt) 파일을 엽니다.

**02** 새 템플릿을 열기 위해 ▮ ➤ [새로 만들기] ➤ [프로젝트]를 클릭합니다.

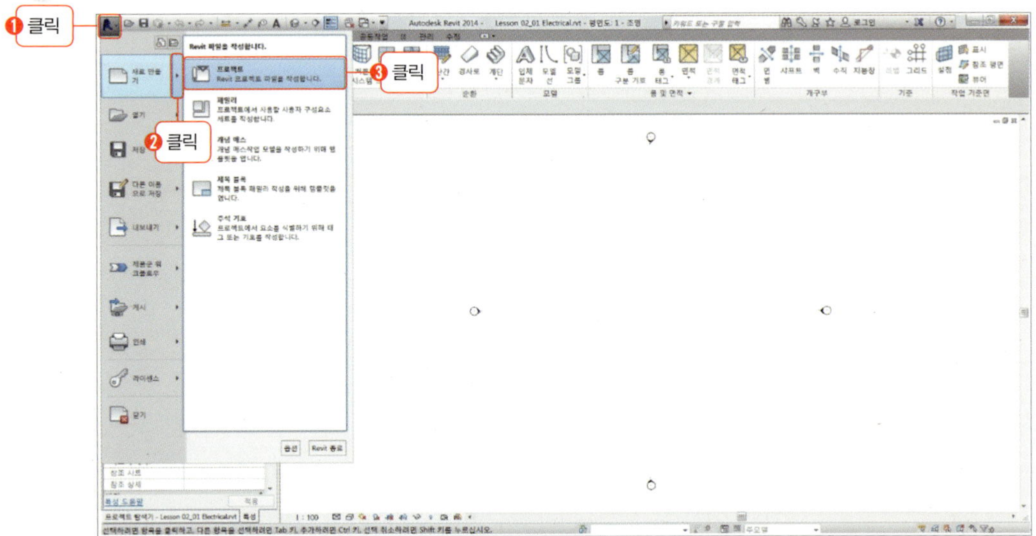

**03** [새 프로젝트] 대화상자가 나타나면 '템플릿 파일' 항목에서 [찾아보기]를 클릭합니다.

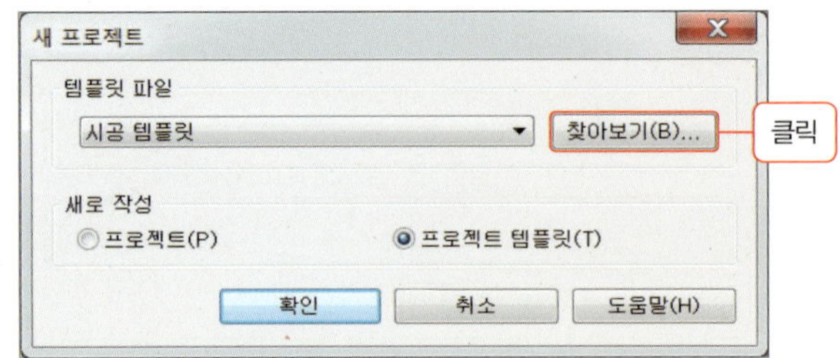

**04** [템플릿 선택] 대화상자가 나타나면 'Electrical-DefaultKORKOR.rte' 파일을 선택하고 [열기] 버튼을 클릭합니다.

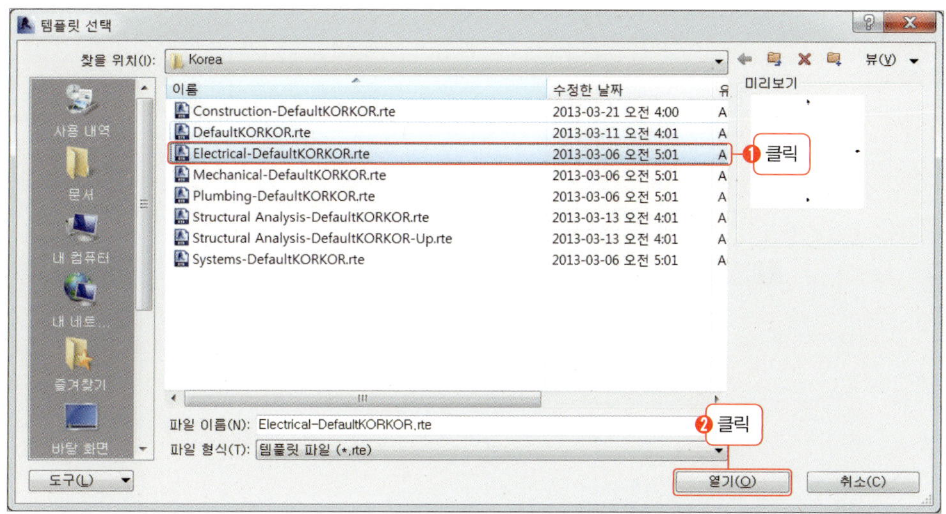

**05** [새 프로젝트] 대화상자가 나타나면 '프로젝트 템플릿'을 선택하고 [확인] 버튼을 클릭합니다.

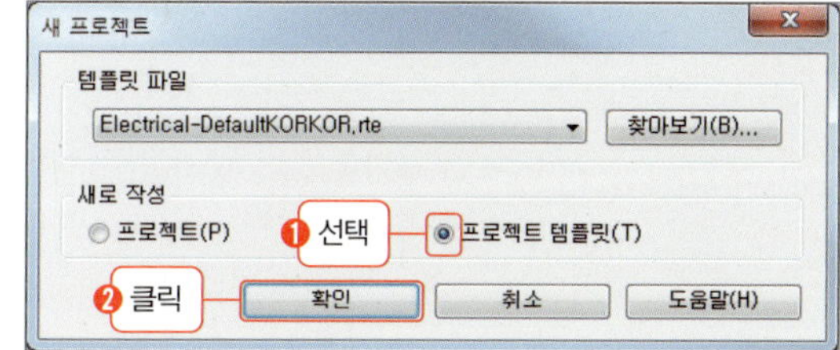

**06** [관리] 탭 ▶ [설정] 패널 ▶ [프로젝트 표준 전송]을 클릭합니다. [복사할 항목 선택] 대화상자의 '복사 위치'가 새로 작성할 프로젝트인지 확인하고 항목을 선택한 후 [확인] 버튼을 클릭합니다.

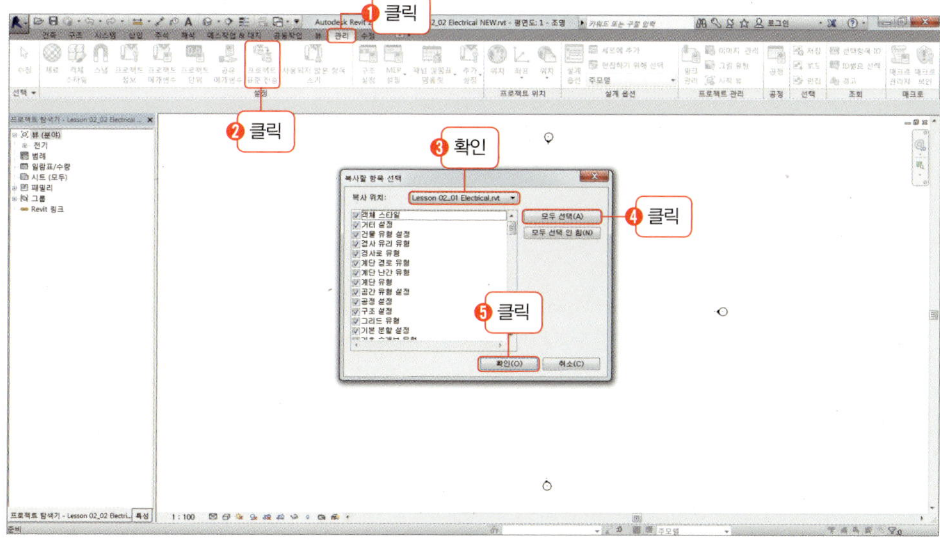



Lesson 02 프로젝트 작성하기

**07** [복제 유형] 대화상자가 나타나면 [덮어쓰기] 및 [새 항목만] 버튼을 클릭합니다. 이 프로젝트에서는 [덮어쓰기] 버튼을 클릭합니다.

- **덮어쓰기 :** 모든 프로젝트 설정을 전송합니다.
- **새 항목만 :** 기존 프로젝트 설정을 제외하고 추가된 설정만 전송합니다.

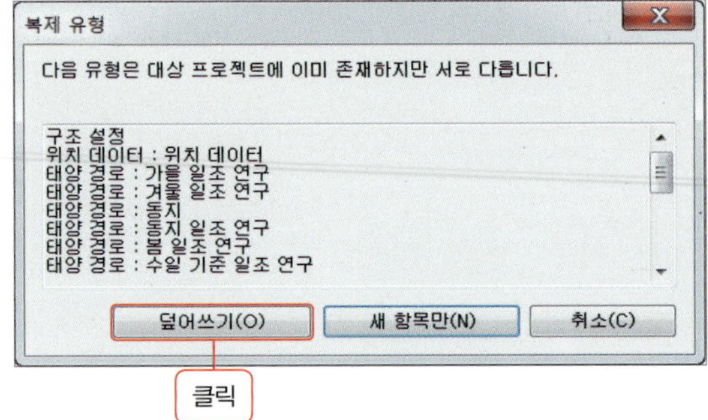


> **TIP**
> - 프로젝트 템플릿에 작업 세트는 포함할 수 없습니다
> - 주어진 템플릿을 기반으로 새로운 프로젝트를 시작할 수 있지만 템플릿 파일을 직접 연 경우 템플릿 편집은 가능한 반면, 프로젝트 파일로 저장할 수 없습니다.

**08** ▶ [다른 이름으로 저장]▶[템플릿]을 클릭하여 프로젝트 템플릿(*.rte)으로 저장합니다.

**01** 　► [옵션] 버튼을 클릭하고 [옵션] 대화상자에서 [파일 위치]를 클릭한 후 를 클릭합니다.

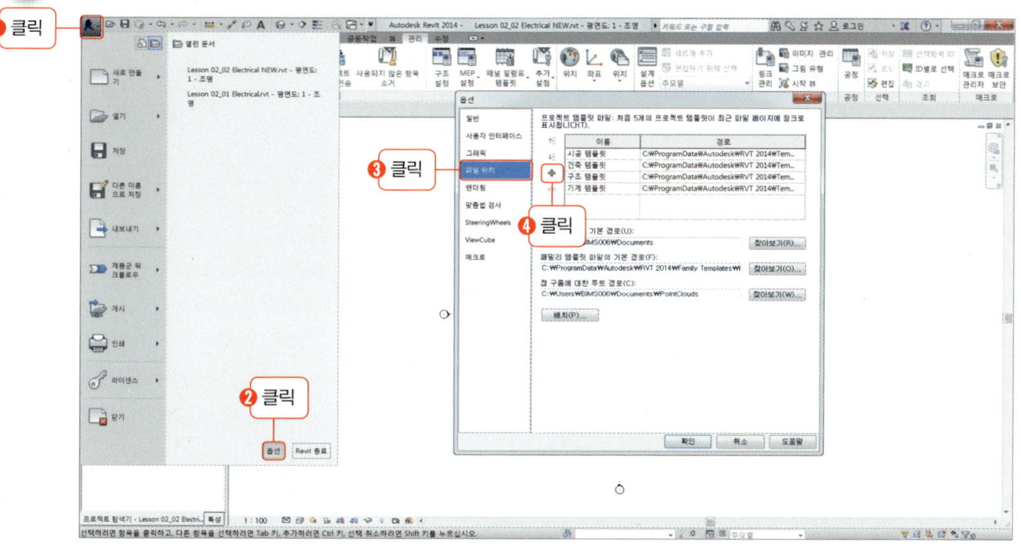

**02** 　[템플릿 파일 찾아보기] 대화상자에서 '2014 Electrical Template.rte' 파일을 선택한 후 [열기] 버튼을 클릭합니다.

Revit 템플릿 파일 위치 : C:\ProgramData\Autodesk\RVT 2014\Templates\Korea

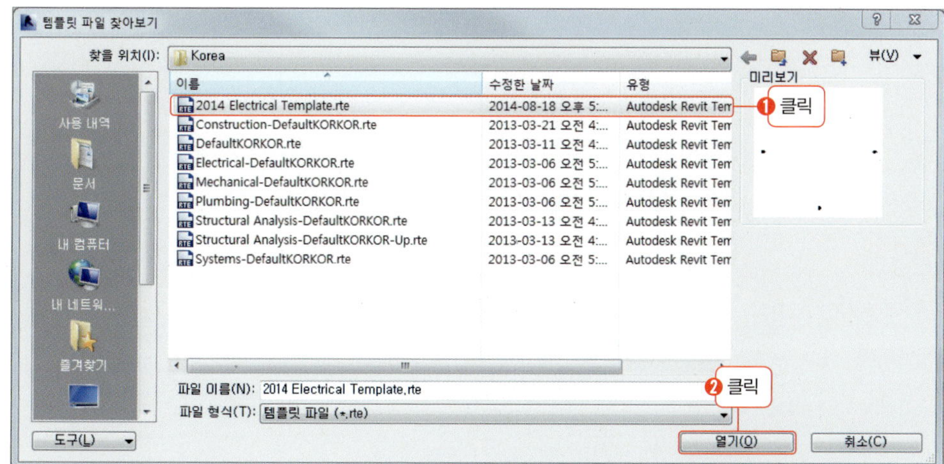

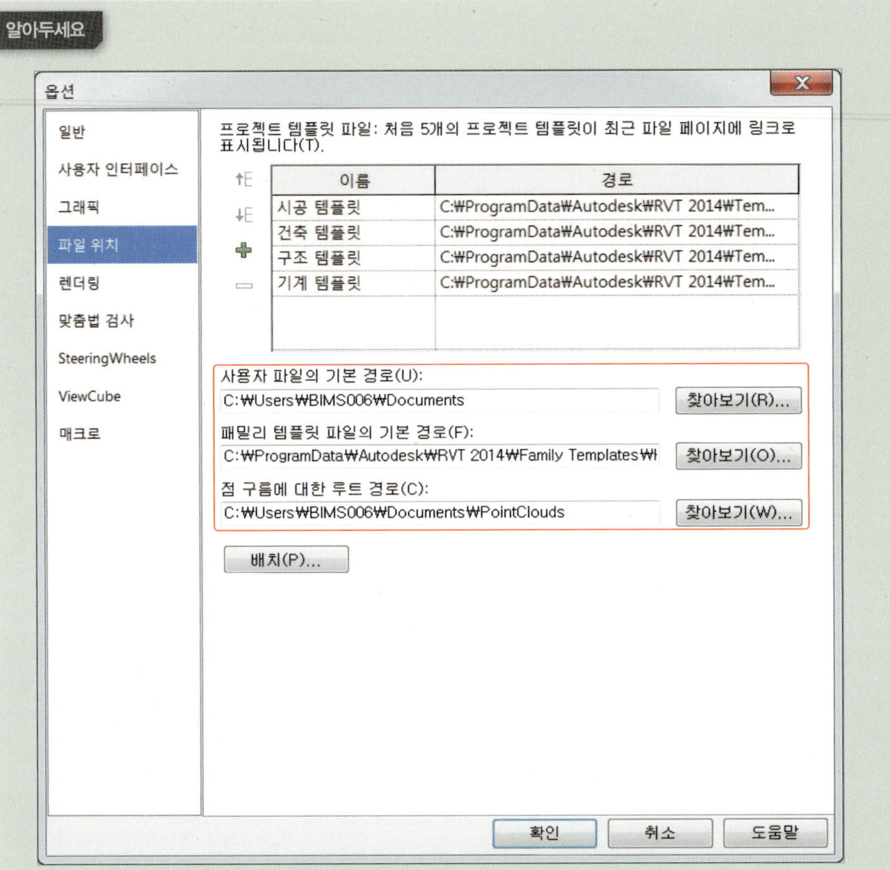

- **사용자 파일의 기본 경로 :** Revit에서 현재 파일을 저장할 기본 경로를 지정합니다.

  이 설정은 파일을 저장하거나 열 때 기본적으로 해당 폴더를 엽니다.

- **패밀리 템플릿 파일의 기본 경로 :** 템플릿 및 라이브러리의 경로를 지정합니다.

  기본 템플릿은 %ALLUSERSPROFILE%\Autodesk\〈제품 이름 및 릴리즈〉\패밀리 템플릿에 설치됩니다.

- **점 구름에 대한 루트 경로 :** 점 구름 파일의 루트 경로를 지정합니다. Revit은 설치 시 이 경로를 자동으로 설정하지만, 사용자가 경로를 변경할 수 있습니다. [링크 관리] 대화상자에 있는 점 구름 파일에 대한 저장된 경로 정보는 이 루트 경로 위치에 상대적입니다. 이 루트 경로를 변경할 경우 이미 Revit 프로젝트에 링크된 모든 점 구름 파일을 다시 로드해야 할 수도 있습니다.

- **배치 :** 각 사용자 별로 해당되는 라이브러리를 추가할 수 있습니다.

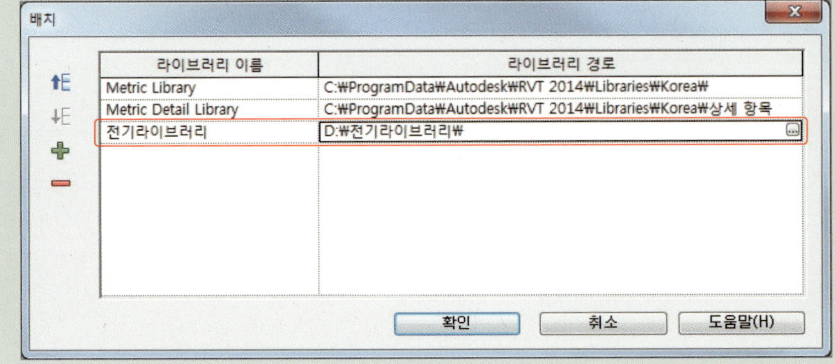

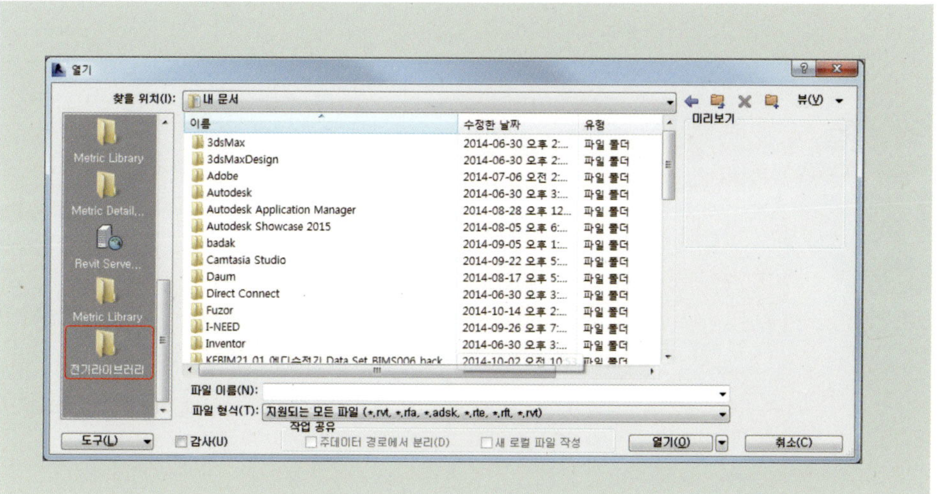

# 프로젝트
# 시작하기

템플릿으로 작성된 정보를 이용하여 프로젝트에 대한 기본 사항을 설정할 수 있습니다. 프로젝트를 수행하기 위해 Revit을 실행하여 뷰를 열고 요소의 작성과 편집을 반복한 후 각 기능을 수행하는 명령을 실행하여 요소를 작성하거나 편집하고 속성을 조작합니다. 프로젝트 템플릿에서는 프로젝트에서 사용할 단위, 건축의 레벨, 표준 뷰, 라이브러리를 미리 설정하여 작업을 쉽고 빠르게 진행할 수 있습니다.

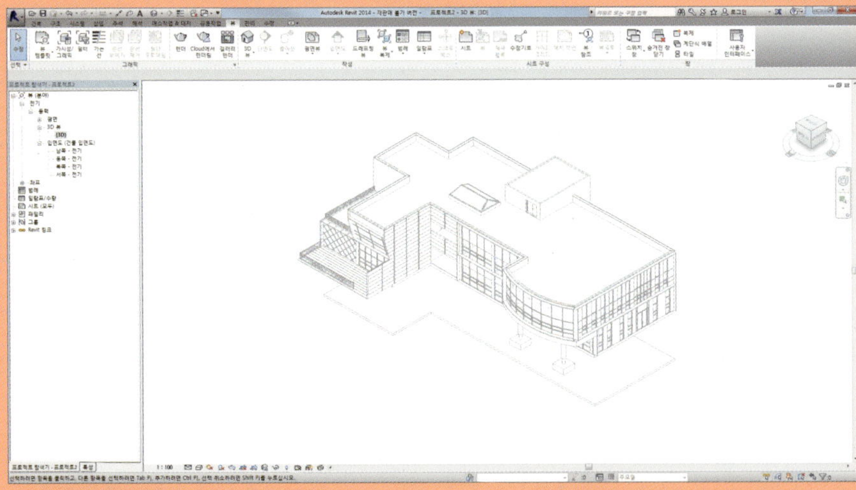

**핵심 Point**

- Revit 건축 파일 링크하기
- 프로젝트 브라우저 구성하기
- 뷰 생성하기
- 뷰 탬플릿 구성하기

프로젝트를 시작하기 전에 성안당 홈페이지(http://www.cyber.co.kr) 자료실에서 예제 파일을 다운로드하여 작업합니다.

---

**01** 　 ➤ [새로 만들기] ➤ [프로젝트]를 클릭합니다.

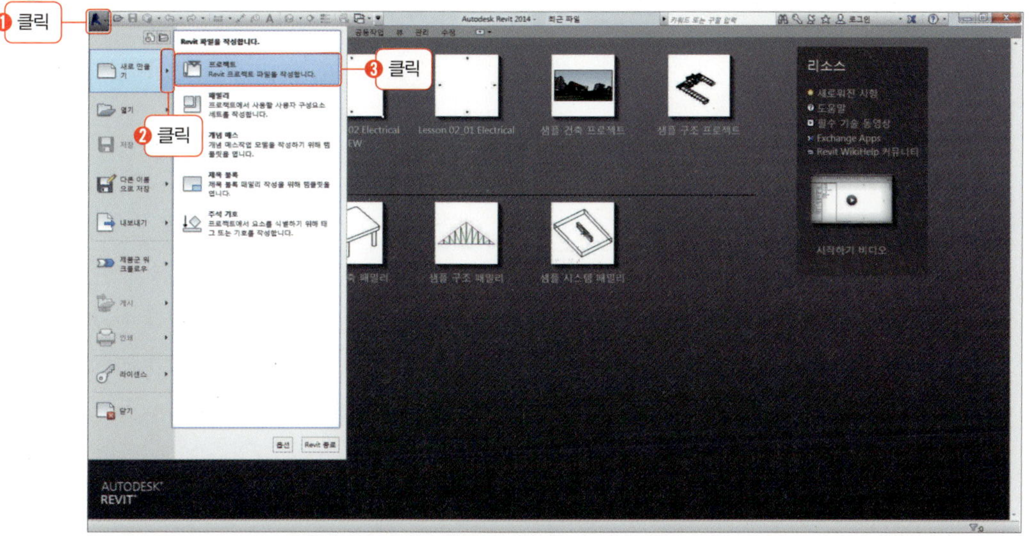

**02** [새 프로젝트] 대화상자가 나타나면 [찾아보기] 버튼을 클릭하여 'Chapter 02 ➤ Lesson 03' 폴더에서 'Lesson 03_01 Template.rte' 파일을 선택하고 [열기] 버튼을 클릭합니다. 그런 다음 '새로 작성' 항목에서 '프로젝트'를 선택한 후 [확인] 버튼을 클릭하세요.

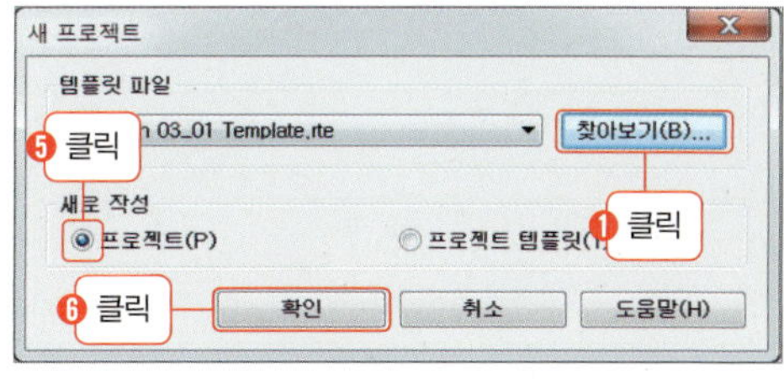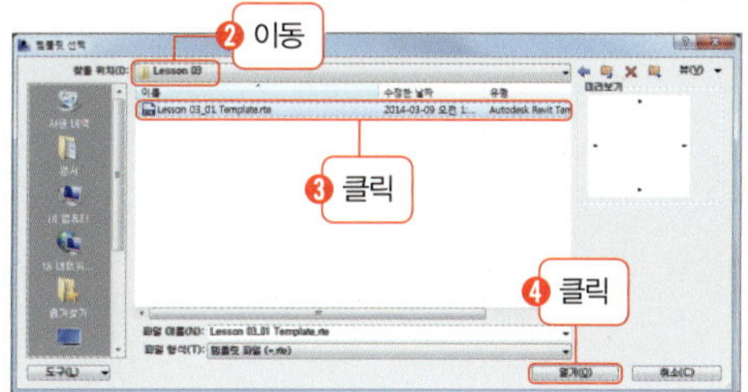

**03** 설정한 템플릿 환경으로 새 프로젝트 파일을 작성했습니다.

별도의 건물 형태인 개별 건물이나 서로 다른 분야(⑩ 건축 모델 및 구조 모델) 간의 조정 등에 대해 모델을 링크하여 작업할 수 있습니다. 이 책에서는 건축 전기설비 작업을 위하여 건축 전기설비를 제외한 건축, 구조, 기계/기계 소방 분야 Revit 모델을 링크하여 작업하지만, 실제 프로젝트에서는 간섭 해결 등의 문제를 원활하게 해결하기 위해 가능한 한 하나의 MEP 파일로 작업하는 것이 좋습니다.

**MEP** : 'Mechanical Electrical Plumbing(Piping도 사용)'의 약자로, '건축 전기 설비 통합 시스템'을 말합니다.

## 01 링크하기

**01** [삽입] 탭 ▶ [링크] 패널 ▶ [Revit 링크]를 클릭합니다. [RVT 가져오기/링크] 대화상자가 나타나면 'Link' 폴더에서 'Lesson 03_ARC A-Type.rvt' 파일을 선택하고 '위치'에서 '자동−원점 대 원점'을 설정한 후 [열기] 버튼을 클릭합니다. 이때 호스트 모델에 링크된 건축 파일은 같은 Revit 세션에서 해당 건축 파일을 별도로 열 수 없습니다.

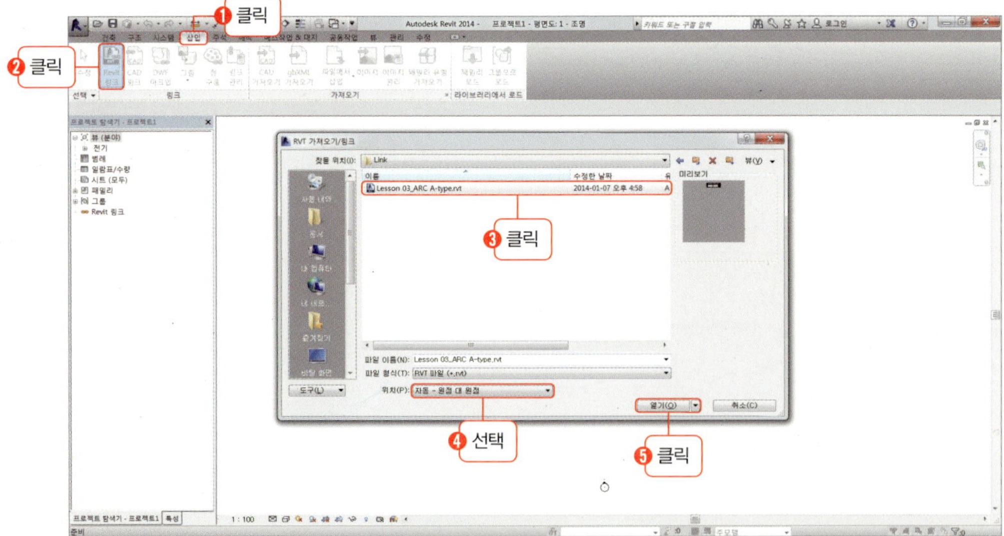


**알아두세요**

건축(링크된 모델)의 천장이나 벽체 등에 설치되는 MEP 모델의 특성상(링크된 모델에서 천장이나 벽체를 복사하여 작업하는 것이 아니면) 천장이나 벽체에 설치되는 MEP 패밀리는 벽체나 천장의 호스트 기반이 아닌 면 기반 또는 작업 기준면 기반 패밀리로 작업하는 것이 좋습니다.

**02** [삽입] 탭▶[링크] 패널▶[링크 관리]를 클릭하고 [링크 관리] 대화상자에서 링크된 건축 파일의
참조 유형이 '오버레이'인지 확인합니다.

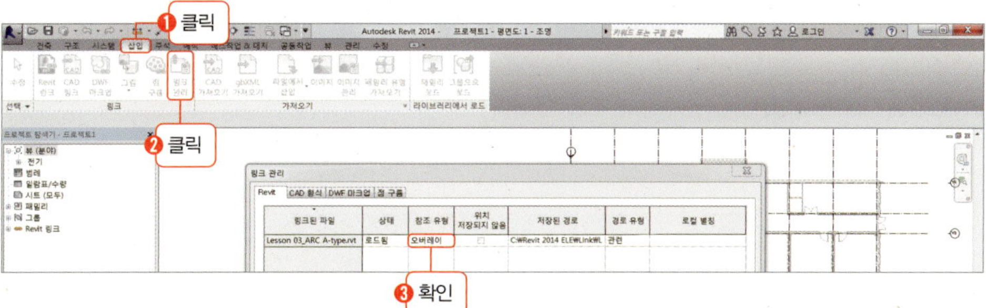



> **Note**
>
> 참조 유형은 현재 호스트(작업중인 전기 모델)인 이 파일이 다른 모델에 링크되는 경우 호스트(Lesson 03_Mech A-type)
> 에 링크되었던 건축 파일(Lesson 03_ARC A-type)을 다른 모델(호스트가 링크된)에서 표시할 것인지(부착), 숨길 것인지
> (오버레이) 결정합니다.
>
> 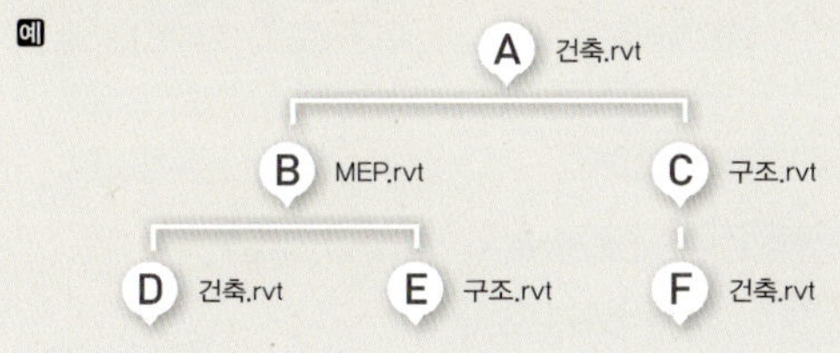
>
> 
>
> B를 호스트로 D와 E를 링크하여 작업되었고, B가
> A에 링크되는 상태라면, B에 링크된 D, E의 참조 유
> 형의 설정 값에 따라 오버레이이면 A에서 표시되지
> 않고, 부착이면 A에서 표시됩니다.

**03** 프로젝트 탐색기에서 평면을 확장
한 후 '1- 동력'을 더블 클릭하여 뷰
를 활성화합니다.

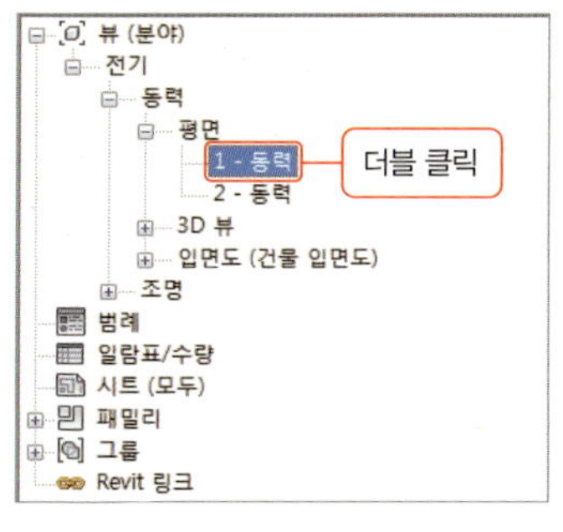

**04** [뷰] 탭 ➤ [그래픽] 패널 ➤ [가시성/그래픽]을 클릭한 후 [모델 카테고리] 탭의 '필터 리스트' 항목
에 '건축'이 체크되어 있는지 확인합니다.

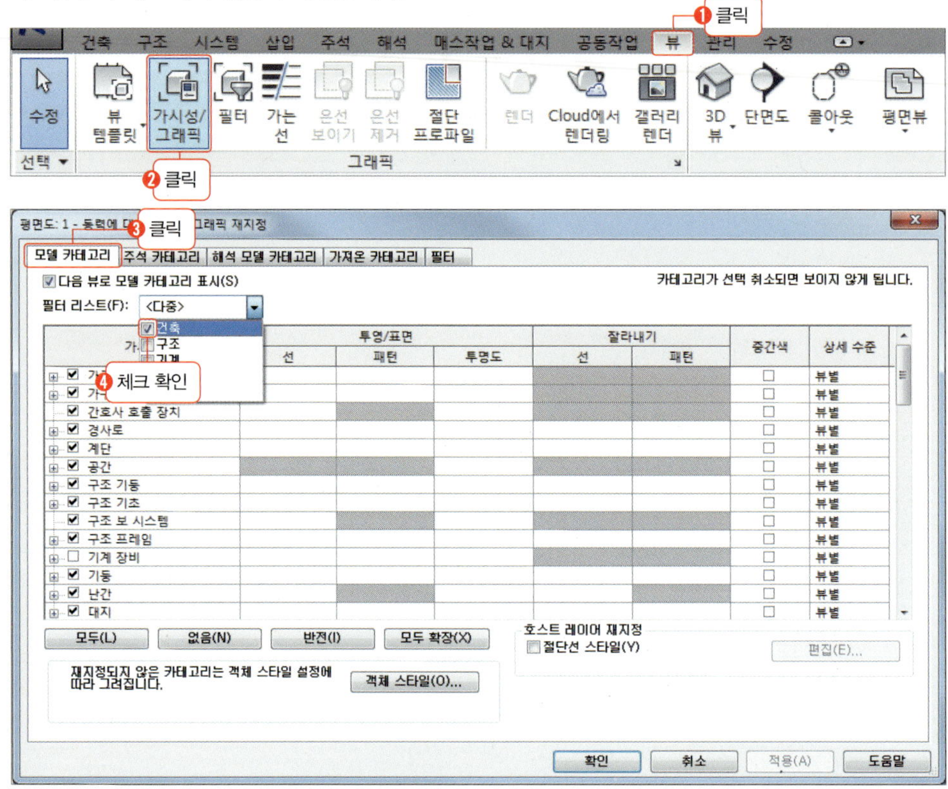



**05** '대지' 항목을 확장하여 '조사점'과 '프로젝트 기준점'에 체크한 후 [확인] 버튼을 클릭합니다. 그
런 다음 조사점과 프로젝트 기준점이 건축 모델의 원점인 X1, Y1과 일치하는지 확인합니다.

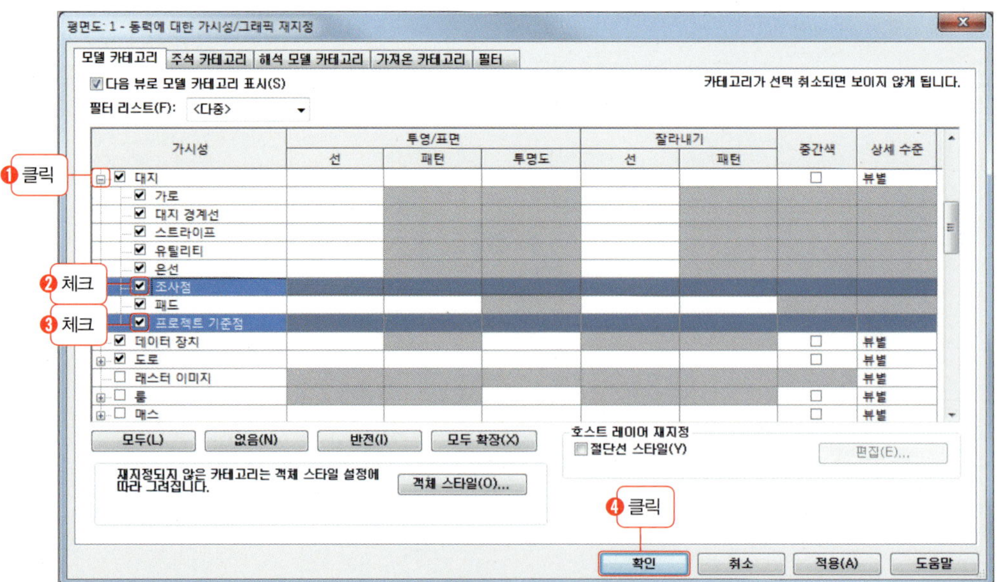

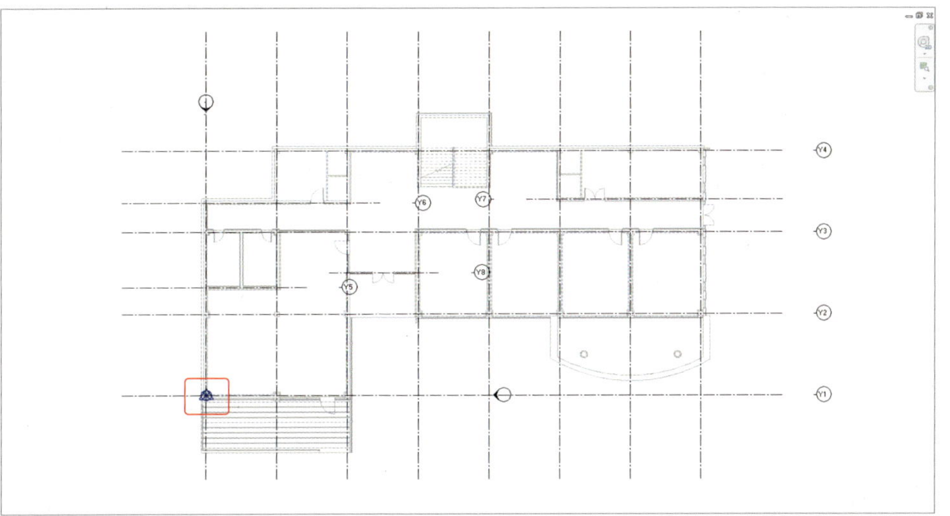



**알아두세요**

- 프로젝트 기준점과 조사점은 천장 평면과 지하 레벨을 제외한 지상층 바닥 평면도에서 가시적으로 확인할 수 있습니다.
- 건축과 구조 프로젝트가 원점 대 원점으로 삽입되었는데, 프로젝트 기준점과 조사점이 그리드 선에 일치하지 않을 경우 임의로 프로젝트 원점에 맞도록 이동하지 않아야 합니다. 만약 그럴 경우 건축 그리드 선에 맞춰 그대로 작업을 시작하는 것이 좋습니다.
- MEP 파일과 링크된 건축 파일 간에 프로젝트 기준점과 조사점이 다를 경우 통합 뷰어에서 각 모델이 동일한 위치에 배치되지 않을 수 있습니다.

**06** 프로젝트 기준점을 확인한 후 건축 모델을 선택하고 [수정 l RVT 링크] 탭 ➤ [수정] 패널 ➤ [핀] ⊠을 클릭하여 모델을 고정합니다.

**TIP**

링크 파일이 고정되면 작업 중 실수로 이동할 우려가 없지만, 모델 간 고정이 너무 많으면 파일이 무거워질 수 있으므로 불필요한 고정은 하지 않는 것이 좋습니다.

## 02 링크된 모델 복사/감시하기

복사/감시 도구를 시작할 때 [현재 프로젝트 사용] 또는 [링크 선택]을 선택한 후 [복사] 또는 [감시]를 선택할 수 있습니다.

- **복사** 선택한 항목의 사본을 작성하고 복사된 요소와 원래 요소 간의 감시 관계를 설정합니다. 원래 요소가 변경되는 경우 프로젝트를 열거나 링크된 모델을 다시 로드하면 경고 메시지가 표시됩니다. 이 복사 도구는 복사 및 붙여넣기에 사용하는 다른 복사 도구와 다릅니다.
- **감시** 같은 유형의 두 요소 간에 감시 관계를 설정합니다. 요소가 변경되는 경우 프로젝트를 열거나 링크된 모델을 다시 로드하면 경고 메시지가 표시됩니다.

**01** 프로젝트 탐색기의 입면도에서 '남쪽 – 전기' 뷰를 더블 클릭하여 남쪽 – 전기 입면 뷰를 엽니다.

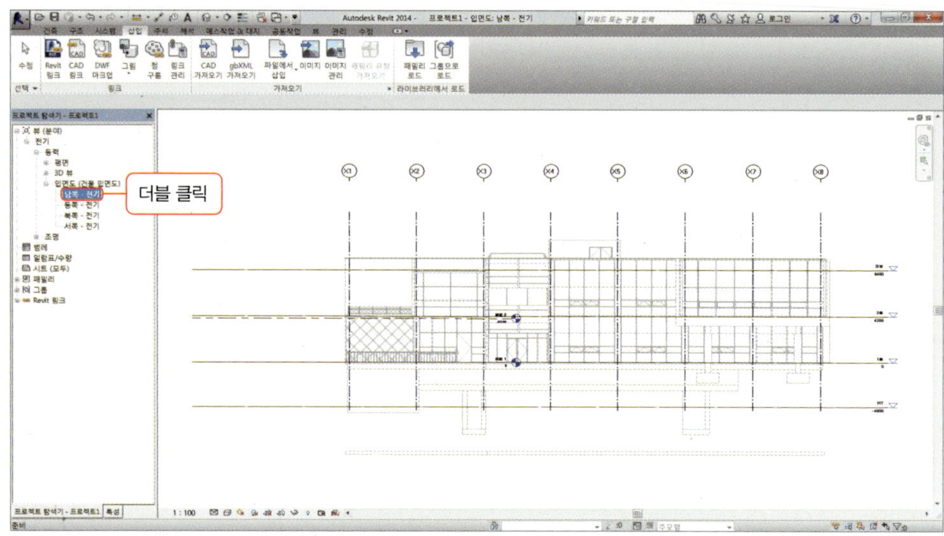

**TIP**

레벨은 단면 뷰 또는 입면 뷰에서만 배치할 수 있습니다.

**02** [공동작업] 탭 ▶ [좌표] 패널 ▶ [복사/감시] ▶ [링크 선택]을 클릭합니다.

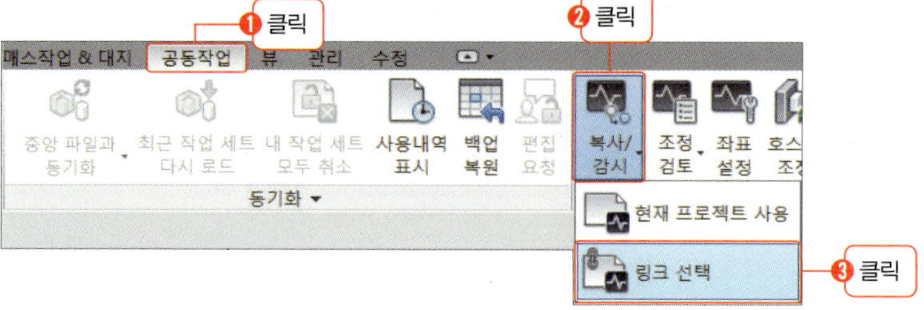


**03** 링크된 건축 모델을 선택합니다.

**TIP**

도면 영역의 오른쪽 아래에 있는 링크 선택이 해제되었을 경우에는 링크된 요소가 선택되지 않을 수 있습니다. 이때 도구는 ▣ 가 아닌 ▣ 상태가 되어야 합니다.

**04** [복사/감시] 탭 ➤ [도구] 패널 ➤ [복사]를 클릭한 후 옵션 막대에서 '다중'에 체크합니다. 복사할 레벨을 드래그하여 모두 선택하고 옵션막대에서 [필터] ▼를 클릭합니다.

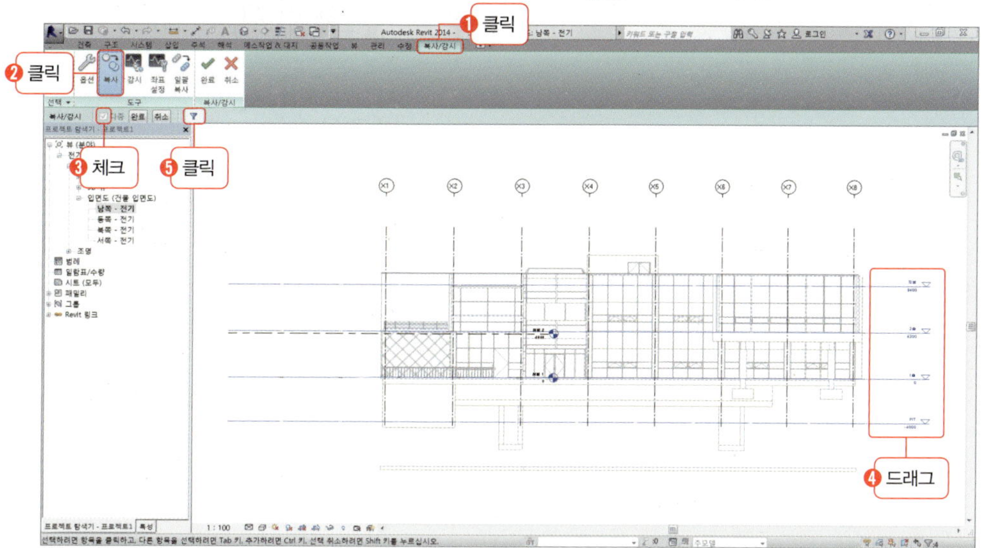


**05** [필터] 대화상자가 나타나면 다른 객체들이 선택되었는지 확인합니다. '카테고리' 항목에서 '레벨'만 선택되었으면 [확인] 버튼을 클릭하고 옵션 막대에서 [완료] 버튼을 클릭하세요.

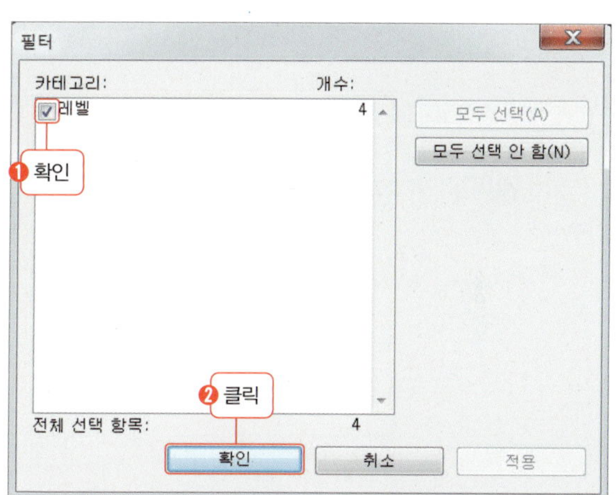




**06** [복사/감시] 탭 ➤ [복사/감시] 패널 ➤ [완료] ✓를 클릭합니다.

 **07** 다음과 같이 완료됩니다.

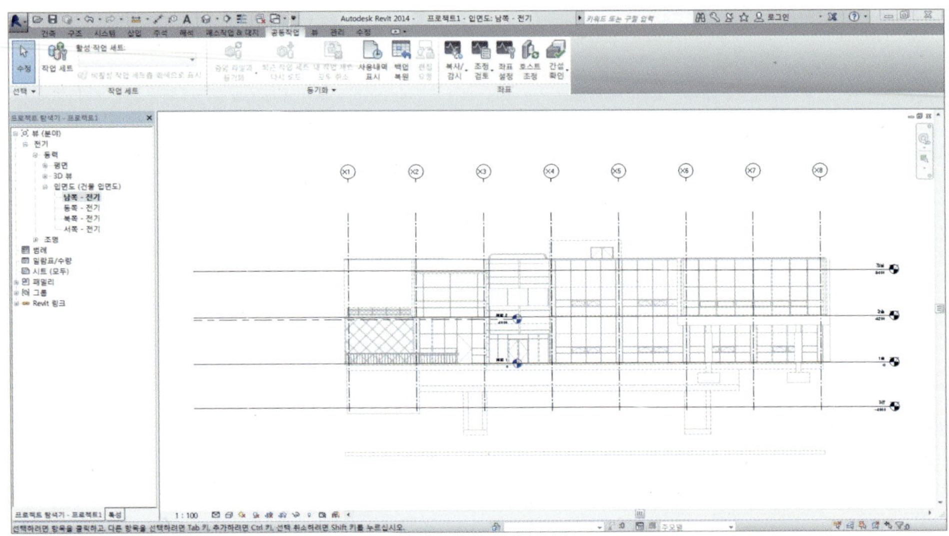



**08** 복사된 레벨 선을 클릭하면 다음과 같은 감시 아이콘이 나타납니다.

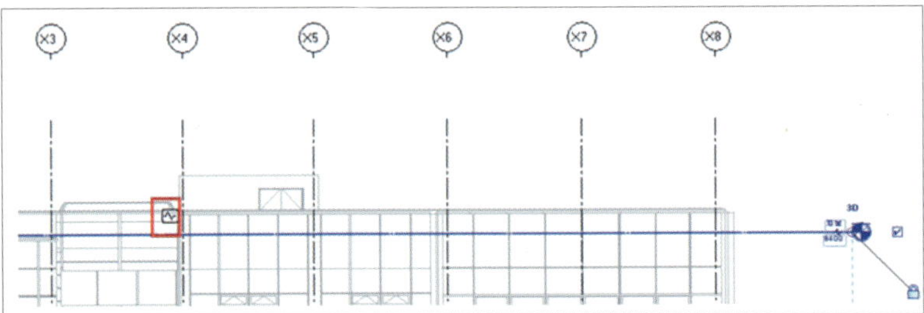

- 링크된 모델에서 레벨을 이동 및 변경 또는 삭제하는 경우 현재 프로젝트를 열거나 링크된 모델을 다시 로드하
  면 변경 사항에 대해 알려주는데, 이러한 경고는 좌표 검토에도 표시됩니다.
- 레벨 선을 선택하면 헤드의 오른쪽에 있는 체크 박스가 활성화되는데, 체크 여부에 따라 헤드 표시 기능을 켜
  거나 끌 수 있습니다.

**09** [수정 | 레벨] 탭 ➤ [수정] 패널 ➤ [핀] 을 클릭하고 도면 영역의 복사된 레벨을 드래그하여 모두 선택한 후 [핀]으로 고정합니다.

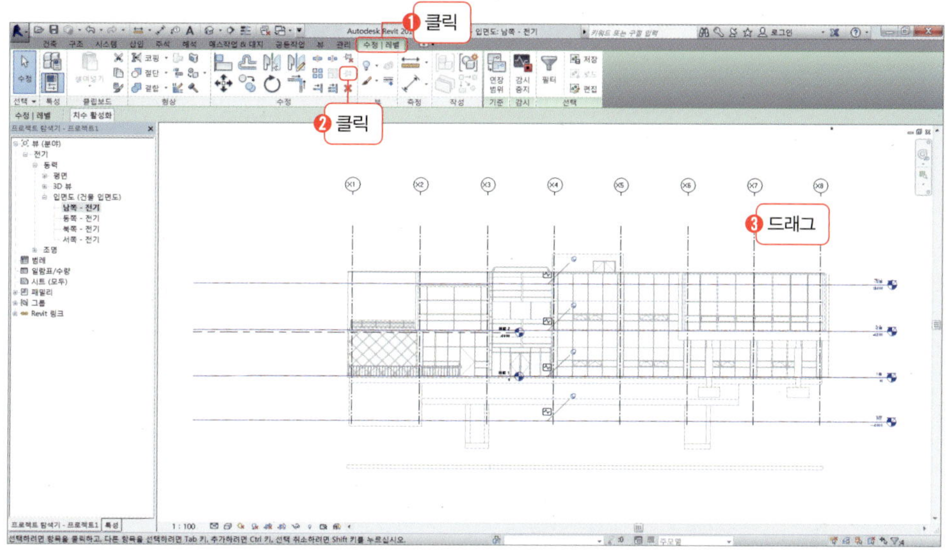

## ▪ Grid 복사/감시

**01** 프로젝트 탐색기에서 '평면'을 확장하여 '1 – 동력' 뷰를 더블 클릭합니다.

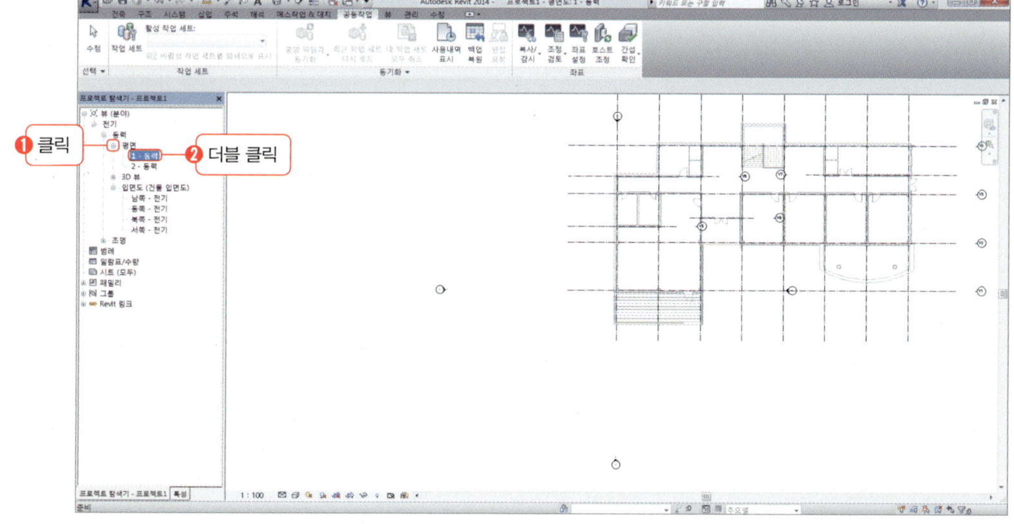

**02** [공동작업] 탭 ▶ [좌표] 패널 ▶ [복사/감시] ▶ [링크 선택]을 선택합니다.

**03** 링크된 건축 모델을 선택합니다.

**04** [복사/감시] 탭 ▶ [도구] 패널 ▶ [복사]를 클릭한 후 옵션 막대에서 '다중'에 체크하고 도면 영역에서 드래그하여 모두 선택합니다. 그런 다음 옵션 막대에서 [필터] ▼ 를 클릭합니다.

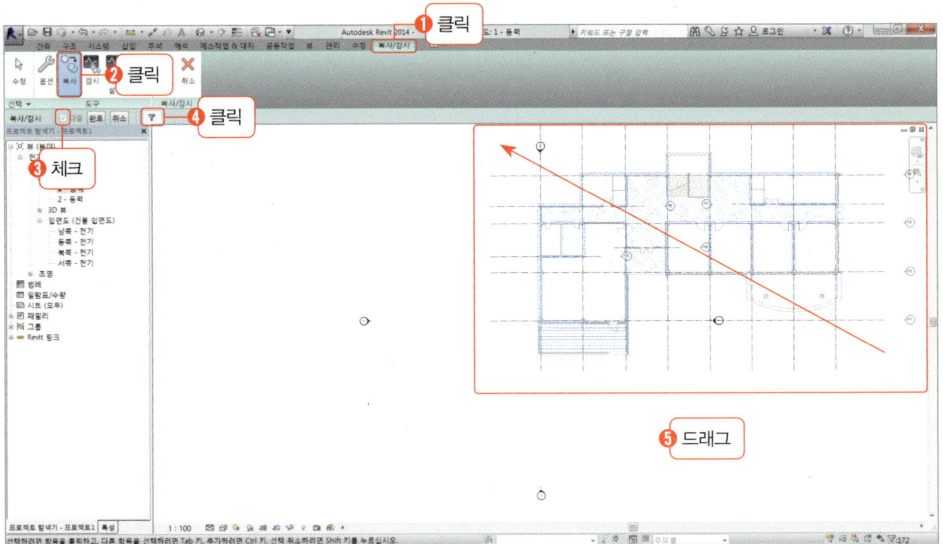


**05** [필터] 대화상자가 나타나면 다른 객체들이 선택되었는지 확인합니다. '카테고리' 항목에서 '그리드'에만 체크하고 [확인] 버튼을 클릭한 후 옵션 막대에서 [완료] 버튼을 클릭합니다.

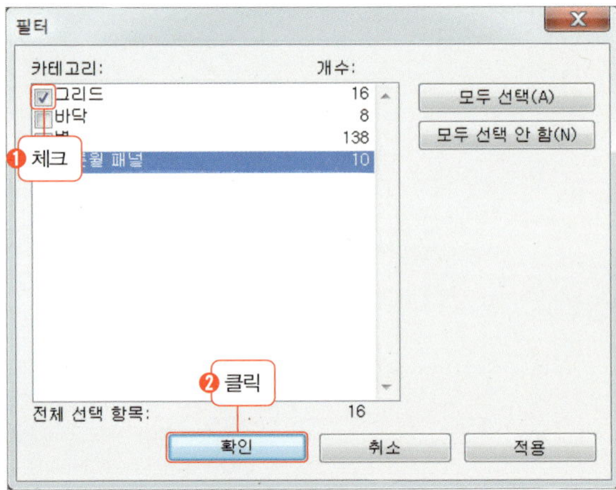

**06** [복사/감시] 탭 ▶ [복사/감시] 패널 ▶ [완료] ✔를 클릭합니다.

**07** 다음과 같이 완료됩니다.

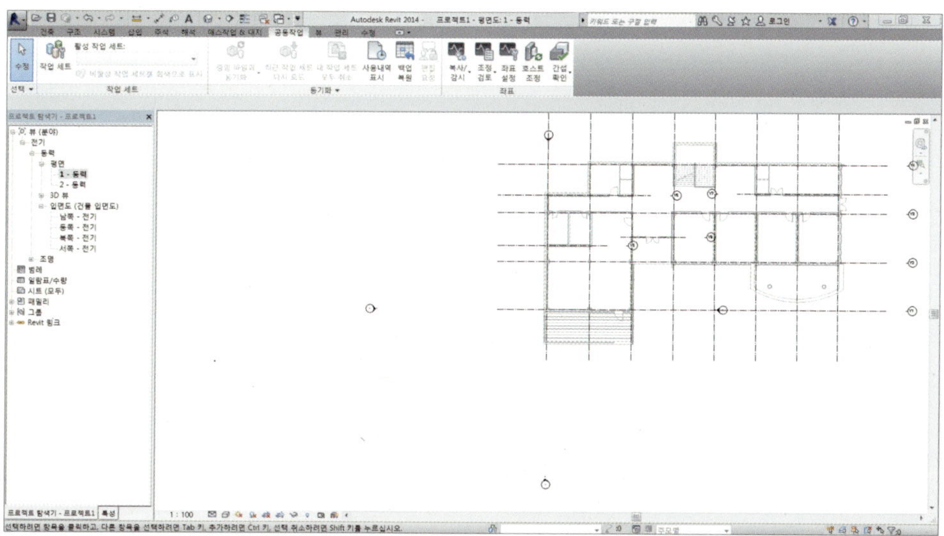

**08** 도면 영역의 입면 뷰를 다음과 같이 이동한 후 도면 영역을 드래그하여 [수정 | 입면도] 탭 ▶
[수정] 패널 ▶ [핀] 을 클릭하여 모델링하는 도중에 그리드가 이동하지 않게 핀으로 고정합
니다.

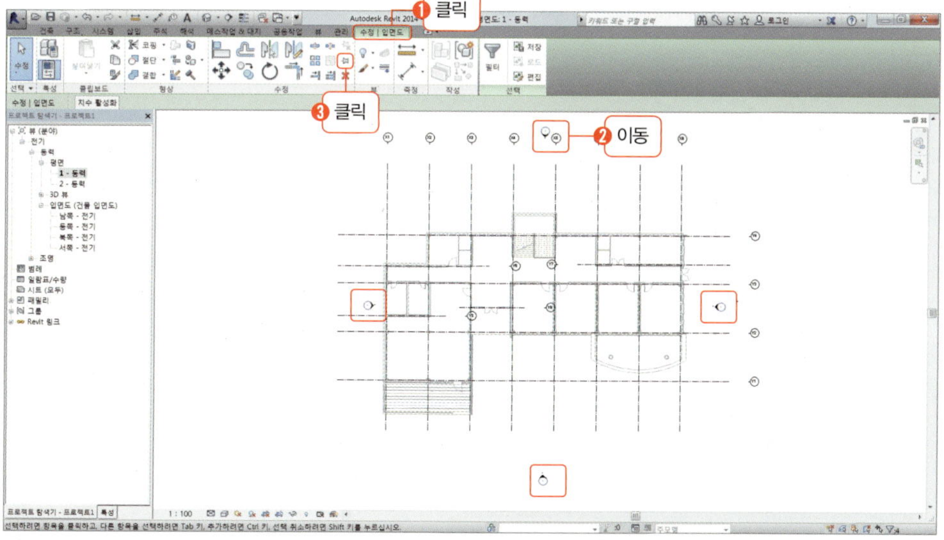

## 01 바닥 평면도 생성하기

**01** 프로젝트 탐색기의 입면도에서 '남쪽 – 전기'를 더블 클릭하고 모델의 중앙에 있는 레벨을 선택하여 삭제합니다.

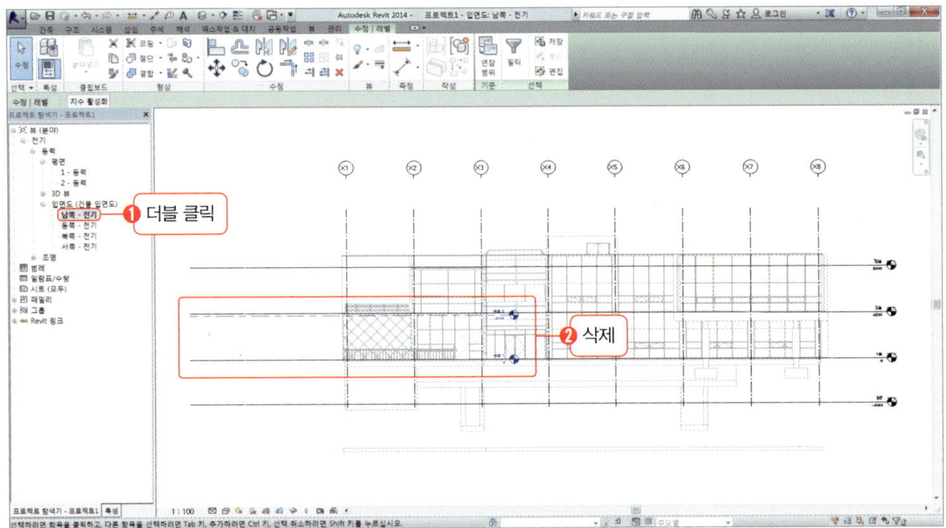

**02** 다음과 같은 대화상자가 나타나면 [확인] 버튼을 클릭합니다.

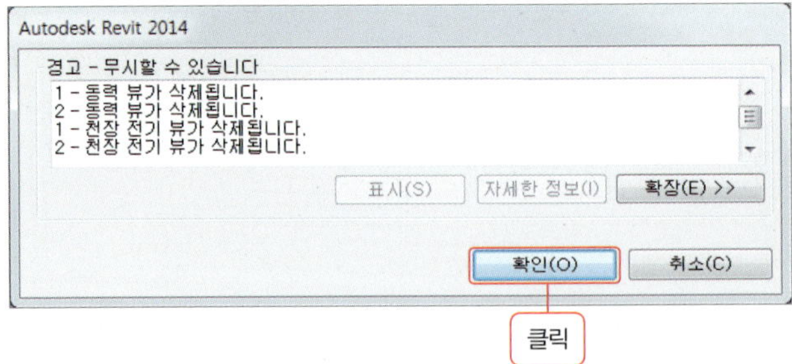

**03** [뷰] 탭 ▶ [작성] 패널 ▶ [평면뷰] ▶ [평면도]를 선택합니다.

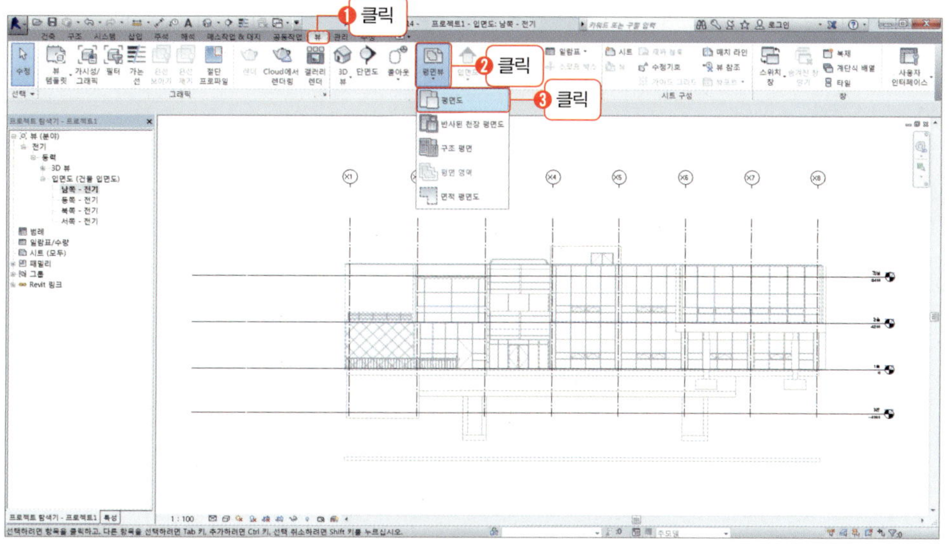


**04** [새 평면도] 대화상자가 나타나면 드래그하거나 Shift 또는 Ctrl 을 누른 상태에서 모든 레벨을 선택한 후 [확인] 버튼을 클릭합니다.

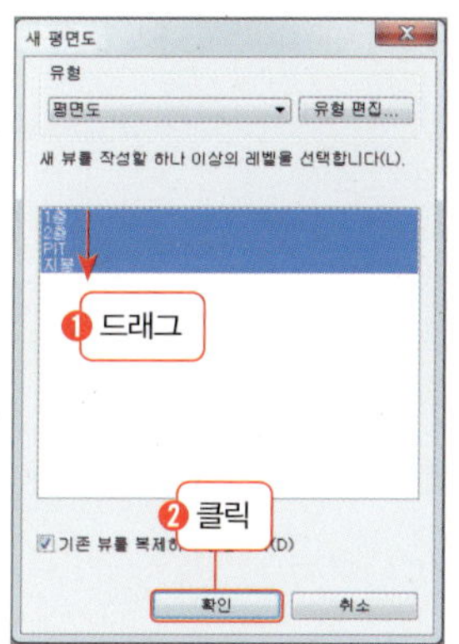


**05** 프로젝트 탐색기에 다음과 같은 평면 뷰가 생성되었습니다.

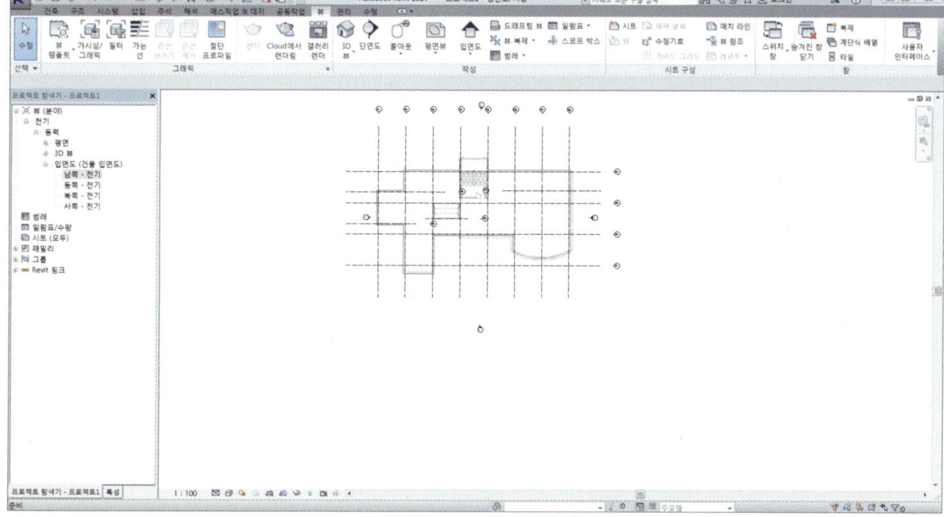

**01** [뷰] 탭 ▶ [작성] 패널 ▶ [평면뷰] ▶ [반사된 천장 평면도]를 선택합니다.

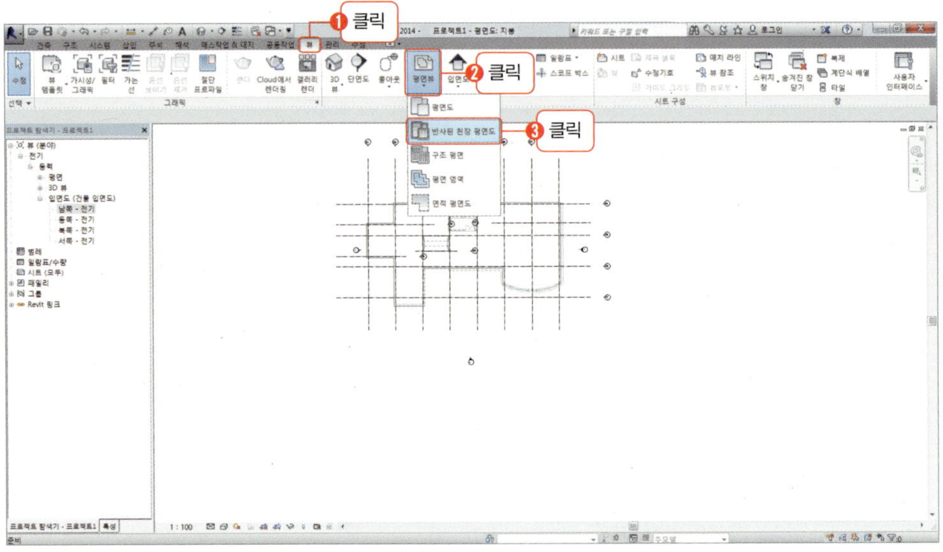

**02** [새 RCP] 대화상자가 나타나면 드래그하거나 Shift 또는 Ctrl 을 누른 상태에서 모든 레벨을 선택한 후 [확인] 버튼을 클릭합니다.

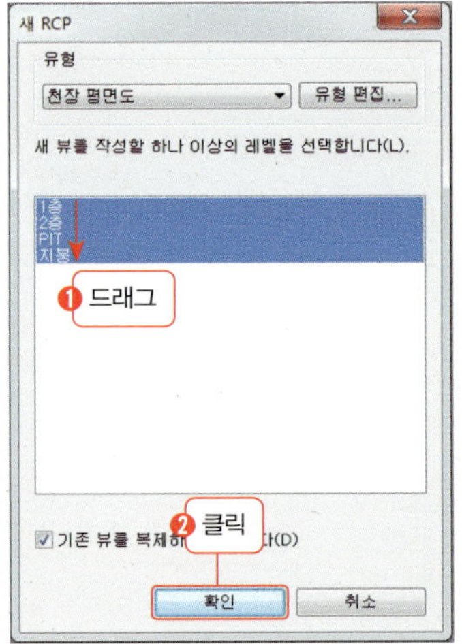

 프로젝트 탐색기에 생성된 천장 평면도를 확인합니다.

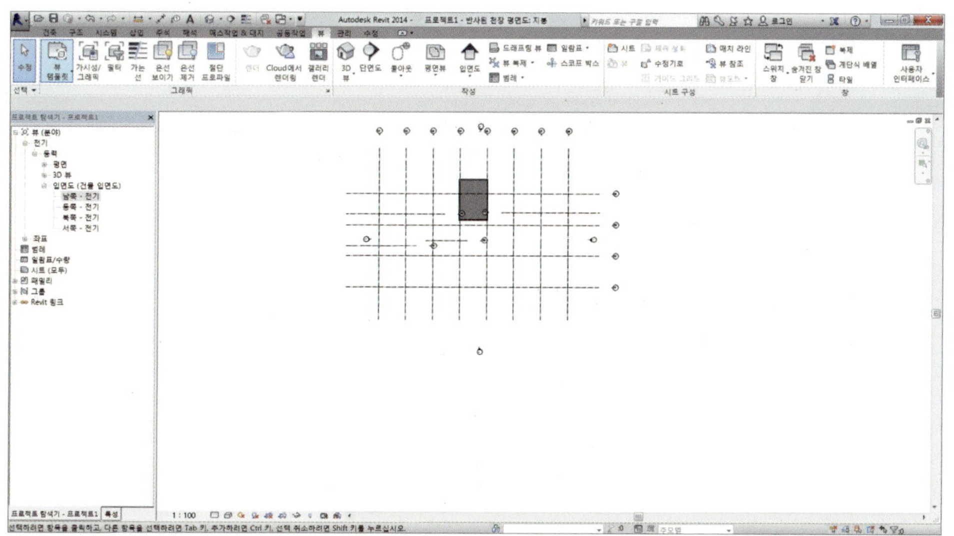

# 프로젝트 사용자화

프로젝트 탐색기는 트리 구조로 표시되고, 모든 뷰와 집계표, 시트, 패밀리, 그룹 및 링크된 Revit 모델 등 현재 프로젝트에 사용되는 모든 사항을 관리합니다. 따라서 프로젝트를 운용할 때 프로젝트 탐색기를 이용하면 좀 더 편리하게 작업할 수 있습니다.

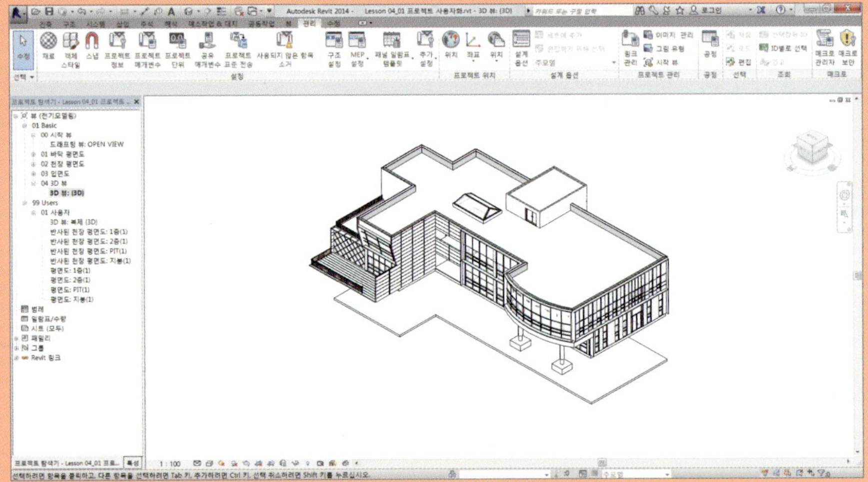

**핵심 Point**

- 프로젝트 브라우저 사용자화하기
- 뷰 탬플릿 관리하기

# 프로젝트 브라우저의 구성

프로젝트 탐색기의 뷰를 사용자의 작업 환경에 맞춰 바꿀 수 있습니다. 이때 좌표 분야에 모든 기본 뷰들을 먼저 배치해야 합니다.

## 01 기본 뷰의 구성

**01** 'Chapter 02\Lesson 04' 폴더에서 'Lesson 04_01 프로젝트 사용자화.rvt' 파일을 선택하고 [열기] 버튼을 클릭합니다.

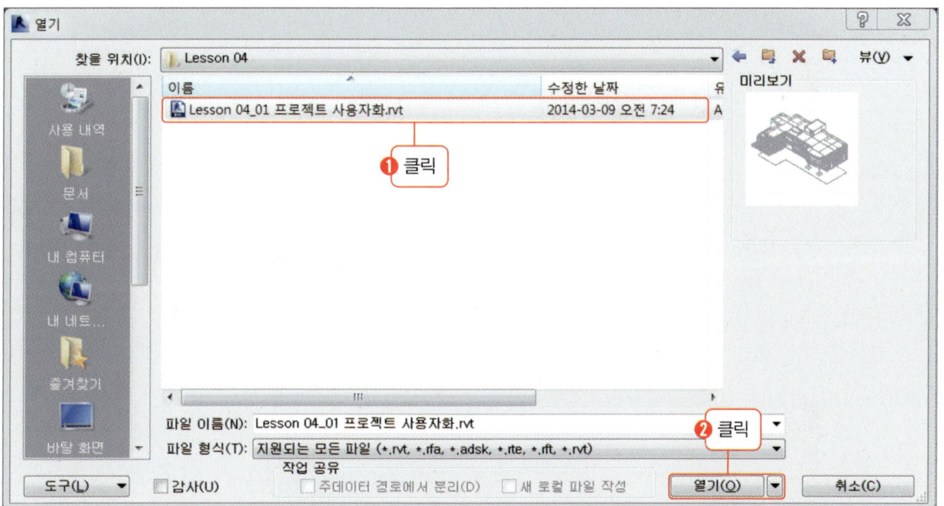


**02** [관리] 탭 ➤ [설정] 패널 ➤ [프로젝트 매개변수]를 클릭합니다. [프로젝트 매개변수] 대화상자가 나타나면 [제거] 버튼을 클릭하여 '하위 분야'를 삭제하고 [추가] 버튼을 클릭합니다.

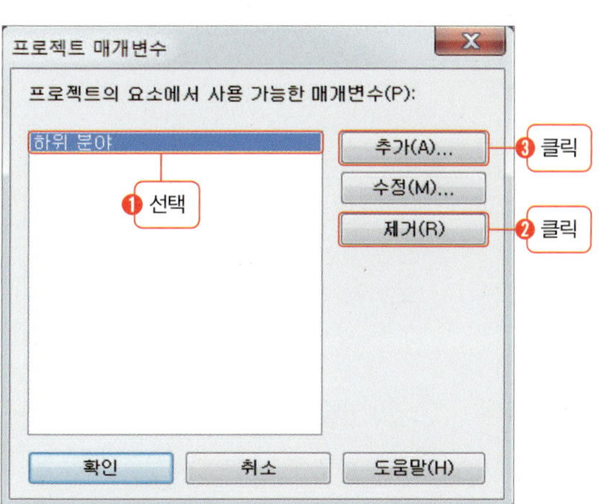

**03** [매개변수 특성] 대화상자가 나타나면 다음과 같이 설정값을 지정하고 [확인] 버튼을 클릭합니다.

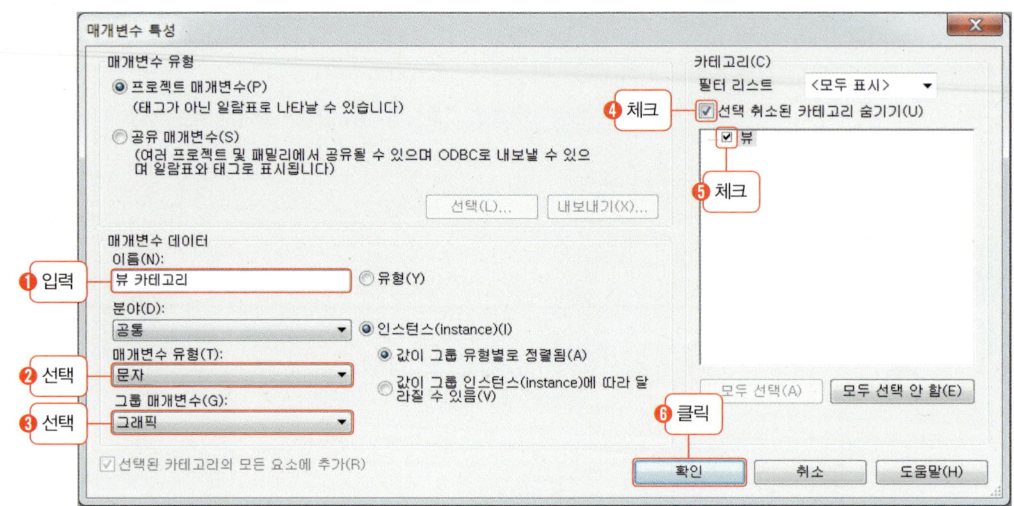


**04** [프로젝트 매개변수] 대화상자로 되돌아오면 사용 가능한 매개변수를 '뷰 유형'으로 선택하여 위와 같은 설정 방법으로 매개변수를 추가한 후 [확인] 버튼을 클릭합니다.

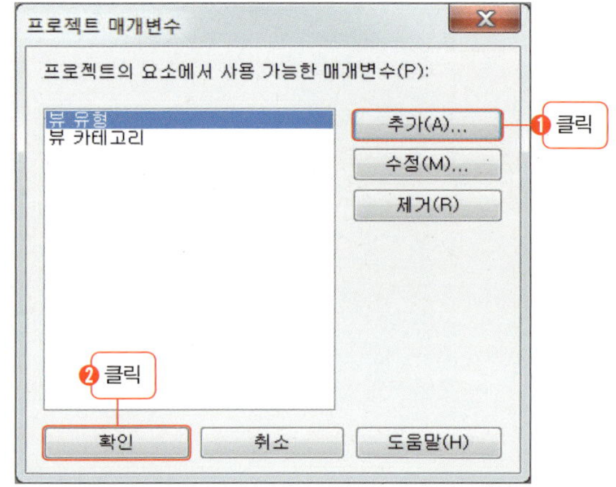


**05** 프로젝트 탐색기에서 새로 생성된 평면 뷰를 모두 선택합니다.

> **TIP**
>
> Shift 를 누른 상태로 시작과 끝을 지정하거나 Ctrl 을 누른 상태에서 하나씩 클릭하여 평면 뷰를 선택합니다.

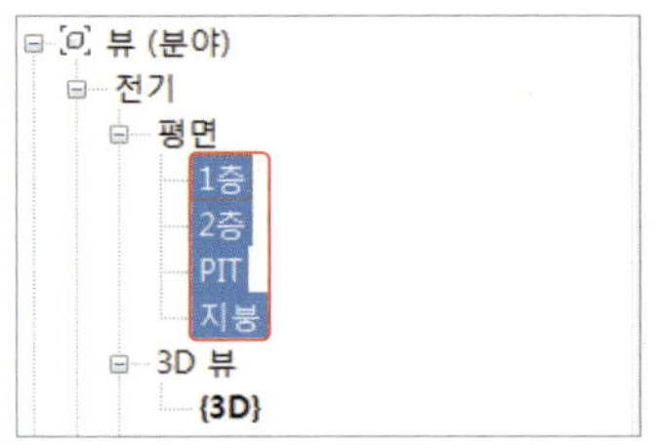


**06** [특성] 대화상자에서 '뷰 카테고리'와 '뷰 유형'에 다음과 같이 입력합니다.

| 뷰 카테고리 | 01 Basic |
| --- | --- |
| 뷰 유형 | 01 바닥평면도 |

'뷰 카테고리'와 '뷰 유형'이 비활성화된 경우 'ID 데이터'의 '뷰 템플릿'을 '없음'으로 설정하면 됩니다.

| 기본 해석 화면… | 없음 |
|---|---|
| 뷰 카테고리 | |
| 뷰 유형 | |
| 태양 경로 | ☐ |
| **ID 데이터** | ⌃ |
| 뷰 템플릿 | 전기 평면도 |
| 뷰 이름 | |
| 의존성 | 독립적 |

['뷰 템플릿' 적용]

| 기본 해석 화면… | 없음 |
|---|---|
| 뷰 카테고리 | |
| 뷰 유형 | |
| 태양 경로 | ☐ |
| **ID 데이터** | ⌃ |
| 뷰 템플릿 | <없음> |
| 뷰 이름 | |
| 의존성 | 독립적 |

['뷰 템플릿' 미적용]

**07** 위와 같이 아래의 값을 뷰별로 특성 팔레트에 지정 또는 입력합니다.

| 설정 대상 뷰 | 분야 | 뷰 카테고리 | 뷰 유형 |
|---|---|---|---|
| 바닥 평면도 | 좌표 | 01 Basic | 01 바닥 평면도 |
| 천장 평면도 | 좌표 | 01 Basic | 02 천장 평면도 |
| 입면도(건물 입면도) | 좌표 | 01 Basic | 03 입면도 |
| 3D 뷰 | 좌표 | 01 Basic | 04 3D 뷰 |

**08** [뷰] 탭 ➤ [창] 패널 ➤ [사용자 인터페이스] ➤ [탐색기 구성]을 선택합니다.

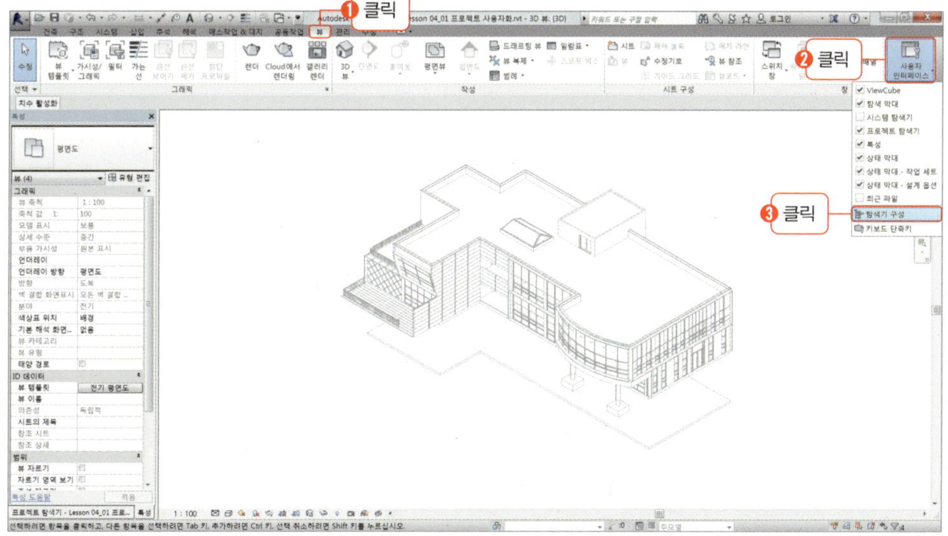




프로젝트 탐색기나 [특성] 대화상자가 닫혔을 때 [사용자 인터페이스] ➤ [탐색기 구성]에서 가시성을 확인할 수 있습니다

**09** [탐색기 구성] 대화상자의 [뷰] 탭에서 [새로 만들기] 버튼을 클릭합니다. [새 탐색기 구성 작성] 대화상자가 나타나면 '이름'에 '전기모델링'을 입력하고 [확인] 버튼을 클릭합니다.

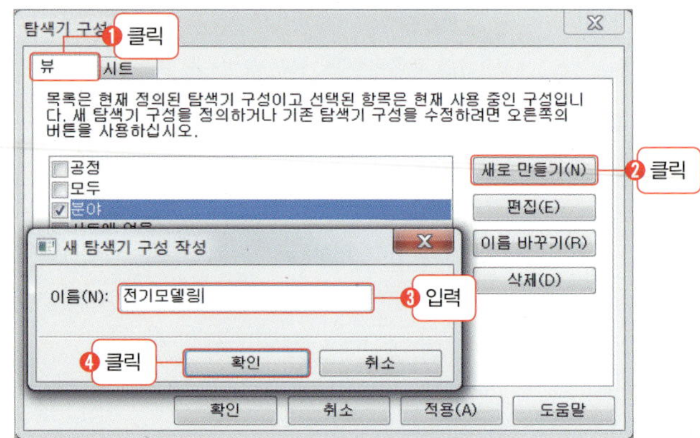


**10** [탐색기 구성] 대화상자의 [그룹화 및 정렬] 탭으로 이동하여 다음과 같이 정렬 기준을 설정하고 [확인] 버튼을 클릭합니다.

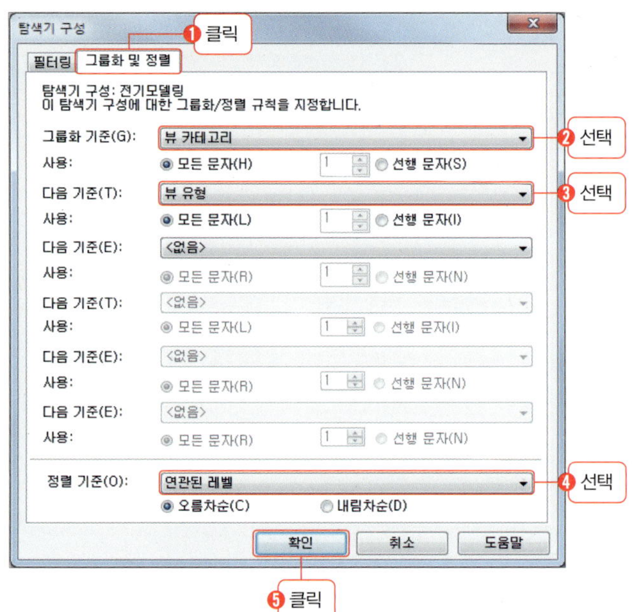


**11** [탐색기 구성] 대화상자의 [뷰] 탭에서 작성한 '전기 모델링'에 체크하고 [확인] 버튼을 클릭합니다.

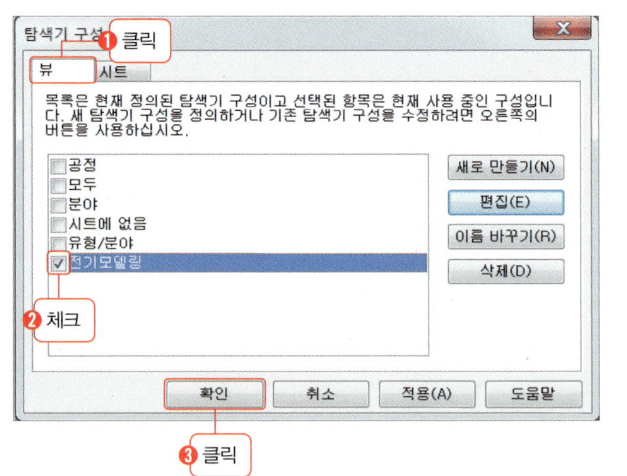

⑫ 프로젝트 탐색기에 다음과 같은 뷰
가 구성되었습니다.

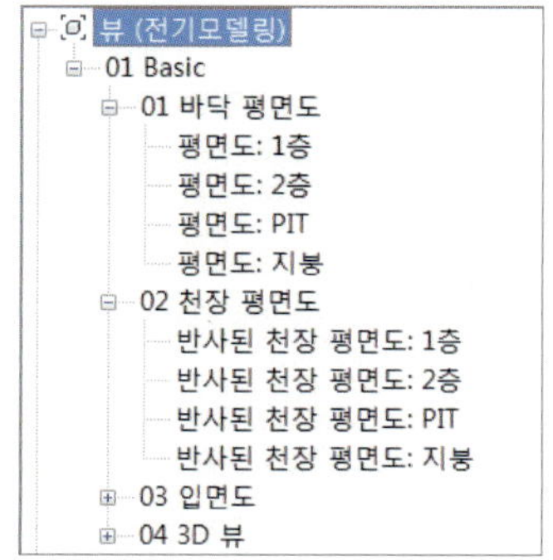

## 02 작업 뷰의 구성

다음은 프로젝트 작업 뷰를 만들기 위해 뷰를 구성하는 과정입니다.

① [뷰] 탭 ▶ [작성] 패널 ▶ [평면뷰] ▶ [평면도]를 선택합니다.

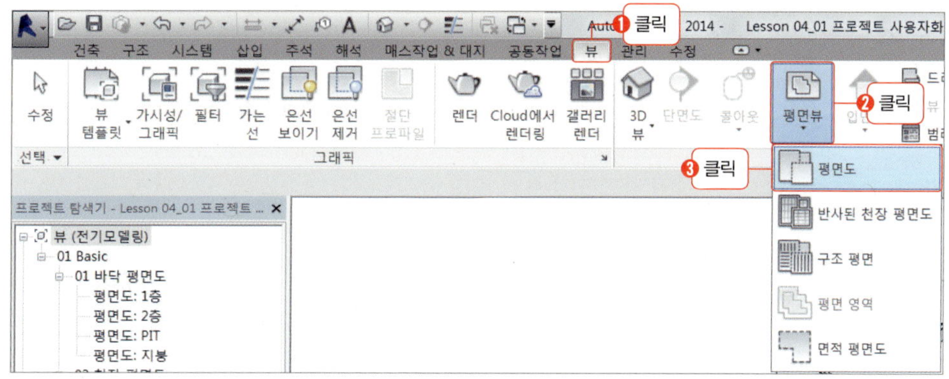


② [새 평면도] 대화상자가 나타나면
'기존 뷰를 복제하지 않습니다'의 체
크를 해제하여 평면 뷰를 생성할 수
있습니다. 드래그하거나 [Shift] 또는
[Ctrl] 을 누른 상태로 모든 레벨을 선
택한 후 [확인] 버튼을 클릭합니다.

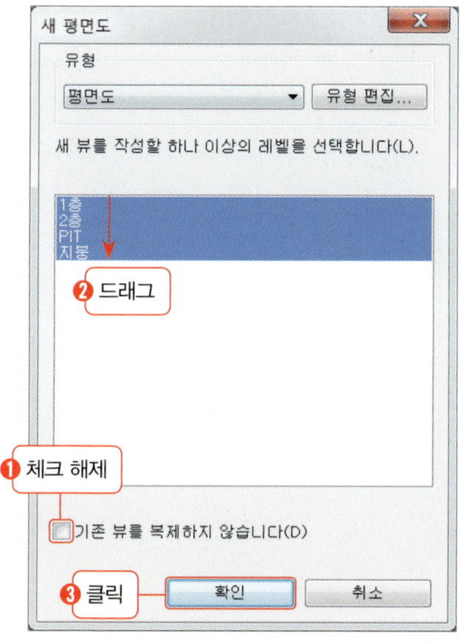

**03** 다음과 같이 뷰별로 특성 팔레트에 지정 또는 입력합니다.

| 설정 대상 뷰 | 분야 | 뷰 카테고리 | 뷰 유형 |
| --- | --- | --- | --- |
| 바닥 평면도 | 전기 | 99 Users | 01 사용자 |
| 천장 평면도 | 전기 | 99 Users | 01 사용자 |

**04** 다음과 같이 설정을 확인합니다.

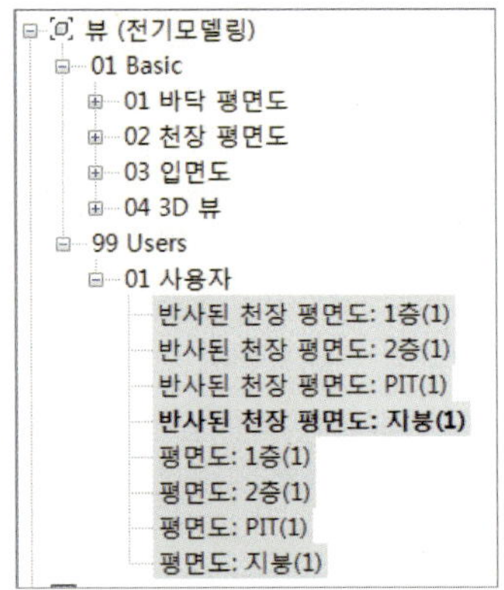

**05** 3D 뷰는 개별 복제하여 작업 뷰를 구성합니다. 프로젝트 탐색기에서 '01 Basic ▶ 04 3D 뷰 ▶ 3D 뷰:[3D]'를 선택하고 마우스 오른쪽 버튼을 클릭한 후 바로 가기 메뉴에서 [뷰 복제] ▶ [복제] 를 선택하여 뷰를 복제합니다.

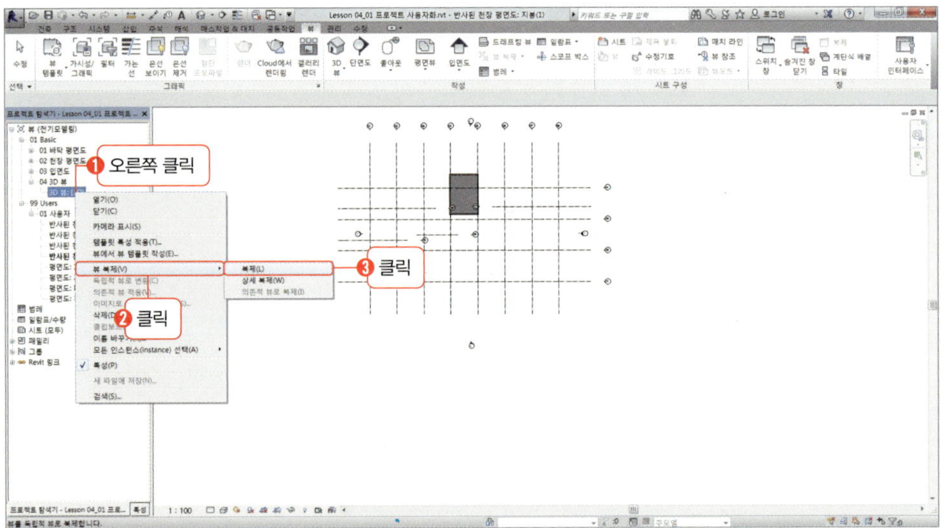

다음은 프로젝트의 로딩 시간을 줄이기 위한 시작 뷰를 설정하는 과정입니다.

**01** [뷰] 탭▶[작성] 패널▶[드래프팅 뷰]를 클릭하고 [새 드래프팅 뷰] 대화상자에서 '이름'에 'OPEN VIEW'를 입력한 후 [확인] 버튼을 클릭합니다.

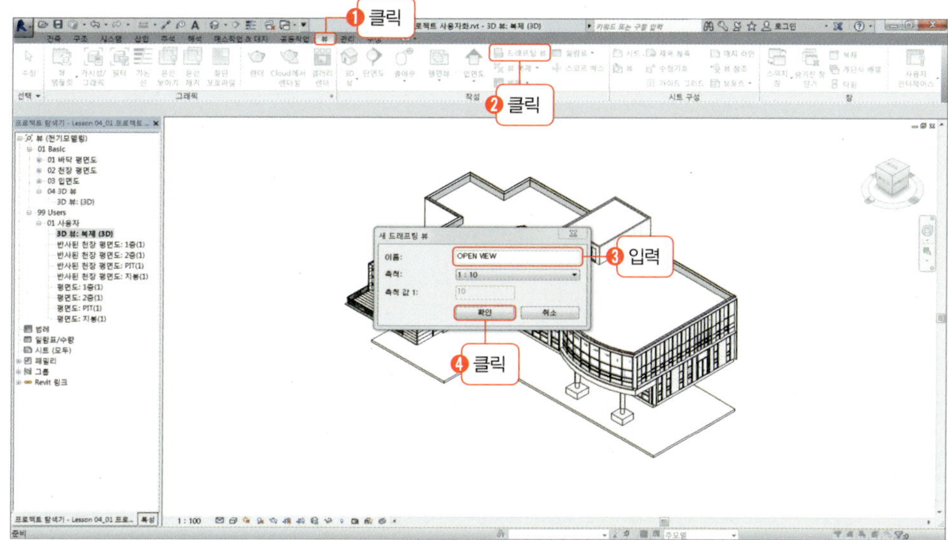


**02** 다음과 같이 뷰의 특성을 설정합니다.

| 설정 대상 뷰 | 분야 | 뷰 카테고리 | 뷰 유형 |
| --- | --- | --- | --- |
| 드래프팅 뷰 | 좌표 | 01 Basic | 00 시작 뷰 |

**03** 도면 영역에서 [주석] 탭▶[문자] 패널▶[문자]를 클릭하고 '이름'에 '2014 전기 모델링'을 입력한 후 [수정 | 문자 참고] 탭▶[선택] 패널▶[수정]을 클릭하여 종료합니다.

> **TIP**
> [Esc]를 눌러 종료할 수도 있습니다.

**04** 영문 키가 활성화된 상태에서 Z E (Zoom Extents)를 눌러 문자를 도면 영역에 최대화하고 드래프팅 뷰를 시작 뷰로 지정하기 위해 [관리] 탭▶[프로젝트 관리] 패널▶[시작 뷰]를 클릭합니다. [시작 뷰] 대화상자가 나타나면 '드래프팅 뷰 : Open View'를 설정한 후 [확인] 버튼을 클릭합니다.

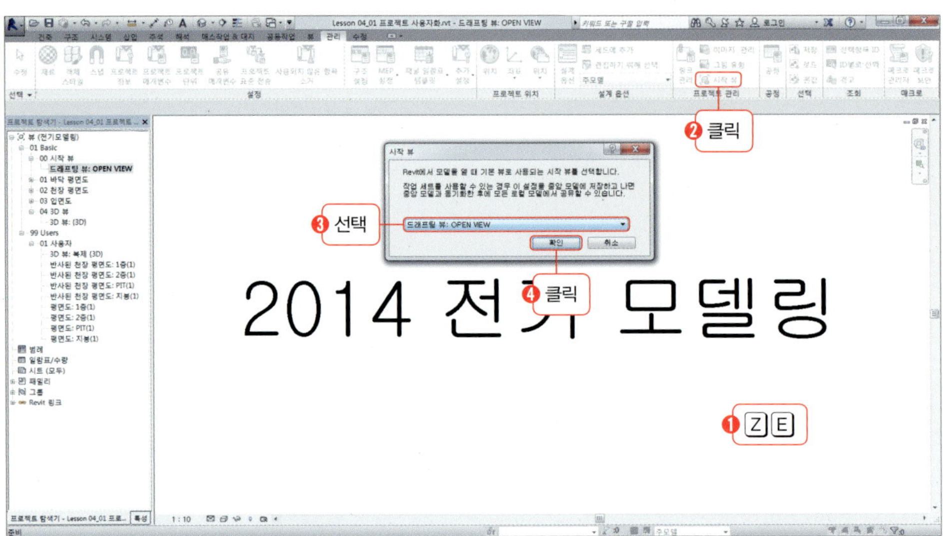


**05** 프로젝트를 저장하고 ▶ [닫기] 버튼을 클릭하여 해당 프로젝트를 닫습니다.

**TIP**

[닫기] 버튼을 클릭하면 해당 프로젝트 뷰가 다중으로 열려 있어도 한 번에 닫을 수 있습니다.

뷰 템플릿을 구성하여 사용자 및 작업 공종간 기본 뷰 템플릿을 작성 및 적용하여 프로젝트를 원활하게 수행할 수 있습니다.

## 01 뷰 템플릿 작성하기 1

**01** [뷰] 탭 ▶ [그래픽] 패널 ▶ [뷰 템플릿] ▶ [뷰 템플릿 관리]를 선택합니다.

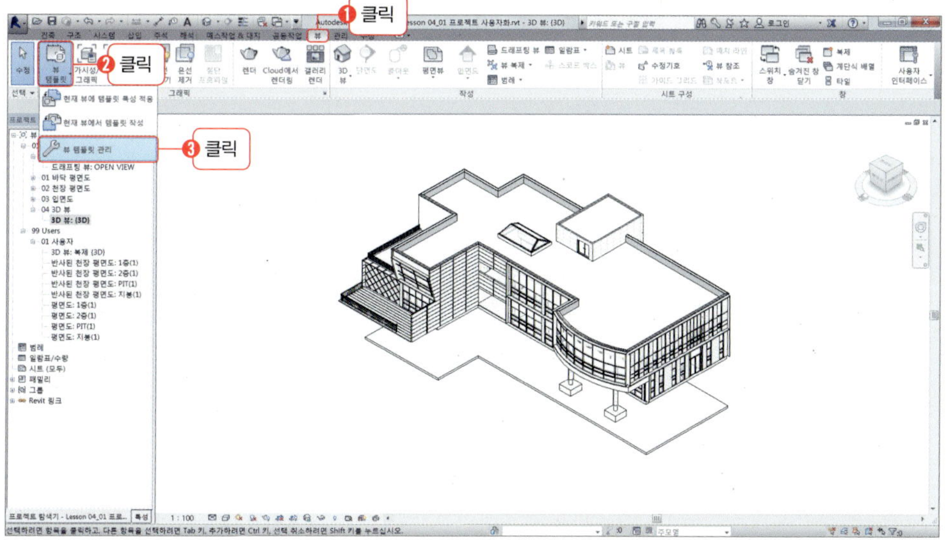

**02** [뷰 템플릿] 대화상자가 나타나면 '이름'에서 '전기 평면도'를 선택하고 [복제] 를 클릭합니다. [새 뷰 템플릿] 대화상자에서 뷰 템플릿 이름을 입력한 후 [확인] 버튼을 클릭합니다.

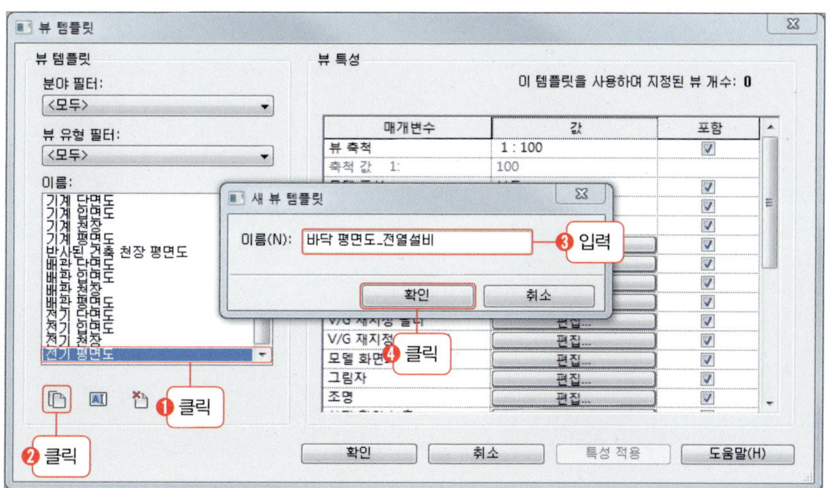

다음과 같이 전열설비용 뷰 템플릿이 작성되면 선택하고 [확인] 버튼을 클릭합니다.

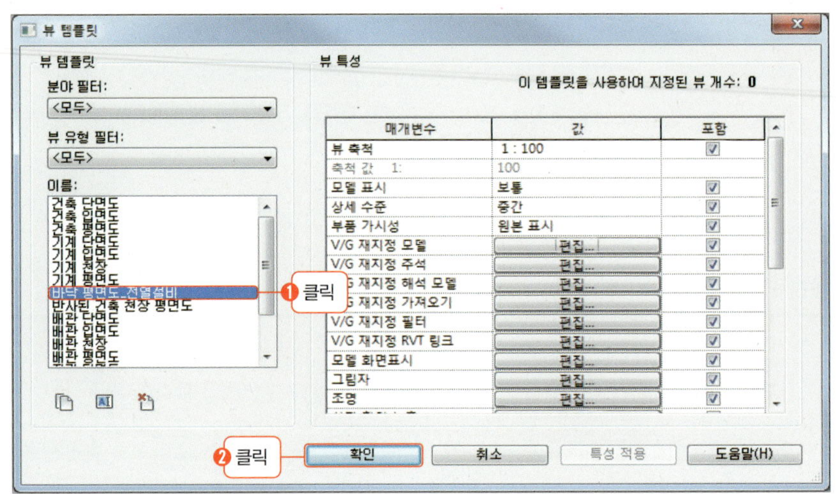

## 02 뷰 템플릿 작성하기 2



프로젝트 탐색기에서 '반사된 천장 평면도 : 1층'에서 마우스 오른쪽 버튼을 클릭하고 [뷰에서 뷰 템플릿 작성]을 선택합니다.

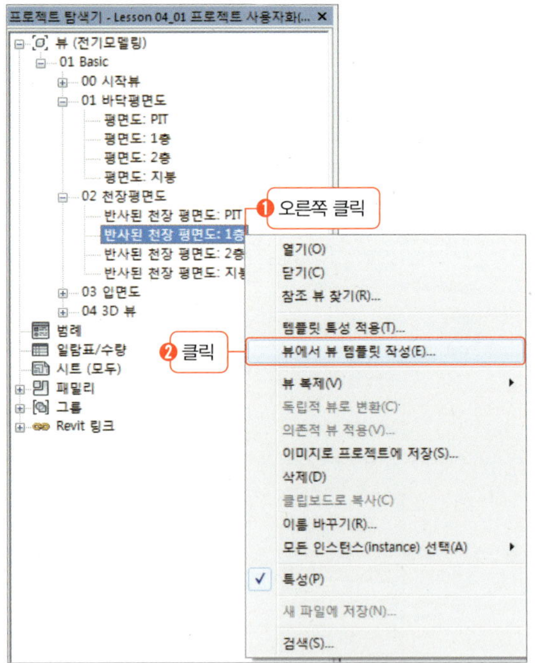



[새 뷰 템플릿] 대화상자에 다음과 같이 뷰 템플릿 이름을 입력하고 [확인] 버튼을 클릭합니다.

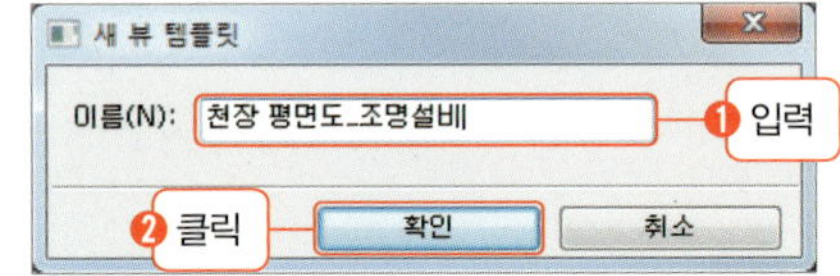

**03** 다음과 같이 조명설비용 뷰 템플릿이 작성되면 선택하고 [확인] 버튼을 클릭합니다.

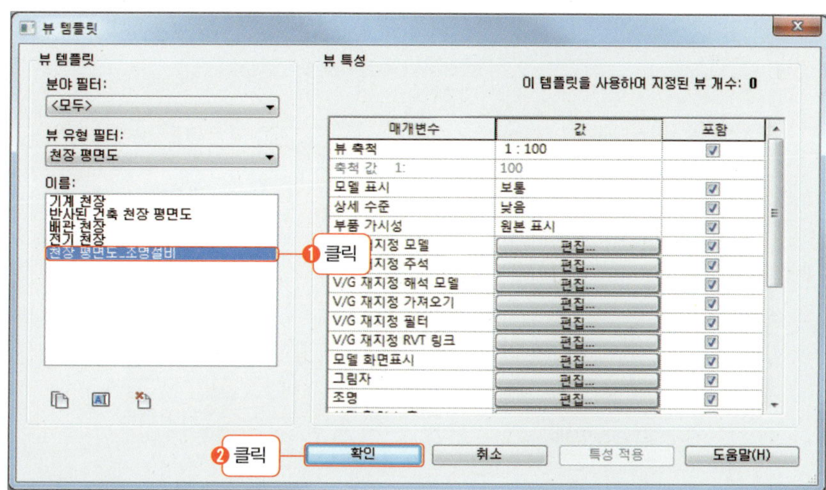



**알아두세요**

- **뷰 템플릿 작성하기 1의 경우**
  뷰 템플릿을 작성할 때 작성된 뷰 템플릿을 복제하여 작성하는 것으로, 뷰 특성 필드의 설정값을 조절하여 템플릿을 작성합니다.

- **뷰 템플릿 작성하기 2의 경우**
  뷰 템플릿을 작성할 때 선택한 뷰에 설정되어 있는 가시성/그래픽의 설정을 이용하여 뷰 템플릿으로 설정합니다.

## 03 뷰 템플릿 적용하기 1

**01** [프로젝트 탐색기]에서 '반사된 천장 평면도 : 2층'을 마우스 오른쪽 버튼으로 클릭하고 바로가기 메뉴에서 '템플릿 특성 적용'을 선택합니다.

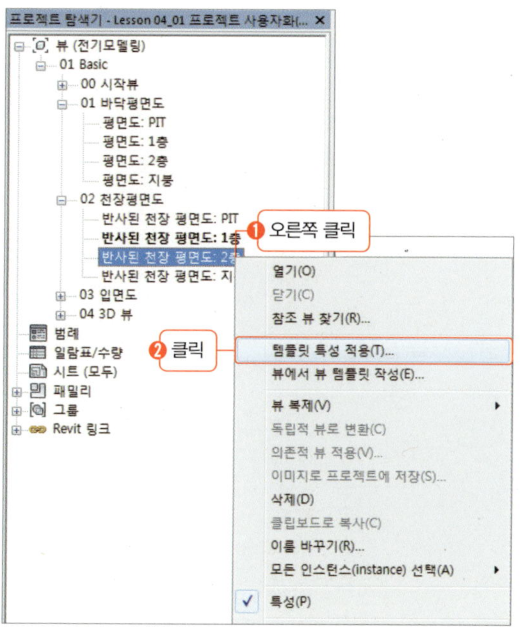

**02** [뷰 템플릿 적용] 대화상자가 나타나면 '이름'에서 '천장 평면도_조명설비'를 선택한 후 [확인] 버튼을 클릭합니다.

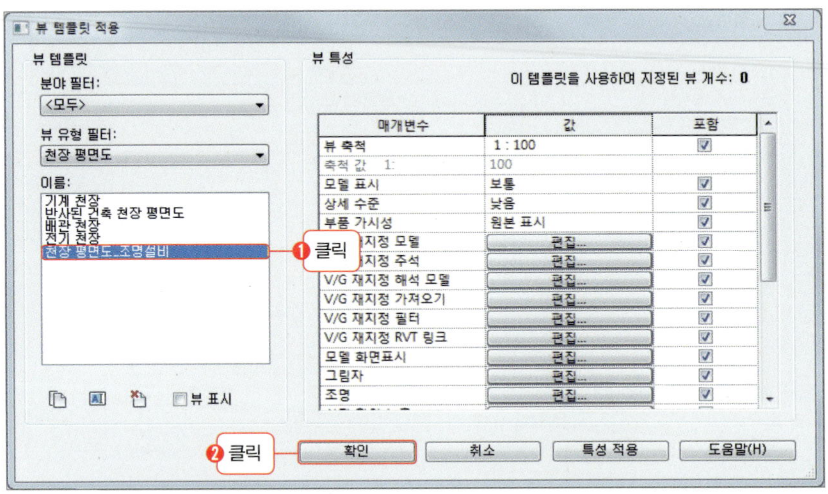



---

**Note**

**여러 뷰에 뷰 템플릿 적용하기**

**1** 프로젝트 탐색기에서 뷰를 다음의 방법으로 선택합니다.
- Ctrl 을 누른 상태에서 뷰를 하나씩 선택할 수 있습니다.
- Shift 를 누른 상태에서 여러 개의 뷰를 동시에 선택할 수 있습니다.

**2** 선택한 뷰에 뷰 템플릿을 적용하고, 필요한 경우 뷰 템플릿을 링크합니다.

## 04 뷰 템플릿 적용하기 2

**01** [특성] 대화상자에서 'ID 데이터' 항목의 '뷰 템플릿'을 선택합니다. [뷰 템플릿 적용] 대화상자에서 '천장 평면도_조명설비'를 선택하고 [확인] 버튼을 클릭합니다.

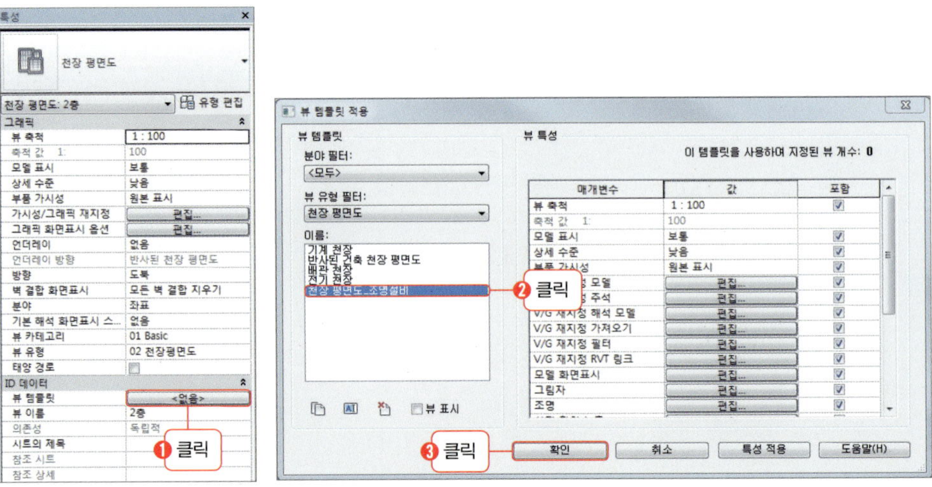

뷰 템플릿이 변경되면 변경 사항이 해당 뷰에 자동으로 업데이트됩니다. 자동으로 업데이트되지 않게 하려면 [특성] 대화상자의 [ID 데이터] 항목에서 뷰 템플릿을 '없음'으로 지정해야 합니다. 그리고 [특성] 대화상자에서 뷰 템플릿을 지정하면 가시성/그래픽 재지정을 사용할 수 없습니다.

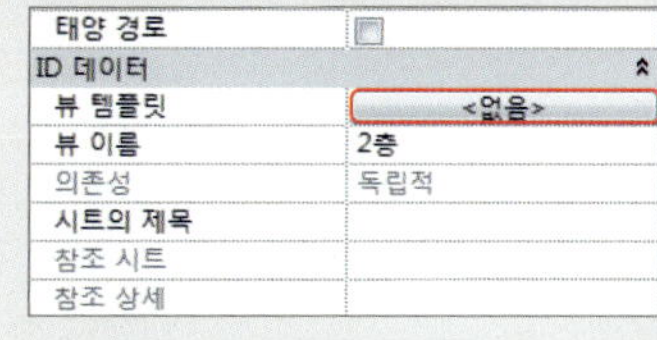

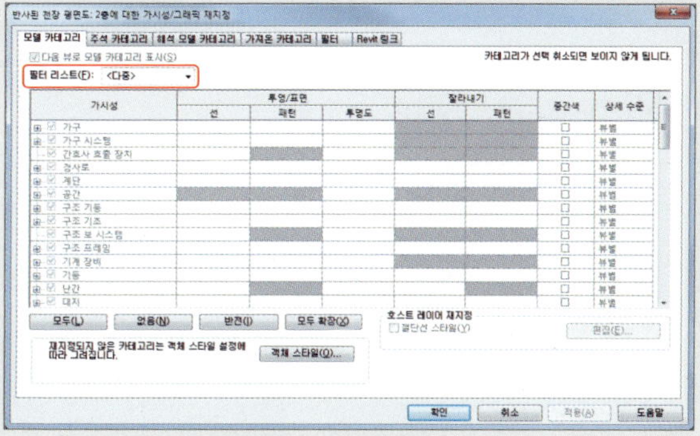

# 전기 설정

전기 설정에는 각종 전기 장비, 기구 배치 및 시스템/회로 구성에 사용되는 많은 매개변수가 포함되어 있습니다. 또한 회로 구성 매개변수, 전압 정의, 분배 시스템, 케이블 트레이 및 배선(전선관 배관) 설정, 부하 계산 설정 및 회로 이름 지정과 관련된 설정도 포함됩니다.

# 전기 설정

프로젝트의 전기 설정은 장치 및 장비를 연결하는 능력을 결정하고 배선 및 전기 정보가 표시되는 방법을 정의합니다. 그리고 사용 가능한 전압의 유형 및 배포 시스템의 특성을 정의할 수 있습니다. 이렇게 하면 장치를 제대로 연결할 수 있으며, 실수로 잘못된 패널에 객체를 배선에 연결하는 것을 방지할 수 있습니다. 또한 선 수를 표시하는 눈금의 표시 동작을 설정할 수 있고, 와이어 태그는 전기 정보를 표시하는 방법과 같은 설정을 모두 프로젝트별, 회사별 또는 프로젝트 형태의 요구 사항에 따라 프로젝트 템플릿의 표준 설정을 만들 수 있습니다.

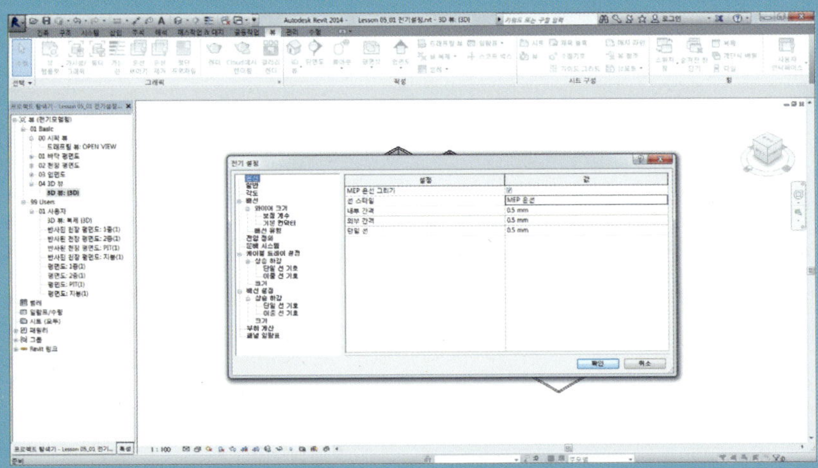

## 핵심 Point

- 와이어 설정
- 분배 시스템
- 부하 계산
- 배선(와이어) 유형
- 케이블 트레이 설정
- 패널 일람표
- 전압 정의
- 배선(전선관 배관) 설정

Revit 프로젝트에서 전기 분야의 환경을 설정할 수 있는데, 전기 설정은 프로젝트별로 설정할 필요 없이 공통의 특성을 템플릿 파일에 구성할 수 있습니다. 전기 설정에서는 배선(와이어), 전압, 분배 시스템, 케이블 트레이, 배선(전선관 배관), 부하 계산, 패널 일람표 등을 설정하여 프로젝트를 진행할 수 있습니다.

---

**01** [열기] 대화상자에서 'Chapter 03\Lesson 05' 폴더의 'Lesson 05_01 전기설정.rvt' 파일을 엽니다.

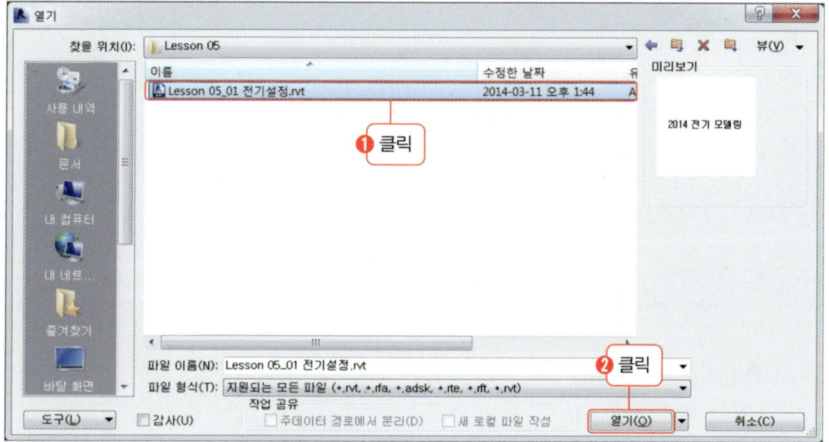

**02** **방법 1** : [관리] 탭 ➤ [설정] 패널 ➤ [MEP 설정] ➤ [전기 설정]을 선택하여 전기 설정을 실행합니다.

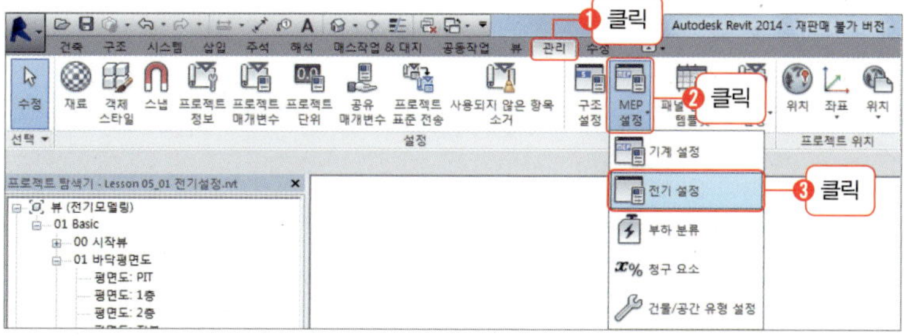

**방법 2** : [시스템] 탭 ➤ [전기] 패널 ➤ ⬙ 를 클릭합니다.

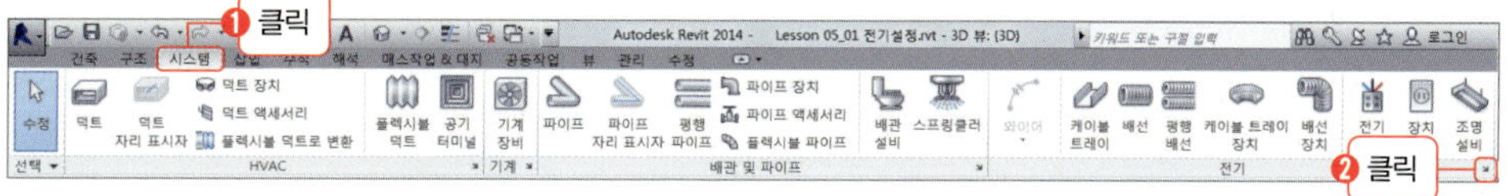

**방법 3** : 단축키 E S 를 누릅니다.

[전기 설정] 대화상자의 '은선'에서는 케이블 트레이와 케이블 트레이, 케이블 트레이와 배선이 서로 교차되는 부위에서 하부에 있는 케이블 트레이나 전선관의 표현되는 선의 스타일 및 내부, 외부 선의 간격을 설정합니다.

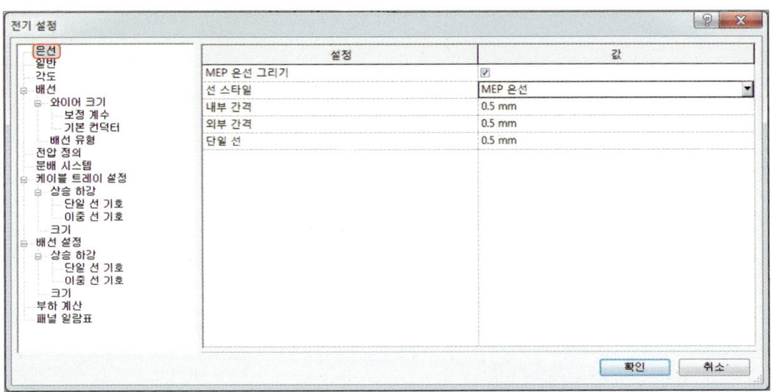

## 01 MEP 은선 그리기

MEP 모델 간에 서로 교차되는 부위의 표현 여부를 설정합니다.

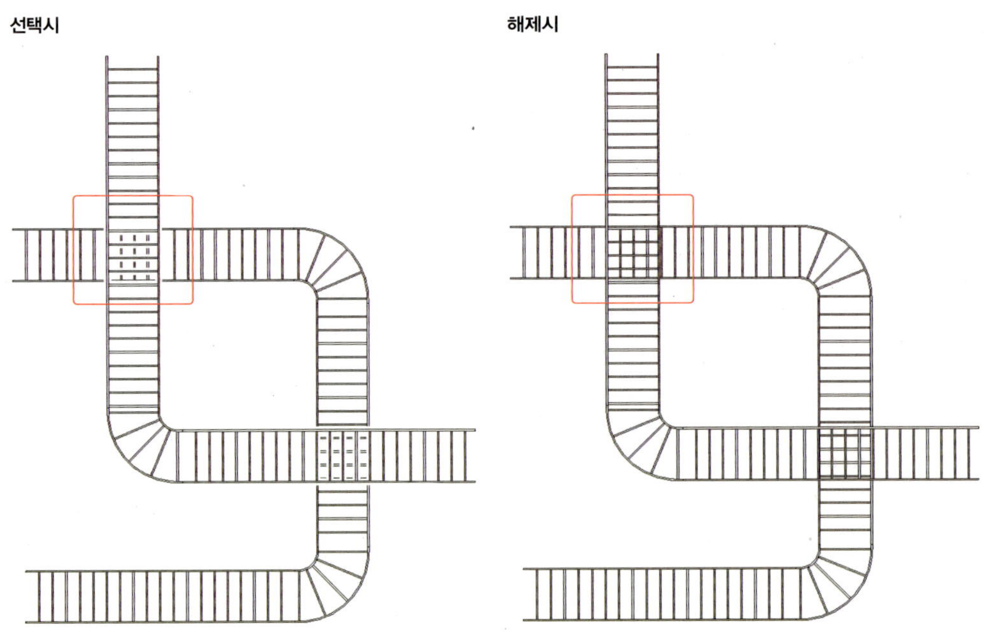

모델 간에 서로 교차되는 부위의 선 스타일
을 다음과 같이 지정할 수 있습니다.

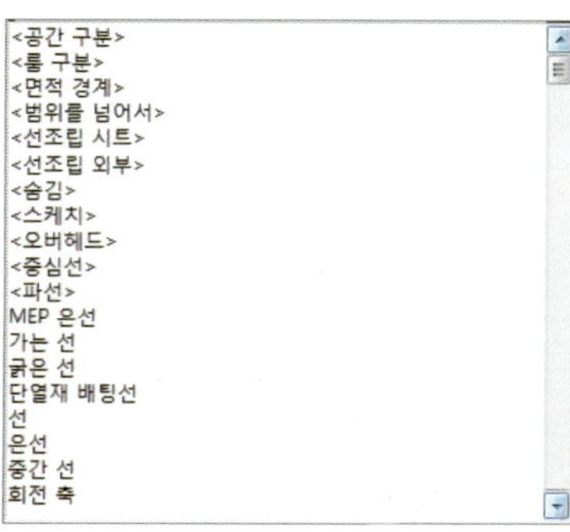


## 03 내부 간격/외부 간격

교차되는 모델 내부/외부의 표시되지 않는 부위의 간격을 설정합니다. 내부/외부 간격은 축척의 영향을
받아 축척 값에 따라 간격이 조정됩니다.

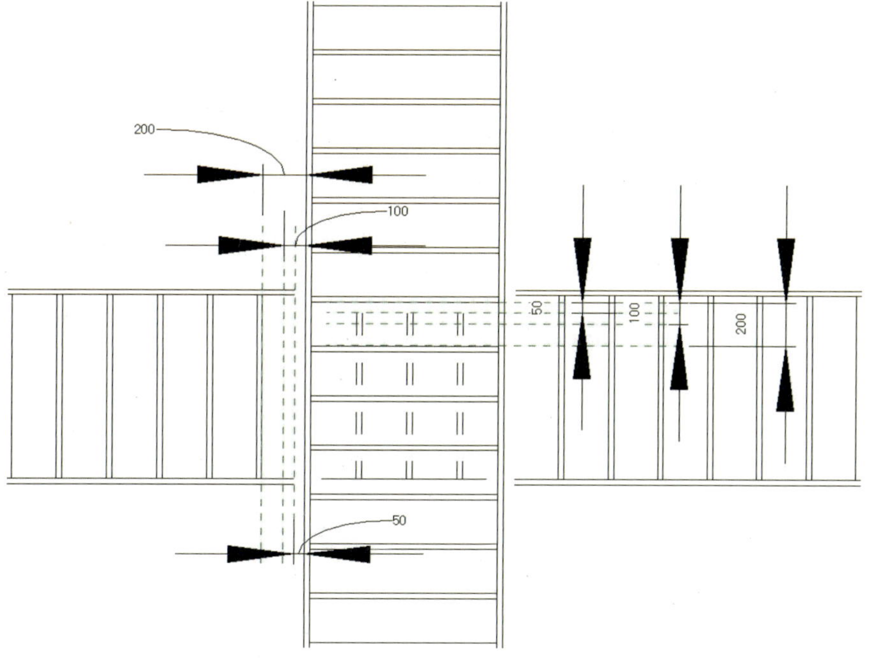


## 04 단일 선

교차되는 모델이 단일 선으로 설정되었을 때의 간격을 설정합니다.

[전기 설정] 대화상자의 '일반'에서는 전기 분야의 일반적인 정보(전기 데이터 및 회로 표현 방법)와 위상 이름을 포함하여 각종 전기 부품 값에 대한 기호와 스타일에 대한 매개변수 및 형식을 지정할 수 있습니다.

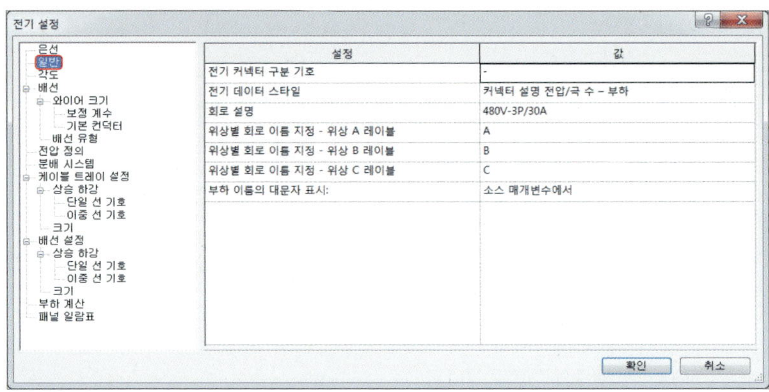

## 01 전기 커넥터 구분 기호

다른 2개의 접속구를 가지는 곳의 크기를 표기할 경우 크기와 크기 사이에 표기하는 기호입니다.

## 02 전기 데이터 스타일

**01** 패밀리에 설정되는 전기 커넥터의 정보에 따라 전기 데이터 표현 방법을 정의할 수 있습니다.

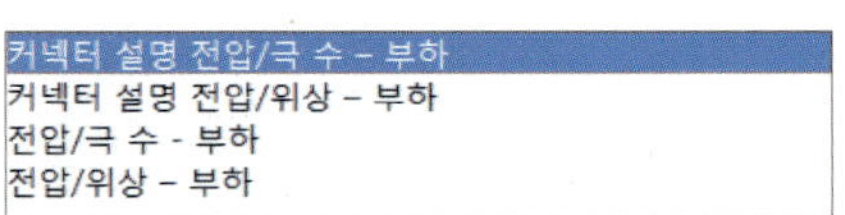


**02** 'Chapter 03\Lesson 05' 폴더에서 'Lesson 05_02 형광등조명기구_천장매입_파라보릭 600×600. rfa' 파일을 실행합니다.

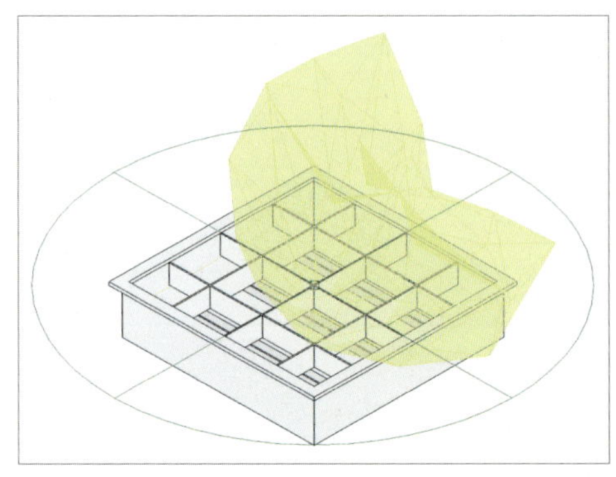

**03** 패밀리에서 커넥터를 선택하면 [특성] 대화상자에서 다음과 같은 전기 설정을 확인할 수 있습니다.

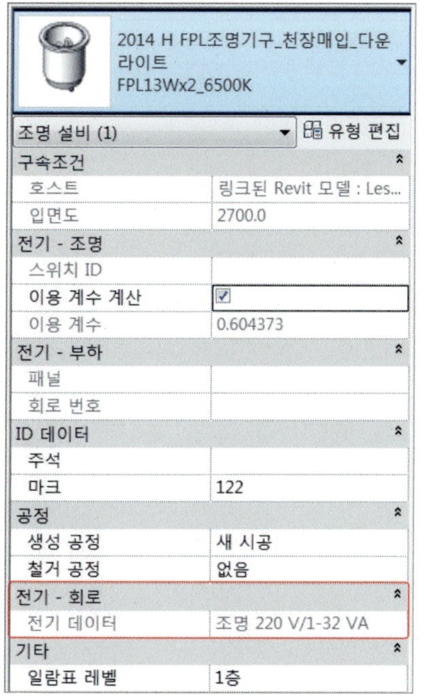

**04** 'Chapter 03\Lesson 05' 폴더에서 'Lesson 05_01 전기 설정.rvt' 파일을 실행합니다. 프로젝트에 배치한 후 '전기– 회로'의 '전기 데이터' 설정에서 패밀리에서 설정한 정보를 확인할 수 있습니다.

## 03 회로 설명

**01** 전기 시스템을 작성한 후 전기 회로에 대한 표현 방법을 정의할 수 있습니다.



Lesson 05 전기 설정

**02** 'Chapter 03\Lesson 05' 폴더에서 'Lesson 05_01 전기 설정.rvt' 파일을 실행합니다. 프로젝트에 배치한 후 '전기 - 회로'의 '전기 데이터' 설정에서 패밀리에서 설정한 정보를 확인할 수 있습니다.

| 와이어 (7) | ▼ 유형 편집 |
| --- | --- |
| 전기 - 부하 | ⌃ |
| 회로 설명 | 220V-1P/30A |
| 회로 부하 이름 | L1 |
| **눈금 마크** | 계산됨 |
| 패널 | L-1 |
| 회로 | 1 |
| **유형** | 호 |
| **핫 컨덕터** | 1 |
| **중립 컨덕터** | 1 |
| **기본 컨덕터** | 1 |
| 와이어 크기 | 1-#10, 1-#10, 1-#10 |

## 04 위상별 회로 이름 지정

국내에서 사용하는 표현 방법은 R, S, T를 사용하는데, 각 위상별로 회로 이름을 지정할 수 있습니다 (기본값 : A, B, C).

| 위상별 회로 이름 지정 - 위상 A 레이블 | A |
| --- | --- |
| 위상별 회로 이름 지정 - 위상 B 레이블 | B |
| 위상별 회로 이름 지정 - 위상 C 레이블 | C |

## 05 부하 이름의 대문자 표시

'전기 - 부하' 속성 중 '회로 부하' 이름 매개변수의 형식을 지정합니다.

| 소스 매개변수에서 |
| --- |
| 앞글자 |
| 문장 |
| 대문자 |

[전기 설정] 대화상자의 '각도'에서는 Revit에서 사용하는 장치의 각도를 사용자의 기호에 맞추어 설정할 수 있습니다.

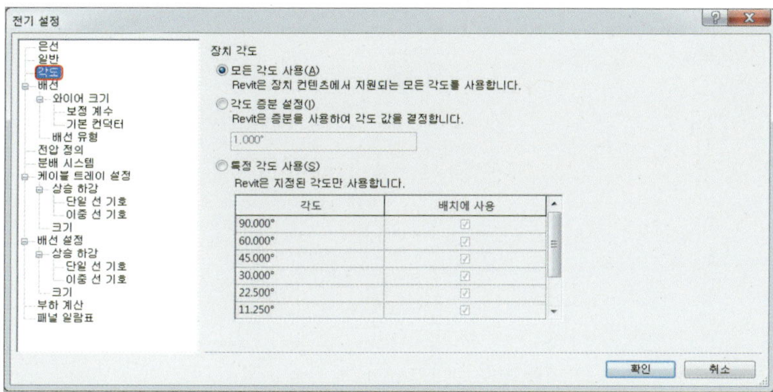

## 01　장치 각도

- 모든 각도 사용　모든 각도를 사용합니다.
- 각도 증분 설정　설정한 각도 값을 이용합니다.
- 특정 각도 사용　지정된 각도만 사용합니다.

[전기 설정] 대화상자의 '배선'에서는 와이어와 와이어 크기를 표시하고 계산하는 방법을 결정합니다.

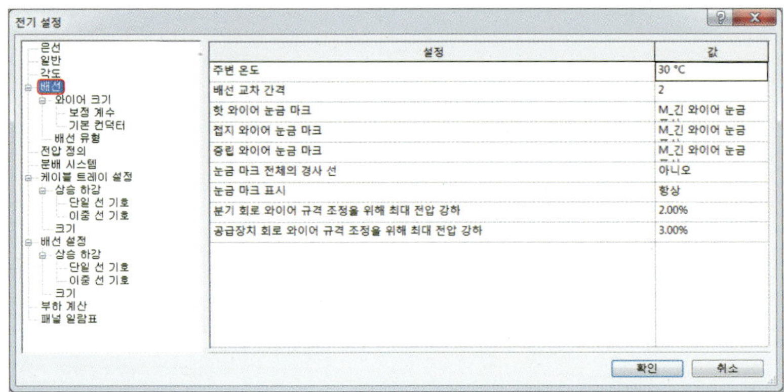

## 01 주변 온도

장치가 사용되는 장소의 공기 또는 다른 매체의 온도를 말합니다.

> **Note**
>
> **내선 규정 제1부 총칙**
> - 제14장 안전 보호 제1435절 허용 전류 1435-1 절연 전선 등의 허용 전류 2항8 주위온도
>   **가.** 케이블 또는 절연 전선이 무부하일 때를 기준하였다.
>   **나.** 공기중의 절연 전선 및 케이블은 공사 방법과 상관 없이 30℃을 기준하였다.
>   **다.** 매설 케이블은 토양에 직접 또는 지중 덕트 내에 설치시는 20℃를 기준하였다.
> - 내선 규정 5110-9"ㅈ"에 관한 용어 13항
>   주위 온도는 동일 장소에 설치되어 있는 다른 모든 기기의 영향을 포함시키는 것으로 생각한다. 기기에 대해 고려해야 할 주위 온도는 기기가 설치되어 있는 장소의 온도이고 동일 장소의 다른 모든 기기와 열원의 영향을 받지만, 그 기기의 운전시 열적 기여는 고려하지 않는다.

## 02 배선 교차 간격

배선이 교차되었을 때 교차 부위에 절단되는 선 간격을 설정합니다.

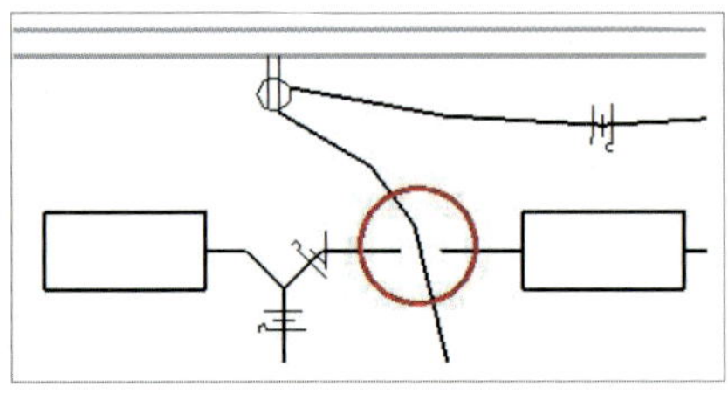

## 03  눈금 마크

회로 구성시 전선의 가닥 수를 표현하기 위한 심벌을 선택합니다. 프로젝트 탐색기에서 '패밀리' ➤ '와이어' ➤ '눈금 표식'에 저장되며, 사용자 편의에 맞게 수정 및 추가할 수 있습니다.

> **Note**
>
> **내선 규정 5110-9"ㅈ"에 관한 용어 13항**
>
> IEV(601)에서 중성점(다상 계통에서)은 다음과 같이 정의가 내려져 있다. 변전소의 Y결선 전력 변압기나 접지 변압기에서 n권선의 공통점으로 특정 조건하에서 단일 전선이 중성선과 보호선 기능을 겸할 수 있다.
>
> **중성선** : 전력 계통의 중성점에 접속되고 전력 전송에 사용되는 전선

```
▭ 패밀리
  ⊞ 경사로
  ⊞ 계단
  ⊞ 구조 경로 철근 배근
  ⊞ 구조 기초
  ⊞ 구조 면적 철근 배근
  ⊞ 구조 보 시스템
  ⊞ 난간
  ⊞ 덕트
  ⊞ 덕트 시스템
  ⊞ 데이터 장치
  ⊞ 바닥
  ⊞ 배선
  ⊞ 배선 장치
  ⊞ 벽
  ⊞ 상세 항목
  ⊟ 와이어
      ⊞ M_긴 와이어 눈금 표식
      ⊞ M_원형 와이어 눈금 표식
      ⊞ M_짧은 와이어 눈금 표식
      ⊞ M_후크 와이어 눈금 표식
  ⊞ 전기 설비
```

## 04  눈금 마크 전체와 경사선

와이어에 접지 와이어가 포함되어 있을 경우 와이어의 심벌의 표시를 경사선으로 표현합니다.

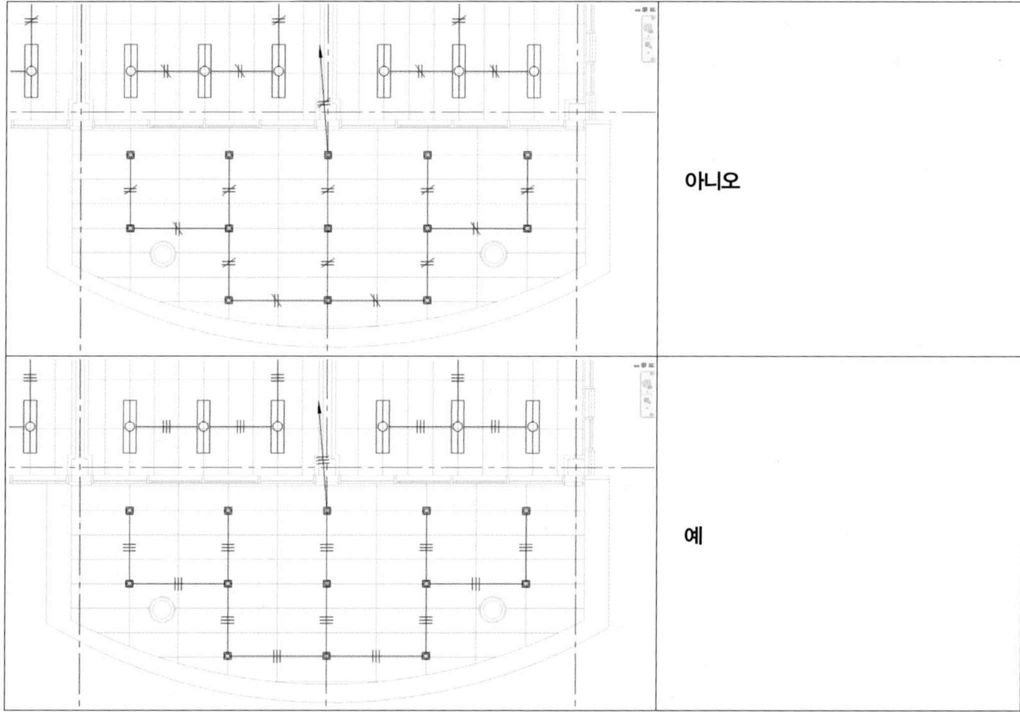

| | |
|---|---|
| | 아니오 |
| | 예 |

와이어 가닥 수를 표현하는 심벌의 표시 방법을 선택할 수 있습니다.

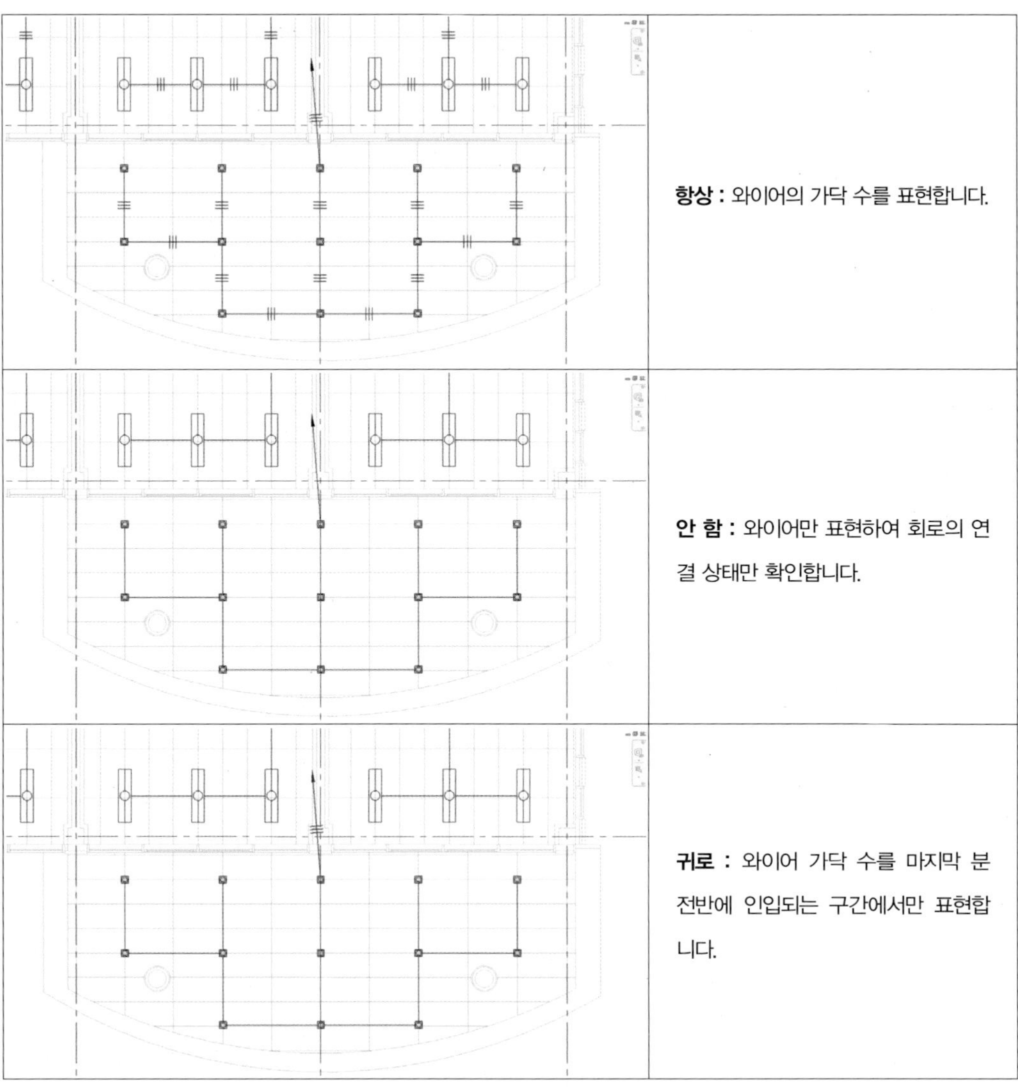

**항상 :** 와이어의 가닥 수를 표현합니다.

**안 함 :** 와이어만 표현하여 회로의 연결 상태만 확인합니다.

**귀로 :** 와이어 가닥 수를 마지막 분전반에 인입되는 구간에서만 표현합니다.

**06** 분기 회로 와이어 규격 조정을 위해 최대 전압 강하

분기 회로 내 배선에 대한 전압 강하의 범위를 설정합니다(기본값 : 2%).

 공급 장치 회로 와이어 규격 조정을 위해 최대 전압 강하

주요 회로 내 배선에 대한 전압 강하의 범위를 설정합니다(기본값 : 3%).

> **Note**
>
> - 내선 규정 제1415절 전압 강하 1415-1 전압 강하 1항
>   '전압 강하' 저압 배선 중의 전압 강하는 간선 및 분기 회로에서 각각 표준 전압의 2% 이하로 하는 것을 원칙으로 한다. 다만 전기 사용 장소에 시설한 변압기에 의하여 공급되는 경우 간선의 전압 강하는 3% 이하로 할 수 있다.

[전기 설정] 대화상자의 '와이어 크기'에서는 전선의 도체 종류, 허용 온도, 피복의 종류를 설정합니다.

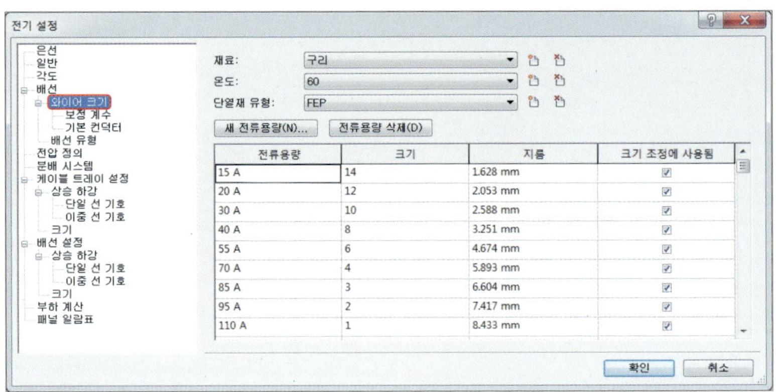



| 전류용량 | 크기 | 지름 | 크기 조정에 사용됨 |
| --- | --- | --- | --- |
| 15 A | 14 | 1.628 mm | ☑ |
| 20 A | 12 | 2.053 mm | ☑ |
| 30 A | 10 | 2.588 mm | ☑ |
| 40 A | 8 | 3.251 mm | ☑ |
| 55 A | 6 | 4.674 mm | ☑ |
| 70 A | 4 | 5.893 mm | ☑ |
| 85 A | 3 | 6.604 mm | ☑ |
| 95 A | 2 | 7.417 mm | ☑ |
| 110 A | 1 | 8.433 mm | ☑ |

## 01 재료

배선의 도체 특성을 설정합니다.

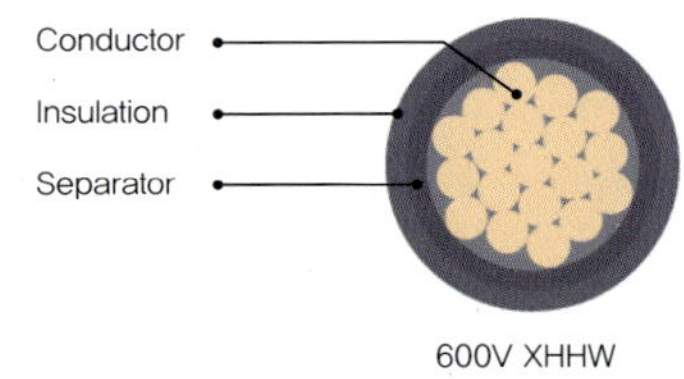

## 02 온도

배선의 허용 온도값을 설정합니다.

• 배선 제조 업체별 규격을 확인하여 설정합니다.

배선의 절연체 특성을 설정합니다.

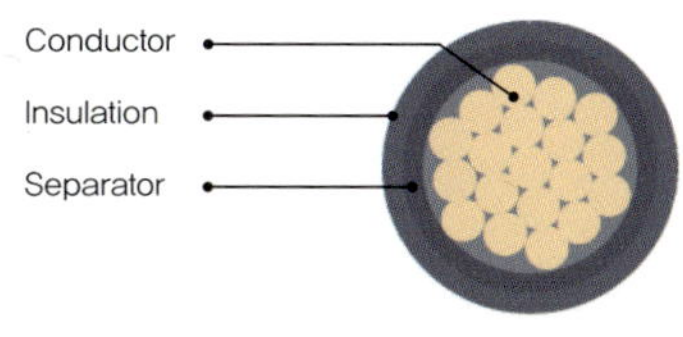

**알아두세요**

Revit에서는 다음과 같이 AWG(American Wire Gauge) 규격을 사용하여 모델링하도록 설정되어 있으므로 다음 표와 같은 국내 규격으로 변환하여 적용합니다.

| Conductor | | | | | Insulation Thickness | | Apporx. Overall Diameter | | Apporx. Weight | | *Ampacity | | Standard Length | |
|---|---|---|---|---|---|---|---|---|---|---|---|---|---|---|
| Size | | No.of Strands | **Diameter | | | | | | | | 75℃ (Wet) | 90℃ (Dry) | | |
| AWG or KCM | mm² | | mm | mils | mm | mils | mm | mils | kg/km | lb/1000ft | | | m | ft |
| 14 | 2.08 | 1 | 1.63 | 64.1 | 0.76 | 30 | 3.3 | 132 | 25 | 17 | 15 | 15 | 915 | 3,000 |
| 14 | 2.08 | 7 | 1.85 | 72.7 | 0.76 | 30 | 3.5 | 140 | 25 | 17 | 15 | 15 | 915 | 3,000 |
| 12 | 3.31 | 1 | 2.05 | 80.8 | 0.76 | 30 | 3.7 | 148 | 35 | 24 | 20 | 20 | 915 | 3,000 |
| 12 | 3.31 | 7 | 2.32 | 91.5 | 0.76 | 30 | 4.0 | 160 | 40 | 27 | 20 | 20 | 915 | 3,000 |
| 10 | 5.26 | 1 | 2.59 | 102 | 0.76 | 30 | 4.2 | 168 | 55 | 37 | 30 | 30 | 915 | 3,000 |
| 10 | 5.26 | 7 | 2.95 | 116 | 0.76 | 30 | 4.5 | 180 | 60 | 40 | 30 | 30 | 915 | 3,000 |
| 8 | 8.37 | 1 | 3.26 | 129 | 1.14 | 45 | 5.7 | 228 | 95 | 64 | 50 | 55 | 915 | 3,000 |
| 8 | 8.37 | 7 | 3.71 | 146 | 1.14 | 45 | 6.2 | 248 | 100 | 67 | 50 | 55 | 915 | 3,000 |
| 6 | 13.3 | 7 | 4.67 | 184 | 1.14 | 45 | 7.1 | 284 | 150 | 100 | 65 | 75 | 915 | 3,000 |
| 4 | 21.2 | 7 | 5.89 | 232 | 1.14 | 45 | 8.3 | 332 | 220 | 150 | 85 | 95 | 915 | 3,000 |
| 3 | 26.7 | 7 | 6.60 | 260 | 1.14 | 45 | 9.1 | 364 | 280 | 190 | 100 | 110 | 915 | 3,000 |
| 2 | 33.6 | 7 | 7.42 | 292 | 1.14 | 45 | 9.9 | 396 | 350 | 240 | 115 | 130 | 915 | 3,000 |
| 1 | 42.4 | 19 | 8.43 | 332 | 1.40 | 55 | 11.5 | 460 | 440 | 300 | 130 | 150 | 457 | 1,500 |
| 1/0 | 53.5 | 19 | 9.45 | 372 | 1.40 | 55 | 12.5 | 500 | 550 | 370 | 150 | 170 | 457 | 1,500 |
| 2/0 | 67.4 | 19 | 10.62 | 418 | 1.40 | 55 | 13.7 | 548 | 690 | 460 | 175 | 195 | 457 | 1,500 |
| 3/0 | 85.0 | 19 | 11.94 | 470 | 1.40 | 55 | 15.0 | 600 | 850 | 570 | 200 | 225 | 457 | 1,500 |
| 4/0 | 107 | 19 | 13.41 | 528 | 1.40 | 55 | 16.4 | 656 | 1,060 | 710 | 230 | 260 | 457 | 1,500 |
| 250 | 127 | 37 | 14.61 | 575 | 1.65 | 65 | 18.3 | 732 | 1,270 | 850 | 255 | 290 | 457 | 1,500 |
| 300 | 152 | 37 | 16.00 | 630 | 1.65 | 65 | 19.8 | 792 | 1,520 | 1,020 | 285 | 320 | 457 | 1,500 |
| 350 | 177 | 37 | 17.30 | 681 | 1.65 | 65 | 21.0 | 840 | 1,750 | 1,180 | 310 | 350 | 457 | 1,500 |
| 400 | 203 | 37 | 18.49 | 728 | 1.65 | 65 | 22.2 | 888 | 1,990 | 1,340 | 335 | 380 | 457 | 1,500 |
| 500 | 253 | 37 | 20.65 | 813 | 1.65 | 65 | 24.3 | 972 | 2,470 | 1,660 | 380 | 430 | 305 | 1,000 |
| 600 | 304 | 61 | 22.68 | 893 | 2.03 | 80 | 27.3 | 1,092 | 3,000 | 2,020 | 420 | 475 | 305 | 1,000 |
| 750 | 380 | 61 | 25.35 | 998 | 2.03 | 80 | 30.0 | 1,200 | 3,730 | 2,510 | 475 | 535 | 305 | 1,000 |
| 1,000 | 507 | 61 | 29.26 | 1,152 | 2.03 | 80 | 33.9 | 1,356 | 4,900 | 3,290 | 545 | 615 | 305 | 1,000 |

*참고 : LS전선 600V XHHW

- AWG 계산 공식 D(AWG) = 0.005×92 ((36−AWG)/39) inch
- 부록 #1을 참조하여 AWG 규격을 확인할 수 있습니다.
- 전선 종류 및 규격은 내선 규정 100-1 전선 규격을 참조합니다.
- 전선 약호는 내선 규정 100-2 전선 약호를 참조합니다.
- 배선 설비의 허용 전류와 공사 방법은 내선 규정 500-2 배선 설비의 허용 전류와 공사 방법을 참조합니다.

**배선 설비의 허용 전류와 공사 방법의 참조 방법**

- **참조 방법 A**

  1. 단열성 벽면에 매입한 전선관 내의 정연전선 또는 단심 케이블

  2. 단열성 벽면에 매입한 전선관 내의 다심 케이블

- **참조 방법 B**

  1. 벽면 전선관의 절연 전선

  2. 벽면 전선관의 다심 케이블

- **참조 방법 C**

  벽면에 공사한 단심 또는 다심 케이블

- **참조 방법 D**

  지중 내 닥트 내에 공사한 케이블

- **참조 방법 E, F와 G**

  공기 중 단심 또는 다심 케이블

- **기타 방법**

  1. 천장 아래에 매입 케이블

  2. 케이블 트레이

  3. 사다리 지지

  4. 클리트와 행거

- 공사 방법에 따른 허용 전류값은 내선 규정 부록 500-2 배선 설비의 허용 전류와 공사 방법

  #PVC 절연 A1 공사 방법(단열성 벽면에 매입한 전선관 내의 정연전선 또는 단심 케이블)

| 도체 종류 | 전선 온도 | 주위 온도 | 공칭 단면적 | 허용 전류 | 공사 방법 |
|---|---|---|---|---|---|
| 동 | 70 | 기중 30<br>지중 20 | 1.5 | 14.5 | A1 |
| | | | 2.5 | 19.5 | |
| | | | 4 | 26 | |
| | | | 6 | 34 | |
| | | | 10 | 46 | |
| | | | 16 | 61 | |
| | | | 25 | 80 | |
| | | | 35 | 99 | |
| | | | 50 | 119 | |
| | | | 70 | 151 | |
| | | | 95 | 182 | |
| | | | 120 | 210 | |
| | | | 150 | 240 | |
| | | | 185 | 273 | |
| | | | 240 | 321 | |
| | | | 300 | 367 | |

- (KS C IEC 60364-5-52)

 보정 계수

와이어 크기에서 설정한 전선의 허용 온도에 대한 전선의 보정 계수를 설정할 수 있습니다.

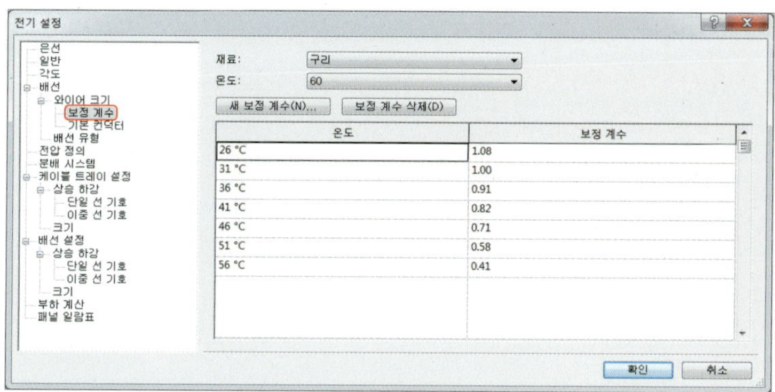

- **재료** 와이어의 재료값을 설정할 수 있습니다.

- **온도** 와이어의 허용 온도를 설정할 수 있습니다.

### 알아두세요

- 보정 계수는 KS C IEC 60364-5-52의 보정 계수를 참조합니다.
- 내선 규정 500-2 배선 설비의 허용 전류와 공사 방법

05 기본 컨덕터

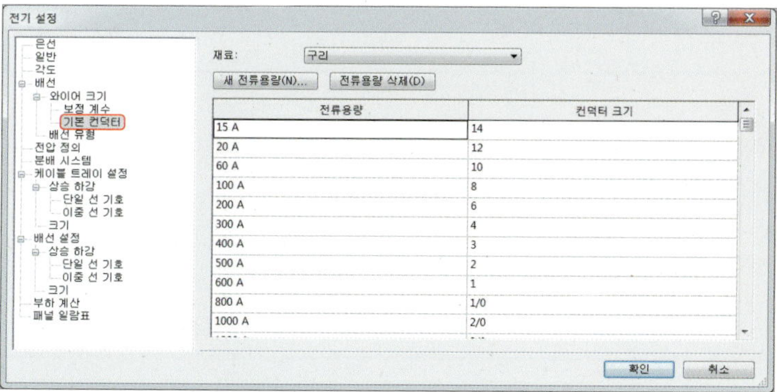

- **재료** 접지선의 재료값을 설정할 수 있습니다.

### 알아두세요

- 와이어 크기에서 설정한 접지선의 규격을 설정합니다.
- 내선 규정 제1445절 접지 참조

[전기 설정] 대화상자의 '배선 유형'에서는 프로젝트에 적용되는 전선 및 케이블의 목록을 작성할 수 있습니다.

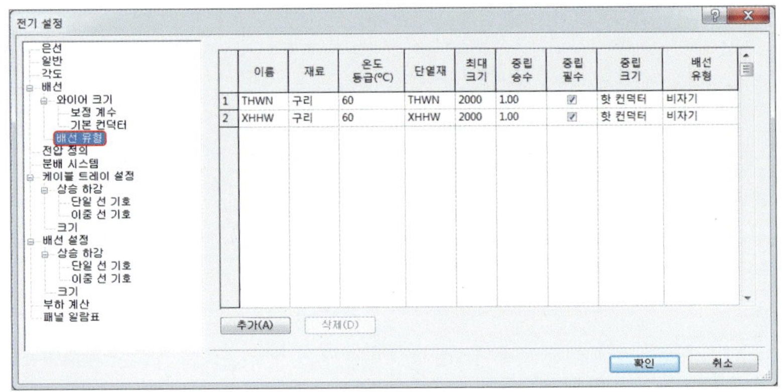

## 01 이름

프로젝트에서 적용할 와이어의 이름을 작성합니다. '배선' ➤ '와이어 크기'에서 설정한 와이어의 특성을 적용할 수 있습니다.

## 02 재료

와이어의 재료값을 선택합니다. 와이어의 재료값을 '배선' ➤ '와이어 크기'에서 설정한 도체의 특성을 적용합니다.

## 03 온도 등급(℃)

와이어의 허용 온도값을 설정합니다.

## 04 단열재

와이어의 절연체(피복)의 특성을 설정합니다.

## 05 최대 크기

프로젝트에서 사용하는 전선의 크기를 설정합니다.

## 06 중립 승수

중립 필수와 중립 크기를 사용하여 시스템의 중성선의 크기를 지정할 수 있습니다.

- 여기에 지정된 값은 와이어 도체 크기의 승수를 기준으로 중성선의 계산된 크기를 늘리거나 줄이는 데 사용됩니다. 전압 강하 상황의 경우 접지선의 크기를 더 크게 설정하는 것과 유사한 방식으로 중성선의 크기를 계산된 크기보다 더 크게 지정할 수 있습니다.

- 중립 승수는 전류 용량보다 단면적을 기준으로 중성선에 적용되는데, 이것은 고조파 부하에서 생성되는 전류 증가를 처리하기 위한 것입니다. 고조파 부하는 수많은 유형의 전자 장비에 있는 전원 공급 장치를 전환할 때 발생합니다. 이러한 전환 전원 공급 장치는 전류 파형에서 고조파 왜곡을 만들고 전류가 전기 시스템에서 예상되는 값보다 높은 값으로 흐르게 합니다.

- 중립 승수는 핫 컨덕터(도체)와 같거나 불균형 전류에 따라 크기를 지정하여 중성선의 크기가 계산된 후 적용됩니다.

## 07 중립 필수

중성선의 사용 유무에 대하여 선택할 수 있습니다. 이 옵션을 선택하면 부하 자체에서 중성선이 필요하지 않은 균형 3상 부하의 경우에도 이 와이어 유형을 사용하는 모든 와이어 실행에 중성선이 포함됩니다. 이 옵션을 선택하지 않으면 균형 하중의 경우 중성선이 생략되고 불균형 하중의 경우 중성선이 포함됩니다.

## 08 중립 크기

중성선의 크기를 선택할 수 있습니다. 중성선의 크기를 와이어 크기(중성선 크기의 기준선이 와이어와 같음)로 지정하는지, 불균형 전류(중성선에 흐르는 전류량을 기준으로 지정)로 지정하는지의 여부를 지정할 수 있습니다.

## 09 배선 유형

전선관 배관의 특성에 따라 선택할 수 있습니다. 와이어의 임피던스에 영향을 미치며 전압 강하 계산에 사용되는 와이어 임피던스 테이블을 결정합니다.

[전기 설정] 대화상자의 '전압 정의'에서는 프로젝트의 전기 시스템을 설정하기 위한 전압의 종별을 설정할 수 있습니다. 각 전압 정의는 다양한 장치에서 다양한 정격 전압을 허용하는 전압 범위로 지정됩니다.

| | 이름 | 값 | 최소 | 최대 |
|---|---|---|---|---|
| 1 | 220V | 220.00 V | 210.00 V | 230.00 V |
| 2 | 380V | 380.00 V | 370.00 V | 390.00 V |
| 3 | 440V | 440.00 V | 430.00 V | 450.00 V |
| 4 | 6.6kV | 6600.00 V | 6500.00 V | 6700.00 V |
| 5 | 22.9kV | 22900.00 V | 21900.00 V | 23900.00 V |

**알아두세요** **내선 규정 1400-1 전압의 종별 참조**

**표준 전압(Standard Voltage)**

일정한 전력을 일정한 거리의 수용(需用)지에 보낼 때는 가장 경제적인 전압이어야 한다. 그러나 송전 전압을 여러 경우에 경제적으로 선택하면 선로에 필요한 기계, 기구, 애자, 지지 물질은 모두 이 전압에 적합한 것을 사용해야 한다. 따라서 송전 전압의 종류가 많을수록 여러 가지 설비의 종류도 많아져서 호환성이 없을 뿐만 아니라 전력의 융통에도 불편하다. 이러한 결점을 없애기 위해 현재는 송전 전류의 종류를 줄여서 표준 전압을 정하는 동시에 기계, 기구, 애자 등의 규격을 통일시키고 있다.

우리나라에서 채용되고 있는 표준 전압은 공칭 전압으로 나타내기로 되어 있다. 그러므로 전선로의 전압을 선정함에 있어서는 경제적 전압을 산출하고 이에 가까운 표준 전압을 채용해야 한다. 전선로의 선건 전압이라 함은 전선로를 대표하는 선간 전압을 말한다. 우리나라의 표준 공칭 전압(KSC 0501) 중 가장 많이 쓰이는 것은 110, 220, 220/380, 440, 3300, 6600, 13200, 22900, 154000, 3450000이다.

출처 – 산업안전대사전, 최상복, 2004.05.10, 도서출판 골드

[전기 설정] 대화상자의 '분배 시스템'에서는 프로젝트의 전기 시스템을 설정하기 위한 분배 시스템을 설정할 수 있습니다.

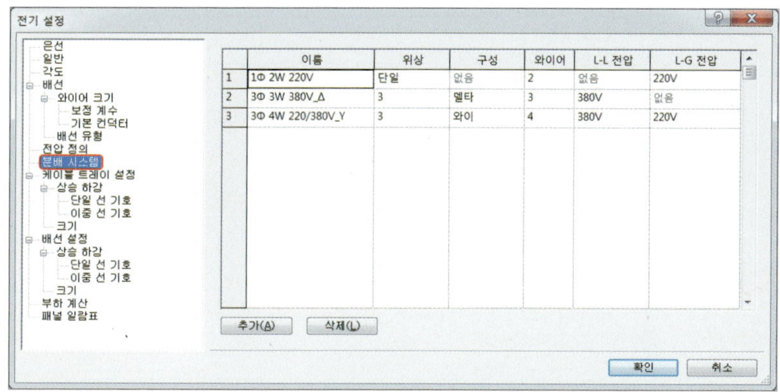

## 01 이름

분배 시스템 명칭을 지정합니다.

## 02 위상

전기 시스템 중 단상과 3상으로 구분하여 선택할 수 있습니다.

## 03 구성

Y결선 방식과 △결선 방식을 선택합니다.

## 04 와이어

전선의 구성 방식을 2선식, 3선식, 4선식으로 구분하여 선택할 수 있습니다.

**알아두세요**

3상 4선식 △결선은 표현은 가능하지만 프로그램에서 지원하지 않습니다.

## 05 L-L 전압

두 위상 간에 측정된 전압을 나타내며 위상 및 와이어의 선택에 따라 달라집니다.

## 06 L-G 전압

위상과 지면 간에 측정된 전압을 나타냅니다.

**알아두세요.**

내선 규정 1420-4 3상 4선식 접속의 경우에 전압측 전선의 표시 참조

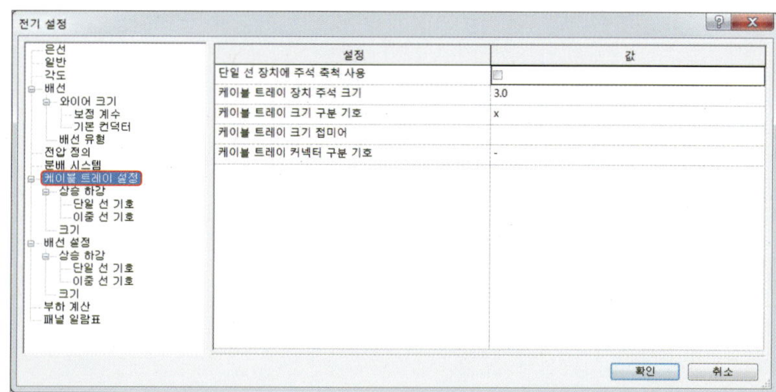

## 01 단일 선 장치에 주석 축척 사용

'케이블 트레이 장치 주석 크기' 파라미터로 지정한 크기에서 모델링을 합니다. 이 설정을 변경해도 기존의 프로젝트에 배치된 모델의 인쇄 크기는 변경되지 않습니다.

## 02 케이블 트레이 장치 주석 크기

상세 수준 낮음으로 표현시 심벌의 크기를 설정합니다.

## 03 케이블 트레이 크기 구분 기호

케이블 트레이의 크기를 표시할 때 폭과 높이를 연결하는 문자 표시입니다.

| 케이블 트레이 크기 구분 기호 | x |
| --- | --- |

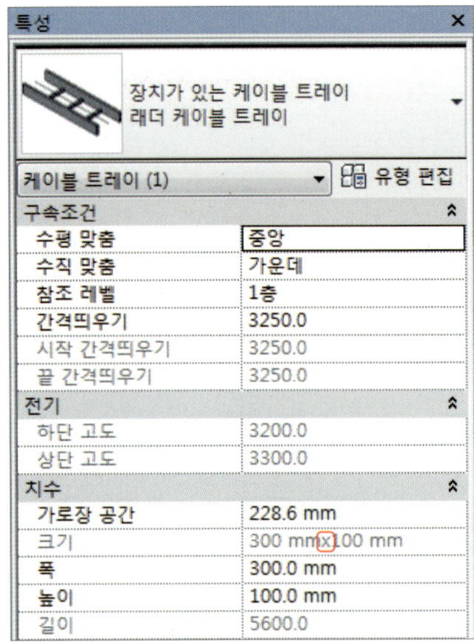

## 04 케이블 트레이 크기 접미어

케이블 트레이의 크기와 함께 표시되는 꼬리말 문자 표시입니다.

| 케이블 트레이 크기 접미어 | CT |
| --- | --- |

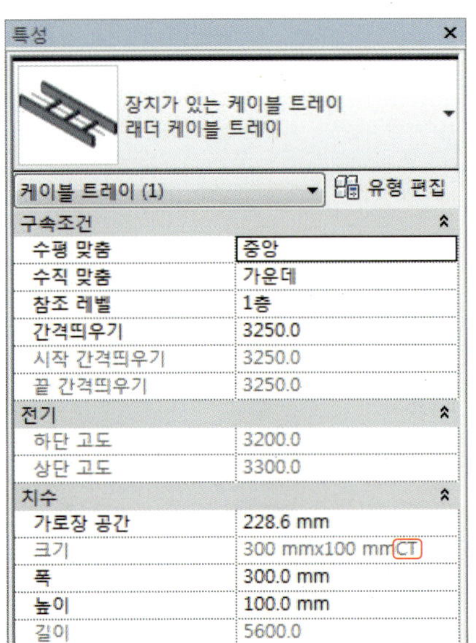

케이블 트레이를 표시할 때 커넥터 간의 크기를 연결하는 문자 표시입니다.

| 케이블 트레이 커넥터 구분 기호 | - |
| --- | --- |

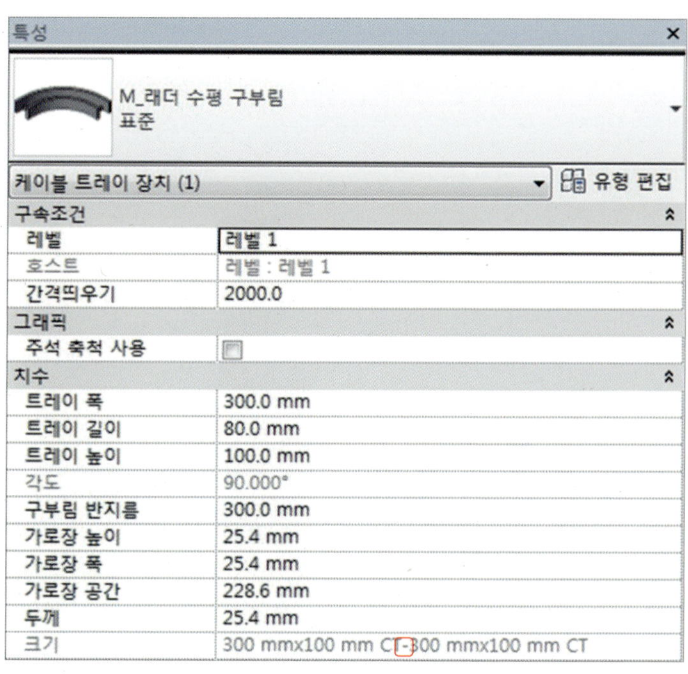

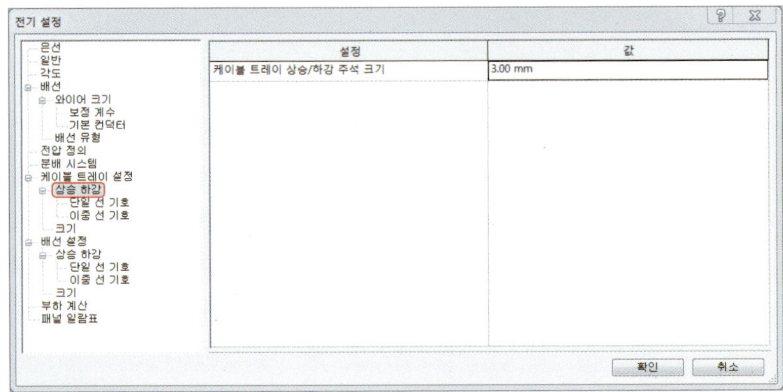

## 01 케이블 트레이 상승/하강 주석 크기

입상 및 입하 케이블 트레이 주석의 크기를 설정합니다.

## 02 단일 선 기호

상세 수준이 '낮음'으로 설정되었을 때 표현되는 케이블 트레이의 주석 표시 설정입니다.

## 03 이중 선 기호

상세 수준이 '중간', '높음'으로 설정되었을 때 표현되는 케이블 트레이 주석 표시의 설정입니다.

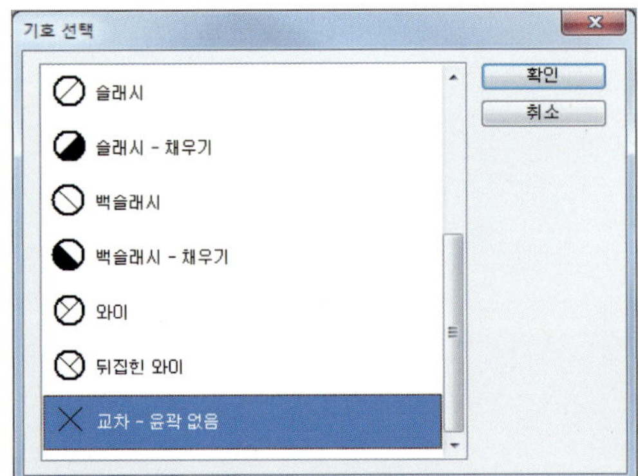

[전기 설정] 대화상자의 '크기'에서는 케이블 트레이의 크기를 설정 및 제어할 수 있습니다.

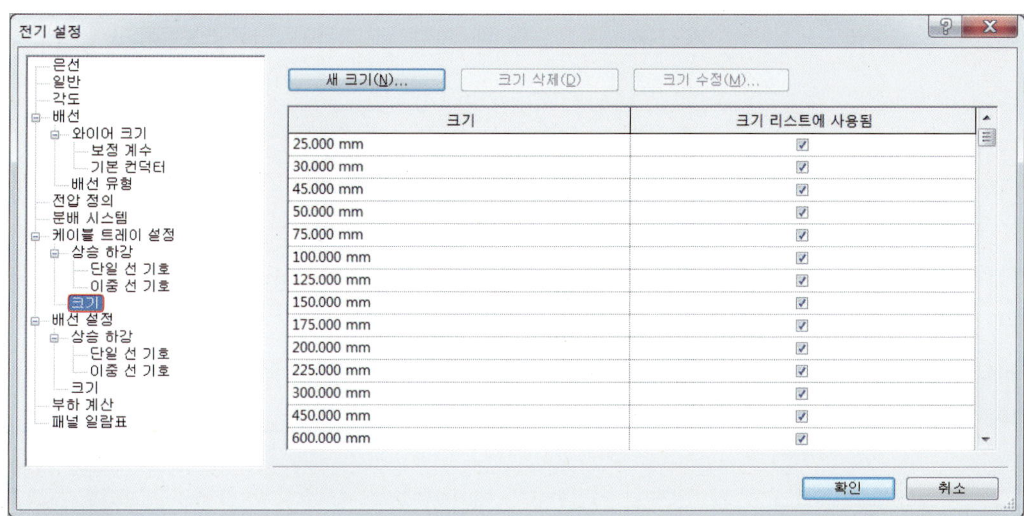



**알아두세요**

케이블 크기가 없을 경우 사용자가 크기를 추가하여 사용할 수 있습니다. 추가하지 않을 경우 작업중 크기가 변경될 수 있습니다.

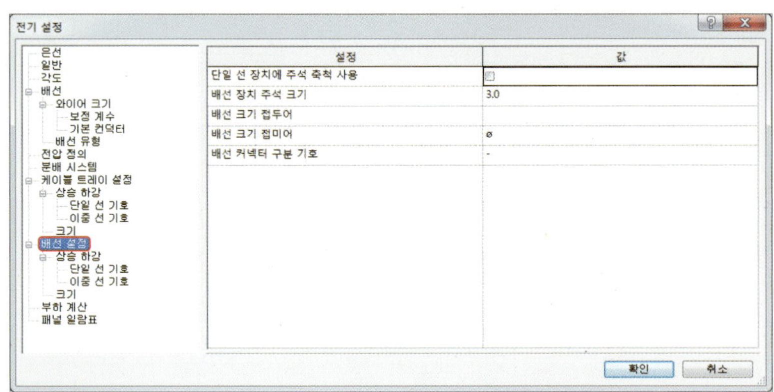

## 01   단일 선 장치에서 주석 축척 사용

'배선 장치 주석 크기' 파라미터로 지정한 크기에서 모델링을 합니다. 이 설정을 변경해도 기존의 프로젝트에 배치된 모델의 인쇄 크기는 변경되지 않습니다.

## 02   배선 장치 주석 크기

상세 수준 낮음으로 표현시 심벌의 크기를 설정합니다.

## 03   배선 크기 접두어

배선의 크기와 함께 표시되는 머리말 문자 표시입니다.

## 04   배선 크기 접미어

배선의 크기와 함께 표시되는 꼬리말 문자 표시입니다.

## 05   배선 커넥터 구분 기호

배선을 표시할 때 커넥터 간의 크기를 연결하는 문자 표시입니다.

[전기 설정] 대화상자의 '크기'에서는 배선의 크기를 설정 및 제어할 수 있습니다.

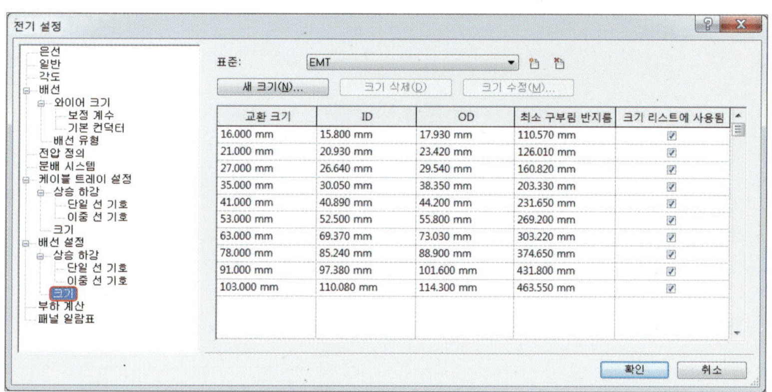

## 01 표준

배선에서 사용할 크기를 설정합니다.

- EMT   전기 배관용 튜브관(Electrical Metalic Tubing)
- IMC   Steel 전선관으로, RMC보다 두께가 얇아 기계적 강도가 낮은 전선관(Inter Metal Conduit)
- RMC   Steel 전선관(강제 전선관)으로 특별한 언급이 없는 한 적용(Rigid Metal Conduit)
- RNC   HI-PVC에 해당, NEC 2008부터 PVC로 변경(Rigid Non-metal Conduit)

합성 수지관의 크기는 내선 규정 2220-3 합성 수지관 및 부속품의 선정을 참고합니다.

**〈표 14〉 경질 비닐관의 규격 및 치수(내선 규정 표 2220-1)**

[단위 : mm]

| 굵기(관의 호칭) | 바깥 지름 | 두께 |
|---|---|---|
| 14 | 18 | 2.0 |
| 16 | 22 | 2.0 |
| 22 | 26 | 2.0 |
| 28 | 34 | 3.0 |
| 36 | 42 | 3.5 |
| 42 | 48 | 4.0 |
| 54 | 60 | 4.5 |
| 70 | 76 | 4.5 |
| 82 | 89 | 5.9 |

<표 15> 합성 수지제 가요관(PF관)의 치수(내선 규정 표 2220-2)

[단위 : mm]

| 굵기(관의 호칭) | 바깥 지름 | 안지름 |
|---|---|---|
| 14 | 21.5 | 14.0 |
| 16 | 23.0 | 16.0 |
| 22 | 30.5 | 22.0 |
| 28 | 36.5 | 28.0 |
| 36 | 45.5 | 36.0 |
| 42 | 52.0 | 42.0 |

<표 16> 합성 수지제 가요관(CD관)의 치수(내선 규정 표 2220-3)

[단위 : mm]

| 굵기(관의 호칭) | 바깥 지름 | 안지름 |
|---|---|---|
| 14 | 19.0 | 14.0 |
| 16 | 21.0 | 16.0 |
| 22 | 27.5 | 22.0 |
| 28 | 34.0 | 28.0 |
| 36 | 42.0 | 36.0 |
| 42 | 48.0 | 42.0 |

금속관의 크기는 내선 규정 2225-4 금속관 및 부속품의 선정을 참고합니다.

<표 6> 후강 전선관의 치수(내선 규정 표 2225-1)

[단위 : mm]

| 관의 호칭 | 바깥 지름 | 두께 | 안지름 |
|---|---|---|---|
| 16 | 21.0 | 2.3 | 16.4 |
| 22 | 26.5 | 2.3 | 21.9 |
| 28 | 33.3 | 2.5 | 28.3 |
| 36 | 41.9 | 2.5 | 36.9 |
| 42 | 47.8 | 2.5 | 42.8 |
| 54 | 59.6 | 2.8 | 54.0 |
| 70 | 75.2 | 2.8 | 69.6 |
| 82 | 87.9 | 2.8 | 82.3 |
| 92 | 100.7 | 3.5 | 93.7 |
| 104 | 113.4 | 3.5 | 106.4 |

- **교환 크기** 전선관 배관 모델링에 사용하는 배관의 공칭 규격입니다.

- **ID** 전선관 내경(안지름)입니다.

- **OD** 전선관 외경(바깥지름)입니다.

- **최소 구부림 반지름** 전선관 배관의 최소 굴곡 반경입니다.

- **크기 리스트에 사용됨** 전선관 모델링 작업에 사용하는 목록의 표시 여부를 선택하는 옵션입니다. (프로젝트에서 사용하는 전선관 배관의 크기만 체크하여 작업할 수 있습니다.)

**01** [전기 설정] 대화상자에서 '배선 설정' ➤ '크기'를 선택하고 [새 크기] 버튼을 클릭하여 새 표준을 설정합니다.

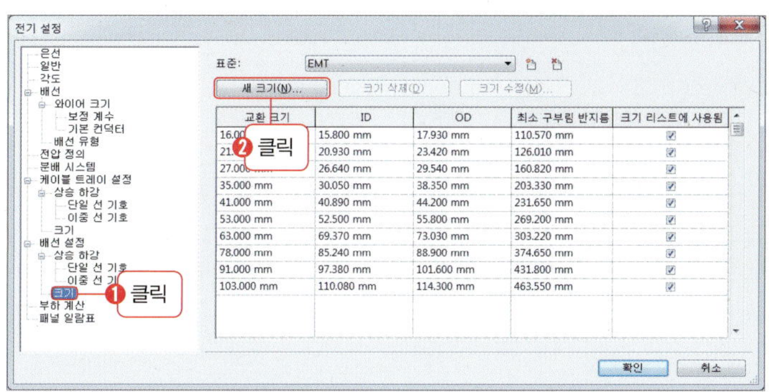

**02** [새 표준] 대화상자가 나타나면 '표준 이름'에 '후강전선관'을 입력하고 '표준 기준'에서 'RMC'를 선택한 후 [확인] 버튼을 클릭합니다.

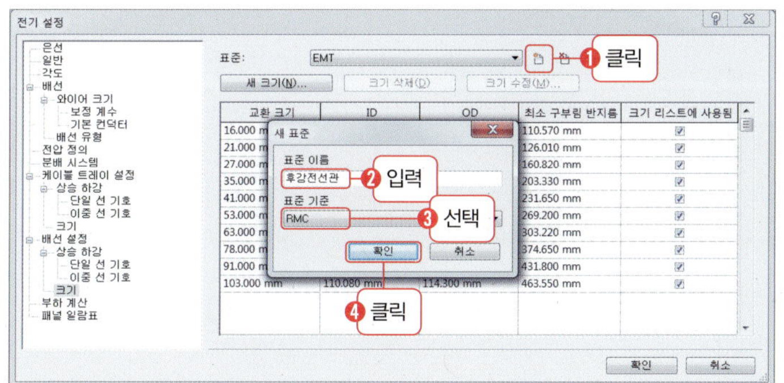

**03** 다음과 같이 '후강전선관' 배선을 설정합니다. 크기는 후강전선관의 치수를 적용하고 최소 구부림 반지름은 외경의 6배 이상을 적용합니다.

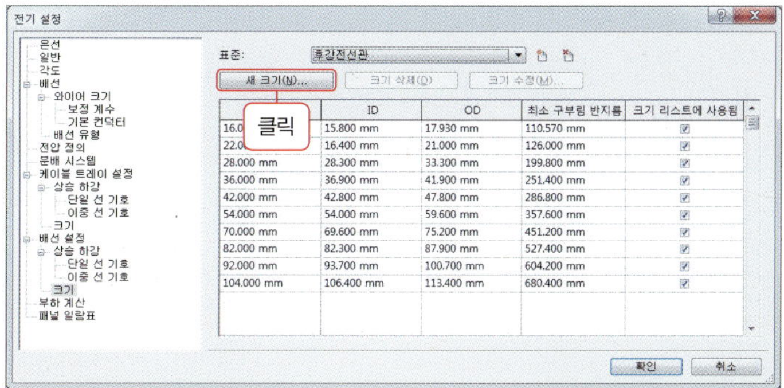

Lesson 05 전기 설정

[전기 설정] 대화상자의 '부하 계산'에서는 공간에 대한 부하 계산을 설정할 수 있습니다.

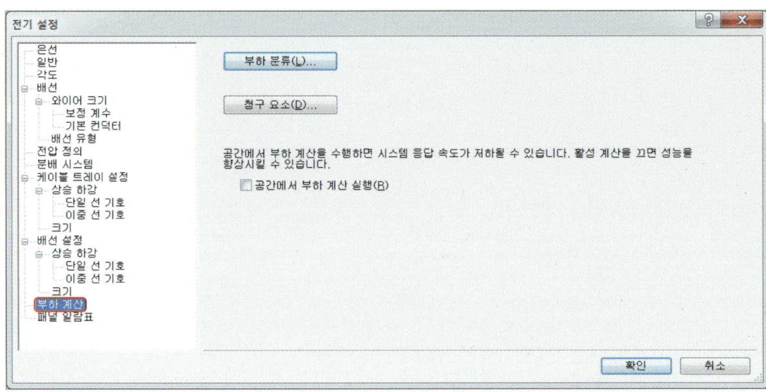

* '공간에서 부하 계산 실행'의 체크를 해제하면 부하 계산을 할 수 없습니다.

## 01 부하 분류

패널에 연결된 각 전기 부하의 유형을 분류하고 수용률을 지정한 후 전기 커넥터에 지정된 해당 부하 분류에 수용률을 지정할 수 있습니다.

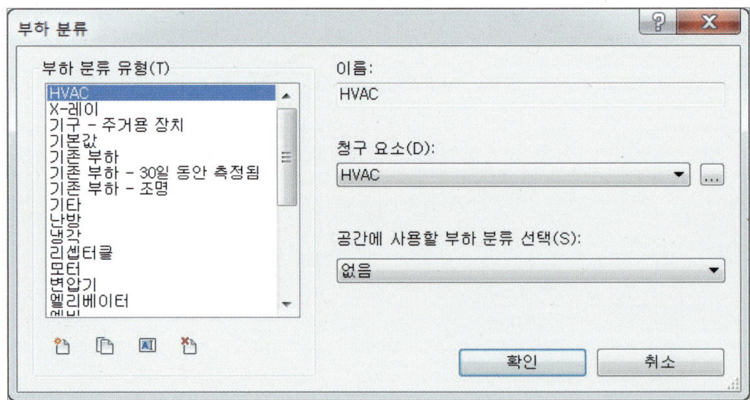

건물의 모든 전기 장비를 기준으로 하지 않고 지정된 시간의 예상 부하를 기준으로 하여 조종하는 데 사용합니다. 시스템 부하를 기준으로 프로젝트에 포함된 조명 설비, 동력 설비, HVAC 또는 다른 시스템에 대해 하나 이상의 수용률을 지정할 수 있습니다.

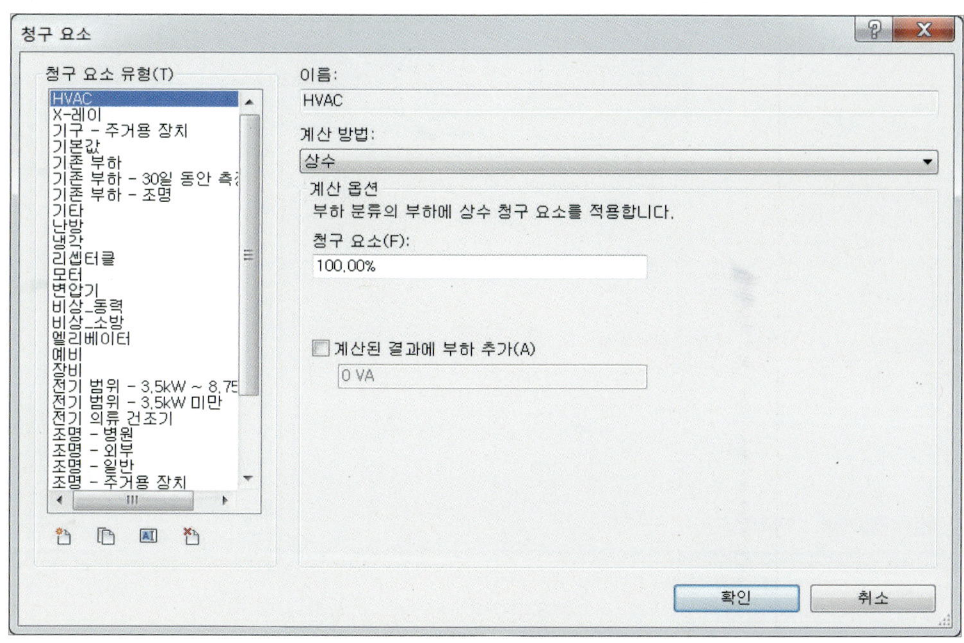

[전기 설정] 대화상자의 '패널 일람표'에서는 패널 일람표에 표현되는 기본 설정값을 정의할 수 있습니다.

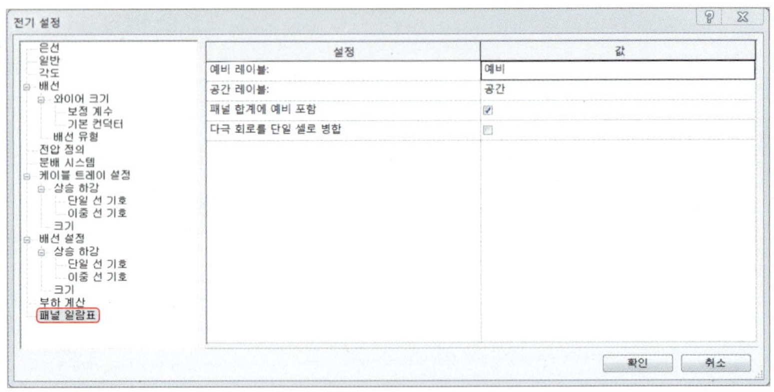

## 01 예비 레이블 : 예비

패널 일람표의 예비 부하 매개변수에 적용할 기본 레이블 문자를 표현합니다.

## 02 공간 레이블 : 공간

패널 일람표의 공간 부하 매개변수에 적용할 기본 레이블 문자를 표현합니다.

## 03 패널 합계에 예비 포함

패널 일람표에서 예비값을 추가할 때 계산값을 포함시킬 것인지의 여부를 선택합니다.

## 04 다극 회로를 단일 셀로 병합

회로 구성이 3극일 경우 패널 일람표의 셀 표현 여부를 선택합니다.

# 케이블 트레이/배선 유형 설정

Revit에서는 건물 모델의 냉난방 부하를 계산할 수 있습니다. 건물 모델의 모든 영역에 대해 공간을 배치하고 정의한 후 이러한 공간을 구역에 지정할 수 있고, 난방 및 냉방 케이블 트레이/배선(전선관 배관) 유형을 설정합니다. Revit에서는 다섯 가지 타입의 케이블 트레이를 제공하지만 Ladder, Channel 타입의 형태만 제공하므로 기타 필요한 타입은 유형 설정을 통해 모델을 배치할 수 있습니다.

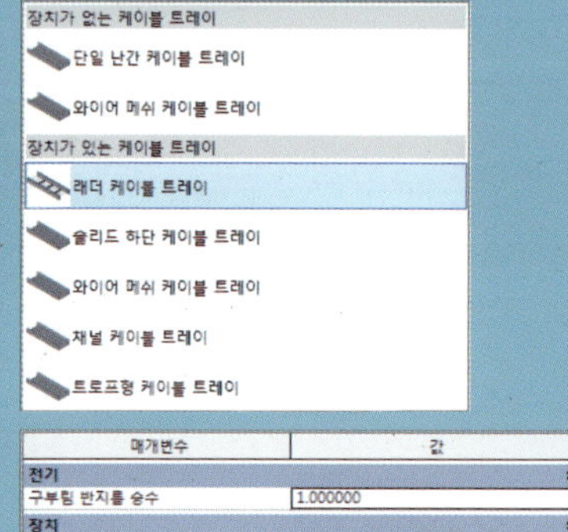

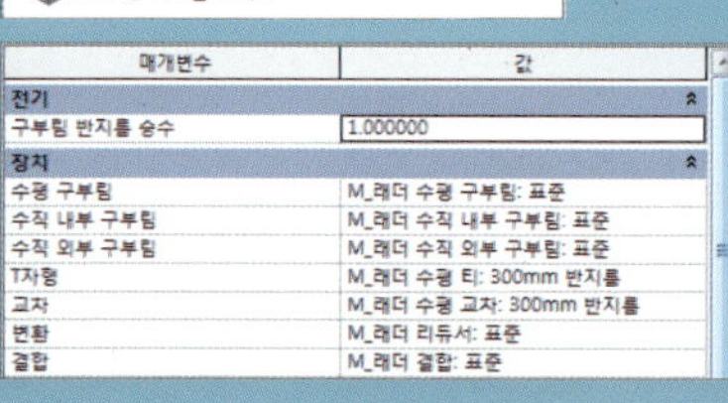

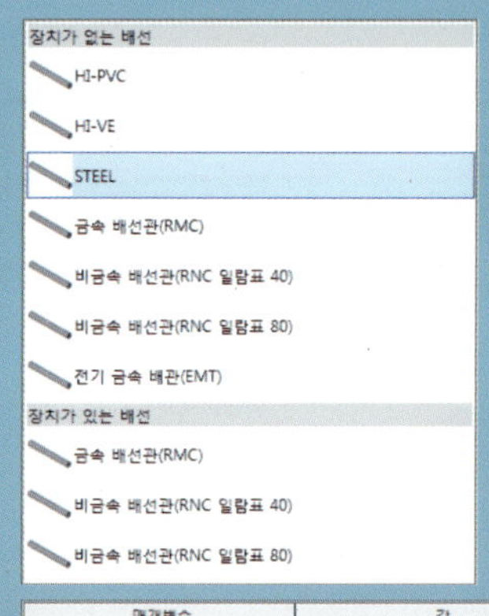

**핵심 Point**

- 케이블 트레이의 유형 작성하기
- 배선(전선관 배관)의 유형 작성하기

'Chapter 03 \ Lesson 06' 폴더에서 'Lesson 06_01 케이블 트레이.rvt' 파일을 열고 케이블 트레이 유형에 따른 케이블 트레이의 유형을 설정합니다.

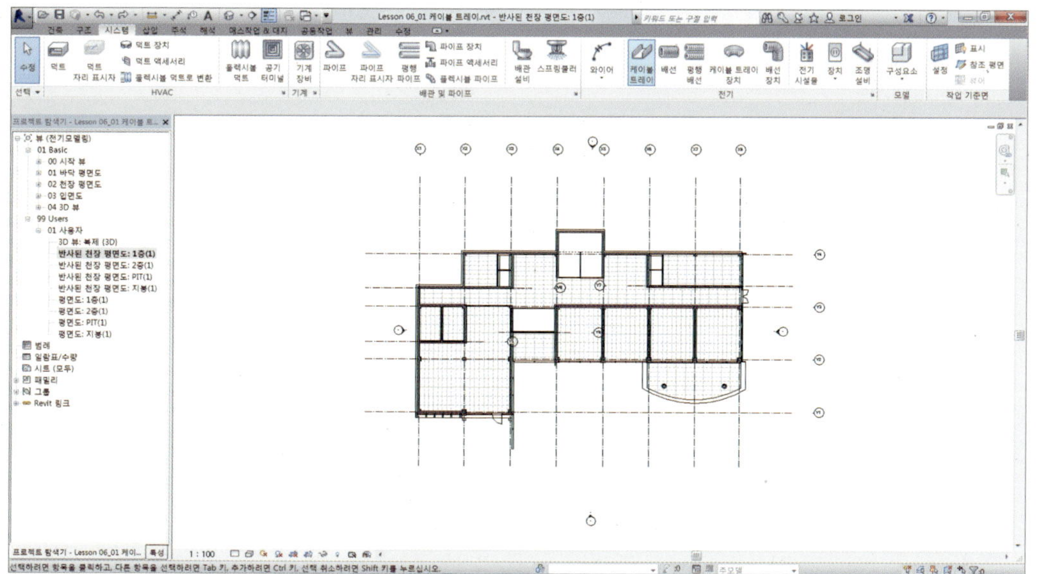

**01** [시스템] 탭 ▶ [전기] 패널 ▶ [케이블 트레이]를 클릭합니다.

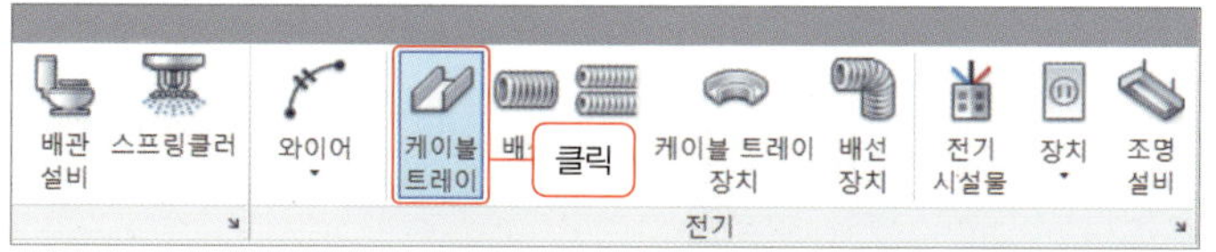


**02** [특성] 대화상자에서 [유형 편집]을 클릭합니다.

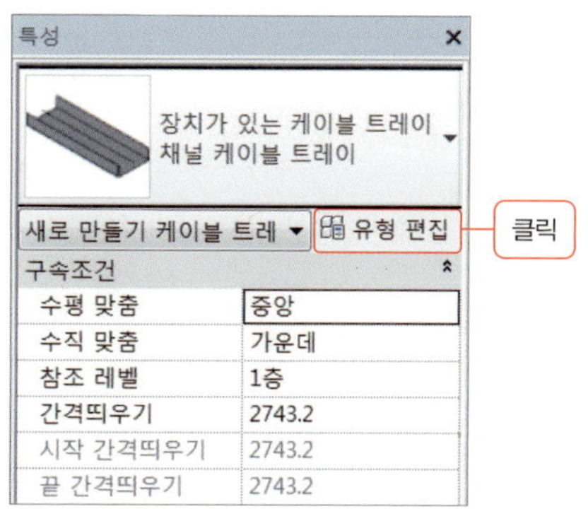


| 수평 맞춤 | 중앙 |
|---|---|
| 수직 맞춤 | 가운데 |
| 참조 레벨 | 1층 |
| 간격띄우기 | 2743.2 |
| 시작 간격띄우기 | 2743.2 |
| 끝 간격띄우기 | 2743.2 |

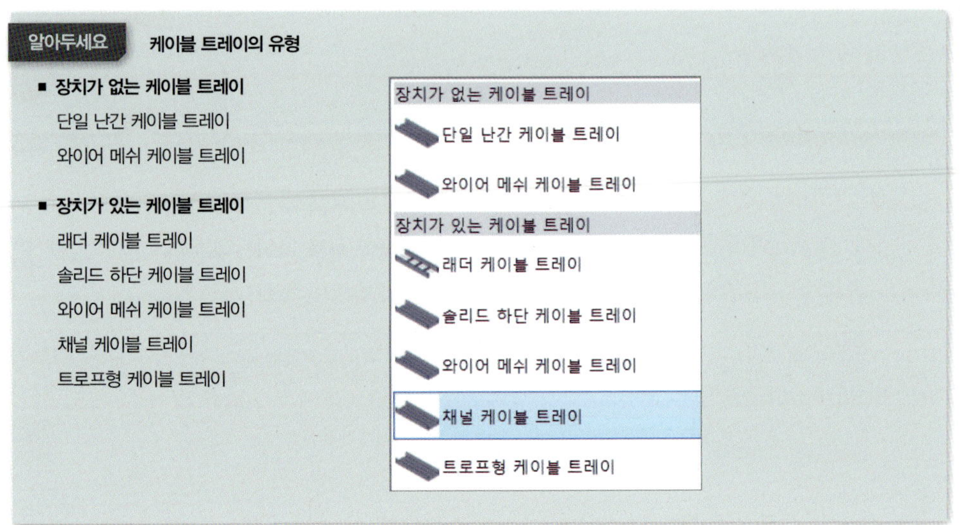


**03** [유형 특성] 대화상자에서 [복제] 버튼을 클릭합니다. [이름] 대화상자가 나타나면 '이름'에 '케이블 덕트'를 입력하고 [확인] 버튼을 클릭합니다.

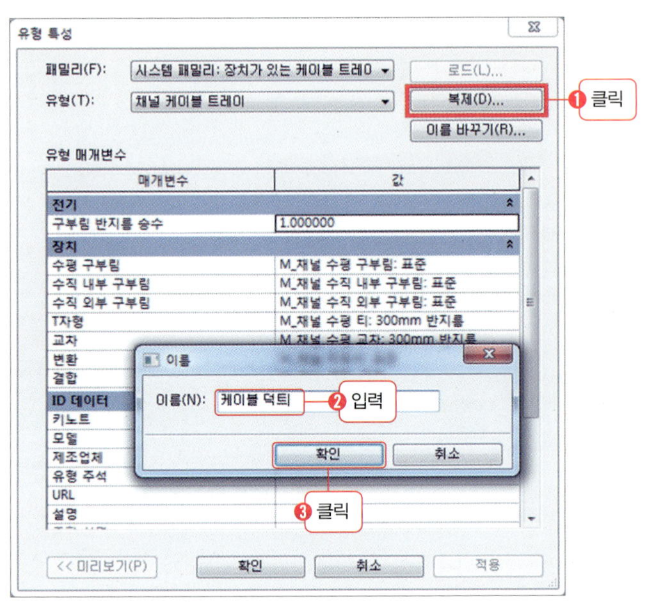


**04** 유형 매개변수 장치에 맞는 피팅류를 설정합니다.

'Chapter 03 \ Lesson 06' 폴더에서 'Lesson 06_02 배선.rvt' 파일을 열고 배선 유형에 따른 전선관의 유형을 설정합니다.

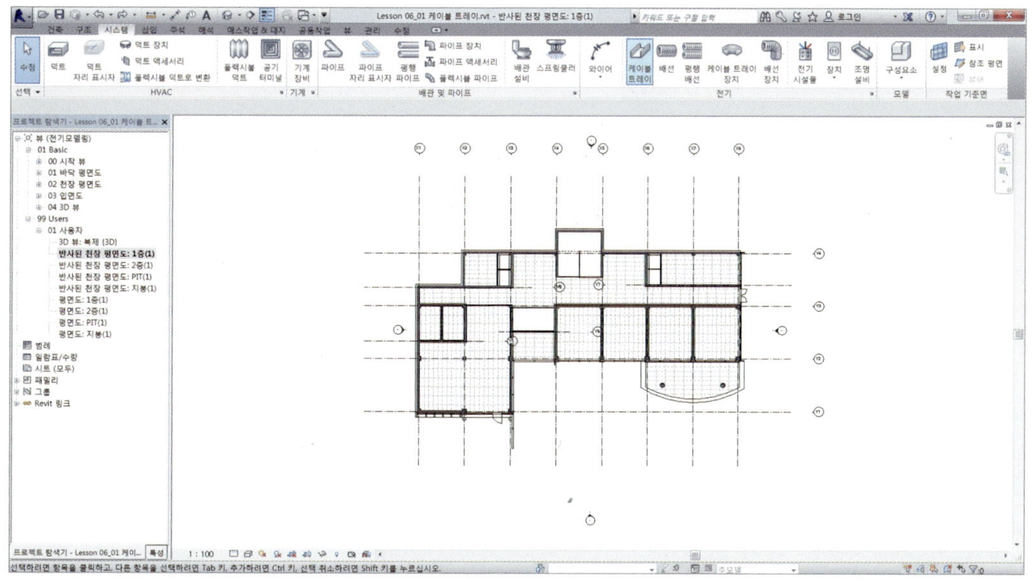

**01**  [시스템] 탭▶[전기] 패널▶[배선]을 클릭합니다.

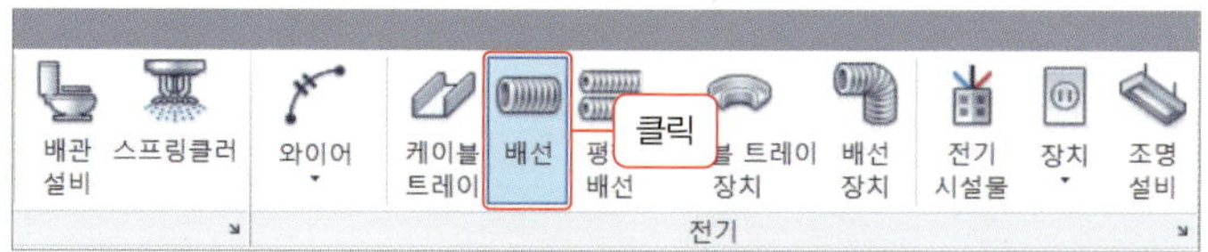


**02**  [특성] 대화상자에서 [유형 편집]을 클릭합니다.

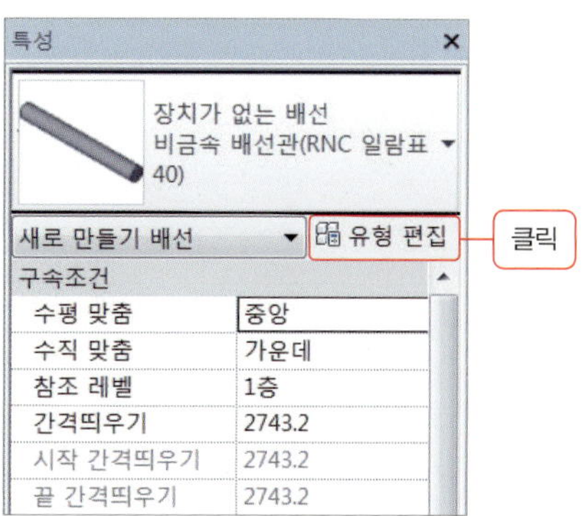

**03** [유형 특성] 대화상자에서 [복제] 버튼을 클릭합니다. [이름] 대화상자가 나타나면 '이름'에 'STEEL'을 입력하고 [확인] 버튼을 클릭합니다.

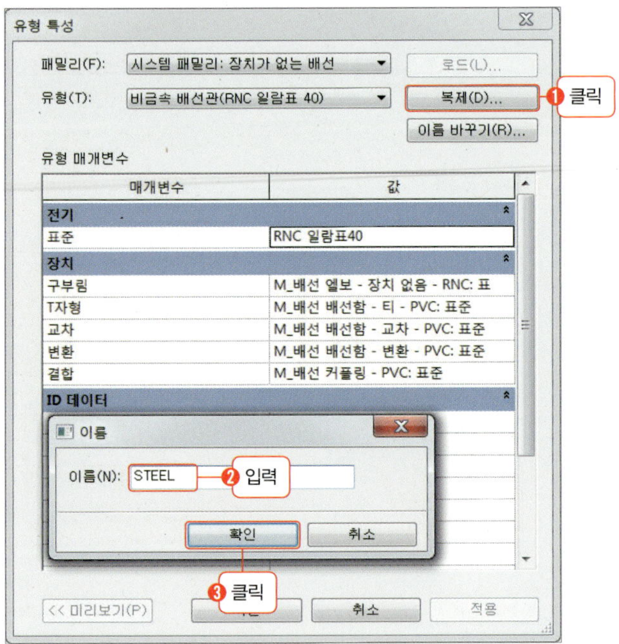


**04** '전기' 항목의 '표준' 설정값을 배선 설정에서 작성한 '후강전선관'으로 설정하고 [확인] 버튼을 클릭합니다.

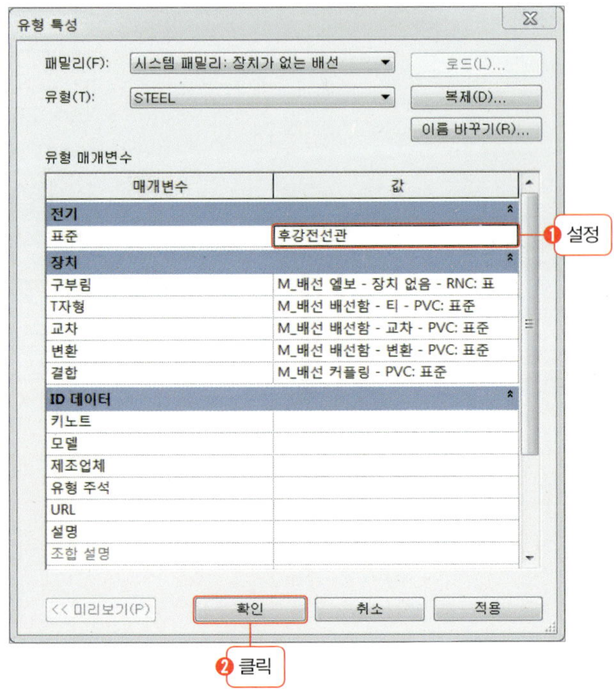

래더 결합

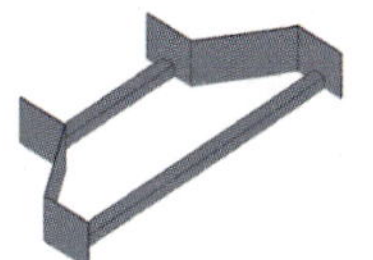

래더 레듀서

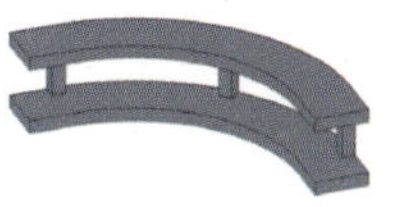

래더 수직 내부 구부림

래더 수직 외부 구부림

래더 수평 교차

래더 수평 구부림

래더 수평 티

## 케이블 트레이 피팅류 - 채널

채널 결합

채널 레듀서

채널 수직 내부 구부림

채널 수직 외부 구부림

채널 수평 교차

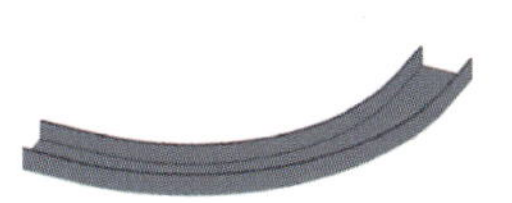

채널 수평 구부림

채널 수평 티

## 배선 피팅류

엘보

배선함

커플링

# Chapter 04

# 공간

Revit에서는 건물 모델의 모든 영역에 대해 공간을 배치하고 정의한 후 이 공간을 구역으로 지정할 수 있습니다. 그리고 난방 및 냉방 부하 해석을 수행하여 건물의 에너지 수요를 결정하고, 공간 및 구역 요구 사항을 결정한 후 MEP 시스템을 작성합니다. 프로젝트에서 시스템 구성 요소의 모양 및 동작은 각 분야의 설정에 의해 결정됩니다. 전기 설정은 프로젝트에 있는 케이블 트레이, 배선(전선관 배관) 및 와이어의 시스템을 작성하는데 주요한 기능 설정입니다. 프로젝트에서 조명기구 및 전기 장비를 배치하는 도구를 이용하여 조명 시스템 및 전력 시스템을 작성할 수 있는데, 이번 장에서는 공간을 작성하고 활용하는 방법에 대해 알아보겠습니다.

# 공간 구역 설정

건축 전기 설비 시스템을 작성하려면 가장 먼저 시스템을 계획해야 합니다. 빌딩 내부에 공간 (space)을 배치하여 시스템 계획을 시작합니다. 그리고 공간의 환경을 제어하기 위해 공간을 구역(zone)에 배정한 후 빌딩의 부하 분석을 실시하고 조도 및 전력량을 해석하면서 에너지 수요를 결정해야 합니다.

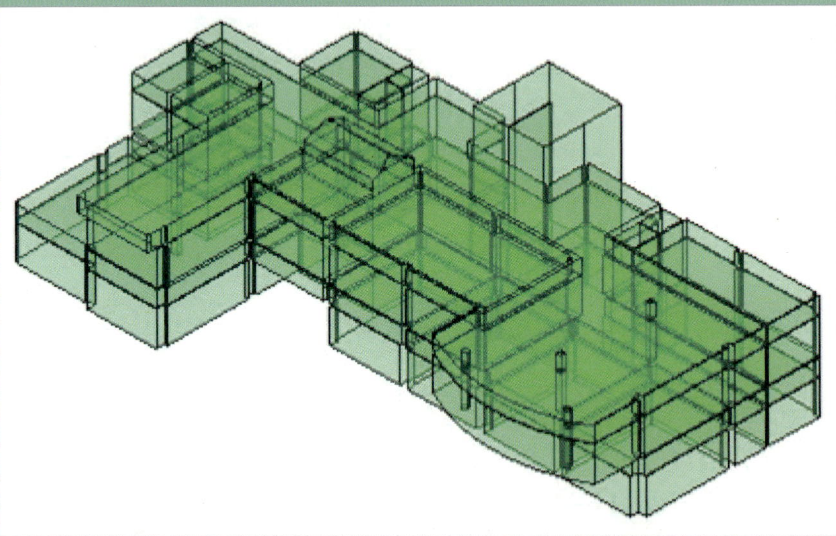

**핵심 Point**

- 공간 배치
- 공간 추가
- 공간 수정
- 공간 활용

공간은 건물 내부에서 해당 지역의 부피를 계산하는 역할을 합니다. 공간은 공간이 배치된 위치에 대한 정보를 포함하는데, 이 정보는 냉난방 부하 분석 및 조명, 전력량 분석 등에 사용됩니다.

**01** ▶ [열기] ▶ [프로젝트]를 클릭하고 'Chapter 04\Lesson 07' 폴더에서 'Lesson07_01 공간 준비.rvt' 파일을 엽니다.

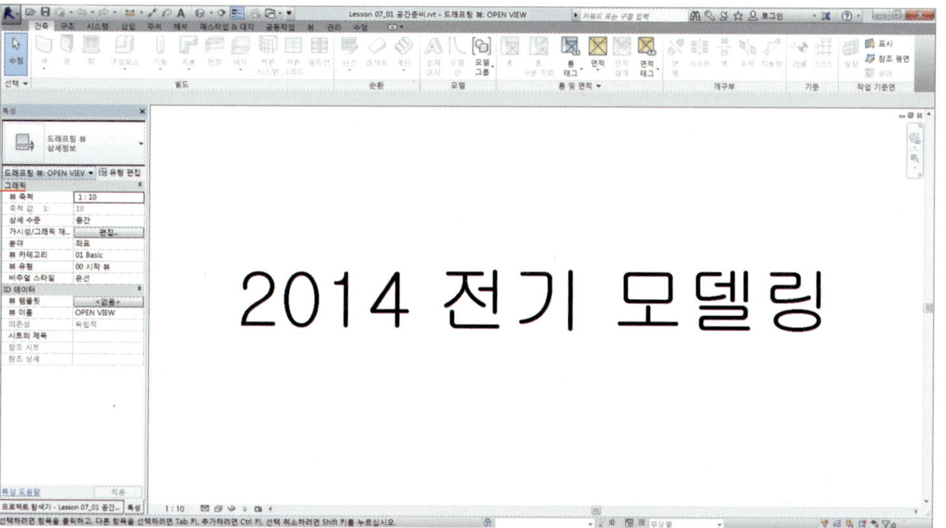


**Note**

**1** [해결되지 않은 참조] 대화상자가 나타나면 [링크 관리를 열어 문제 해결]을 클릭합니다.

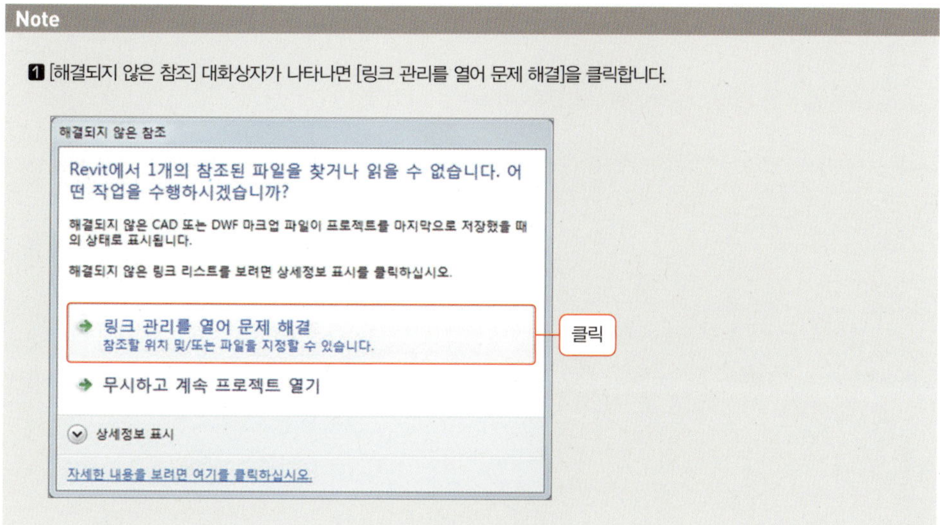

**2** [링크 관리] 대화상자의 [Revit] 탭에서 'Sample_건축.rvt'를 선택하고 [다시 로드 경로 재지정] 버튼을 클릭합니다.

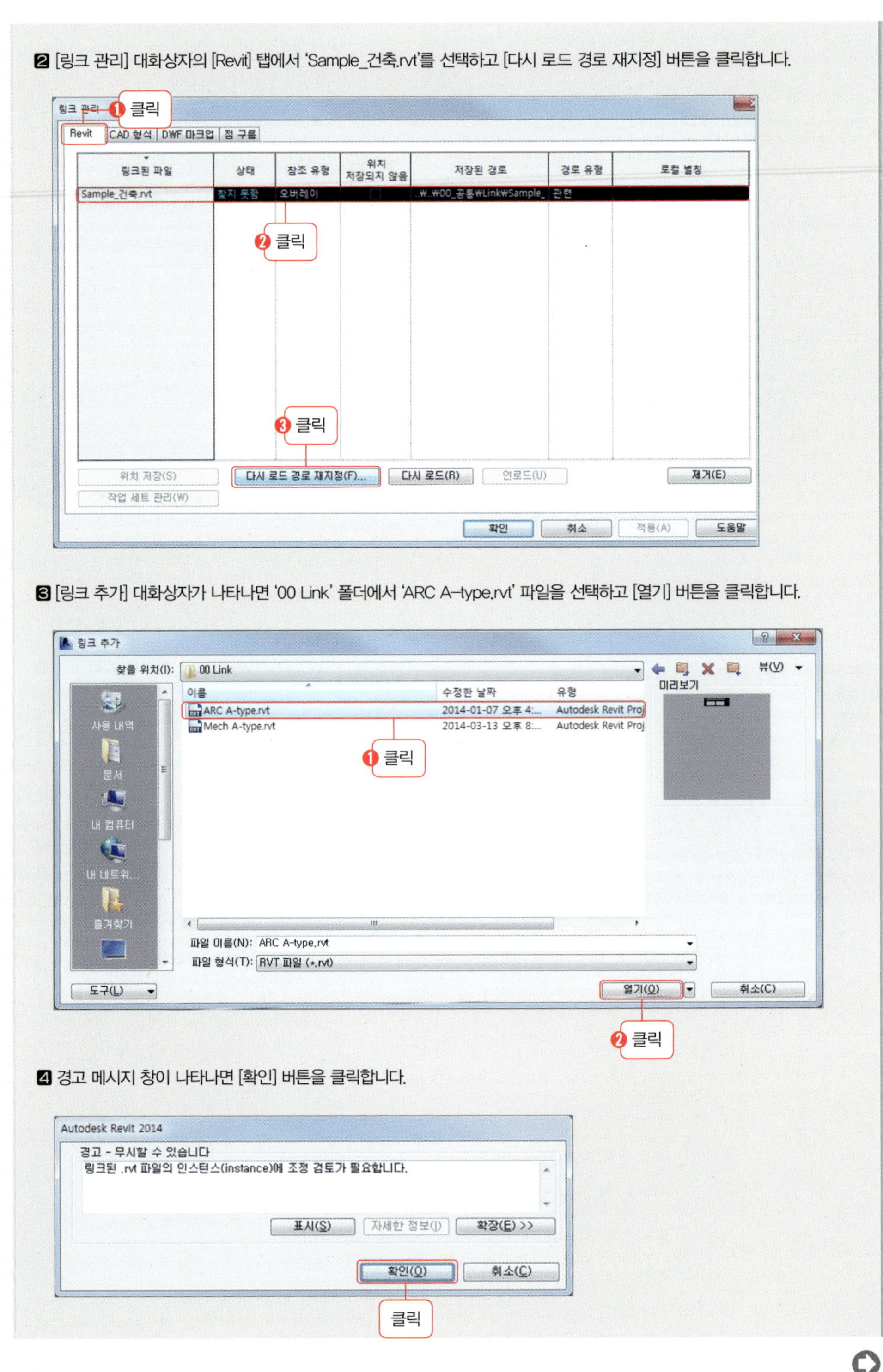


**3** [링크 추가] 대화상자가 나타나면 '00 Link' 폴더에서 'ARC A-type.rvt' 파일을 선택하고 [열기] 버튼을 클릭합니다.



**4** 경고 메시지 창이 나타나면 [확인] 버튼을 클릭합니다.

**5** [링크 관리] 대화상자로 되돌아오면 [확인] 버튼을 클릭합니다.

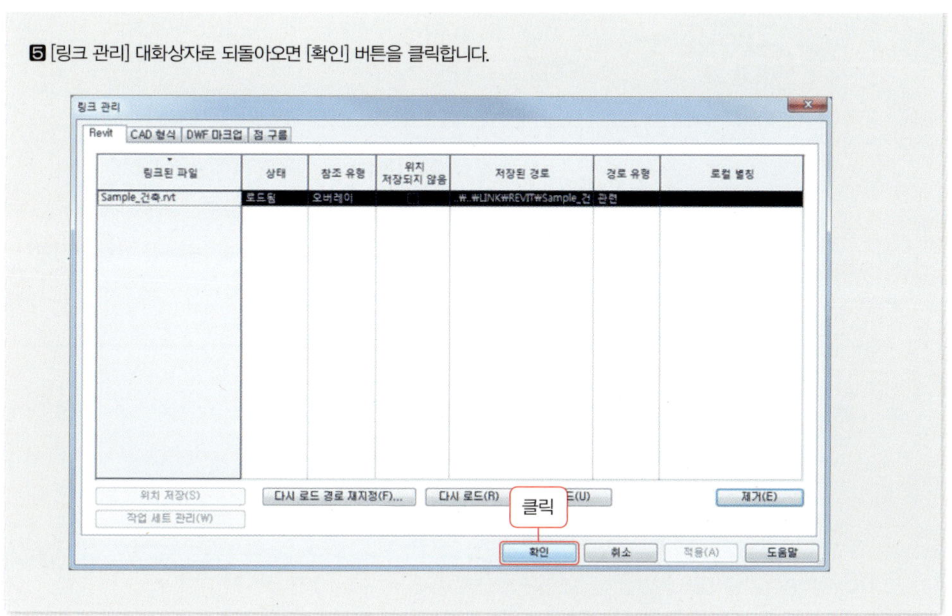

**02** 프로젝트 탐색기에서 '뷰 (전기모델링)' ▶ '99_Users' ▶ '01 사용자' ▶ '3D 뷰: 복제 (3D)'를 더블 클릭하고 모델을 선택한 후 [특성] 대화상자에서 [유형 편집]을 클릭합니다. [유형 특성] 대화상자가 나타나면 '룸 경계'에 체크하고 [확인] 버튼을 클릭합니다.

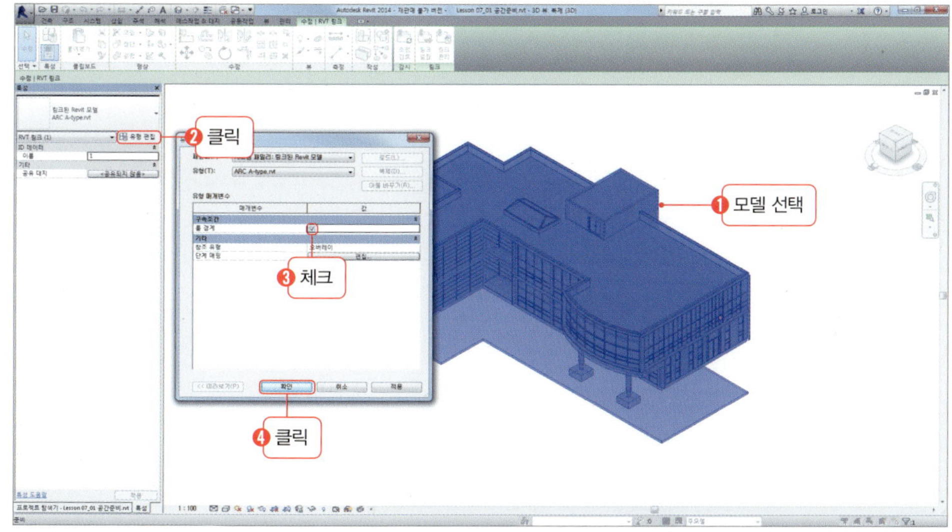

**TIP**

'룸 경계'에 체크하면 링크된 건축 파일의 건축 구성 요소들(벽, 천장, 바닥 등)을 공간의 경계로 인식하게 만듭니다. 이때 룸 구분 기호로 작업된 영역도 경계로 인식합니다.

**03** Esc를 눌러 링크된 건축 파일의 선택을 해제합니다.

빌딩의 비거주 Plenum 지역(천장과 위층 사이)에 공간을 배치하기 위해 Plenum 레벨(이하 천장속)을 작성합니다. 그런 다음 정확한 분석적 모델을 만들고 정확한 냉난방 부하 해석을 얻기 위해 빌딩 내 모든 지역(거주하든, 거주하지 않든)에 공간을 배치해야 합니다.

**01** 프로젝트 탐색기에서 '뷰 (전기모델링)' ▶ '01 Basic' ▶ '03 입면도' ▶ '입면도: 남쪽 – 전기'를 더블 클릭합니다. 그런 다음 [뷰] 탭 ▶ [창] 패널 ▶ [숨겨진 창 닫기]를 클릭하여 다른 열려있는 뷰들을 모두 닫습니다.

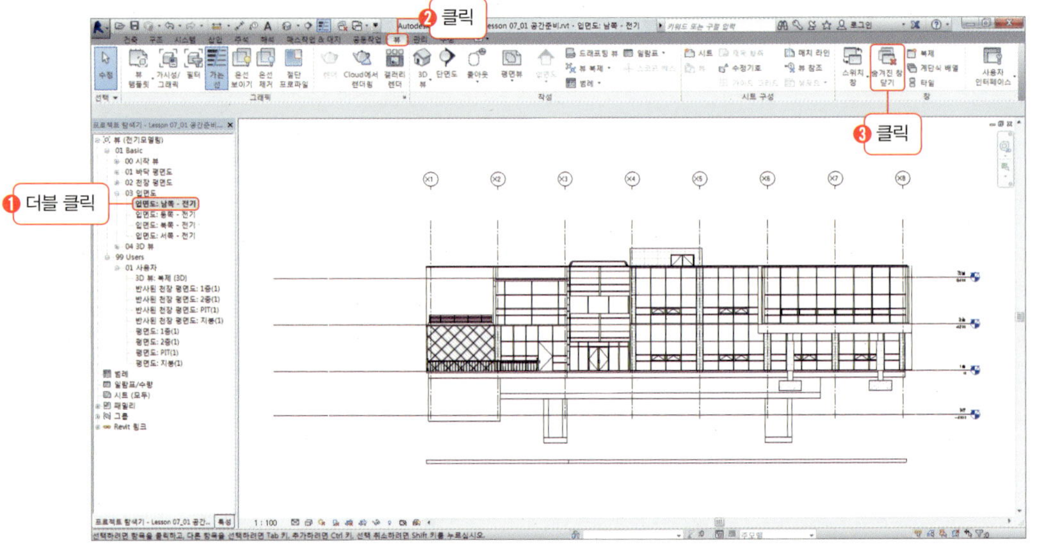

**TIP**

열려있는 뷰의 수를 최소화하면 좀 더 빠르게 작업할 수 있습니다.

**02** [건축] 탭 ▶ [기준] 패널 ▶ [레벨]을 클릭합니다.

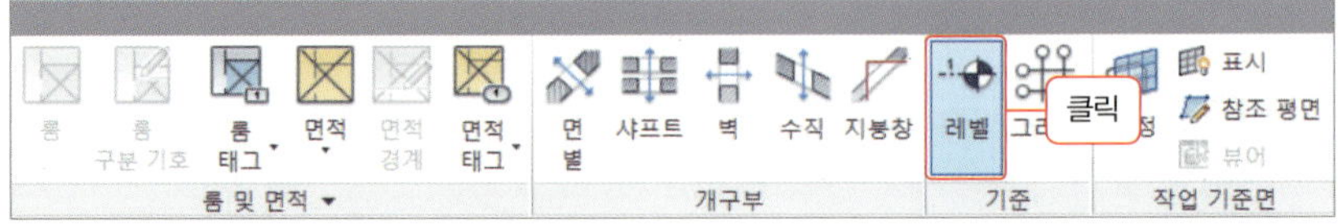

**03** [수정 | 배치 레벨] 탭 ▶ [그리기] 패널 ▶ [선] 📐을 클릭한 후 옵션 막대에서 [평면뷰 유형]을 클릭합니다.

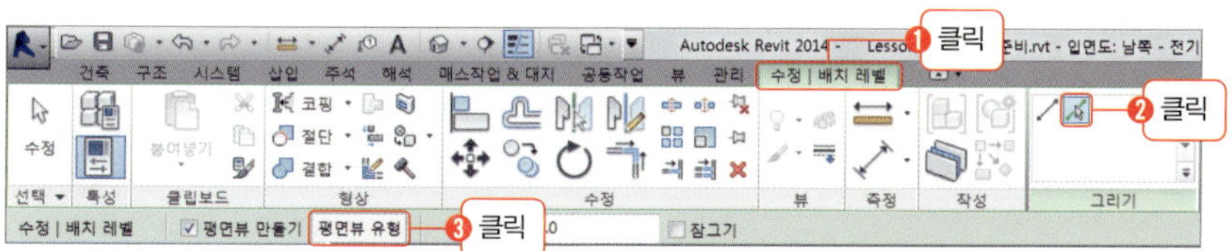


**04** [평면뷰 유형] 대화상자가 나타나면 '구조 평면'과 '천장 평면도'의 선택을 해제하고 '평면도'만 선택한 후 [확인] 버튼을 클릭합니다. ('평면도'만 선택하면 레벨이 추가된 후에 평면도만 신규 생성됩니다.)

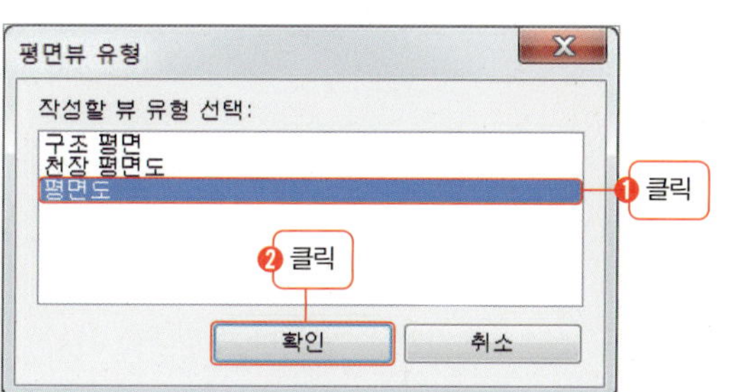


**05** 옵션 막대에서 '간격띄우기'에 '2800'을 입력하고 1, 2층 레벨을 선택하여 천장 속 레벨을 작성합니다.

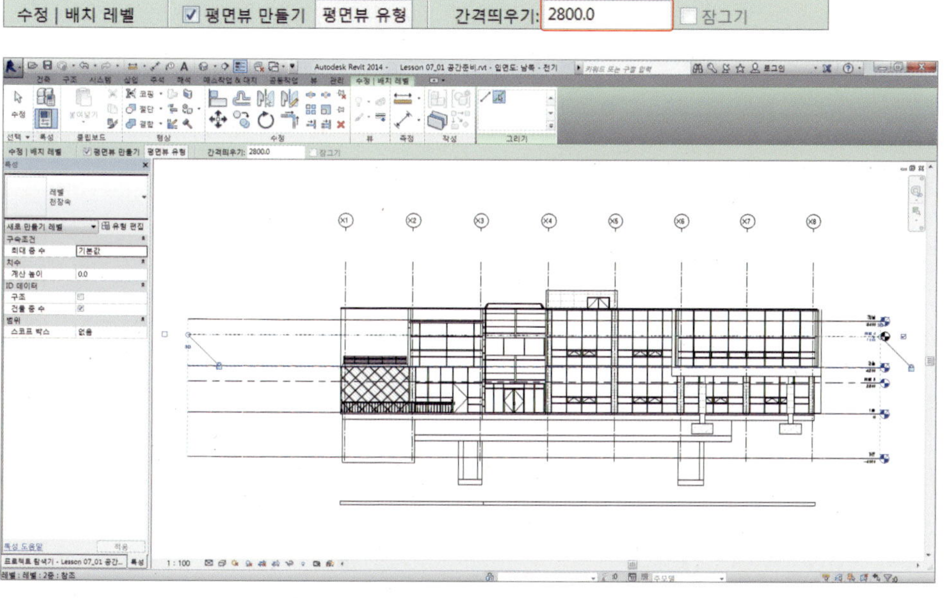




천장속 레벨은 가능하면 작업한 천장 높이보다 조금 높게(천장 텍스 두께) 설정해야 천장 속 공간이 제대로 반영됩니다.

**06** 도면 영역에 새로 작성된 레벨의 이름을 다음과 같이 수정합니다.

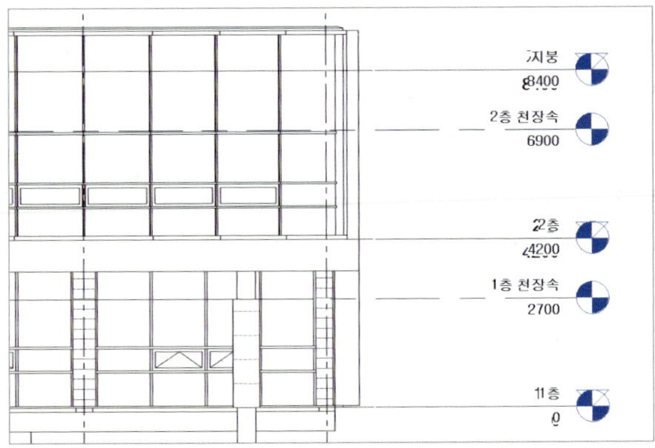

**07** '해당 뷰의 이름을 바꾸시겠습니까?'라고 묻는 메시지 창이 나타나면 [예] 버튼을 클릭하고 [Esc]를 눌러 편집을 종료합니다.

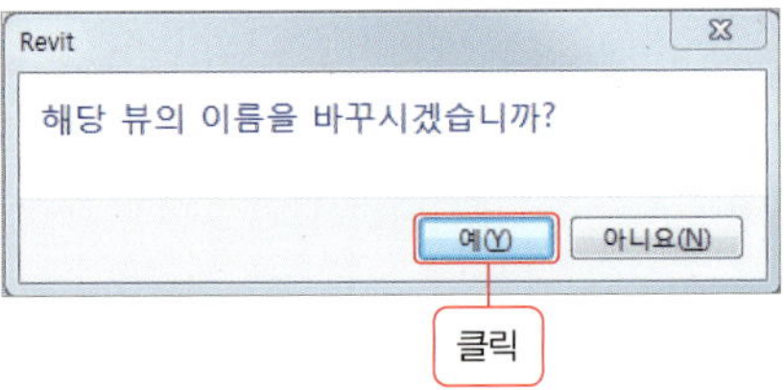


**08** '1층 천장속' 뷰를 열고 [특성] 대화상자에서 '그래픽'▶'뷰 카테고리/뷰 유형'을 '01 Basic /05 공간설정 평면도'로 지정한 후 '2층 천장속' 뷰에도 똑같이 설정합니다. 그런 다음 [특성] 대화상자의 '범위'에서 '뷰 범위'의 [편집]을 클릭하고 [뷰 범위] 대화상자에서 다음의 그림과 같이 변경한 후 [확인] 버튼을 클릭합니다.

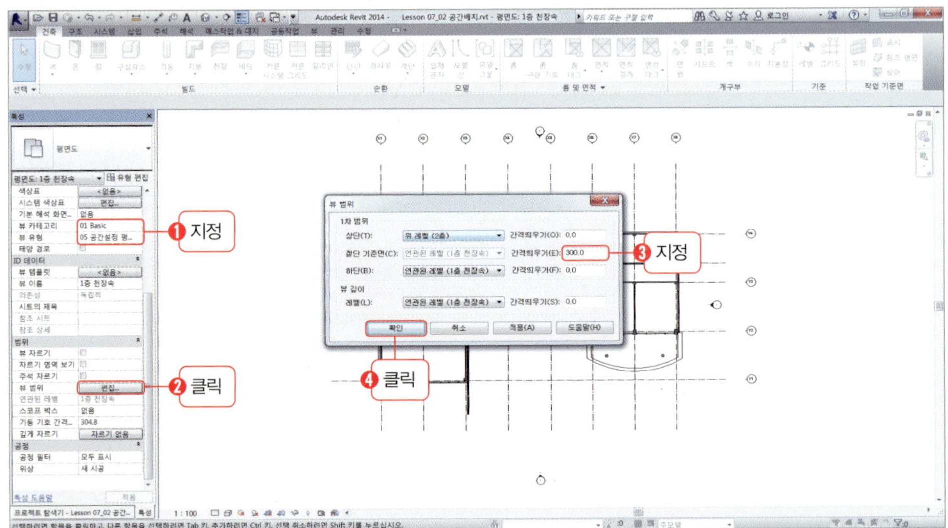

**09** 다음과 같이 설정이 변경됩니다.

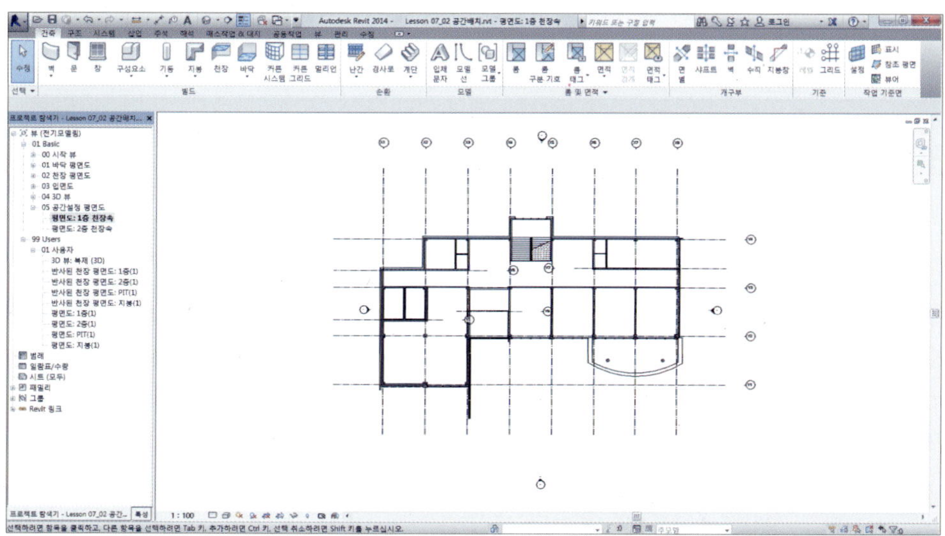

정확한 냉난방 부하 해석을 실행하기 위해 건물 모델의 모든 영역에 공간을 배치해야 합니다. Revit에서는 공간 구성 요소를 사용하여 공간이 배치되는 영역에 대한 정보를 유지합니다. 룸과 공간은 서로 다른 용도로 사용되는 독립적인 구성 요소로, 룸은 점유 영역에 대한 정보를 유지하기 위해 사용되는 건축 구성 요소이고, 공간은 볼륨을 해석하기 위해 사용됩니다. 공간은 프로젝트의 냉난방 부하 해석 및 조도 계산과 전력량 계산에 영향을 미치는 다양한 매개 변수에 대한 값을 지정합니다. 천장 속 및 일반적인 건축 모델에서 건축가에 의해 룸 구성 요소가 지정되지 않는 샤프트, 건축 벽면의 홈, 작은 간격 공간 등에 공간을 배치해야 합니다.

**01** ▶ [열기] ▶ [프로젝트]를 클릭하고 'Chapter 04 \ Lesson 07' 폴더에서 'Lesson 07_02 공간배치.rvt' 파일을 엽니다.

**02** [뷰] 탭 ▶ [작성] 패널 ▶ [평면뷰] ▶ [평면도]를 선택하여 평면도를 작성합니다.

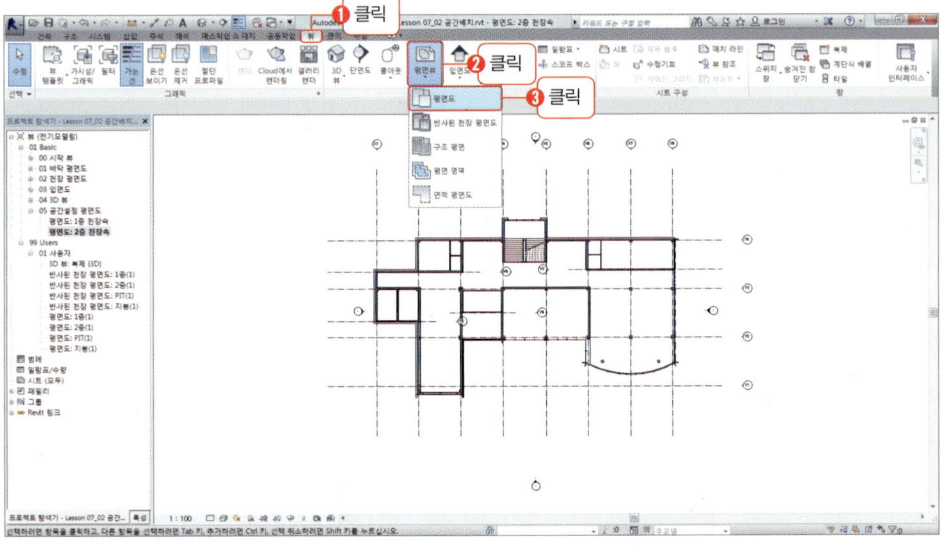

**03** [새 평면도] 대화상자에서 '기존 뷰를 복제하지 않습니다'의 체크를 해제하고 '1층'과 '2층'을 선택한 후 [확인] 버튼을 클릭합니다.

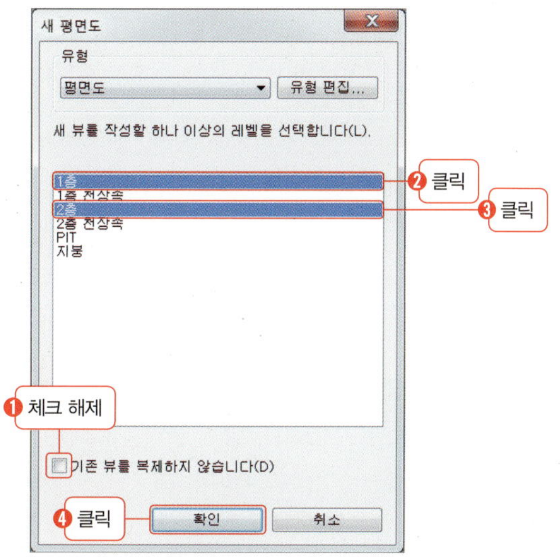


**04** 작성한 평면도가 '뷰 (전기모델링)' ➤ '05 공간설정 평면도'에 배치되도록 설정하고 뷰 이름을 변경합니다.

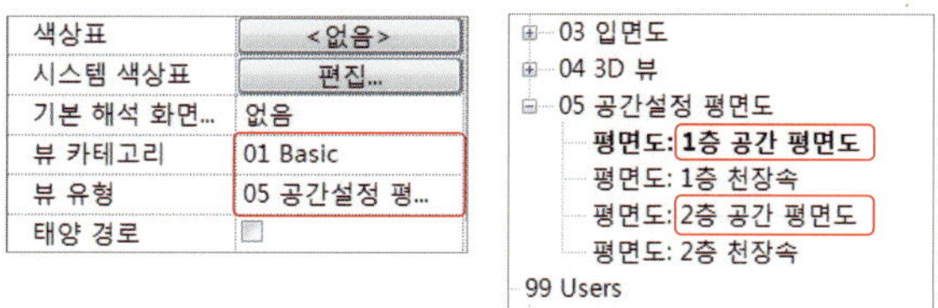


**05** 프로젝트 탐색기의 '뷰 (전기모델링)' ➤ '01 Basic' ➤ '05 공간설정 평면도'에서 '평면도: 1층 공간 평면도'를 더블 클릭합니다.

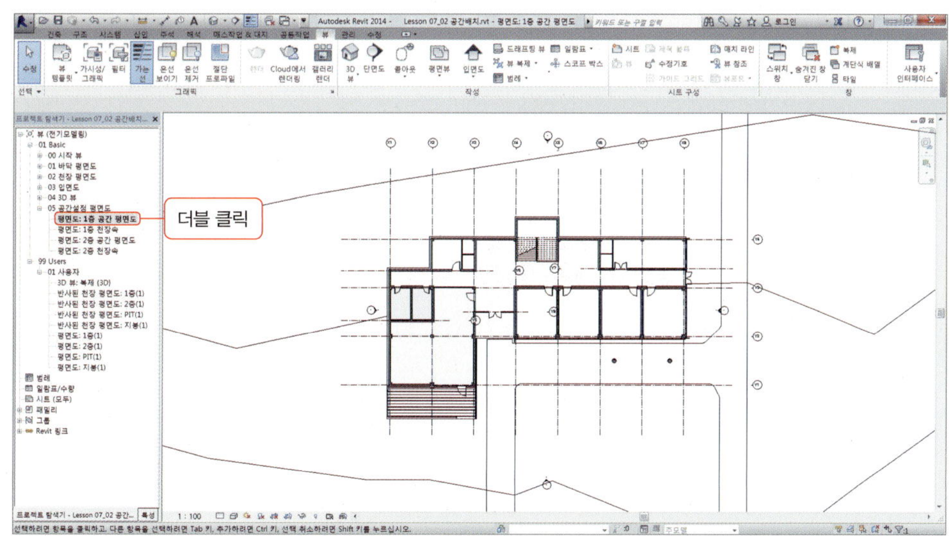

**06** [뷰] 탭▶[그래픽] 패널▶[가는 선] (단축키 : T L)을 클릭합니다.

> **TIP**
>
> • [가는 선]을 클릭하면 모델 테두리 선이 가는 선으로 설정되어 모델 윤곽이 선명해집니다.
>
> • Revit 세션이 닫힌 후 새로 열릴 때마다 단축키 T L 을 누르면 요소의 테두리가 명확해져서 작업에 유용합니다.

**07** [해석] 탭▶[공간 및 구역] 패널▶[공간]을 클릭합니다.

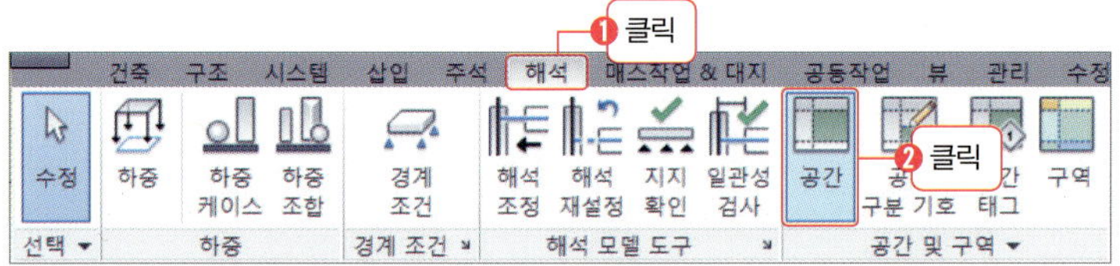

**08** [수정 | 배치 공간] 탭▶[태그] 패널▶[태그 삽입]을 활성화합니다.

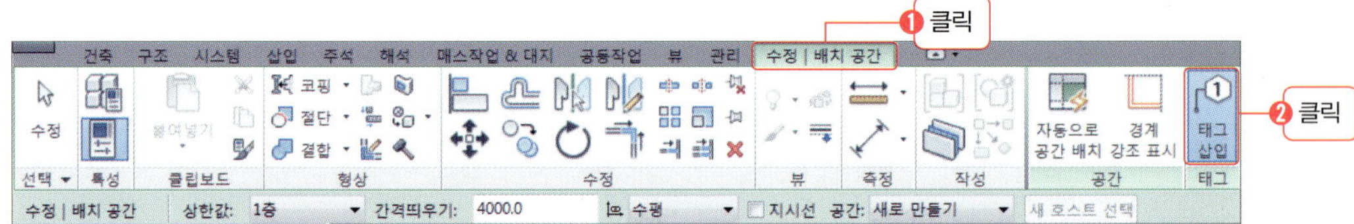

**09** 옵션 막대에서 다음과 같이 지정합니다.

• '상한값'으로 '1층'을 선택하여 공간의 수직 확장을 지정합니다.

• '간격띄우기'에 '2800'을 입력합니다.

• '태그 위치' 에서 '수평'을 선택합니다.

• '지시선'의 체크를 해제합니다.

• '공간'에서 '새로 만들기'를 선택합니다.

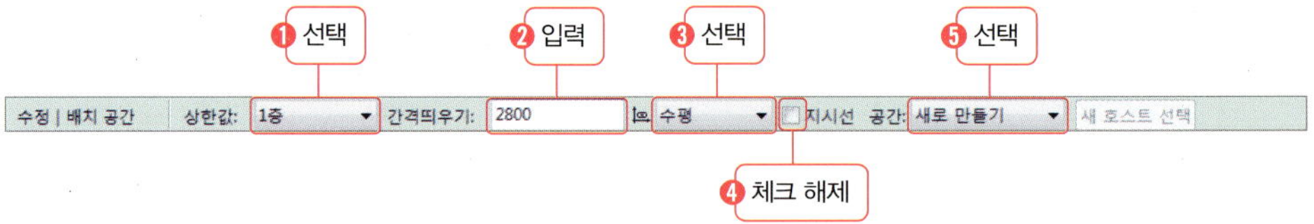

**10** [수정 | 배치 공간] 탭 ➤ [공간] 패널 ➤ [자동으로 공간 배치]를 클릭합니다. 경고 메시지 창이 나타나면 [닫기] 버튼을 클릭하여 닫습니다.

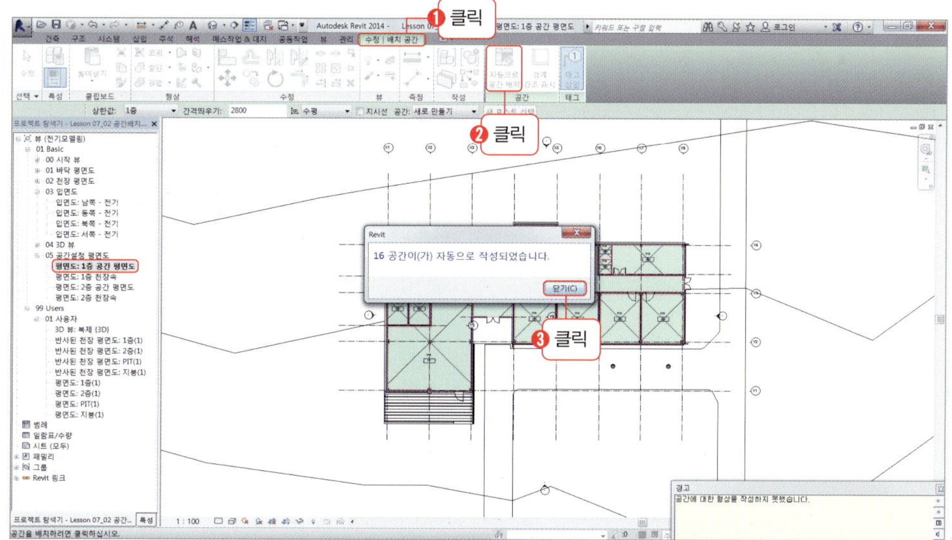




[자동으로 공간 배치]를 클릭하면 해당 레벨에 대하여 자동으로 공간을 배치합니다.

**11** 프로젝트 탐색기의 '뷰 (전기모델링)' ➤ '01 Basic' ➤ '05 공간설정 평면도'에서 '평면도: 1층 천장속'을 더블 클릭하여 뷰를 열고 옵션 막대에서 다음과 같이 지정합니다.

- '상한값'으로 '1층 천장속'을 선택하여 공간의 수직 확장을 지정합니다.
- '간격띄우기'에 '1250'을 입력합니다.
- '태그 위치' 에서 '수평'을 선택합니다.
- '지시선'의 체크를 해제합니다.
- '공간'에서 '새로 만들기'를 선택합니다.

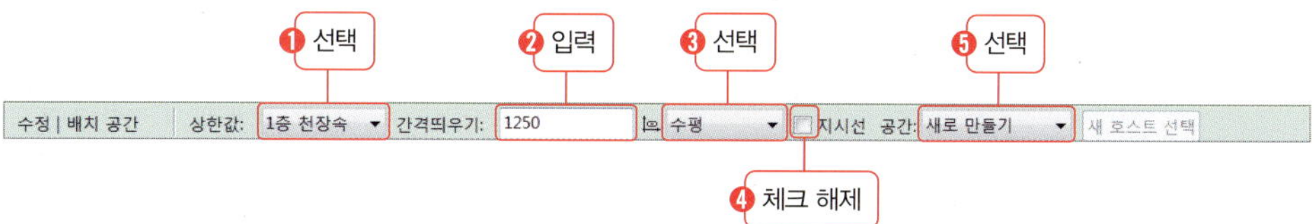

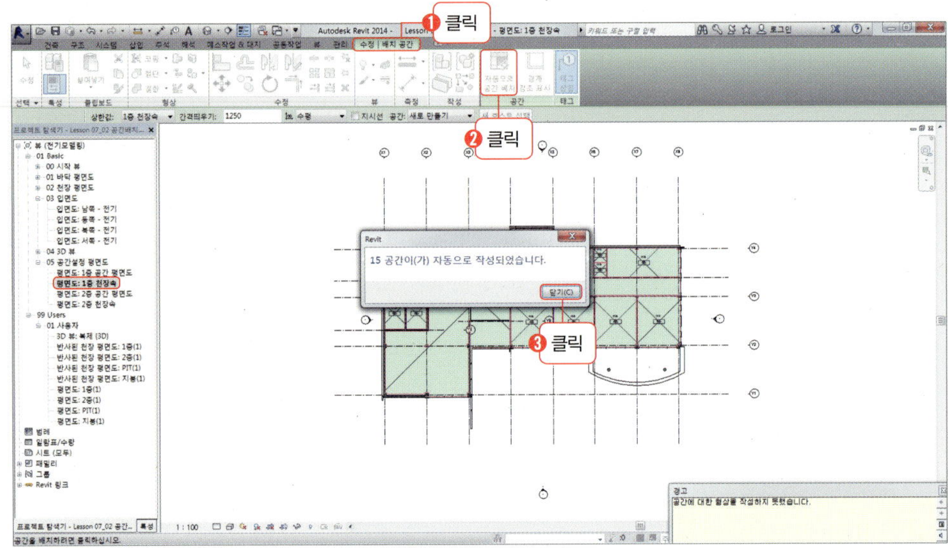


⑫ [수정 | 배치 공간] 탭 ➤ [공간] 패널 ➤ [자동으로 공간 배치]를 클릭합니다. 경고 메시지 창이
나타나면 [닫기] 버튼을 클릭하여 닫습니다.

⑬ '2층 공간 평면도'와 '2층 천장속'도 위와 같이 배치합니다.

## 01 공간 추가

**01** ▶ [열기] ▶ [프로젝트]를 클릭하고 'Chapter 04 \ Lesson 07' 폴더에서 'Lesson 07_03 공간수정.rvt' 파일을 엽니다.

**02** 프로젝트 탐색기의 '뷰 (전기모델링)' ▶ '01 Basic' ▶ '05 공간설정 평면도'에서 '평면도: 2층 천장속'을 더블 클릭하고 [뷰] 탭 ▶ [그래픽] 패널 ▶ [가시성/그래픽](단축키 : V G 또는 V V)을 클릭합니다. 대화상자가 나타나면 [모델 카테고리] 탭의 '가시성'에서 '공간'을 확장하고 '내부'와 '참조'의 '가시성'에 체크합니다.

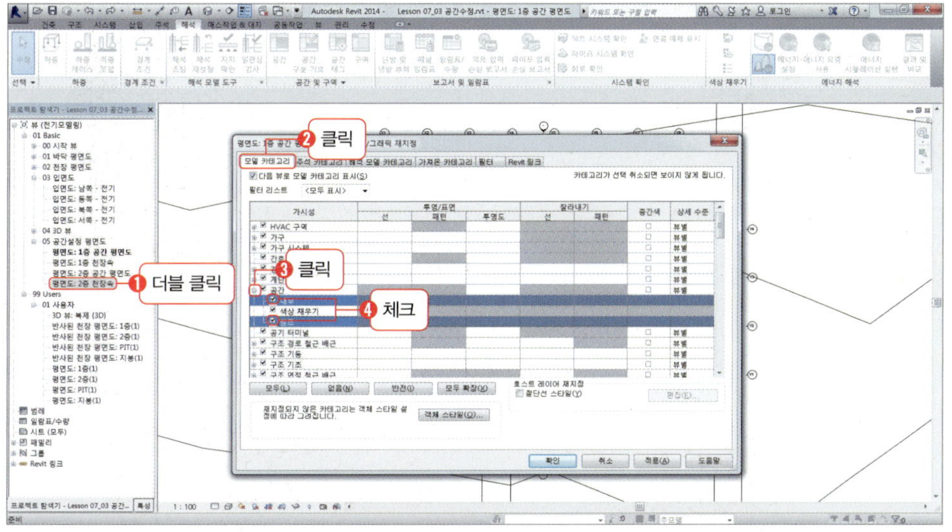

> **TIP**
> '가시성'의 체크 유무에 따라 공간 형상의 가시성을 제어할 수 있습니다.

**03** 'X3-4', 'Y2-3'을 확대하여 [해석] 탭 ▶ [공간 및 구역] 패널 ▶ [공간 구분 기호]를 클릭합니다 (단축키 : Z Z).

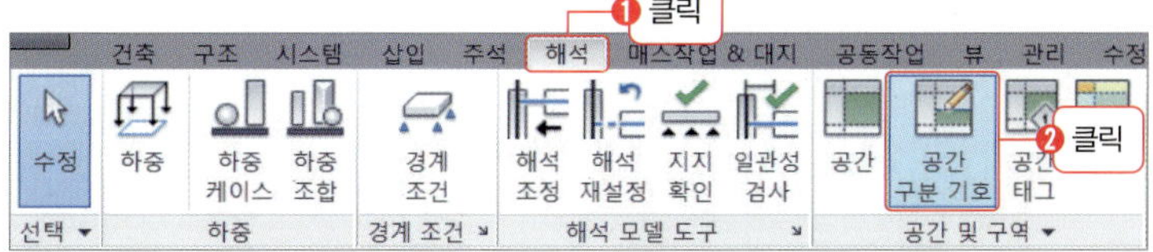

**04** [수정 | 배치 공간 구분] 탭 ▶ [그리기] 패널 ▶ ▣를 선택합니다.

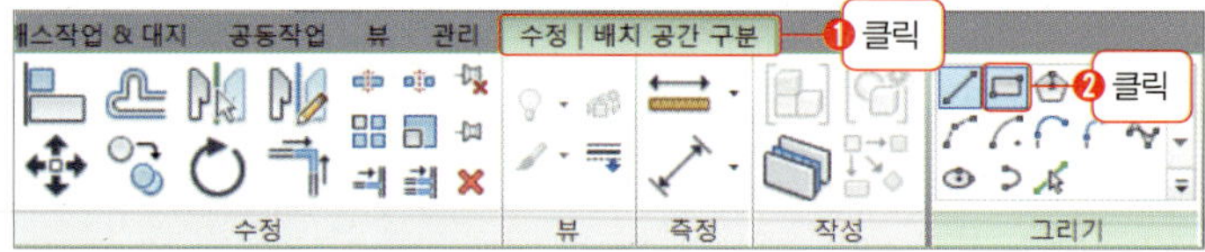

**05** 다음과 같이 공간 구분 기호를 작성합니다.

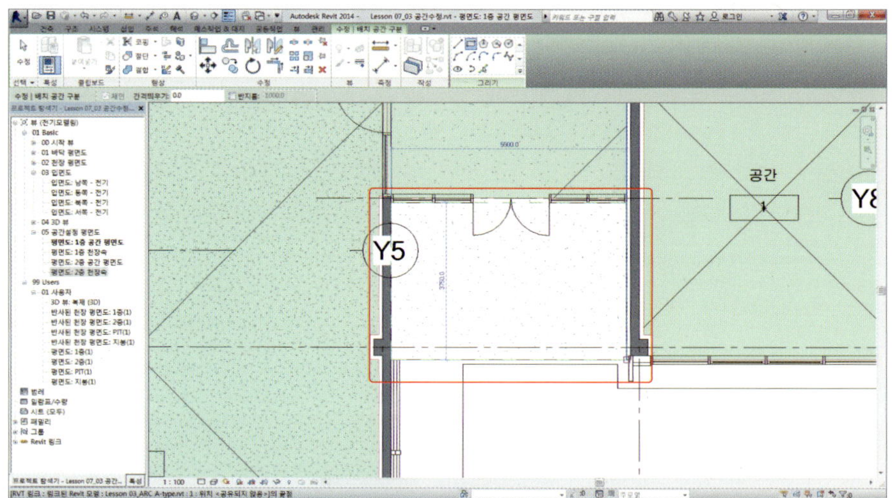

**06** [해석] 탭 ▶ [공간 및 구역] 패널 ▶ [공간]을 클릭합니다.

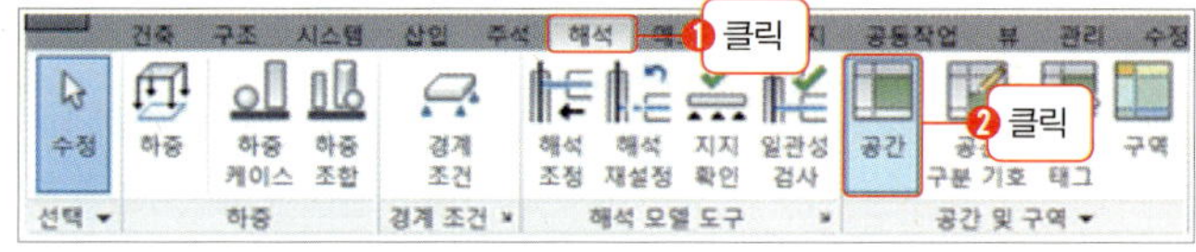

**07** 다음과 같이 공간을 추가 배치합니다.

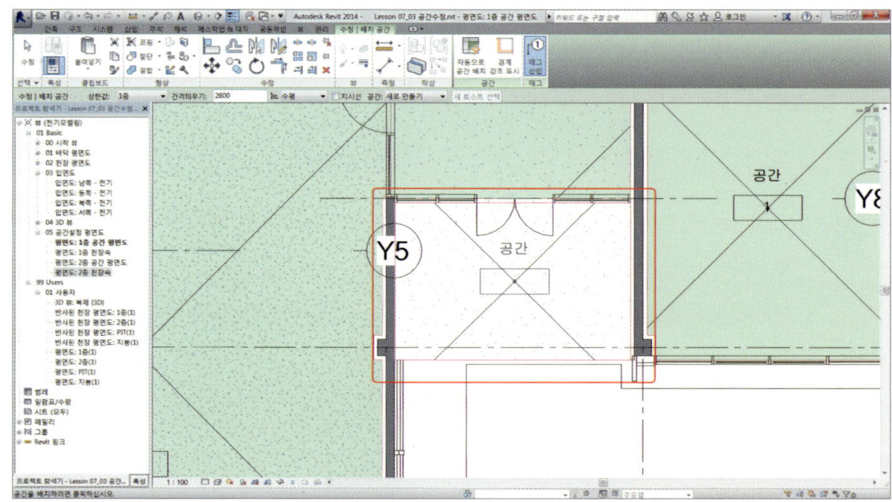

**01** 프로젝트 탐색기의 '뷰 (전기모델링)'▶ '01 Basic'▶ '05 공간설정 평면도'에서 '평면도: 2층 천장속'을 더블 클릭하고 [뷰] 탭 ▶ [그래픽] 패널 ▶ [가시성/그래픽](단축키 : Ⓥ Ⓖ 또는 Ⓥ Ⓥ)을 클릭합니다. 대화상자가 나타나면 [모델 카테고리] 탭의 '가시성'에서 '공간'을 확장하고 '내부'와 '참조'의 '가시성'에 체크합니다.

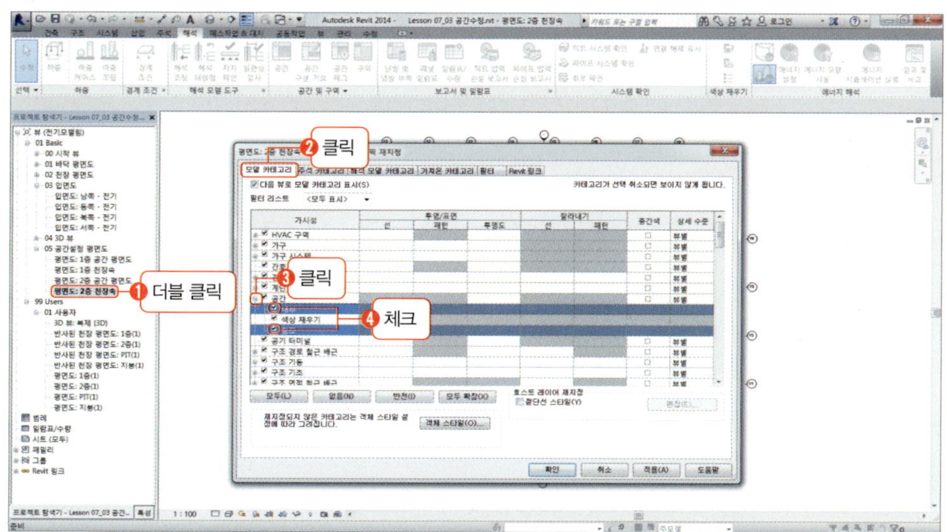

**02** 'X3-4', 'Y2-3'을 확대하여 [해석] 탭 ▶ [공간 및 구역] 패널 ▶ [공간 구분 기호]를 클릭합니다 (단축키 : Ⓩ Ⓩ).

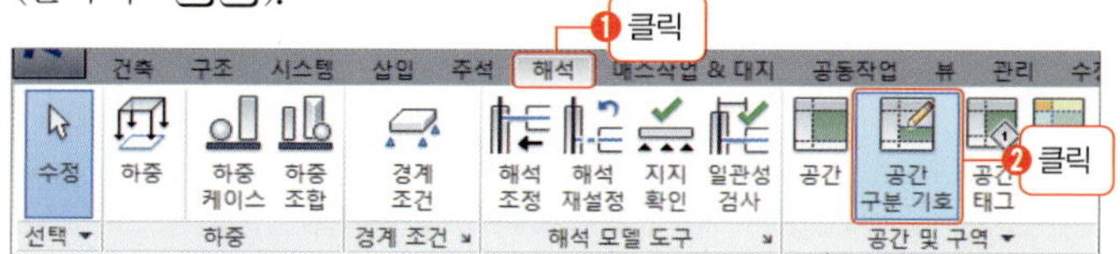

**03** [수정 | 배치 공간 구분] 탭 ▶ [그리기] 패널 ▶ [선] ☑ 을 클릭합니다.

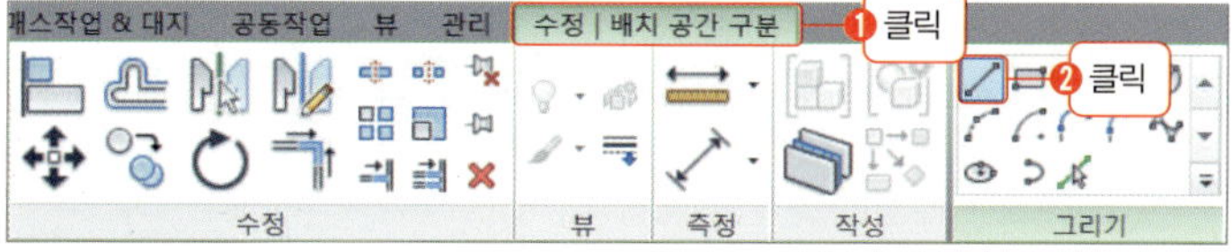

**04** 다음과 같이 공간 구분 기호를 작성합니다.

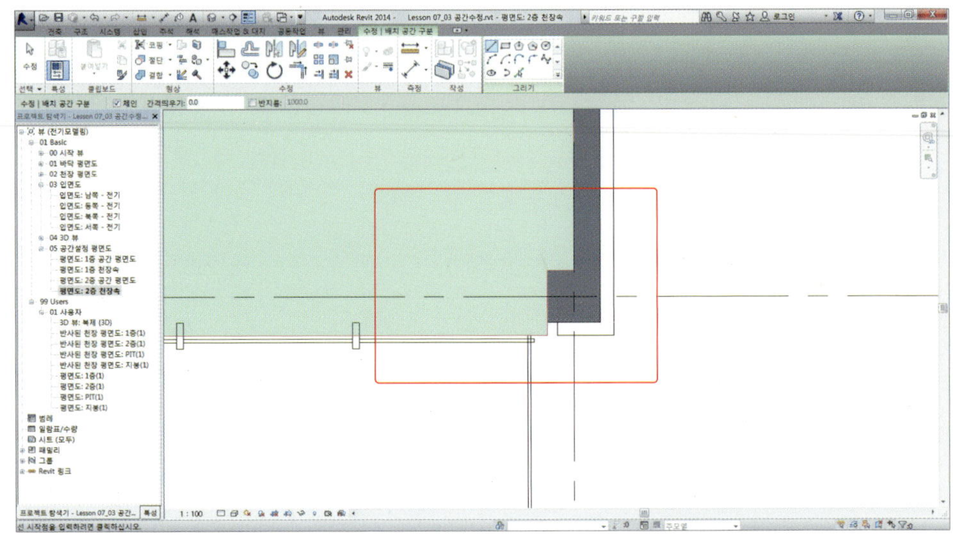

**05** 수정된 공간을 재배치하기 위해 [해석] 탭 ➤ [공간 및 구역] 패널 ➤ [공간]을 클릭하여 다음과 같이 공간을 작성합니다.

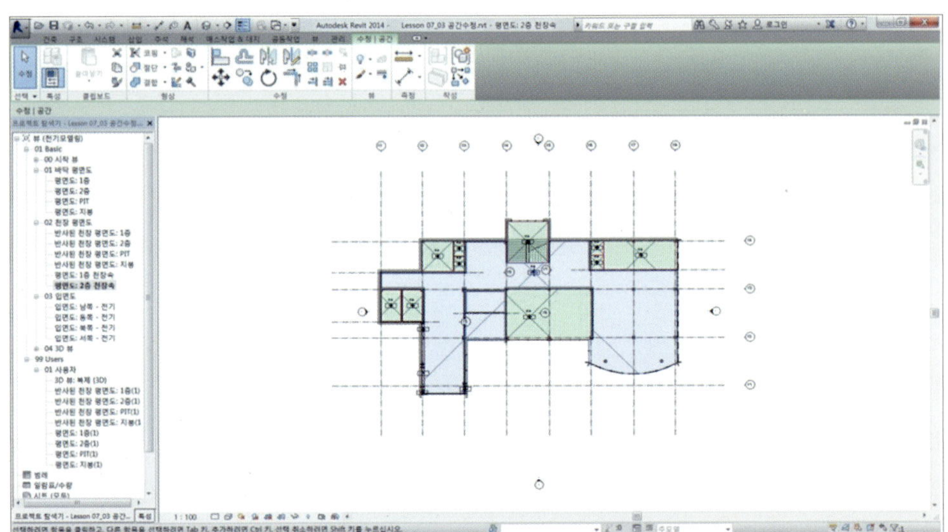

**06** 다음과 같이 공간 구분 기호를 이용하여 'X3-4', 'Y2-3'의 공간을 수정합니다.

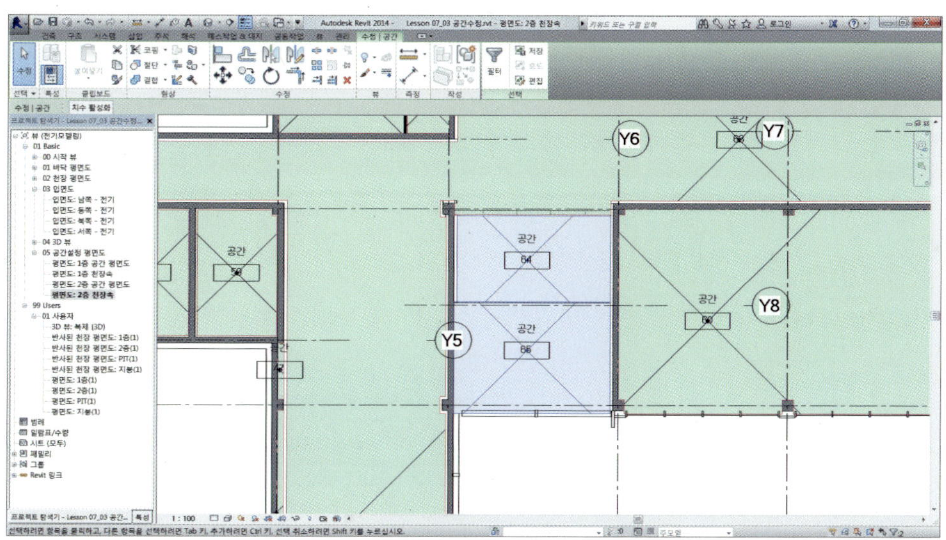

**TIP**

공간은 평면도와 단면도에서 확인할 수 있지만 입면 뷰와 3D 뷰에서는 확인할 수 없습니다.

공간 정보를 수정하기 위해 공간 일람표를 작성합니다.

---

**01**   ▶ [열기] ▶ [프로젝트]를 클릭하고 'Chapter 04 \ Lesson 07' 폴더에서 'Lesson 07_04 공간정보.rvt' 파일을 엽니다.

**02**   [뷰] 탭 ▶ [작성] 패널 ▶ [일람표] ▶ [일람표/수량]을 선택합니다.

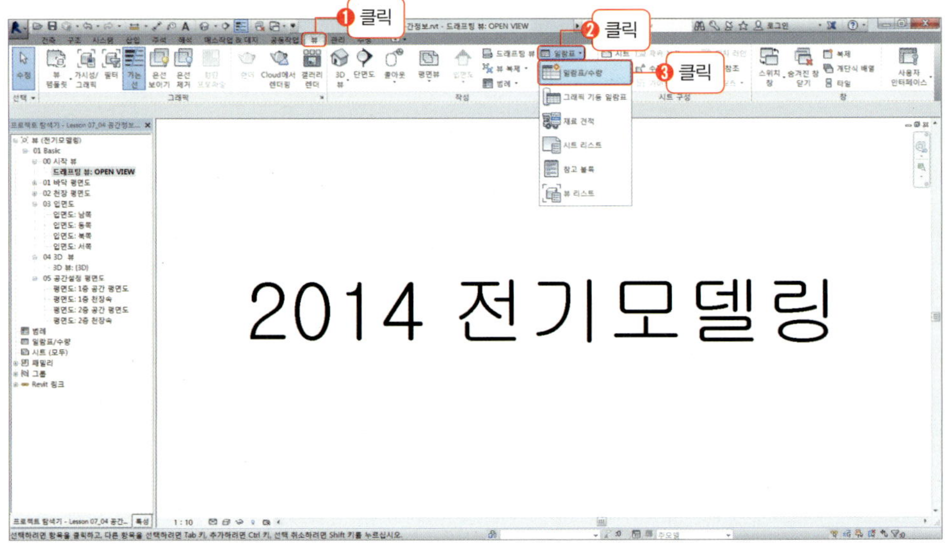


**03**   [새 일람표] 대화상자가 나타나면 '카테고리' 항목에서 '공간'을 선택하고 '이름'에 '공간 일람표'를 입력한 후 [확인] 버튼을 클릭합니다.

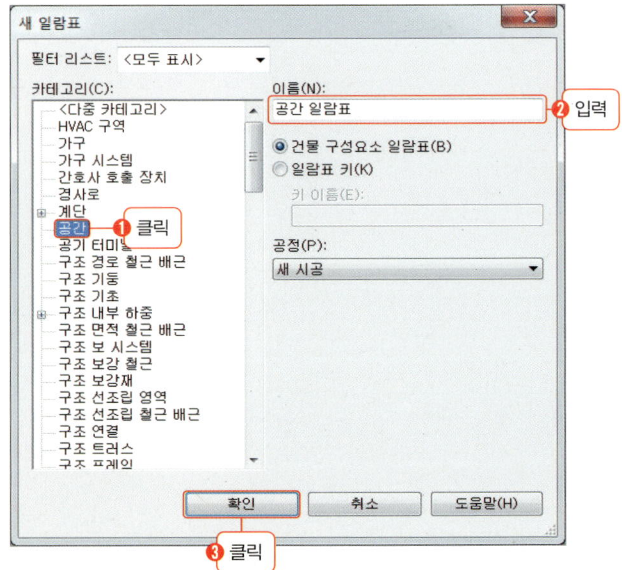

**04** [일람표 특성] 대화상자의 [필드] 탭에서 다음과 같이 설정합니다.

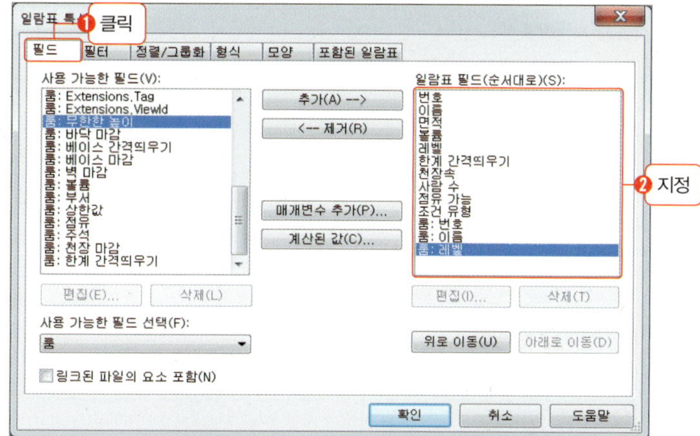


**05** [일람표 특성] 대화상자의 [정렬/그룹화] 탭에서 다음과 같이 '정렬 기준'을 지정하고 [확인] 버튼을 클릭합니다.

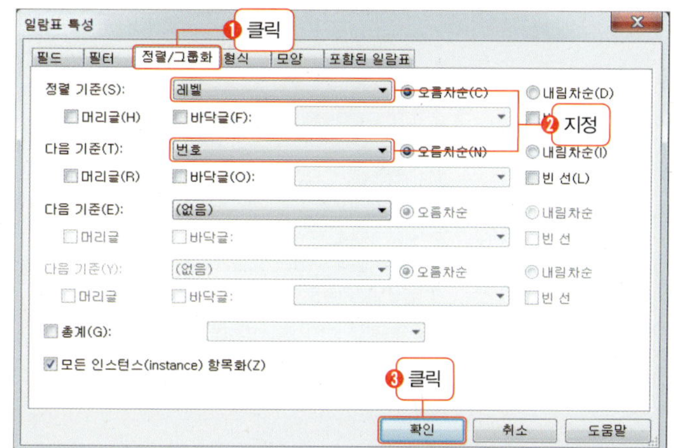


**06** 다음과 같은 '공간 일람표'를 작성했습니다.

<공간 일람표>

| A 번호 | B 이름 | C 면적 | D 볼륨 | E 레벨 | F 한계 간격띄 | G 천장속 | H 사람 수 | I 점유 가능 | J 조건 유형 | K 룸: 번호 | L 룸: 이름 | M 룸: 레벨 |
|---|---|---|---|---|---|---|---|---|---|---|---|---|
| 49 | 공간 | 41 m² | 110.19 m³ | 1층 | 2700 | | 1.42835 | ✓ | 난방 및 냉 | 102 | 룸 | 1층 |
| 50 | 공간 | 40 m² | 108.49 m³ | 1층 | 2700 | | 1.4063 | ✓ | 난방 및 냉 | 103 | 룸 | 1층 |
| 51 | 공간 | 40 m² | 108.49 m³ | 1층 | 2700 | | 1.4063 | ✓ | 난방 및 냉 | 104 | 룸 | 1층 |
| 52 | 공간 | 43 m² | 117.10 m³ | 1층 | 2700 | | 1.51795 | ✓ | 난방 및 냉 | 105 | 룸 | 1층 |
| 53 | 공간 | 0 m² | 0.00 m³ | 1층 | 2700 | | 0.000175 | ✓ | 난방 및 냉 | | | |
| 54 | 공간 | 18 m² | 48.65 m³ | 1층 | 2700 | | 0.6307 | ✓ | 난방 및 냉 | 107 | 관리실 | 1층 |
| 55 | 공간 | 43 m² | 115.75 m³ | 1층 | 2700 | | 1.50045 | ✓ | 난방 및 냉 | 106 | 장비실 | 1층 |
| 56 | 공간 | 172 m² | 465.70 m³ | 1층 | 2700 | | 6.036822 | ✓ | 난방 및 냉 | 101 | 홀 | 1층 |
| 57 | 공간 | 33 m² | 89.40 m³ | 1층 | 2700 | | 1.158864 | ✓ | 난방 및 냉 | | | |
| 58 | 공간 | 4 m² | 9.53 m³ | 1층 | 2700 | | 0.12355 | ✓ | 난방 및 냉 | | | |
| 59 | 공간 | 4 m² | 9.64 m³ | 1층 | 2700 | | 0.12495 | ✓ | 난방 및 냉 | | | |
| 60 | 공간 | 3 m² | 9.07 m³ | 1층 | 2700 | | 0.1176 | ✓ | 난방 및 냉 | | | |
| 61 | 공간 | 3 m² | 9.18 m³ | 1층 | 2700 | | 0.119 | ✓ | 난방 및 냉 | | | |
| 62 | 공간 | 13 m² | 33.91 m³ | 1층 | 2700 | | 0.4396 | ✓ | 난방 및 냉 | 207 | 화장실 | 1층 |
| 63 | 공간 | 13 m² | 33.91 m³ | 1층 | 2700 | | 0.4396 | ✓ | 난방 및 냉 | 108 | 화장실 | 1층 |
| 64 | 공간 | 136 m² | 368.20 m³ | 1층 | 2700 | | 4.77295 | ✓ | 난방 및 냉 | | | |
| 34 | 공간 | 43 m² | 49.35 m³ | 1층 천장속 | 1250 | | 1.5001 | ✓ | 난방 및 냉 | | | |
| 35 | 공간 | 42 m² | 48.59 m³ | 1층 천장속 | 1250 | | 1.477 | ✓ | 난방 및 냉 | | | |
| 36 | 공간 | 42 m² | 48.53 m³ | 1층 천장속 | 1250 | | 1.477 | ✓ | 난방 및 냉 | | | |
| 37 | 공간 | 45 m² | 51.63 m³ | 1층 천장속 | 1250 | | 1.5694 | ✓ | 난방 및 냉 | | | |
| 38 | 공간 | 0 m² | 0.00 m³ | 1층 천장속 | 1250 | | 0.000175 | ✓ | 난방 및 냉 | | | |
| 39 | 공간 | 18 m² | 20.72 m³ | 1층 천장속 | 1250 | | 0.6307 | ✓ | 난방 및 냉 | | | |
| 40 | 공간 | 43 m² | 49.34 m³ | 1층 천장속 | 1250 | | 1.50045 | ✓ | 난방 및 냉 | | | |
| 41 | 공간 | 33 m² | 41.18 m³ | 1층 천장속 | 1250 | | 1.153151 | ✓ | 난방 및 냉 | | | |
| 42 | 공간 | 4 m² | 4.31 m³ | 1층 천장속 | 1250 | | 0.12355 | ✓ | 난방 및 냉 | | | |
| 43 | 공간 | 4 m² | 4.38 m³ | 1층 천장속 | 1250 | | 0.12495 | ✓ | 난방 및 냉 | | | |
| 44 | 공간 | 3 m² | 4.13 m³ | 1층 천장속 | 1250 | | 0.1176 | ✓ | 난방 및 냉 | | | |
| 45 | 공간 | 3 m² | 4.21 m³ | 1층 천장속 | 1250 | | 0.119 | ✓ | 난방 및 냉 | | | |
| 46 | 공간 | 13 m² | 14.44 m³ | 1층 천장속 | 1250 | | 0.4396 | ✓ | 난방 및 냉 | | | |
| 47 | 공간 | 13 m² | 14.44 m³ | 1층 천장속 | 1250 | | 0.4396 | ✓ | 난방 및 냉 | | | |
| 48 | 공간 | 339 m² | 391.90 m³ | 1층 천장속 | 1250 | | 11.869662 | ✓ | 난방 및 냉 | | | |

**TIP**

해당 공간이 설치되는 곳의 단면도를 확인하면 지붕 레벨 너머까지 공간의 범위가 포함되므로 공간 17은 한계 간격 띄우기를 지붕 선보다 상단인 3000으로 지정합니다.

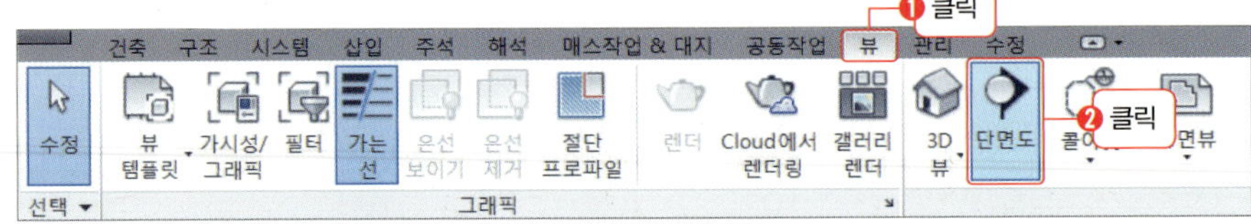

**07** [뷰] 탭 ▶ [작성] 패널 ▶ [단면도]를 클릭합니다.



**08** 다음과 같이 단면도를 작성합니다.

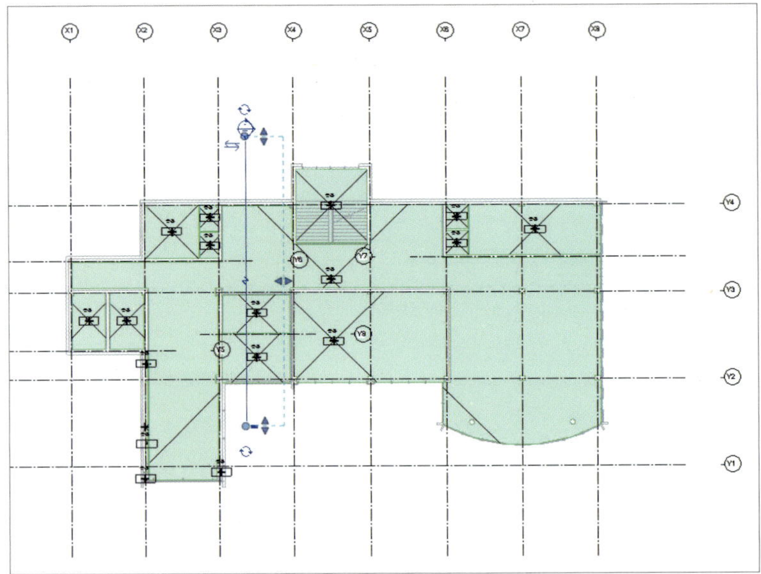

**09** 단면도 헤드를 마우스 오른쪽 버튼으로 클릭하고 바로 가기 메뉴에서 [뷰로 이동]을 선택합니다.

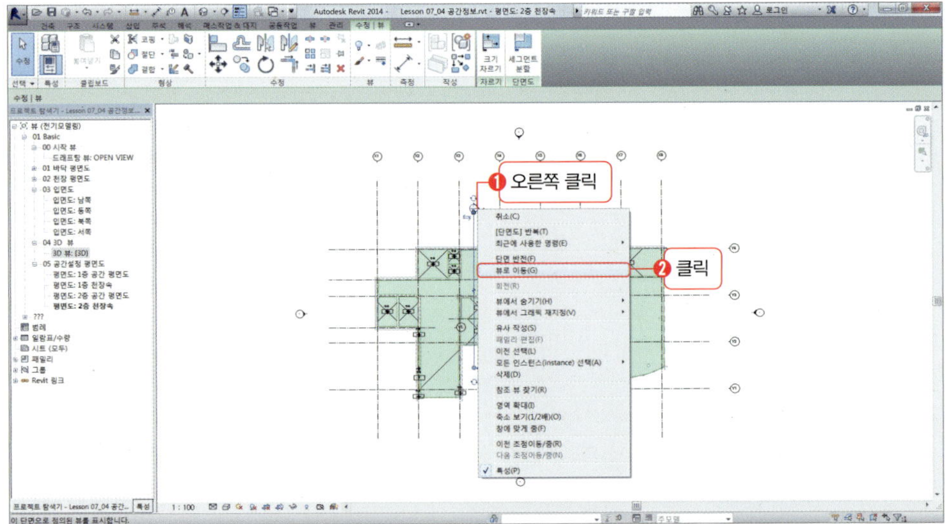

**⑩** 도면 영역에서 [뷰] 탭 ▶ [그래픽] 패널 ▶ [가시성/그래픽](단축키 : Ⓥ Ⓖ 또는 Ⓥ Ⓥ)을 클릭하고 대화상자가 나타나면 [모델 카테고리] 탭의 '가시성'에서 '공간'을 확장한 후 '내부'와 '참조'의 '가시성'에 체크합니다. 그런 다음 다음과 같이 '공간 17'의 영역을 선택하고 '한계 간격띄우기'를 '3000'으로 수정합니다.

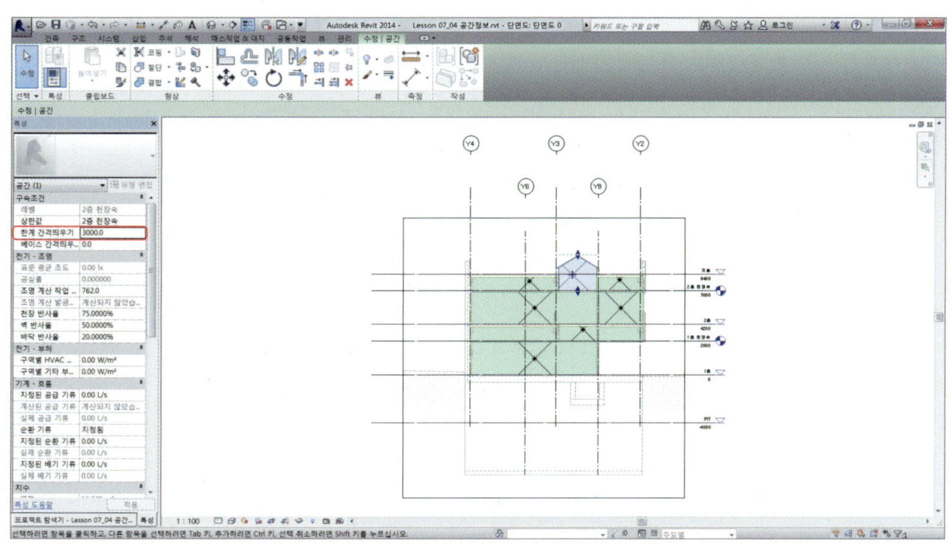

**⑪** 공간 일람표에서 '공간 7, 19, 41'을 선택하고 [일람표/수량 수정] 탭 ▶ [행] 패널 ▶ [삭제]를 클릭합니다.

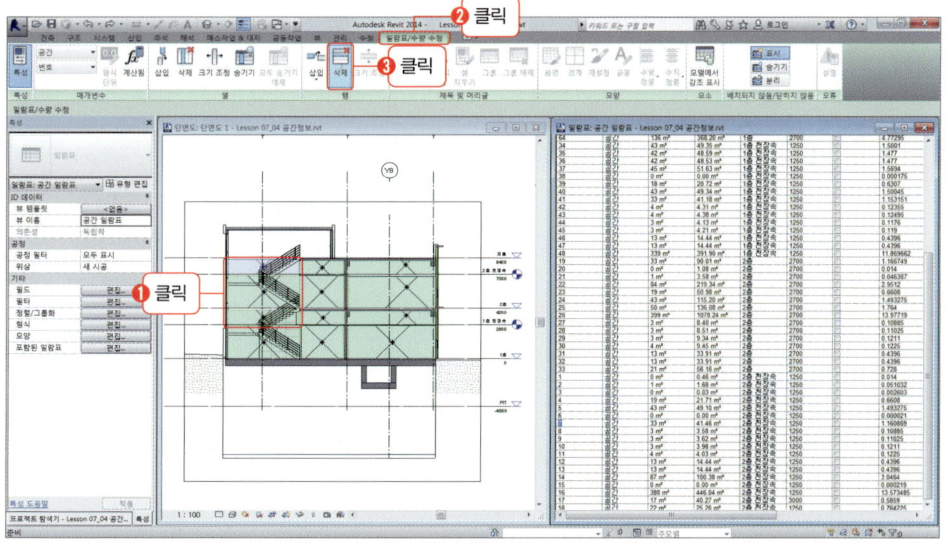

⑫ 계단실의 공간을 선택하고 '한계 간격띄우기' 값을 '10700'으로 설정합니다.

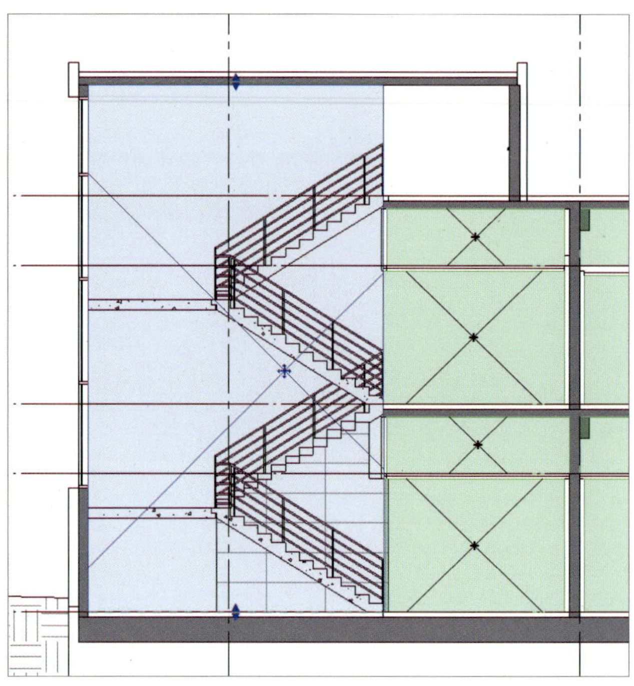

⑬ '뷰 (전기모델링)' ▶ '01 Basic' ▶ '05 공간설정 평면도'에서 '평면도: 2층 천장속'을 더블 클릭하고 공간 일람표에서 '공간 1, 2, 3, 6'을 삭제합니다.

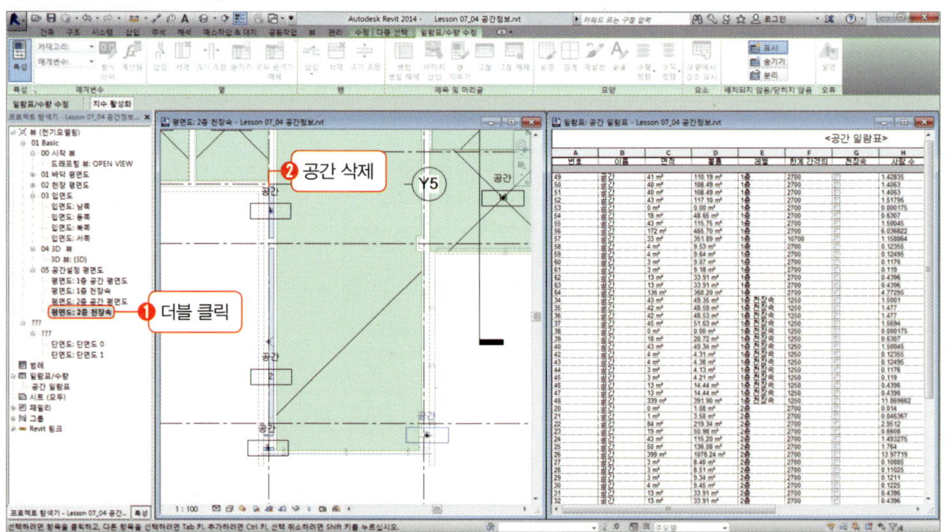


---

**TIP**

- 공간과 공간 사이에 있는 작은 공간은 '작은 간격 공간 허용치' 이하에 해당될 때 근처 공간에 포함됩니다. 작은 간격 공간이 자동으로 인식되어 볼륨 계산에 포함되는 것보다 벽의 룸 경계 특성을 삭제하는 것이 더 쉬운 경우가 많습니다.
- 작은 간격 공간 허용치는 [관리] 탭 ▶ [설정] 패널 ▶ [프로젝트 정보]를 클릭하고 [에너지 설정] 대화상자에서 '상세 모델'의 아래쪽에 있습니다.

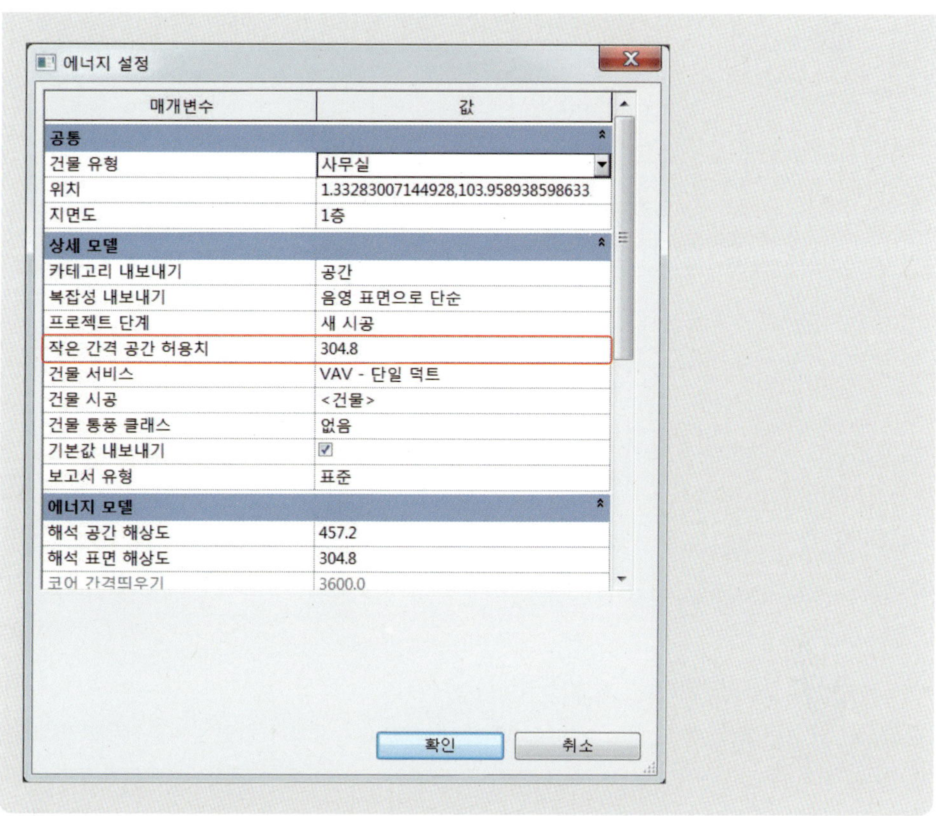

⑭ 이와 같은 방법으로 '공간 8, 9, 27, 28, 42, 43, 58, 59'를 삭제합니다.

⑮ 다음과 같이 X3 샤프트에 단면 뷰를 작성합니다.

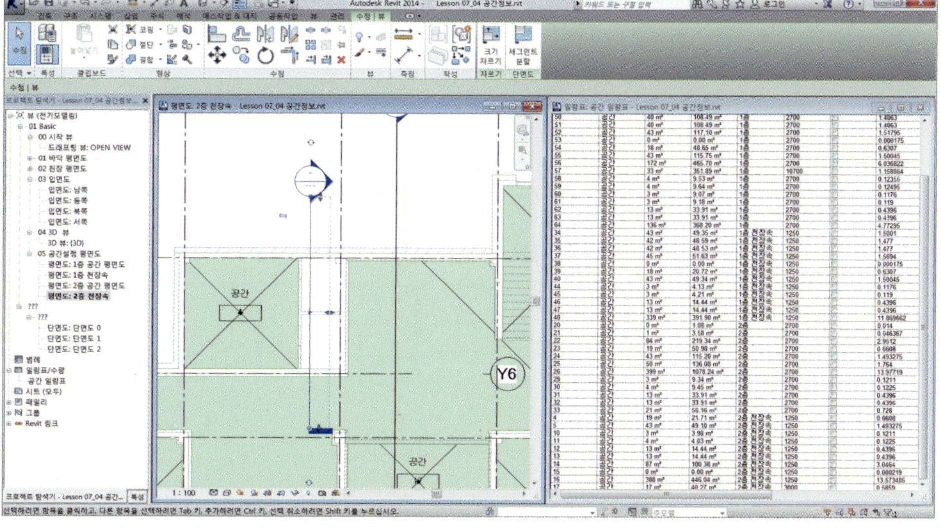

**16** 단면 헤드를 더블 클릭하여 샤프트의 '상한값'은 '지붕', '한계 간격띄우기' 값은 '0'을 입력합니다.

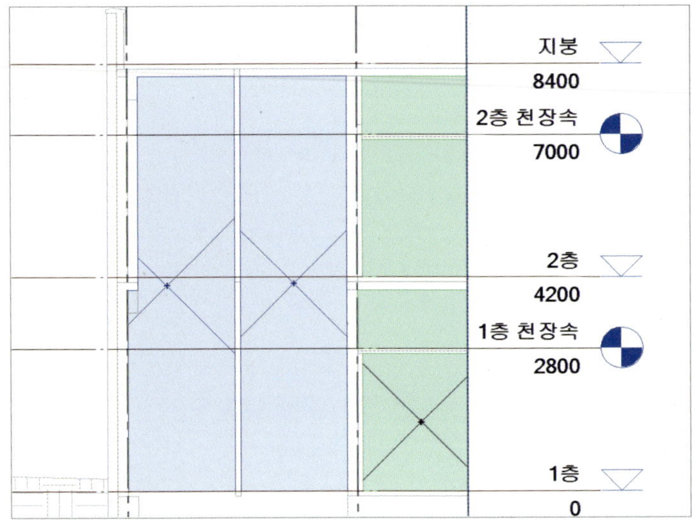



**17** X6의 샤프트도 같게 설정합니다.

(공간 10, 11, 29, 30, 44, 45 삭제, 공간 60, 61의 상한값 : 지붕, 한계 간격띄우기 : 0)

**18** 다음의 공간을 추가로 삭제합니다.

| 공간 번호 | 20, 21 | 25 | 15, 38, 53 |
|---|---|---|---|
| 삭제 사유 | 벽체에 포함 | 외기공간 | 작은 면적 |

**19** 다음의 도면을 참조하여 공간의 이름과 번호를 수정합니다.

**1층 공간 이름/번호**

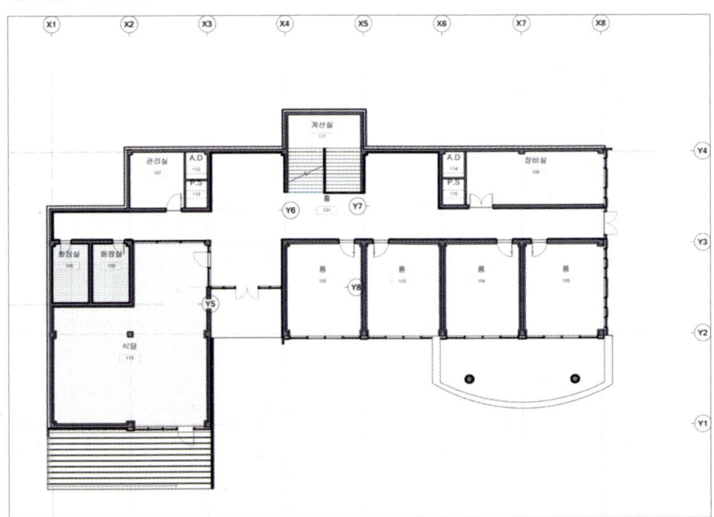

**2층 공간 이름/번호**

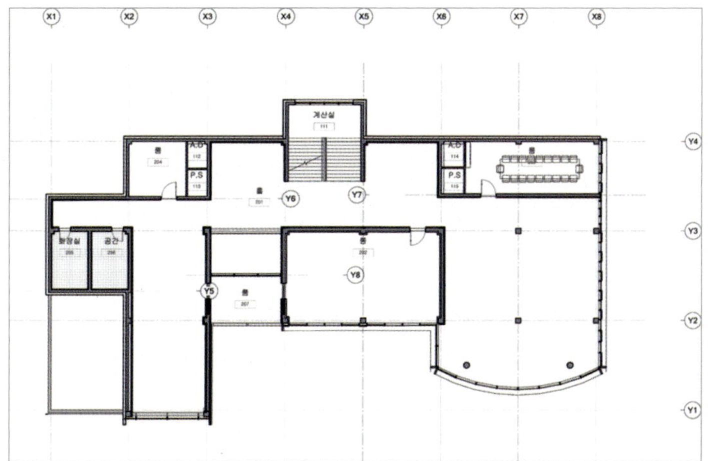

**20** A.D, P.S는 사람이 거주하는 공간이 아니기 때문에 비거주 공간으로 다음과 같이 정보를 수정합니다. 프로젝트 탐색기의 '뷰 (전기모델링)' ▶ '01 Basic' ▶ '05 공간설정 평면도'에서 '평면도: 1층 공간 평면도'를 더블 클릭하여 도면 영역에서 A.D와 P.S를 선택하고 [특성] 대화상자에서 '에너지 해석' 항목의 '점유 가능'의 체크를 해제합니다.

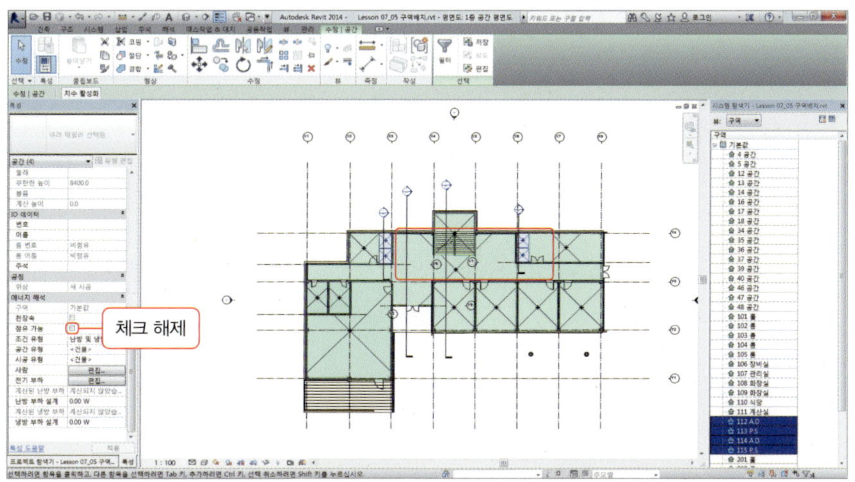


**21** 공간의 배치가 완료된 후 [특성] 대화상자를 통해 설계 엔지니어가 공간의 특성을 개별 설정해야 합니다. 이 책에서는 Revit의 기본 설정을 그대로 적용합니다.

> **Note**
>
> 공간은 프로젝트에 처음 배치될 때 기본 구역에 자동으로 추가되는데, 구역을 작성하여 특정 공간을 지정하는 경우에만 기본 구역에서 해당 공간이 제거됩니다. 프로젝트의 냉난방 요구 사항에 맞는 HVAC 구역을 작성하고, 각 공간을 작성된 구역에 지정하는 것이 좋습니다. 이렇게 하면 각 구역의 공간에 대해 냉난방 부하를 개별적으로 확인하여 더 정확한 냉난방 부하 해석 결과를 얻을 수 있는데, 이때 기본 구역에 남아 있는 공간은 냉난방 부하 계산에 포함되지 않습니다. 링크된 모델에서 작업하는 경우 모든 구역 및 공간은 호스트(로컬) 파일에 있어야 하고, 구역 공정은 구역에 추가된 공간의 공정과 일치해야 합니다. 모든 공간이 구역에 지정된 후 구역을 수정 및 이동하고 이름을 바꾸거나 재지정하여 일람표를 작성하는 한편 색상표를 적용한 후 구역을 삭제할 수 있지만 기본 구역은 삭제할 수 없습니다.

# 모델링의 기본

이 장에서는 전기 기구 및 장비를 배치하고 전기 회로를 구성하는 방법, 전기 시스템의 다양한 유형에 대해 알아
보겠습니다. 또한 케이블 트레이, 배선(전선관 배관) 및 관련 피팅류를 추가하고 변경하는 방법에 대해서도 알아
보겠습니다.

# 배치

전기 기계 및 기구의 배치 방법에 대해 알아봅니다.

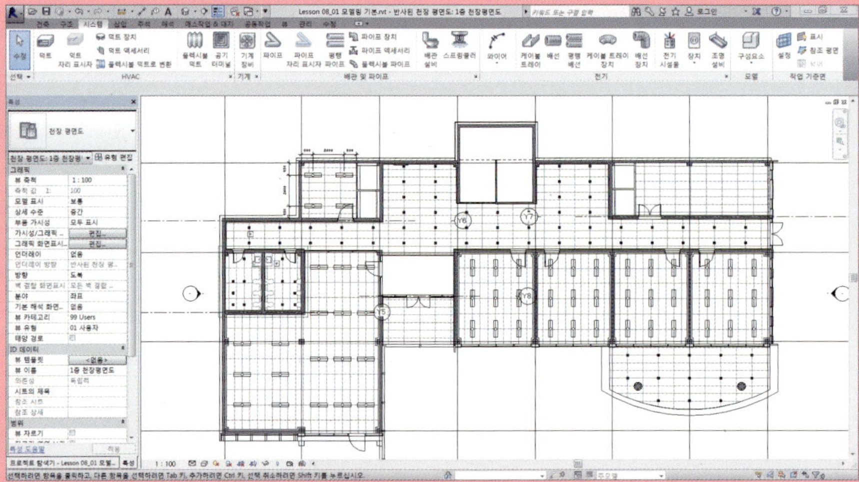

**핵심 Point**

- 조명 기구 배치 방법 익히기
- 스위치/콘센트 배치 방법 익히기
- 분전반 배치 방법 익히기

**01** 📁 ➤ [열기] ➤ [프로젝트]를 클릭하고 'Chapter 05 \ Lesson 08' 폴더에서 'Lesson08_01 모델링 기본.rvt' 파일을 엽니다.

**02** 프로젝트 탐색기에서 '뷰 (전기모델링)' ➤ '99_Users' ➤ '01 사용자' ➤ '반사된 천장 평면도: 1층 천장평면도'를 더블 클릭합니다. [시스템] 탭 ➤ [전기] 패널 ➤ [조명 설비]를 클릭하고 [수정 | 배치 설비] 탭 ➤ [모드] 패널 ➤ [패밀리 로드]를 클릭합니다.

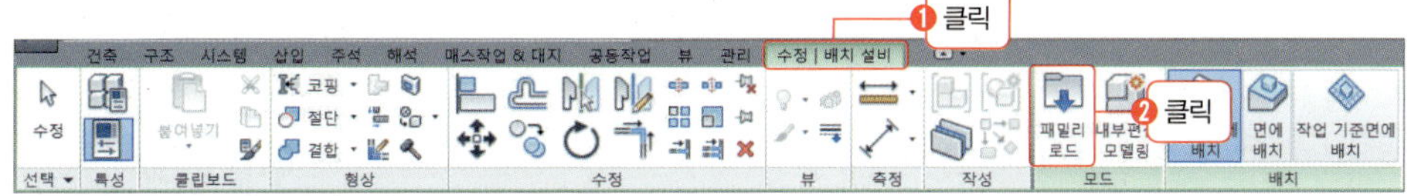


**03** [패밀리 로드] 대화상자가 나타나면 '조명 설비' 폴더에서 전체 패밀리를 선택하고 [열기] 버튼을 클릭합니다.

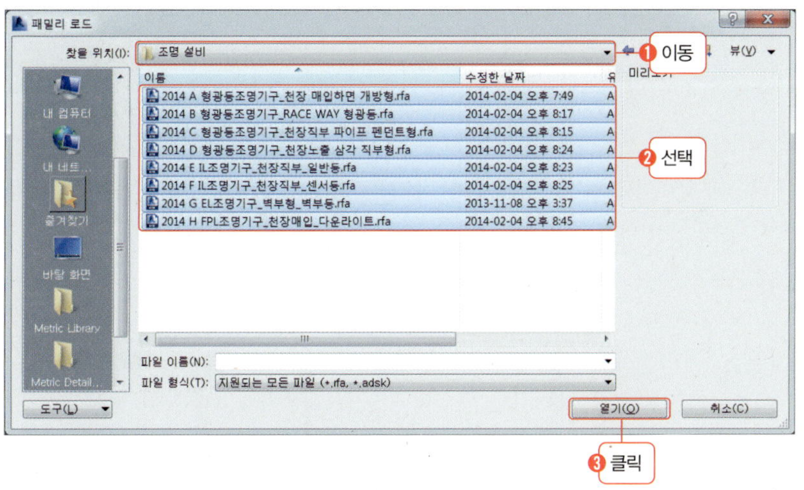

**04** [특성] 대화상자의 유형 선택기에서 '2014 A 형광등조명기구_천장 매입하면 개방형' ➤ 'FL32W/2
_6500K'를 선택합니다.

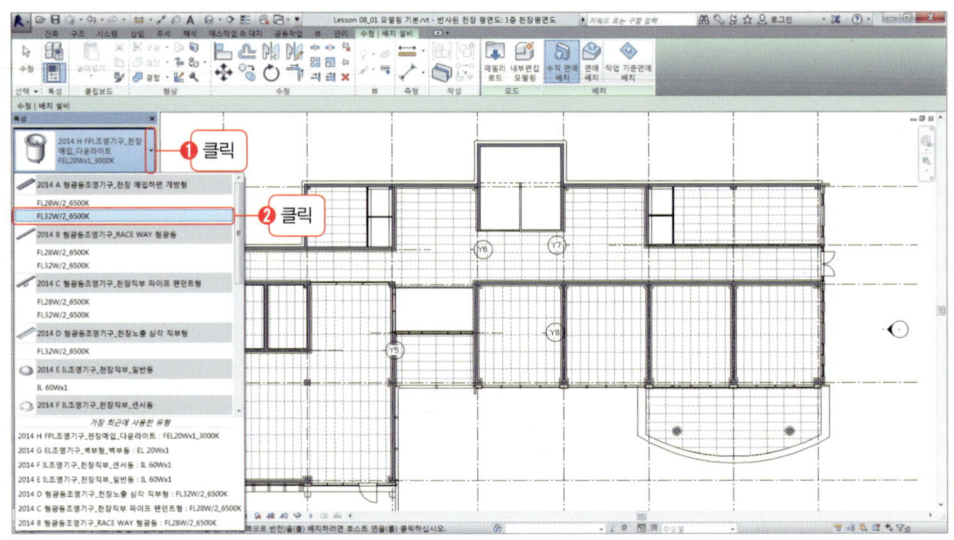

**05** [수정 | 배치 설비] 탭 ➤ [배치] 패널 ➤ [면에 배치]를 클릭합니다.

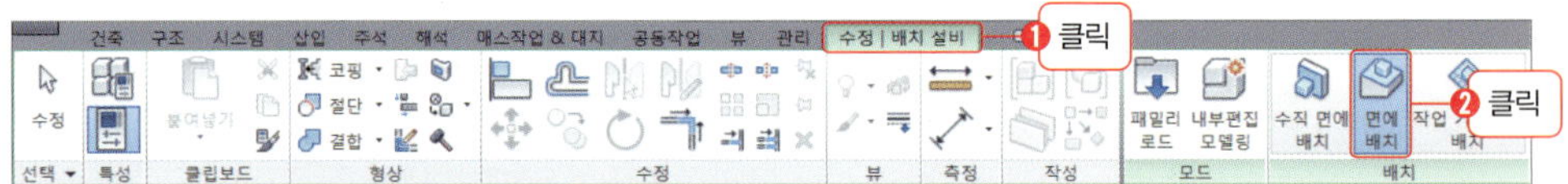

**06** 다음과 같이 천장평면도에 전등기구를 배치합니다. 전등의 방향이 맞지 않을 경우에는 Space Bar
를 눌러 설치 방향을 회전한 후 배치합니다.

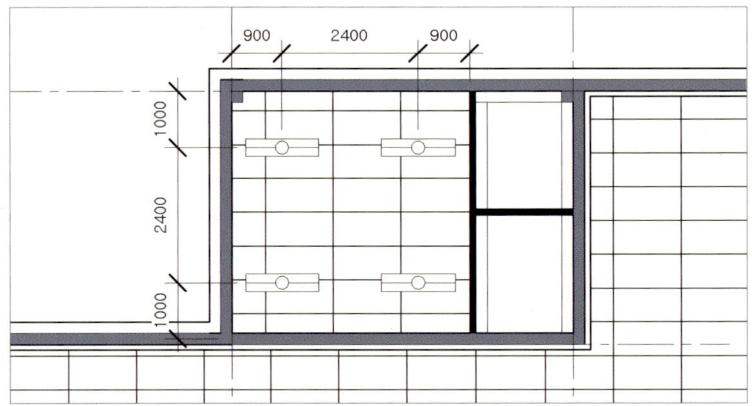

**07** 다음과 같은 방법으로 1층 천장 평면도를 배치합니다.

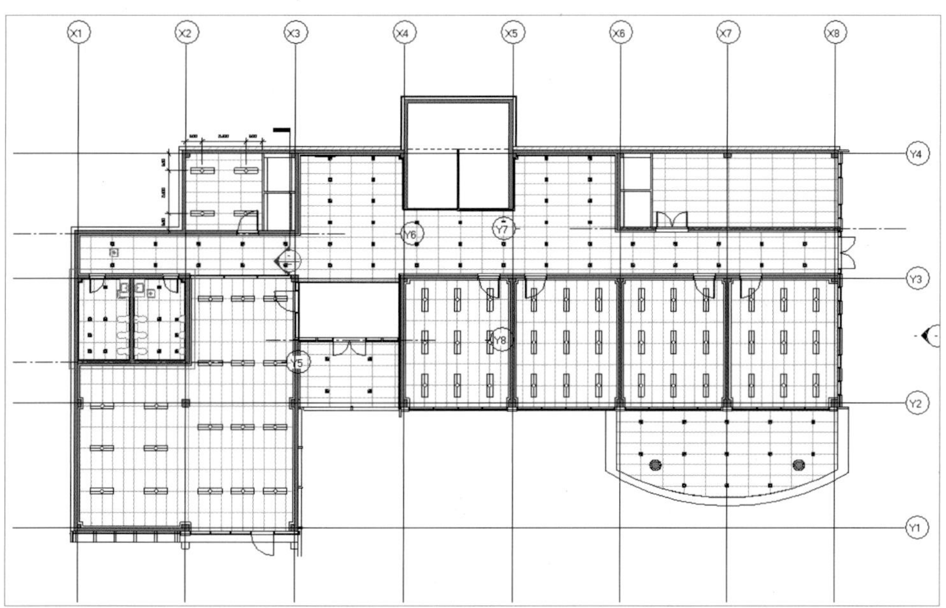

**08** 다음과 같이 2층 평면도를 배치합니다.

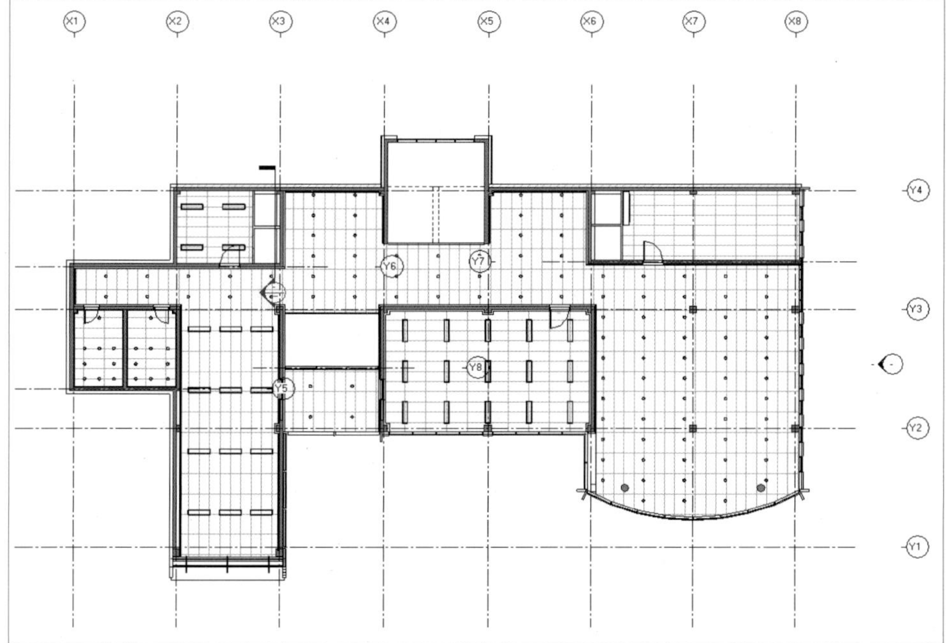

**01**　　► [열기] ► [프로젝트]를 클릭하고 'Chapter 05 \ Lesson 08' 폴더에서 'Lesson08_02 모델링 기본 벽부형 배치.rvt' 파일을 엽니다. 프로젝트 탐색기에서 '뷰 (전기모델링)' ► '99_Users' ► '01 사용자' ► '반사된 천장 평면도: 1층 천장평면도'를 더블 클릭합니다.

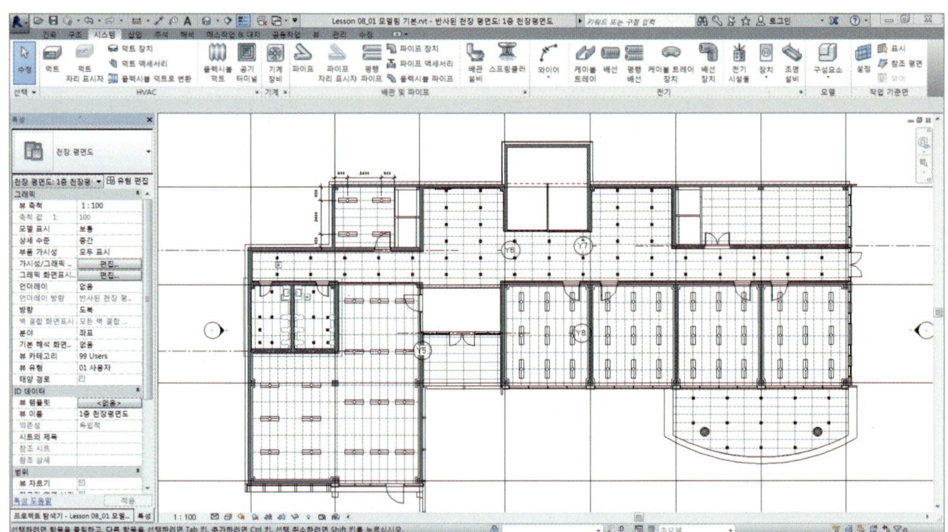

**02**　　[뷰] 탭 ► [작성] 패널 ► [단면도]를 클릭합니다.

**03** 다음과 같이 도면 영역에서 단면도를 작성합니다.

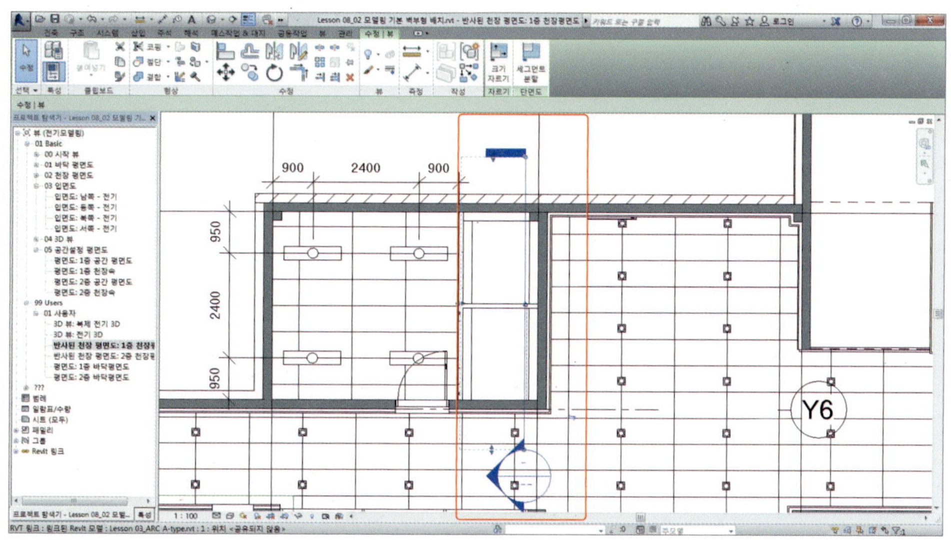

**04** 단면 헤드를 더블 클릭하여 단면 뷰를 열고 다음과 같이 설정하여 벽부형 조명의 설치 높이를 확인합니다.

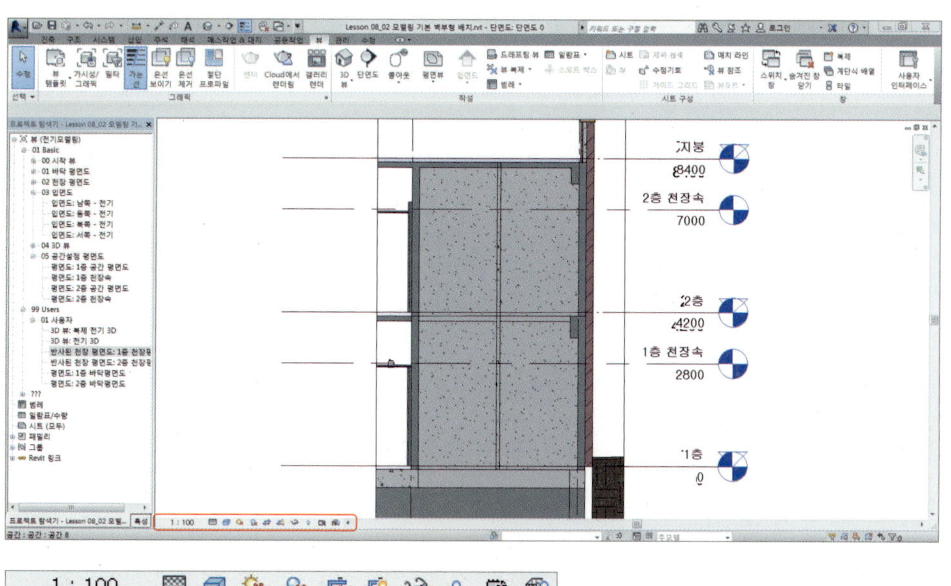

 다음과 같은 방법으로 조명을 배치할 수 있습니다.

### • 설치 방법 ❶ 면에 배치

[시스템] 탭 ▶ [전기] 패널 ▶ [조명 설비]를 클릭하고 [수정 | 배치 설비] 탭 ▶ [배치] 패널 ▶ [면에 배치]가 선택되었는지 확인합니다. 옵션 막대의 '레벨' 위치를 '1층'으로 지정한 후 벽에 설치합니다.

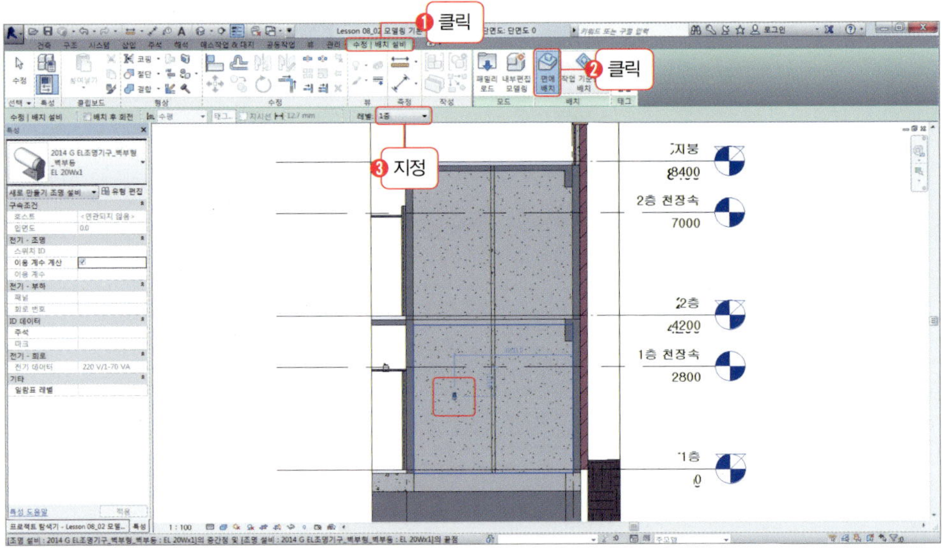

### • 설치 방법 ❷ 수직면에 배치

프로젝트 탐색기에서 '뷰 (전기모델링)' ▶ '99_Users' ▶ '01 사용자' ▶ '반사된 천장 평면도: 1층 천장평면도'를 더블 클릭하고 [시스템] 탭 ▶ [전기] 패널 ▶ [조명 설비]를 클릭합니다. [수정 | 배치 설비] 탭 ▶ [배치] 패널 ▶ [수직 면에 배치]를 클릭하고 [특성] 대화상자의 유형 선택기에서 '2014 G EL조명기구_벽부형_벽부등 EL 20Wx1'을 선택한 후 '일람표 레벨'은 '1층', 입면도는 '2000'으로 지정하고 P.S에 배치합니다.

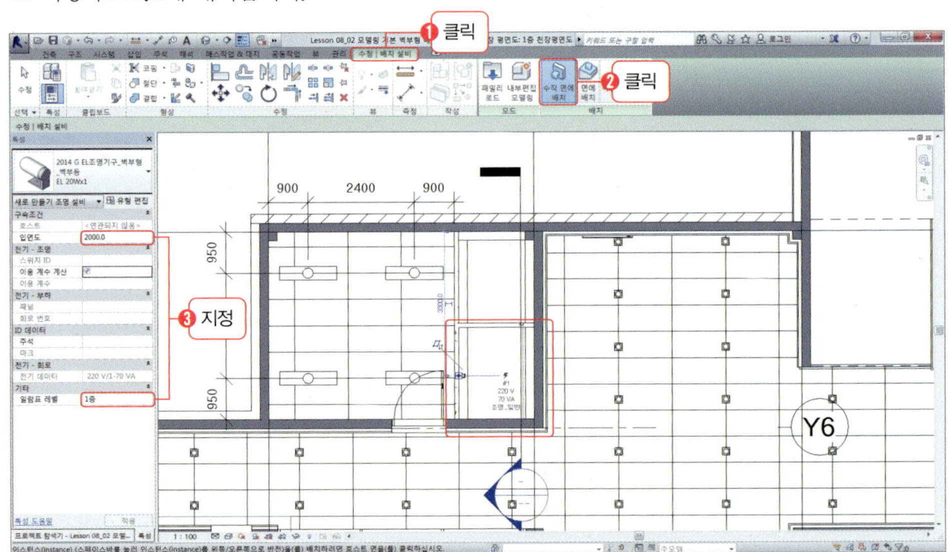

패밀리의 설치 높이는 [패밀리 유형] 대화상자의 '기본 입면도'에서 값을 지정하면 자동으로 설정됩니다.

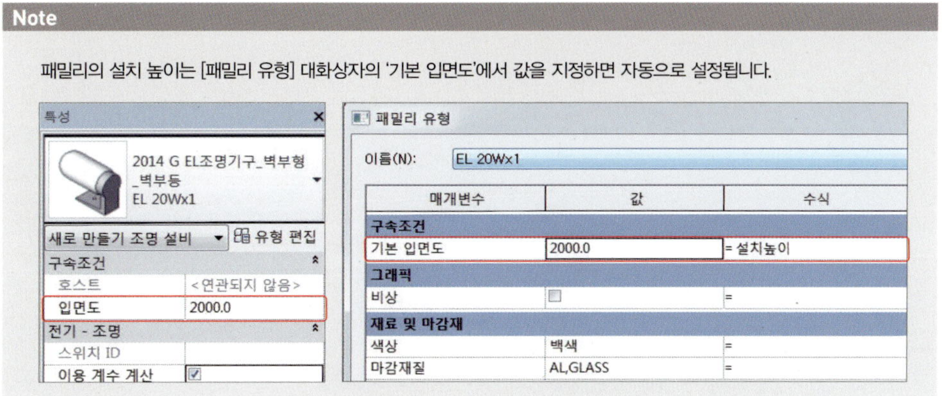

**01** ⬛ ➤ [열기]➤ [프로젝트]를 클릭하고 'Chapter 05 \ Lesson 08' 폴더에서 'Lesson08_03 모델링 기본 배치 응용.rvt' 파일을 엽니다. 그런 다음 프로젝트 탐색기에서 '뷰 (전기모델링)'➤ '99_Users'➤ '01 사용자'➤ '반사된 천장 평면도: 1층 천장평면도'를 더블 클릭합니다.

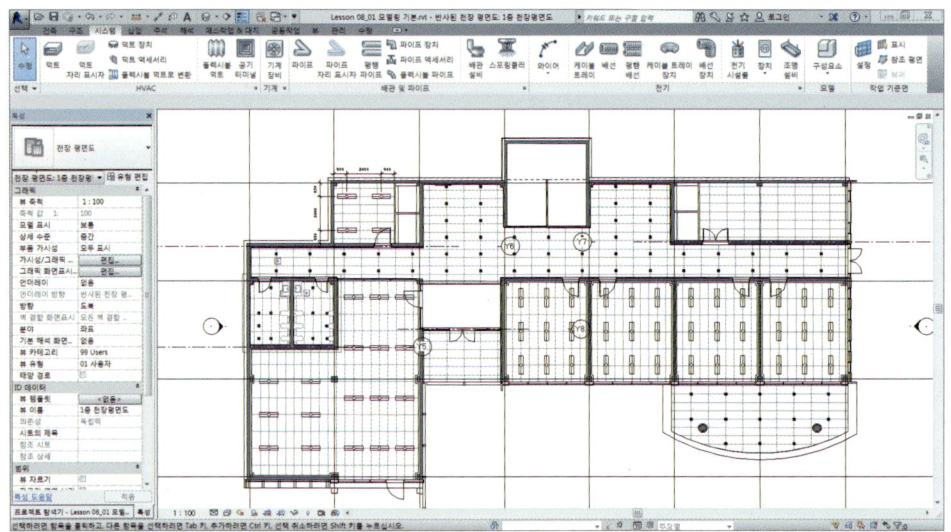

**02** [뷰] 탭 ➤ [작성] 패널 ➤ [단면도]를 클릭합니다.

**03** 다음과 같이 도면 영역에서 단면도를 작성한 후 단면 헤드를 더블 클릭하여 단면 뷰를 활성화 합니다.

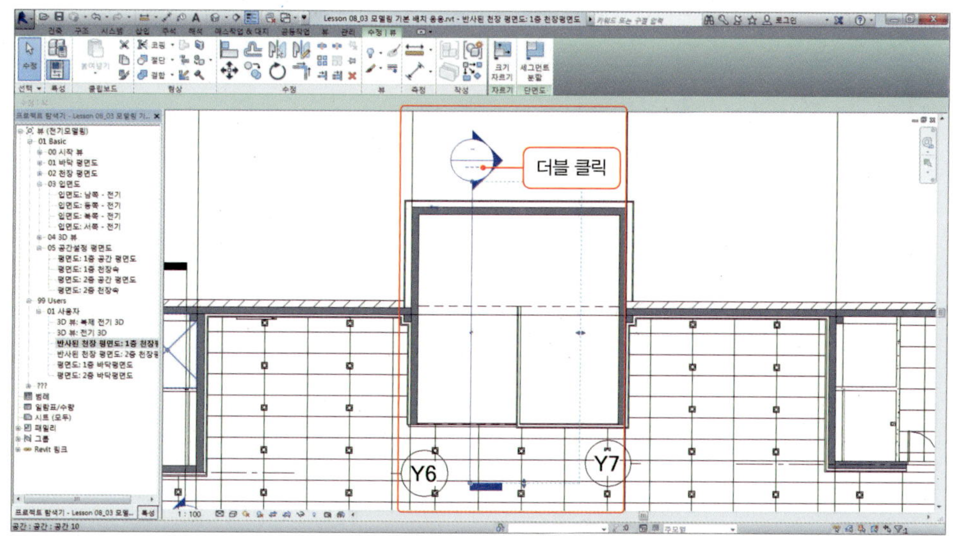



**04** 단면 뷰의 [1 : 100] 를 다음과 같이 설정하여 참조 평면을 작성합니다.

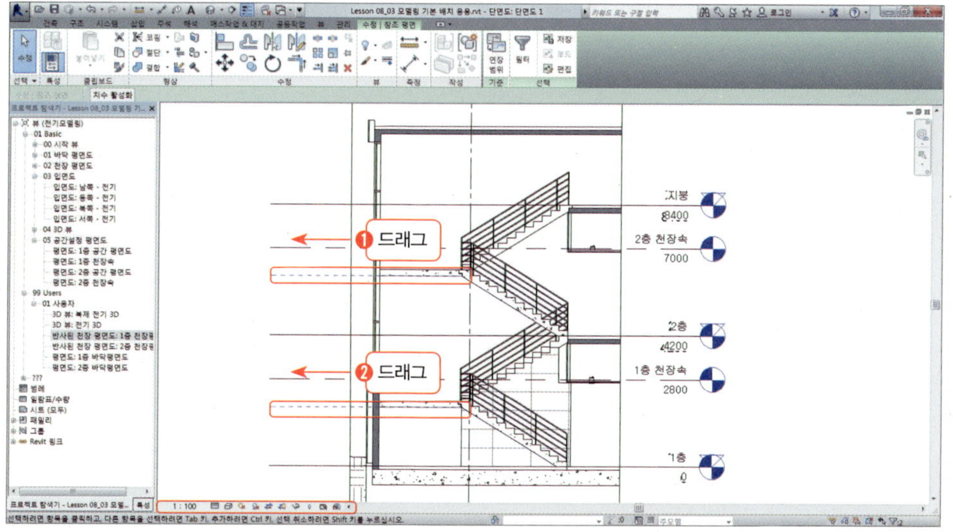

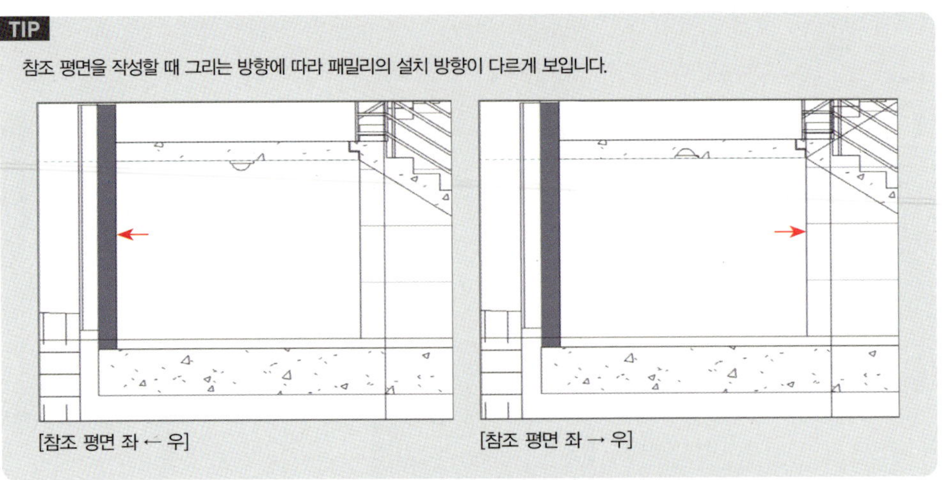

**05** 참조 평면에 이름을 '1층 계단실', '2층 계단실'로 작성합니다.

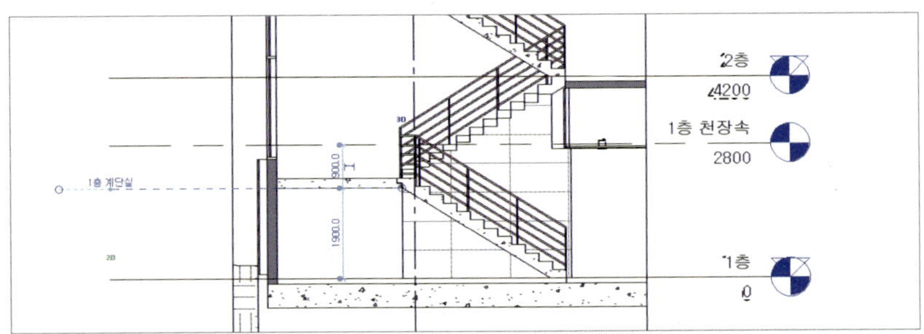

**06** '뷰 (전기모델링)' ➤ '99_Users' ➤ '01 사용자' ➤ '반사된 천장 평면도: 1층 천장평면도'를 더블 클릭하고 [시스템] 탭 ➤ [전기] 패널 ➤ [조명 설비]를 클릭한 후 [수정 | 배치 설비] 탭 ➤ [배치] 패널 ➤ [작업 기준면에 배치]를 클릭합니다. [작업 기준면] 대화상자가 나타나면 '새 작업 기준면 지정'의 '이름'을 '참조 평면 : 1층 계단실'로 지정하고 [확인] 버튼을 클릭합니다.

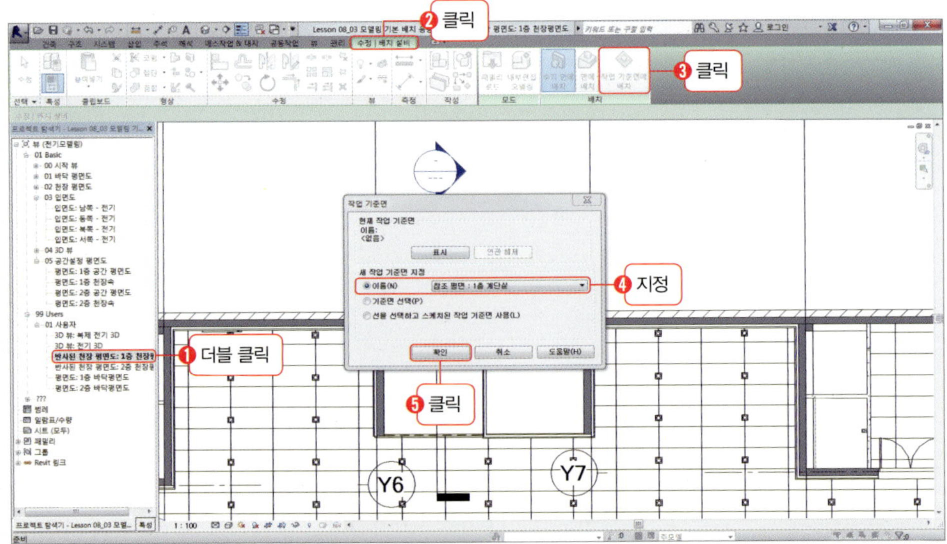

 [특성] 대화상자의 유형 선택기에서 '2014 F IL조명기구_천장직부_센서등 IL 60Wx1'을 선택하고 '일람표 레벨'을 '1층'으로 지정한 후 다음과 같이 도면 영역에 조명기구를 배치합니다.

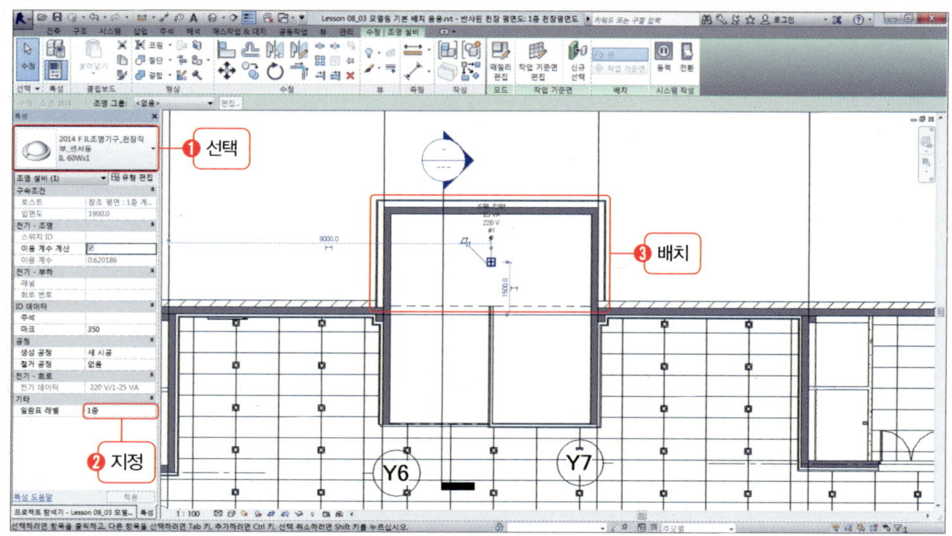

08 단면 뷰 헤드를 더블 클릭하여 설치한 조명기구를 확인합니다.

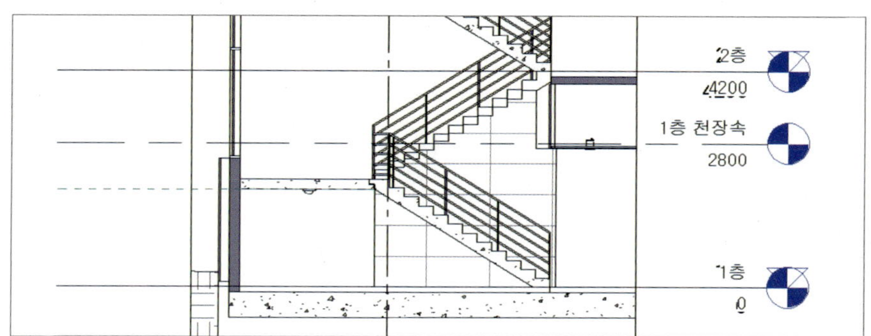

**01**　▶ [열기]▶ [프로젝트]를 클릭하고 'Chapter 05 \ Lesson 08' 폴더에서 'Lesson08_04 모델링 기본 스위치 배치.rvt' 파일을 엽니다. 프로젝트 탐색기에서 '뷰 (전기모델링)'▶ '99_Users' ▶ '01 사용자'▶ '반사된 천장 평면도: 1층 천장평면도'를 더블 클릭합니다.

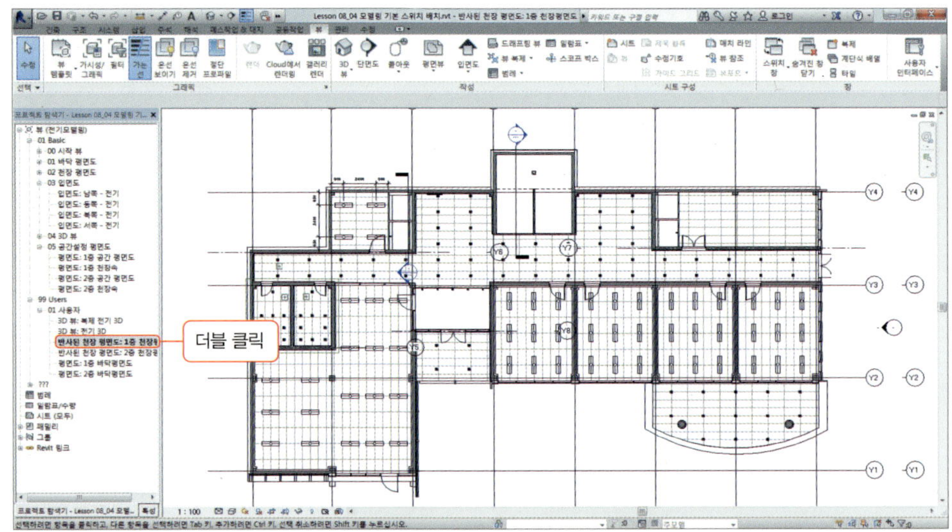


**02**　[시스템] 탭 [전기] 패널 ▶ [장치] ▶ [조명]을 선택합니다.

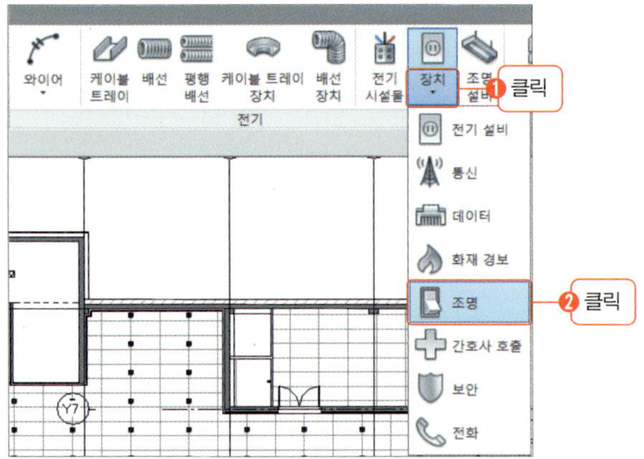


**03**　[수정 | 배치 조명 장치] 탭 ▶ [모드] 패널 ▶ [패밀리 로드]를 클릭합니다.

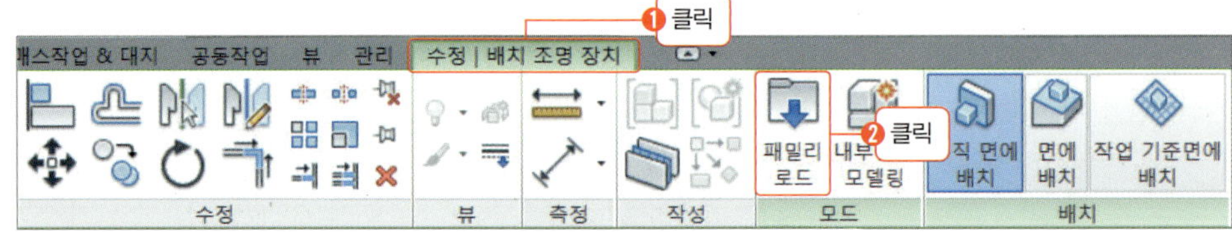

[패밀리 로드] 대화상자가 나타나면 '00 Family\조명 장치' 폴더에서 패밀리를 선택하고 [열기] 버튼을 클릭합니다.

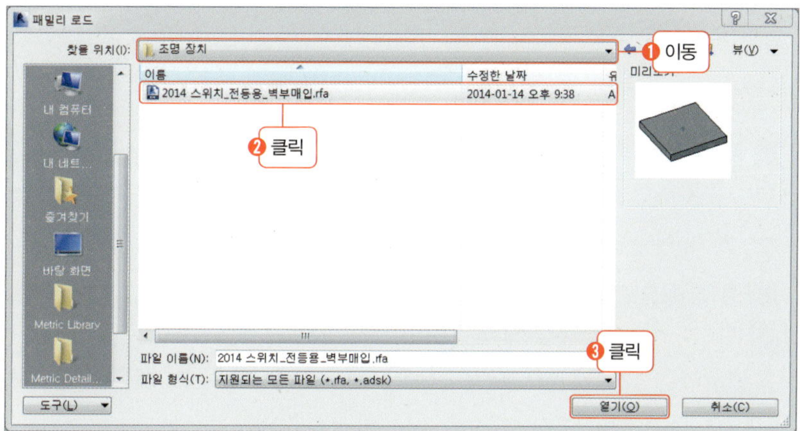




[특성] 대화상자의 유형 선택기에서 '2014 스위치_전등용_벽부매입▶2구 스위치'를 선택하고 '일람표 레벨'에는 '1층', '입면도'에는 '1200'을 확인한 후 다음과 같이 배치합니다.

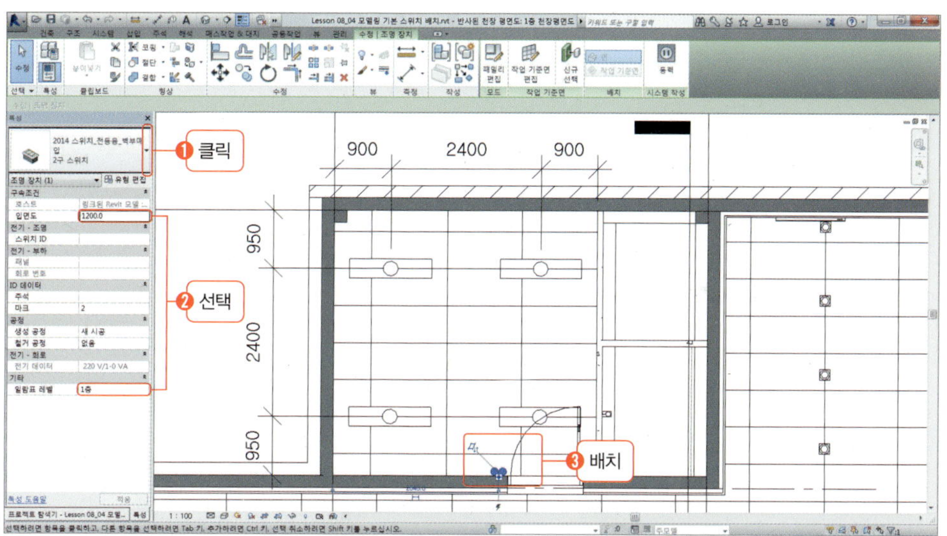




## Note

'전기/정보통신공사 표준상세도'에 따르면 다음과 같은 사항일 경우 오른쪽 그림과 같이 시공합니다.

- **배선기구류 설치 상세도** : DE – 02 – 003 참조

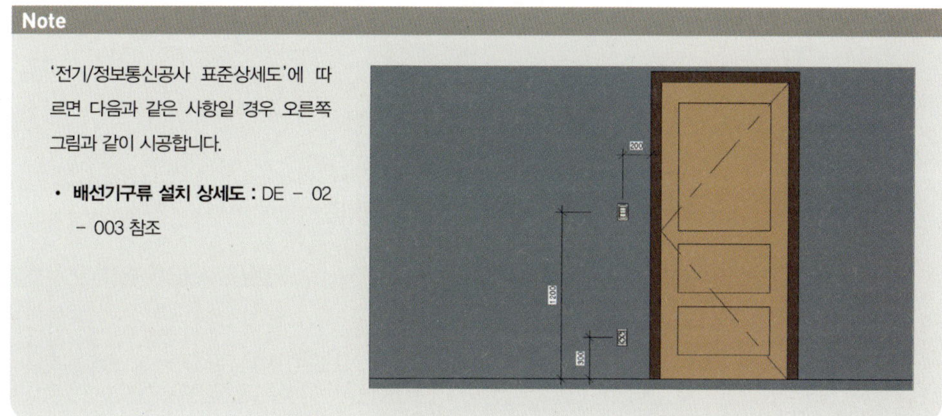

**01** ▨ ➤ [열기] ➤ [프로젝트]를 클릭하고 'Chapter 05 \ Lesson 08' 폴더에서 'Lesson08_05 모델링 기본 전열설비 배치.rvt' 파일을 엽니다. 프로젝트 탐색기에서 '뷰 (전기모델링)' ➤ '99_Users' ➤ '01 사용자' ➤ '평면도: 1층 바닥평면도'를 더블 클릭합니다.

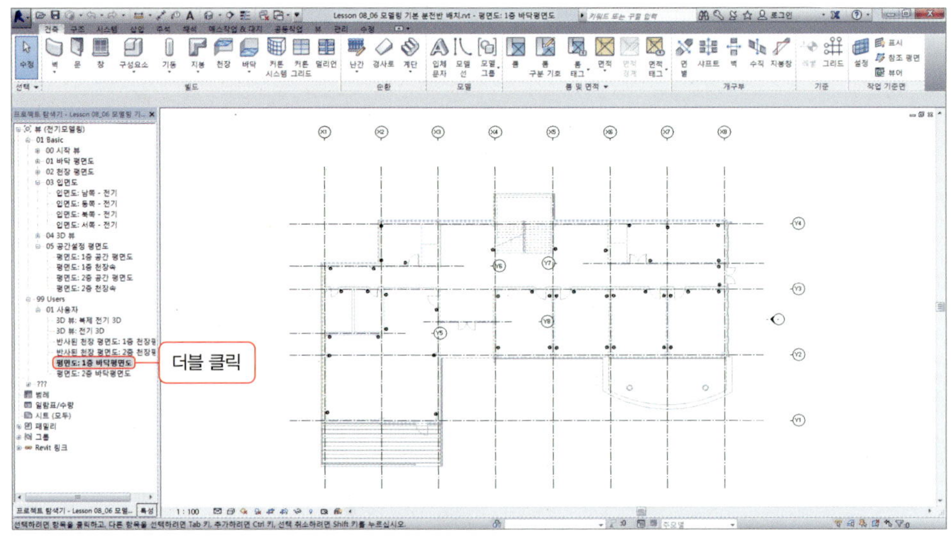

**02** [시스템] 탭 ➤ [전기] 패널 ➤ [장치] ➤ [전기 설비]를 선택합니다.

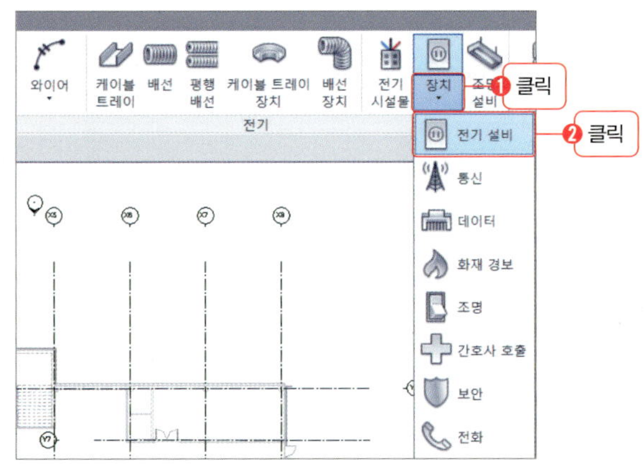

**03** [수정 | 배치 장치] 탭 ➤ [모드] 패널 ➤ [패밀리 로드]를 클릭합니다.

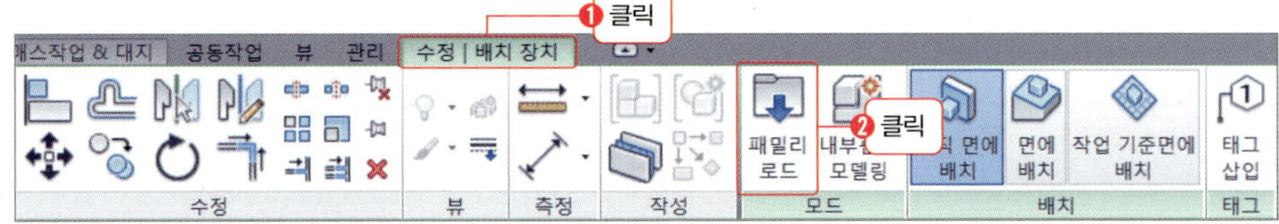

**04** [패밀리 로드] 대화상자가 나타나면 '00 Family\전기 설비' 폴더에서 패밀리를 선택하고 [열기] 버튼을 클릭합니다.

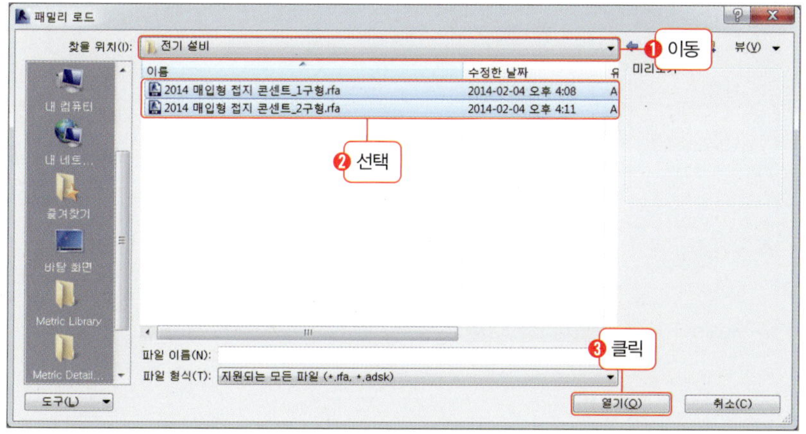

**05** [수정 | 배치 장치] 탭 ➤ [배치] 패널 ➤ [수직 면에 배치]를 클릭합니다.

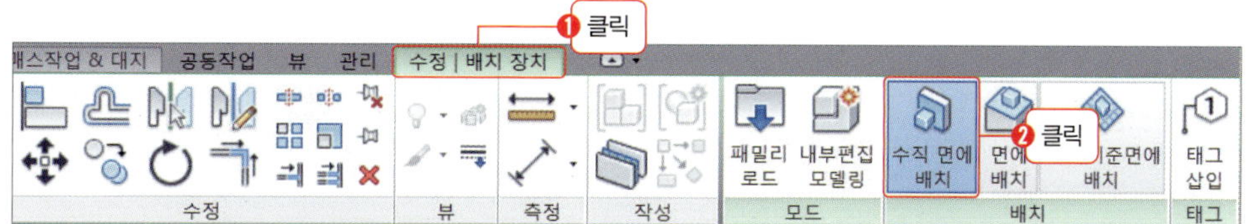

**06** [특성] 대화상자의 유형 선택기에서 '2014 매입형 접지 콘센트_2구형 ➤ 2구형 250V-접지극'을 선택하고 '일람표 레벨'에는 '1층', '입면도'에는 '300'을 확인한 후 다음과 같이 배치합니다.

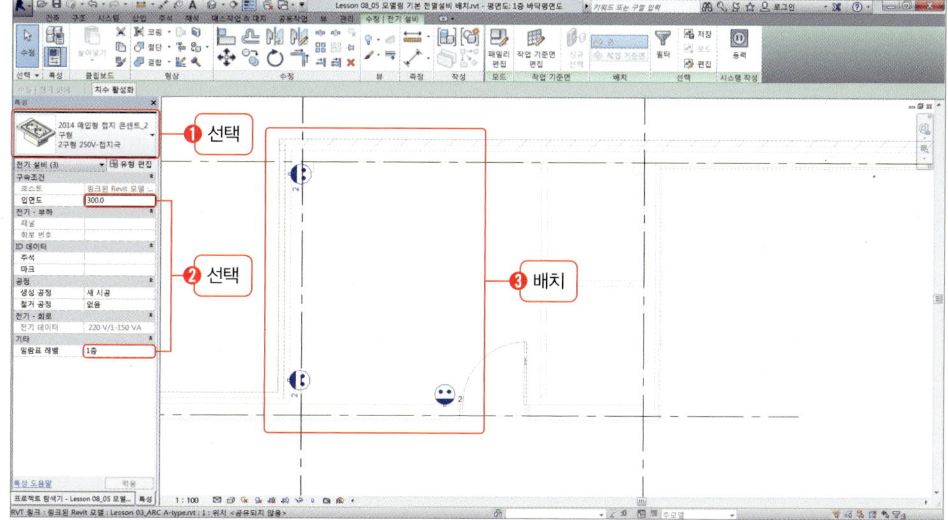

 다음과 같이 콘센트를 배치합니다.

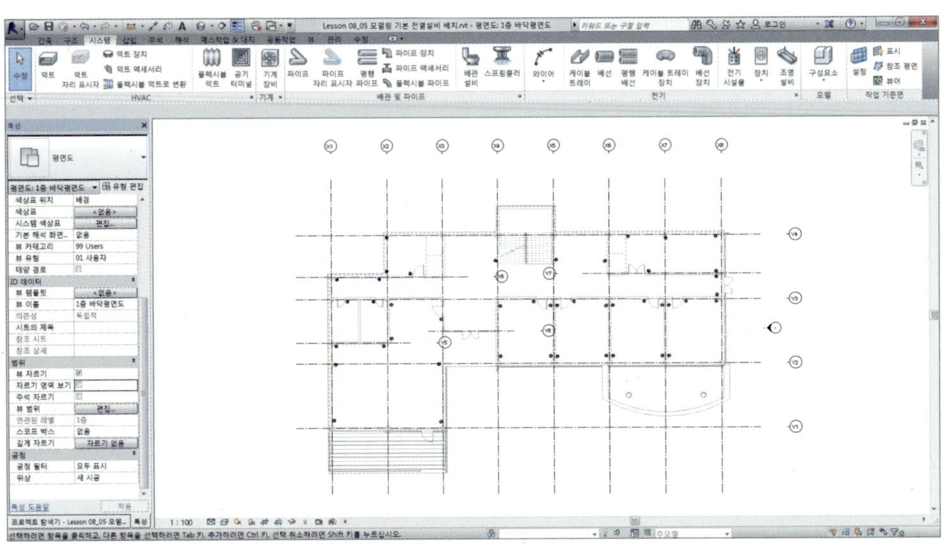



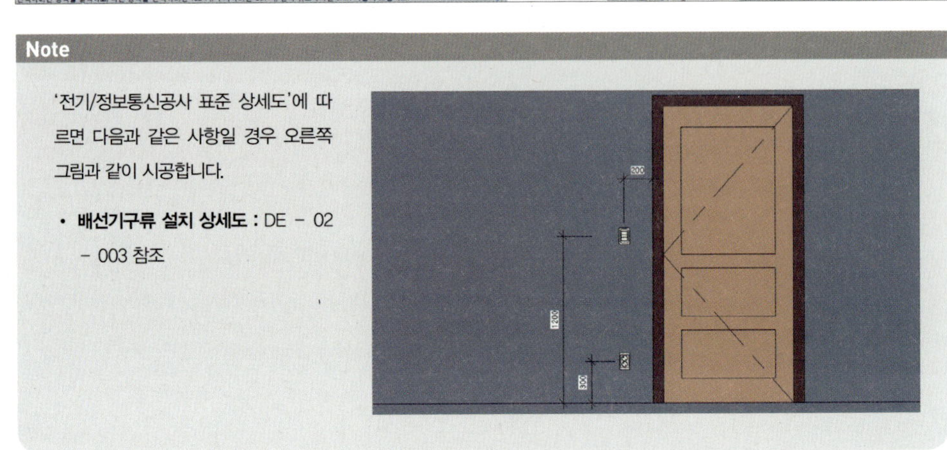

**Note**

'전기/정보통신공사 표준 상세도'에 따르면 다음과 같은 사항일 경우 오른쪽 그림과 같이 시공합니다.

- 배선기구류 설치 상세도 : DE – 02 – 003 참조

STEP **06**

**01** ▶ [열기]▶ [프로젝트]를 클릭하고 'Chapter 05 \ Lesson 08' 폴더에서 'Lesson08_06 모델링 기본 분전반 배치.rvt' 파일을 엽니다. 프로젝트 탐색기에서 '뷰 (전기모델링)'▶ '99_Users' ▶ '01 사용자'▶ '평면도: 1층 바닥평면도'를 더블 클릭합니다.

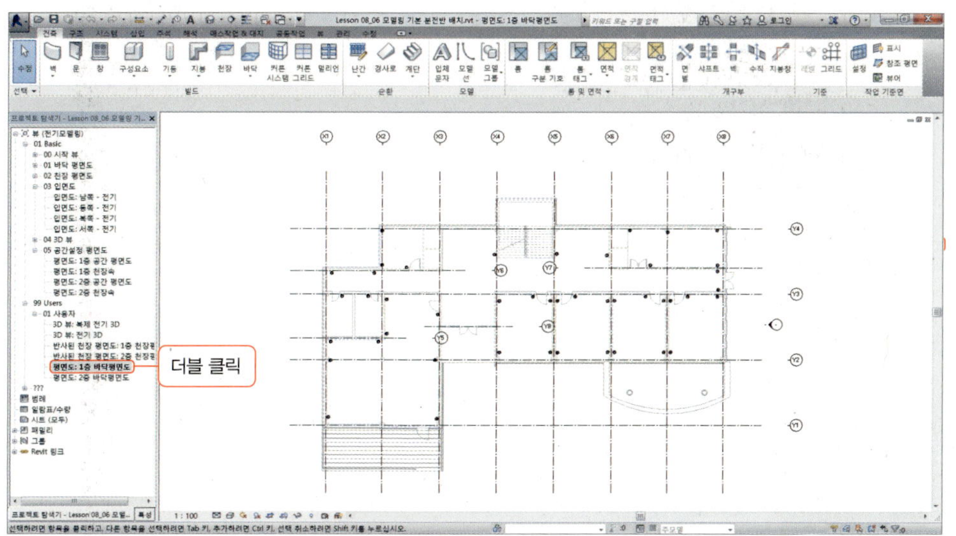

**02** [시스템] 탭 ▶ [전기] 패널 ▶ [전기 시설물]을 클릭합니다.

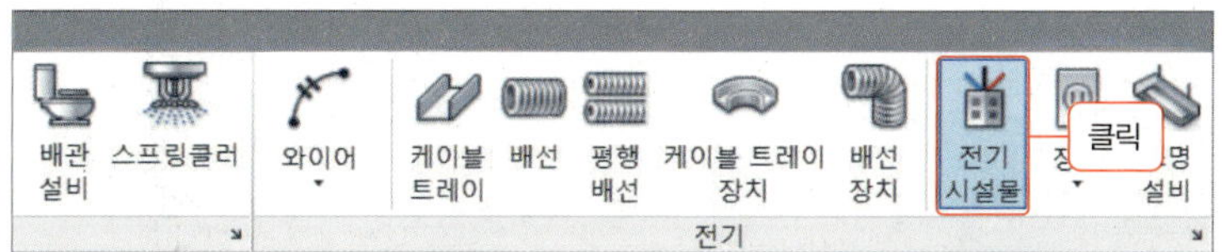

**03** [수정 | 배치 장비] 탭 ▶ [모드] 패널 ▶ [패밀리 로드]를 클릭합니다.

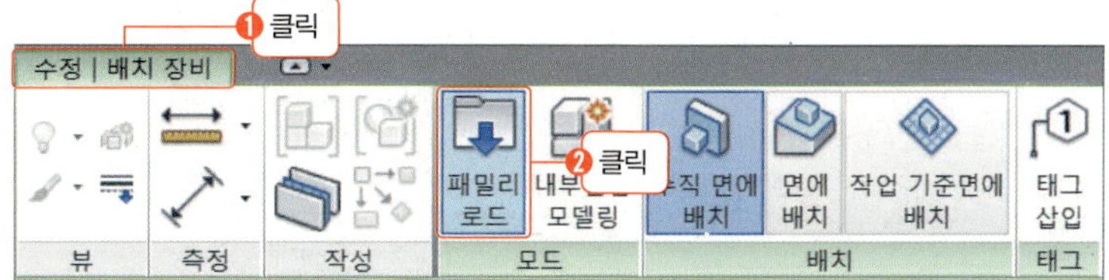

**04** [패밀리 로드] 대화상자가 나타나면 '00 Family\전기 시설물' 폴더에서 패밀리를 선택하고 [열기] 버튼을 클릭합니다.

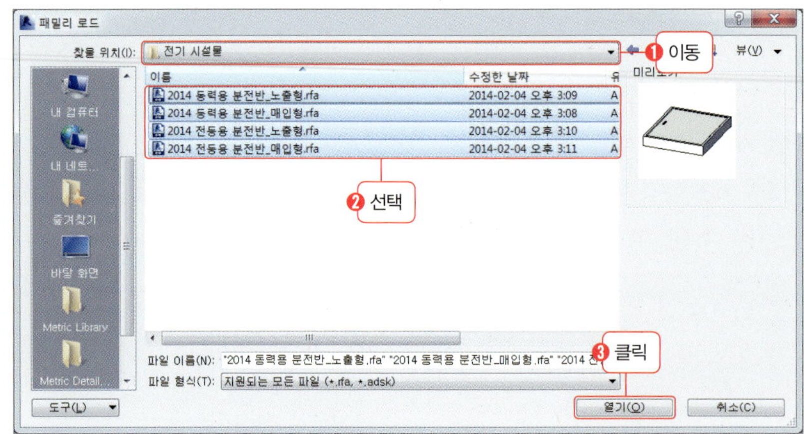

**05** [수정 | 배치 장치] 탭➤[배치] 패널➤[수직 면에 배치]를 클릭합니다.

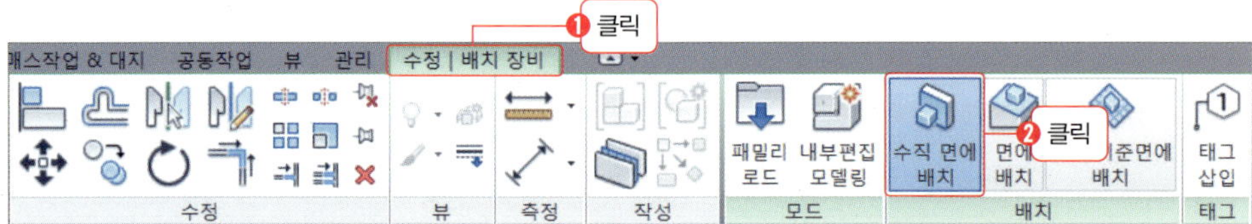

**06** [특성] 대화상자의 유형 선택기에서 '2014 전등용 분전반_매입형➤ST 600×700×100'을 선택하고 '일람표 레벨'에는 '1층', '입면도'에는 '1800'을 확인한 후 다음과 같이 배치합니다.

- '전기 공학'➤'정격전압(380V)'➤'극수(3)'를 지정합니다.
- 분전반을 선택하여 분배 시스템을 지정합니다(3Φ 4W 220/380V_Y).

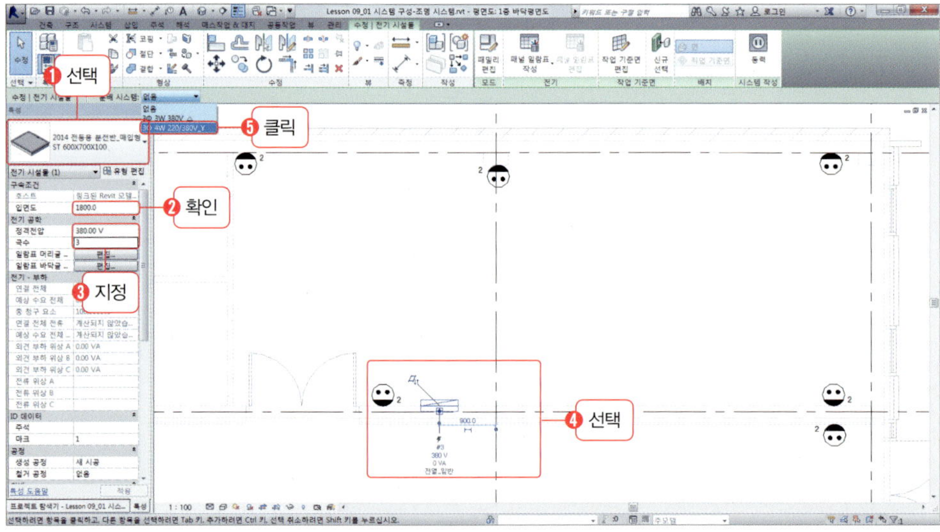

 분전반을 선택하여 [특성] 대화상자에 '일반 – 패널 이름'을 입력합니다.

**Note**

'전기/정보통신공사 표준 상세도'에 따
르면 다음과 같은 사항일 경우 오른쪽
그림과 같이 시공합니다.

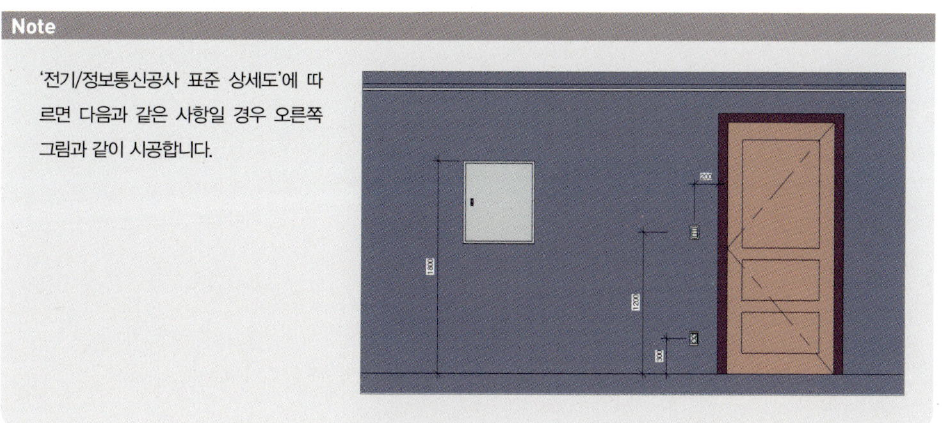

# 조도 계산

BIM 프로젝트에서 조명은 단지 3D 모델을 만드는 것보다 훨씬 더 사실적이고, 지능의 조명 모델 분석에 조명을 이용할 수 있으며, 설계 결정에 도움을 줄 수 있습니다. 전기 부하의 정보를 활용하여 더 정확한 전기 설계를 할 수 있고, 사실적인 조명 모델을 작성하여 설계 의도를 전달하는 데 필요한 시공 문서를 작성할 수 있습니다.

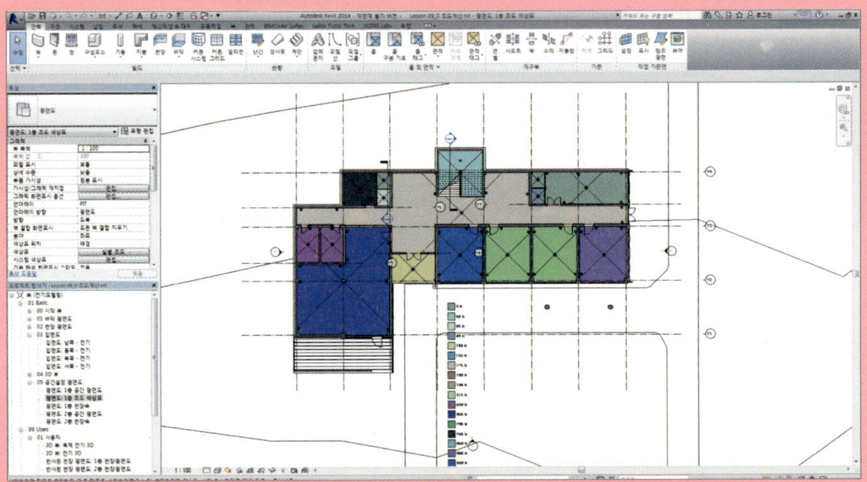

**핵심 Point**

- 조명 분석을 위한 프로젝트 준비하기
- Revit을 사용한 조도 분석하기
- 조명기구 비교하기
- 조명 설치 계획 수립하기

조명 시스템을 설계하려면 빌딩 내부에 공간(Space)를 배치한 후 조도를 계산하여 조명 시스템을 작성하고, 전기 부하를 결정하기 위해 전력 부하를 분석해야 합니다. Revit에서는 전기부하를 해석할 때 모든 공간 및 정보를 사용하여 건물의 전력 사용량을 결정하는 데 참고 자료로 사용할 수 있습니다.

**01**　　　　 ► [열기] ► [프로젝트]를 클릭하고 'Chapter 05 \ Lesson 09' 폴더에서 'Lesson09 조도계산.rvt' 파일을 엽니다. 프로젝트 탐색기에서 '뷰 (전기모델링)' ► '99_Users' ► '01 사용자' ► '3D 뷰: 전기 3D'를 더블 클릭합니다.

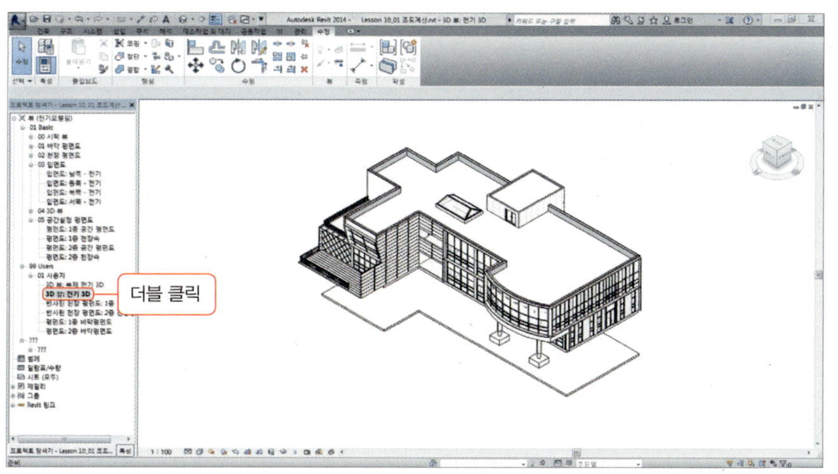



**02**　　　　 링크된 건축 모델을 선택하고 [특성] 대화상자에서 [유형 편집]을 클릭합니다. [유형 특성] 대화상자가 나타나면 '유형 매개변수'의 '구속조건'에서 '룸 경계'에 체크하고 [확인] 버튼을 클릭합니다.

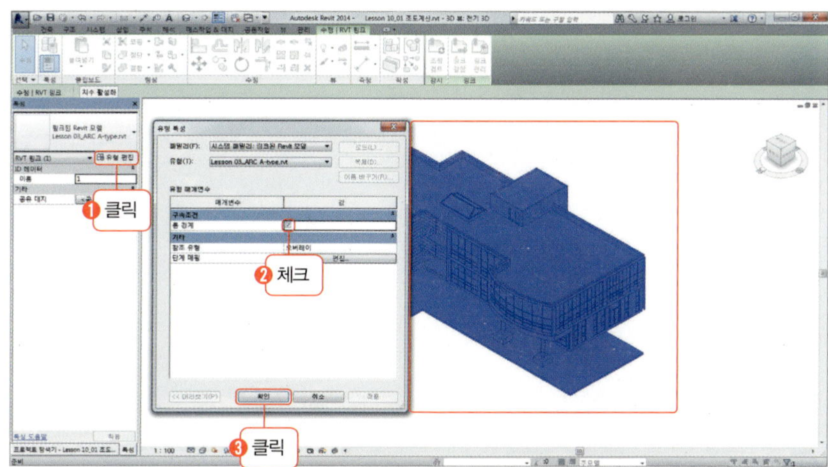

## 01　프로젝트 매개변수 설정하기

**01**　[관리] 탭 ▶ [설정] 패널 ▶ [프로젝트 매개변수]를 클릭합니다.

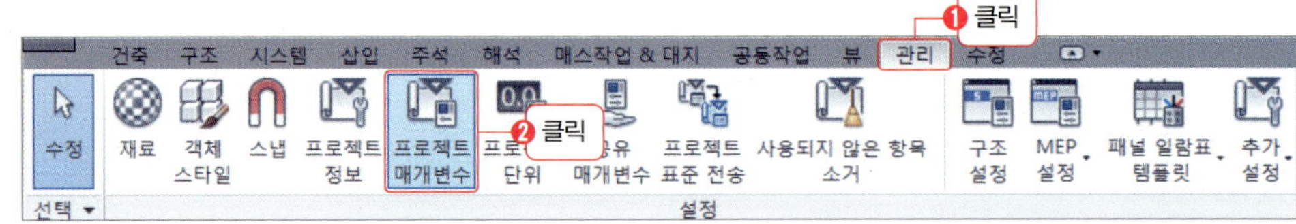


**02**　[프로젝트 매개변수] 대화상자가 나타나면 [추가]를 클릭합니다. [매개변수 특성] 대화상자가 나타나면 다음과 같이 매개변수의 특성을 설정하고 [확인] 버튼을 클릭합니다.

| 매개변수 유형 | 매개변수 데이터 | | | | | 카테고리 |
| --- | --- | --- | --- | --- | --- | --- |
| | 이름 | 분야 | 매개변수 유형 | 그룹 매개변수 | 유형/인스턴스 | |
| 프로젝트 매개변수 | 필수 요구조도 | 전기 | 조도 | 전기 – 조명 | 인스턴스 | 공간 |

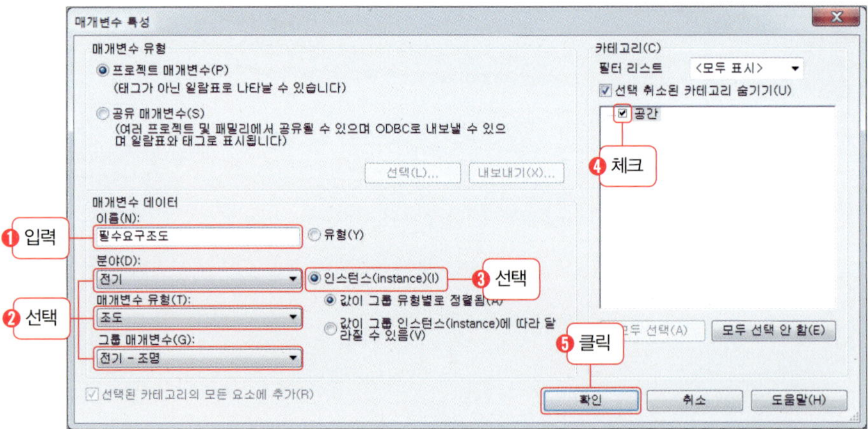

**01** [뷰] 탭 ▶ [작성] 패널 ▶ [일람표] ▶ [일람표/수량]을 선택합니다.

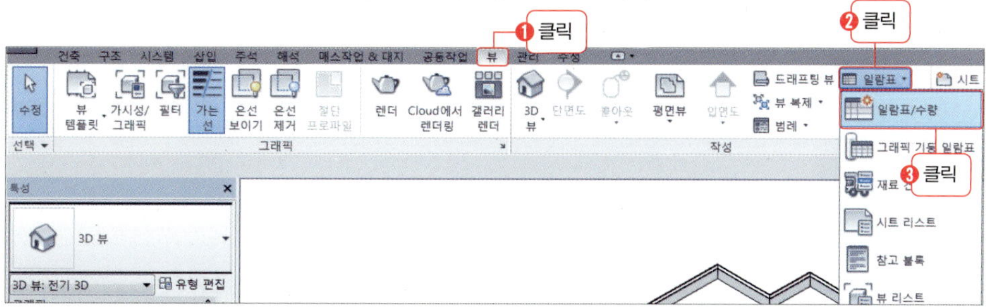

**02** [새 일람표] 대화상자가 나타나면 다음과 같이 설정합니다.

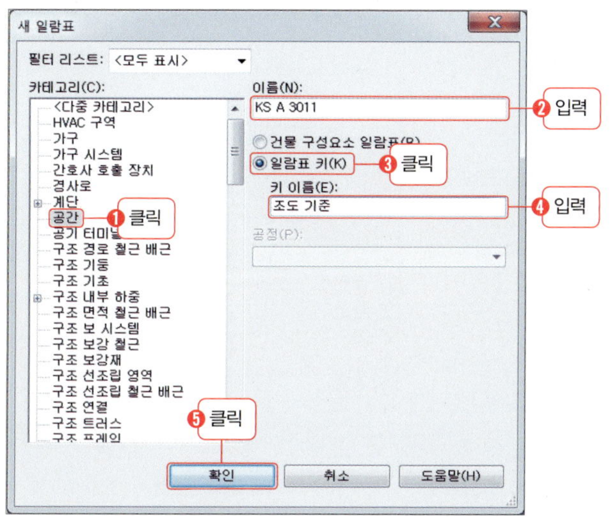

**03** [일람표 특성] 대화상자가 나타나면 [필드] 탭의 '사용 가능한 필드'에서 '필수요구조도'를 '일람표 필드(순서대로)'로 추가하고 [확인] 버튼을 클릭합니다.

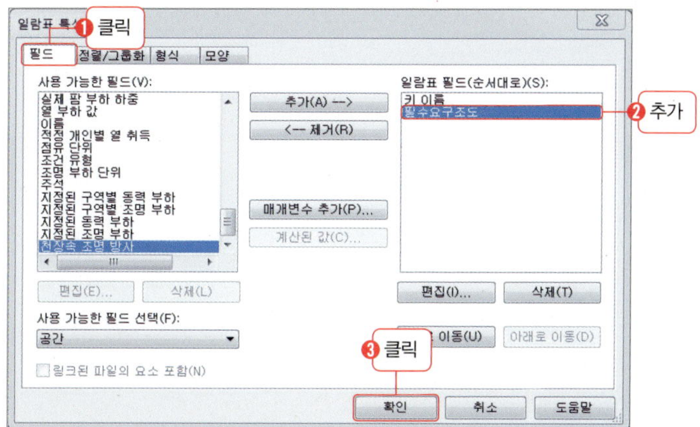

**04** [일람표/수량 수정] 탭 ▶ [행] 패널 ▶ [삽입] ▶ [데이터 행]을 선택합니다.

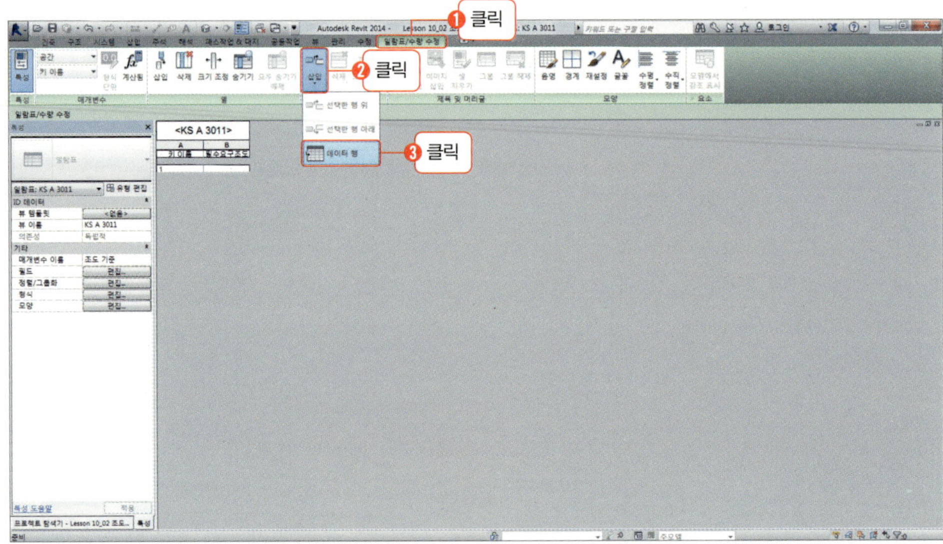



**05** 조도값은 다음과 같이 설정할 수 있습니다.

| <KS A 3011> | |
|---|---|
| **A** | **B** |
| A.D | 100 lx |
| P.S | 100 lx |
| 계단실 | 150 lx |
| 관리실 | 200 lx |
| 근린생활시설 | 450 lx |
| 방풍실 | 100 lx |
| 사무실 | 400 lx |
| 식당 | 500 lx |
| 홀 | 250 lx |
| 화장실 | 150.00 lx |

> **Note**
>
> KS A 3011 조도 기준은 한국산업표준심의회 심의에서 지정한 다음 사항을 참고할 수 있습니다.
>
> | 활동 유형 | 조도<br>분류 | 조도 범위(lx) | 작업면<br>조도 방법 |
> |---|---|---|---|
> | 어두운 분위기 중의 시식별 작업장 | A | 3-4-6 | 공간의<br>전반 조명 |
> | 어두운 분위기의 이용이 빈번하지 않은 장소 | B | 6-10-15 | |
> | 어두운 분위기의 공공 장소 | C | 15-20-30 | |
> | 잠시 동안의 단순 작업장 | D | 30-40-60 | |
> | 시작업이 빈번하지 않은 작업장 | E | 60-100-150 | |
> | 고휘도 대비 혹은 작은 물체 대상의 시작업 수행 | F | 150-200-300 | 작업면 조명 |
> | 일반 휘도 대비 혹은 작은 물체 대상의 시작업 수행 | G | 300-400-600 | |
> | 저휘도 대비 혹은 매우 작은 물체 대상의 시작업 수행 | H | 600-1000-1500 | |
> | 비교적 장시간 동안 저휘도 대비 혹은 매우 작은 물체 대상의 시작업 수행 | I | 1500-2000-3000 | 전반 조명과<br>국부조명을<br>병행한<br>작업면 조명 |
> | 장시간 동안 힘드는 시작업 수행 | J | 3000-4000-6000 | |
> | 휘도 대비가 거의 안 되며 작은 물체의 매우 특별한 시작업 수행 | K | 6000-10000-15000 | |

**01** '뷰 (전기모델링)' ➤ '01 Basic' ➤ '05 공간설정 평면도' ➤ '평면도: 1층 공간 평면도'를 더블 클릭합니다.

**02** 다음과 같이 공간을 선택하고 [특성] 대화상자의 'ID 데이터'에서 '조도 기준'을 '관리실'로 설정합니다.

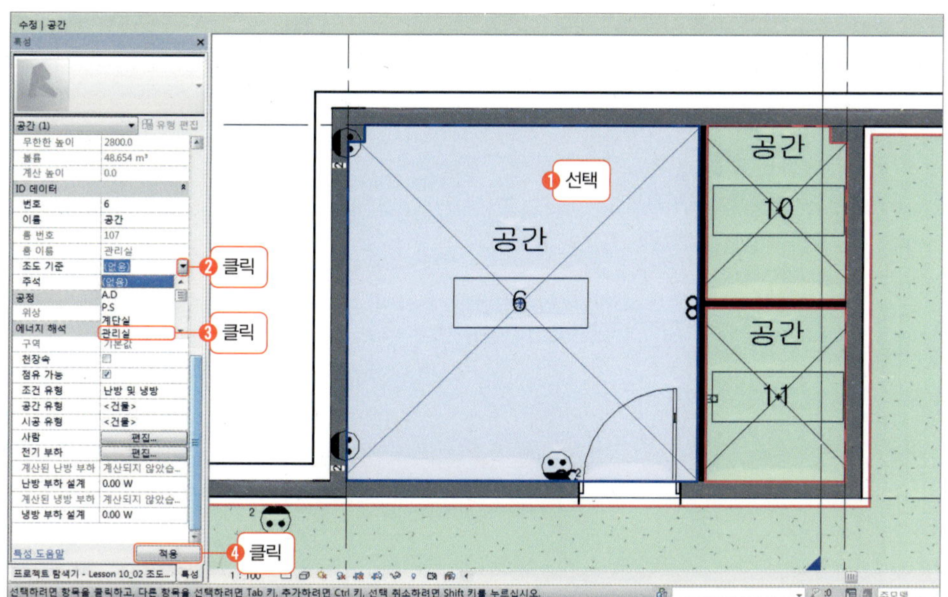


**03** 기타 공간 객체들도 각 공간의 용도에 맞는 조도 기준값을 정의합니다.

> **Note**
>
> 키 스케줄에서 작성한 정보를 이용하여 조도 기준값을 설정하고 [특성] 대화상자의 '전기 – 조명' ➤ '필수요구조도' 값을 정의합니다.
>
> 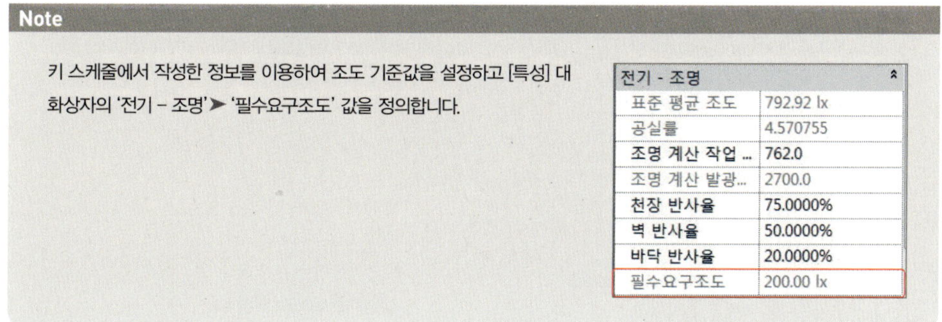
>
> | 전기 - 조명 | |
> |---|---|
> | 표준 평균 조도 | 792.92 lx |
> | 공실률 | 4.570755 |
> | 조명 계산 작업 ... | 762.0 |
> | 조명 계산 발광... | 2700.0 |
> | 천장 반사율 | 75.0000% |
> | 벽 반사율 | 50.0000% |
> | 바닥 반사율 | 20.0000% |
> | 필수요구조도 | 200.00 lx |

**01** [뷰] 탭 ▶ [작성] 패널 ▶ [일람표] ▶ [일람표/수량]을 선택합니다.

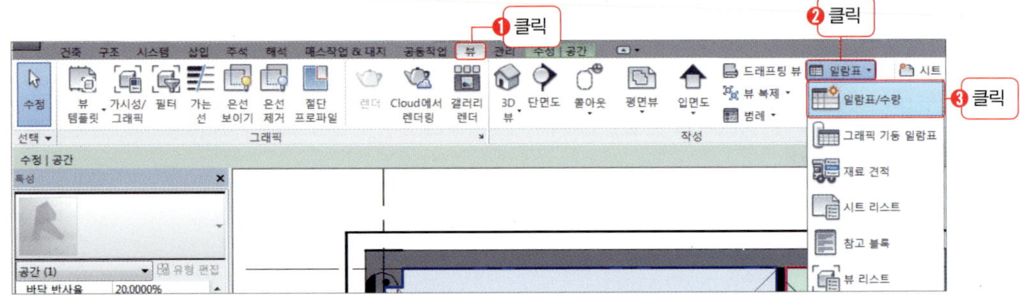

**02** [새 일람표] 대화상자가 나타나면 오른쪽 그림과 같이 설정합니다.

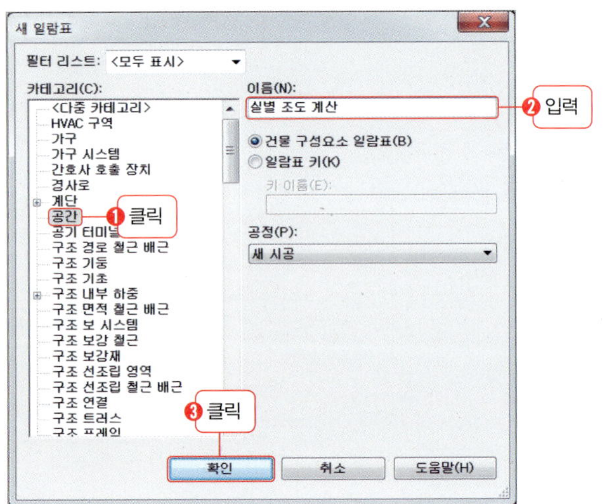

**03** [일람표 특성] 대화상자가 나타나면 [필드] 탭의 '사용 가능한 필드'에서 다음과 같이 '일람표 필드(순서대로)'로 추가합니다. 기본 제공하는 매개변수 값을 설정한 후 일람표 필드의 매개변수를 활용하여 계산된 값을 입력할 수 있습니다.

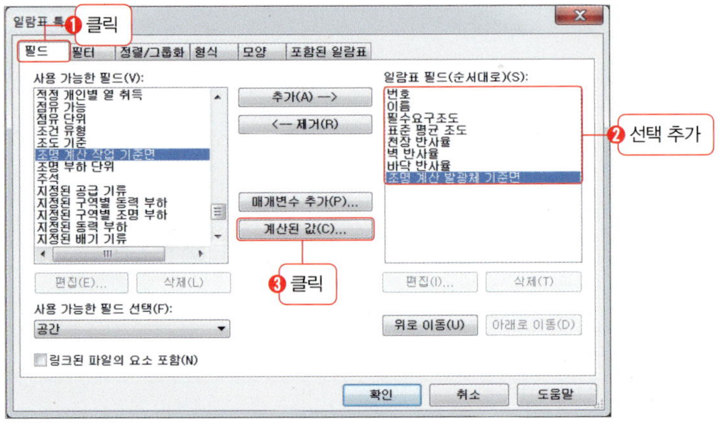

**04** [계산된 값] 대화상자가 나타나면 다음과 같이 내용을 입력합니다.

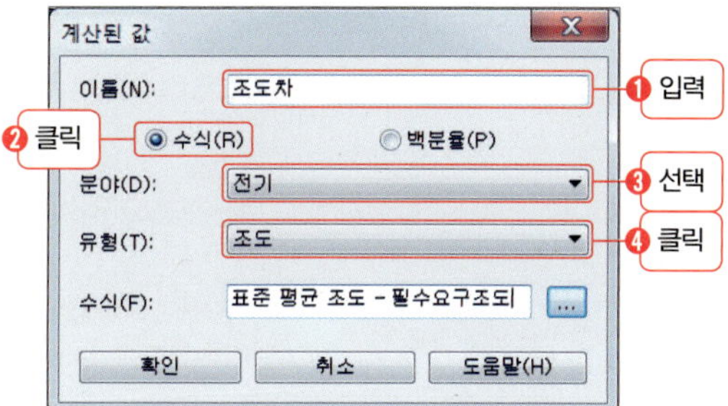


**05** □□를 클릭하여 필드 대화상자에서 수식을 선택하고 [확인] 버튼을 클릭합니다. 이때 중간의 수식은 추가로 입력합니다.

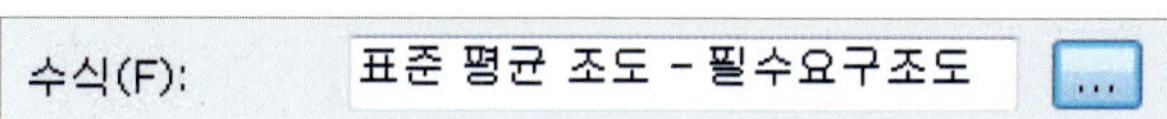


**06** [일람표 특성] 대화상자로 되돌아오면 [필드] 탭이 다음과 같이 설정됩니다.

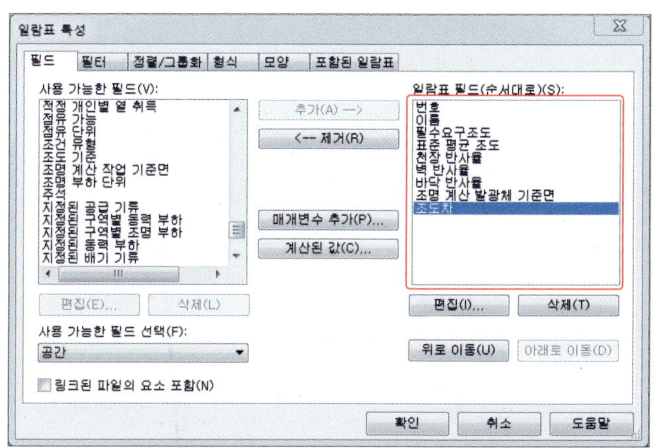


**07** [일람표 특성] 대화상자에서 [정렬/그룹화] 탭의 정렬 기준을 다음과 같이 지정합니다.

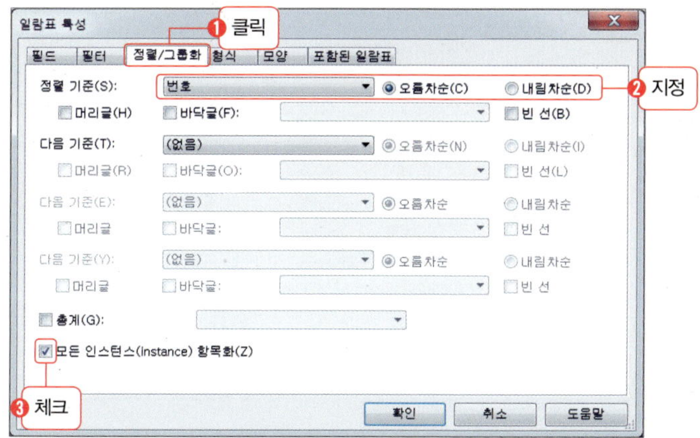

**08** [일람표 특성] 대화상자의 [형식] 탭에서 '필드'의 '조도차'를 선택하고 '필드 형식'에서 [조건부 형식] 버튼을 클릭한 후 매개변수를 활용하여 일람표에서 조도차를 활용합니다.

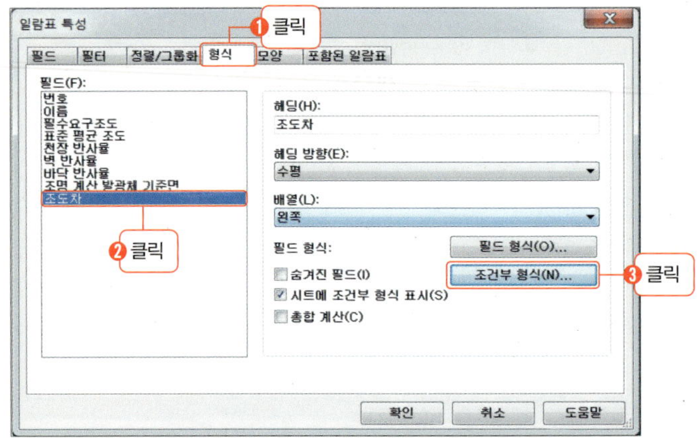

**09** [조건부 형식] 대화상자가 나타나면 '테스트'에서 '사이에 없음'을 선택하고 '값'을 지정할 기준으로 설정합니다. 이때 '사용할 조건'은 테스트에서 설정한 내용을 사용자가 입력한 값으로 표현하고, '배경색'은 눈에 띄기 쉬운 색상으로 선택한 후 [확인] 버튼을 클릭합니다.

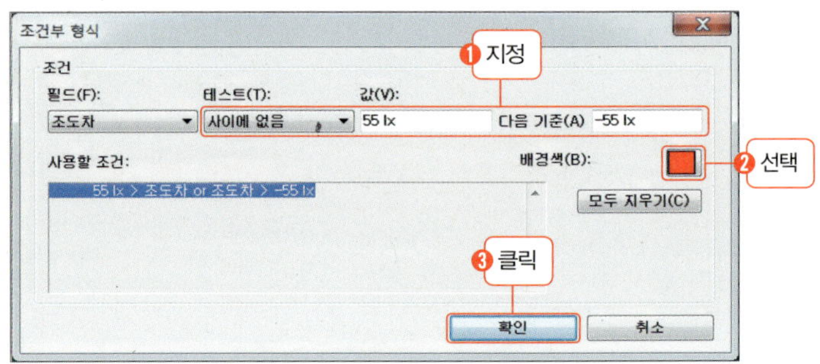

**10** 다음과 같이 실별 조도 계산값을 나타낼 수 있습니다. 또한 요구 조도 기준과 다른 실별 조도를 표현해 계산값을 확인할 수 있습니다.

|  | | | | | | | | |
|---|---|---|---|---|---|---|---|---|
| <실별 조도 계산> | | | | | | | | |
| A | B | C | D | E | F | G | H | I |
| 번호 | 이름 | 필수요구조도 | 표준 평균 조 | 천장 반사율 | 벽 반사율 | 바닥 반사율 | 조명 계산 발 | 조도차 |
| 1 | 공간 | | 938 lx | 75.00% | 50.00% | 20.00% | 2700 | |
| 2 | 공간 | | 953 lx | 75.00% | 50.00% | 20.00% | 2700 | |
| 3 | 공간 | | 953 lx | 75.00% | 50.00% | 20.00% | 2700 | |
| 4 | 공간 | | 892 lx | 75.00% | 50.00% | 20.00% | 2700 | |
| 5 | 공간 | | 0 lx | 75.00% | 50.00% | 20.00% | 계산되지 않 | |
| 6 | 공간 | 200 lx | 793 lx | 75.00% | 50.00% | 20.00% | 2700 | 593 lx |
| 7 | 공간 | | 0 lx | 75.00% | 50.00% | 20.00% | 계산되지 않 | |
| 8 | 공간 | | 173 lx | 75.00% | 50.00% | 20.00% | 2780 | |
| 9 | 공간 | | 49 lx | 75.00% | 50.00% | 20.00% | 1900 | |
| 10 | 공간 | | 0 lx | 75.00% | 50.00% | 20.00% | 계산되지 않 | |
| 11 | 공간 | | 93 lx | 75.00% | 50.00% | 20.00% | 2000 | |
| 12 | 공간 | | 0 lx | 75.00% | 50.00% | 20.00% | 계산되지 않 | |
| 13 | 공간 | | 96 lx | 75.00% | 50.00% | 20.00% | 2000 | |
| 14 | 공간 | | 406 lx | 75.00% | 50.00% | 20.00% | 2780 | |
| 15 | 공간 | | 406 lx | 75.00% | 50.00% | 20.00% | 2780 | |
| 16 | 공간 | | 645 lx | 75.00% | 50.00% | 20.00% | 2700 | |
| 17 | 공간 | | 0 lx | 75.00% | 50.00% | 20.00% | 계산되지 않 | |
| 18 | 공간 | | 0 lx | 75.00% | 50.00% | 20.00% | 계산되지 않 | |

**01** 다음과 같이 '뷰 (전기모델링)' ▶ '01 Basic' ▶ '05 공간설정 평면도' ▶ '평면도: 1층 공간 평면도'
를 복제하고 평면도의 이름을 '1층 조도 색상표'로 변경합니다.

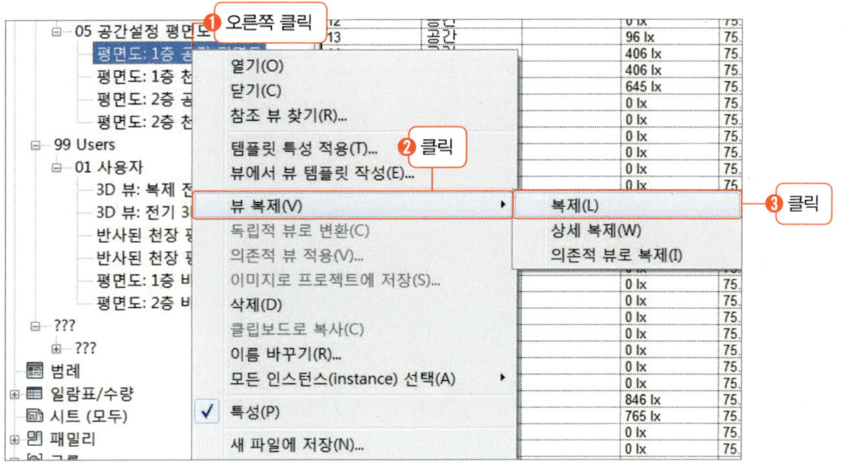

**02** [건축] 탭 ▶ [룸 및 면적] 패널 ▶ [색상표]를 클릭합니다.

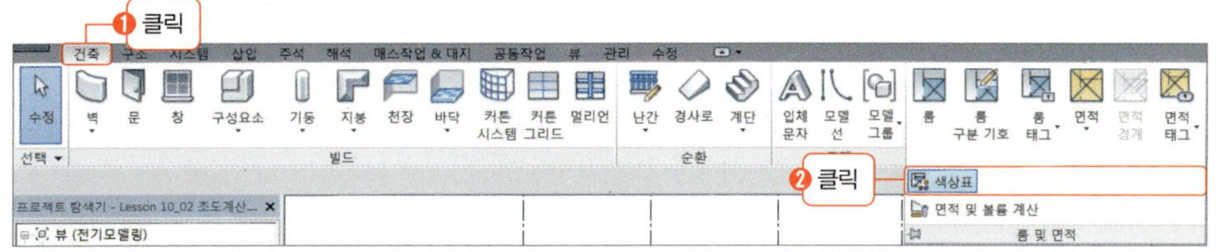

**03** 다음과 같이 '스키마'의 이름을 '실별 조도'로 수정하고 '스키마 정의'에서 '제목'은 '실별 조도
분석'으로, '색상 기준'은 '표준 평균 조도'로 지정한 후 [확인] 버튼을 클릭합니다.

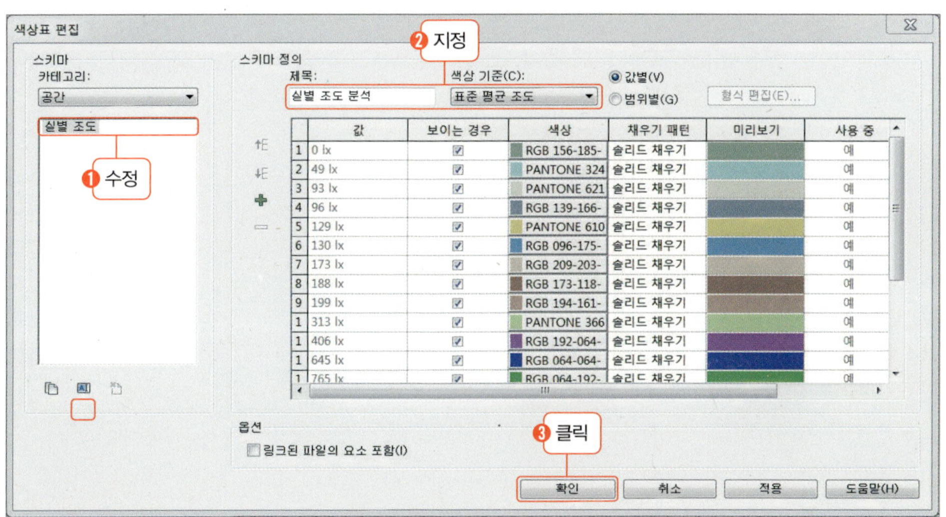

**04** [해석] 탭 ▶ [색상 채우기] 패널 ▶ [색상 채우기 범례] 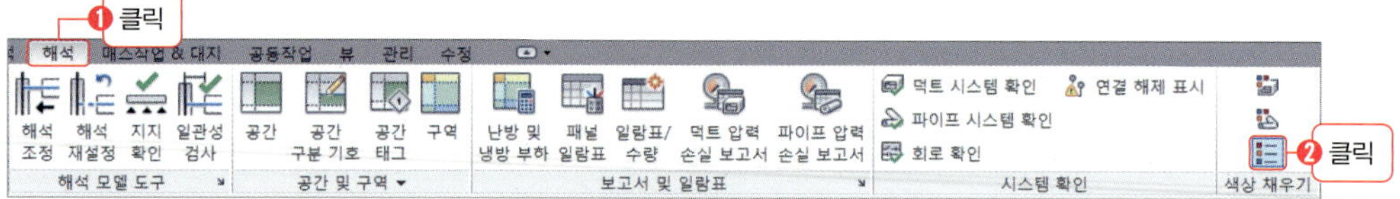를 클릭합니다.



**05** 마우스로 도면 영역을 선택하면 [공간 유형 및 색상표 선택] 대화상자를 확인할 수 있습니다. '공간 유형' 및 '색상표'를 선택한 후 [확인] 버튼을 클릭합니다.

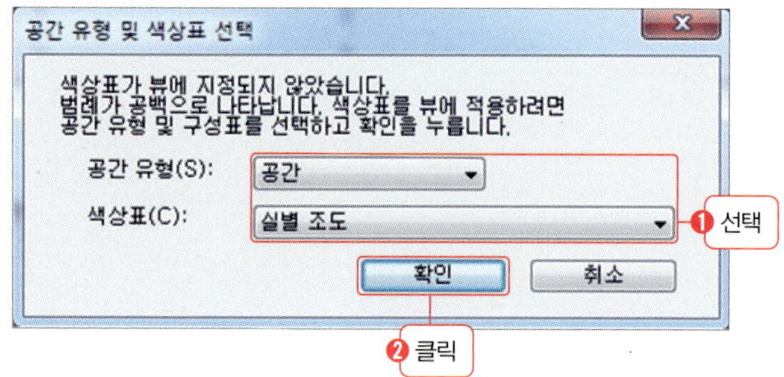


**06** 다음과 같이 전면 시스템을 확인할 수 있습니다.

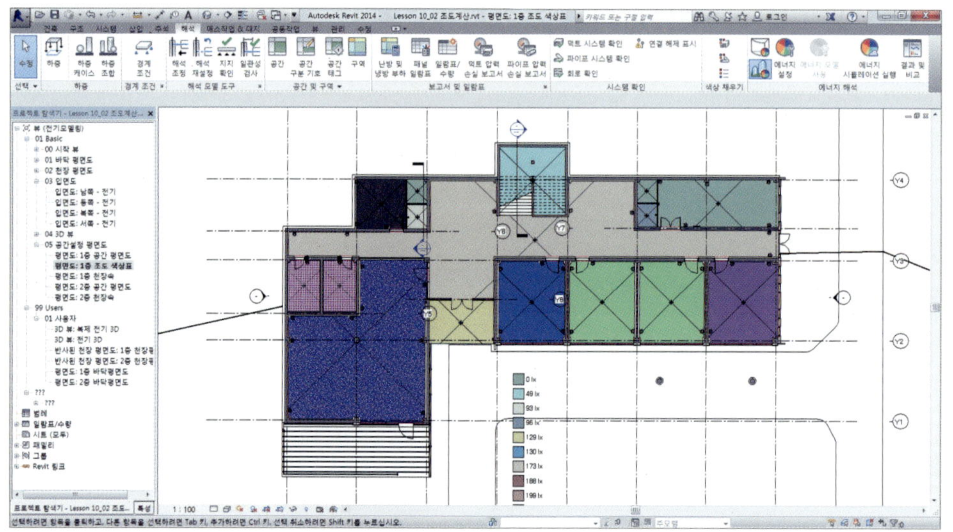

■ **작업의 등급에 따라 설정된 기준조도**

| 작업등급 | 기준조도 | | |
|---|---|---|---|
| | 최저 허용조도 [ lx ] | 표준 기준조도 [ lx ] | 최고 허용조도 [ lx ] |
| 초정밀 | 1500 | 2000 | 3000 |
| 정 밀 | 600 | 1000 | 1500 |
| 보 통 | 300 | 400 | 600 |
| 단 순 | 150 | 200 | 300 |
| 거 친 | 60 | 100 | 150 |

■ **각국의 기준조도**

| 작업등급 〳 기준조도 | 국가별 | 최저 허용조도[ lx ] | 표준 기준조도[ lx ] | 최고 허용조도[ lx ] |
|---|---|---|---|---|
| 초정밀 | 미국 | 2000 | 3000 | 5000 |
| | 일본 | 1500 | 2000 | 3000 |
| | 한국 | 1500 | 2000 | 3000 |
| 정 밀 | 미국 | 1000 | 1500 | 2000 |
| | 일본 | 750 | 1000 | 1500 |
| | 한국 | 600 | 1000 | 1500 |
| 보 통 | 미국 | 500 | 750 | 1000 |
| | 일본 | 300 | 500 | 750 |
| | 한국 | 300 | 400 | 600 |
| 단 순 | 미국 | 200 | 300 | 500 |
| | 일본 | 150 | 200 | 300 |
| | 한국 | 150 | 200 | 300 |
| 거 친 | 미국 | 100 | 150 | 200 |
| | 일본 | 75 | 100 | 150 |
| | 한국 | 60 | 100 | 150 |

# 부하 계산

Revit에서는 패밀리에 설정된 매개변수를 활용하여 부하를 계산하고 활용할 수 있습니다. 전기 시스템을 이용하여 전기 시스템을 설계하고 전기 소비량을 계산하여 전체 수용부하 및 수용률을 예측해서 설계 및 유지 관리 서비스에 활용할 수 있습니다. 이 장에서는 Revit을 이용하여 부하 계산하는 방법을 순서에 맞게 살펴보겠습니다.

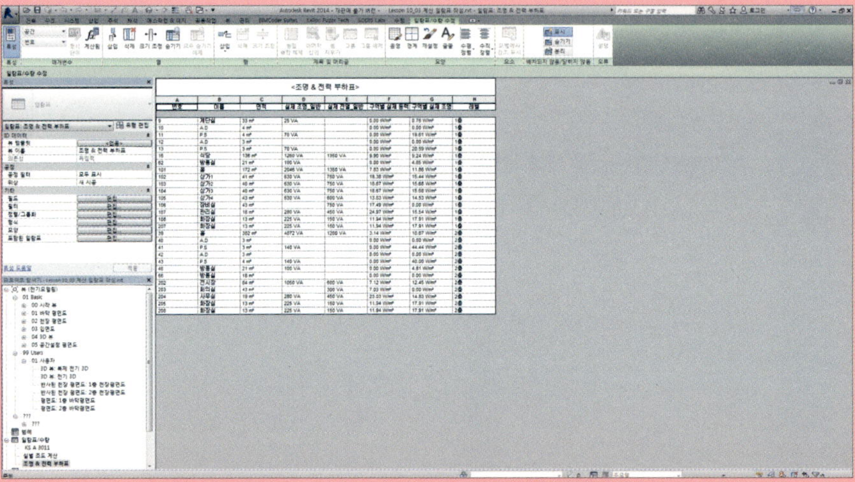

**핵심 Point**

■ 부하량 추출하기

**01** ■ ➤ [열기]➤ [프로젝트]를 클릭하고 'Chapter 05\Lesson 10' 폴더에서 'Lesson10_01 계산 일람표 작성.rvt' 파일을 엽니다. [뷰] 탭➤ [작성] 패널➤ [일람표]➤ [일람표/수량]을 선택합니다.

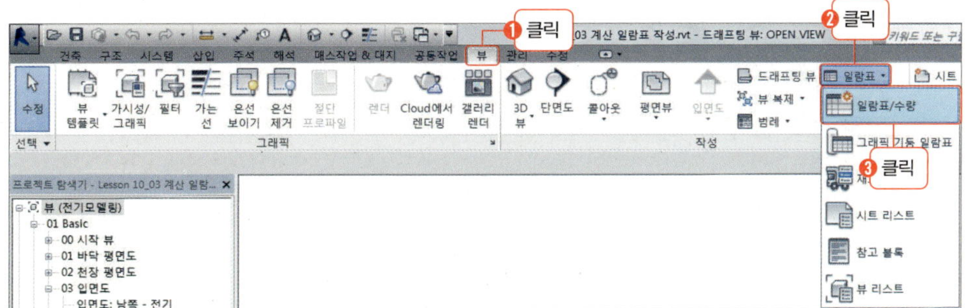

**02** [새 일람표] 대화상자가 나타나면 '카테고리'에서 '공간'을 선택하고 '이름'에 '조명 & 전력 부하표'를 입력한 후 [확인] 버튼을 클릭합니다.

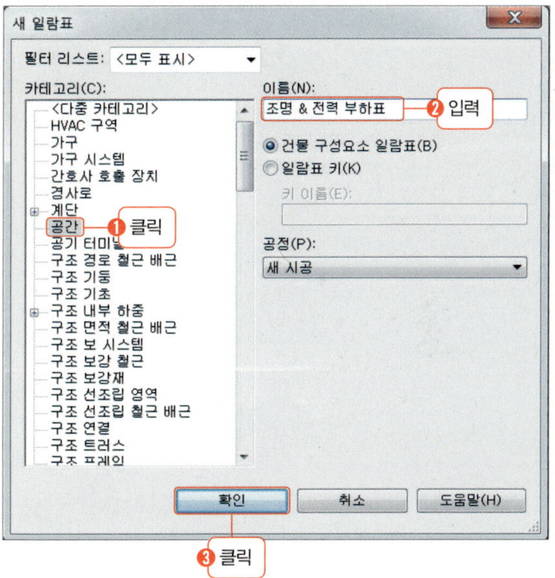

**03** [일람표 특성] 대화상자에서 [필드] 탭을 선택하고 '사용 가능한 필드'에서 '번호', '이름', '면적', '실제 조명_일반 부하', '실제 전열_일반 부하', '구역별 실제 동력 부하', '구역별 실제 조명 부하' 를 '일람표 필드(순서대로)'에 추가합니다.

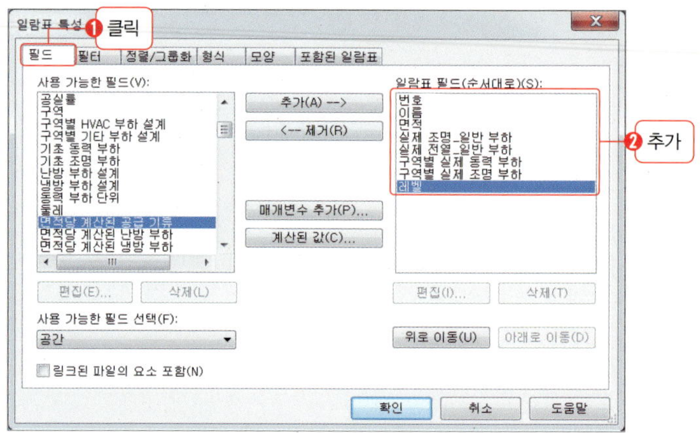


**04** [필터] 탭에서 다음과 같이 필터 기준을 지정합니다.

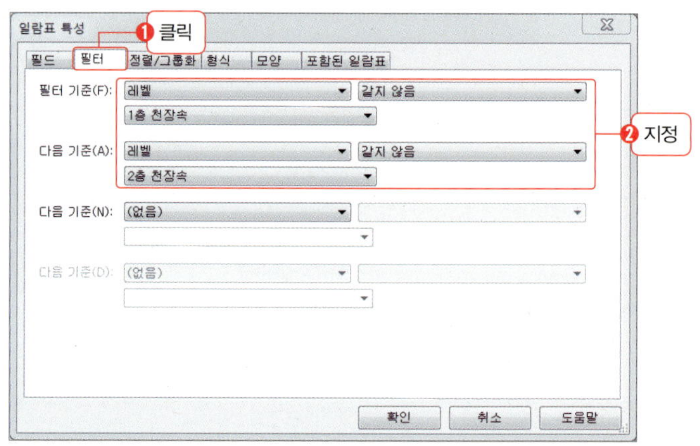


**05** [정렬/그룹화] 탭에서 다음과 같이 정렬 기준을 지정하고 [확인] 버튼을 클릭합니다.

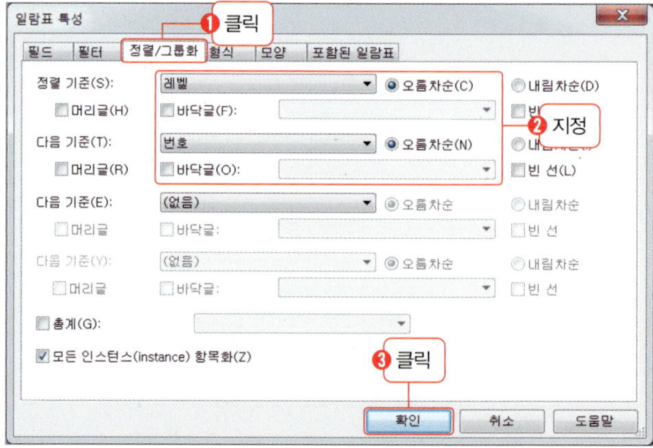

다음과 같이 조명 & 전력 부하표를 작성했습니다.

<조명 & 전력 부하표>

| A 번호 | B 이름 | C 면적 | D 실제 조명 일 | E 실제 전열 일 | F 구역별 실제 | G 구역별 실제 | H 레벨 |
|---|---|---|---|---|---|---|---|
| 9 | 계단실 | 33 m² | 25 VA | | 0.00 W/m² | 0.76 W/m² | 1층 |
| 10 | A.D | 4 m² | | | 0.00 W/m² | 0.00 W/m² | 1층 |
| 11 | P.S | 4 m² | 70 VA | | 0.00 W/m² | 19.61 W/m² | 1층 |
| 12 | A.D | 3 m² | | | 0.00 W/m² | 0.00 W/m² | 1층 |
| 13 | P.S | 3 m² | 70 VA | | 0.00 W/m² | 20.59 W/m² | 1층 |
| 16 | 식당 | 136 m² | 1260 VA | 1350 VA | 9.90 W/m² | 9.24 W/m² | 1층 |
| 62 | 방풍실 | 21 m² | 100 VA | | 0.00 W/m² | 4.85 W/m² | 1층 |
| 101 | 홀 | 172 m² | 2046 VA | 1350 VA | 7.83 W/m² | 11.86 W/m² | 1층 |
| 102 | 상가1 | 41 m² | 630 VA | 750 VA | 18.38 W/m² | 15.44 W/m² | 1층 |
| 103 | 상가2 | 40 m² | 630 VA | 750 VA | 18.67 W/m² | 15.68 W/m² | 1층 |
| 104 | 상가3 | 40 m² | 630 VA | 750 VA | 18.67 W/m² | 15.68 W/m² | 1층 |
| 105 | 상가4 | 43 m² | 630 VA | 600 VA | 13.83 W/m² | 14.53 W/m² | 1층 |
| 106 | 장비실 | 43 m² | | 750 VA | 17.49 W/m² | 0.00 W/m² | 1층 |
| 107 | 관리실 | 18 m² | 280 VA | 450 VA | 24.97 W/m² | 15.54 W/m² | 1층 |
| 108 | 화장실 | 13 m² | 225 VA | 150 VA | 11.94 W/m² | 17.91 W/m² | 1층 |
| 207 | 화장실 | 13 m² | 225 VA | 150 VA | 11.94 W/m² | 17.91 W/m² | 1층 |
| 39 | 홀 | 382 m² | 4072 VA | 1200 VA | 3.14 W/m² | 10.67 W/m² | 2층 |
| 40 | A.D | 3 m² | | | 0.00 W/m² | 0.00 W/m² | 2층 |
| 41 | P.S | 3 m² | 140 VA | | 0.00 W/m² | 44.44 W/m² | 2층 |
| 42 | A.D | 3 m² | | | 0.00 W/m² | 0.00 W/m² | 2층 |
| 43 | P.S | 4 m² | 140 VA | | 0.00 W/m² | 40.00 W/m² | 2층 |
| 46 | 방풍실 | 21 m² | 100 VA | | 0.00 W/m² | 4.81 W/m² | 2층 |
| 66 | 방풍실 | 18 m² | | | 0.00 W/m² | 0.00 W/m² | 2층 |
| 202 | 전시장 | 84 m² | 1050 VA | 600 VA | 7.12 W/m² | 12.45 W/m² | 2층 |
| 203 | 회의실 | 43 m² | | 300 VA | 7.03 W/m² | 0.00 W/m² | 2층 |
| 204 | 사무실 | 19 m² | 280 VA | 450 VA | 23.83 W/m² | 14.83 W/m² | 2층 |
| 205 | 화장실 | 13 m² | 225 VA | 150 VA | 11.94 W/m² | 17.91 W/m² | 2층 |
| 208 | 화장실 | 13 m² | 225 VA | 150 VA | 11.94 W/m² | 17.91 W/m² | 2층 |

# 시스템의 구성

전기 시스템(회로)을 작성하여 프로젝트에 전기 기기, 조명 설비 및 분전반 회로를 구성합니다.

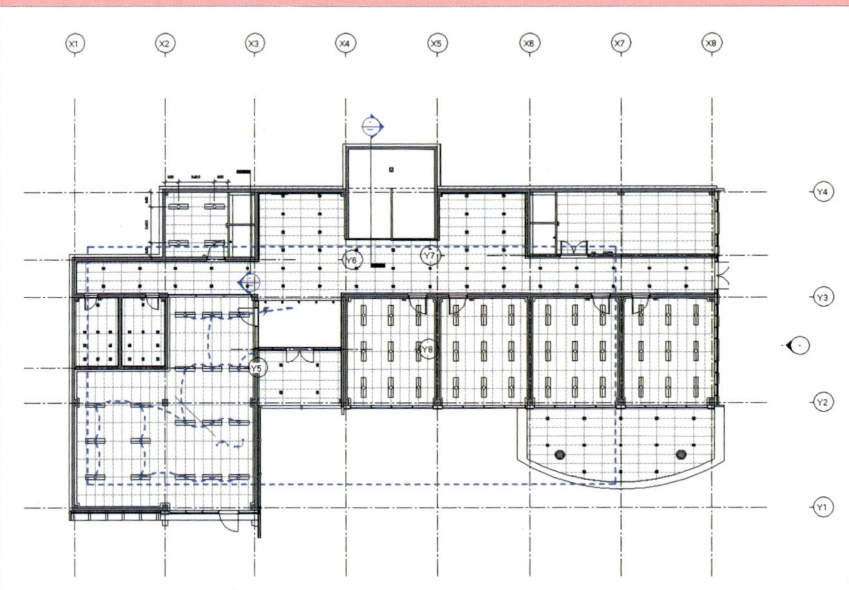

**핵심 Point**

- 조명 시스템의 구성 살펴보기
- 스위치 시스템의 구성 살펴보기
- 전열 시스템의 구성 살펴보기

**01** ![] ➤ [열기] ➤ [프로젝트]를 클릭하고 'Chapter 05\Lesson 11' 폴더에서 'Lesson11 시스템 구성–조명 시스템.rvt' 파일을 엽니다. 프로젝트 탐색기에서 '뷰 (전기모델링)' ➤ '99_Users' ➤ '01 사용자' ➤ '반사된 천장 평면도: 1층 천장평면도'를 더블 클릭합니다.

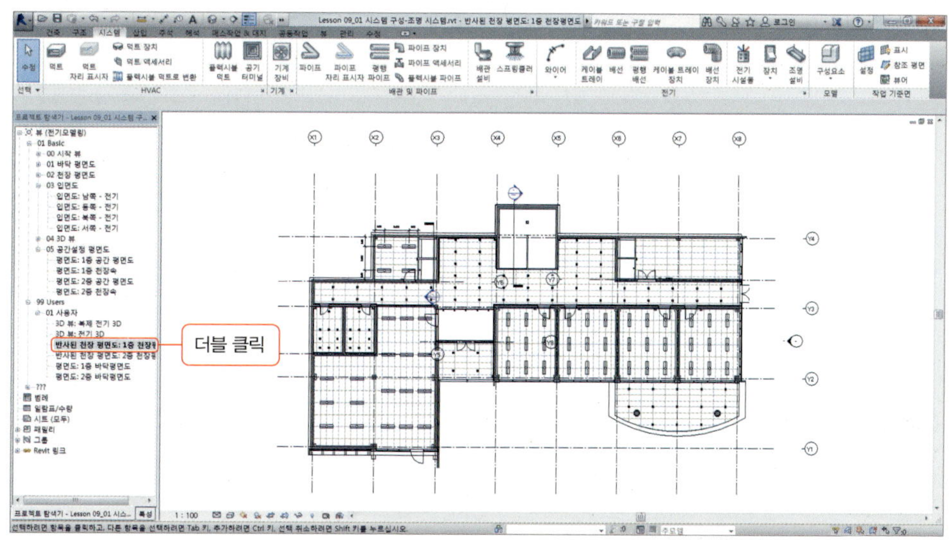


**02** 'X2–3', 'Y3–4' 조명기구와 스위치를 함께 선택하고 [수정 | 다중 선택] 탭 ➤ [시스템 작성] 패널 ➤ [동력]을 클릭합니다.

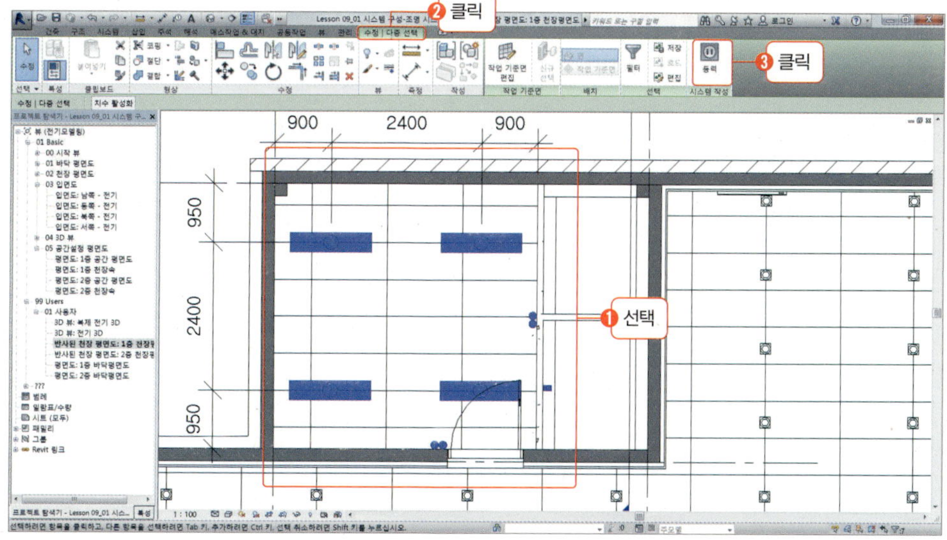

**03** 다음과 같이 회로가 구성되면 [수정 | 전기 회로] 탭 ▶ [시스템 도구] 패널 ▶ [패널 선택]을 클릭합니다.

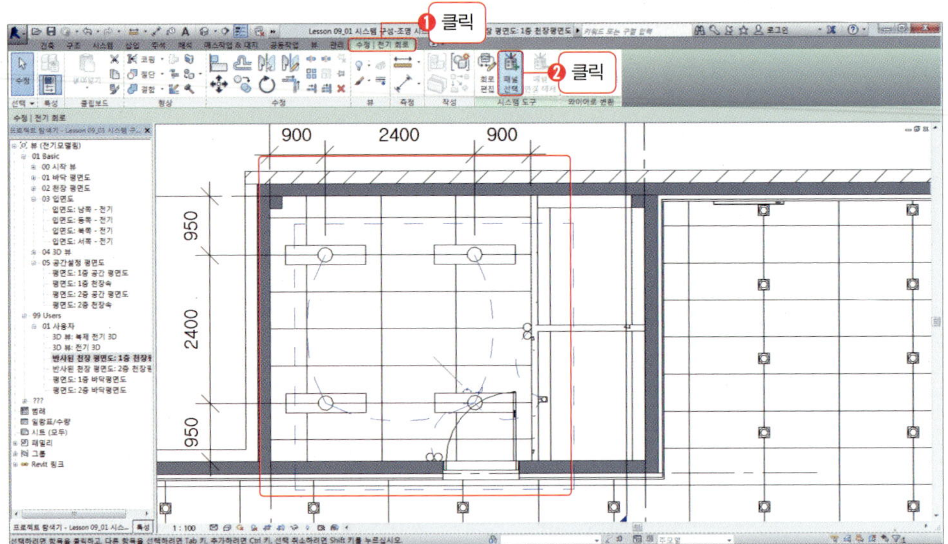


**04** 옵션 막대에서 '패널'을 'L-1'으로 설정합니다.

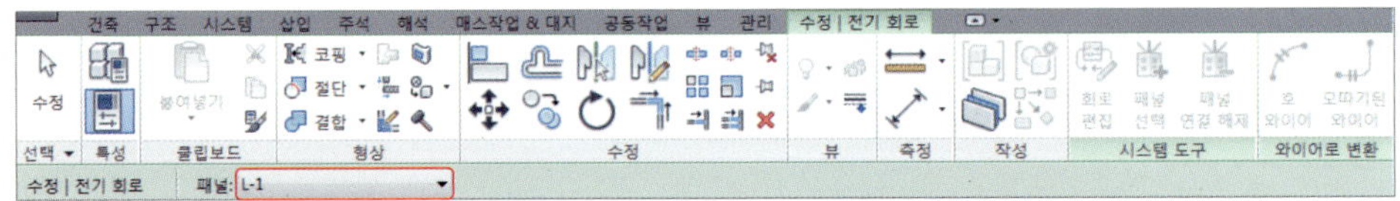

**05** 다음과 같이 귀로 회로가 구성됩니다.

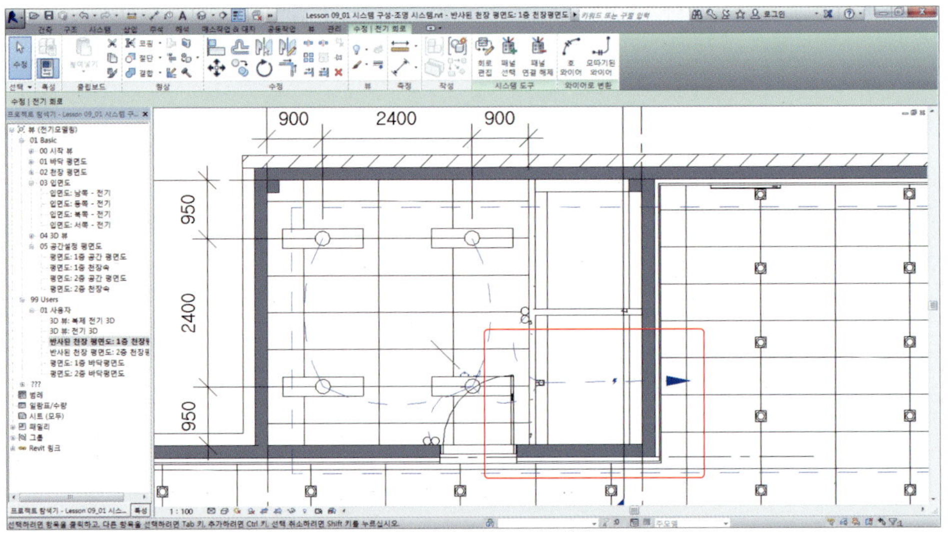

**01** ➤ [열기] ➤ [프로젝트]를 클릭하고 'Chapter 05 \ Lesson 11' 폴더에서 'Lesson11 시스템 구성-전열 시스템.rvt' 파일을 엽니다. 프로젝트 탐색기에서 '뷰 (전기모델링)' ➤ '99_Users' ➤ '01 사용자' ➤ '평면도: 1층 바닥평면도'를 더블 클릭합니다.

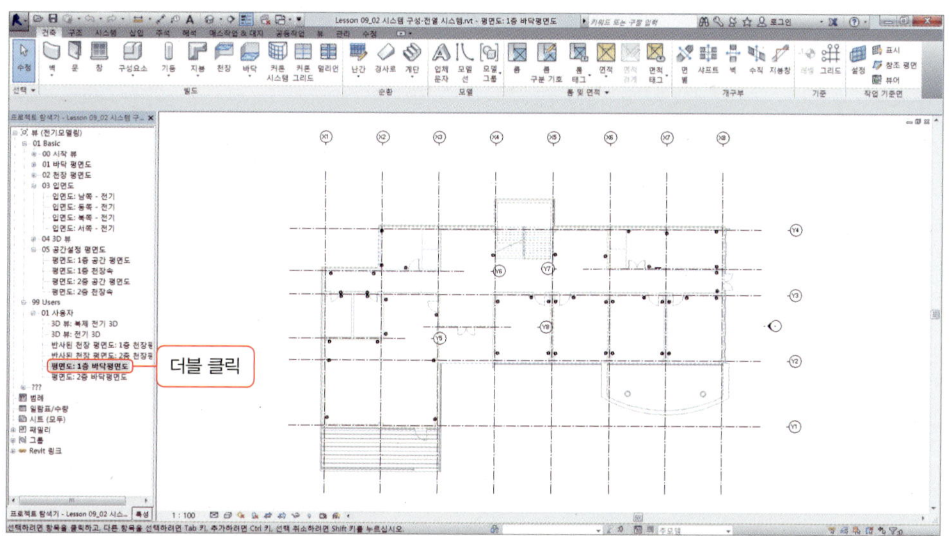

**02** 'X2-3', 'Y3-4' 콘센트 전체를 선택하고 [수정 | 전기 설비] 탭 ➤ [시스템 작성] 패널 ➤ [동력]을 클릭합니다.

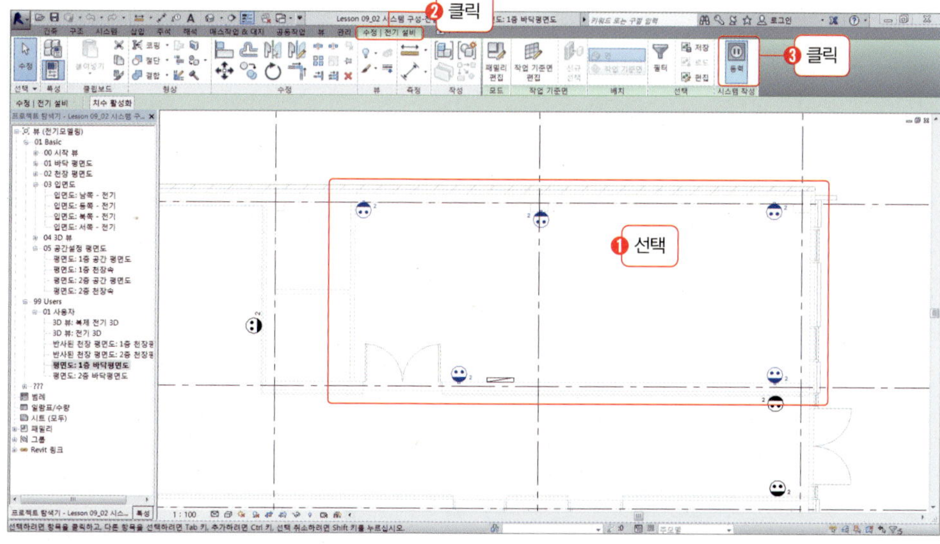

**03** 다음과 같이 회로가 구성되면 [수정 | 전기 회로] 탭 ➤ [시스템 도구] 패널 ➤ [패널 선택]을 클릭합니다.

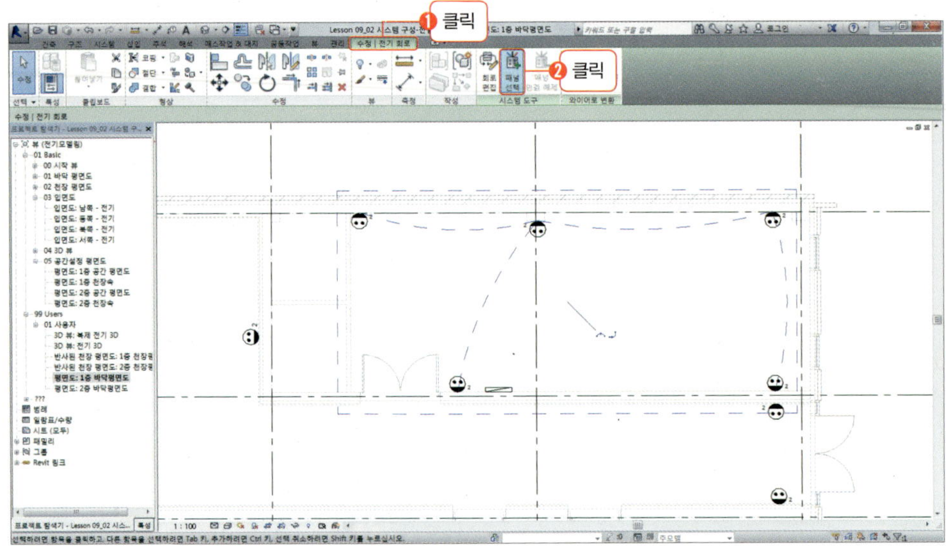

**04** 옵션 막대에서 패널을 'L-1'으로 지정합니다.

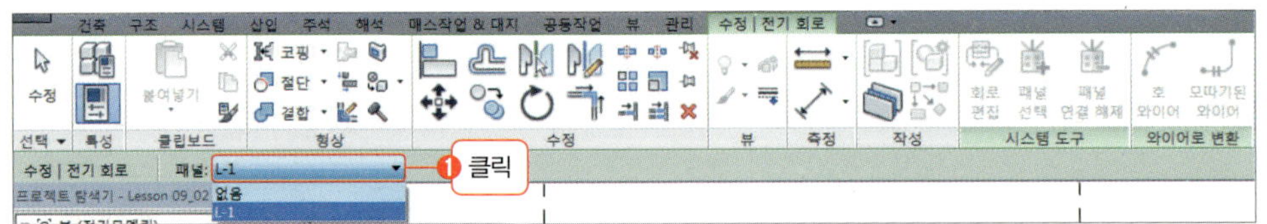

**05** 다음과 같이 귀로 회로가 구성됩니다.

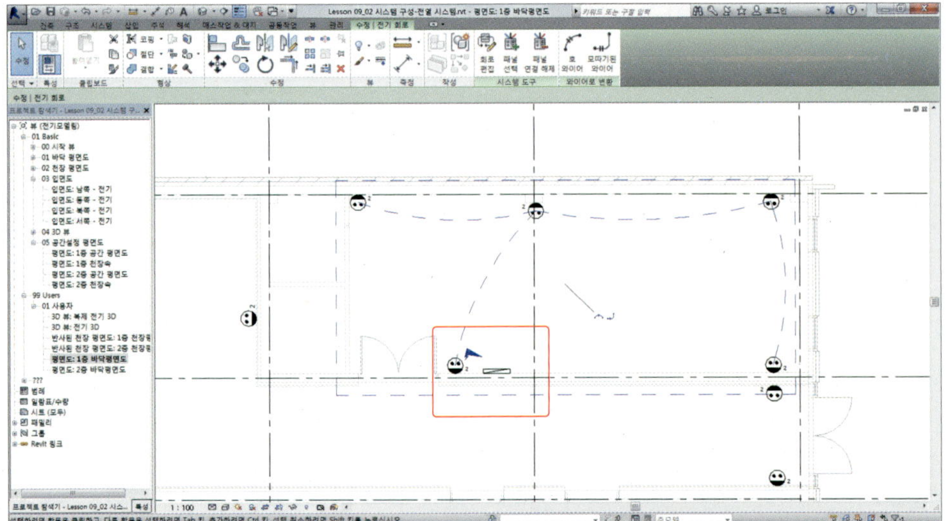

• Revit이 추천하는 전기 시스템 작성

| 프로젝트에서 장치 및 장비를 배치합니다. | 프로젝트에서 전기 장비 및 장치를 배치합니다. |

| 조명 설비 및 스위치를 배치합니다. | 프로젝트에서 조명 설비 및 스위치를 배치합니다. |

| 케이블 트레이를 그립니다. | 장치가 있거나 없는 케이블 트레이를 추가합니다. |

| 전원 및 조명을 작성합니다. | 호환 가능한 장치를 선택하고 전원/조명 회로를 작성합니다. |

| 조명 설비를 스위치에 지정합니다. | 스위치 시스템을 작성하고 조명 설비를 지정합니다. |

| 그룹을 작성하고 프로젝트의 다른 영역에 복사합니다.(선택사항) | 구성요소 그룹을 작성하여 다른 공간 또는 다른 레벨에서 유사한 시스템을 복제할 수 있습니다. |

| 회로를 패널에 연결합니다. | 전원 및 조명 회로를 패널에 연결합니다. |

| 배선(와이어)을 배치하고 추가합니다. | 프로젝트에서 회로 배선(와이어)을 작성할 수 있습니다. |

| 배선(와이어) 라우팅을 조정합니다. | 배선 배치를 미세 조정합니다. |

| 와이어 크기를 검토하고 조정합니다. | 회로에 대한 와이어 크기를 조정합니다. |

| 배선(전선관)을 그립니다. | 장치가 있거나 없는 배선(전선관)을 추가합니다. |

| 배선 및 구성요소에 태그를 지정합니다.(선택사항) | 태그를 추가하여 작성하는 회로의 패널 위치를 식별합니다. |

| 수용률 유형을 지정합니다. | 시스템 부하를 기준으로 프로젝트에 포함된 조명, 동력, HVAC 또는 다른 시스템에 대해 하나 이상의 수용률을 지정할 수 있습니다. |

| 부하 분류를 지정합니다. | 수용률을 지정하고 전기 커넥터에 지정된 해당 부하 분류에 지정할 수 있습니다. |

| 패널 일람표 템플릿을 편집합니다. | 사용자화 가능한 패널 일람표 템플릿을 사용하여 회사 표준을 준수하는 패널 일람표를 작성할 수 있습니다. |

| 패널 일람표를 작성합니다. | 패널 일람표를 시트에 추가하여 프로젝트의 회로에 대한 정보를 고객에게 제공합니다. |

| 시스템을 검사합니다. | 회로 검사 도구를 사용하여 회로에 지정되지 않은 구성요소를 찾습니다. |

# 와이어의 구성

전기기기, 장치 및 조명기구를 배치한 후 전기 시스템(회로)을 작성하기 위해 다음과 같이 회로를 연결합니다. 전기 시스템을 만든 후에는 추가, 제거 또는 수정할 수 있습니다. 또한 배선을 추가할 수 있지만 필요하지 않습니다. 배선은 전기 기기 및 기구의 시스템을 와이어로 연결하기 위해 사용됩니다.

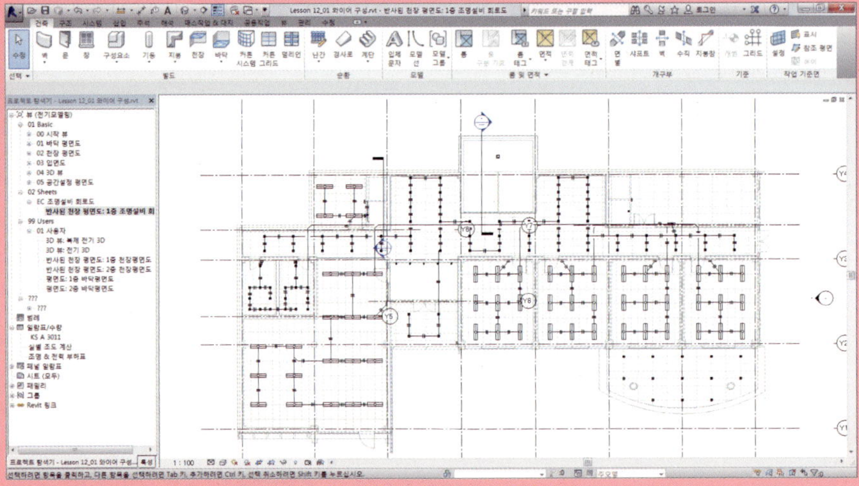

**핵심 Point**

- 조명 와이어의 구성 살펴보기
- 전열 와이어의 구성 살펴보기

**01**　　[열기] ➤ [프로젝트]를 클릭하고 'Chapter 05 \ Lesson 12' 폴더에서 'Lesson12_01 와이어구성.rvt' 파일을 엽니다.

**02**　　프로젝트 탐색기에서 '뷰 (전기모델링)' ➤ '01 Basic' ➤ '02 천장 평면도' ➤ '반사된 천장 평면도: 1층'을 선택하고 마우스 오른쪽 버튼을 클릭한 후 바로 가기 메뉴에서 [뷰 복제] ➤ [복제]를 선택합니다.

**03**　　작성한 천장평면도를 '뷰 (전기모델링)' ➤ '02 Sheets' ➤ 'EC 조명설비 회로도'에 배치되도록 설정하고 뷰 이름을 '1층 조명설비 회로도'로 변경합니다.

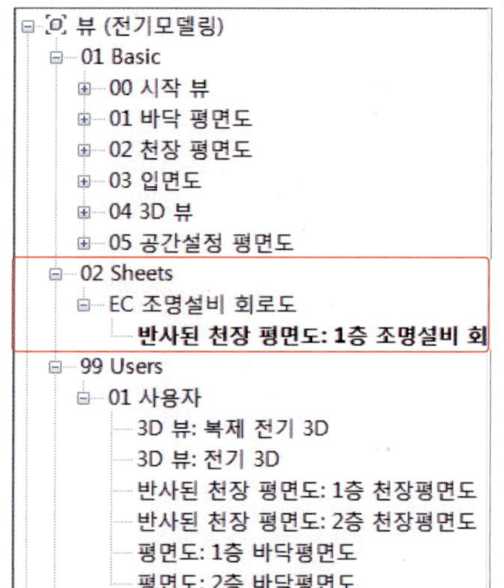



**04**　　[특성] 대화상자에서 '범위' ➤ '뷰 범위'를 선택하여 [뷰 범위] 대화상자를 나타내고 다음과 같이 뷰 범위를 설정합니다.

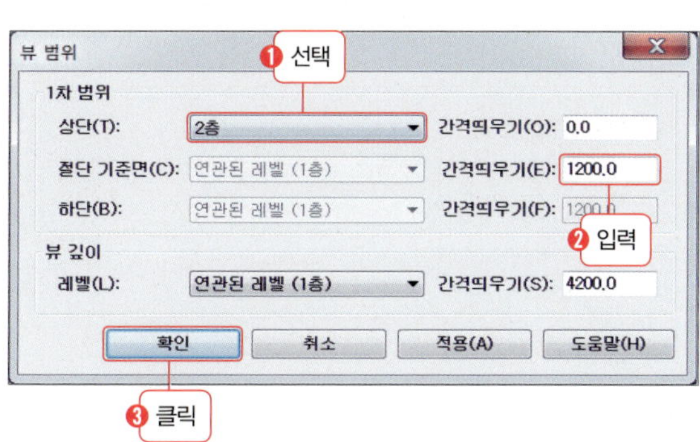

**05** 다음과 같이 뷰를 확대하여 시스템을 함께 선택합니다.

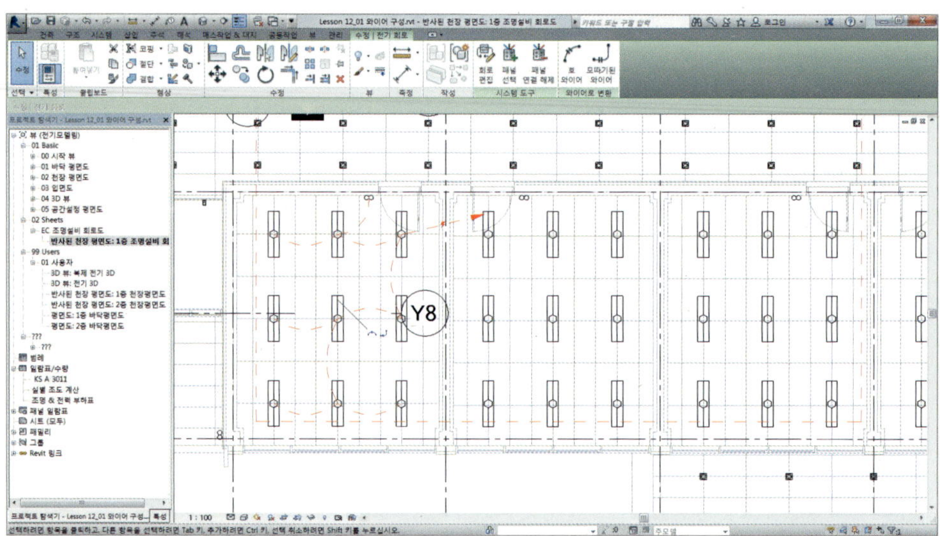



**TIP**

시스템이 구성되어 있는 구성 요소 위에 마우스 포인터를 올려놓은 상태에서 [Tab]을 누르면 구성 요소에 설정된 시스템이 나타나는데, 이때 마우스 왼쪽 버튼을 클릭하여 시스템을 선택합니다.

**06** [수정 | 전기 회로] 탭 ▶ [와이어로 변환] 패널 ▶ [모따기된 와이어]를 선택합니다.

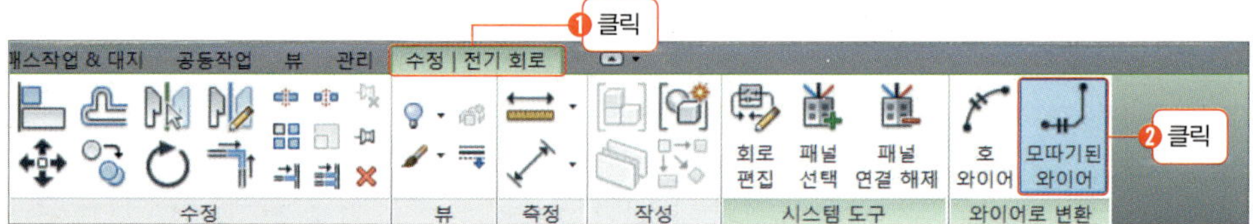



**TIP**

- **호 와이어** : 노출 배선에 적용할 수 있습니다.
- **모따기된 와이어** : 매립된 배선에 적용할 수 있습니다.

**07** 다음과 같이 회로가 구성됩니다.

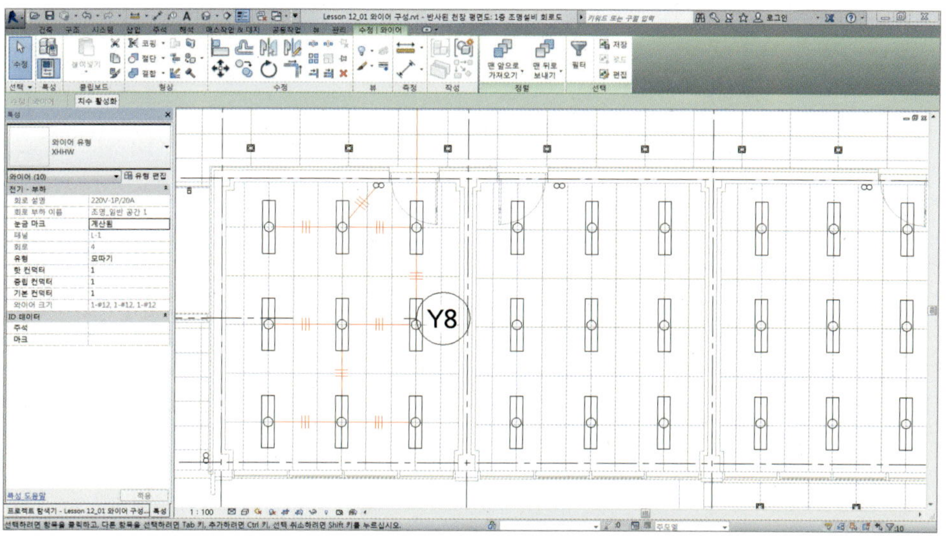

**08** [특성] 대화상자에서 '와이어 유형'을 선택하고 '전기-부하'에서 '핫 컨덕터', '중립 컨덕터', '기본 컨덕터'의 와이어 수량을 확인합니다.

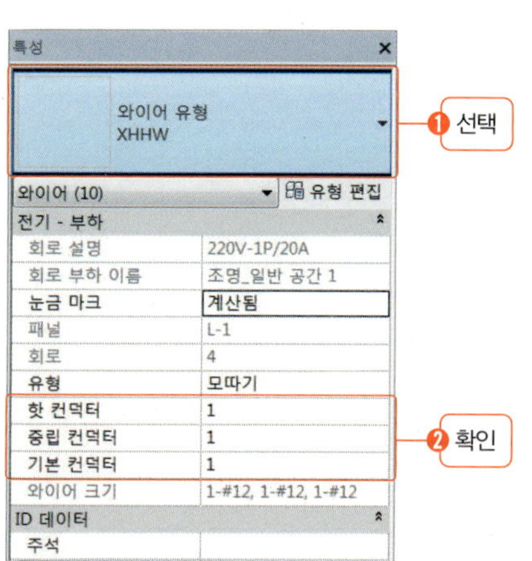



## Note

와이어 수량은 [특성] 대화상자에 직접 입력하거나 도면 영역의 와이어를 선택한 후 +/− 표시를 이용하여 핫 컨덕터의 수량을 쉽게 변경할 수 있습니다.

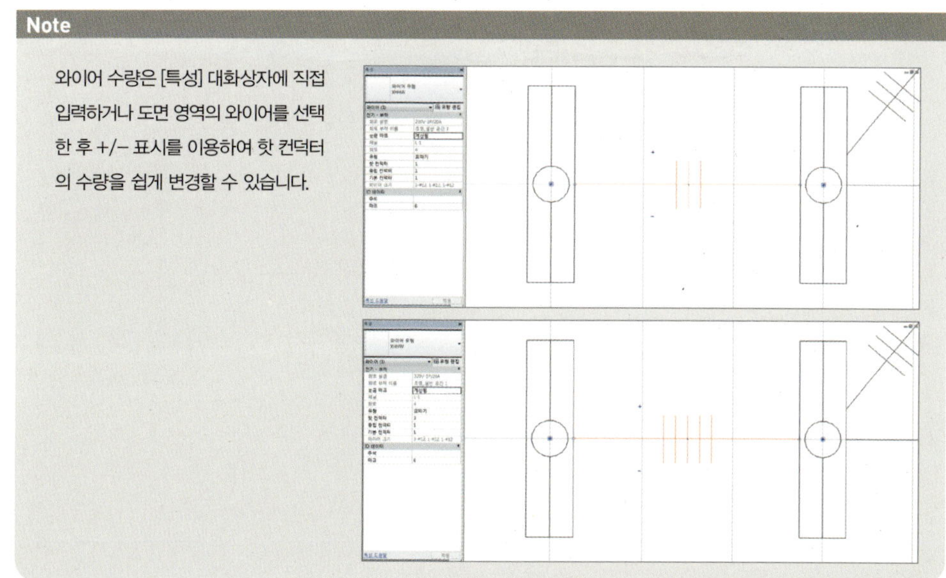

 다음과 같이 와이어를 설정할 수 있습니다.

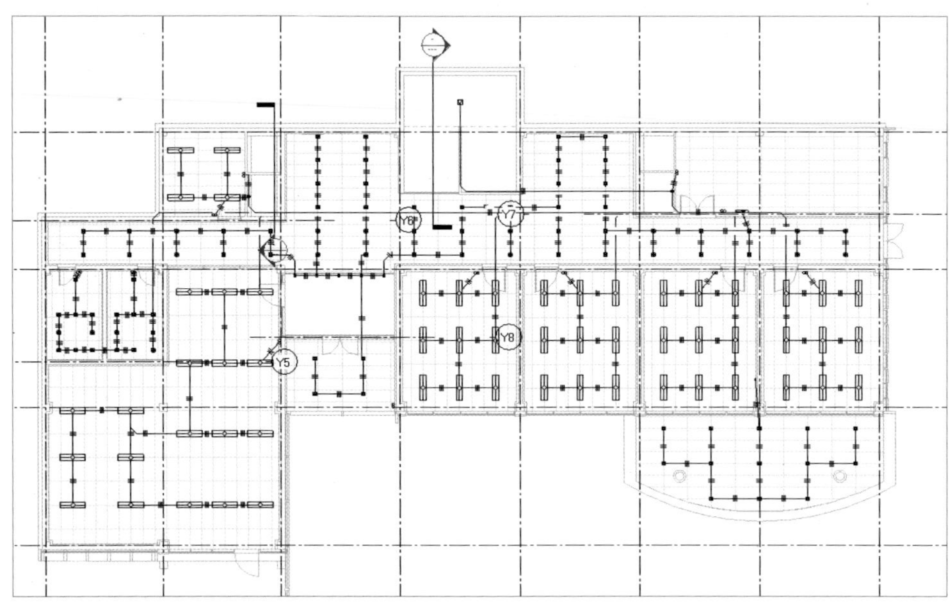

 2층 조명 설비도 와이어를 구성합니다.

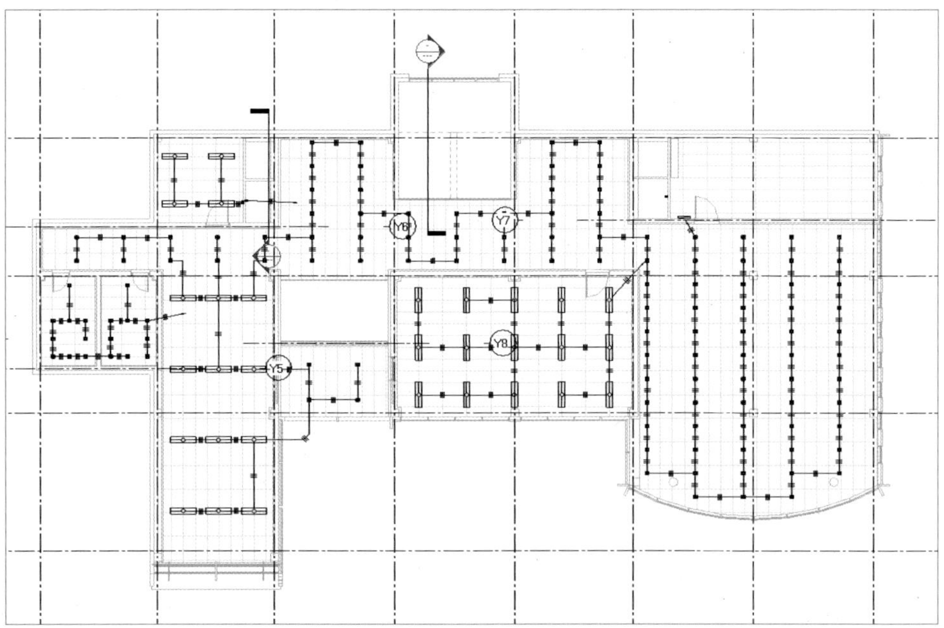

**01** 　프로젝트 탐색기에서 '뷰 (전기모델링)' ➤ '99 Users' ➤ '평면도: 1층 바닥평면도'를 선택하고 마우스 오른쪽 버튼을 클릭한 후 바로 가기 메뉴에서 [뷰 복제] ➤ [복제]를 선택합니다.

**02** 　작성한 천장 평면도를 '뷰 (전기모델링)' ➤ '02 Sheets' ➤ 'ED 전열설비 회로도'에 배치되도록 설정하고 뷰 이름을 변경합니다.

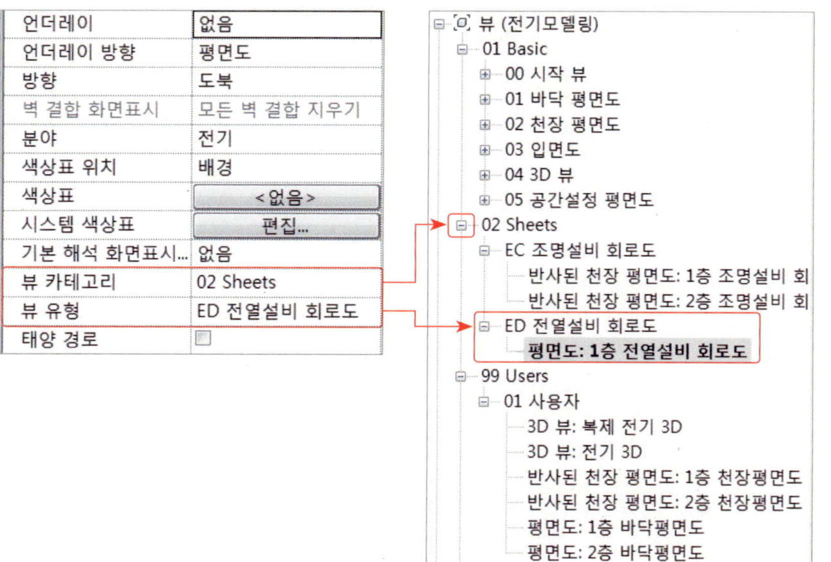

| | |
|---|---|
| 언더레이 | 없음 |
| 언더레이 방향 | 평면도 |
| 방향 | 도북 |
| 벽 결합 화면표시 | 모든 벽 결합 지우기 |
| 분야 | 전기 |
| 색상표 위치 | 배경 |
| 색상표 | < 없음 > |
| 시스템 색상표 | 편집... |
| 기본 해석 화면표시... | 없음 |
| 뷰 카테고리 | 02 Sheets |
| 뷰 유형 | ED 전열설비 회로도 |
| 태양 경로 | ☐ |



**03** 　다음과 같이 뷰를 확대하여 시스템을 함께 선택합니다.

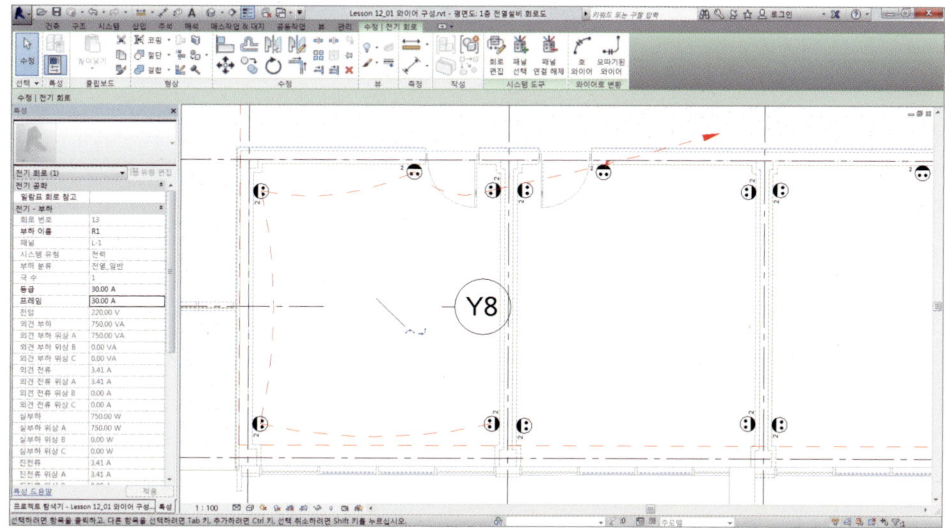

**04** [특성] 대화상자에서 전기 회로에
대한 설정값을 작성합니다

| 부하 이름 | R1 |
|---|---|
| 등급 | 30A |
| 프레임 | 30A |

**Note**

• **AF(Ampere Frame)** : 차단기가 견딜 수 있는 전류 세기
• **AT(Ampere Trip)** : 차단기가 트립(차단)되는 전류 세기

**05** 와이어의 유형을 선택한 후 [수정 | 전기 회로] 탭 ▶ [와이어로 변환] 패널 ▶ [호 와이어]를 선택
합니다.

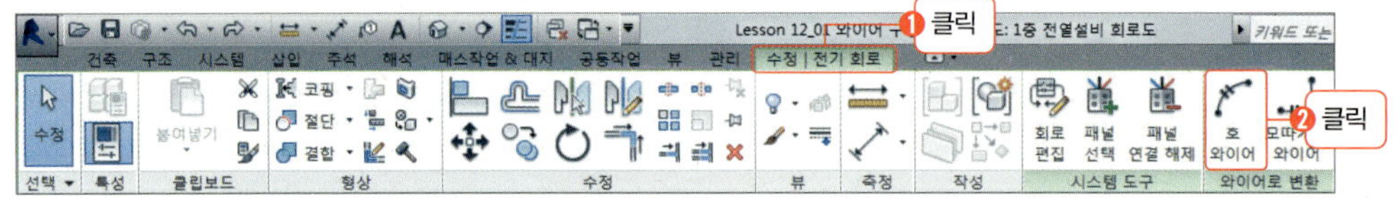


**06** 다음과 같이 1층 전열 설비 회로도를 작성합니다.

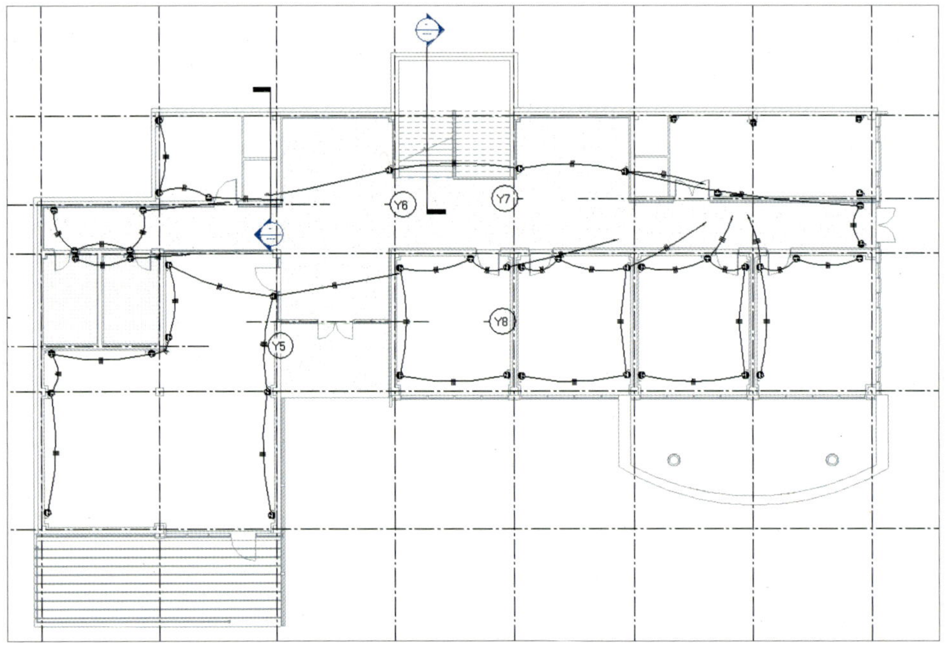

 2층 전열 설비도 와이어를 구성합니다.

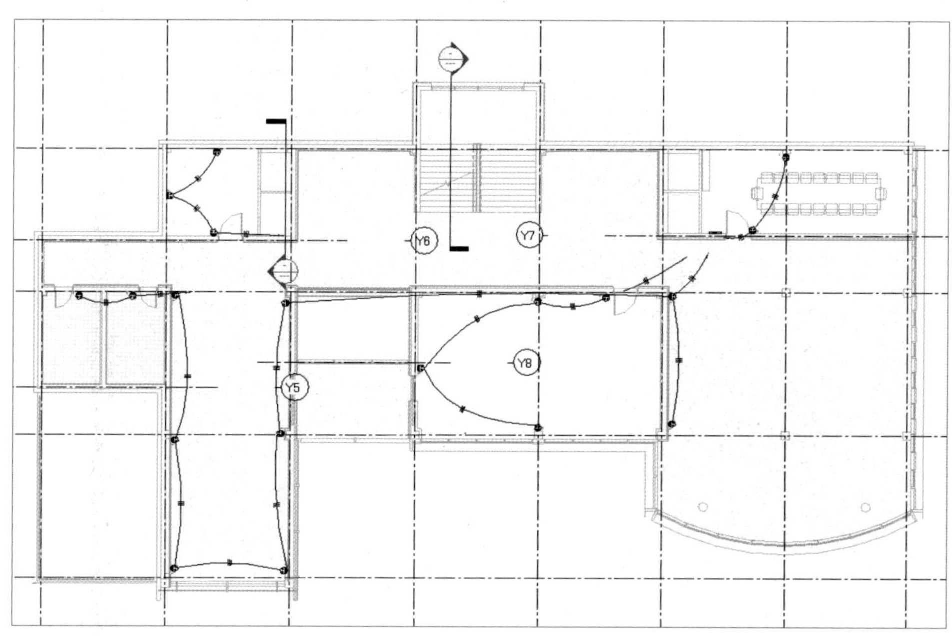

# 케이블 트레이/
# 배선 모델링

케이블 트레이와 배선(전선관 배관)은 전기, 정보 통신, 전기 소방 설비 분야에서 다양하게 사용되며, 전기 시스템의 흐름을 파악할 수 있게 도움을 줍니다.

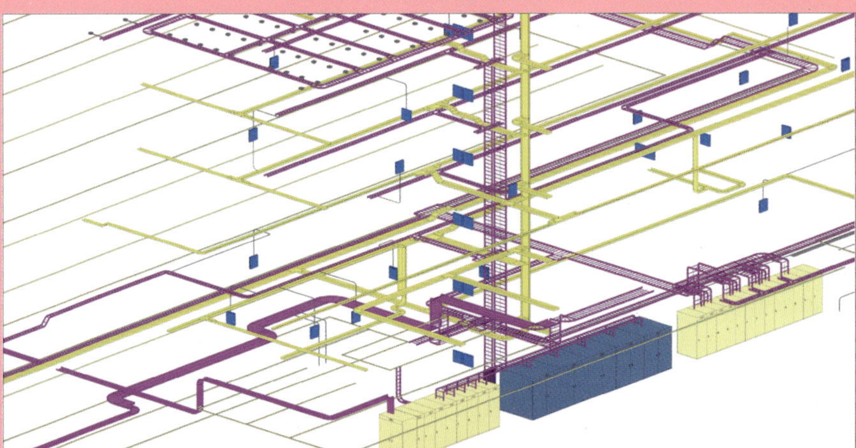

**핵심 Point**

- 케이블 트레이 모델링 살펴보기
- 배선(전선관 배관) 모델링 살펴보기

각 장비에서 장비로, 장비에서 기구로 회로를 연결할 때 필요한 경로를 표현합니다. 노출된 전선 및 케이블이 이동하는 경로를 표현해서 전기 공사할 때 안정적으로 경로를 확보하여 원활하게 시공할 수 있게 합니다. 단 Revit에서는 케이블의 3D 표현을 지원하지 않아 케이블 트레이에 있는 케이블 포설의 표현은 사용하지 않습니다.

---

**01** ▶ [열기] ▶ [프로젝트]를 클릭하고 'Chapter 05 \ Lesson 13' 폴더에서 'Lesson13_01 케이블 트레이 & 배선.rvt' 파일을 엽니다.

**02** 프로젝트 탐색기에서 '뷰 (전기모델링)' ▶ '99 Users' ▶ '반사된 천장 평면도: 1층 천장 평면도'를 선택하고 마우스 오른쪽 버튼을 클릭한 후 바로 가기 메뉴에서 [뷰복제] ▶ [복제]를 선택합니다.

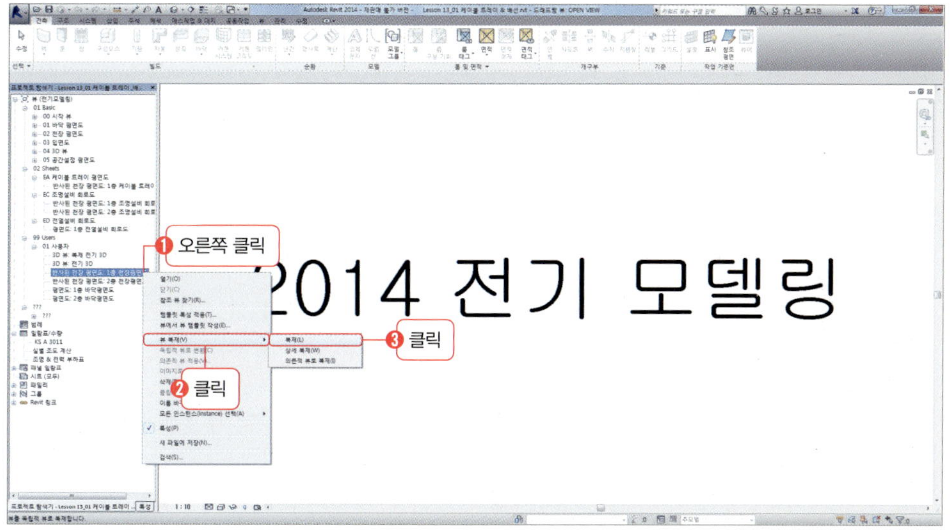


**03** 작성한 천장 평면도를 '뷰 (전기모델링)' ▶ '02 Sheets' ▶ 'EA 케이블 트레이 평면도'에 배치되도록 설정하고 뷰 이름을 '1층 케이블 트레이 평면도'로 변경합니다.

**04** '뷰 (전기모델링)' ▶ '02 Sheets' ▶ 'EA 케이블 트레이 평면도' ▶ '반사된 천장 평면도: 1층 케이블 트레이 평면도'를 더블 클릭합니다.

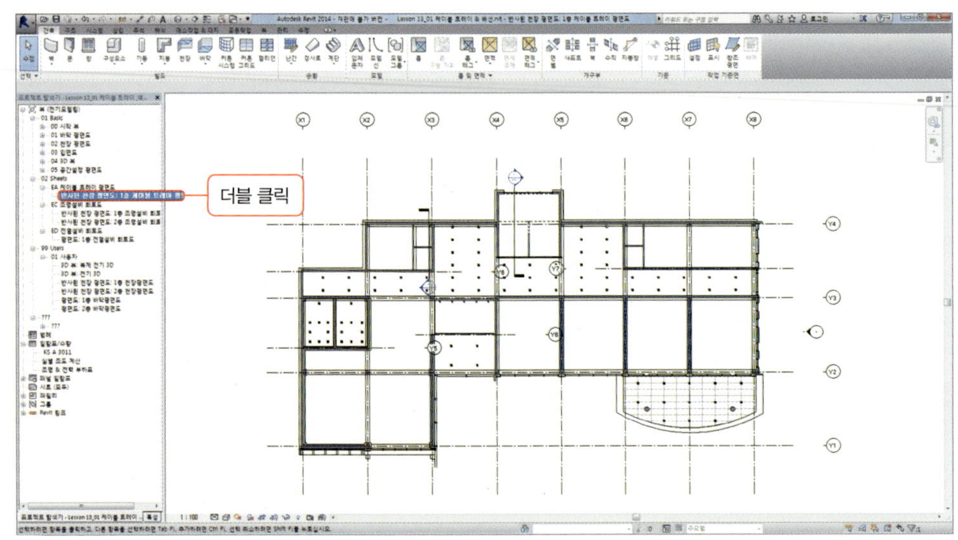

**05** [시스템] 탭 ▶ [전기] 패널 ▶ [케이블 트레이]를 클릭합니다.

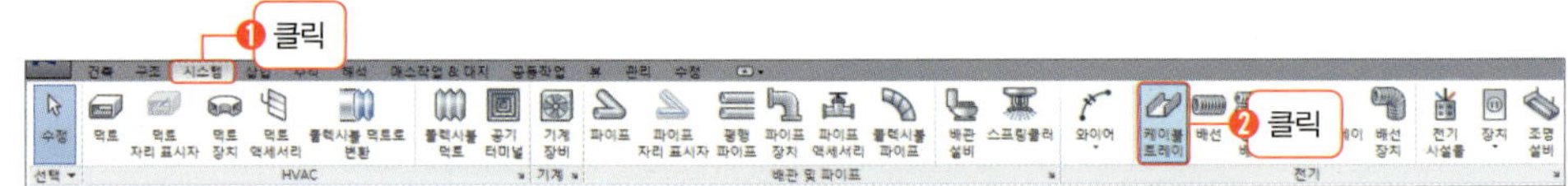

**06** [특성] 대화상자에서 '장치가 있는 케이블 트레이'의 '래더 케이블 트레이'를 선택합니다.

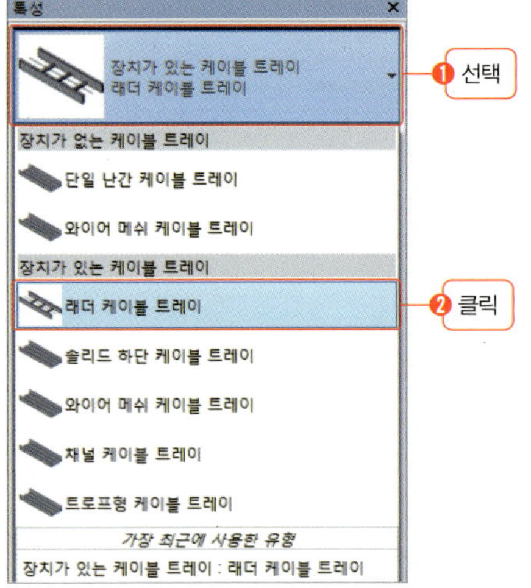

**07** 옵션 막대에서 '폭', '높이', '간격띄우기', '구부림 반지름'을 설정합니다.

01　프로젝트 탐색기에서 '뷰 (전기모델링)' ▶ '99 Users' ▶ '반사된 천장 평면도: 1층 천장 평면도'를 선택하고 마우스 오른쪽 버튼을 클릭한 후 바로 가기 메뉴에서 [뷰복제] ▶ [복제]를 선택합니다.

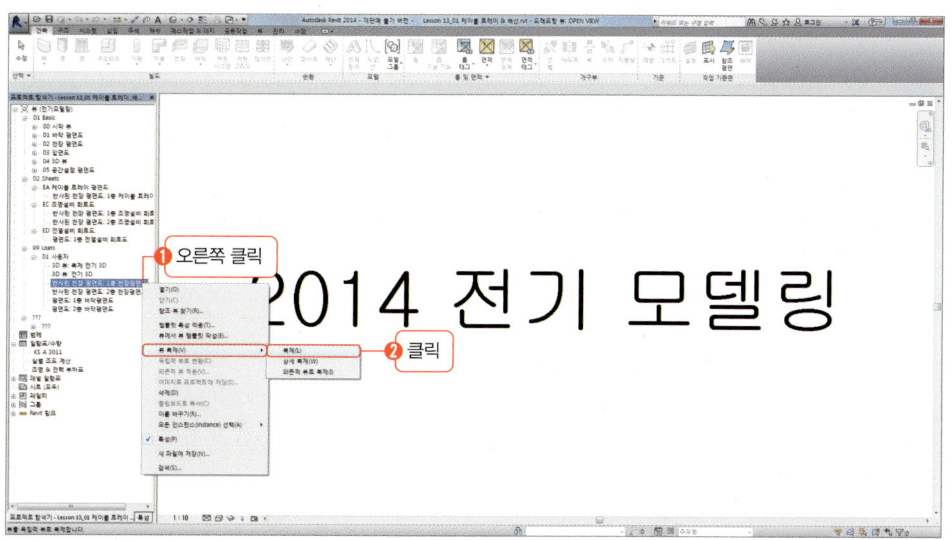

02　작성한 천장평면도를 '뷰 (전기모델링)' ▶ '02 Sheets' ▶ 'EA 배선 평면도'에 배치되도록 설정하고 뷰 이름을 '1층 배선 평면도'로 변경합니다.

03　'뷰 (전기모델링)' ▶ '02 Sheets' ▶ 'EA 배선 평면도' ▶ '반사된 천장 평면도: 1층 배선 평면도'를 더블 클릭합니다.

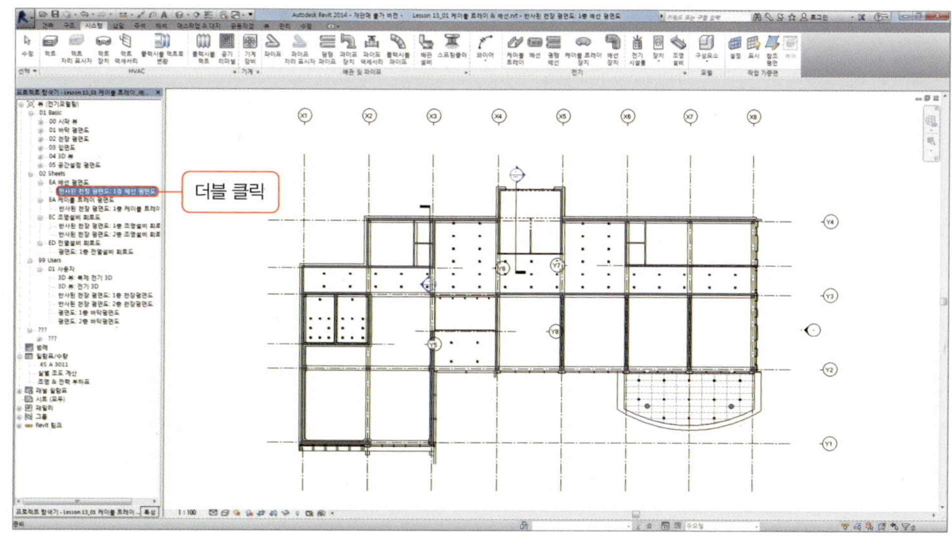

**04** [시스템] 탭 ➤ [전기] 패널 ➤ [배선]을 클릭합니다.

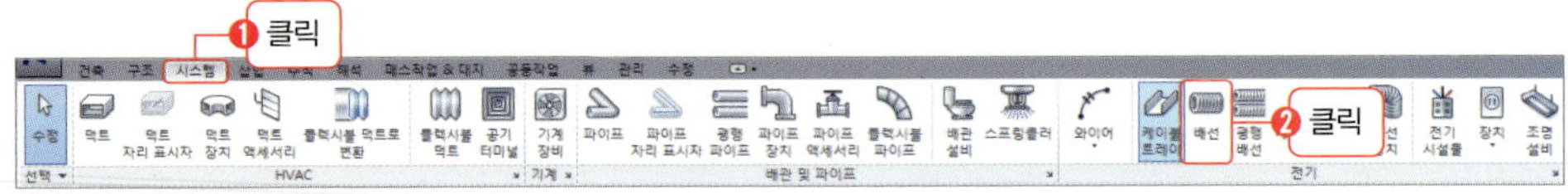


**05** 유형 선택기에서 '장치가 없는 배선' ➤ 'STEEL'을 선택합니다.

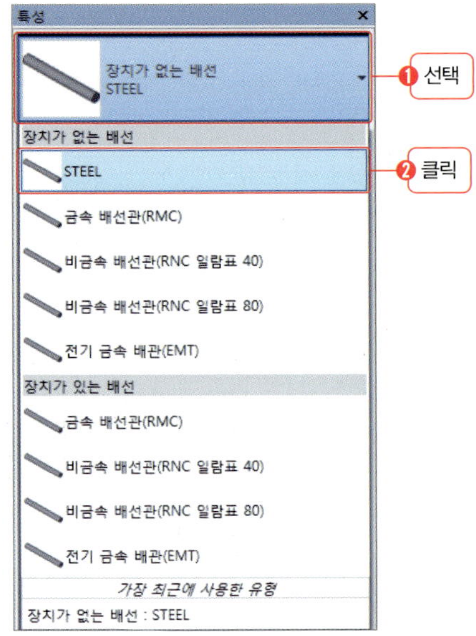


**06** 옵션 막대에서 '지름', '간격띄우기', '구부림 반지름'을 설정합니다.

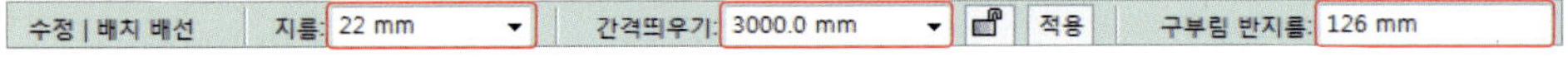

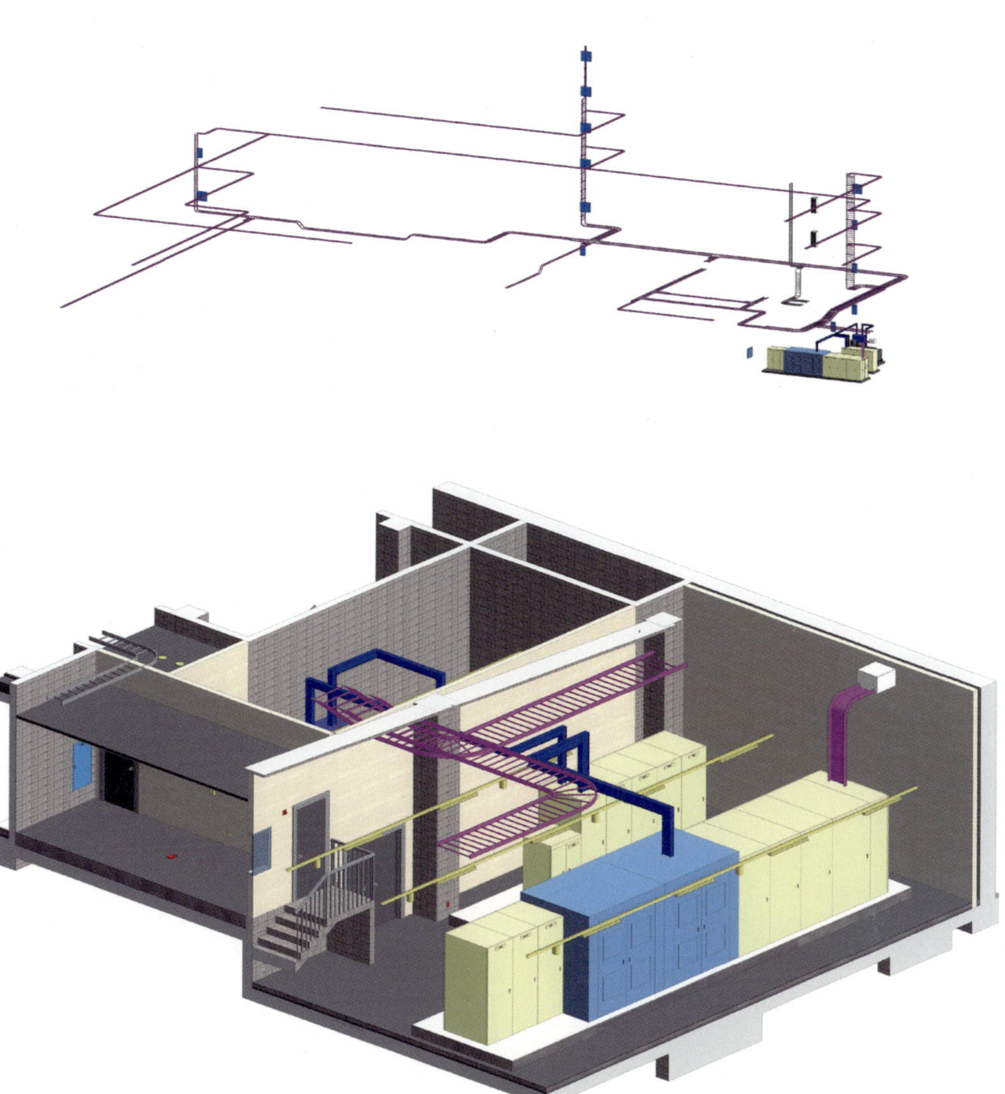

# Chapter 06

# 패널
# 일람표

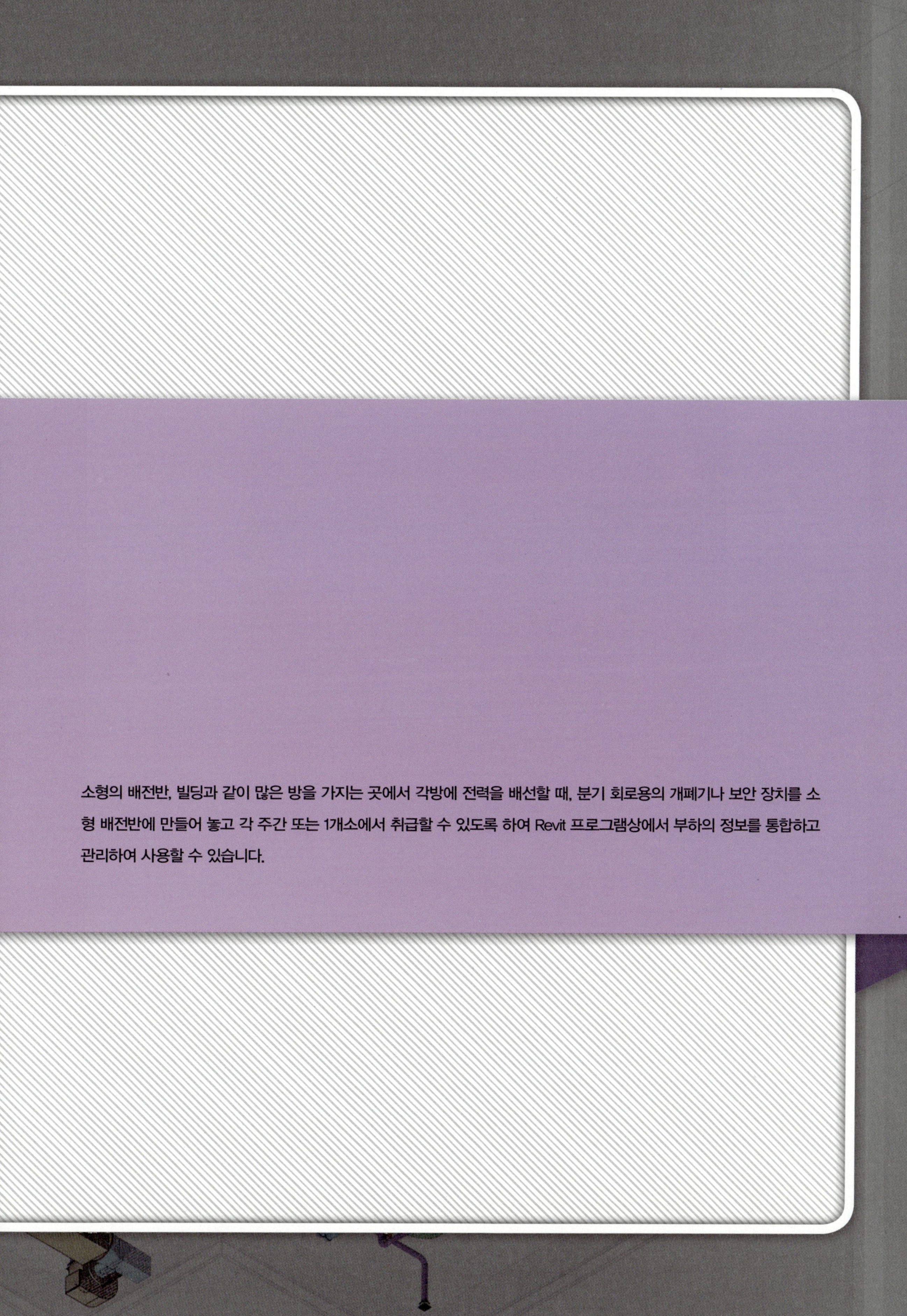

소형의 배전반, 빌딩과 같이 많은 방을 가지는 곳에서 각방에 전력을 배선할 때, 분기 회로용의 개폐기나 보안 장치를 소형 배전반에 만들어 놓고 각 주간 또는 1개소에서 취급할 수 있도록 하여 Revit 프로그램상에서 부하의 정보를 통합하고 관리하여 사용할 수 있습니다.

# 패널 일람표
# 만들기

패널 일람표에는 패널, 회로에 연결된 패널 및 해당 부하에 대한 정보가 표시됩니다. 사용자화 가능한 패널 일람표 템플릿을 사용하여 회사 표준을 준수하는 패널 일람표를 작성할 수 있습니다.

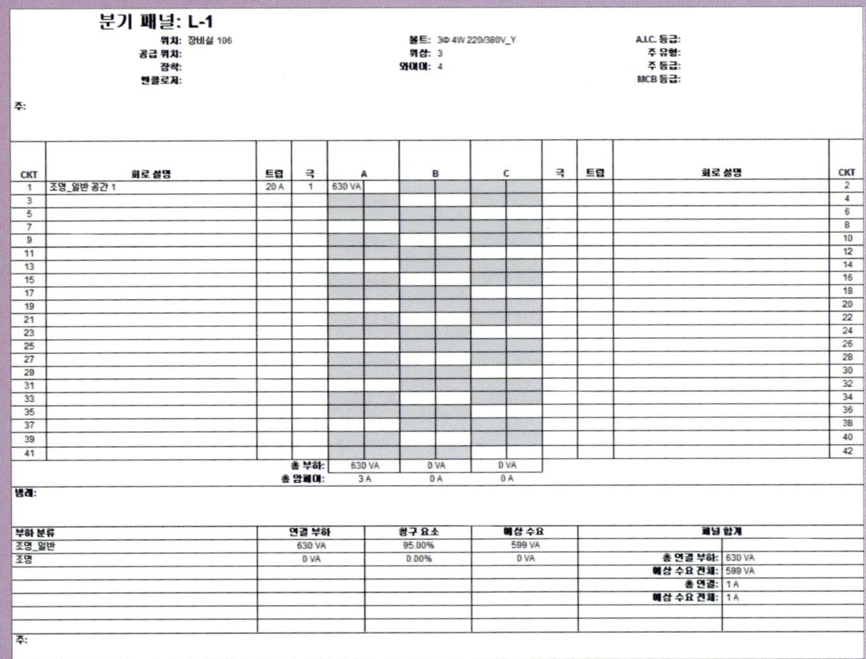

**분기 패널: L-1**

| | | |
|---|---|---|
| 위치: 장비실 106 | 볼트: 3Φ 4W 220/380V_Y | A.I.C. 등급: |
| 공급 위치: | 위상: 3 | 주 유형: |
| 장착: | 와이어: 4 | 주 등급: |
| 핸클로저: | | MCB 등급: |

주:

| CKT | 회로 설명 | 트립 | 극 | A | B | C | 극 | 트립 | 회로 설명 | CKT |
|---|---|---|---|---|---|---|---|---|---|---|
| 1 | 조명_일반 공간 1 | 20 A | 1 | 630 VA | | | | | | 2 |
| 3 | | | | | | | | | | 4 |
| 5 | | | | | | | | | | 6 |
| 7 | | | | | | | | | | 8 |
| 9 | | | | | | | | | | 10 |
| 11 | | | | | | | | | | 12 |
| 13 | | | | | | | | | | 14 |
| 15 | | | | | | | | | | 16 |
| 17 | | | | | | | | | | 18 |
| 19 | | | | | | | | | | 20 |
| 21 | | | | | | | | | | 22 |
| 23 | | | | | | | | | | 24 |
| 25 | | | | | | | | | | 26 |
| 27 | | | | | | | | | | 28 |
| 29 | | | | | | | | | | 30 |
| 31 | | | | | | | | | | 32 |
| 33 | | | | | | | | | | 34 |
| 35 | | | | | | | | | | 36 |
| 37 | | | | | | | | | | 38 |
| 39 | | | | | | | | | | 40 |
| 41 | | | | | | | | | | 42 |
| | 총 부하: | | | 630 VA | 0 VA | 0 VA | | | | |
| | 총 암페어: | | | 3 A | 0 A | 0 A | | | | |

범례:

| 부하 분류 | 연결 부하 | 청구 요소 | 예상 수요 | 패널 합계 | |
|---|---|---|---|---|---|
| 조명_일반 | 630 VA | 95.00% | 599 VA | | |
| 조명 | 0 VA | 0.00% | 0 VA | 총 연결 부하: | 630 VA |
| | | | | 예상 수요 전체: | 599 VA |
| | | | | 총 연결: | 1 A |
| | | | | 예상 수요 전체: | 1 A |
| | | | | | |
| | | | | | |

주:

**핵심 Point**

■ 패널 일람표 작성하기

**01** [관리] 탭 ➤ [설정] 패널 ➤ [패널 일람표 템플릿] ➤ [템플릿 관리]를 선택합니다.

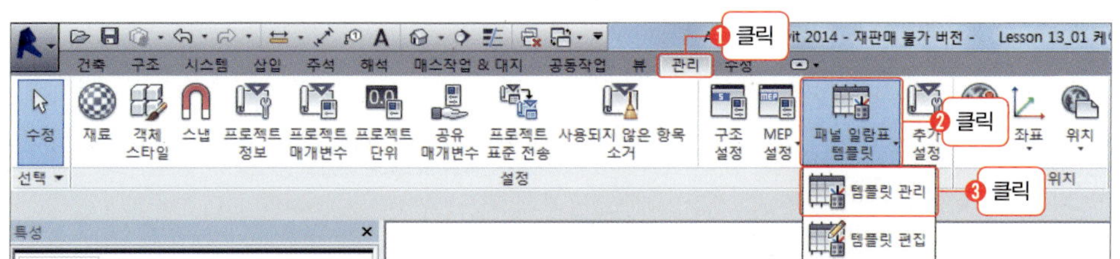

**02** [패널 일람표 템플릿 관리] 대화상자가 나타나면 [편집], [복제], [이름 바꾸기]로 작성합니다.

- ✏ 편집
- ▤ 복제
- ⒜ 이름 바꾸기
- ✖ 삭제

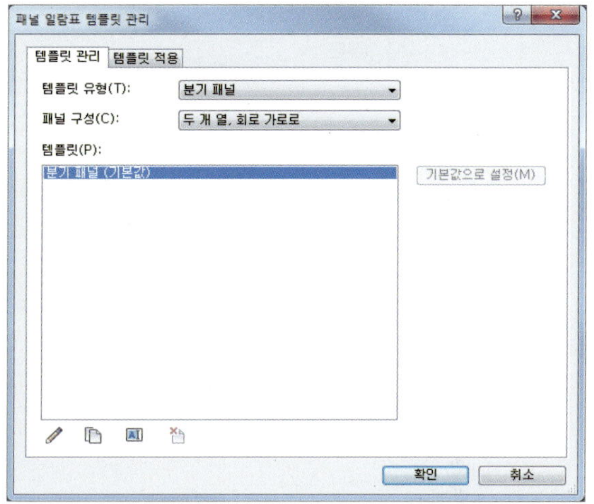

**03** [편집] 아이콘을 클릭하면 다음과 같이 구성됩니다.

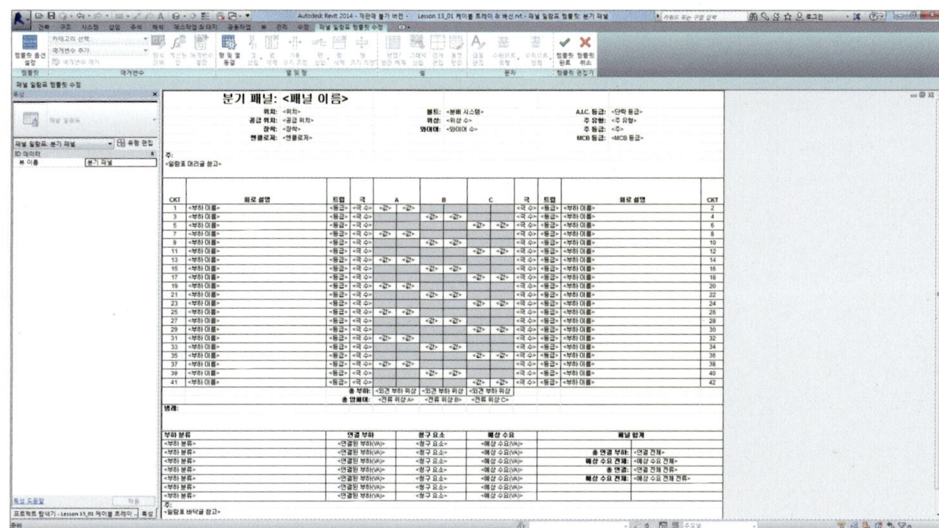



Lesson 14 패널 일람표 만들기

[패널 일람표 템플릿 수정] 탭 ▶ [템플릿] 패널 ▶ [템플릿 옵션 설정]을 클릭합니다.

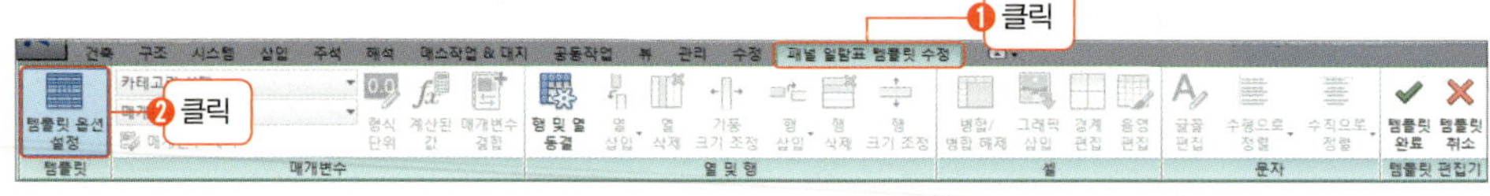




[템플릿 옵션 설정] 대화상자의 일반 설정 화면입니다. 일반 설정 옵션을 통해 폭, 구분, 슬롯 수 등 전체 패널 일람표 모양을 사용자화할 수 있습니다.

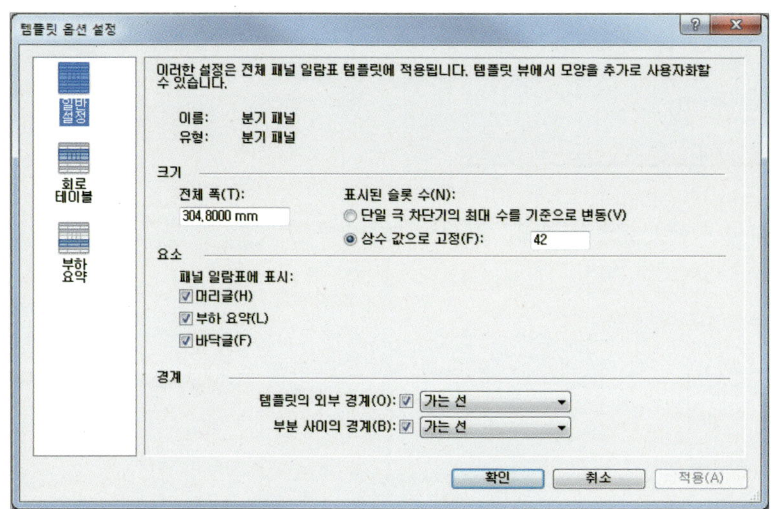

- **전체 폭** : 판넬 일람표 도면 영역의 크기
- **표시된 슬롯 수** : 분전반 내 차단기의 수량을 자동, 고정으로 설정할 수 있습니다.



[템플릿 옵션 설정] 대화상자의 회로 테이블 화면입니다.

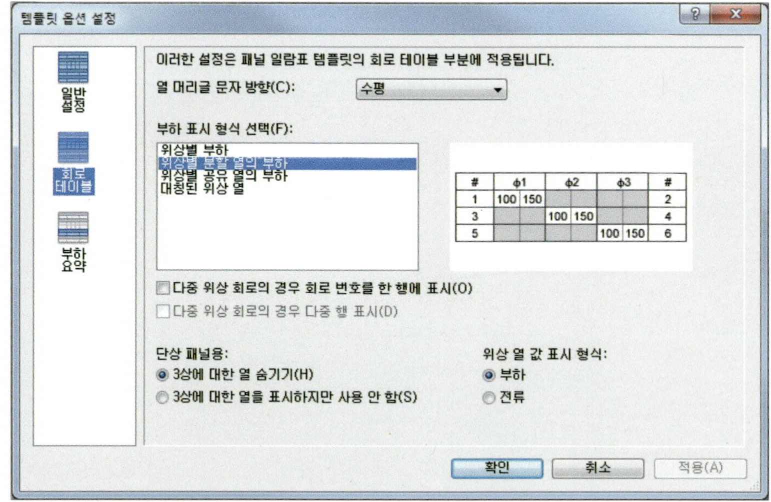

- **부하 표시 형식 선택** : 판넬 일람표의 부하 표시 형태를 지정할 수 있습니다.

| | 기능 | 사용 예 |
| --- | --- | --- |

**위상열 부하**

다중 위상 회로의 경우 다중 행 표시

| # | φ1 | φ2 | φ3 | # |
| --- | --- | --- | --- | --- |
| 1 | 100 | | | |
| | 150 | | | 2 |
| 3 | | 100 | | |
| | | 150 | | 4 |
| 5 | | | 100 | |
| | | | 150 | 6 |

다중 위상 회로의 경우 회로 번호를 한 행에 표시

| # | φ1 | φ2 | φ3 | # |
| --- | --- | --- | --- | --- |
| 1,3,5 | 100 | | | |
| | 150 | | | 2,4,6 |
| | | 100 | | |
| | | 150 | | |
| | | | 100 | |
| | | | 150 | |

**위상별 분할 열의 부하**

다중 위상 회로의 경우 다중 행 표시

| # | φ1 | φ2 | φ3 | # |
| --- | --- | --- | --- | --- |
| 1 | 100 150 | | | 2 |
| 3 | | 100 150 | | 4 |
| 5 | | | 100 150 | 6 |

다중 위상 회로의 경우 회로 번호를 한 행에 표시

| # | φ1 | φ2 | φ3 | # |
| --- | --- | --- | --- | --- |
| 1,3,5 | 100 150 | | | 2,4,6 |
| | | 100 150 | | |
| | | | 100 150 | |

**위상별 공유 열의 부하**

회로의 번호를 여러 행에 표시

| # | φ1 | φ2 | φ3 | # |
| --- | --- | --- | --- | --- |
| 1 | 100/150 | | | 2 |
| 3 | | 100/150 | | 4 |
| 5 | | | 100/150 | 6 |

다중 위상 회로의 경우 회로 번호를 한 행에 표시

| # | φ1 | φ2 | φ3 | # |
| --- | --- | --- | --- | --- |
| 1,3,5 | 100/150 | | | 2,4,6 |
| | | 100/150 | | |
| | | | 100/150 | |

**대칭된 위상 열**

다중 위상 회로의 경우 다중 행 표시

| # | φ1 | φ2 | φ3 | φ1 | φ2 | φ3 | # |
| --- | --- | --- | --- | --- | --- | --- | --- |
| 1 | 100 | | | 150 | | | 2 |
| 3 | | 100 | | | 150 | | 4 |
| 5 | | | 100 | | | 150 | 6 |

다중 위상 회로의 경우 회로 번호를 한 행에 표시

| # | φ1 | φ2 | φ3 | φ1 | φ2 | φ3 | # |
| --- | --- | --- | --- | --- | --- | --- | --- |
| 1,3,5 | 100 | | | 150 | | | 2,4,6 |
| | | 100 | | | 150 | | |
| | | | 100 | | | 150 | |

**07** [템플릿 옵션 설정] 대화상자의 부하 요약 화면입니다. 패널 일람표 표시에 대해 연결된 부하만 표시할지, 부하의 상수 세트를 표시할지를 지정할 수 있습니다.

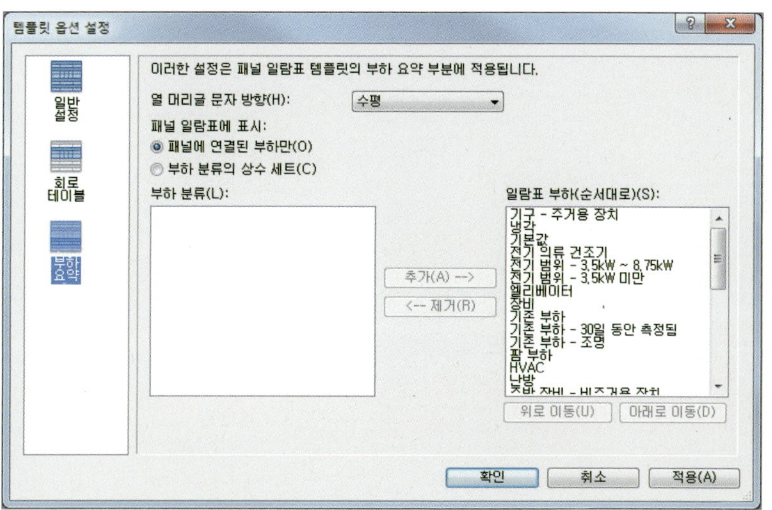

**08** [패널 일람표 템플릿 수정] 탭 ▶ [매개변수] 패널을 이용하여 패널 일람표의 매개변수를 지정할 수 있습니다.

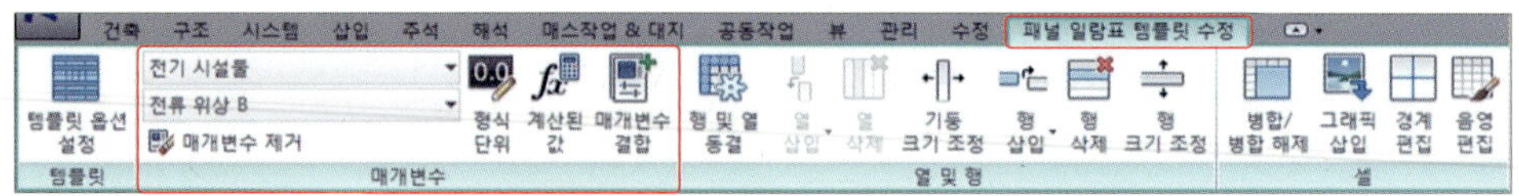

**09** [패널 일람표 템플릿 수정] 탭 ▶ [열 및 행] 패널을 이용하여 패널 일람표의 형식을 지정할 수 있습니다.

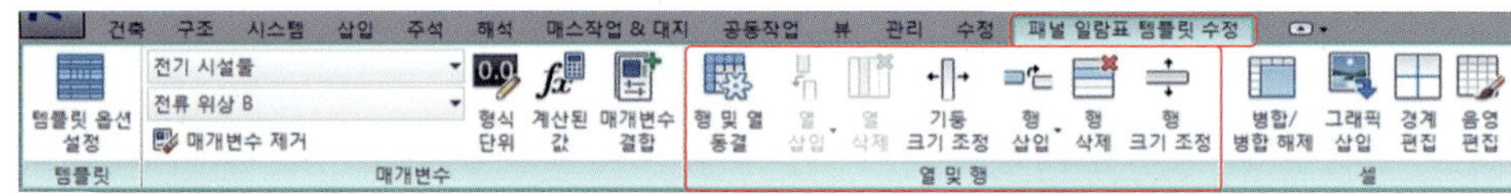

**10** [패널 일람표 템플릿 수정] 탭 ▶ [셀] 패널을 이용하여 패널 일람표의 형식을 지정할 수 있습니다.

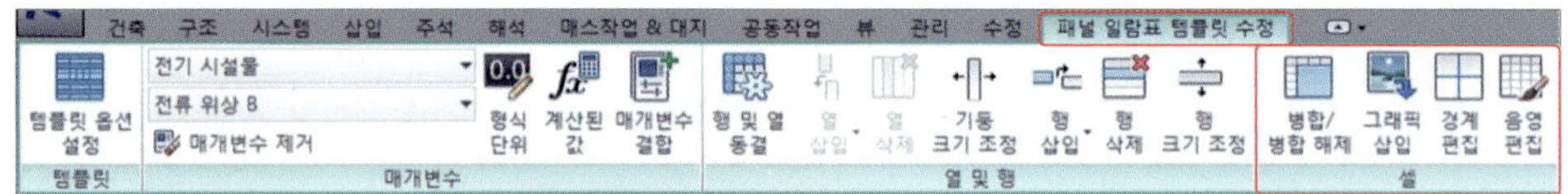

## 분기 패널에 대해 세 가지 다른 패널 구성

### 분기 패널: L-1

| | | |
|---|---|---|
| 위치: 장비실 106 | 볼트: 3Φ 4W 220/380V_Y | A.I.C. 등급: |
| 공급 위치: | 위상: 3 | 주 유형: |
| 장착: | 와이어: 4 | 주 등급: |
| 엔클로저: | | MCB 등급: |

주:

| CKT | 회로 설명 | 트립 | 극 | A | | B | | C | | 극 | 트립 | 회로 설명 | CKT |
|---|---|---|---|---|---|---|---|---|---|---|---|---|---|
| 1 | 조명_일반 공간 1 | 20 A | 1 | 630 VA | 1796 … | | | | | 1 | 20 A | 조명_일반 공간 8 | 2 |
| 3 | 조명_일반 공간 2 | 20 A | 1 | | | 630 VA | 630 VA | | | 1 | 20 A | 조명_일반 공간 3 | 4 |
| 5 | 조명_일반 공간 4 | 20 A | 1 | | | | | 630 VA | 1260 … | 1 | 20 A | 공간 16 | 6 |
| 7 | 룸 15, 14 | 20 A | 1 | 450 VA | 25 VA | | | | | 1 | 20 A | 조명_일반 계단실 9 | 8 |
| 9 | 전열_일반 공간 16 | 20 A | 1 | | | 1350 … | 750 VA | | | 1 | 30 A | 전열_일반 상가1 102 | 10 |
| 11 | 전열_일반 상가2 103 | 20 A | 1 | | | | | 750 VA | 750 VA | 1 | 20 A | 전열_일반 상가3 104 | 12 |
| 13 | 전열_일반 상가4 105 | 20 A | 1 | 600 VA | 750 VA | | | | | 1 | 20 A | 전열_일반 공간7 | 14 |
| 15 | 전열_일반 홀 101 | 20 A | 1 | | | 1350 … | 450 VA | | | 1 | 20 A | 전열_일반 관리실 107 | 16 |
| 17 | | | | | | | | | | | | | 18 |
| 19 | | | | | | | | | | | | | 20 |
| 21 | | | | | | | | | | | | | 22 |
| 23 | | | | | | | | | | | | | 24 |
| 25 | | | | | | | | | | | | | 26 |
| 27 | | | | | | | | | | | | | 28 |
| 29 | | | | | | | | | | | | | 30 |
| 31 | | | | | | | | | | | | | 32 |
| 33 | | | | | | | | | | | | | 34 |
| 35 | | | | | | | | | | | | | 36 |
| 37 | | | | | | | | | | | | | 38 |
| 39 | | | | | | | | | | | | | 40 |
| 41 | | | | | | | | | | | | | 42 |
| | 총 부하: | | | 4251 VA | | 5160 VA | | 3390 VA | | | | | |
| | 총 암페어: | | | 20 A | | 24 A | | 15 A | | | | | |

두개열, 회로 가로로

### 분기 패널: L-1

| | | |
|---|---|---|
| 위치: 장비실 106 | 볼트: 3Φ 4W 220/380V_Y | A.I.C. 등급: |
| 공급 위치: | 위상: 3 | 주 유형: |
| 장착: | 와이어: 4 | 주 등급: |
| 엔클로저: | | MCB 등급: |

주:

| CKT | 회로 설명 | 트립 | 극 | A | B | C | 극 | 트립 | 회로 설명 | CKT |
|---|---|---|---|---|---|---|---|---|---|---|
| 1 | 조명_일반 공간 1 | 20 A | 1 | 630 VA | | | | | | 22 |
| 2 | 조명_일반 공간 2 | 20 A | 1 | | 630 VA | | | | | 23 |
| 3 | 조명_일반 공간 3 | 20 A | 1 | | | 630 VA | | | | 24 |
| 4 | 조명_일반 공간 4 | 20 A | 1 | 630 VA | | | | | | 25 |
| 5 | 공간 16 | 20 A | 1 | | 1260 … | | | | | 26 |
| 6 | 룸 15, 14 | 20 A | 1 | | | 450 VA | | | | 27 |
| 7 | 조명_일반 공간 8 | 20 A | 1 | 1796 … | | | | | | 28 |
| 8 | 룸 6, 11 | 20 A | 1 | | 339 VA | | | | | 29 |
| 9 | 전열_일반 상가1 102 | 30 A | 1 | | | 750 VA | | | | 30 |
| 10 | 전열_일반 상가2 103 | 20 A | 1 | 750 VA | | | | | | 31 |
| 11 | 전열_일반 상가3 104 | 20 A | 1 | | 750 VA | | | | | 32 |
| 12 | 전열_일반 상가4 105 | 20 A | 1 | | | 600 VA | | | | 33 |
| 13 | 전열_일반 공간7 | 20 A | 1 | 750 VA | | | | | | 34 |
| 14 | 전열_일반 홀 101 | 20 A | 1 | | 1350 … | | | | | 35 |
| 15 | 전열_일반 관리실 107 | 20 A | 1 | | | 450 VA | | | | 36 |
| 16 | 전열_일반 공간 16 | 20 A | 1 | 1350 … | | | | | | 37 |
| 17 | | | | | | | | | | 38 |
| 18 | | | | | | | | | | 39 |
| 19 | | | | | | | | | | 40 |
| 20 | | | | | | | | | | 41 |
| 21 | | | | | | | | | | 42 |
| | 총 부하: | | | 5906 VA | 4329 VA | 2880 VA | | | | |
| | 총 암페어: | | | 28 A | 21 A | 13 A | | | | |

두개열, 회로 아래로

### 분기 패널: L-1

| | | |
|---|---|---|
| 위치: 장비실 106 | 볼트: 3Φ 4W 220/380V_Y | A.I.C. 등급: |
| 공급 위치: | 위상: 3 | 주 유형: |
| 장착: | 와이어: 4 | 주 등급: |
| 엔클로저: | | MCB 등급: |

주:

| CKT | 회로 설명 | 트립 | 극 | A | B | C |
|---|---|---|---|---|---|---|
| 1 | 조명_일반 공간 1 | 20 A | 1 | 630 VA | | |
| 2 | 조명_일반 공간 2 | 20 A | 1 | | 630 VA | |
| 3 | 조명_일반 공간 3 | 20 A | 1 | | | 630 VA |
| 4 | 조명_일반 공간 4 | 20 A | 1 | 630 VA | | |
| 5 | 조명_일반 공간 8 | 20 A | 1 | | 1796 VA | |
| 6 | 공간 16 | 20 A | 1 | | | 1260 VA |
| 7 | 룸 15, 14 | 20 A | 1 | 450 VA | | |
| 8 | 룸 6, 11 | 20 A | 1 | | 339 VA | |
| 9 | 전열_일반 상가1 102 | 30 A | 1 | | | 750 VA |
| 10 | 전열_일반 상가2 103 | 20 A | 1 | 750 VA | | |
| 11 | 전열_일반 상가3 104 | 20 A | 1 | | 750 VA | |
| 12 | 전열_일반 상가4 105 | 20 A | 1 | | | 600 VA |
| 13 | 전열_일반 공간7 | 20 A | 1 | 750 VA | | |
| 14 | 전열_일반 관리실 107 | 20 A | 1 | | 450 VA | |
| 15 | 전열_일반 공간 16 | 20 A | 1 | | | 1350 VA |
| 16 | 전열_일반 홀 101 | 20 A | 1 | 1350 VA | | |
| 17 | | | | | | |
| 18 | | | | | | |
| 19 | | | | | | |
| 20 | | | | | | |
| 21 | | | | | | |
| | 총 부하: | | | 4560 VA | 3965 VA | 4590 VA |
| | 총 암페어: | | | 21 A | 18 A | 21 A |

한개열

# 패널 일람표 특성 및 적용

패널 일람표를 생성하기 전에 부하 분류, 수용률 및 패널 일람표 템플릿을 설정해야 합니다. 이런 항목은 기본 전기 프로젝트의 일부여야 합니다.

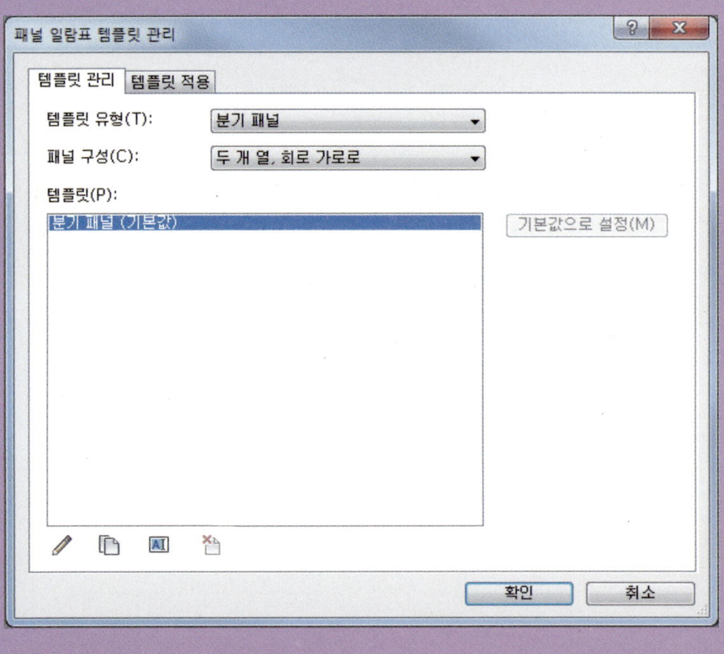



**핵심 Point**

- 패널 일람표의 종류
- 패널 일람표 적용방법 이해

# 패널 일람표 템플릿의 종류

Revit에서는 분기 패널, 데이터 패널, 스위치 보드 등 세 가지 기본 유형의 패널 템플릿을 제공합니다.

● **분기 패널**  현재 작업하고 이 유형의 템플릿은 배전반 장치에서만 사용할 수 있습니다. 전원 시스템 유형에 지정된 장치는 분기 패널 템플릿에 연결됩니다. 분기 패널에 대해 다음과 같이 세 가지 다른 패널 구성을 지정할 수 있습니다. 분기 패널 템플릿 유형에는 다음 테이블에 표시된 대로 여러 패널 구성을 사용할 수 있는 세 가지 다른 기본 템플릿이 포함되어 있습니다.

| 분기 패널 구성 | 템플릿 이름 | 기본값 |
| --- | --- | --- |
| 두 개 열, 회로 가로로 | 분기 패널 | 영국식(미국에서 사용) |
| 두 개 열, 회로 아래로 | 분기 패널 2 | 영국식 |
| 한 개 열 | 분기 패널 1 | 미터법 |

**Branch Panel: PP4**

Location: Office 100  Supply From: SB-1  Mounting: Recessed  Enclosure: Type 1

Volts: 480/277 Wye  Phases: 3  Wires: 4

A.I.C. Rating:  Mains Type:  Mains Rating: 100 A  MCB Rating:

| CKT | Circuit Description | Trip | Poles | A | | B | | C | | Poles | Trip | Circuit Description | CKT |
| --- | --- | --- | --- | --- | --- | --- | --- | --- | --- | --- | --- | --- | --- |
| 1 | Power Office 100 | 20 A | 3 | 120 VA | 120 VA | | | | | 3 | 20 A | Power Office 100 | 2 |
| 3 | -- | -- | -- | | | 120 VA | 120 VA | | | -- | -- | -- | 4 |
| 5 | -- | -- | -- | | | | | 120 VA | 120 VA | -- | -- | -- | 6 |
| 7 | Power Office 100 | 20 A | 3 | 120 VA | 90 VA | | | | | 2 | 20 A | Starter1 | 8 |
| 9 | -- | -- | -- | | | 120 VA | 90 VA | | | -- | -- | -- | 10 |
| 11 | -- | -- | -- | | | | | 120 VA | 90 VA | 2 | 20 A | Starter2 | 12 |
| 13 | Power Office 102 | 20 A | 3 | 360 VA | 90 VA | | | | | -- | -- | -- | 14 |
| 15 | -- | -- | -- | | | 360 VA | 360 VA | | | 1 | 20 A | Lighting Office 102 | 16 |
| 17 | -- | -- | -- | | | | | 360 VA | 300 VA | 1 | 20 A | Lighting Office 102 | 18 |
| 19 | Lighting Office 104 | 20 A | 1 | 360 VA | 360 VA | | | | | 1 | 20 A | Lighting Office 104 | 20 |
| | Total Load: | | | 1620 VA | | 1170 VA | | 1110 VA | | | | | |
| | Total Amps: | | | 2 A | | 1 A | | 1 A | | | | | |

● **데이터 패널**  이 유형의 템플릿은 데이터 패널 장치에서만 사용할 수 있습니다. 데이터 패널의 주요 용도는 회로 및 데이터 유출구를 식별하여 전화번호와 연관시키는 것입니다. 데이터 패널은 전원 장치를 제외한 모든 장치에 연결할 수 있습니다. 데이터 패널에 연결되는 일반 장치로는 전화기, 화재 경보 및 보안 장치가 있습니다. 데이터 패널에는 단일 회로 열이 표시됩니다.

**데이터 패널:**

위치:  Office 100

| CKT | 회로 설명 |
| --- | --- |
| 1 | Data Office 100 |
| 2 | Data Office 100 |
| 3 | Data Office 102 |
| 4 | Data Office 102 |
| 5 | Data Office 104 |
| 6 | Data Office 104 |
| 7 | Telephone Office 100 |
| 8 | Telephone Office 100 |
| 9 | Telephone Office 102 |
| 10 | Telephone Office 102 |
| 11 | Telephone Office 104 |
| 12 | Telephone Office 104 |
| 13 | Communication Office 100 |

[하나의 회로 열이 있는 데이터 패널 일람표]

● **스위치 보드** 이 유형의 템플릿은 스위치 보드에서 사용할 수 있습니다. 스위치 보드 일람표에는 스위치 보드 및 연결된 배전반 또는 다른 장치에 대한 정보가 표시됩니다.

**Switchboard: SB-1**

| | | |
|---|---|---|
| Location: Office 100 | Volts: 480/277 Wye | A.I.C. Rating: |
| Supply From: | Phases: 3 | Mains Type: |
| Mounting: | Wires: 4 | Mains Rating: |
| Enclosure: | | MCB Rating: |

| CKT | Circuit Description | # of Poles | Frame Size | Trip Rating | Load |
|---|---|---|---|---|---|
| 1 | PP4 | 3 | 400 A | 20 A | 3900 VA |
| 2 | | | | | |
| 3 | | | | | |
| 4 | 10 kVA | 3 | 400 A | 20 A | 1500 VA |
| 5 | | | | | |
| 6 | | | | | |
| 7 | 10 kVA | 3 | 400 A | 20 A | 1500 VA |
| 8 | | | | | |
| 9 | | | | | |
| 10 | 10 kVA | 3 | 400 A | 20 A | 1500 VA |
| | | | | Total Conn. Load: | 8400 VA |
| | | | | Total Amps: | 8400 VA |

[하나의 회로 열이 있는 스위치 보드 패널 일람표]

**01**　설치된 전기 시설물을 선택합니다.

**02**　[수정 | 전기 시설물] 탭 ▶ [전기] 패널 ▶ [패널 일람표 작성] ▶ [템플릿 선택]을 선택합니다.

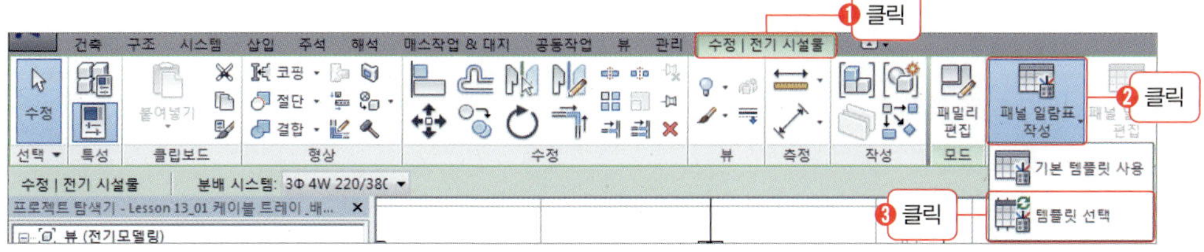

**03**　[템플릿 변경] 대화상자가 나타나면 '템플릿'에서 템플릿 유형을 선택하고 [확인] 버튼을 클릭합니다.

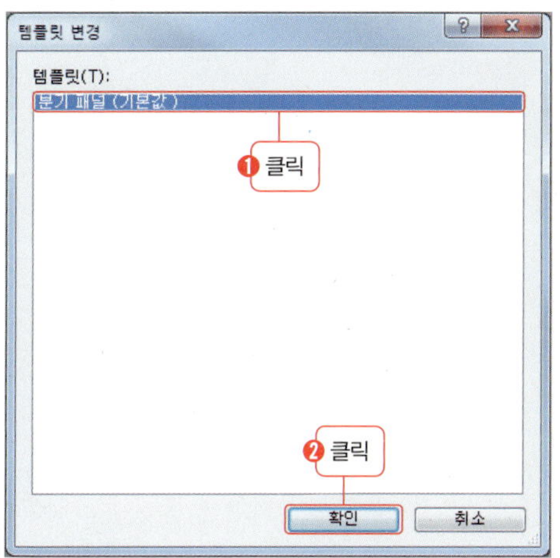

패밀리

Revit 프로젝트에서 사용하는 모든 요소는 패밀리를 사용하여 작성됩니다. 예를 들어 모델링을 위해 사용하는 구조 부재, 벽, 지붕, 창 및 문, 조명기구, 수배전반뿐만 아니라 도면화 하기 위해 사용하는 콜아웃, 태그 및 상세 구성 요소는 모두 패밀리를 사용하여 작성됩니다. 만들어진 패밀리를 사용하거나 새 패밀리를 작성함으로써 사용자가 원하는 전기 기구를 사용하여 모델링할 수 있습니다. 또한 패밀리는 사용자가 손쉽게 디자인을 변경하고 정보를 활용하여 효율적으로 프로젝트를 관리할 수 있습니다.

# 패밀리

패밀리는 매개변수라는 공통 특성 세트 및 관련된 그래픽 표현이 있는 요소 그룹입니다. 한 패밀리에 속해 있는 여러 요소는 해당 매개변수의 특성값 중 일부 또는 모두가 다를 수도 있지만, 매개변수 세트(매개변수 이름 및 의미)는 동일합니다. 패밀리의 이러한 차이를 '패밀리 유형' 또는 는 '유형'이라고 합니다.

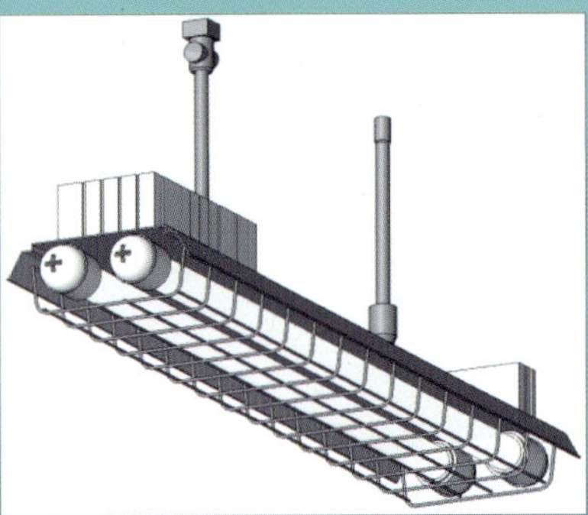 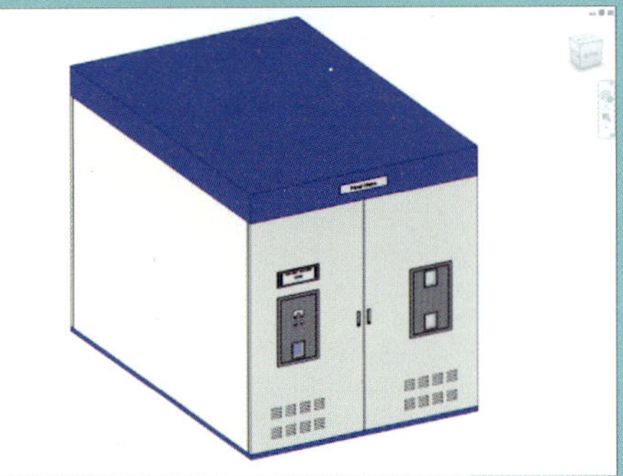



- 패밀리의 정의 이해하기

■ **패밀리 계획**

패밀리 작업 전에 고려할 사항은 다음과 같습니다.

- 패밀리에서 여러 크기가 요구되는가?
- 다른 뷰에서 패밀리가 어떻게 표시되는가?
- 패밀리에 호스트가 필요한가?
- 얼마나 상세하게 모델링해야 하는가?
- 패밀리의 원점은?

■ **패밀리 템플릿 선택**

다음과 같은 패밀리 템플릿을 선택할 수 있습니다.

- 벽 기반
- 천장 기반
- 바닥 기반          호스트 기반 템플릿
- 지붕 기반
- 선 기반
- 패턴기반
- 면 기반
- 가변
- 일반 모델

| RFT 미터법 일만 모델 지붕 기반.rft |
| RFT 미터법 일반 모델 가변.rft |
| RFT 미터법 일반 모델 면 기반.rft |
| RFT 미터법 일반 모델 바닥 기반.rft |
| RFT 미터법 일반 모델 벽 기반.rft |
| RFT 미터법 일반 모델 선 기반.rft |
| RFT 미터법 일반 모델 천장 기반.rft |
| RFT 미터법 일반 모델 패턴 기반.rft |
| RFT 미터법 일반 모델.rft |

호스트 기반 패밀리, 면 기반 패밀리, 작업 기준면 기반 패밀리의 작업 범위는 다음과 같습니다.

● **호스트 기반 패밀리**  호스트 유형 요소가 프로젝트에 있을 때만 배치할 수 있습니다.

● **면 기반 패밀리**  인스턴트(instance) 방향과 상관 없이 모든 표면에 배치할 수 있습니다.
  - 호스트를 포함해서 모든 표면에 배치 가능합니다.
  - 패밀리에 호스트를 절단하는 보이드가 포함된 경우 호스트에 배치할 경우 호스트를 절단하고, 호스트가 아닌 요소에 배치할 때는 절단하지 않습니다(면 기반 제외).

● **작업 기준면 기반 패밀리**  호스트되지 않은 패밀리 작성에만 적용 가능합니다.

① [작성] 탭 ▶ [특성] 패널 ▶ [패밀리 카테고리 및 매개변수]를 클릭합니다.

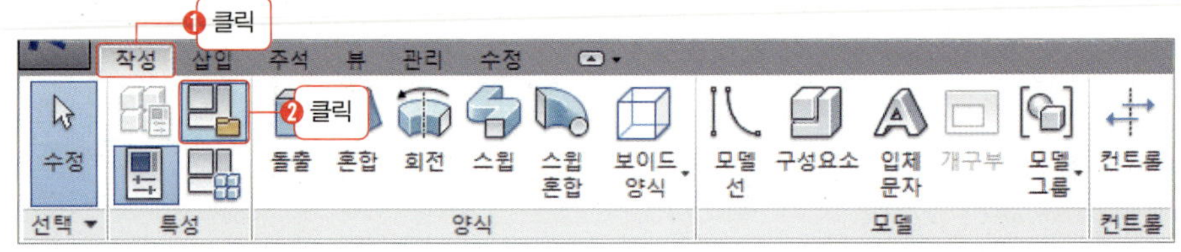

② [패밀리 카테고리 및 매개변수] 대화상자에서 '패밀리 매개변수'의 작업 기준면 기반'에 체크하고 [확인] 버튼을 클릭합니다.

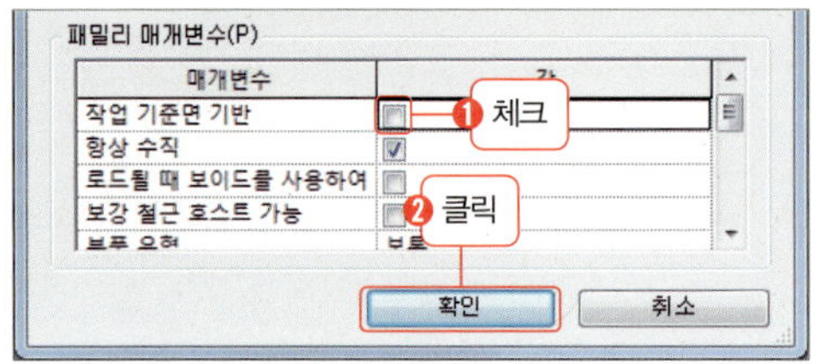

● 내포 및 공유 패밀리 작성

내포 및 공유된 구성 요소가 있는 패밀리를 작성하려면 이 패밀리를 호스트 패밀리에 내포하기 전에 공유합니다.

① 내포할 패밀리를 열고 공유합니다.

② [작성] 탭 ▶ [특성] 패널 ▶ [패밀리 카테고리 및 매개변수]를 클릭합니다.

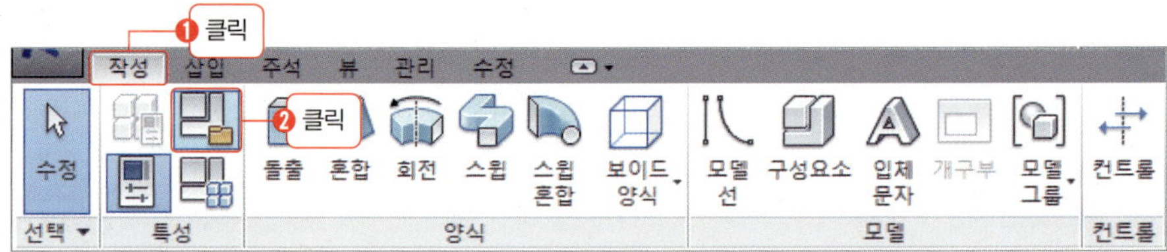

③ [패밀리 카테고리 및 매개변수] 대화상자에서 '패밀리 매개변수'의 '공유'에 체크합니다.

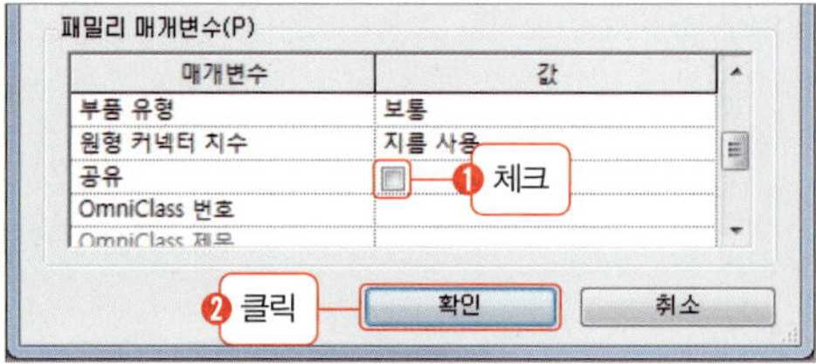

- 주체가 되는 패밀리는 공유 패밀리일 필요가 없습니다.
- 주석, 프로파일 및 내부 편집 패밀리는 공유 패밀리가 될 수 없습니다.
- 대부분의 패밀리를 공유 패밀리로 설정할 수 있지만, 이것은 패밀리를 다른 패밀리에 내포한 후 프로젝트에 로드한 경우에만 적용됩니다.

④ 주체가 되는 패밀리에 공유로 설정되고 로드되어 내포된 구성 요소를 배치한 후 패밀리를 저장하여 사용하면 됩니다. 공유로 설정되어 내포되었을 때는 프로젝트에서 내포된 패밀리의 각 인스턴스가 일람표에 표시되지만, 공유로 설정되지 않고 내포되었을 때는 내포된 패밀리의 인스턴스 일람표가 한 개의 인스턴스로만 작성됩니다.

### ■ 패밀리 하위 카테고리 작성

패밀리의 개별 형상 구성 요소의 가시성 제어를 위해 하위 카테고리를 정의합니다.

① [관리] 탭 ▶ [설정] 패널 ▶ [객체 스타일]을 클릭합니다.

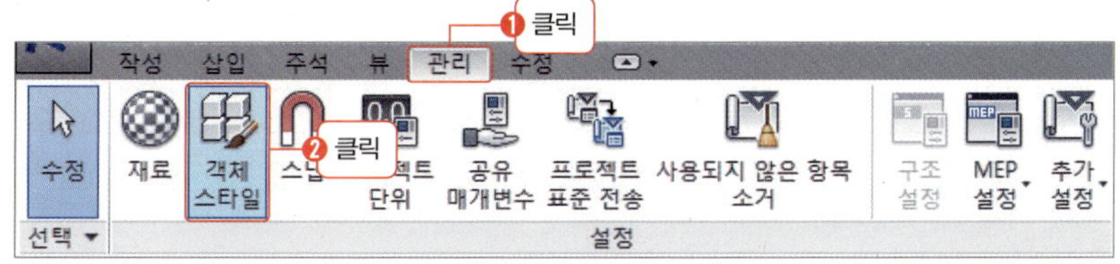

② [객체 스타일] 대화상자가 나타나면 [모델 객체] 탭에서 '하위 카테고리 수정'의 [새로 만들기] 버튼을 클릭합니다

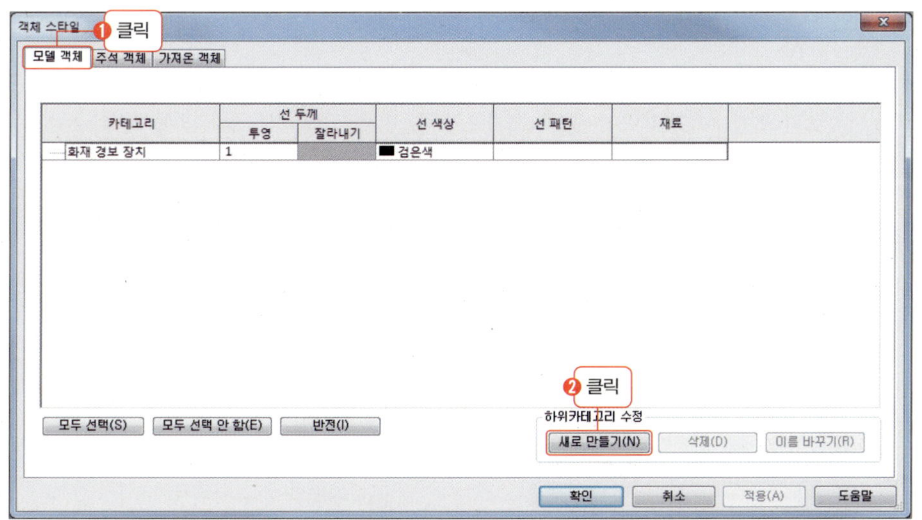

③ [새 하위카테고리] 대화상자가 나타나면 새 이름을 입력하고 개별 특성을 지정한 후 [확인] 버튼을 클릭합니다.

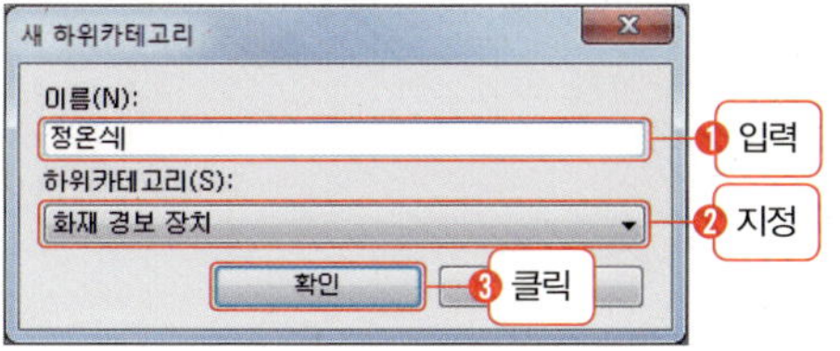

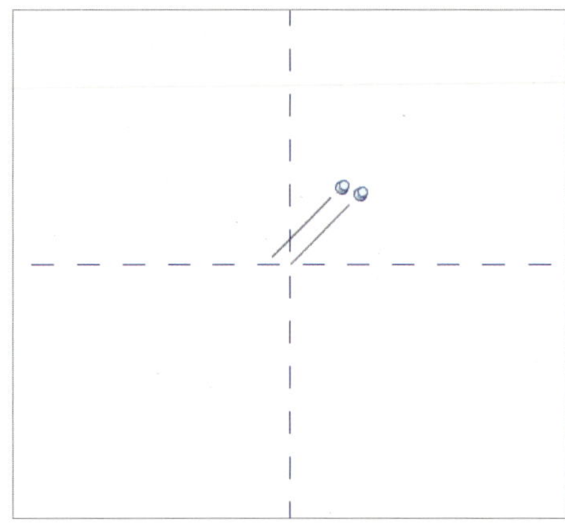 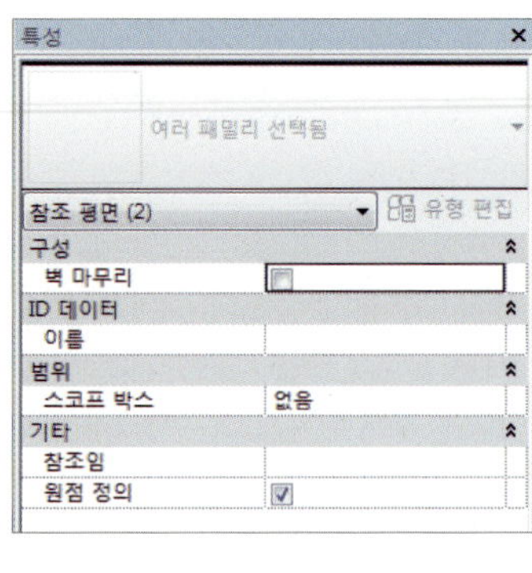

● 패밀리 원점 정의

참조 평면의 교차점이 패밀리의 원점/삽입점이 되도록 정의합니다. 평면을 고정하면 실수로 이동하여 패밀리 삽입점이
변경되는 것을 방지할 수 있습니다.

● 참조 평면

· 참조 평면은 무한 기준면으로 선과 형상을 그리기 위한 지침으로 작성합니다.

· 패밀리 형상을 작성하기 전에 새 참조 평면을 계획된 형상의 주요 축에 정렬되도록 배치합니다.

· 참조 평면의 이름을 지정하면 지정된 이름으로 작업 기준면을 선택하여 사용할 수 있습니다.

● 참조 평면에 이름 지정

[참조 평면]을 선택하고 [특성] 대화상자에서 '이름'의 값을 지정한 후 [적용] 버튼을 클릭합니다.

● 참조 평면의 특성 지정

패밀리를 프로젝트에 배치할 때 참조 평면에 치수 기입할 수 있도록 참조 평면의 특성을 지정합니다.
[참조 평면]을 선택하고 [특성] 대화상자에서 '참조임'의 값을 지정한 후 [적용] 버튼을 클릭합니다.

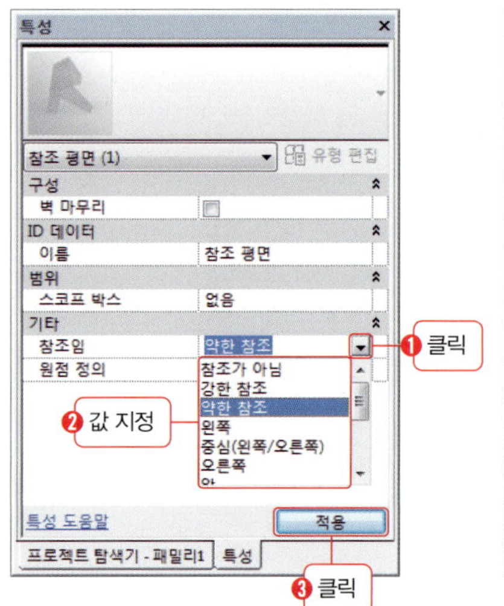

참조선의 특징은 다음과 같습니다.

- 참조선은 참조 평면과 비슷한 선을 작성하지만 논리적인 시작점과 끝점이 있습니다.
- 참조선을 사용하여 패밀리의 요소가 부착되는 파라메트릭 패밀리 프레임워크를 작성할 수 있습니다.
- 참조선에 적용되는 각도 매개변수는 면에 추가되는 요소도 제어합니다.
- 참조선은 자체 카테고리를 갖는 주석 객체입니다.
- 인쇄할 때 참조/작업 기준면 숨기기 옵션에 따라 다르게 표시됩니다.
- 직선 참조선은 사용자에게 스케치할 4개의 기준면을 제공합니다.
- 하나는 선 작업 기준면에 평행한 기준면이고 다른 하나는 수직인 기준면입니다.
- 나머지 두 개는 선의 끝에 수직인 상태로 선 끝에 있습니다.
- 기준면은 모두 참조선을 지나므로 참조선을 선택하거나 강조 표시할 때 또는 작업 기준면 도구를 사용할 때 해당 기준면이 표시됩니다.
- 작업 기준면을 선택할 때 커서를 참조선 위에 두고 Tab을 눌러 두 면 사이를 전환할 수 있습니다.
- 선이 스케치된 평면이 항상 먼저 표시됩니다.
- 호 참조선을 작성할 수도 있지만 기준면을 정의하지는 않습니다.

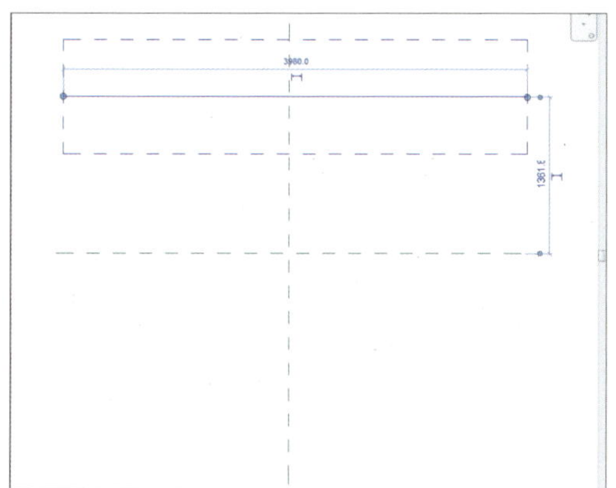

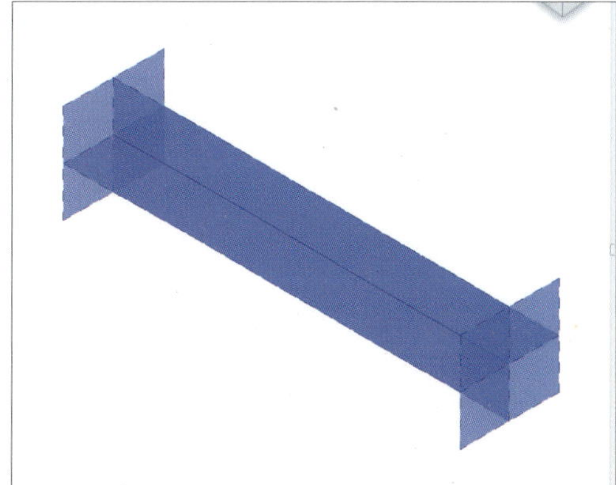

● **패밀리 프레임워크에 매개변수 추가**
- 프레임워크의 참조 평면 사이에 치수를 배치하여 작성할 파라메트릭 관계를 표시합니다.
- 치수만으로는 매개변수가 작성되지 않습니다.
- 매개변수를 작성하려면 레이블을 지정해야 합니다.

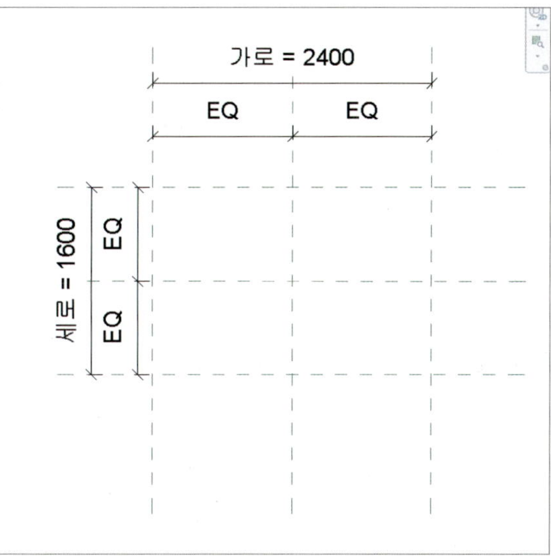

● 매개변수 작성

매개변수가 패밀리에 있는 경우 이 매개변수를
레이블로 선택할 수 있습니다. 만약 매개변수가
없으면 매개변수를 작성해야 하고, 매개변수가
인스턴스 매개변수인지, 유형 매개변수인지 지
정합니다.

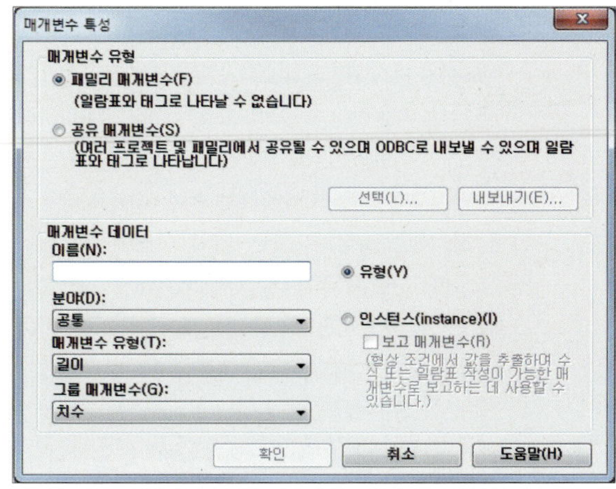

● 패밀리 프레임워크 조정

· 매개변수 값을 조절하여 매개변수를 적용한 참조 평면이 매개변수 값을 반영하여 변경되는지, 프레임워크를 조정 및
테스트합니다.

· 패밀리를 작성할 때 미리 그리고 자주 조정하면 패밀리의 안정성이 보장됩니다.

· 매개변수를 광범위하게 테스트할수록 안정적인 패밀리를 작성할 가능성이 높습니다.


■ 패밀리 유형 작성

패밀리 유형 도구를 사용하여 여러 가지 크기의 유형을 작성할 수 있습니다. 이 작업을 수행하려면 치수
에 레이블을 지정하고 변경되는 매개변수를 작성해야 합니다.

① [작성] 탭 ▶ [특성] 패널 ▶ [패밀리 유형]을 클릭합니다.

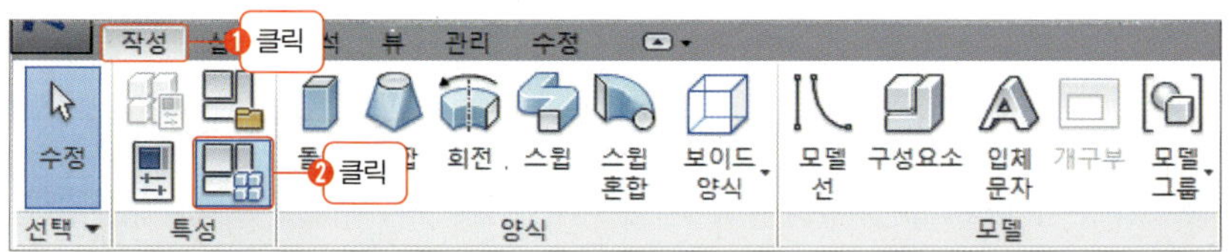

② [패밀리 유형] 대화상자에서 '패밀리 유형'의 [새로 만들기] 버튼을 클릭합니다. [이름] 대화상자가 나타나면 '이름'에 패
밀리 유형의 이름을 입력합니다.

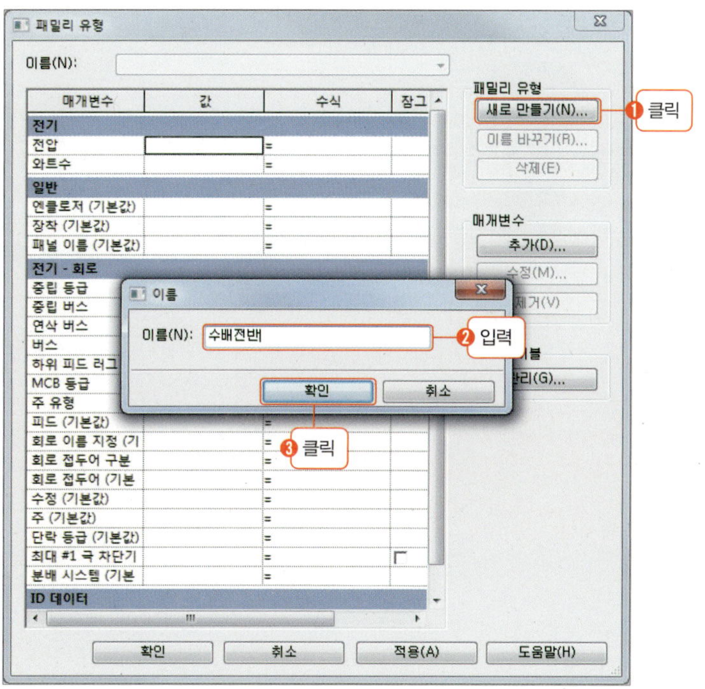


패밀리 유형을 작성한 후 패밀리를 조정하거나 테스트할 수 있습니다. 패밀리를 조정하려면 서로 다른 패밀리 유형으로 전환하여 패밀리가 제대로 조정되는지 확인하고, 패밀리 형상을 작성하기 전후에 패밀리를 조정할 수 있습니다.

### ■ 패밀리 형상 작성

2차원 형상과 3차원 형상을 모두 사용하여 패밀리를 작성할 수 있습니다.

### ■ 3차원 형상 작성

• 패밀리에서 작성하려는 요소를 나타내려면 솔리드 형상 모양을 작성합니다.
• 솔리드 패밀리 형상을 작성하려면 3차원 솔리드 및 보이드 양식을 사용합니다.
• 솔리드 양식은 패밀리의 솔리드 형상을 나타내는 3D 모양입니다.
• 보이드 양식은 작업된 솔리드 양식에서 제외할 형상을 작업합니다.
• 돌출, 혼합, 회전, 스윕, 스윕 혼합이 있습니다.

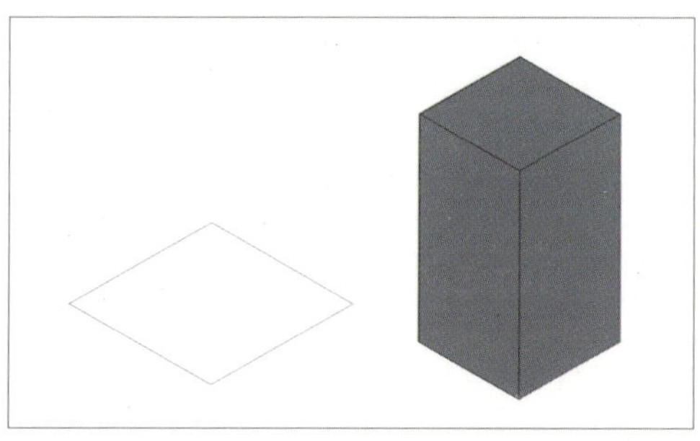

[돌출]

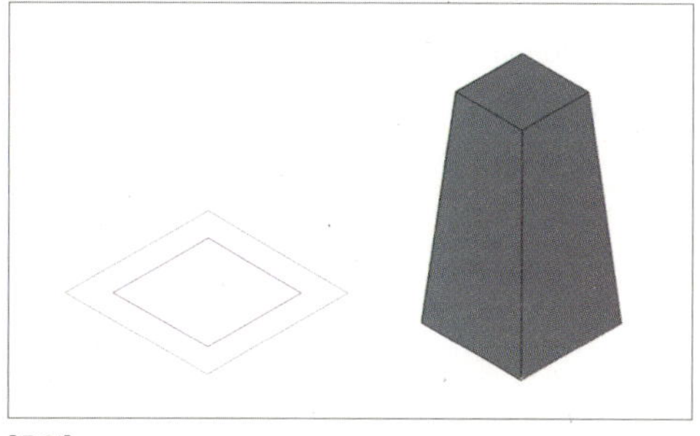

[혼합]

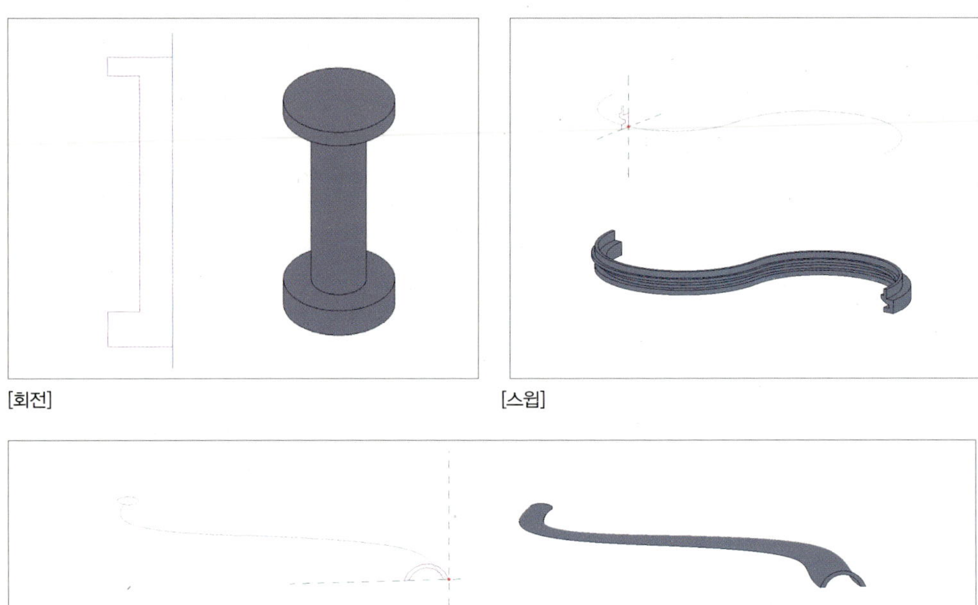

[회전]

[스윕]

[스윕 혼합]

● **작업 기준면**

작업 기준면은 작업을 진행할 때 기준이 되는 면으로, Revit에서는 작업 기준면을 변경하여 평면에서 뿐만 아니라 다양한
면에서 작업을 진행할 수 있습니다. [작성] 탭 ▶ [작업 기준면] 패널 ▶ [설정]을 클릭하여 작업 기준면을 정할 수 있습니다.

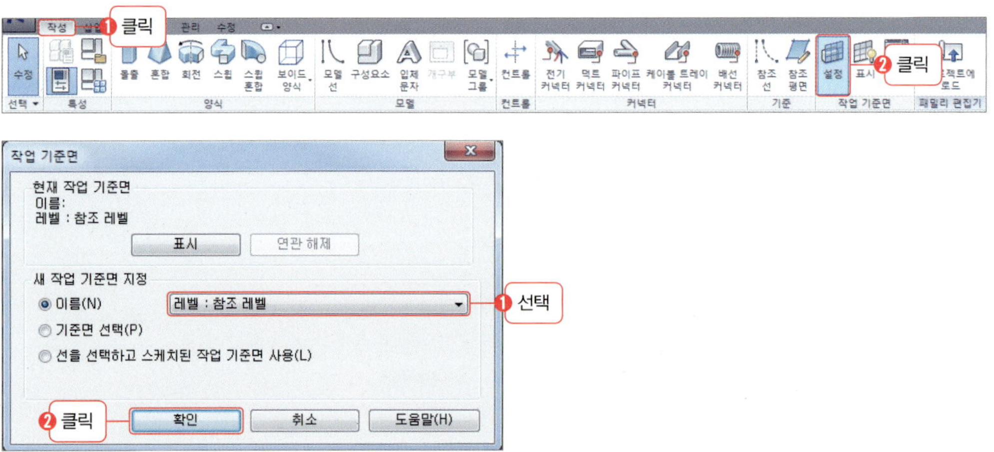

- **이름** 레벨 및 그리드, 참조 평면이 포함된 리스트에서 사용 가능한 작업 기준면을 선택할 수 있습니다.

- **기준면 선택** 레벨, 그리드, 벽 면, 돌출 면 등 치수를 설정할 수 있는 기준면은 어떠한 것이라도 선택할 수 있습니다.

- **선을 선택하고 스케치된 작업 기준면 사용** 선택된 선의 작업 기준면과 동일 평면상의 기준면을 선택할 수 있습니다.

- [작성] 탭 ▶ [작업 기준면] 패널 ▶ [표시]를 클릭하면 현재 작업 기준면을 확인할 수 있습니다.

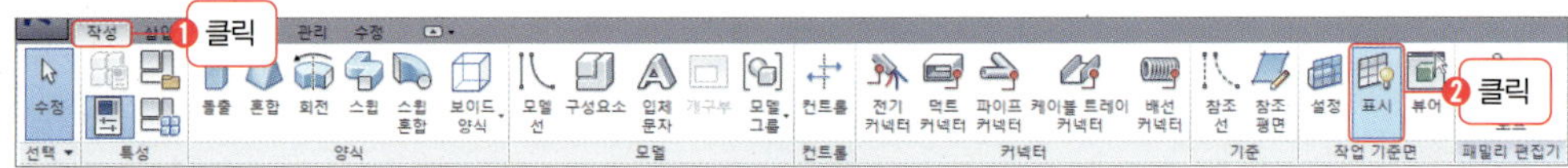

• 작업 기준면을 변경하여 아래의 그림과 같이 평면뿐만 아니라 사선인 면에서도 작업이 가능합니다.

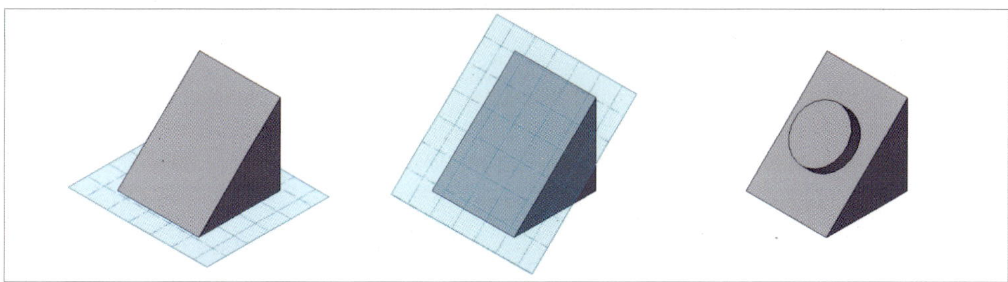

## ■ 2차원 형상 작성

2D 선 작업을 사용하여 특정 뷰에 있는 솔리드 형상에 상세 정보를 추가하거나 요소의 기호 평면도 표현을 작성합니다.

이 경우 모델 선 및 기호 선 도구를 사용합니다.

● 모델 선

    • [작성] 탭 ➤ [모델] 패널 ➤ [모델 선]을 클릭합니다.

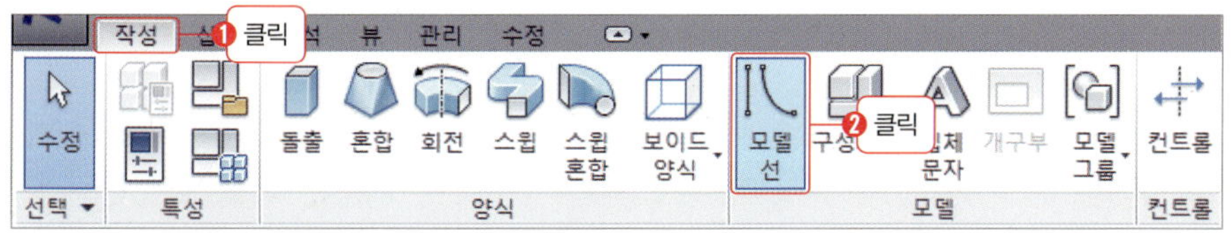

    • 솔리드 형상을 표시할 필요가 없는 경우에 사용합니다.

    • 모델 선은 3D 뷰에서 항상 볼 수 있습니다.

    • 가시성 설정을 클릭하여 가시성을 제어할 수 있습니다.

● 기호 선

    • [주석] 탭 ➤ [상세정보] 패널 ➤ [기호 선]을 클릭합니다.

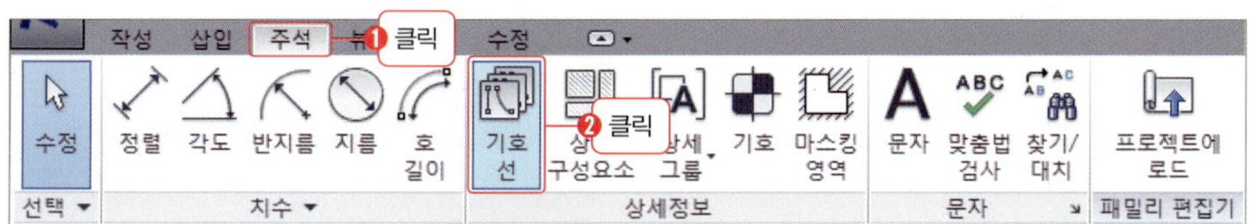

    • 기호 목적으로만 사용되는 선을 스케치할 수 있습니다.

    • 기호 선은 패밀리의 실제 형상의 일부가 아닙니다.

    • 기호 선은 해당 기호 선을 스케치한 뷰에 평행하게 볼 수 있습니다.

    • 절단 인스턴스에서 기호선 가시성을 조절할 수 있습니다.

    • [기호 선]을 클릭하고 [수정 | 선] 탭 ➤ [가시성] 패널 ➤ [가시성 설정]을 클릭합니다.

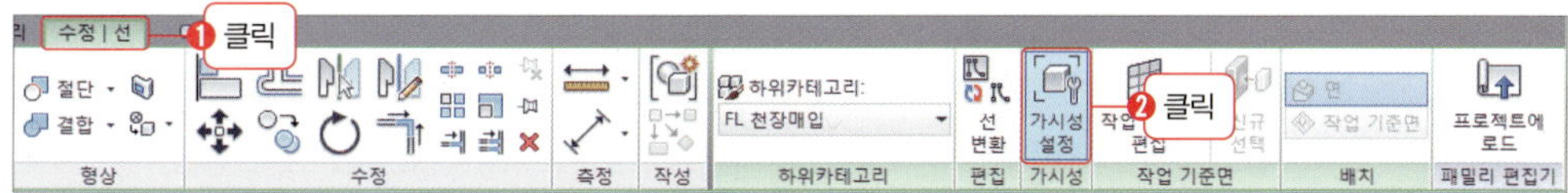

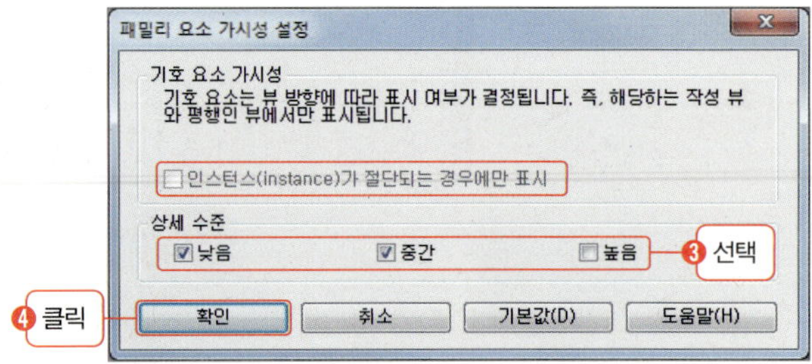


● 인스턴스(Instance)가 절단되는 경우에만 표시

절단 기준면이 해당 패밀리를 교차할 때 패밀리 형상이 표시되는지의 여부를 결정하는데, 절단하지 않으면 표시하지 않도록 설정됩니다.

  • 이 옵션은 절단 불가능 패밀리에 대해 사용할 수 없으며 결코 선택되지 않습니다. 일부 절단 가능한 패밀리에 대해 옵션을 사용하고 선택할 수 있습니다.
  • 다른 절단 가능 패밀리의 경우 옵션을 사용할 수 없지만 항상 선택되어 있습니다.

● 절단 가능 패밀리

패밀리가 절단 가능이면 뷰의 절단 기준면이 모든 유형의 뷰에서 해당 패밀리를 교차할 때 패밀리가 절단으로 표시됩니다

| 템플릿 사용, 편집 가능 | 템플릿 사용, 편집 불가 | 템플릿 없음, 편집 불가 |
|---|---|---|
| • 케이스워크<br>• 기둥<br>• 문<br>• 대지<br>• 구조 기둥<br>• 구조 기초<br>• 구조 프레임<br>• 창 | • 커튼월 패널<br>• 일반 모델<br>• 지형 | • 천장<br>• 바닥<br>• 지붕<br>• 벽 |

● 절단 불가능 패밀리

| | | |
|---|---|---|
| • 난간동자<br>• 상세 항목<br>• 전기 시설물<br>• 전기 설비<br>• 환경 | • 가구<br>• 가구 시스템<br>• 조명 설비<br>• 기계 장비<br>• 주차장 | • 수목<br>• 배관 설비<br>• 특수 시설물 |

### ■ 패밀리 형상 치수 기입하기

① 구성 요소 패밀리의 형상을 작성할 때 치수를 배치하여 매개변수로 제어할 형상 관계를 정의합니다. 배치하는 치수에 레이블을 지정하여 제어할 수 있는 매개변수를 작성합니다.

② 치수를 추가하려면 패밀리 편집기의 [작성] 탭에서 치수 도구를 사용하거나 자동 치수를 켭니다.

③ 치수를 선택하면 레이블로 문자를 입력할 수 없습니다. 패밀리 매개변수 리스트에서 정확한 타입을 선택하거나 새 매개변수의 작성만 가능합니다.

④ 레이블된 치수는 패밀리에 대해 수정 가능한 매개변수가 되는데, [패밀리 유형] 대화상자를 이용하여 값을 수정할 수

있습니다. 패밀리가 프로젝트에 로드되었을 때는 [인스턴스 특성] 대화상자를 이용하여 수정할 수 있습니다.

⑤ 레이블된 매개변수에 대한 값은 수식을 사용하여 계산할 수 있습니다. [패밀리 유형] 대화상자에서 수식을 작성합니다.

⑥ 배열 번호는 패밀리에 대한 매개변수가 될 수 있습니다. 배열을 작성한 후 매개변수를 작성하려면 배열을 선택하고 레이블을 지정해야 하는데, 이후 매개변수 값을 수정하여 배열 요소 번호를 증가 또는 감소시킬 수 있습니다.

### ■ 패밀리 매개변수 작성하기

매개변수의 작성 과정은 다음과 같습니다.

① [작성] 탭 ➤ [특성] 패널 ➤ [패밀리 유형]을 클릭합니다.

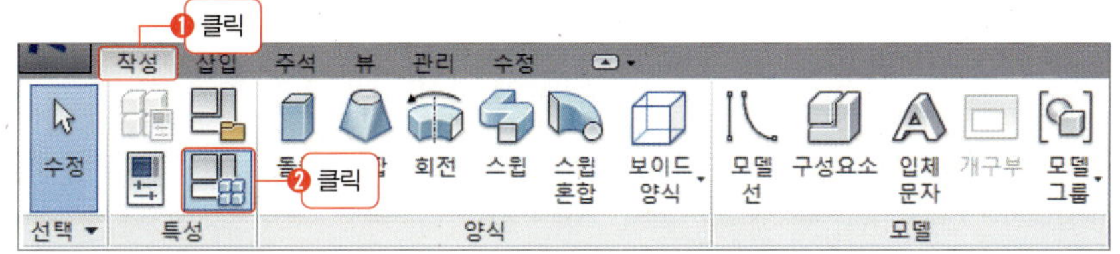

② [패밀리 유형] 대화상자가 나타나면 '패밀리 유형'의 [새로 만들기] 버튼을 클릭하고 [이름] 대화상자에서 새 유형의 이름을 입력합니다.

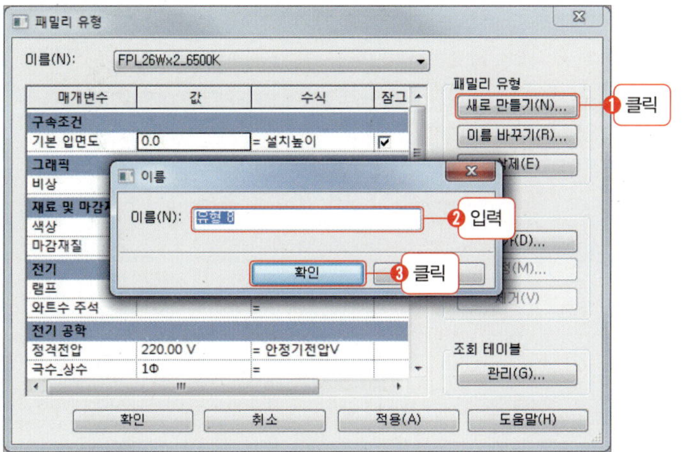

③ [패밀리 유형] 대화상자에서 '매개변수'의 [추가] 버튼을 클릭합니다.

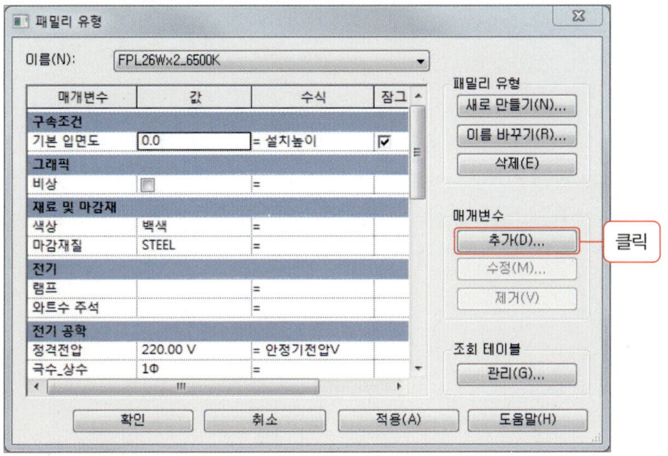

④ 매개변수의 이름과 매개변수의 분야, 적절한 매개변수 유형을 선택합니다.

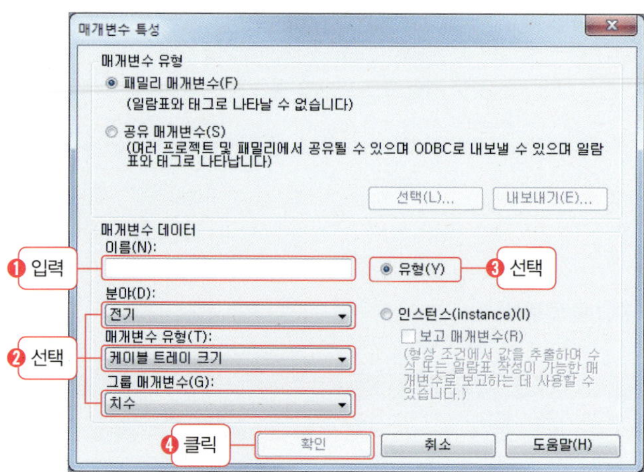

적절한 매개변수 유형은 다음과 같습니다.

| 이름 | 설명 |
| --- | --- |
| 문자(Text) | 완전히 사용자화 할 수 있고, 고유 데이터 수집에 사용할 수 있습니다. |
| 정수(Integer) | 항상 정수로 표시되는 값입니다. |
| 번호(Number) | · 기타 수치 데이터 수집에 사용하고, 수식으로 정의할 수 있습니다.<br>· 실수가 될 수도 있습니다. |
| 길이(Length) | · 요소 또는 하위 구성 요소의 길이를 설정하는 데 사용할 수 있습니다.<br>· 수식으로 정의할 수 있습니다. |
| 면적(Area) | · 요소 또는 하위 구성 요소의 길이를 설정하는 데 사용할 수 있습니다.<br>· 이 필드에서 수식을 사용할 수 있습니다. |
| 볼륨(Volume) | · 요소 또는 하위 구성 요소의 길이를 설정하는 데 사용할 수 있습니다.<br>· 이 필드에서 수식을 사용할 수 있습니다. |
| 각도(Angle) | · 요소 또는 하위 구성 요소의 길이를 설정하는 데 사용할 수 있습니다.<br>· 이 필드에서 수식을 사용할 수 있습니다. |
| 경사(Slope) | 경사를 정의하는 매개변수를 작성하는 데 사용할 수 있습니다. |
| 통화(Currency) | 통화 매개변수를 작성하는 데 사용할 수 있습니다. |
| URL | 사용자 정의된 URL에 대한 웹 링크를 제공합니다. |
| 재료(Material) | 특정 재료가 지정될 수 있는 매개변수를 구축합니다. |
| 예/아니오(Yes/No) | 매개변수를 '예/아니오'로 정의하는 것으로, 인스턴스 특성에 가장 많이 사용됩니다. |
| 패밀리 유형<br>(Family Type) | · 내포된 구성 요소에서 사용합니다.<br>· 프로젝트에 패밀리를 로드한 후 구성 요소를 교환할 수 있습니다. |
| 분할된 표면 유형<br>(Divided Surface Type) | · 분할된 표면 구성 요소(패널, 패턴 등)를 조정할 수 있는 매개변수를 설정합니다.<br>· 이 필드에서 수식을 사용할 수 있습니다. |

⑤ '그룹 매개변수'에서 값을 선택합니다. 프로젝트에 패밀리를 로드한 후 이 값은 인스턴스 [특성] 대화상자에서 매개변수가 표시되는 그룹 헤더를 결정합니다.

⑥ 인스턴스 또는 유형을 선택하고 [확인] 버튼을 클릭합니다. 이때 매개변수가 인스턴스 또는 유형 매개변수인지 정의합니다.

### ■ 인스턴스 매개변수 및 모양 핸들

- 패밀리를 작성하면 레이블이 지정된 치수를 인스턴스 매개변수로 지정할 수 있습니다.

- 패밀리 인스턴스를 프로젝트에 배치하면 이 매개변수는 수정이 가능합니다.

- 인스턴스 매개변수로 지정된 치수에는 프로젝트에 패밀리가 로드되면 나타나는 모양 핸들이 있습니다.

● 구성 요소 패밀리에 모양 핸들 추가하기

① 패밀리에 참조 평면을 추가합니다. (참조 평면의 인스턴스 특성 값 중 참조임 값이 '참조가 아님' 이외의 값이어야 합니다.)

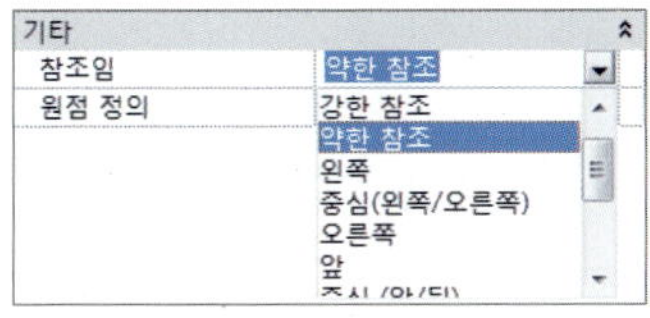 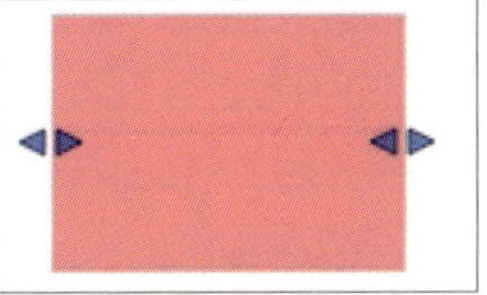

② 모양 핸들을 표시할 구성 요소 모서리에 참조 평면을 정렬합니다.

③ 참조 평면에 치수를 추가합니다.

④ 치수에 인스턴스 매개변수로 레이블을 지정합니다.

⑤ 패밀리를 저장하고 프로젝트에 로드합니다.

⑥ 구성 요소를 선택하면 참조 평면이 정렬되어 치수가 기입된 위치에 모양 핸들이 표시됩니다.

### ■ 수치 매개변수에 수식 사용하기

유효한 수식 구문 및 약어는 다음과 같습니다. 수식에서 매개변수의 이름은 대소문자를 구분합니다.

| 연산 및 삼각 함수 | 유효한 수식 약어 | 추가할 공간 이름 |
| --- | --- | --- |
| 더하기 | + | 길이 = 높이 + sqrt(높이 * 폭) |
| 빼기 | − | 길이 = 벽 1 (11000mm) + 벽 2 (15000mm) |
| 곱하기 | × | 면적 = 길이 (500mm) * 폭 (300mm) |
| 나누기 | / | 체적 = 길이 (500mm) * 폭 (300mm) * 높이 (800mm) |
| 누승법 | ^: x^y, x의 y제곱 | 폭 = 100m * cos(각도) |
| 대수 | log | x = 2 * abs(a) + abs(b/2) |
| 제곱근 | sqrt: sqrt(16) | ArrayNum = 길이/간격 |
| 사인 | sin | |
| 코사인 | cos | |
| 탄젠트 | tan | |
| 아크사인 | asin | |
| 아크코사인 | acos | |
| 아크탄젠트 | atan | |
| e의 x제곱 | exp | |
| 절대값 | abs | |

● **수식에서의 조건문**

수식에서 조건문을 사용하여 다른 매개변수의 상태에 따라 달라지는 작업을 패밀리에서 정의할 수 있습니다. 지정된 조건의 충족에 따라 소프트웨어가 매개변수의 값을 입력합니다. 조건문은 특정 상황에서 유용하게 사용할 수 있지만, 조건문을 사용하면 패밀리가 복잡해지므로 꼭 필요한 경우에만 사용해야 합니다. 일반적인 경우 배열 값을 계산하거나 매개변수 기반인 요소의 가시성을 제어할 수 있습니다.

● 조건문 구문
  - 조건문에서는 IF(조건, 참, 거짓) 구조를 사용합니다.
  - 조건문은 숫자 값, 숫자 매개변수 이름, 예/아니오 매개변수를 포함할 수 있습니다.
  - 조건에는 비교 연산자인 〈, 〉, = 등을 사용할 수 있고, 조건문에는 Boolean 연산자, AND, OR, NOT을 사용할 수 있습니다. 현재 〈= 와 〉=는 구현되지 않는데, 이것을 표현하려면 논리적 NOT을 사용할 수 있습니다.
    **예** a〈=b를 구현할 때 NOT(a 〉 b)을 입력합니다.

● 조건문 샘플 수식

> **단순 IF** =IF (Length 〈 3000mm, 200mm, 300mm))
> **IF와 문자 매개변수** =IF (Length 〉 35', "String1", "String2"
> **IF와 논리 AND** =IF (AND (x=1, y=2), 8, 3)
> **IF와 논리 OR** =IF (OR (A=1, B=3), 8, 3
> **포함된 IF문** =IF (Lenght 〈 35', 2' 6", IF (Lenght 〈 45', 3', IF (Lenght 〈 55', 5', 8")))
> **IF와 예/아니오 조건** =Lenght 〉 40(조건과 결과 모두 암시됨)

## ■ 매개변수화된 요소 복제

매개변수화된 요소를 복사, 배열 또는 그룹화하면 그 요소를 제어하는 매개변수도 복사됩니다. 레이블이 지정된 치수나 가시성 매개변수처럼 같은 같은 매개변수로 제어되는 동일한 요소를 작성할 때 유용하게 적용할 수 있습니다.

## ■ 하위 카테고리에 패밀리 형상 지정하기

패밀리 형상의 여러 부분을 패밀리 카테고리의 하위 카테고리에 지정할 수 있습니다. 하위 카테고리 패밀리 카테고리의 설정에 관계 없이 하위 카테고리에 지정된 형상의 선 두께, 선 색상, 선 패턴 및 재료를 제어합니다. 패밀리 형상의 일부를 다른 하위 카테고리에 지정하여 여러 가지 선 두께, 선 색상, 선 패턴 및 재료 지정으로 표시할 수 있습니다.

● 하위 카테고리에 패밀리 형상 지정하는 방법
  ① 패밀리 편집기에서 하위 카테고리에 지정할 패밀리 형상을 선택합니다.
  ② [특성] 대화상자에서 'Subcategory'의 'Value' 값을 선택합니다.

### ■ 패밀리 가시성 및 상세 수준 관리

패밀리의 가시성은 패밀리가 표시되는 뷰와 해당 뷰에서의 패밀리 모양을 결정합니다. 일반적으로 패밀리에서 요소가 작성되면 현재 뷰에 따라 요소의 상이 변경되는데, 평면 뷰에서 요소의 2D 표현을 볼 수 있습니다. 또한 3D 뷰 또는 입면뷰에서 요소의 전체 상세 3D 표현을 볼 수도 있고, 다양한 수준의 형상을 표시할 수도 있습니다. 이때 상세 수준은 여러 상세 수준에서 요소 가시성을 결정합니다.

● 가시성 설정

2D 및 3D 형상을 작성하기 전이나 후에 가시성과 상세 수준을 설정할 수 있습니다. 형상을 스케치하기 전에 가시성을 설정하려면 형상을 작성하는 데 사용할 도구를 클릭한 후 [수정] 탭 ▶ [가시성] 패널 ▶ [가시성 설정]을 클릭합니다. 형상을 이미 작성한 경우에는 해당 형상을 선택하고 [가시성 설정]을 클릭합니다. 이 도구가 나타나는 패널의 이름은 선택한 형상의 유형에 따라 달라집니다.

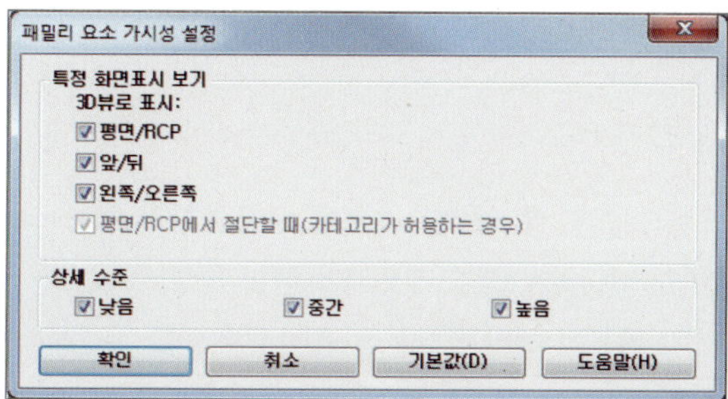

- [패밀리 요소 가시성 설정] 대화상자에서 형상을 표시할 뷰를 선택합니다. ⓓ 평면/RCP, 정면/배면, 좌측면/우측면

- 모든 형상은 자동으로 3D 뷰에 표시됩니다.

- 원하는 경우 '평면도/RCP에서 절단할 때(카테고리가 허용하는 경우)'에 체크합니다. 이 옵션에 체크하면 뷰의 절단 기준면과 교차한 경우 형상이 절단되어 표시되고, 단면 뷰에서 요소가 절단된 경우에는 이 옵션의 선택 여부도 표시됩니다.

- 프로젝트에서 형상을 표시할 상세 수준(낮음, 중간, 높음)을 선택하는데, 상세 수준은 뷰 축척에 따라 결정됩니다.

- [패밀리 요소 가시성 설정] 대화상자는 프로파일 및 상세 구성 요소 패밀리와 다릅니다. 이 패밀리에 대해서는 상세 수준만 설정할 수 있습니다.

- [솔리드 형상] 도구의 Visible 매개변수를 해당 요소에 대한 패밀리 매개변수와 연관시켜서 프로젝트에서 패밀리 요소를 볼 수 있거나 볼 수 없도록 설정할 수 있습니다.

- Visible 매개변수는 솔리드 및 보이드 형상 도구(혼합, 스윕, 스윕 혼합, 회전 및 돌출)에 사용할 수 있습니다. 이 매개변수를 사용하면 선택적으로 볼 수 있는 하나의 패밀리 유형으로 작성할 수 있습니다.

### ■ 패밀리에 웹사이트 링크 추가하기

패밀리 편집기와 프로젝트 환경에서 웹사이트 링크를 패밀리 유형 또는 인스턴스 특성에 추가할 수 있습니다. URL을 선택하면 선택된 위치에 기본 웹 브라우저가 열립니다.

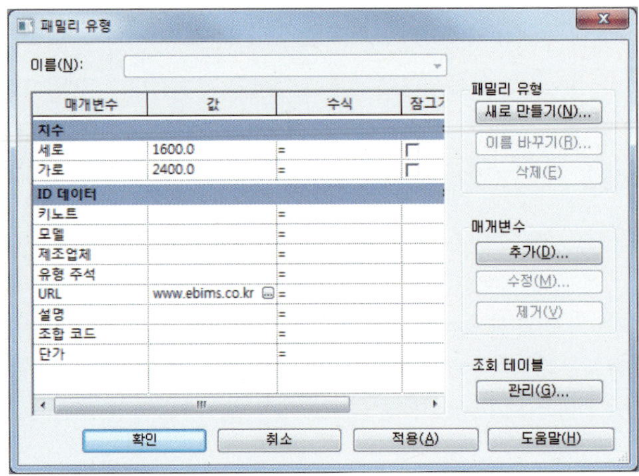





패밀리를 완료하고 하나 이상의 프로젝트에 로드한 후 패밀리 유형을 사용하여 요소를 작성하고 프로젝트가 제대로 작동하는지 확인합니다. 이때 패밀리가 상호 작용해야 하는 형상이 포함된 테스트 프로젝트를 선택해야 합니다. 패밀리는 테스트가 완료될 때까지 다른 사용자가 확인할 수 있는 곳에 저장하지 않도록 합니다.

## ■ 유형 카탈로그 만들기(Creating a Type Catalogue)

● 콤마 구분 .txt 파일 작성 방법

- 메모장(NotePad)과 같은 문자 편집기에서 입력합니다.
- 데이터베이스나 스프레드시트 소프트웨어(프로세스 자동화)를 사용합니다.
- ODBC를 사용한 데이터베이스로 내보낸 후 요소 유형 표를 콤마로 구분된 형식으로 다운로드합니다.

● 지켜야 할 규칙

- .txt 확장자로 유형 카탈로그 파일 이름을 저장합니다. 이때 파일은 Revit 패밀리와 같은 이름과 디렉토리 경로를 가져야 합니다.
  예 Doors/door.rfa, Doors/door.txt
    Sprinklers/Sprinkler-Dry-Hosted.rfa, Sprinklers/Sprinkler-Dry-Hosted.txt

- 유형을 나열하려면 왼쪽 열을 사용합니다.

- 파일의 상단 행은 매개변수 선언에 사용합니다. 이때 형식은 '기둥이름##유형##단위(columnname##type##unit)' 입니다.

- 10진법(Decimals)을 사용합니다.

- 매개변수 이름은 영문자의 대/소문자를 구분합니다.

- 작은따옴표와 큰따옴표를 사용할 수 있습니다. 큰따옴표를 사용하는 경우 이를 큰따옴표로 인식하려면 ""를 입력해야 합니다.

- 유효한 단위 유형은 길이, 면적, 부피, 각도, 힘 및 선형 힘입니다. ⓒ length, area, volume, angle, force, linear force

● 유효 단위 : 유효 단위 및 접미어

| 유효 단위 | 접미어 |
| --- | --- |
| 길이(length) | feet , inches, meters, centimeters, millimeters |
| 공조의 덕트 크기(hvac_duct_size) | 단위 상동 |
| 공조의 덕트 거칠기(hvac_roughness) | 단위 상동 |
| 배관의 배관 크기(pipe_size) | 단위 상동 |
| 배관의 배관 거칠기(piping_roughness) | 단위 상동 |
| 면적(area) | square_feet, square_inches, square_meters, square_centimeters, square_millimeters, acres, hectares |
| 공조의 단면(hvac_cross_section) | 단위 상동 |
| 부피(volume) | cubic_yards, cubic_feet, cubic_inches, cubic_meters, cubic_centimeters, cubic_millimeters, liters, gallons |
| 배관의 부피(piping_volume) | 단위 상동 |
| 각도(angle) | degrees[decimal degrees, minutes,seconds] |
| 힘(force) | newtons, decanewtons, kilonewtons, meganewtons, kips, kilograns_force, tonnes_force, pounds |
| 선형 모멘트(linear moment) | newton_meters_per_meter, decanewton_meters_per_meter, kilonewton_meters_per_meter, meganewton_meters_per_meter, kip_feet_per_foot, kilogram_force_meters_per_meter, tonne_force_meters_per_meter, pound_force_feet_per_meter |
| 선형 힘(linear force) | newtons_per_meter, decanewtons_per_meter, kilonewtons_per_meter, meganewtons_per_meter, kips_per_foot, kilograms_force_per_meter, tonnes_force_per_meter, pounds_force_per_foot, kips_per_inch |
| 공조의 압력(hvac_pressure) | inches_of_water, pacsals , kilopascals, megapacsals, pounds_force_per_square inch, inches_of_mecury, millimeters_of_mercury, atmospheres, bars |
| 압력(area_force) | newtons_per_square_meter, decanewtons_per_square_meter, kilonewtons_per_square_meter, meganewtons_per_square_meter, kips_per_square_foot, kilograms_force_per_square_meter, tonnes_force_per_square_meter |
| 배관의 압력(piping_pressure) | pacals, kilopacals, megapascals, pounds_force_per_square_inch, inches_of_mercury, millimeters_of_mercury, stmospheres, bars, feet_of_water |
| 응력(stress) | pascals, kilopascals, megapascals, pounds_force_per_square_inch, bars, newtons_per_square_meter, decanewtons_per_square_meter, kilonewtons_per_square_meter, meganewtons_per_square_meter, kips_per_square_foot, kilograms_force_per_square_meter, tonnes_force_per_square_meter, pounds_force_per_square_foot, kips_per_square_inch |
| 선형 스프링 계수(linear_spring_coefficient) | inches_of_water, pascals, kilopascals, megapascals, pounds_force_per_square_inch, inches_of_mercury, millimeters_of_mercury, atmospheres, bars, mewtons_per_square_meter, decanewtons_per_square_meter, kilonewtons_per_square_meter, meganewtons_per_square_meter, kips_per_square_foot, kilograms_force_per_square_meter, tonnes_force_per_square_meter, pounds_force_per_square_foot, feet_of_water, kips_per_square_inch |
| 공조의 에너지(hvac_energy) | british_thermal_units, calories, kilocalories, joules, kilowatt_hours, therms |
| 모멘트(moment) | newton_meters, decanewton_meters, kilonewton_meters, meganewton_meters, kip_feet, kilolgram_force_meters, tonne_force_meters, pound_force_feet |
| 공조의 마찰(hvac_friction) | inches_of_water_per_100ft, pascals_per_meter |
| 배관의 마찰(piping_firction) | pascals_per_meter, feet_of_water_per_100ft |
| 단위 중량(unit_weight) | pounds_force_per_cubic_foot, kips_per_cubic_inch, kilonewtons_per_cubic_meter |

| 유효 단위 | 접미어 |
|---|---|
| 면적 스프링 계수(area_spring_coefficient) | inches_of_water_per_100ft, pascals_per_meter, feet_of_water_per_100ft, pounds_force_per_cubic_foot, kips_per_cubic_inch, kilonewtons_per_cubic_meter, kips_per_cubic_foot |
| 열 팽창 계수(thermal_expansion_coefficient) | inverse_degrees_fahrenheit, inverse_degrees_celsius |
| rotational_pont_spring_coefficient | kips_per degree, kilonewton_per_degree |
| rotational_linear_spring_coefficient | kips_per_degree_per_foot, kilonewtons_per_degree_per_meter |
| 공조의 밀도(hvac_density) | kilograms_per_cubic_meter, pounds_mass_per_cubic_foot, pounds_mass_per_cubic_inch |
| 배관의 밀도(piping density) | 단위 상동 |
| 공조의 전력(hvac power) | watts, kilowatts, british_thermal_units_per_second, british_thermal_units_per_hour, calories_per_second, kilocalories_per_second |
| 공조의 획득열(hvac_heat_gain) | 단위 상동 |
| 전력(electrical_power) | watts, kilowatts, british_thermal_unit_per_second, british_thermal_unit_per_hour, calories_per_second, kilocalories_per_second, volt_amperes, kilovolt_amperes, horsepower |
| 피상 전력(electrical_apparent_power) | 단위 상동 |
| 공조의 전력 밀도(hvac_power_density) | watts_per_square_foot, watts_per_square_meter |
| 전기의 전력 밀도(electircal_power_density) | 단위 상동 |
| 공조의 온도(hval_temperature) | farenheit, celsius, kelvin, rankine |
| 배관의 온도(piping_temperature) | 단위 상동 |
| 공조의 속도(hvac_velocity) | feet_per_minute, meters_per_second, centimeters_per_minute |
| 배관의 속도(piping_velocity) | meters_per_second, feet_per_second |
| 공조의 풍량(hvac_air_flow) | cubic_feet_per_minute, liters_per_second, cubic_meters_per_second, cubic_meters_per_hour, gallons_us_per_minute, gallons_us_per_hour |
| 배관의 유량(piping_flow) | liters_per_second, cubic_meters_per_second, cubic_meters_per_hour, gallons_us_per_minute, gallons_us_per_hour |
| 배관의 점도(piping viscosity) | pascal_seconds, pounds_mass_per_foot_second, centipoises, pounds_mass_per_foot_hour |
| 공조의 점도(hvac_viscosity) | 단위 상동 |
| 전류(electrical_current) | amperes, kiloamperes, milliamperes |
| 전위(electrical_potential) | volts, kilovolts, millivolts |
| 전기 주파수(electrical_frequency) | hertz, cycles_per_second |
| 전기 조도(electrical illuminance) | lux, footcandles, footlamberts, caldelas_per_square_meter |
| 전기 광도(electrical_luminous_intensity) | candelas, lumens |
| 전기_광속(electrical_luminous_flux) | lumens |

● SI 단위계(System International Units) : 국제 단위계의 보조 단위

| 크기 | 표시 단위 | 명칭 | 크기 | 표시 단위 | 명칭 |
|---|---|---|---|---|---|
| $10^{18}$ | E | Exa | $10^{-1}$ | d | deci |
| $10^{15}$ | P | Peta | $10^{-2}$ | c | centi |
| $10^{12}$ | T | Tera | $10^{-3}$ | m | milli |
| $10^{9}$ | G | Giga | $10^{-6}$ | μ | micro |
| $10^{6}$ | M | Mega | $10^{-9}$ | n | nano |
| $10^{3}$ | k | killo | $10^{-12}$ | p | pico |
| $10^{2}$ | h | hecto | $10^{-15}$ | f | femto |
| $10^{1}$ | da | deca | $10^{-18}$ | a | atto |

# 패밀리 제작

Revit을 이용하여 기본적인 분전반 조명기구 패밀리를 만들어 봅니다.

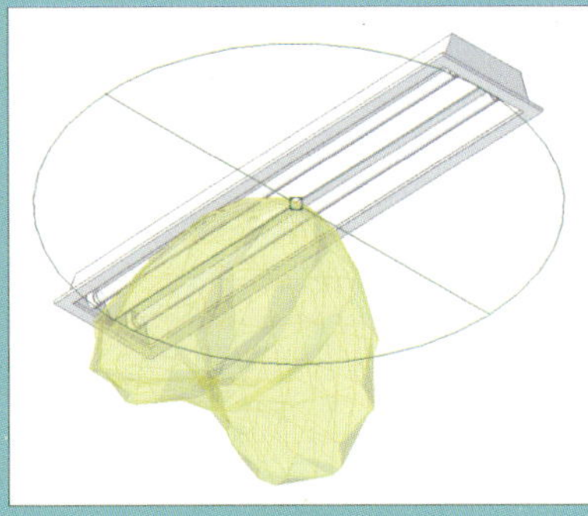
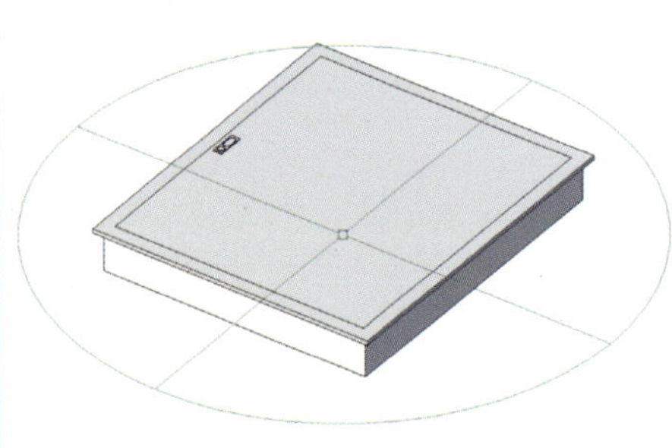

**핵심 Point**

- 분전반 패밀리 제작하기
- 조명기구 패밀리 제작하기

완성 패밀리 미리 보기

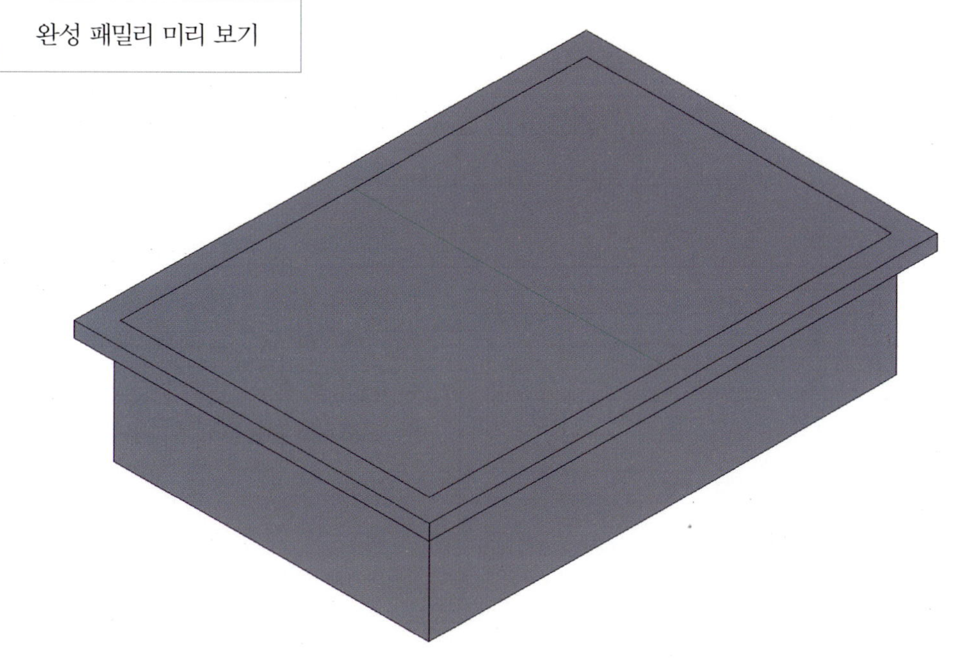

기본 DATA 확인

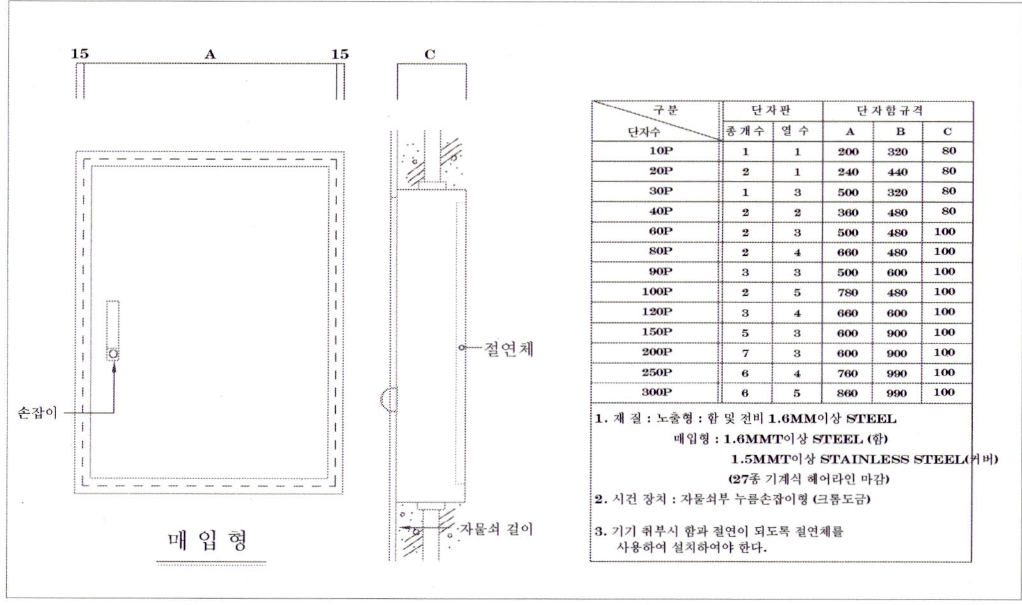


| 구분<br>단자수 | 단자판 | | 단자함규격 | | |
|---|---|---|---|---|---|
| | 종개수 | 열 수 | A | B | C |
| 10P | 1 | 1 | 200 | 320 | 80 |
| 20P | 2 | 1 | 240 | 440 | 80 |
| 30P | 1 | 3 | 500 | 320 | 80 |
| 40P | 2 | 2 | 360 | 480 | 80 |
| 60P | 2 | 3 | 500 | 480 | 100 |
| 80P | 2 | 4 | 660 | 480 | 100 |
| 90P | 3 | 3 | 500 | 600 | 100 |
| 100P | 2 | 5 | 780 | 480 | 100 |
| 120P | 3 | 4 | 660 | 600 | 100 |
| 150P | 5 | 3 | 600 | 900 | 100 |
| 200P | 7 | 3 | 600 | 900 | 100 |
| 250P | 6 | 4 | 760 | 990 | 100 |
| 300P | 6 | 5 | 860 | 990 | 100 |

1. 재 질 : 노출형 : 함 및 전비 1.6MM이상 STEEL
매입형 : 1.6MMT이상 STEEL (함)
1.5MMT이상 STAINLESS STEEL(커버)
(27종 기계식 헤어라인 마감)
2. 시건 장치 : 자물쇠부 누름손잡이형 (크롬도금)
3. 기기 취부시 함과 절연이 되도록 절연체를 사용하여 설치하여야 한다.

**01** ➤ [새로 만들기]➤ [패밀리]를 클릭합니다.

**02** [새 패밀리 – 템플릿 파일 선택] 대화상자가 나타나면 '미터법 일반 모델 면 기반.rft' 파일을 선택하고 [열기] 버튼을 클릭합니다.

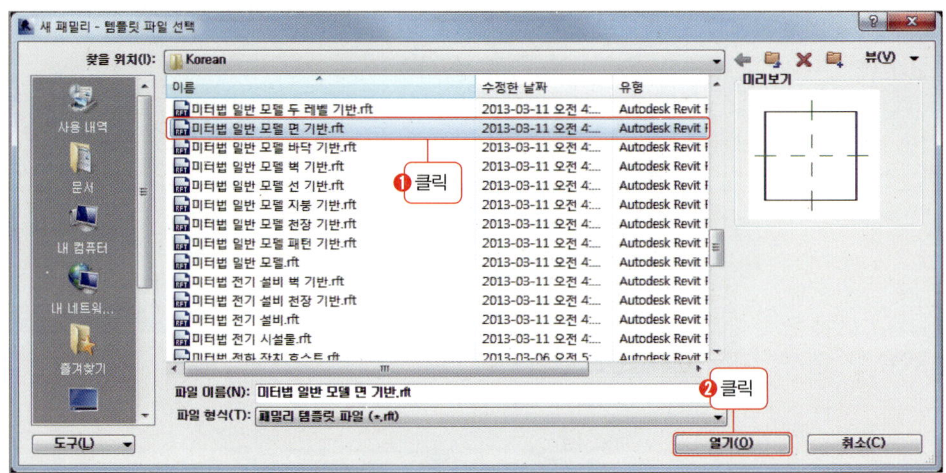

**03** [작성] 탭➤ [특성] 패널 ➤ [패밀리 카테고리 및 매개변수]를 클릭합니다.

**04** [패밀리 카테고리 및 매개변수] 대화상자가 나타나면 '전기 시설물'을 선택하고 '패밀리 매개변수'에서 '부품 유형'과 '패널 구성'을 확인합니다.

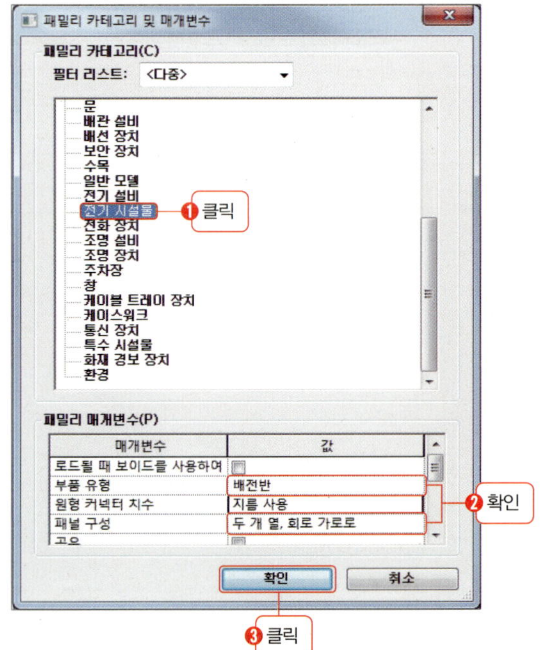

**05** 도면 영역에 있는 2개의 참조 평면을 선택하고 핀 고정을 확인합니다. (고정된 객체는 수정 및 삭제되지 않습니다.)

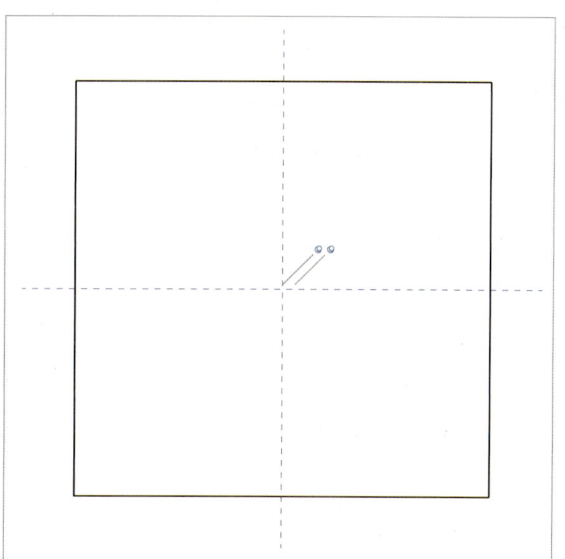



## **02** 참조 평면/치수 작성하기

**01** 뷰 조절 막대의 축척을 '1:5'로 변경합니다.

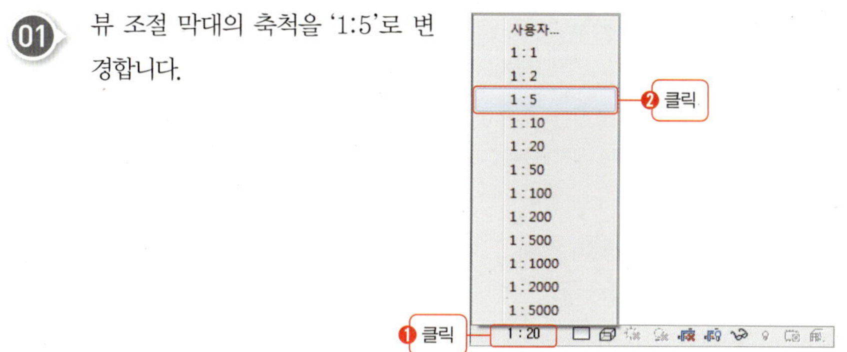


**02** [작성] 탭 ➤ [기준] 패널 ➤ [참조 평면]을 클릭합니다.

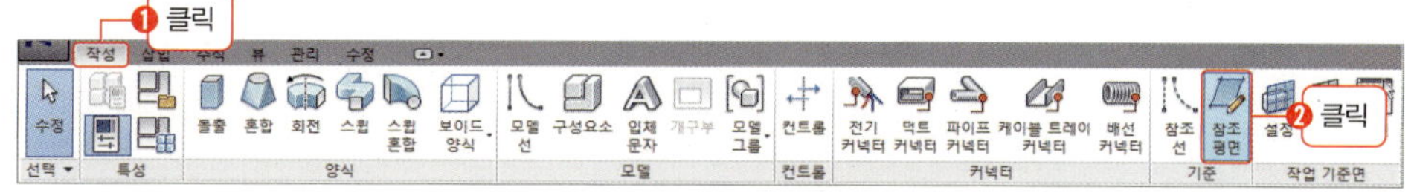


**03** [수정 | 배치 참조 평면] 탭 ➤ [그리기] 패널 ➤ [선 선택] 을 클릭한 후 옵션 막대의 '간격띄우기'에 '100mm'를 입력합니다.

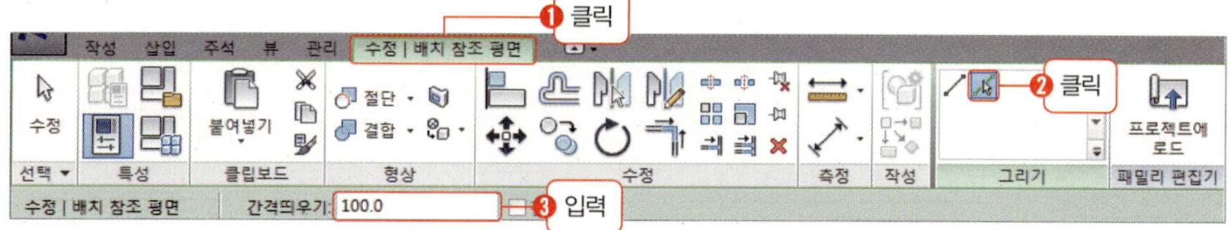

**04** 중심(왼쪽/오른쪽) 참조 평면에서 좌우 두 방향으로 간격이 100mm 떨어진 참조 평면을 작성합니다(분전함 가로 길이가 될 참조 평면 작성).

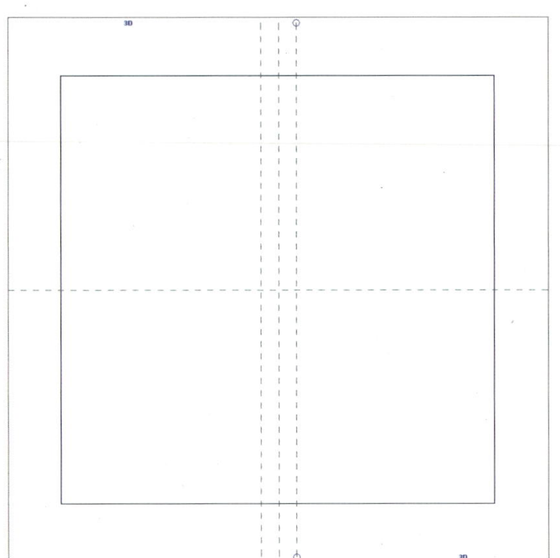

**05** [수정 | 배치 참조 평면] 탭 ▶ [그리기] 패널 ▶ [선 선택] ◩ 을 클릭하고 옵션 막대의 '간격띄우기'에 '150mm'를 입력합니다.

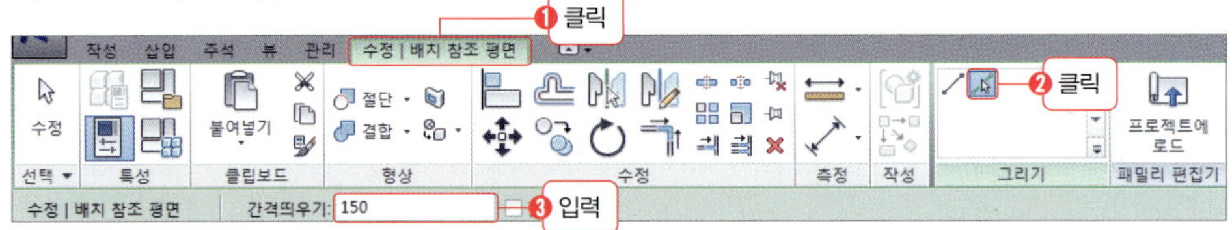


**06** 중심(앞/뒤) 참조 평면에서 위아래 두 방향으로 간격이 150mm 떨어진 참조 평면을 작성합니다(분전함 세로 길이가 될 참조 평면 작성).

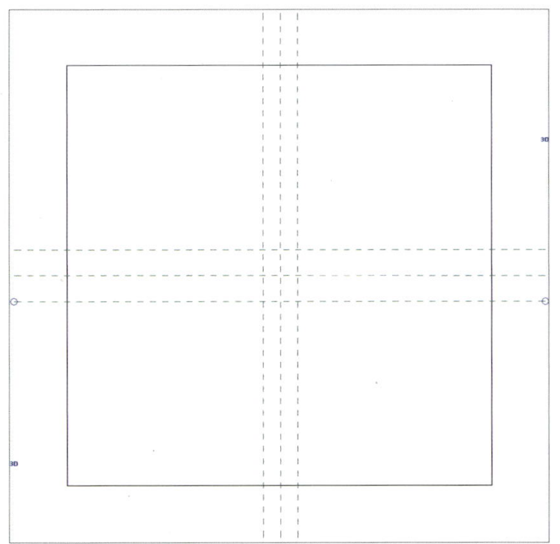

**07** [수정 | 배치 참조 평면] 탭 ➤ [그리기] 패널 ➤ [선] 을 클릭하고 15mm 간격의 참조 평면을 작성합니다.

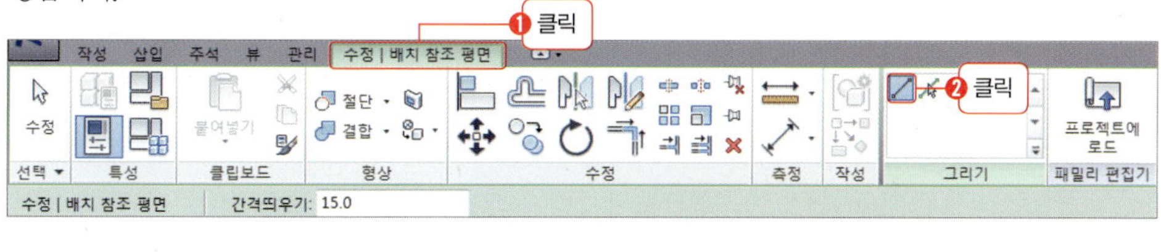

**08** [주석] 탭 ➤ [치수] 패널 ➤ [정렬]을 클릭합니다.

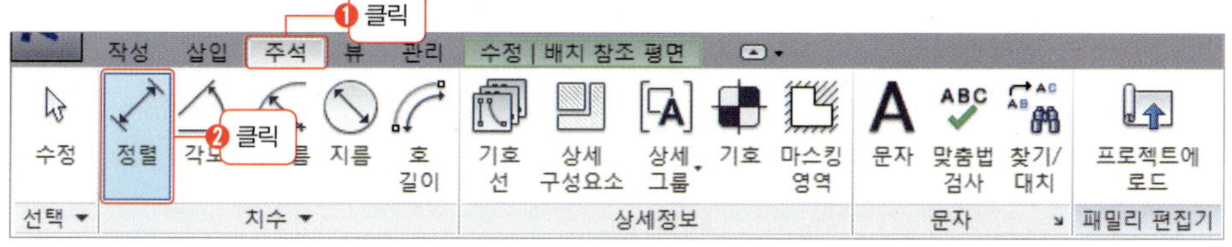

**09** 다음과 같이 치수를 작성하고 ⊡를 클릭합니다.

**10** [작성] 탭 ➤ [기준] 패널 ➤ [참조선]을 클릭합니다.

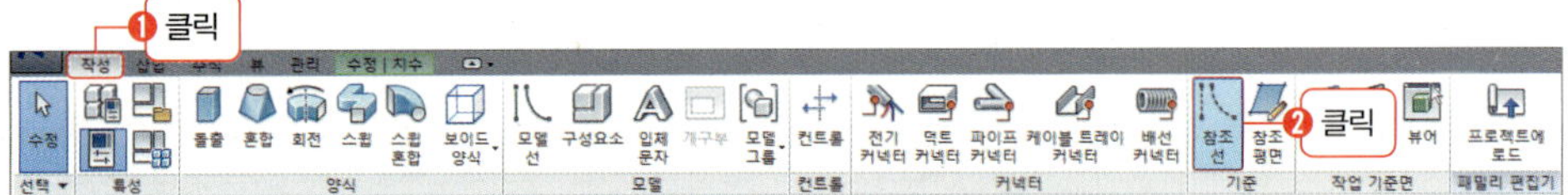

**11** [수정 | 배치 참조선] 탭 ➤ [그리기] 패널 ➤ [사각] ▱을 클릭합니다.

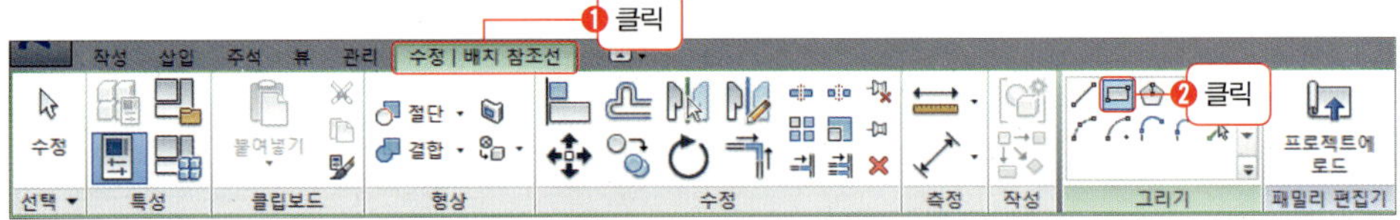

**12** 다음과 같이 참조선을 작성하여 참 조 평면에 구속합니다.

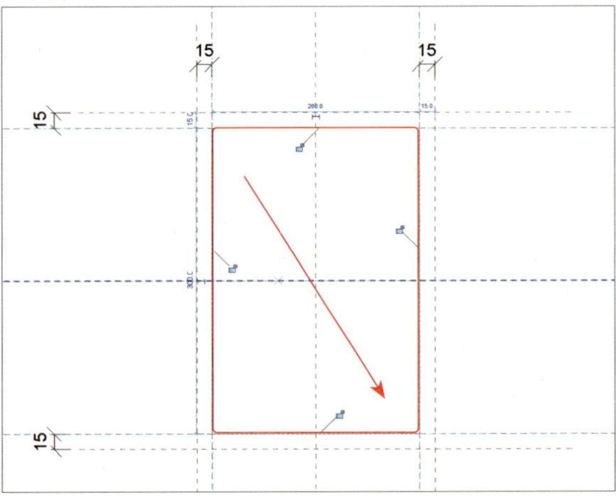

⑬ [작성] 탭 ➤ [양식] 패널 ➤ [스윕]을 클릭합니다.

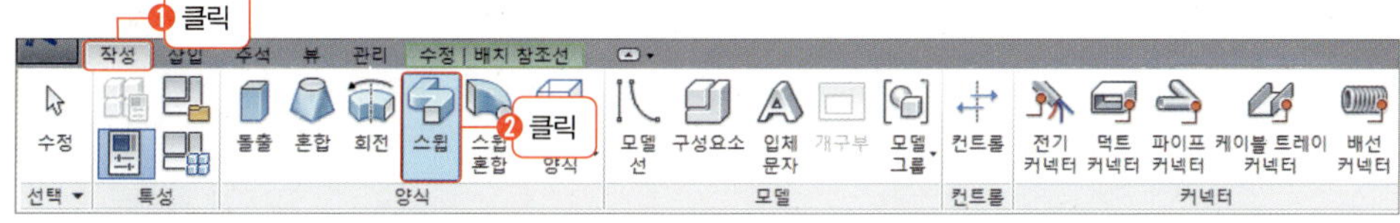


⑭ [수정 | 스윕] 탭 ➤ [스윕] 패널 ➤ [경로 선택]을 클릭합니다.

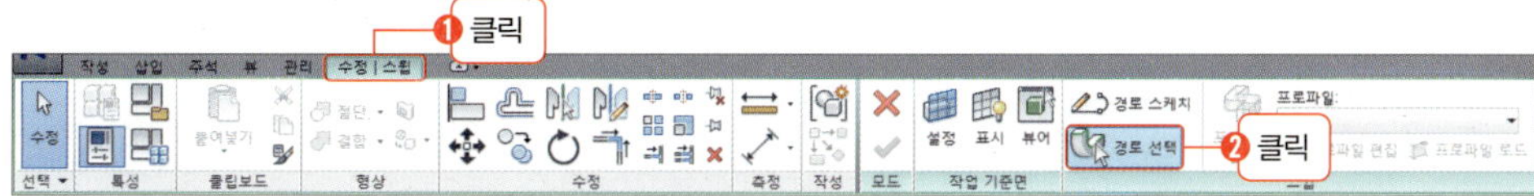


⑮ 다음과 같이 경로를 작성합니다.

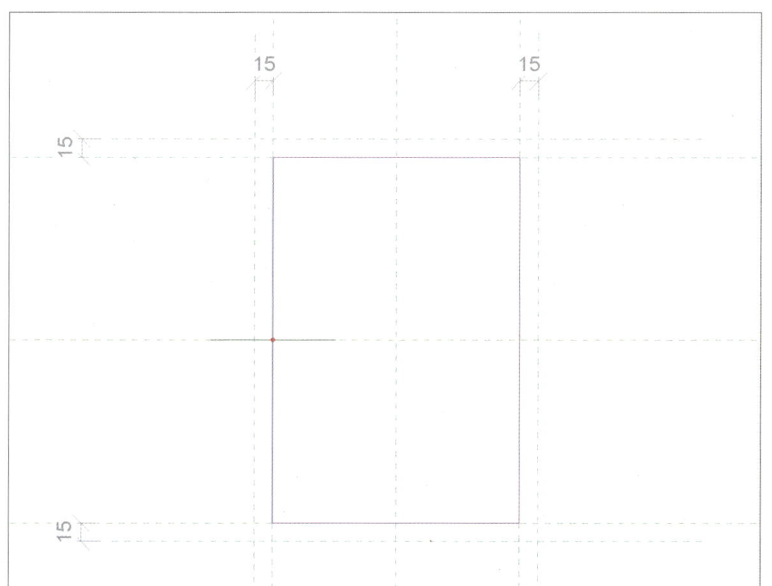


⑯ [수정 | 스윕 > 경로 선택] 탭 ➤ [모드] 패널 ➤ [편집 완료] 를 클릭합니다.

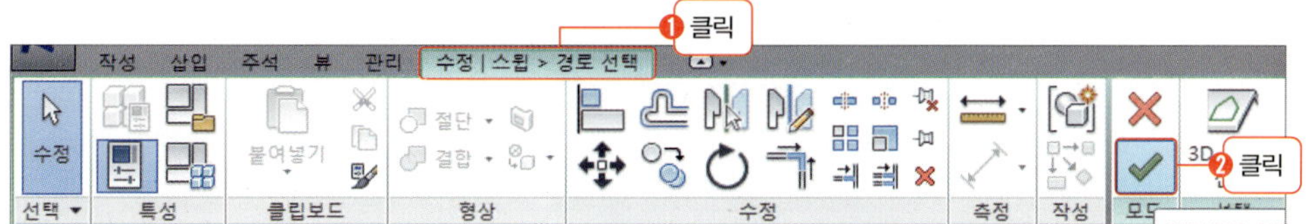


⑰ [수정 | 스윕] 탭 ➤ [스윕] 패널 ➤ [프로파일 편집]을 클릭합니다.

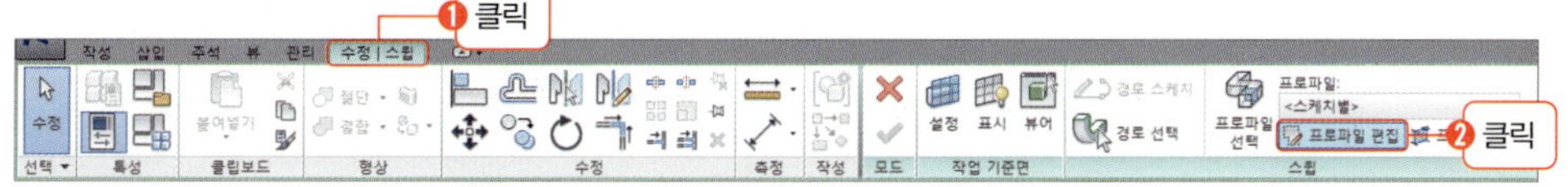

⑱ [뷰로 이동] 대화상자가 나타나면
'입면도 : 앞면'을 선택합니다.

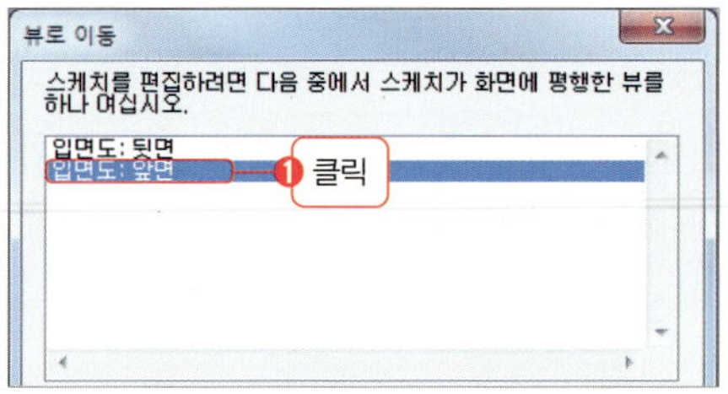


⑲ 뷰 조절 막대의 축척을 '1:5'로 변경합니다.

⑳ [수정 l 스윕 ▶ 프로파일 편집] 탭 ▶ [기준] 패널 ▶ [참조 평면]을 클릭합니다.

㉑ 다음과 같이 참조 평면을 작성한 후 치수를 설정합니다.

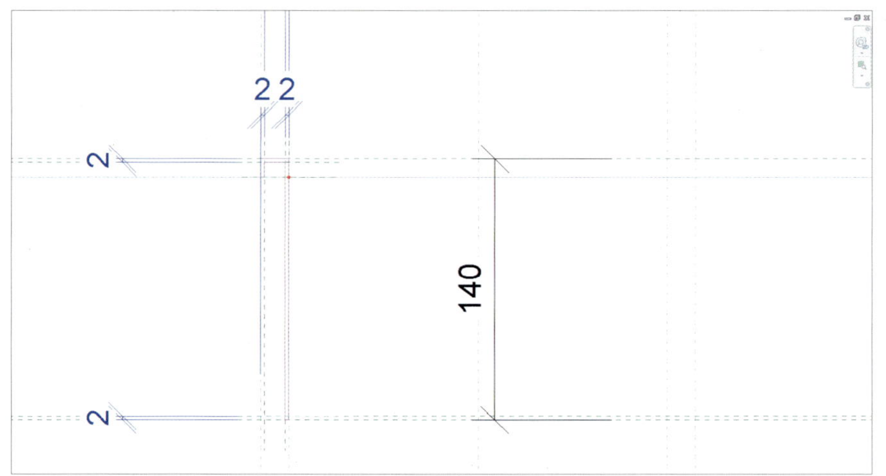


㉒ 치수를 선택하고 옵션 막대의 '레이블'에서 [〈매개변수 추가〉]를 선택합니다.

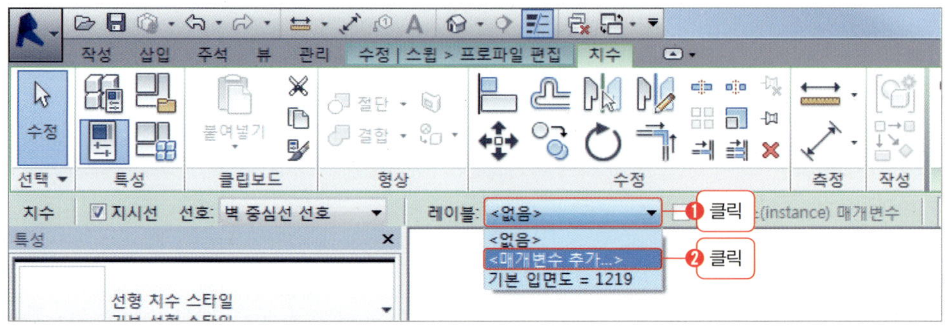

㉓ [매개변수 특성] 대화상자가 나타나면 '매개변수 데이터'의 '이름'에 't'를 입력하고 [확인] 버튼을 클릭합니다.

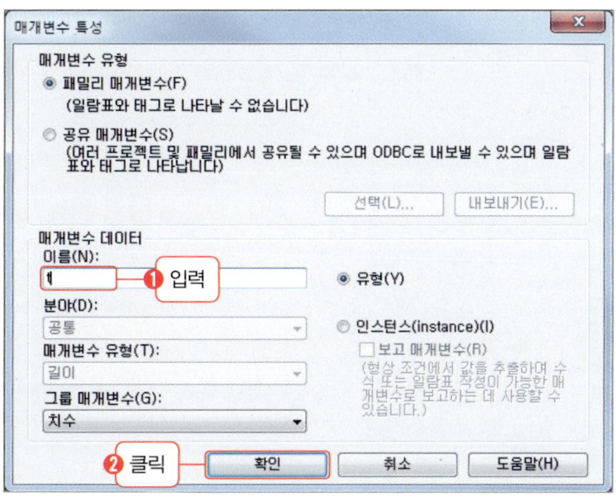


㉔ 다음과 같이 설정할 수 있습니다.

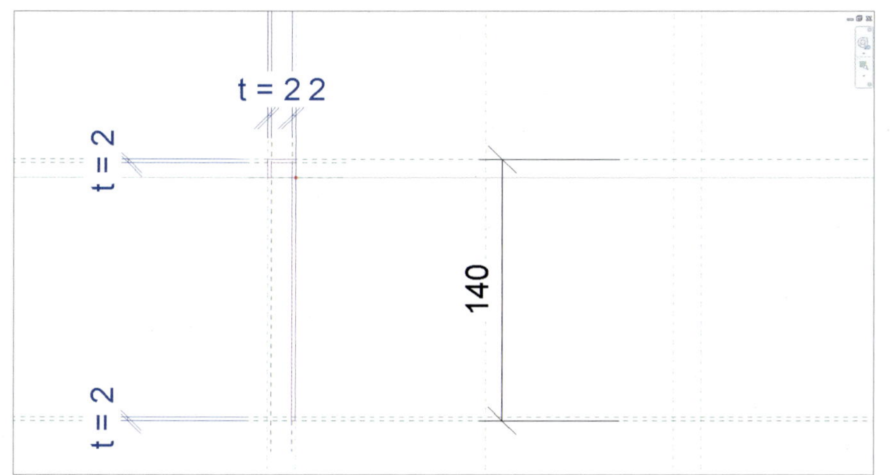


㉕ 치수 '80mm'를 선택하고 옵션 막대의 '레이블'에서 [〈매개변수 추가〉]를 선택합니다.

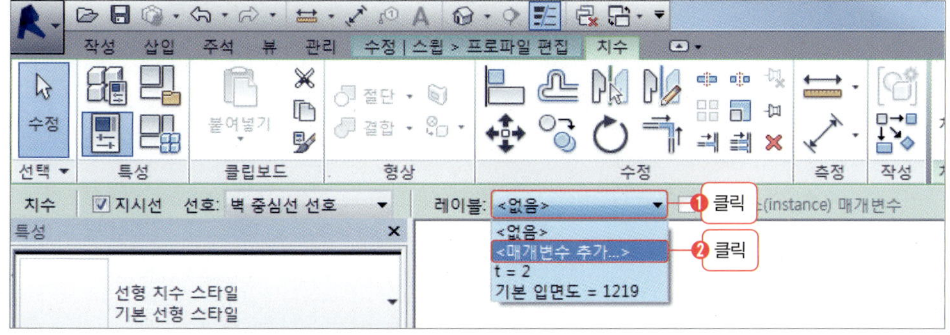

**26** [매개변수 특성] 대화상자가 나타나면 '매개변수 데이터'의 '이름'에 '깊이D'를 입력하고 [확인] 버튼을 클릭합니다.

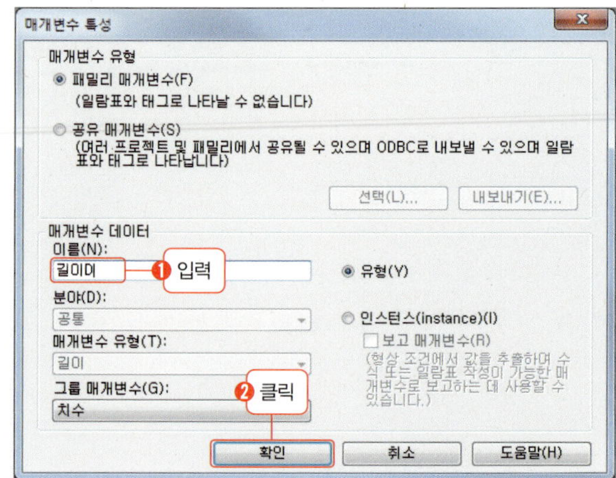

**27** [수정 | 스윕 > 프로파일 편집] 탭▶[모드] 패널▶[편집 완료] ✔를 클릭합니다.

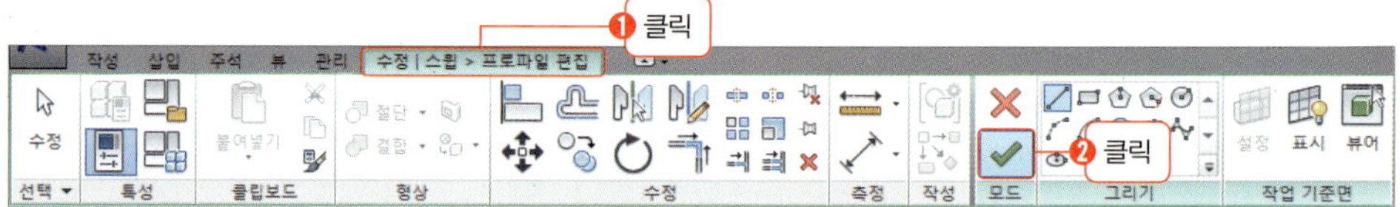

**28** [수정 | 스윕] 탭▶[모드] 패널▶[편집 완료] ✔를 클릭합니다.

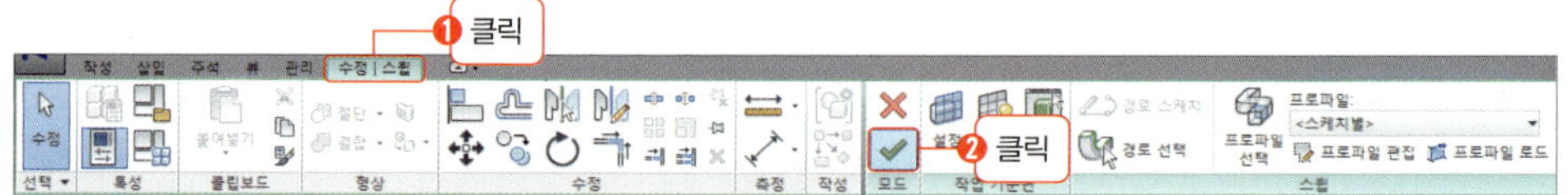

**29** 다음과 같은 도형을 작성할 수 있습니다. 프로젝트 탐색기의 '뷰(모두)'▶'3D 뷰'▶'뷰'에서 확인할 수 있습니다.

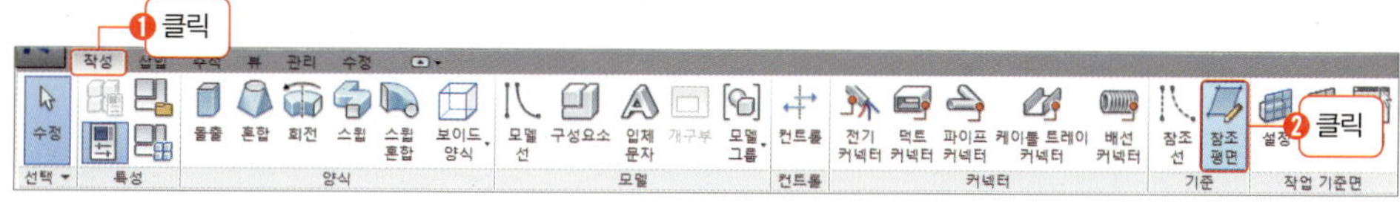

**30** [작성] 탭 ➤ [기준] 패널 ➤ [참조 평면]을 클릭합니다.



**31** 다음과 같이 참조 평면을 작성합니다.

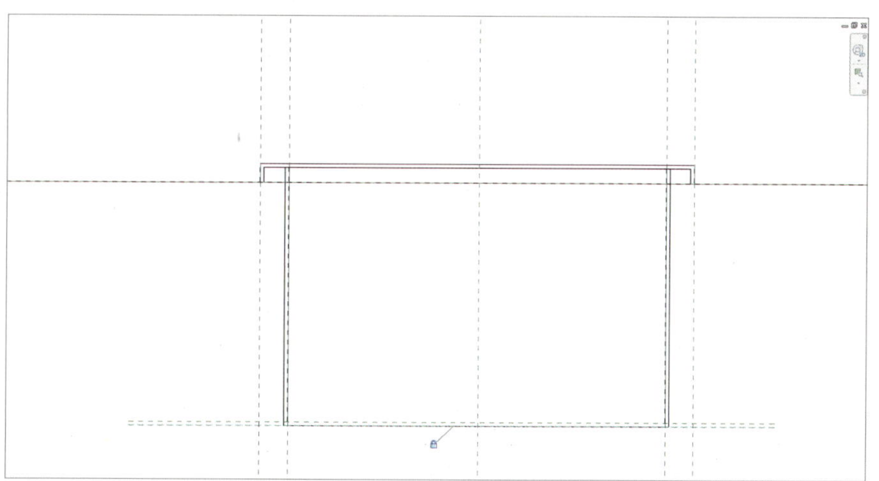

**32** 치수 '1.6mm'를 선택하고 옵션 막대의 '레이블'에서 [t = 2]를 선택합니다.

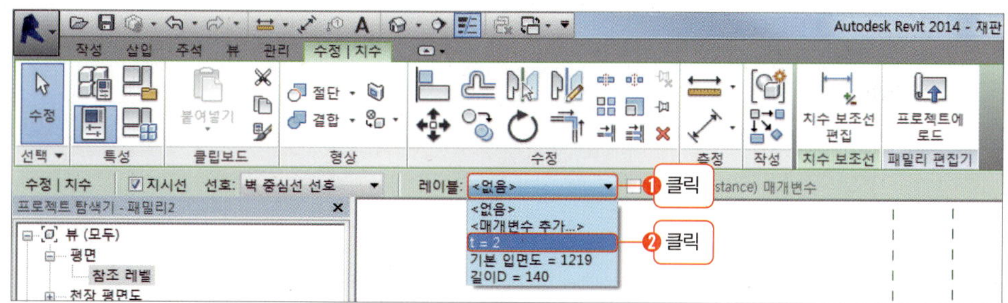



> **TIP**
>
> 단위 설정으로 인해 1.6mm가 2mm로 표기되는데, 단위 설정에서 소수점 이하 첫째 자리까지 표현할 수 있습니다.

**33** 프로젝트 탐색기에서 '뷰 (모두)' ➤ '평면' ➤ '참조 레벨'을 클릭합니다.

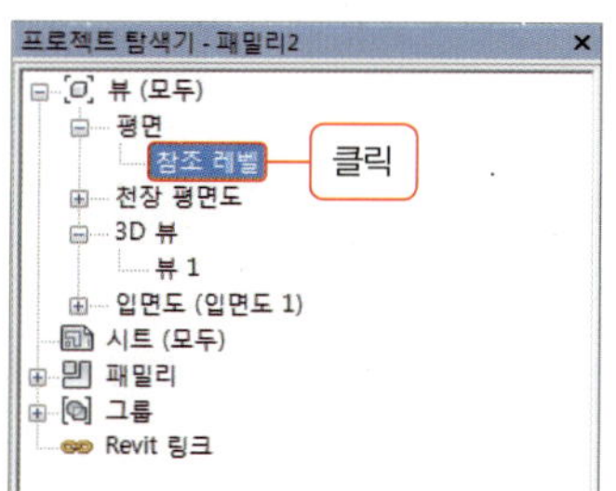

**34** [수정] 탭 ➤ [특성] 패널 ➤ [패밀리 유형]을 클릭합니다.

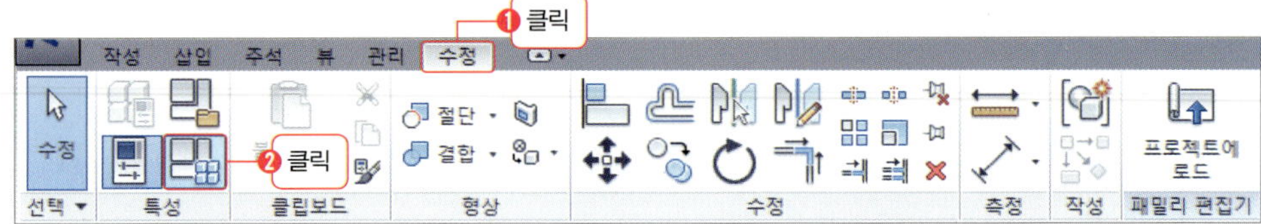


**35** [패밀리 유형] 대화상자가 나타나면 '매개변수'에서 [추가] 버튼을 클릭하여 [매개변수 특성] 대화상자에서 '가로 W'와 '세로 H'를 작성합니다.

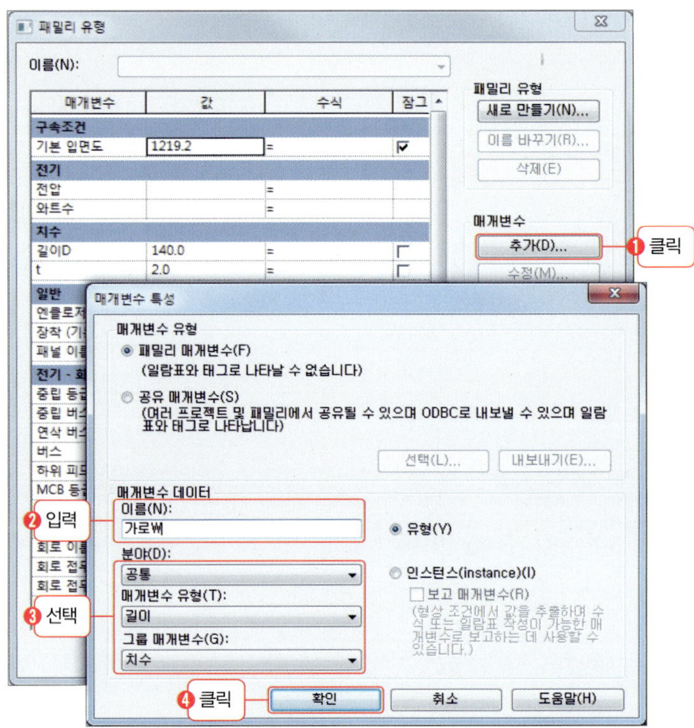


**36** 다음과 같이 작성할 수 있습니다.

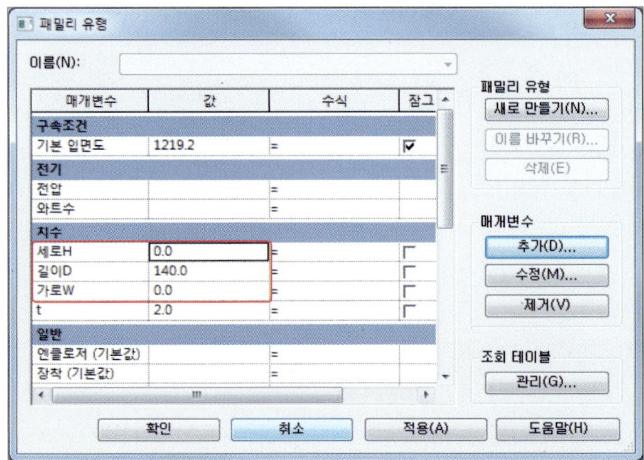

**37** [주석] 탭 ➤ [치수] 패널 ➤ [정렬]을 클릭하고 오른쪽 그림과 같이 매개 변수를 설정합니다.

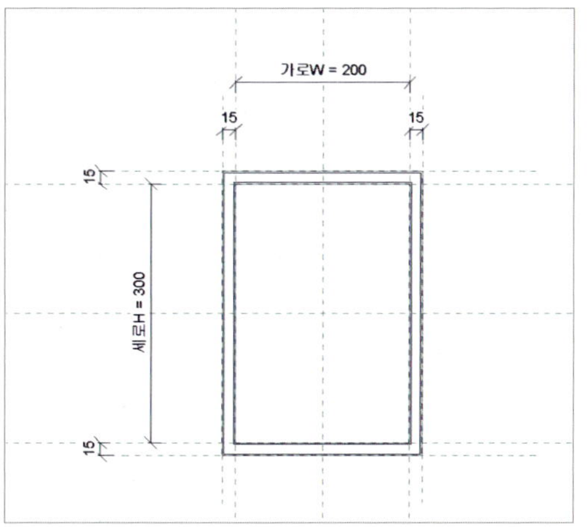

**38** [작성] 탭 ➤ [양식] 패널 ➤ [돌출]을 클릭합니다.

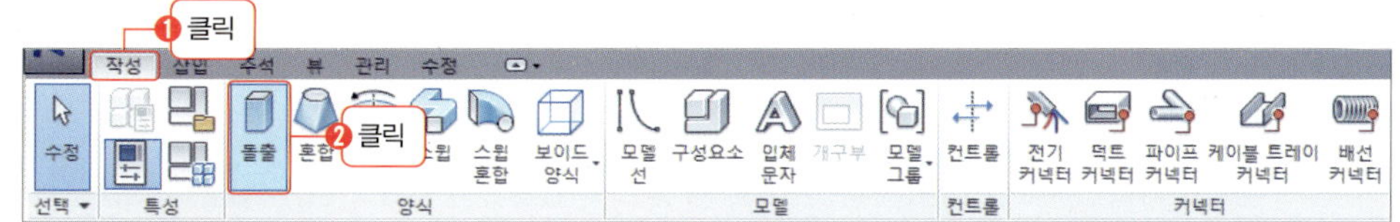

**39** [수정 | 돌출 작성] 탭 ➤ [그리기] 패널 ➤ [직사각형]을 클릭합니다.

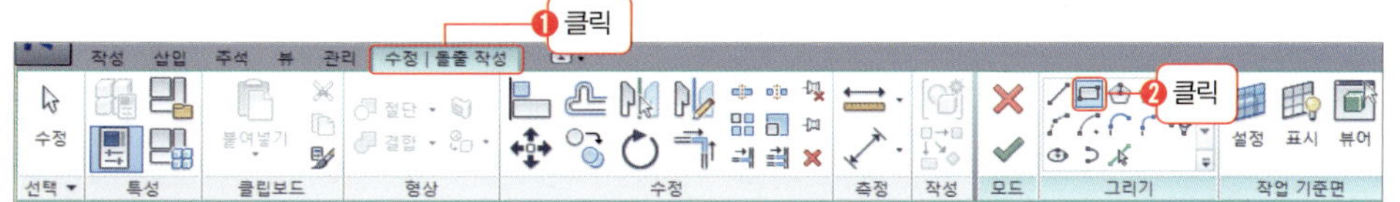

**40** 오른쪽 그림과 같이 작성한 후 참 조 평면에 구속합니다.

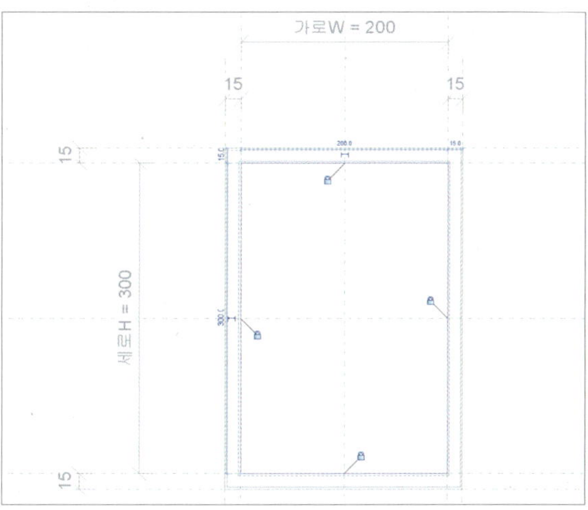

**41** 옵션 막대에서 '깊이'를 '2mm'로 입력하고 [수정 | 돌출 작성] 탭 ▶ [모드] 패널 ▶ [편집 완료] ✔ 를 클릭합니다.

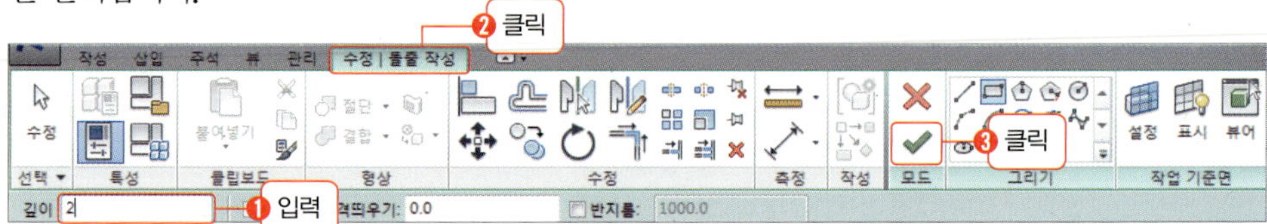

**42** 프로젝트 탐색기에서 '입면도' ▶ '앞면'을 선택합니다.

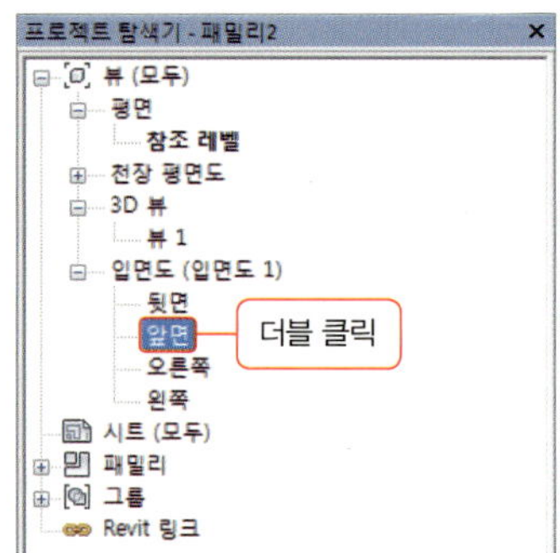

**43** [수정 | 돌출] 탭 ▶ [작업 기준면] 패널 ▶ [작업 기준면 편집]을 클릭합니다.

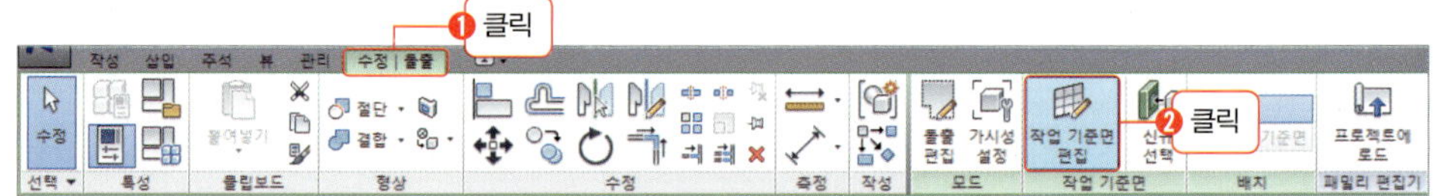

**44** [작업 기준면] 대화상자가 나타나면 '새 작업 기준면 지정'에서 '기준면 선택'을 선택하고 [확인] 버튼을 클릭합니다.

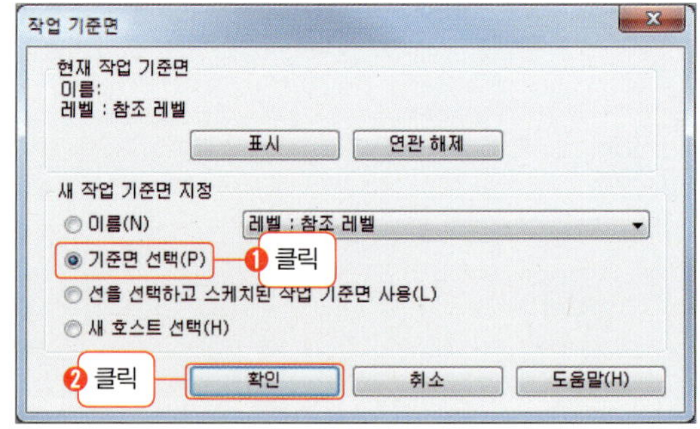

**45** 다음과 같이 하단 참조 평면을 선택합니다.

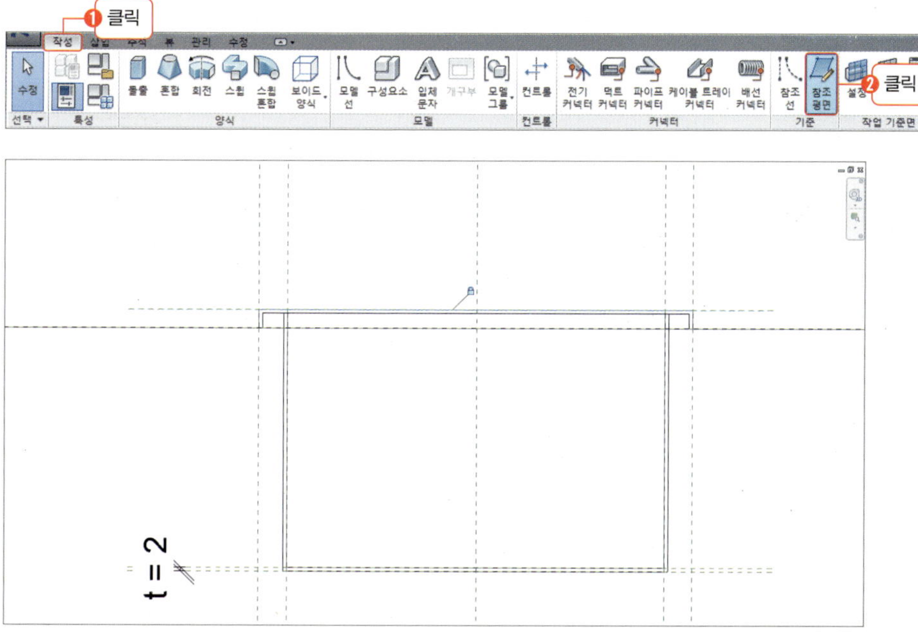


**46** [작성] 탭 ▶ [기준] 패널 ▶ [참조 평면]을 클릭하고 다음과 같이 참조 평면을 작성합니다.

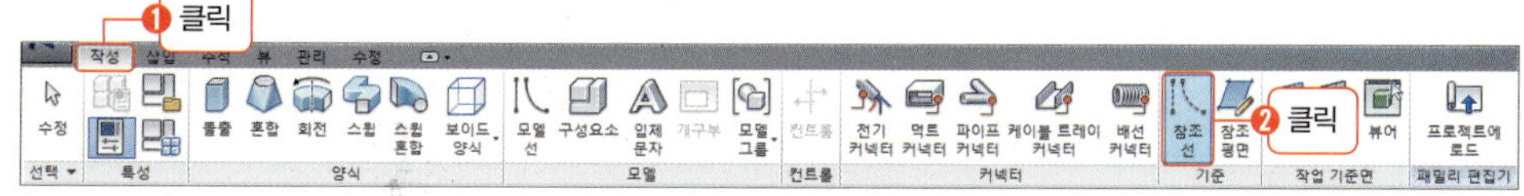




> **TIP**
>
> 참조 평면은 정렬 기능을 이용하여 반드시 구속합니다.

**47** [작성] 탭 ▶ [기준] 패널 ▶ [참조선]을 클릭합니다.

**48** 다음과 같이 참조선을 작성한 후 참조 평면에 구속합니다([수정] 탭 ➤ [수정] 패널 ➤ [정렬] 이용).

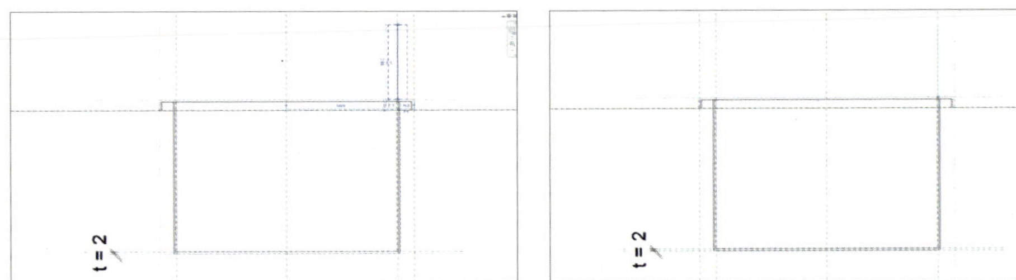

**49** 다음과 같이 참조선에 치수를 설정합니다.

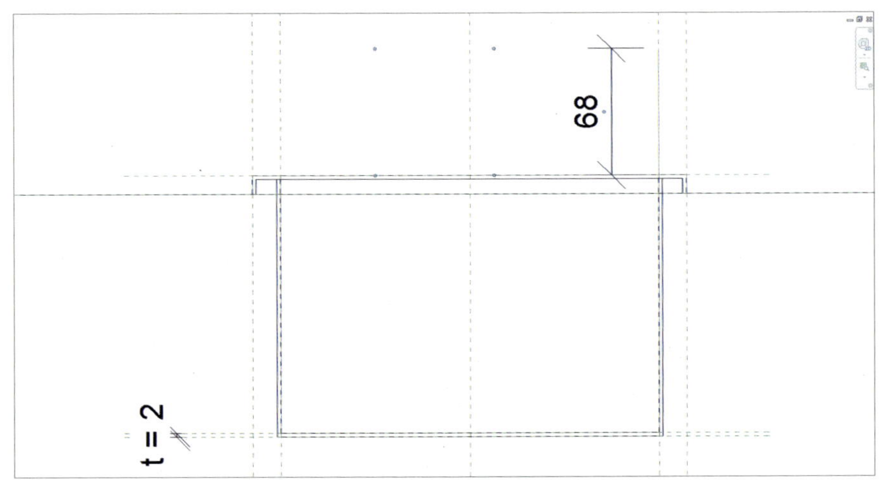



> **TIP**
>
> 참조선의 시작/끝 부분을 서택할 경우 `Tab`을 눌러 선택할 수 있습니다.

**50** [작성] 탭 ➤ [양식] 패널 ➤ [스윕]을 클릭합니다.

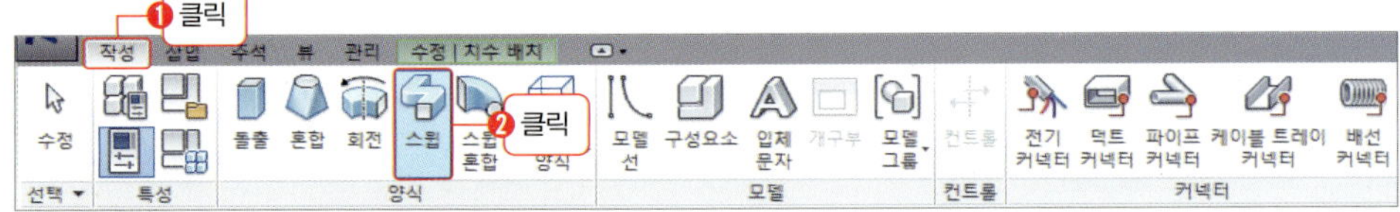



**51** [수정 | 스윕] 탭 ➤ [스윕] 패널 ➤ [경로 선택]을 클릭합니다.

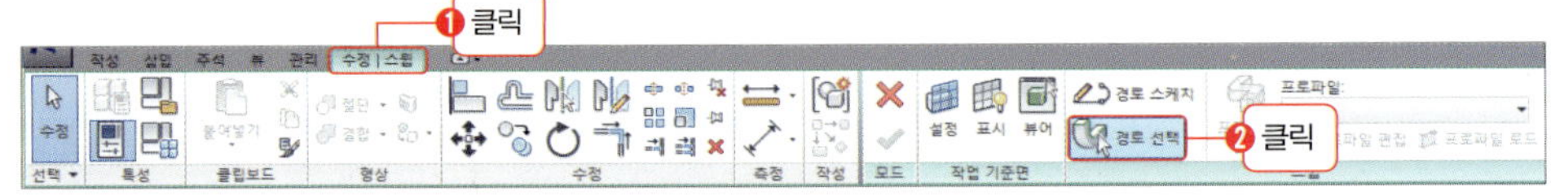

**52** 다음과 같이 참조선을 선택하고 [수정 | 스윕 ▶ 경로 선택] 탭 ▶ [모드] 패널 ▶ [편집 완료] ✔️를 클릭합니다.

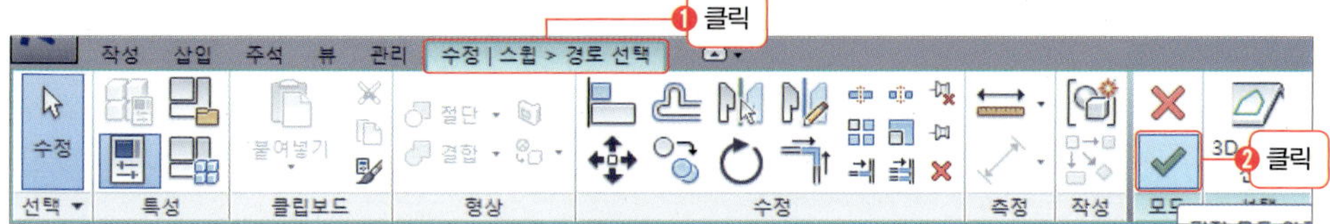

**53** [수정 | 스윕] 탭 ▶ [스윕] 패널 ▶ [프로파일 편집]을 클릭합니다.

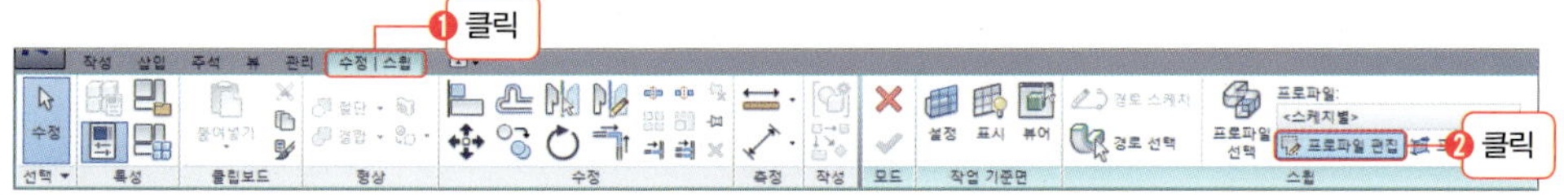

**54** [뷰로 이동] 대화상자가 나타나면 '평면도 : 참조 레벨'을 선택하고 [뷰 열기] 버튼을 클릭합니다.

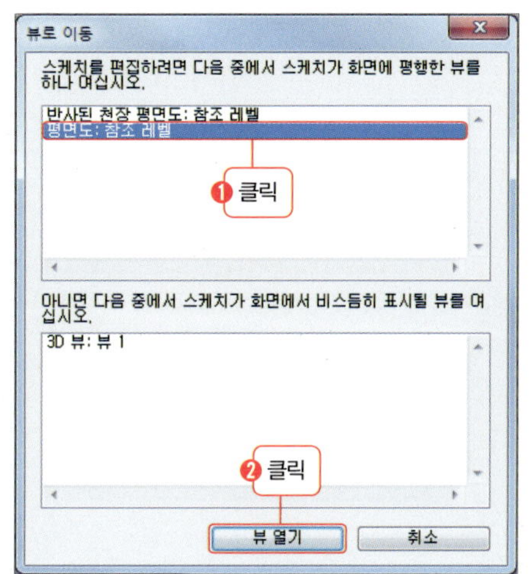

**55** 다음과 같이 작성합니다.

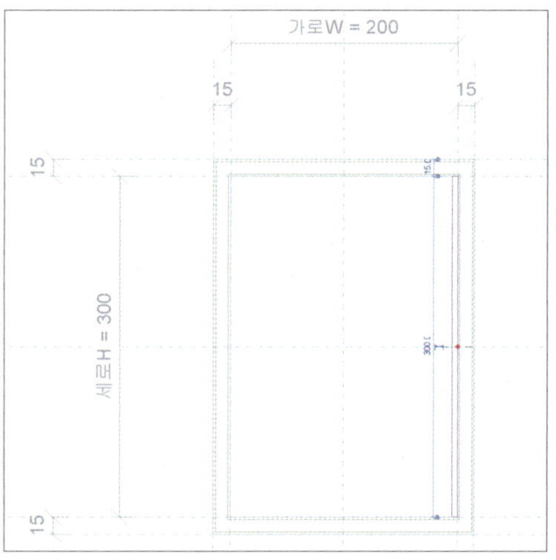

**56** [수정 | 스윕] 탭 ➤ [모드] 패널 ➤ [편집 완료] ✔를 클릭합니다.

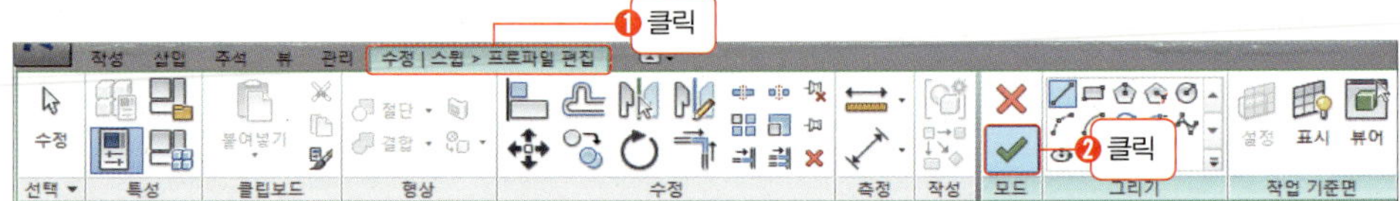


**57** [수정 | 스윕] 탭 ➤ [모드] 패널 ➤ [편집 완료] ✔를 클릭한 후 다음과 같이 작성되었는지 확인합니다.

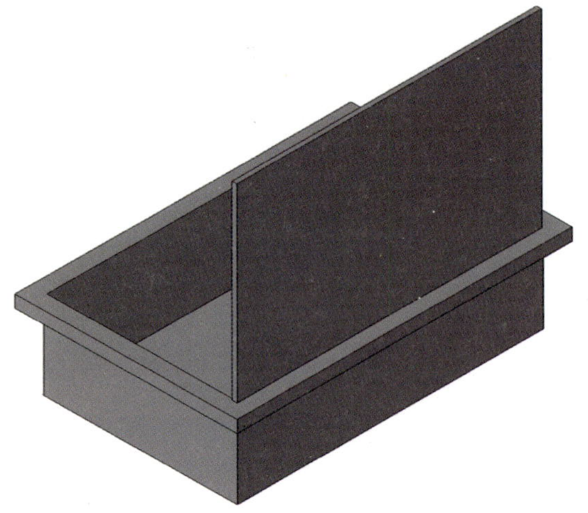

**58** 프로젝트 탐색기에서 '입면도 (입면도 1) ➤ 앞면'을 선택합니다.

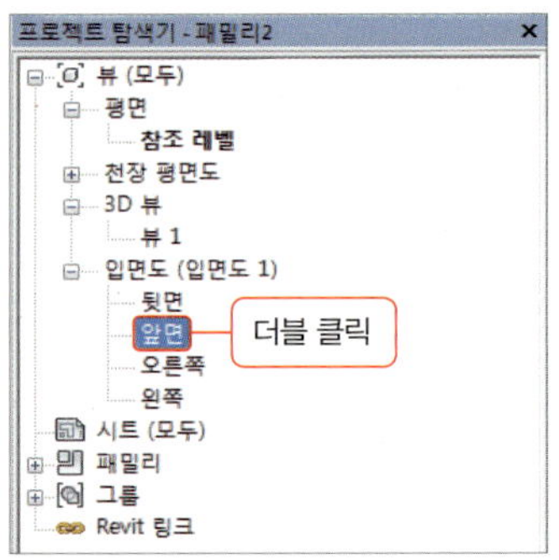


**59** [수정 | 치수 배치] 탭 ➤ [치수] 패널 ➤ [각도]를 클릭합니다.

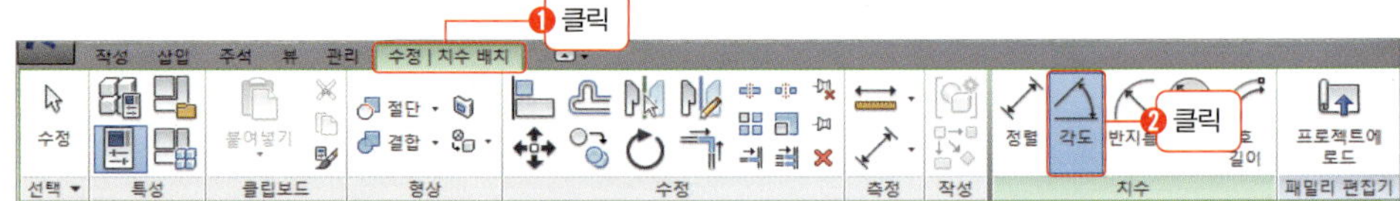

60 다음과 같이 치수를 작성합니다. 이때 참조평면과 참조선의 각도를 작성하는 것으로, 참조평면과 참조선을 선택할 때 상태 막대에서 참조평면과 참조선이 선택되었는지 확인합니다. 치수선이 선택되지 않았을 경우 [Tab] 을 눌러 변경할 수 있습니다.

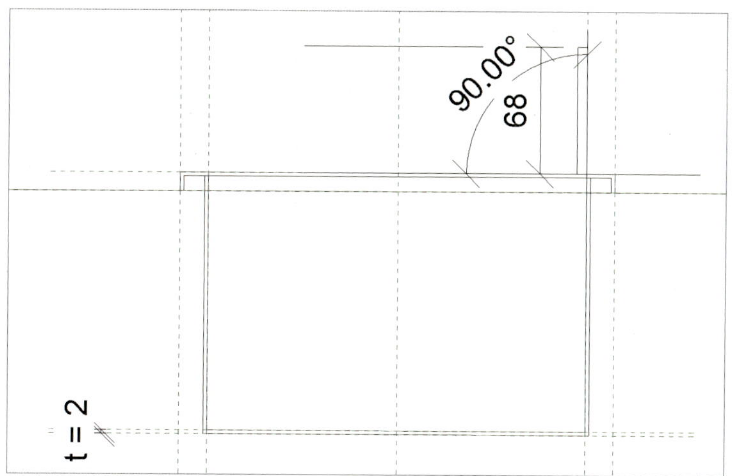


61 치수를 선택하여 옵션 막대의 '레이블'에서 [〈매개변수 추가〉]를 선택합니다.

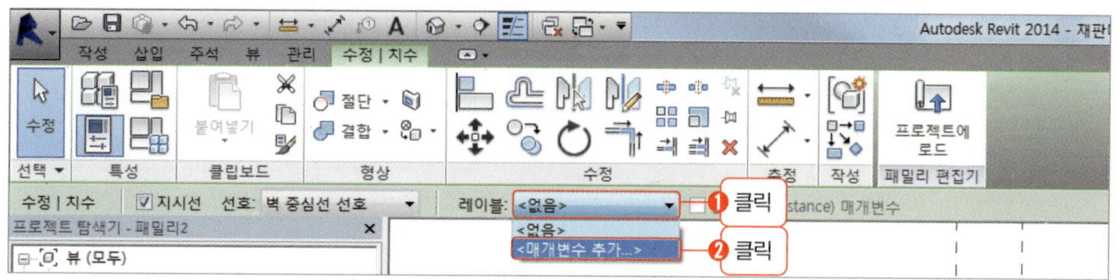

62 [매개변수 특성] 대화상자가 나타나면 '매개변수 데이터'의 '이름'에 'Door_Open'을 입력하고 [확인] 버튼을 클릭합니다.

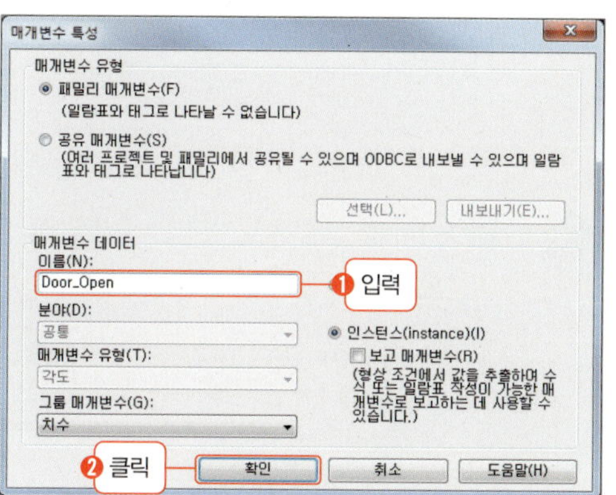

**63** 다음과 같이 작성할 수 있습니다.

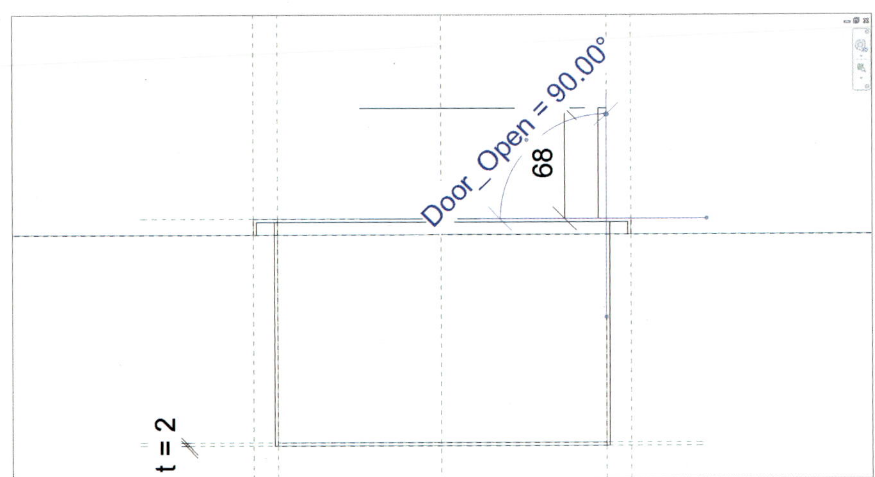


**64** [수정 | 치수] 탭 ➤ [특성] 패널 ➤ [패밀리 유형]을 클릭합니다.

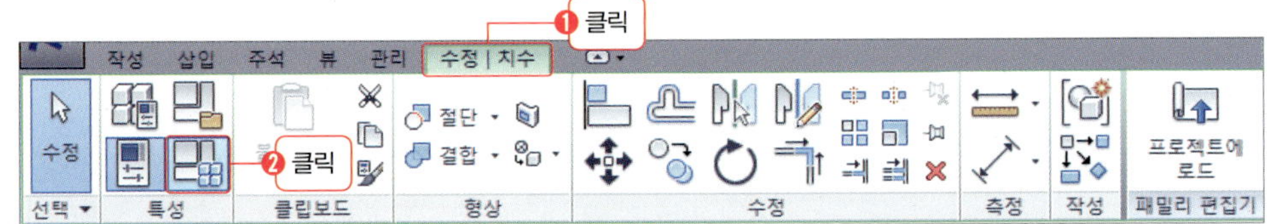


**65** [패밀리 유형] 대화상자의 '패밀리 유형'을 오른쪽 표를 참조하여 작성합니다.

| 유형 | 가로(W) | 세로(H) | 깊이(D) |
|---|---|---|---|
| 10P | 200 | 320 | 80 |
| 20P | 240 | 440 | 80 |
| 30P | 500 | 320 | 80 |
| 40P | 360 | 480 | 80 |
| 60P | 500 | 480 | 100 |
| 80P | 660 | 480 | 100 |

**66** ➤ [다른 이름으로 저장] ➤ [패밀리]를 클릭하여 단자함으로 저장합니다.

완성 패밀리 미리 보기

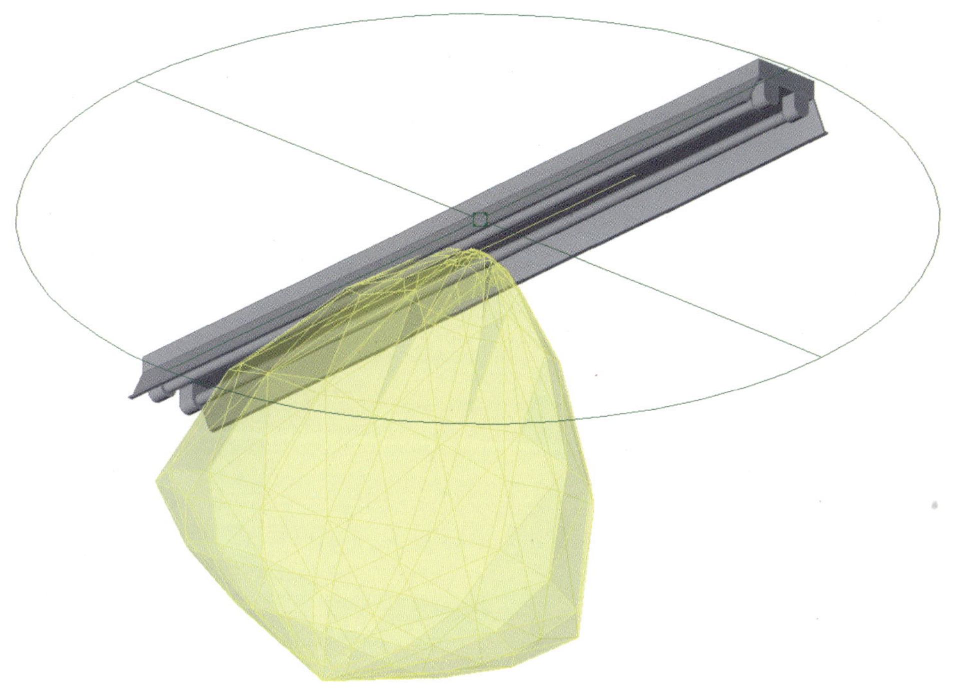

기본 DATA 확인

| 1. 패밀리 NAME(File Name) | 2. 패밀리 TYPE | 3. 패밀리카테고리(Category) | 4. 서브카테고리(sub Category) | 5. 설치기준(Metric Template) | 6. 형상속성(Form) | 7. El. Conn | 8. Cable Tray Conn. | 9. Conduit Conn. |
|---|---|---|---|---|---|---|---|---|
| 갓등직부 | T5 28W x 1 | Lighting Fixture | 조명기구 | Face Base | Extrusion+Void | O | | O |

| 11. 일반속성Parameter(General) | | 12. 전기속성Parameter(Electrical) | | 13. 조명속성Parameter(Electrical lighting) | | 14. 물량산출속성Parameter(Identity data) | | 15. 시공 및 유지관리속성Parameter(Construction) | |
|---|---|---|---|---|---|---|---|---|---|
| 크기_가로 | 1192 | 정격전압 | 220V | 램프종류(Lamp) | T5 28W | 품명 | 조명기구 | 매입 | |
| 크기_세로 | 150 | 부하종류 | Lighting | 초기광속효율(lm/W) | 93 | 규격 | T5 28Wx1 | 노출 | O |
| 크기_길이 | 70 | 부하용량 | 35VA | 초기색온도(Initial Color) | 3000K | 재료비 | | | |
| 마감재질 | STEEL | | | IES DATA | | | | | |
| 색상 | 백색 | | | 안정기전압(V) | 220V | | | | |
| | | | | 안정기극수(Number of Pole) | 1 | | | | |
| | | | | 조명율(루멘의 사용계수) | default | | | | |
| | | | | 조명율환산계수 | default | | | | |
| | | | | 조사각도(Tilt Angle) | 70 | | | | |
| | | | | 광손실률(Light Loss Factor) | 0.8 | | | | |
| | | | | 디밍변동광색온도(Dimming Lamp Color Temperature Shift) | | | | | |
| | | | | Color Filter | | | | | |

**01**  📁 ▶ [새로 만들기] ▶ [패밀리]를 클릭합니다.

**02**  [새 패밀리 – 템플릿 파일 선택] 대화상자가 나타나면 '미터법 일반 모델 면 기반.rft' 파일을 선택하고 [열기] 버튼을 클릭합니다.

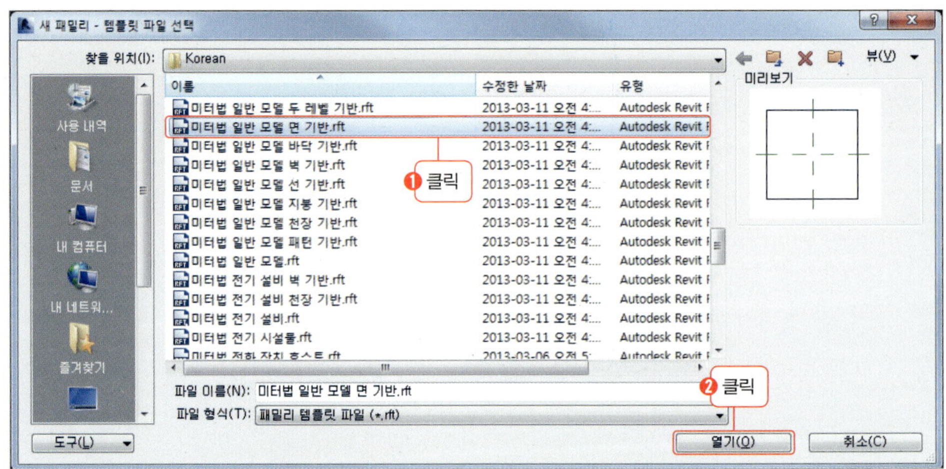

**03**  [작성] 탭 ▶ [특성] 패널 ▶ [패밀리 카테고리 및 매개변수]를 클릭합니다.

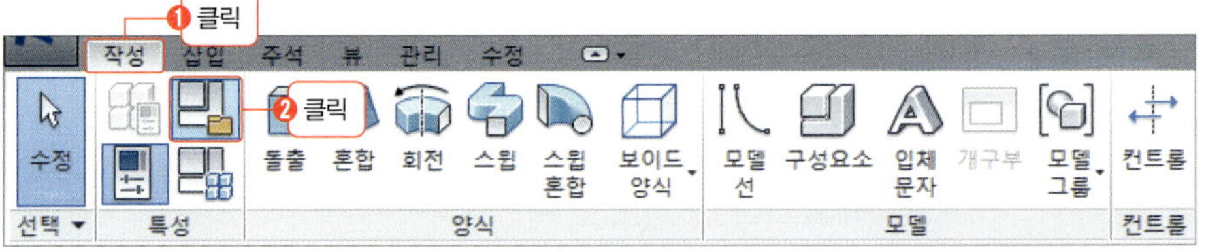

**04**  [패밀리 카테고리 및 매개변수] 대화상자가 나타나면 '조명 설비'를 선택하고 '패밀리 매개변수'에서 '광원'에 체크되었는지 확인합니다.

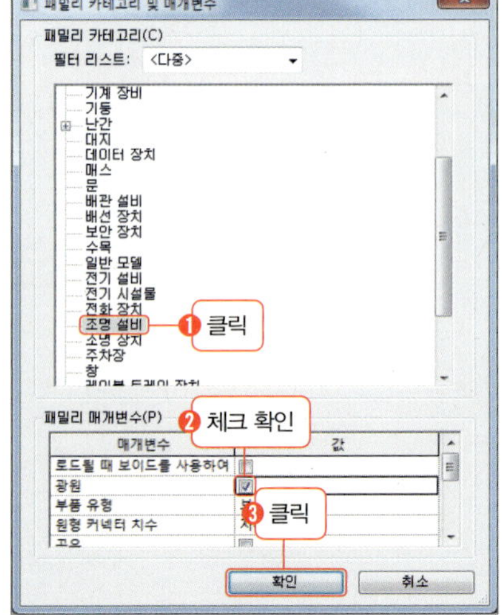

**05** 도면 영역에 있는 2개의 참조 평면
을 선택하고 핀 고정을 확인합니다.
(고정된 객체는 수정 및 삭제되지
않습니다.)

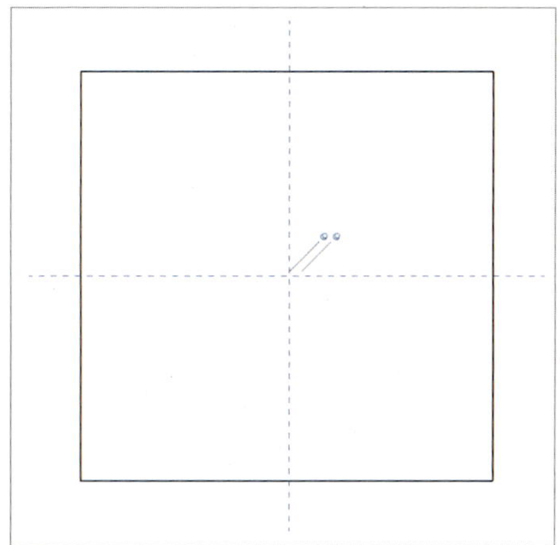

## **02** 참조 평면/치수 작성하기

**01** [작성] 탭 ➤ [기준] 패널 ➤ [참조 평면]을 클릭합니다.

**02** [수정 | 배치 참조 평면] 탭 ➤ [그리기] 패널 ➤ [선 선택] 을 클릭하고 '간격띄우기'에 '600mm'
를 입력합니다.

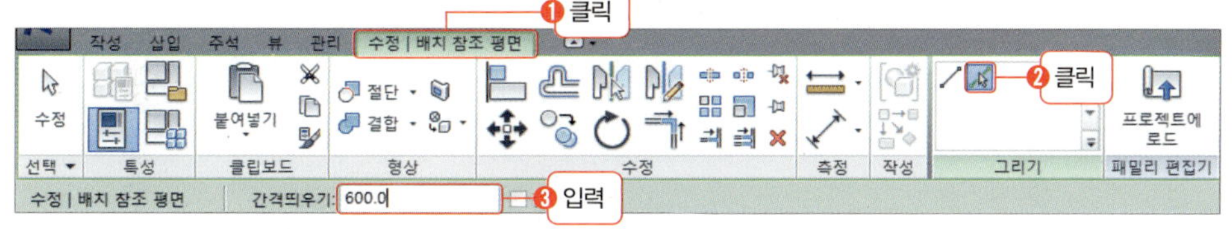


**03** 중심(왼쪽/오른쪽) 참조 평면에서 좌우 두 방향으로 간격이 600mm 떨어진 참조 평면을 작성합
니다(전등기구의 길이가 될 참조 평면 작성).

**04** 다시 중심(앞/뒤) 참조 평면에서 위
아래 두 방향으로 간격이 75mm 떨
어진 참조 평면을 작성합니다(전등
기구의 폭이 될 참조 평면 작성).

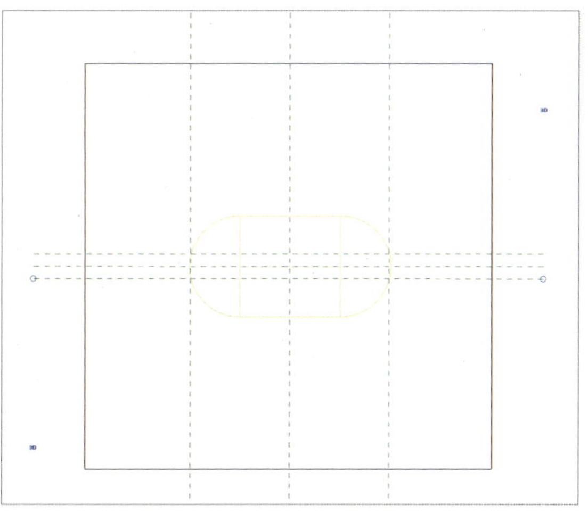

**05** `Esc`를 두 번 눌러 작업을 종료합니다.

**06** 축척을 변경하여 치수선의 크기를 조절하기 위해 뷰 조절 막대의 축척을 '1:10'으로 변경합니다.

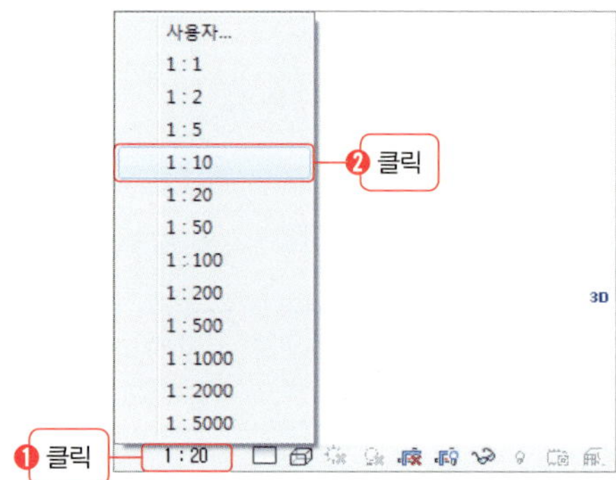


**07** [주석] 탭 ➤ [치수] 패널 ➤ [정렬]을 클릭하여 다음과 같이 치수를 작성합니다.

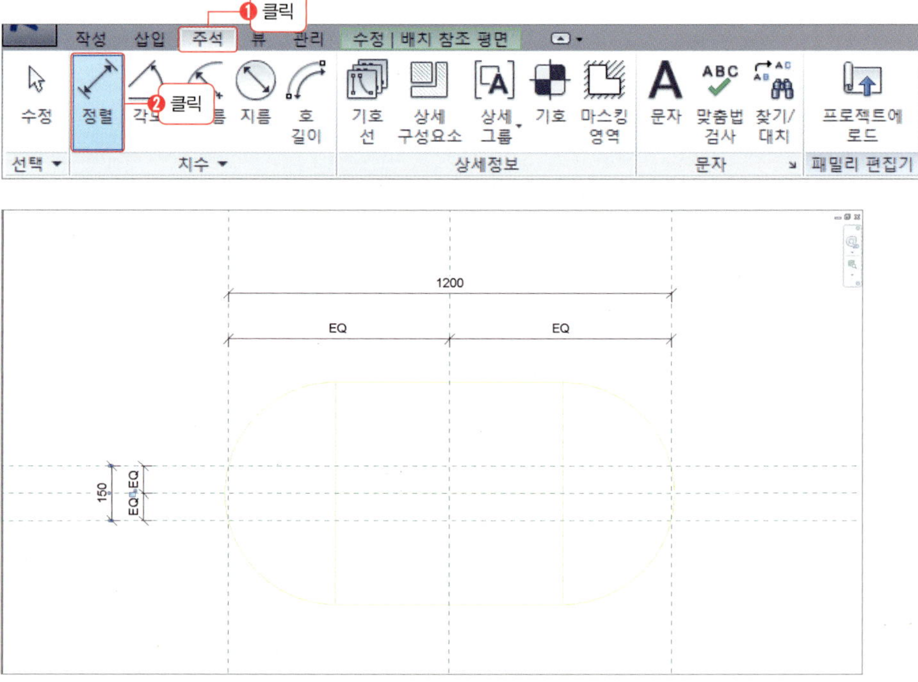


**08** [작성] 탭 ➤ [특성] 패널 ➤ [패밀리 유형]을 클릭하여 치수 매개변수를 작성합니다.

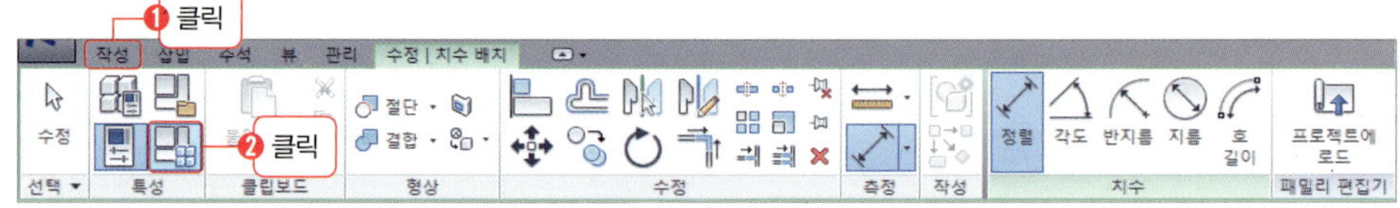

**09** [패밀리 유형] 대화상자가 나타나면 '매개변수'의 [추가] 버튼을 클릭하여 매개변수의 특성을 입력합니다.

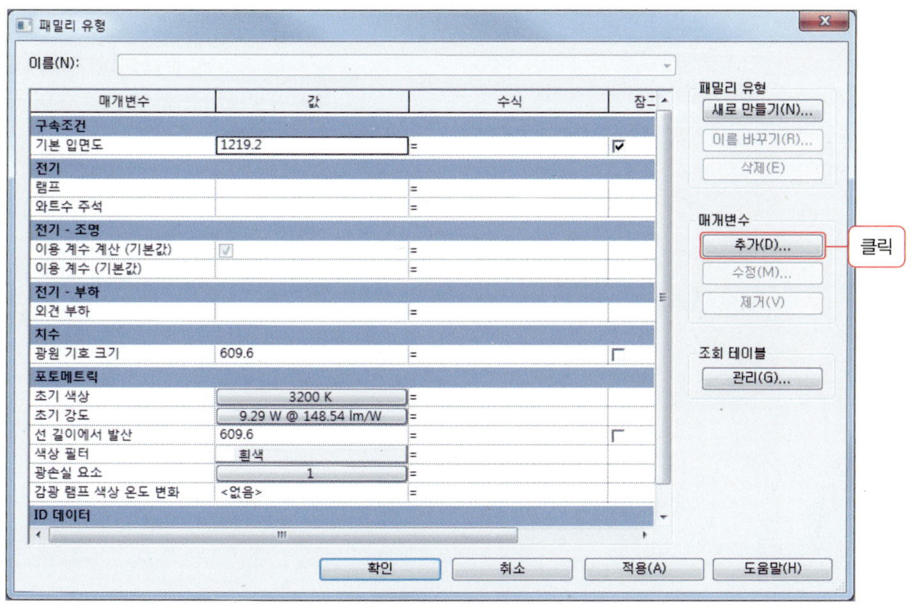


**10** [매개변수 특성] 대화상자에서 '매개변수 유형'을 선택하고 '매개변수 데이터'의 변수는 다음과 같이 설정합니다.

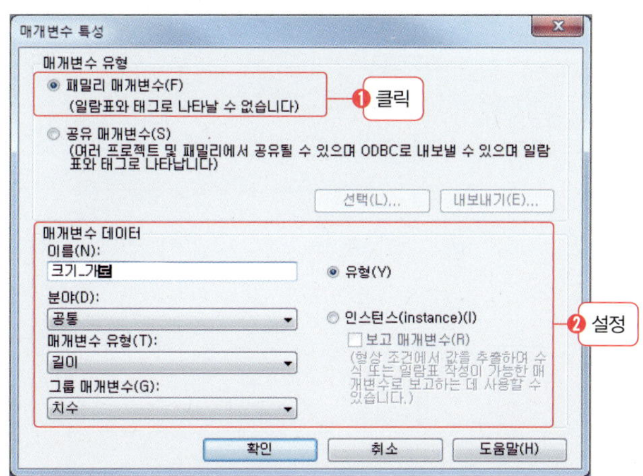


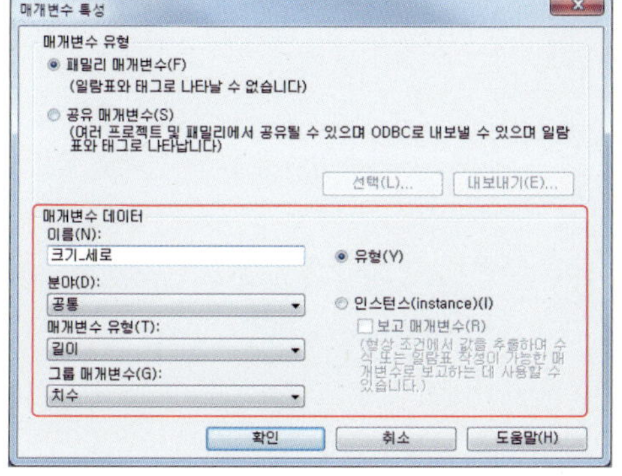

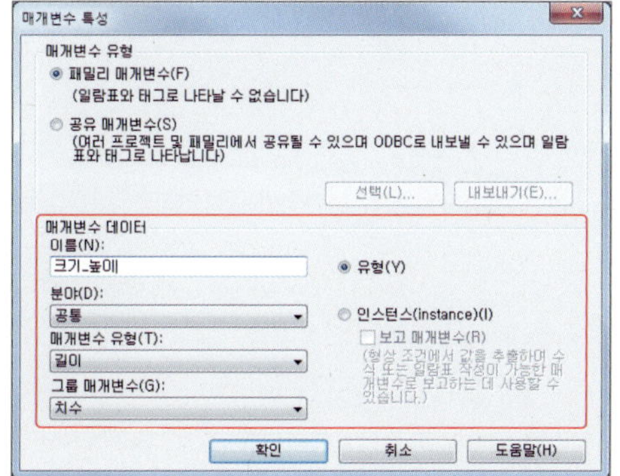

⑪ 매개변수의 설정을 완료하면 다음과 같이 매개변수가 설정됩니다.

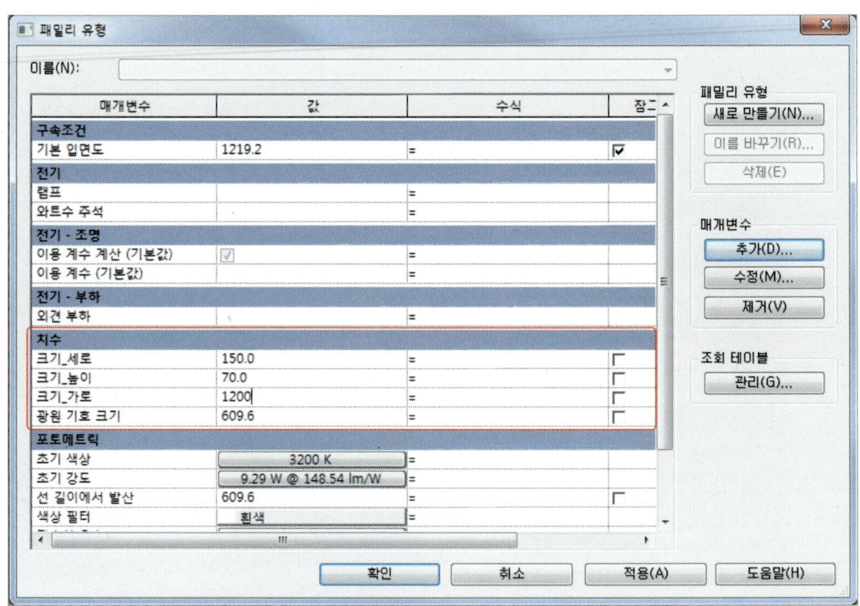

⑫ 치수를 선택하고 옵션 막대의 '레이블'에서 레이블을 선택한 후 다음과 같이 설정합니다.

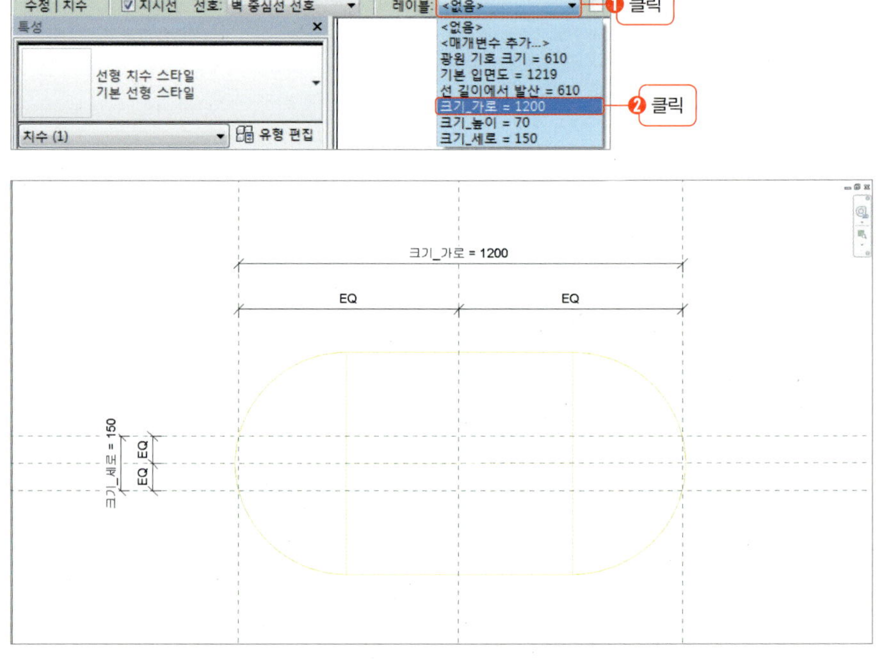

⑬ 프로젝트 탐색기에서 '뷰 (모두)'➤'입면도 (입면도 1)'➤'앞면'을 선택하여 뷰를 엽니다.

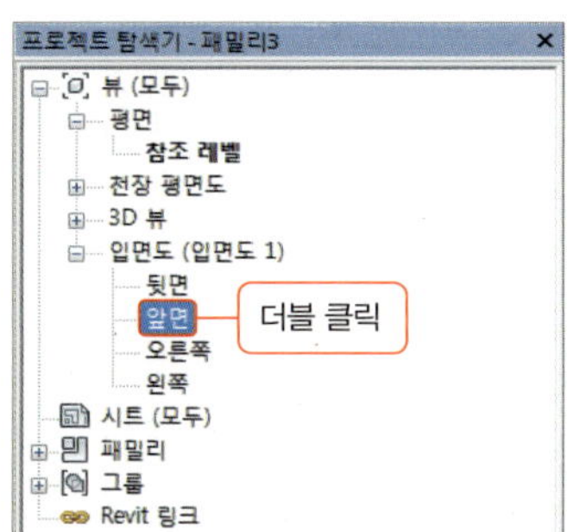

⑭ [작성] 탭➤[기준] 패널➤[참조 평면]을 클릭하여 참조 레벨을 기준으로 위쪽에 70mm 간격의 참조 평면을 작성합니다(전등기구의 높이가 될 참조 평면 작성).

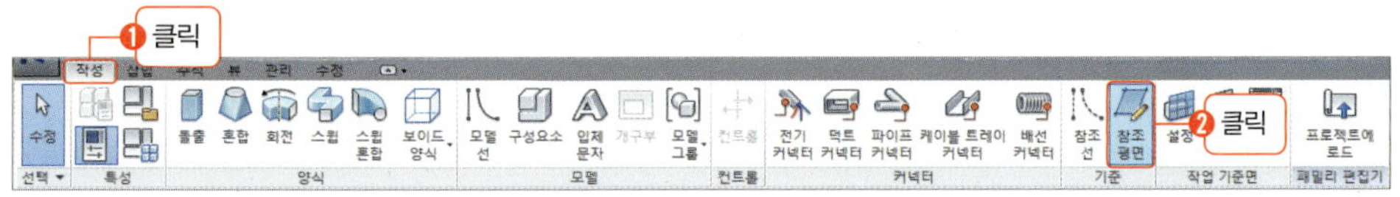


⑮ 치수 도구를 이용하여 다음과 같이 치수를 작성합니다.

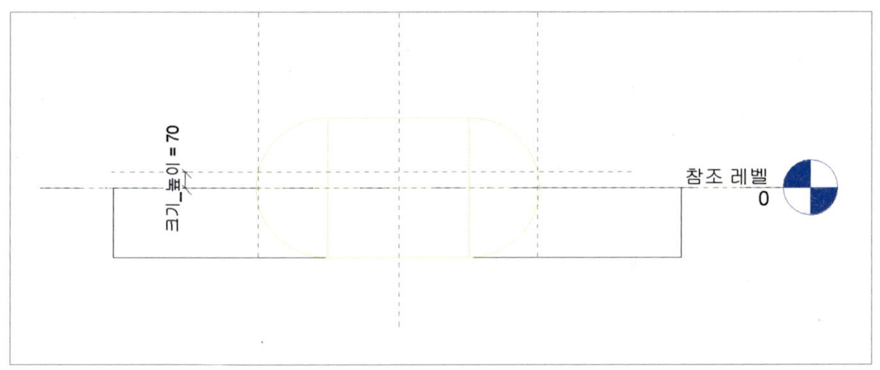

**01** [작성] 탭 ➤ [기준] 패널 ➤ [참조 평면]을 클릭하여 참조 레벨을 기준으로 위쪽에 25mm 간격의 참조 평면을 작성합니다(안정기함의 높이가 될 참조 평면 작성).

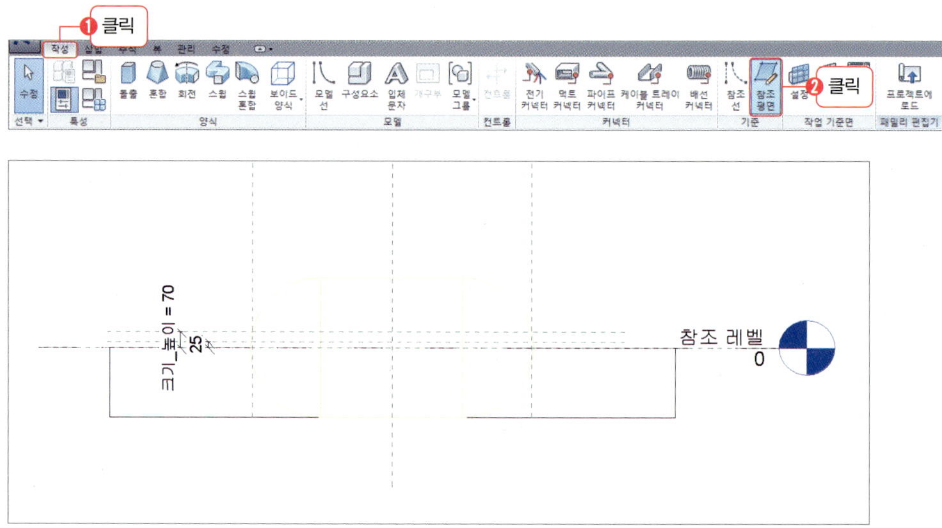

**02** 프로젝트 탐색기에서 '뷰 (모두)' ➤ '평면' ➤ '참조 레벨'을 선택하여 다음과 같이 작성합니다.

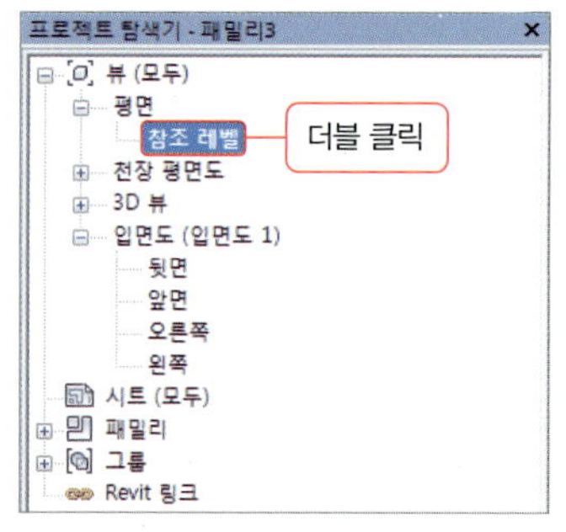
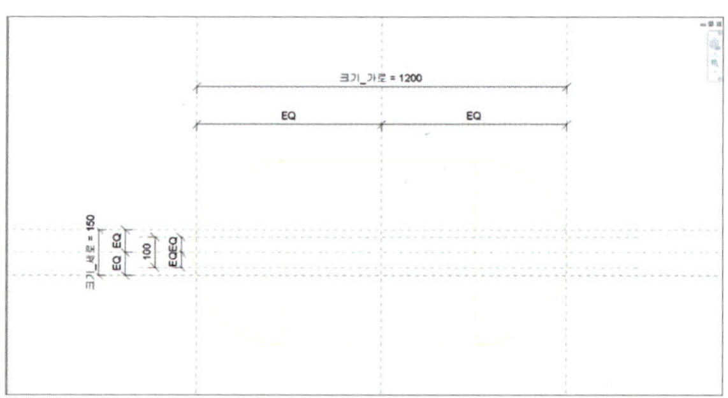

**03** [작성] 탭 ➤ [양식] 패널 ➤ [돌출]을 클릭하여 안정기함을 작성합니다.

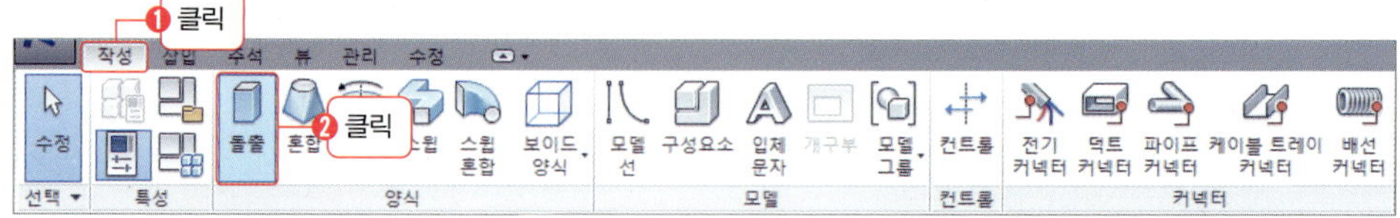

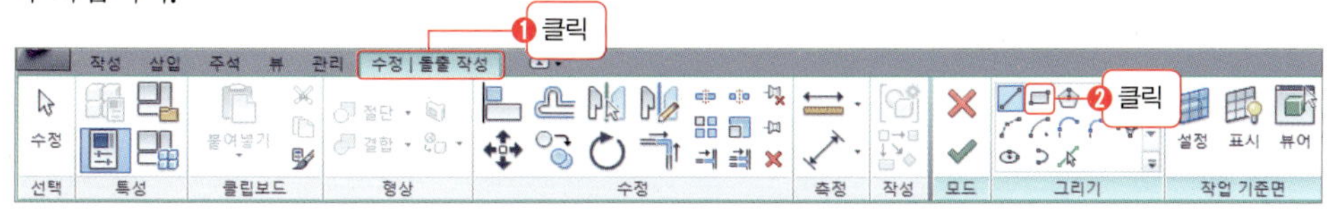

**04** [수정 | 돌출 작성] 탭 ➤ [그리기] 패널 ➤ ▭을 클릭하여 다음과 같이 작성하고 🔒를 클릭하여 구속합니다.

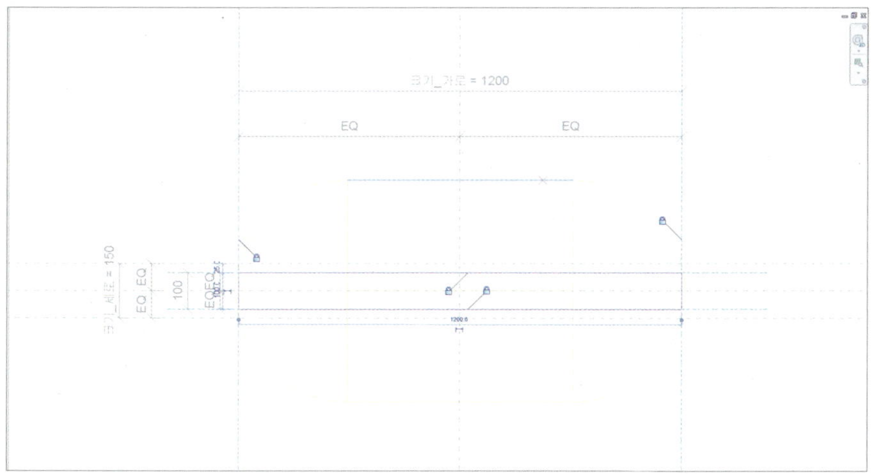

**05** 옵션 막대에서 '깊이'를 '25mm'로 입력한 후 [수정 | 돌출 작성] 탭 ➤ [모드] 패널 ➤ [편집 완료] ✔를 클릭하여 돌출 작성을 완료합니다.

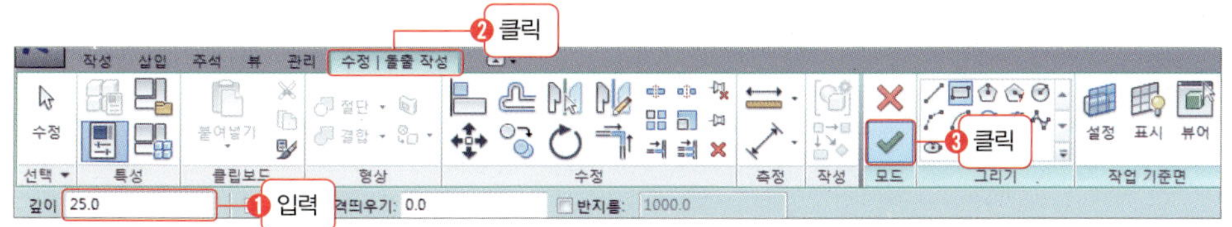

**06** 프로젝트 탐색기에서 '뷰 (모두)' ➤ '입면도 (입면도 1)' ➤ '앞면'을 선택하여 뷰를 열고 [수정 | 돌출] 탭 ➤ [수정] 패널 ➤ [정렬(AL)]을 선택하여 다음과 같이 구속합니다.

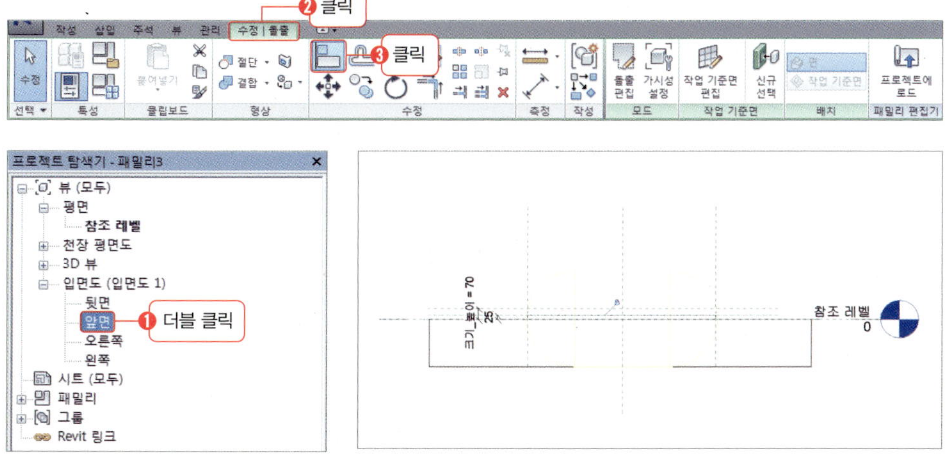

**07** 프로젝트 탐색기에서 '뷰 (모두)' ➤ '입면도 (입면도 1)' ➤ '왼쪽'을 선택합니다.

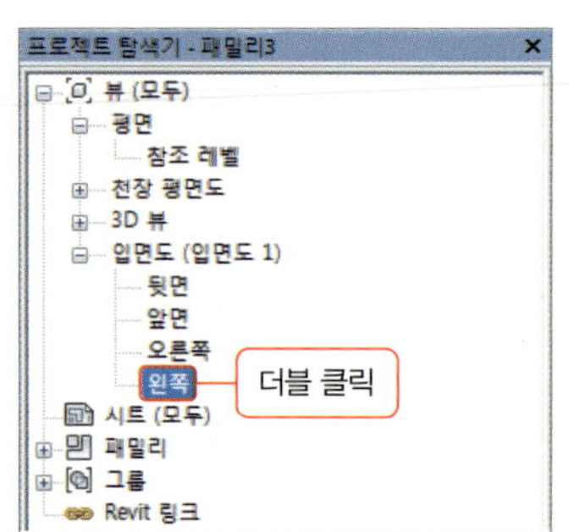


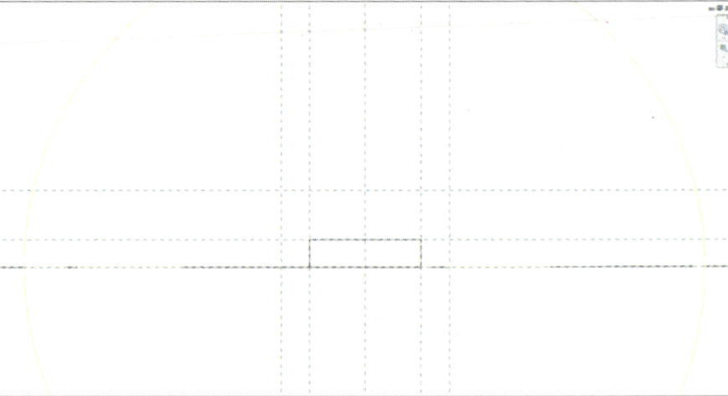

**08** 축척을 변경하여 치수선의 크기를 조절하기 위해 뷰 조절 막대의 축척을 '1:10'으로 변경합니다.

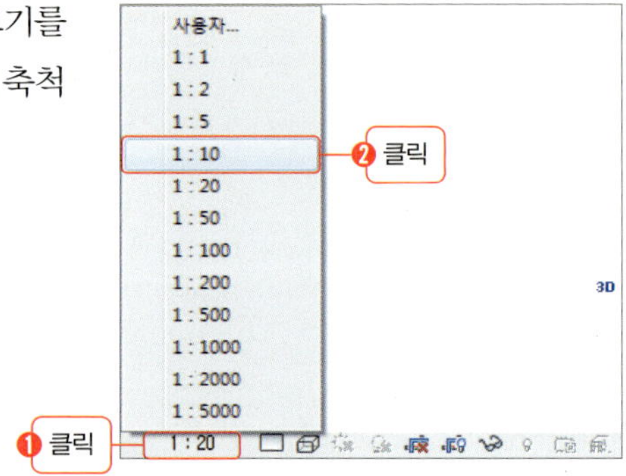


**09** [작성] 탭 ➤ [기준] 패널 ➤ [참조 평면]을 클릭하여 다음과 같이 작성합니다(전등갓 외형 참조 평면 작성).

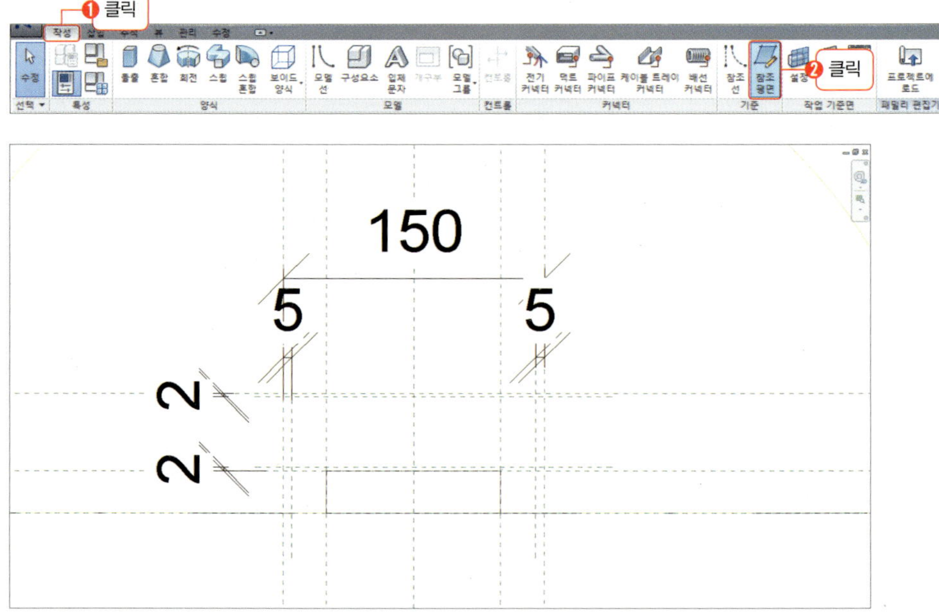

⑩ [작성] 탭 ▶ [양식] 패널 ▶ [돌출]을 클릭하여 다음과 같이 전등갓을 작성합니다.

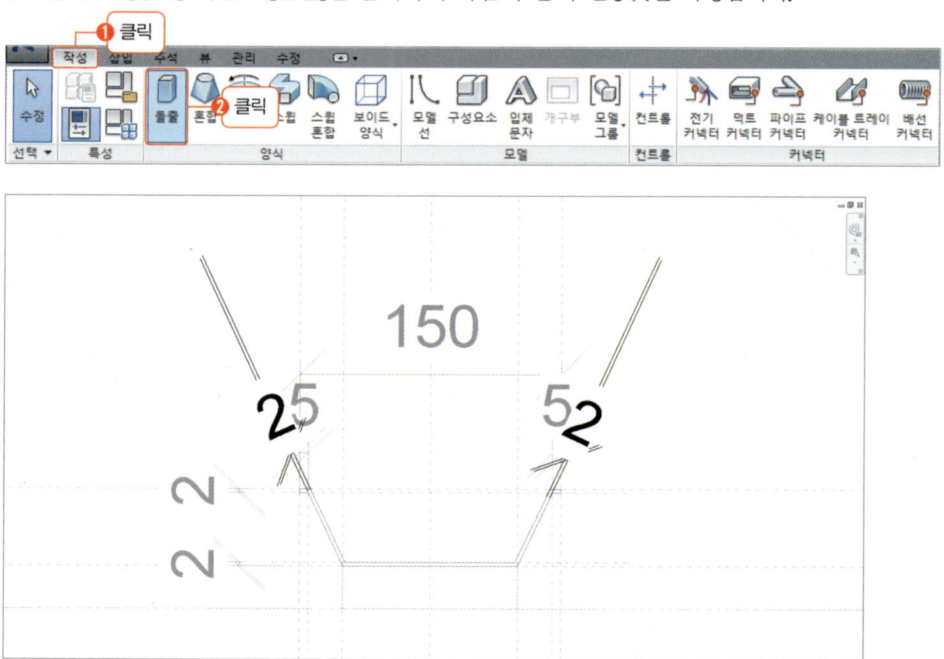


⑪ [수정 | 돌출 작성] 탭 ▶ [모드] 패널 ▶ [편집 완료] ✓를 클릭하여 돌출 작성을 완료합니다.

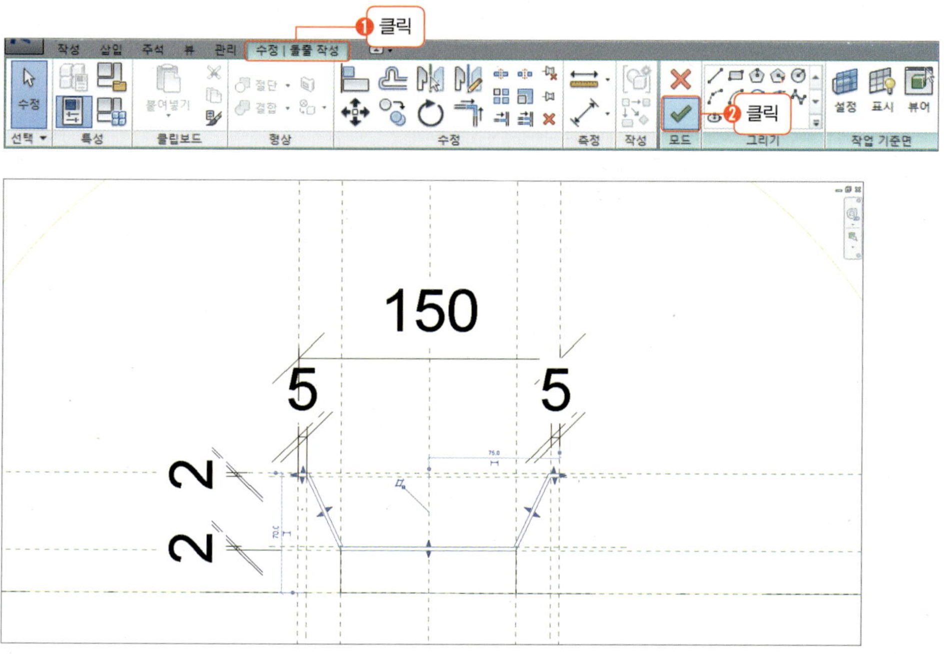

⑫ 프로젝트 탐색기에서 '뷰 (모두)' ➤ '평면' ➤ '참조 레벨'을 선택하여 다음과 같이 참조 평면에 구
속을 합니다.

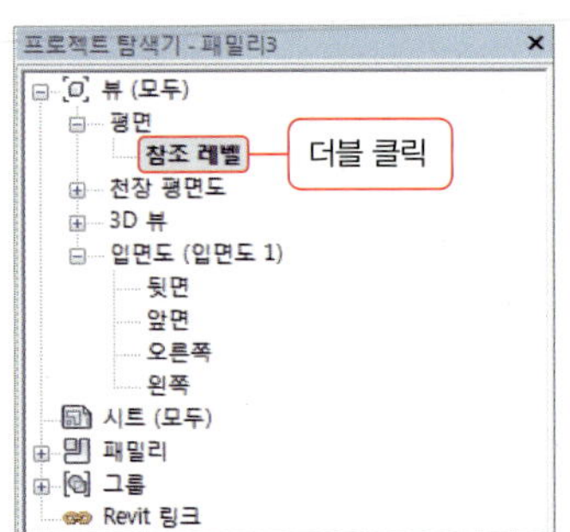

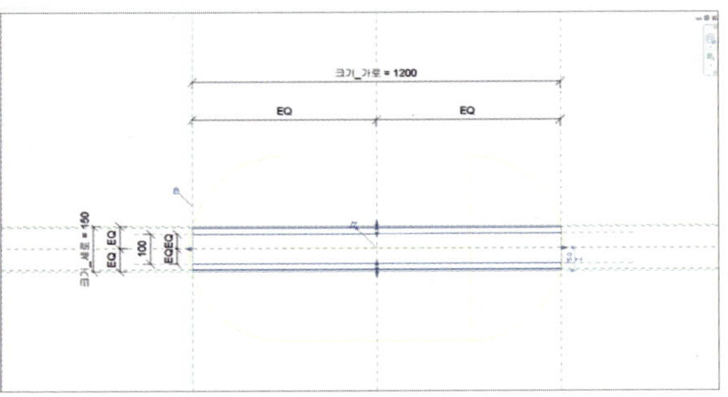

⑬ [작성] 탭 ➤ [기준] 패널 ➤ [참조 평면]을 클릭하여 참조 레벨을 기준으로 위쪽에 25mm 간격의
참조 평면을 작성합니다(전등 홀더의 폭이 될 참조 평면 작성).

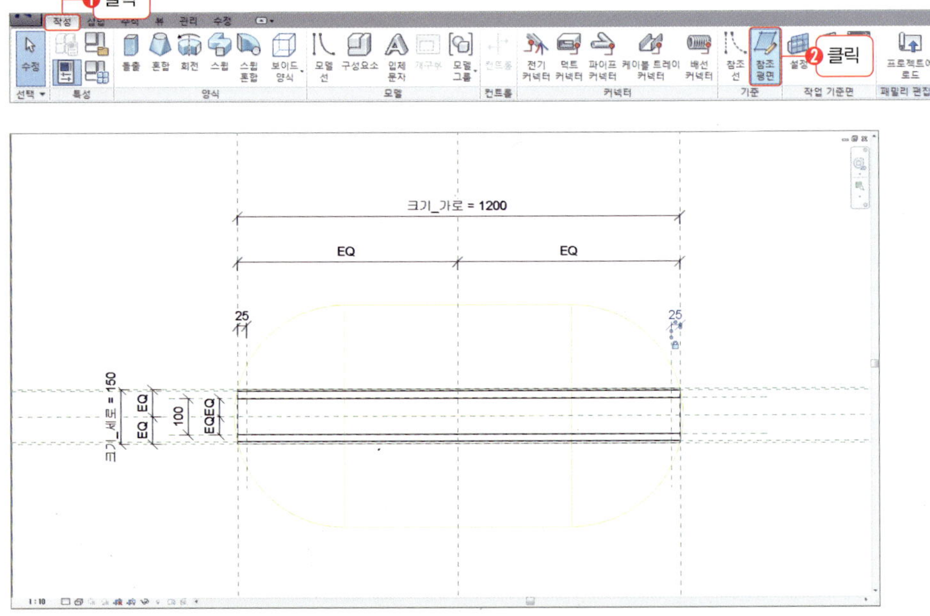

⑭ 프로젝트 탐색기에서 '뷰 (모두)' ➤ '입면도 (입면도 1)' ➤ '왼쪽'을 선택하고 다음과 같이 참조 평
면을 작성합니다.

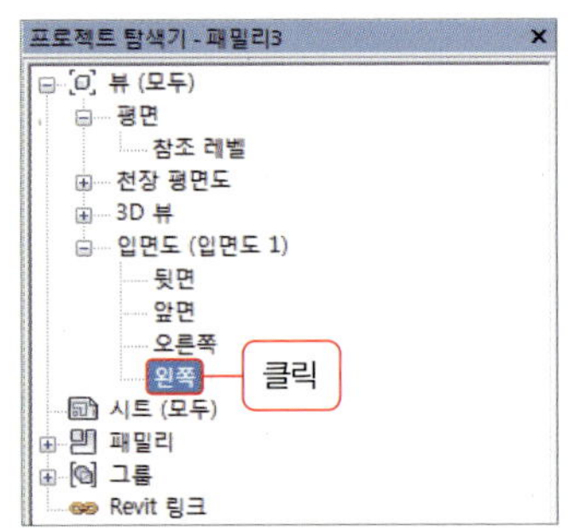

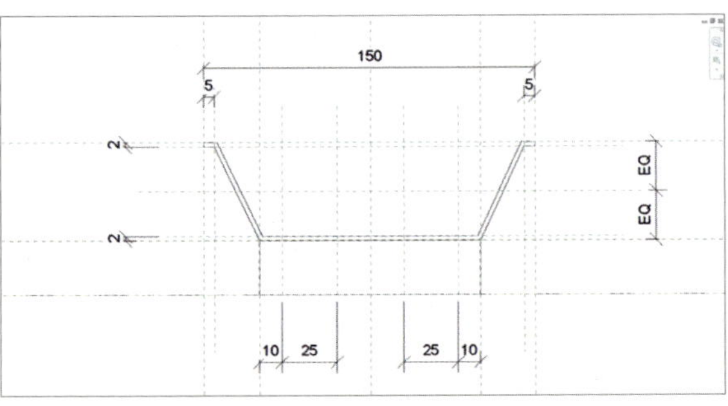

**⑮** [작성] 탭 ➤ [양식] 패널 ➤ [돌출]을 클릭하여 다음과 같이 전등 홀더를 작성합니다.

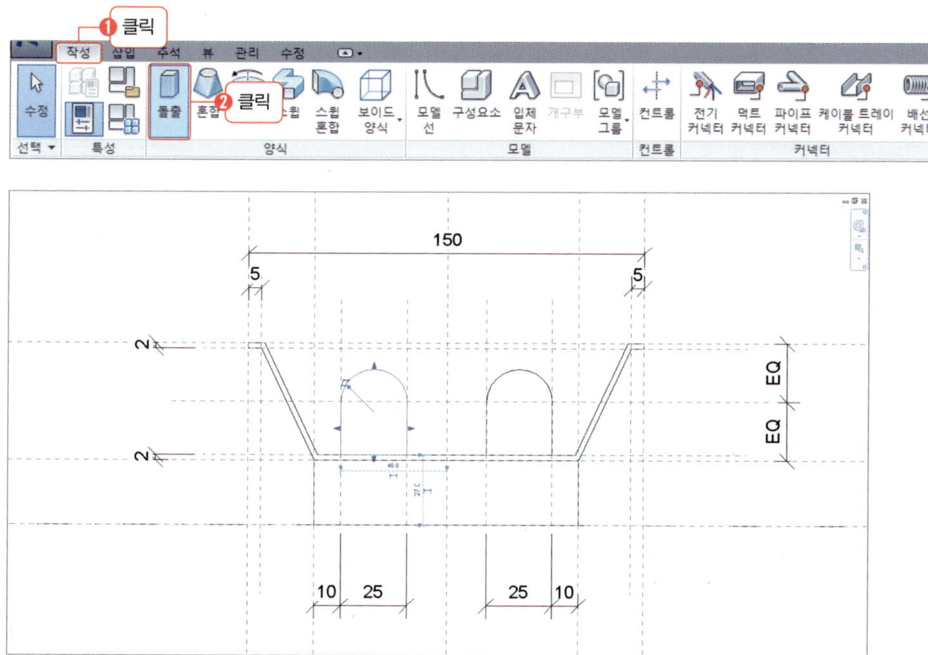


**⑯** 프로젝트 탐색기에서 '뷰 (모두)'➤'평면'➤'참조 레벨'을 선택합니다.

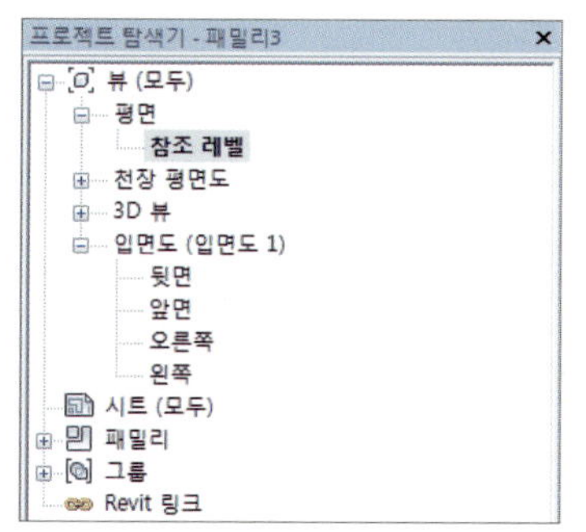


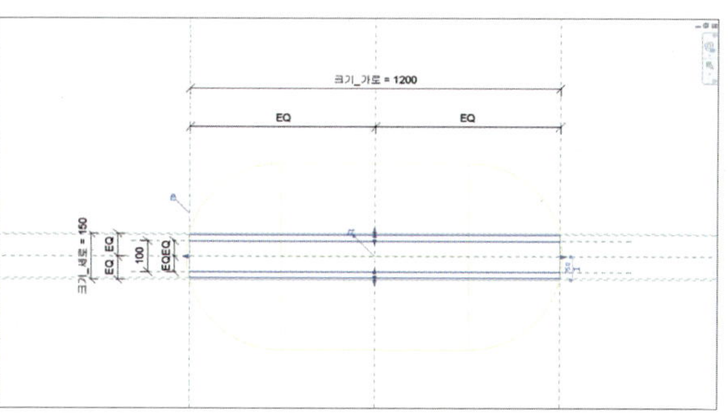


**⑰** 전등 홀더를 선택하고 [수정 | 돌출] 탭 ➤ [작업 기준면] 패널 ➤ [작업 기준면 편집]을 클릭합니다.

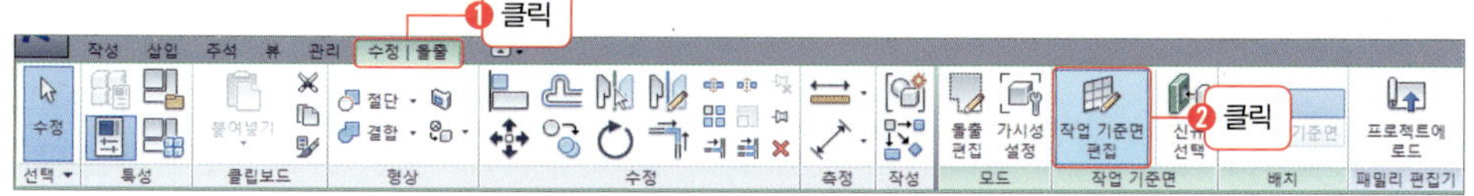

**18** [작업 기준면] 대화상자에서 '새 작업 기준면 지정'의 '기준면 선택'을 선택하고 [확인] 버튼을 클릭합니다.

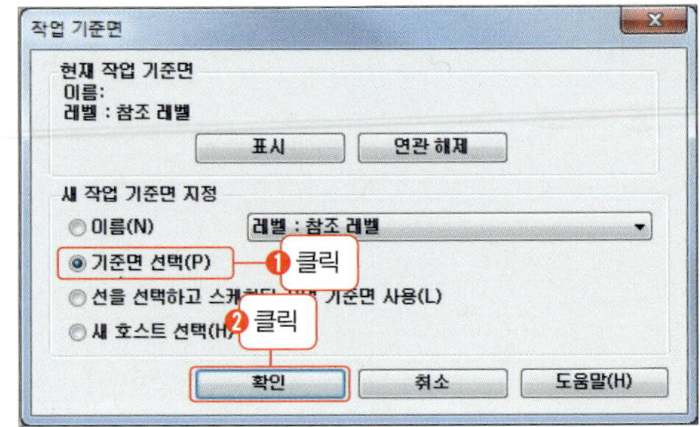


**19** 다음과 같이 참조 평면을 선택하여 전등 홀더 객체를 모두 구속합니다.

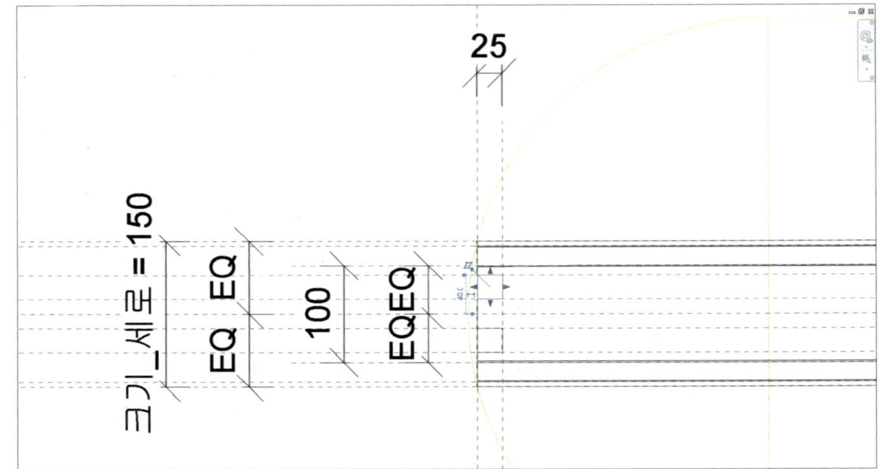


**20** 프로젝트 탐색기에서 '뷰 (모두)' ▶ '입면도 (입면도 1)' ▶ '오른쪽'을 선택합니다.

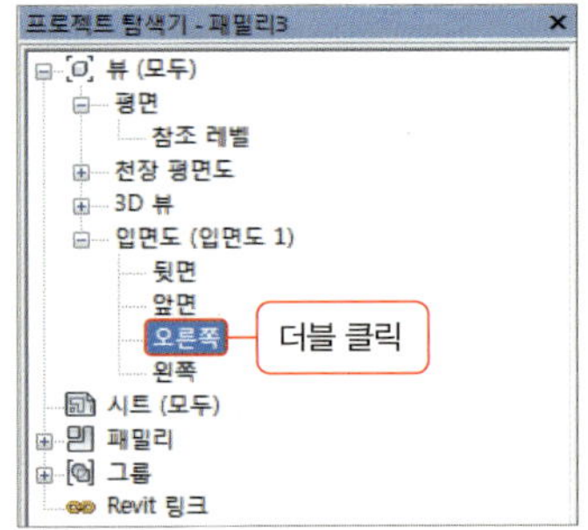


**21** [작성] 탭 ▶ [기준] 패널 ▶ [참조 평면]을 클릭하여 다음과 같이 작성합니다.

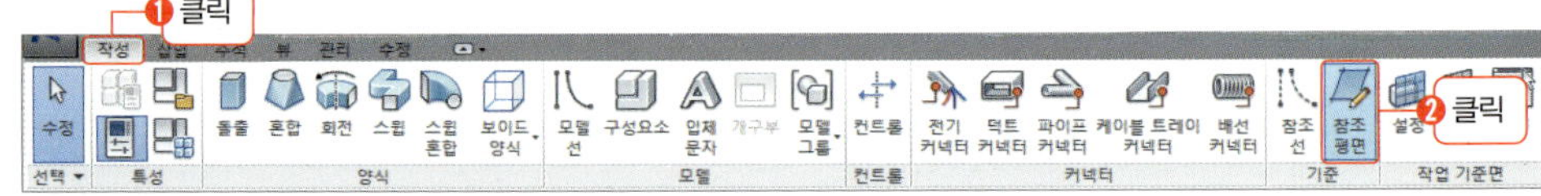

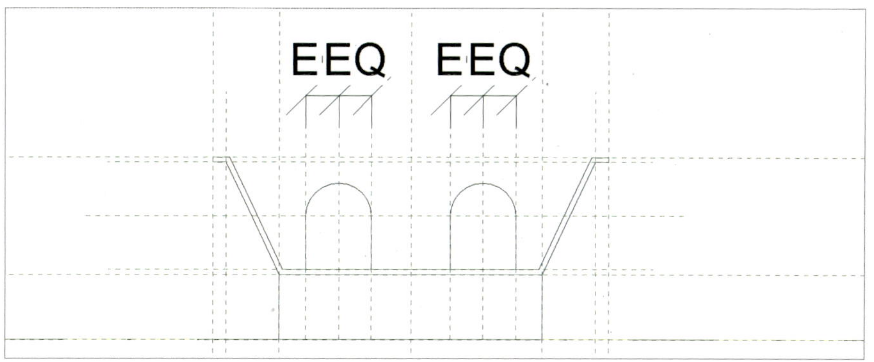


㉒ [작성] 탭 ➤ [양식] 패널 ➤ [돌출]을 클릭하여 전등을 작성합니다.

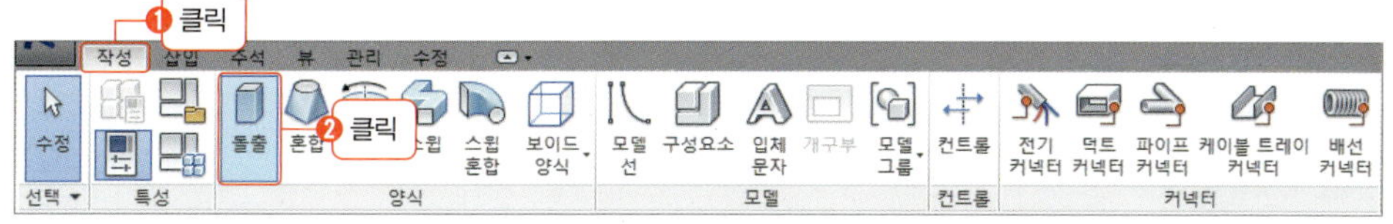


㉓ [수정 | 돌출 작성] 탭 ➤ [그리기] 패널 ➤ [원 그리기] ⊙를 클릭합니다.

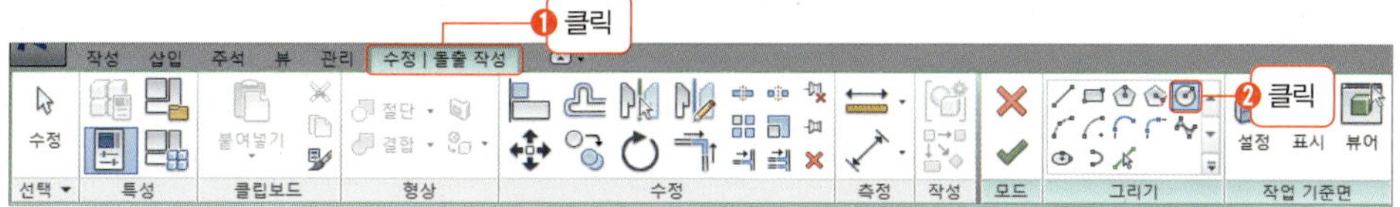


㉔ 참조 평면의 중심에 객체를 작성합니다. 지름 16mm 객체를 선택하고 [특성] 대화상자의 '중심 마크 보기'에 체크하여 참조 평면에 구속합니다.

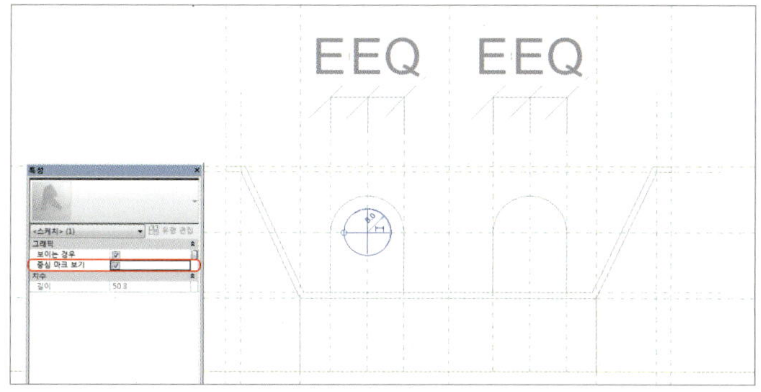


㉕ [수정 | 돌출 작성] 탭 ➤ [모드] 패널 ➤ [편집 완료] ☑를 클릭하여 돌출 작성을 완료합니다.

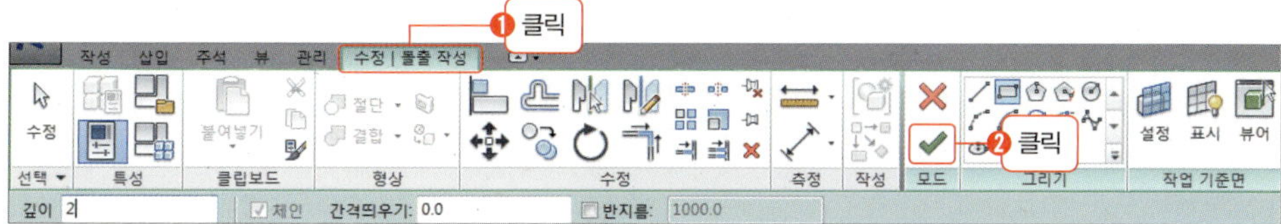

**26** 프로젝트 탐색기에서 '뷰 (모두)'▶'평면'▶'참조 레벨'을 선택하여 다음과 같이 참조 평면에 구속을 합니다.

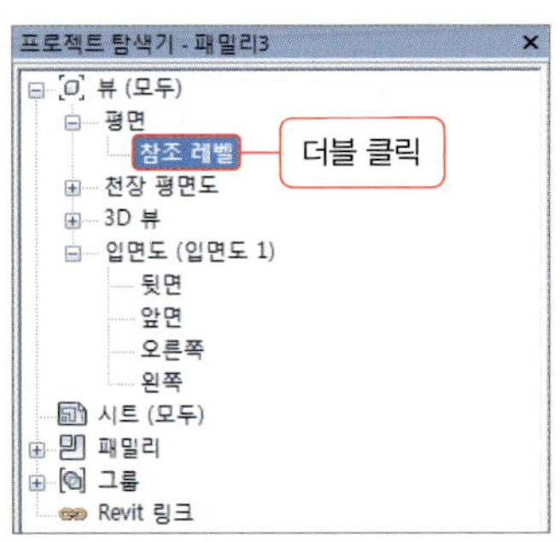


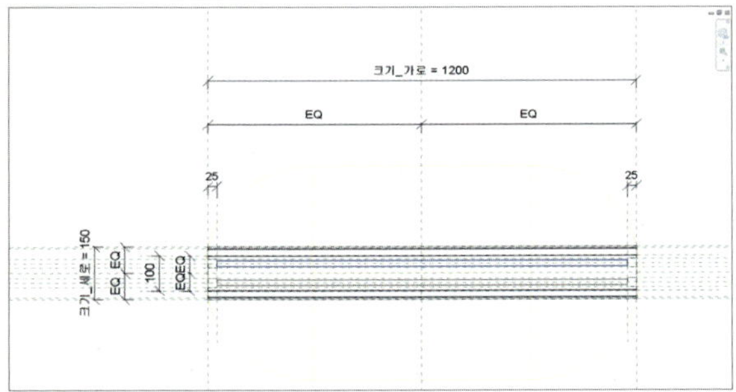


# 04 하위 카테고리 및 가시성 설정하기

**01** [뷰] 탭 ▶ [그래픽] 패널 ▶ [가시성/그래픽]을 클릭합니다.

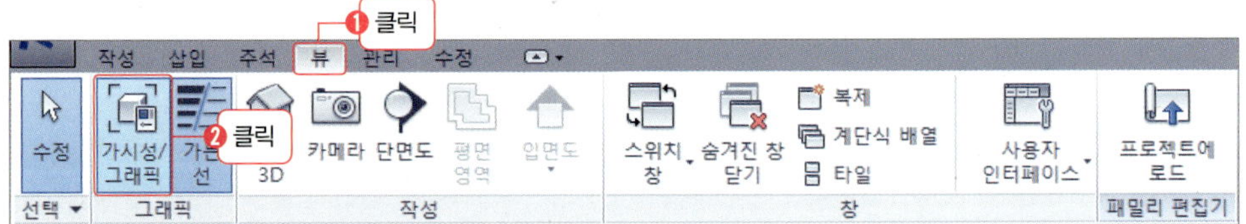


**02** [평면도 : 참조 레벨에 대한 가시성/그래픽 재지정] 대화상자가 나타나면 [모델 카테고리] 탭에서 [객체 스타일] 버튼을 클릭합니다.

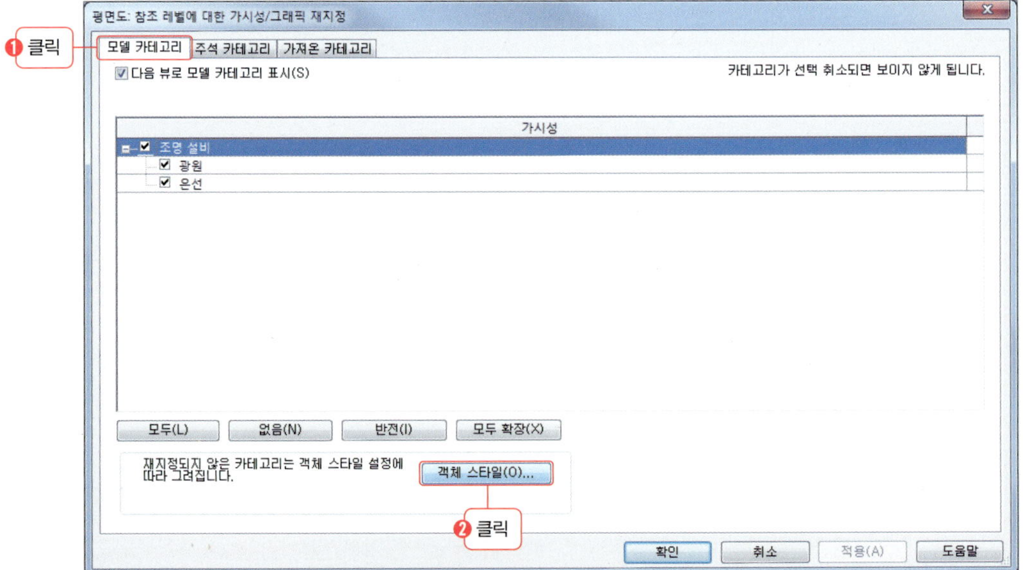

**03** [객체 스타일] 대화상자의 [모델 객체] 탭에서 '하위카테고리 수정'의 [새로 만들기] 버튼을 클릭합니다.

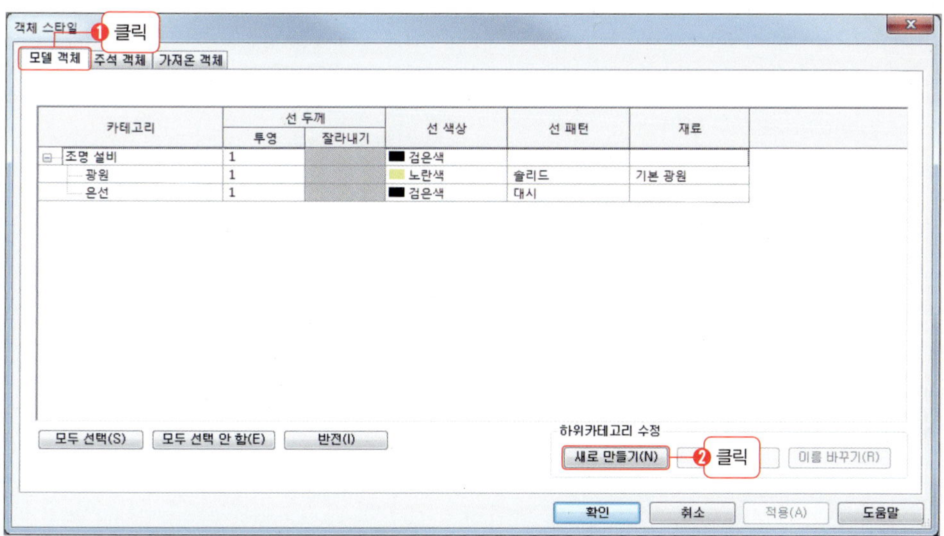


**04** [새 하위카테고리] 대화상자가 나타나면 '이름'에 카테고리 이름을 입력하고 [확인] 버튼을 클릭합니다.

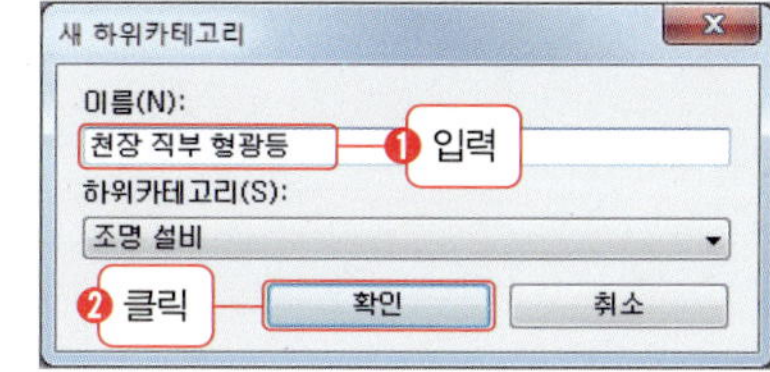


**05** 다음과 같이 하위 카테고리 '천장직부형광등'이 생성되었는지 확인하고 [확인] 버튼을 클릭합니다.

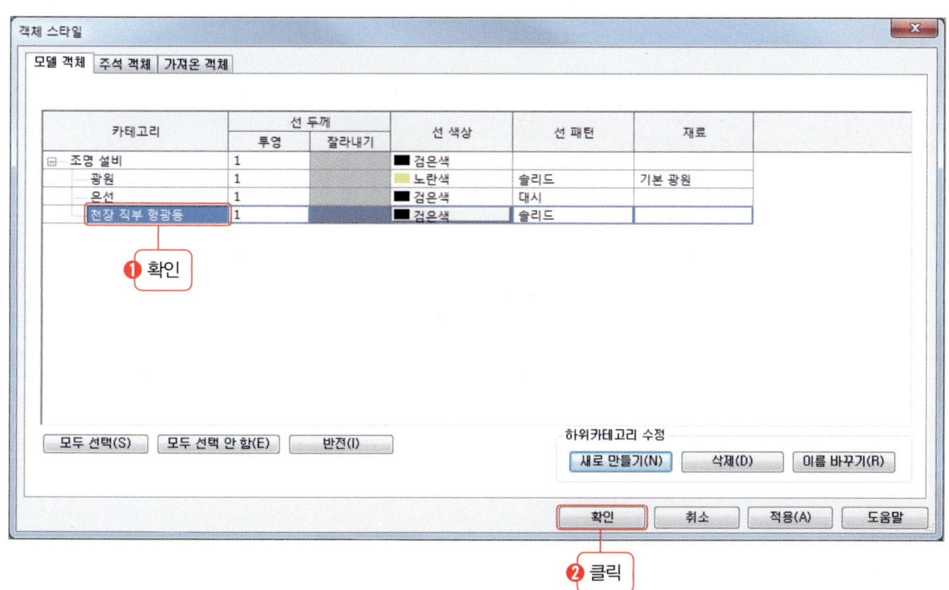

**06** 프로젝트 탐색기에서 '뷰 (모두)' ➤ '3D 뷰' ➤ '뷰 1'을 선택한 후 각체를 선택합니다.

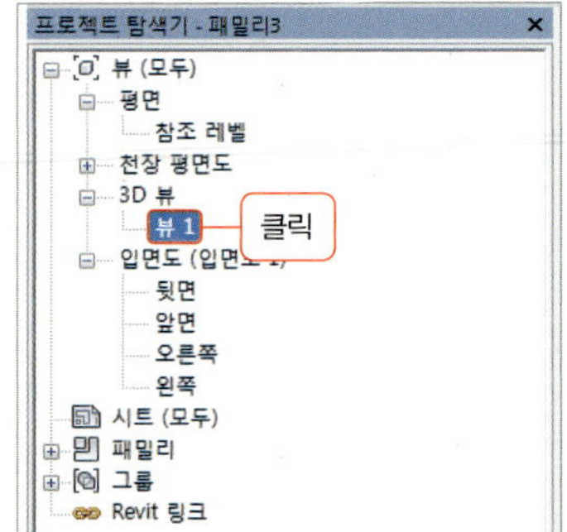

**07** [특성] 대화상자의 'ID 데이터'의 '하위카테고리' 목록에서 '천장 직부 형광등' 객체를 선택합니다.

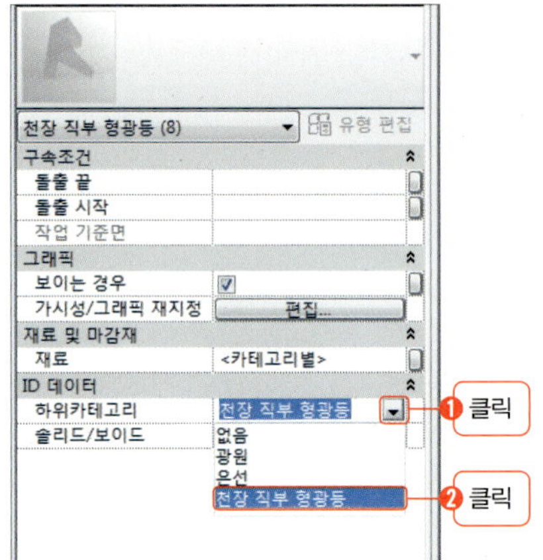

**08** [수정 | 천장 직부 형광등] 탭 ➤ [모드] 패널 ➤ [가시성 설정]을 클릭합니다.

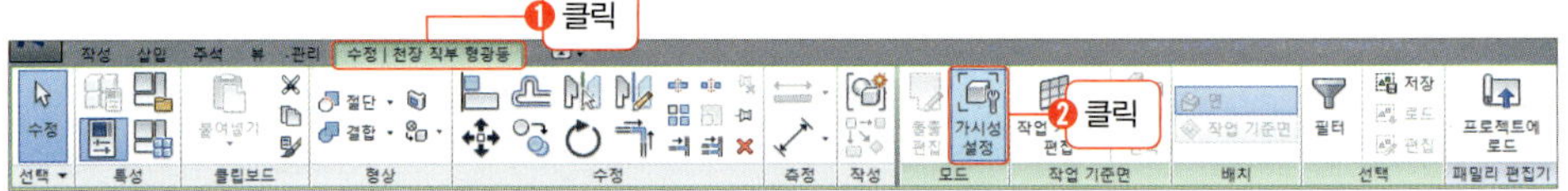

**09** [패밀리 요소 가시성 설정] 대화상자가 나타나면 '상세 수준'에서 '높음'에 체크하고 [확인] 버튼을 클릭합니다.

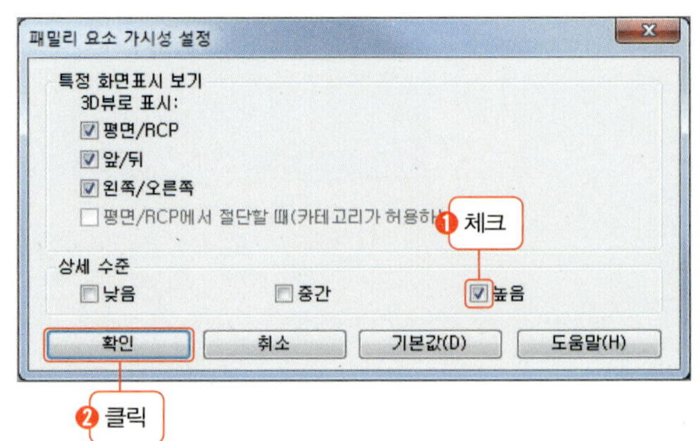

⑩ 프로젝트 탐색기에서 '뷰 (모두)' ➤
'천장 평면도' ➤ '참조 레벨'을 선택
합니다.

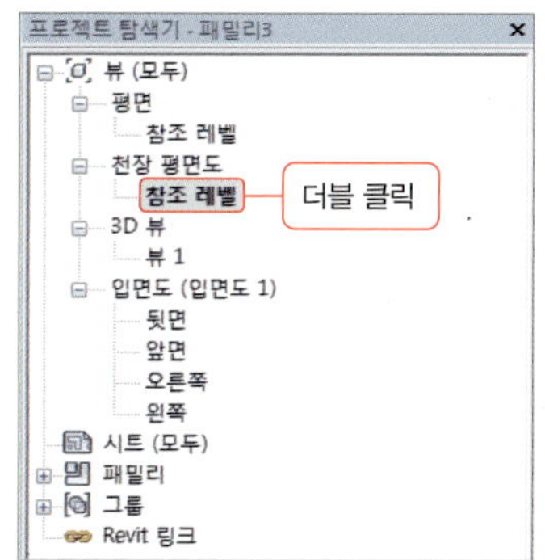


⑪ [주석] 탭 ➤ [상세정보] 패널 ➤ [기호선]을 클릭합니다.

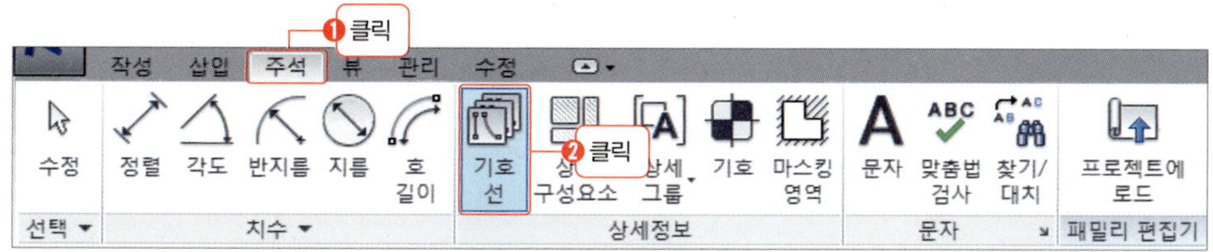


⑫ [수정 | 배치 기호 선] 탭 ➤ [그리기] 패널 ➤ [그리기] 를 클릭하여 외형을 작성합니다.

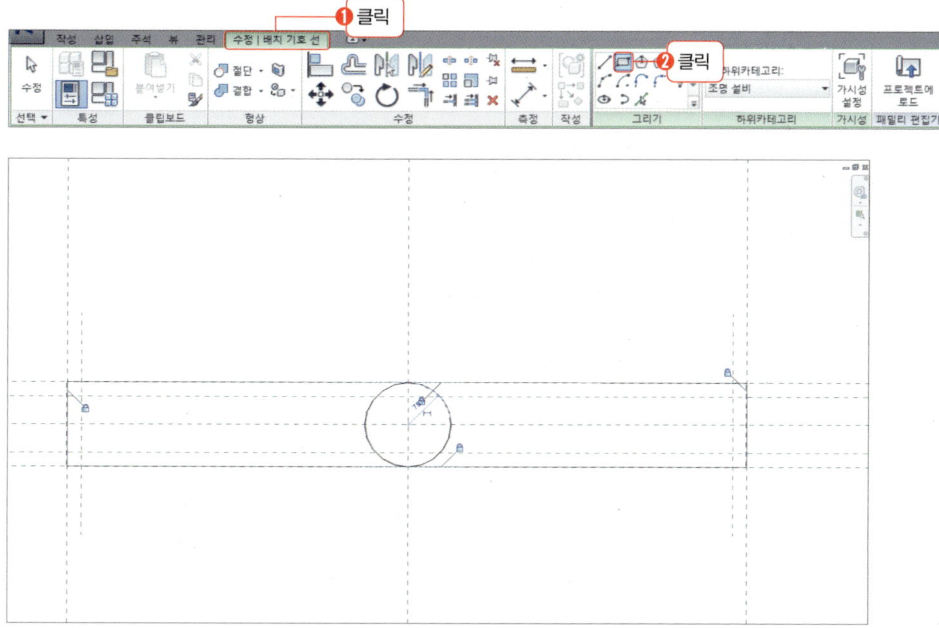


⑬ 드래그하여 기호선을 선택하고 [수정선 | 선] 탭 ➤ [가시성] 패널 ➤ [가시성 설정]을 클릭합니다.

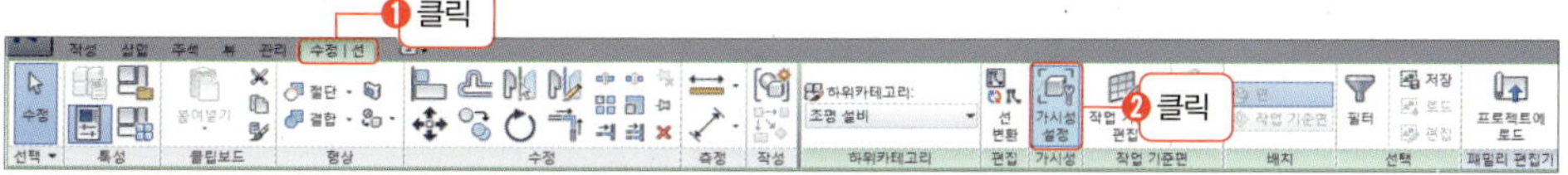

**14** [패밀리 요소 가시성 설정] 대화상자가 나타나면 '상세 수준'에서 '낮음'과 '중간'에 체크합니다.

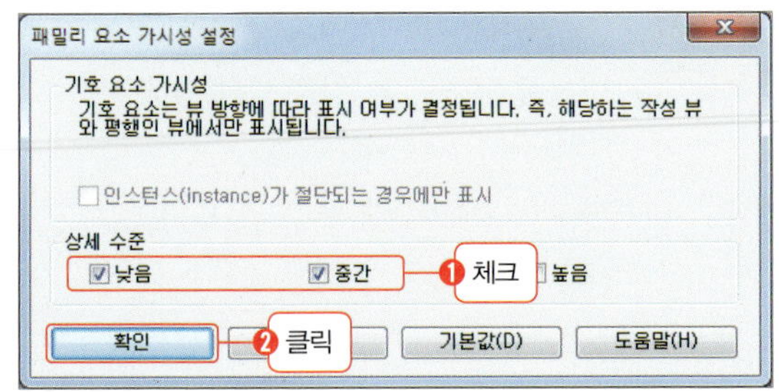

## 05 광원 설정하기

**01** 도면 영역에서 광원을 선택합니다.

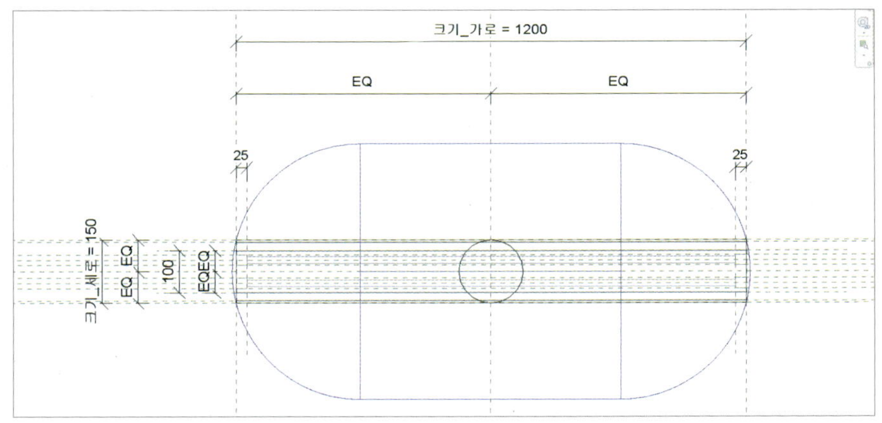



**02** [수정 | 광원] 탭 ➤ [조명] 패널 ➤ [광원 정의]를 클릭합니다.

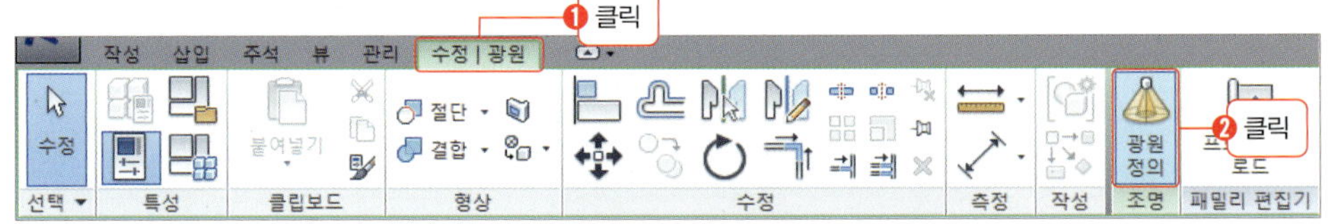



**03** [광원 정의] 대화상자가 나타나면 다음과 같이 설정합니다.

**TIP**

광원의 형태 및 조명기구의 형태에 따라 설정을 변경합니다.

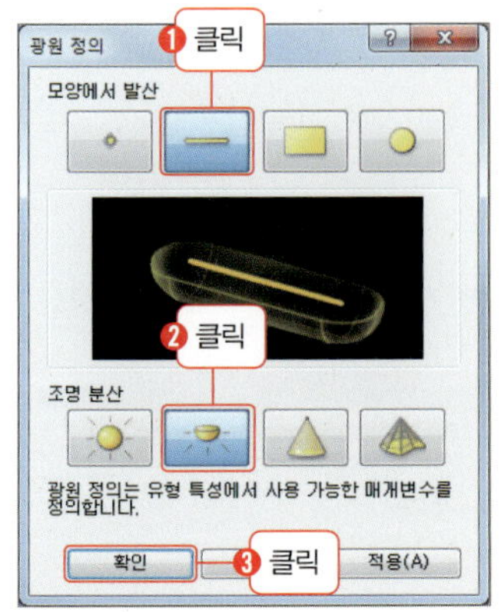

**04** 프로젝트 탐색기에서 '뷰 (모두)' ➤ '입면도 (입면도 1)' ➤ '앞면'을 선택하여 광원을 확인합니다.

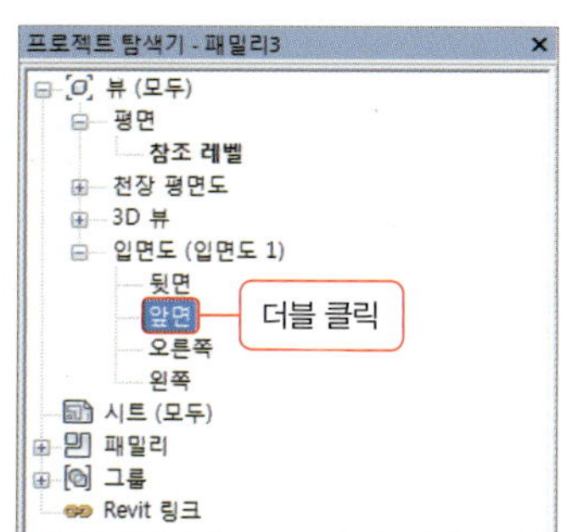

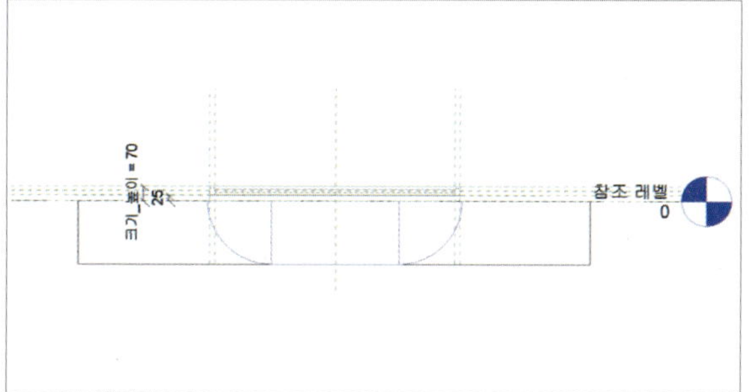

**05** 광원 위치를 지정할 참조 평면을 선택하고 [특성] 대화상자에서 'ID 데이터'의 '이름'에 참조 평면의 이름을 설정합니다.

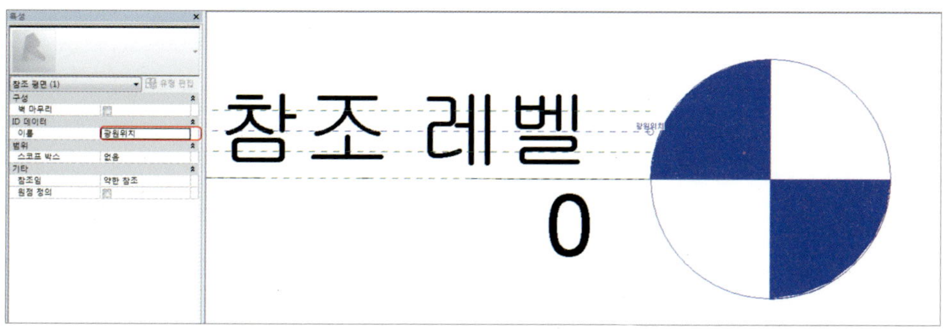

**06** [수정] 탭 ➤ [수정] 패널 ➤ [정렬(AL)]을 클릭하여 다음과 같이 광원 위치 참조 평면에 구속합니다.

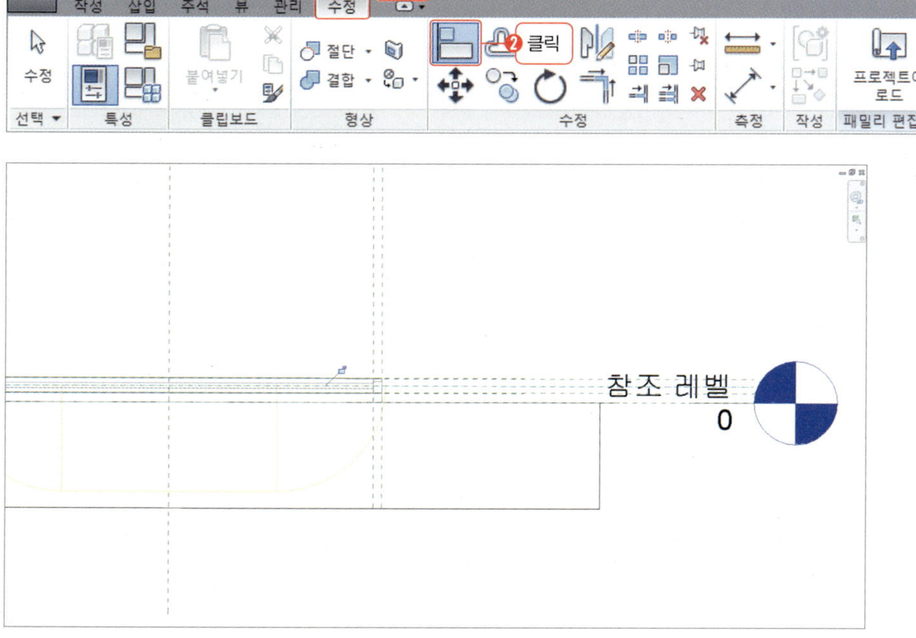

**07** 광원을 선택하고 [수정 l 광원] 탭 ➤ [수정] 패널 ➤ [대칭 – 축 선택]을 클릭한 후 광원 정의 참
조 평면을 선택합니다.

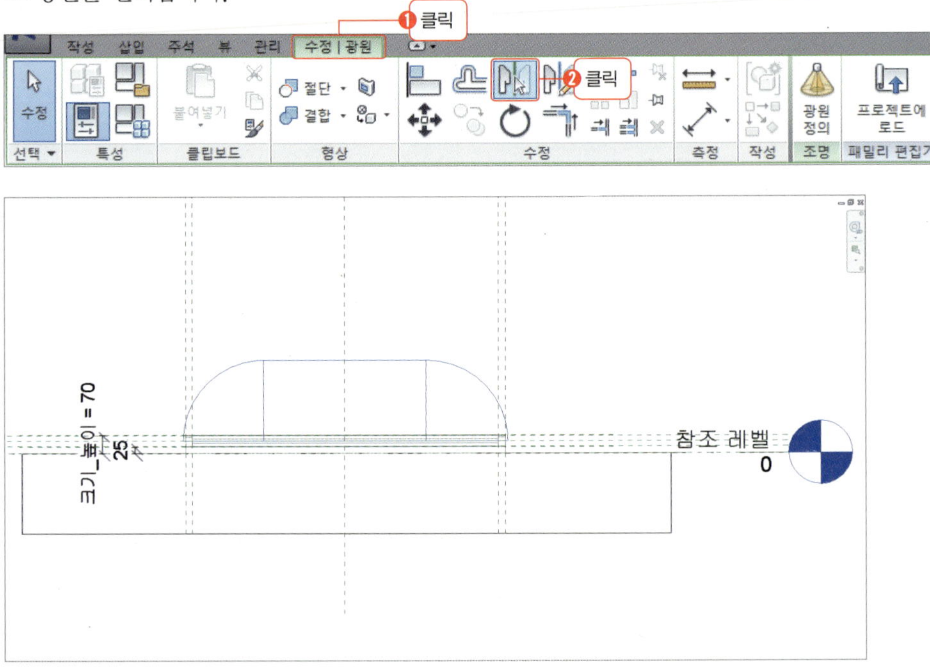


**06** IES Data 광원 설정하기

**01** [광원 정의] 대화상자에서 다음과
같이 설정합니다.

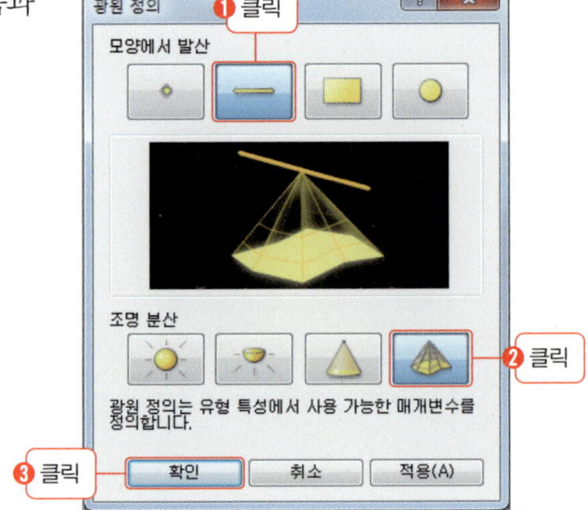

**02** 다음과 같이 광원의 형태가 변경되었습니다.

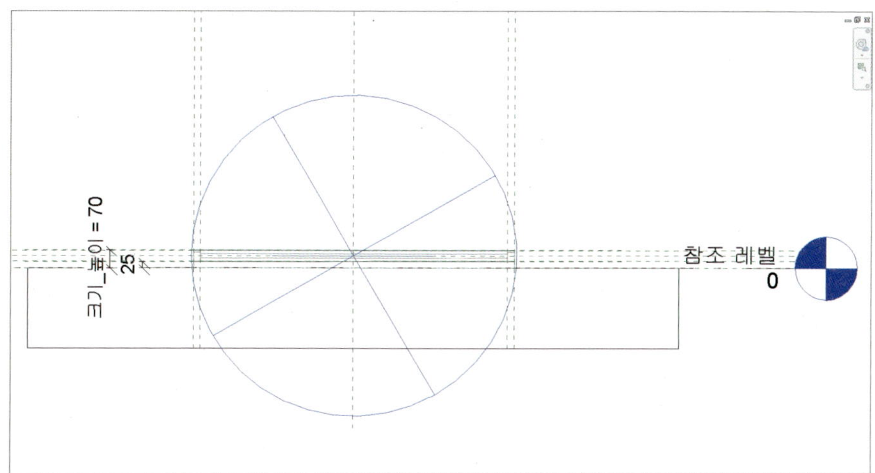


**03** [작성] 탭 ➤ [특성] 패널 ➤ [패밀리 유형]을 클릭하여 광원을 설정합니다.

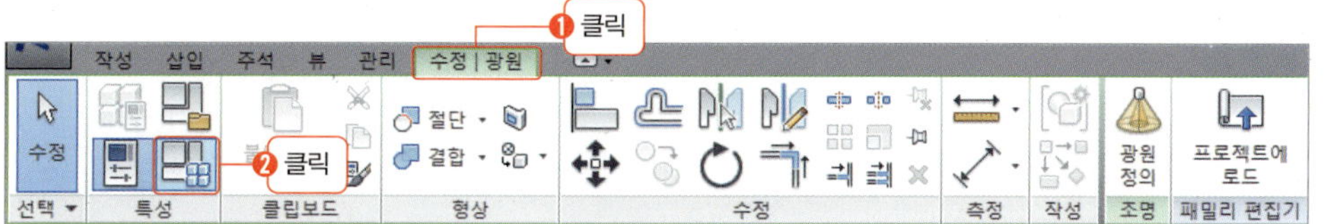


**04** [패밀리 유형] 대화상자에서 '포토메트릭' 항목을 수정하고 [확인] 버튼을 클릭합니다.

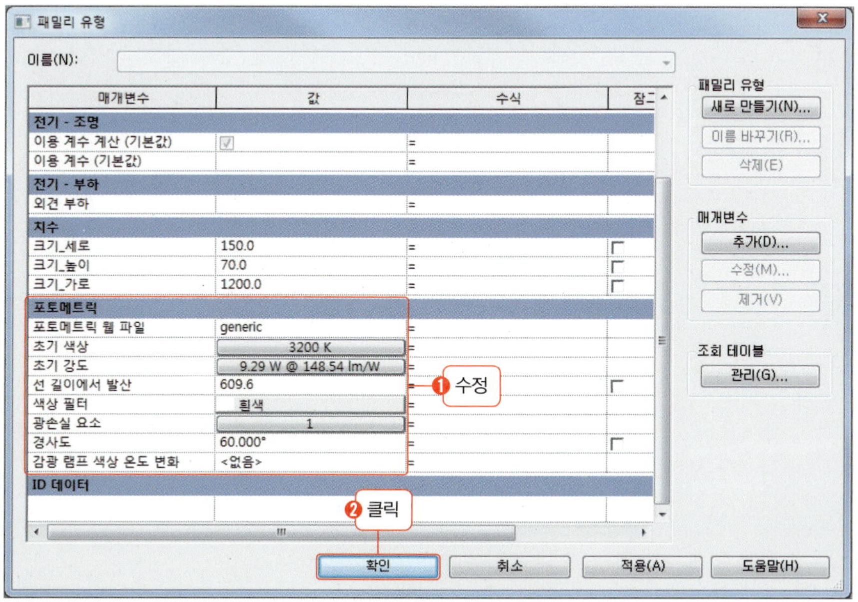


• **포토메트릭 웹 파일 :** IES 데이터의 경로를 지정하여 광원의 형태 및 정보를 지정할 수 있습니다. 폴더의 경로는 'C:\ProgramData\Autodesk\RVT 2014\IES'입니다.

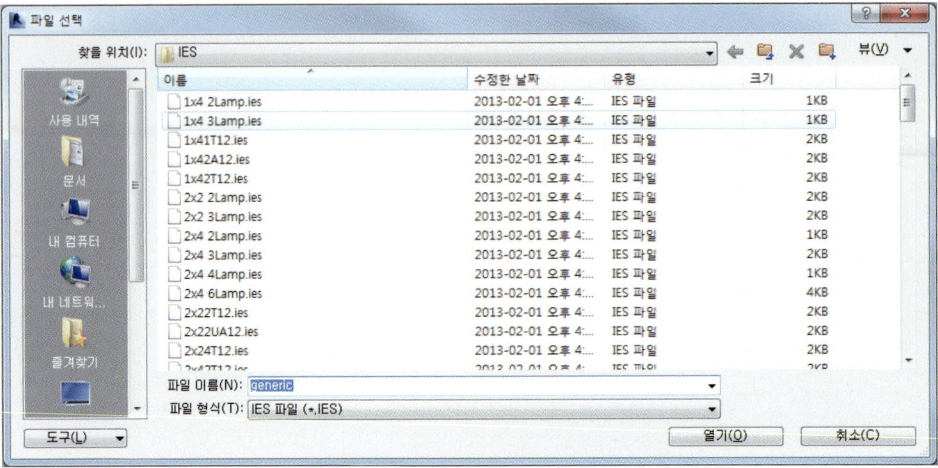

- **초기 색상** : 광원의 색상을 지정합니다.

- **초기 강도** : 광원의 정보를 지정할 수  있습니다.

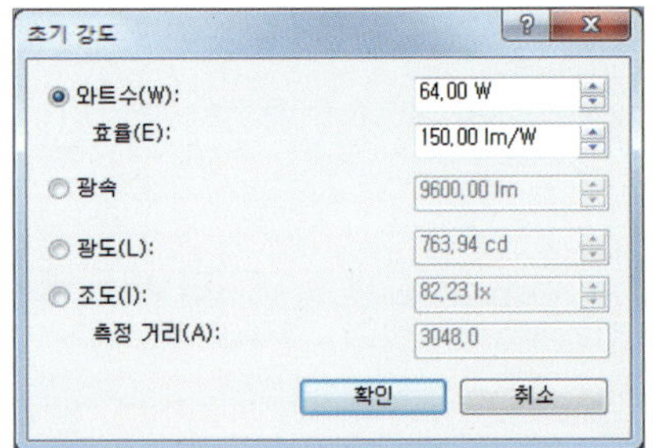

**05** 다음은 설정을 완료한 광원의 모습입니다.

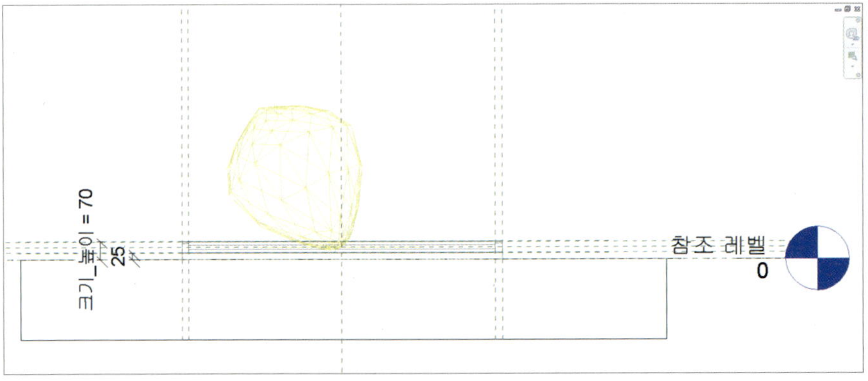

**01** 프로젝트 탐색기에서 '뷰 (모두)' ➤ '3D 뷰' ➤ '뷰 1'을 선택합니다.

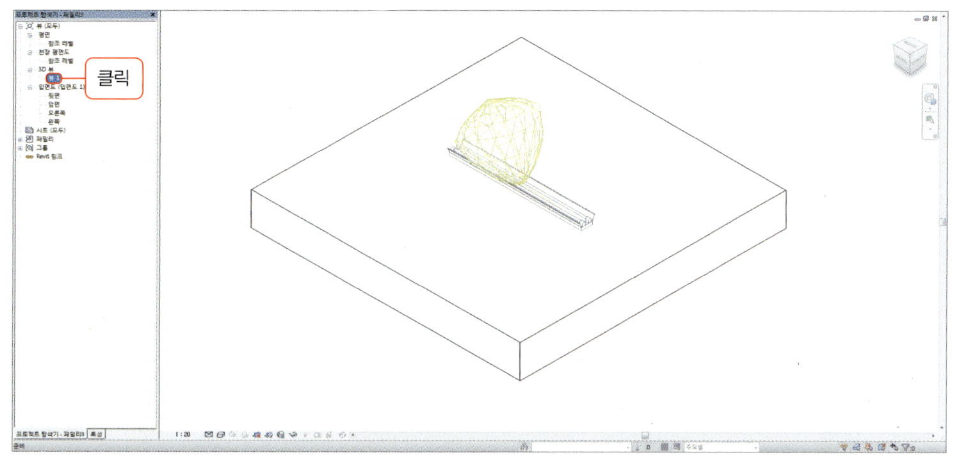

**02** [작성] 탭 ➤ [커넥터] 패널 ➤ [전기 커넥터]를 클릭합니다.

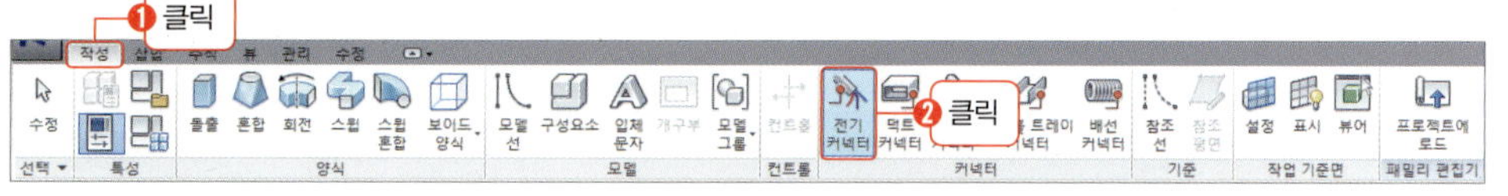

**03** [수정ㅣ배치 전기 커넥터] 탭 ➤ [배치] 패널 ➤ [면]을 클릭하고 옵션 막대에서 '동력 - 불균형'을 선택합니다.

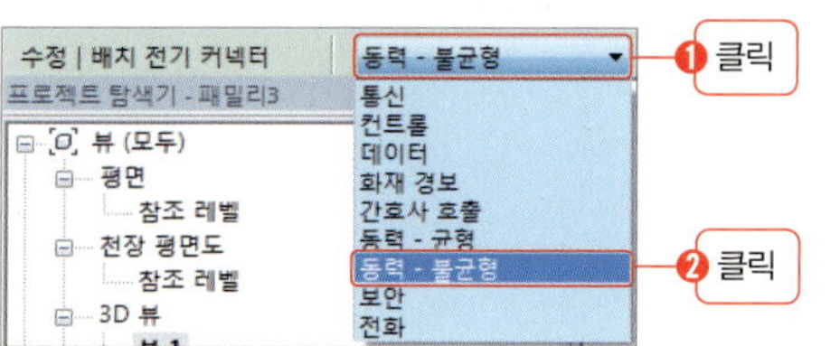

**04** 다음과 같이 마우스 포인터를 객체의 아랫부분에 가까이 가져가면 커넥터의 설치 위치가 활성화됩니다.

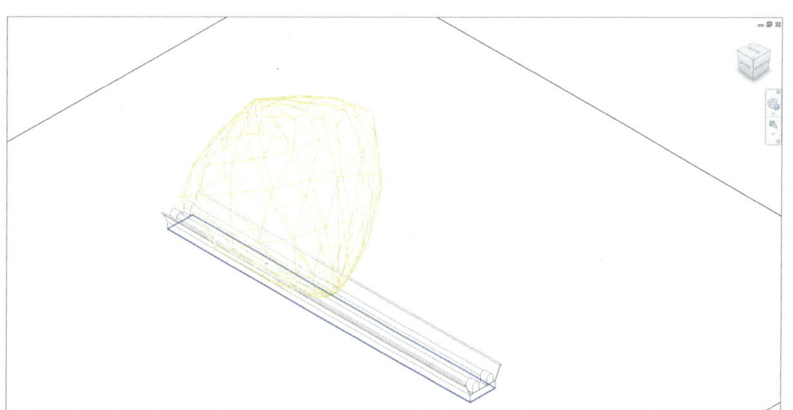

 다음과 같이 커넥터를 설정한 후 커넥터를 선택하여 설정을 변경합니다.

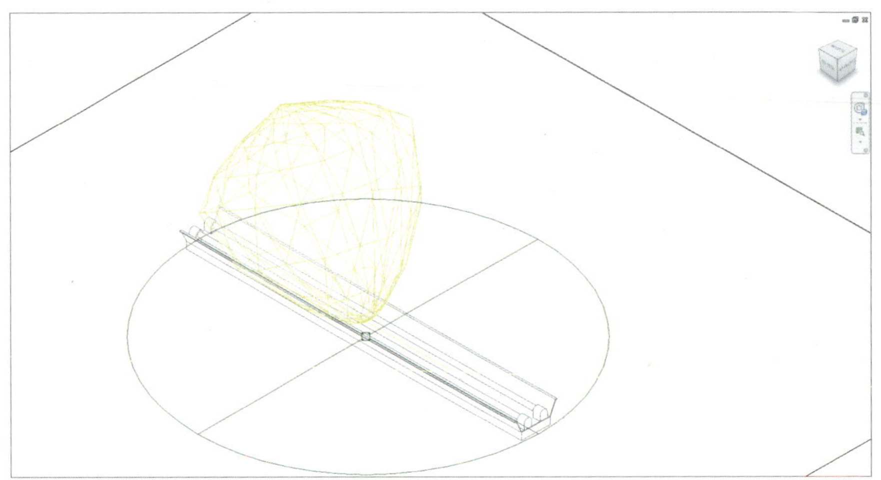

 다음은 [특성] 대화상자의 설정 전후의 모습입니다.

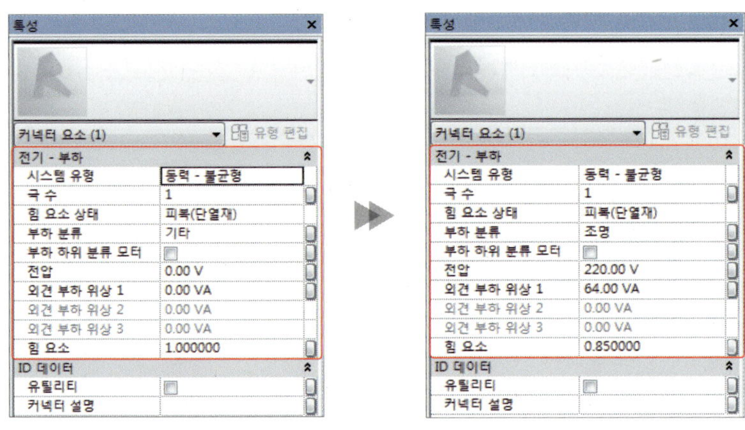

# 프로젝트 점검 및 간섭 확인

Revit 프로젝트에서 계획된 단면으로 모든 작업을 끝냈어도 작업된 객체 간에는 간섭이 발생할 수 있습니다. 이러한 간섭 사항은 실제 시공 전에 미리 검토하고 수정해야 합니다. 건축 설비 시스템에서 간섭이 한 건도 없다고 해서 시공 가능한 정도의 모델이라고 할 수 없고, 시공성을 고려해야 하는 부분에는 경험적 시공 지식이 필요한 부분이 많습니다. 시공 지식에는 개인차가 있어서 공사 담당자의 승인을 받는 것이 가장 좋고, 그렇지 못할 경우에는 시공 경험이 풍부한 매니저나 시공 경험자의 판단이 필요합니다. 이번에는 Revit의 기능을 이용한 회로 점검 및 간섭 검토에 대해 알아보겠습니다.

# 프로젝트 점검

회로 점검 및 간섭 확인을 통하여 프로젝트의 완성도를 높이도록 합니다.

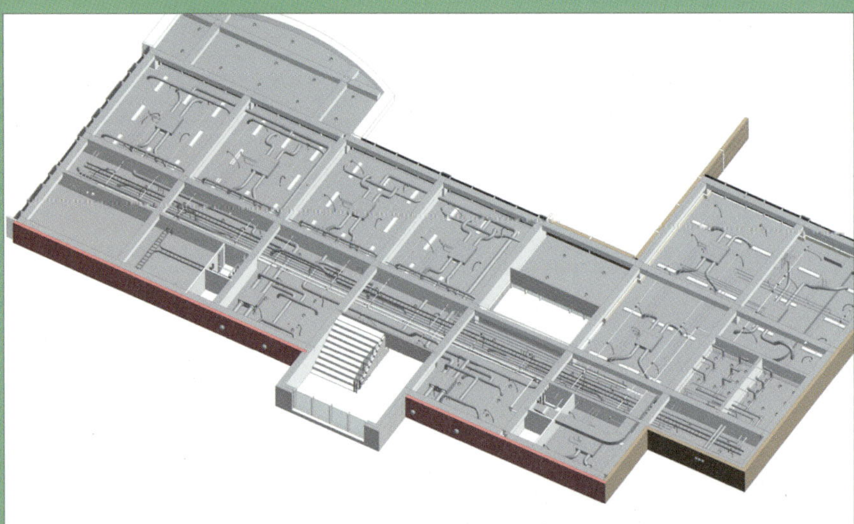

**핵심 Point**

- 전기 회로 점검하기
- 간섭 검토하기

**01** ▲ ➤ [열기] ➤ [프로젝트]를 클릭하여 [새 프로젝트] 대화상자가 나타나면 'Chapter 08' 폴더에서 'Lesson 18_01.rvt'를 불러옵니다.

**02** [해석] 탭 ➤ [시스템 확인] 패널 ➤ [회로 확인]을 클릭합니다.

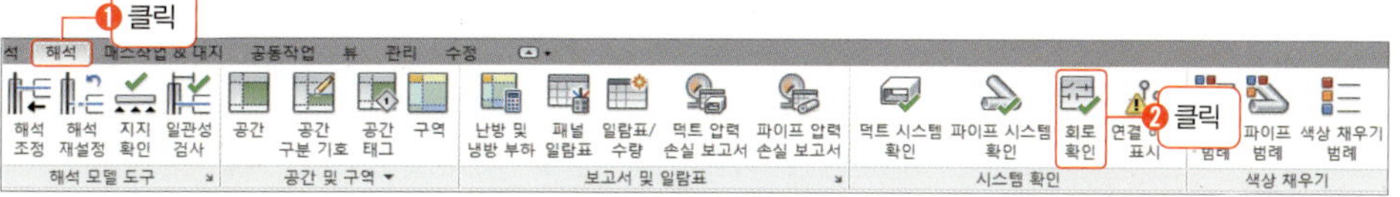


**03** 정상 회로일 경우

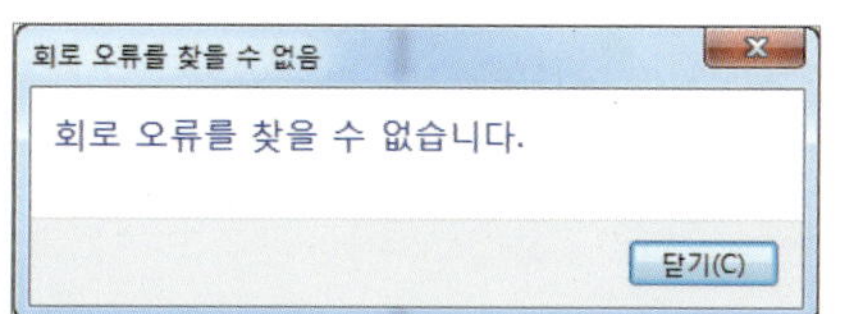


**04** 회로 오류일 경우

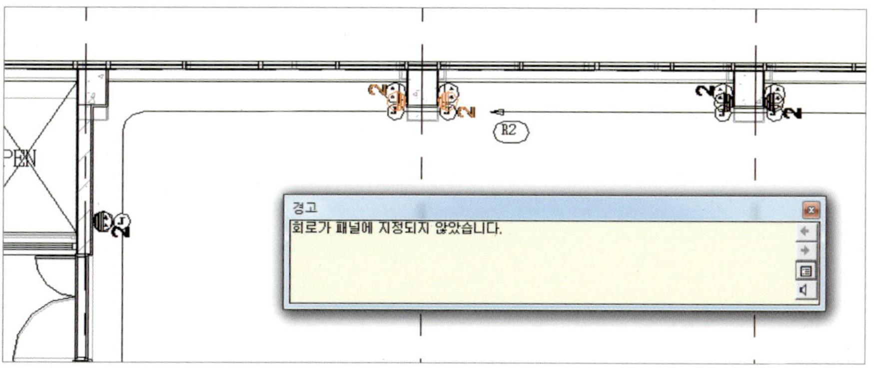

**05** [해석] 탭 ▶ [시스템 확인] 패널 ▶ [연결 해제 표시]를 클릭합니다.

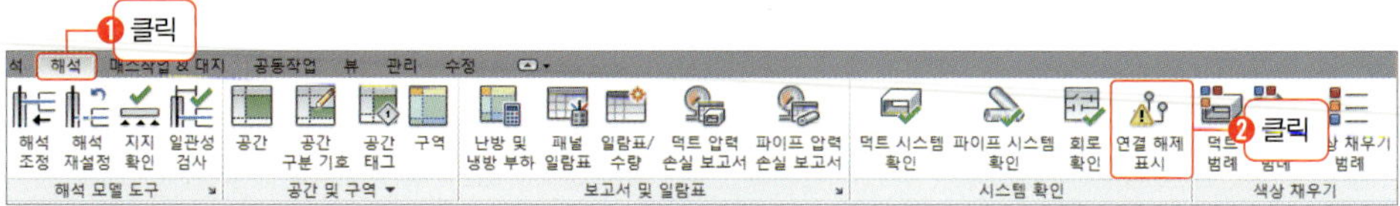



연결 해제 표시는 현재 연결되지 않은 커넥터에 대해 연결 해제 표시를 확인해서 시스템 및 모델을 확인할 수 있습니다.

**06** [연결 해제 옵션 표시] 대화상자에서 케이블 트레이 및 배선, 전기 옵션을 선택해서 확인할 수 있습니다.

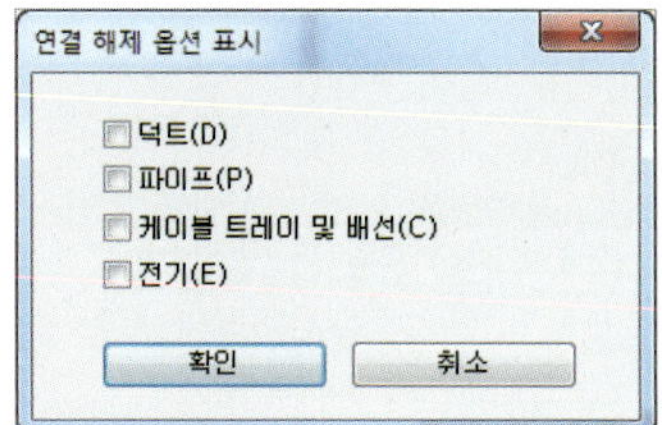



**07** 시스템 탐색기에서도 회로의 연결 상태를 확인할 수 있습니다.

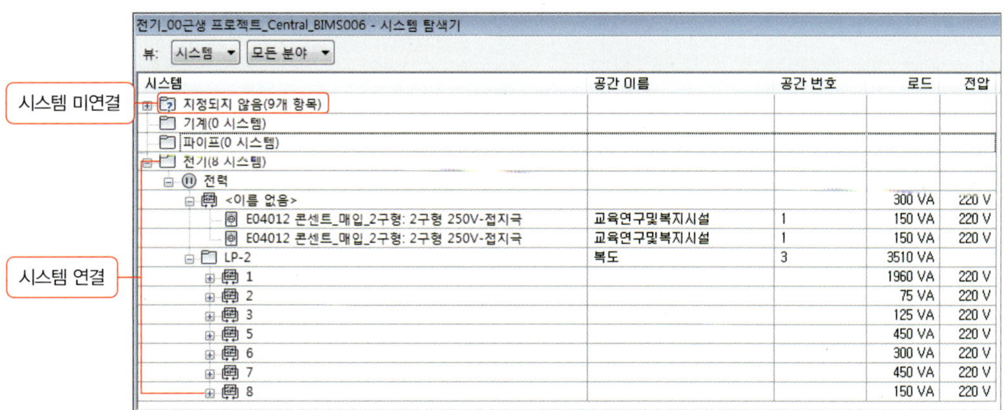

시스템 미연결

시스템 연결

| 시스템 | 공간 이름 | 공간 번호 | 로드 | 전압 |
|---|---|---|---|---|
| 전기_00근생 프로젝트_Central_BIMS006 - 시스템 탐색기 | | | | |
| 뷰: 시스템 ▼  모든 분야 ▼ | | | | |
| 지정되지 않음(9개 항목) | | | | |
| 기계(0 시스템) | | | | |
| 파이프(0 시스템) | | | | |
| 전기(8 시스템) | | | | |
| 전력 | | | | |
| <이름 없음> | | | 300 VA | 220 V |
| E04012 콘센트_매입_2구형: 2구형 250V-접지극 | 교육연구및복지시설 | 1 | 150 VA | 220 V |
| E04012 콘센트_매입_2구형: 2구형 250V-접지극 | 교육연구및복지시설 | 1 | 150 VA | 220 V |
| LP-2 | 복도 | 3 | 3510 VA | |
| 1 | | | 1960 VA | 220 V |
| 2 | | | 75 VA | 220 V |
| 3 | | | 125 VA | 220 V |
| 5 | | | 450 VA | 220 V |
| 6 | | | 300 VA | 220 V |
| 7 | | | 450 VA | 220 V |
| 8 | | | 150 VA | 220 V |

**01**   ▣ ▶ [열기] ▶ [프로젝트]를 클릭하여 [새 프로젝트] 대화상자가 나타나면 'Chapter 08' 폴더에서 'Lesson 18_02.rvt' 파일을 엽니다. [공동작업] 탭 ▶ [좌표] 패널 ▶ [간섭 확인] ▶ [간섭 확인 실행]을 선택합니다.

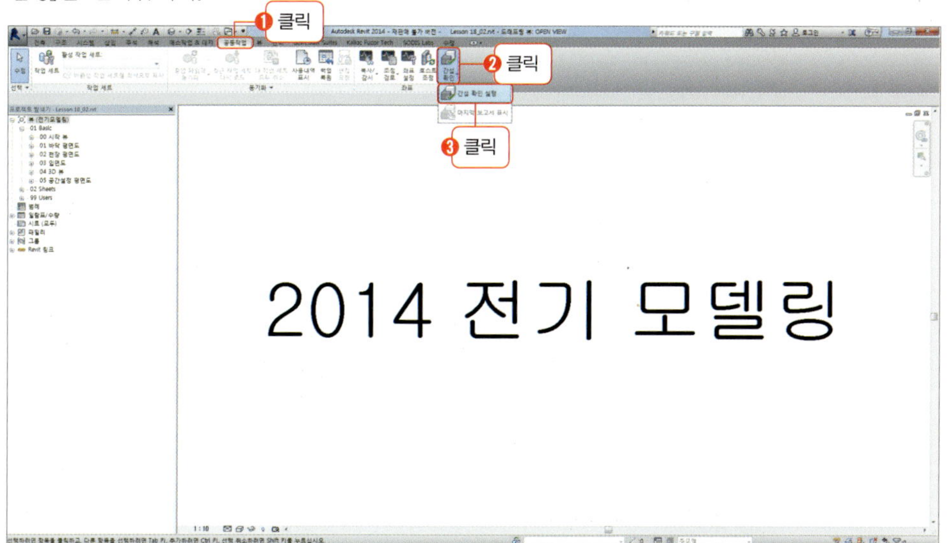


**02**   [간섭 확인] 대화상자가 나타나면 '카테고리 위치'를 '현재 문서'로 지정하고 모든 항목에 체크한 후 [확인] 버튼을 클릭합니다.

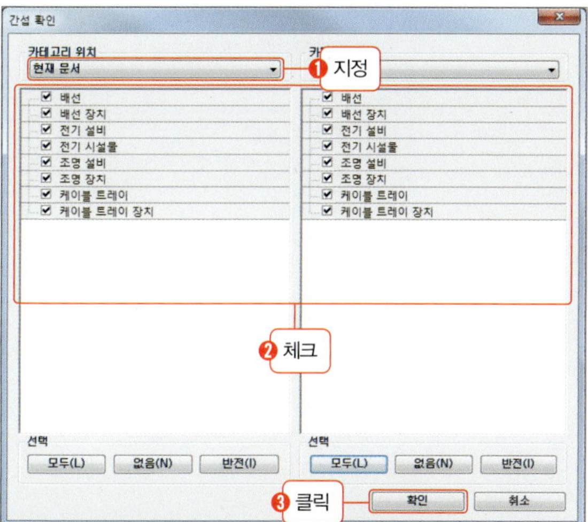


**Note**

- 양쪽 카테고리 항목들 간의 간섭을 검토하는 것입니다.
- 원하는 항목에 체크하면 해당 카테고리의 간섭만 검토할 수 있습니다.
- 파일이 클 경우 간섭 확인하려는 항목을 최소화해야 합니다. 그렇지 않으면 파일의 크기에 따라 처리 속도가 느려지거나 컴퓨터의 성능에 따라 속도에 차이가 발생할 수 있습니다.

**03** [간섭 보고서] 대화상자에서 [내보내기] 버튼을 클릭합니다.

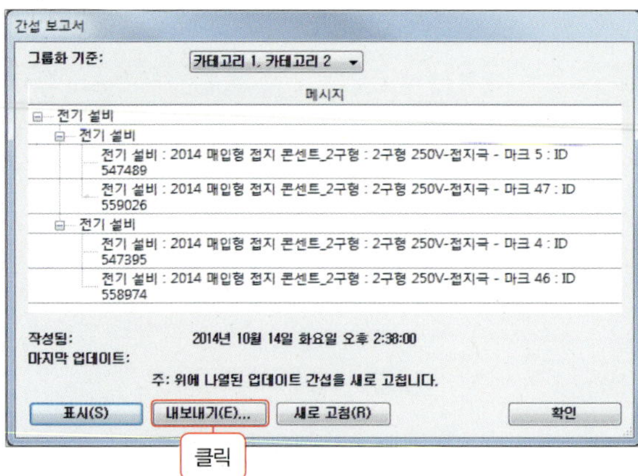



> **Note**
>
> **■ HTML 파일로 [내보내기] 버튼을 클릭하기 전에 간섭을 해결하는 방법**
>
> ① [간섭 보고서] 대화상자에서 특정 항목을 선택하고 [표시] 버튼을 클릭합니다.
>
> ② 해당 간섭이 있는 뷰를 열어 간섭을 확인합니다.
>
> ③ 열린 뷰 또는 해당 뷰를 열어 간섭을 해결합니다.
>
> ④ [간섭 보고서] 대화상자에서 해당 간섭 리스트가 삭제됩니다.

**04** 저장할 경로를 지정한 후 이름을 입력하고 파일을 저장한 후 [확인] 버튼을 클릭하고 저장된 위치에서 간섭 보고서 파일을 엽니다. 이때 저장된 파일은 HTML로 내보내기됩니다.

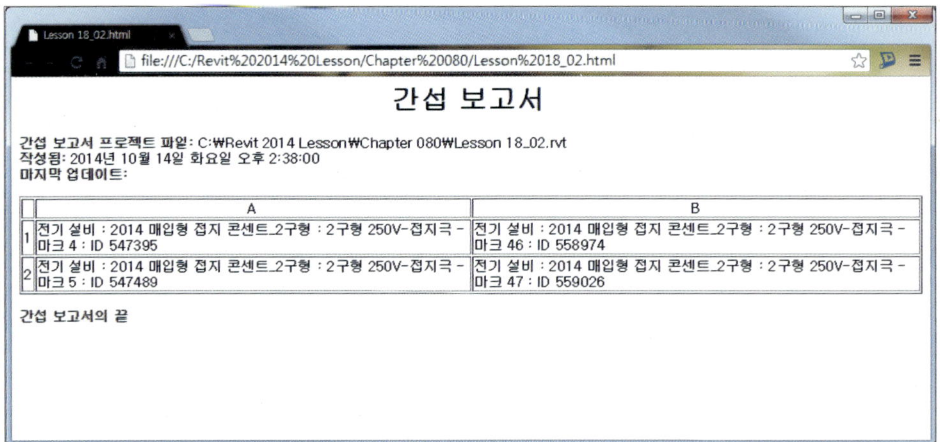



| | A | B |
|---|---|---|
| 1 | 전기 설비 : 2014 매입형 접지 콘센트_2구형 : 2구형 250V-접지극 - 마크 4 : ID 547395 | 전기 설비 : 2014 매입형 접지 콘센트_2구형 : 2구형 250V-접지극 - 마크 46 : ID 558974 |
| 2 | 전기 설비 : 2014 매입형 접지 콘센트_2구형 : 2구형 250V-접지극 - 마크 5 : ID 547489 | 전기 설비 : 2014 매입형 접지 콘센트_2구형 : 2구형 250V-접지극 - 마크 47 : ID 559026 |

# 문서화

설계 의도를 팀 구성원, 컨설턴트, 고객 및 계약자에게 전달하기 위해 프로젝트 문서를 작성한 후 주석을 작성해서 좀 더 구체적으로 지정합니다. 프로젝트에 사용한 구성 요소 및 재료를 정량화하고 해석하려면 일람표, 수량 및 재료 견적을 작성해야 합니다. 그리고 시트를 작성하고 도면과 일람표를 추가한 후 제목 블록을 사용자화 하고 평면, 입면, 단면의 2D 뷰 등을 작성합니다.

# 문서화
# 작업하기

일람표 산출 및 도면화 작업에 대해 알아보겠습니다. 일람표는 프로젝트의 요소 특성에서 추출된 정보를 표 형식으로 표시한 것입니다. 그리고 시트를 작성하고 시트에 도면을 배치한 후 시트의 모양을 구체적으로 지정합니다.

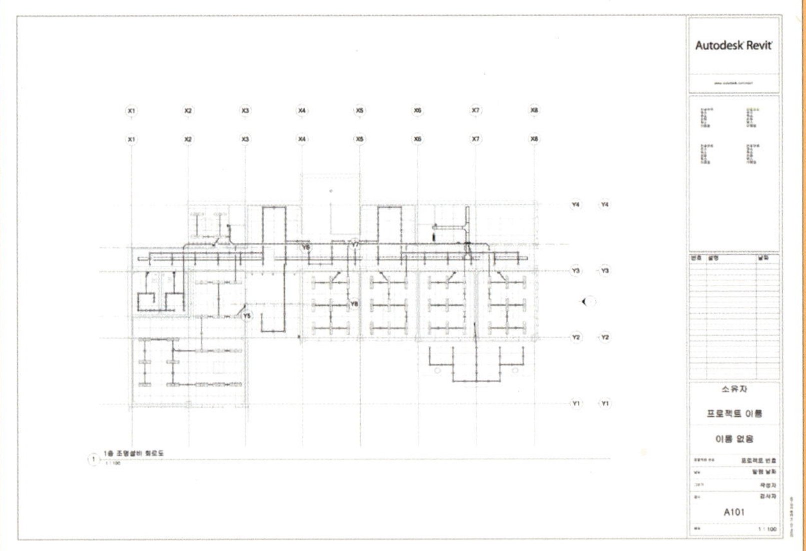

**핵심 Point**

- 일람표 작성하기
- 시트 만들기
- 의존적 뷰 사용하기

일람표는 프로젝트의 요소 특성에서 추출된 정보를 표 형태로 표시한 것으로, 일람표를 작성하는 요소 유형의 모든 인스턴스를 나열할 수 있습니다. 일람표의 그룹화 기준에 따라 다중 인스턴스를 하나의 행으로 축소할 수 있습니다. 프로젝트를 변경하여 정보 등이 변하는 경우 일람표는 자동으로 업데이트되어 변경 사항을 반영하고, 도면 시트에 일람표를 추가할 수 있습니다.

## 01  조명기구 기초 수량 산출하기

**01** ➤ [열기] ➤ [프로젝트]를 클릭합니다. [새 프로젝트] 대화상자가 나타나면 'Chapter 09\Lesson 19' 폴더에서 'Lesson19_01.rvt' 파일을 열고, [뷰] 탭 ➤ [작성] 패널 ➤ [일람표] ➤ [일람표/수량]을 선택합니다.

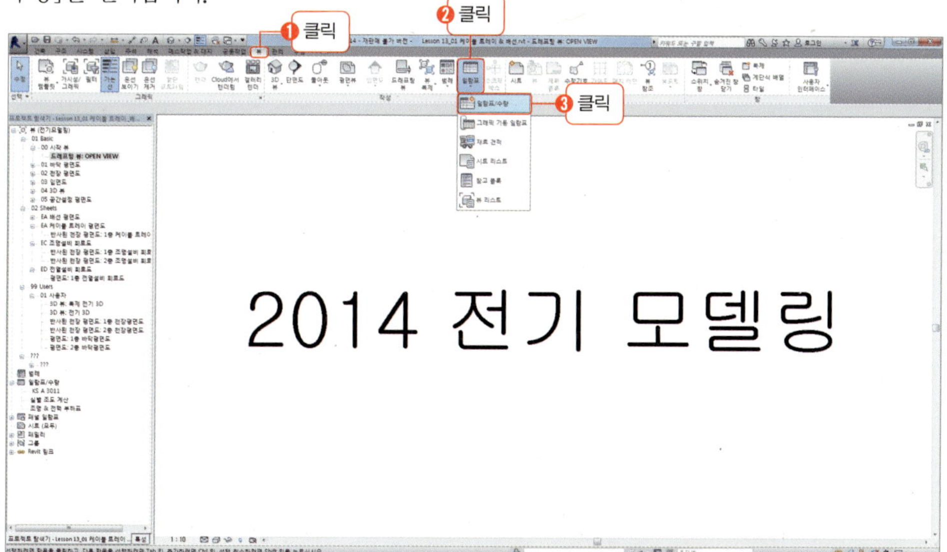



**02** [새 일람표] 대화상자가 나타나면 '카테고리'에서 '조명 설비'를 선택하고 '이름'에 '조명 기구' 일람표를 입력한 후 [확인] 버튼을 클릭합니다.

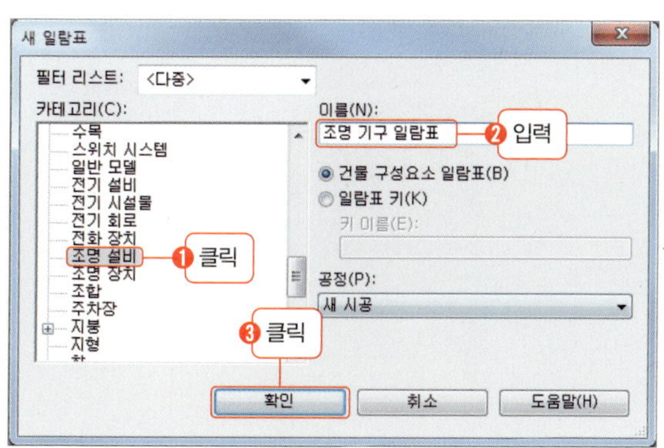

**03** [일람표 특성] 대화상자가 나타나면 [필드] 탭의 '사용 가능한 필드'에서 '레벨', '패밀리', '유형', '개수'를 더블 클릭하여 '일람표 필드(순서대로)'에 추가합니다.

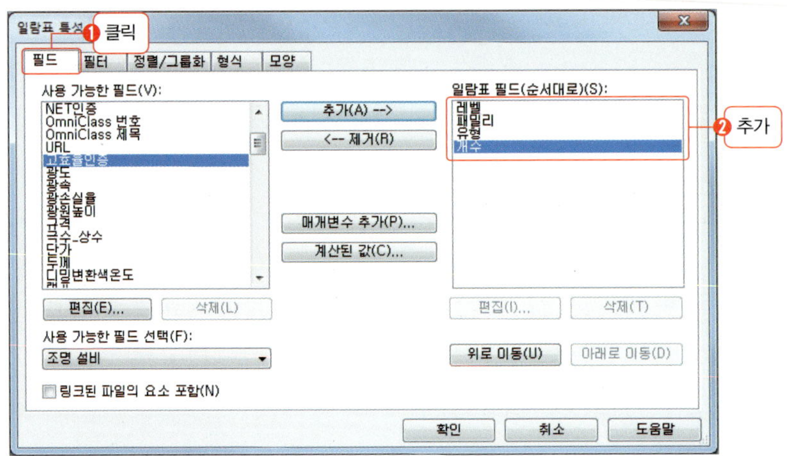


**04** [정렬/그룹화] 탭을 클릭하고 다음과 같이 설정합니다.

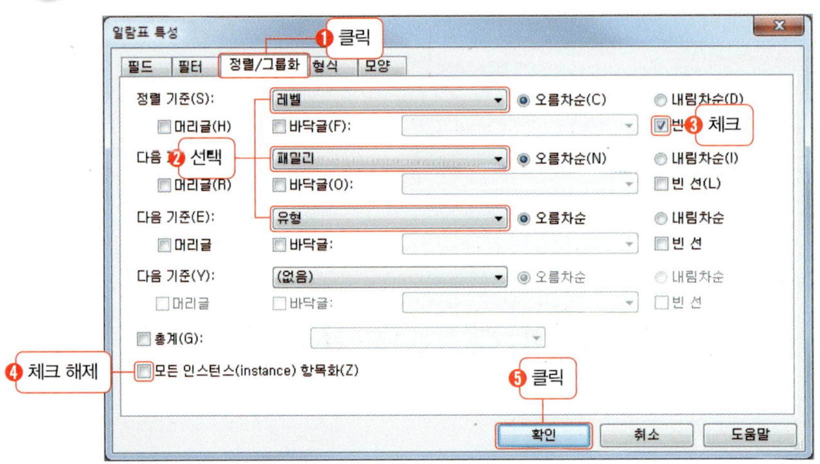

**05** 설정한 값에 따라 일람표가 작성됩니다.

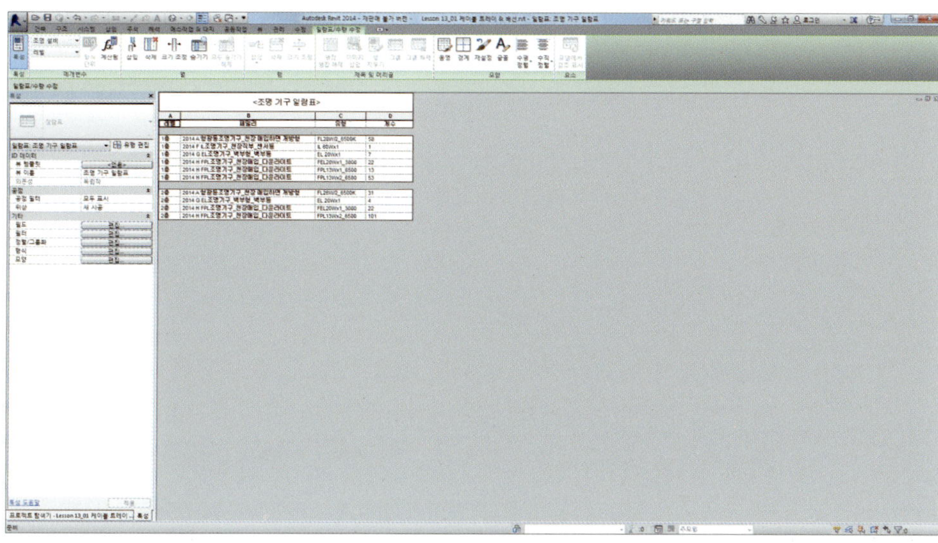

## 02 콘센트 기초 수량 산출하기

**01** [뷰] 탭 ▶ [작성] 패널 ▶ [일람표] ▶ [일람표/수량]을 선택합니다.

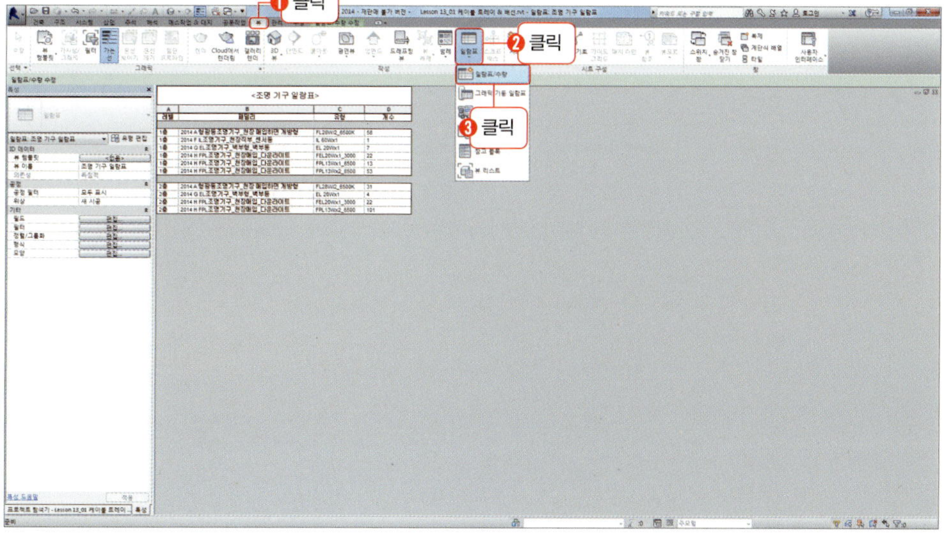

**02** [새 일람표] 대화상자가 나타나면 '카테고리'에서 '전기 설비'를 선택하고 '이름'에 '전기 기구' 일람표를 입력한 후 [확인] 버튼을 클릭합니다.

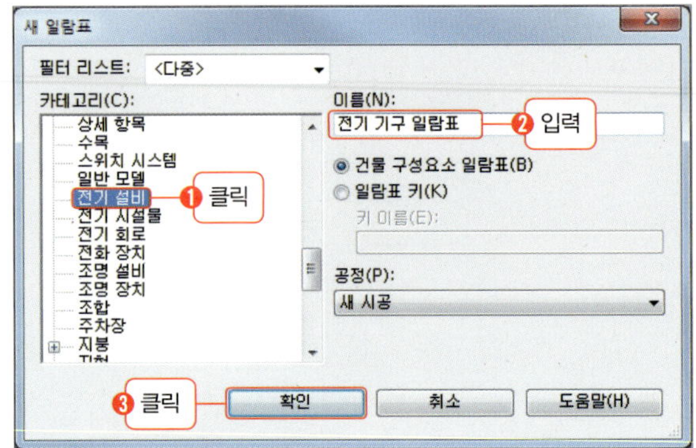

**03** [일람표 특성] 대화상자가 나타나면 [필드] 탭의 '사용 가능한 필드'에서 '레벨', '패밀리', '유형', '개수'를 선택하고 [추가] 버튼을 클릭하여 '일람표 필드(순서대로)'에 추가합니다. 이때 매개변수를 이용한 검토에서 설정했던 '공종구분' 매개변수를 활용합니다.

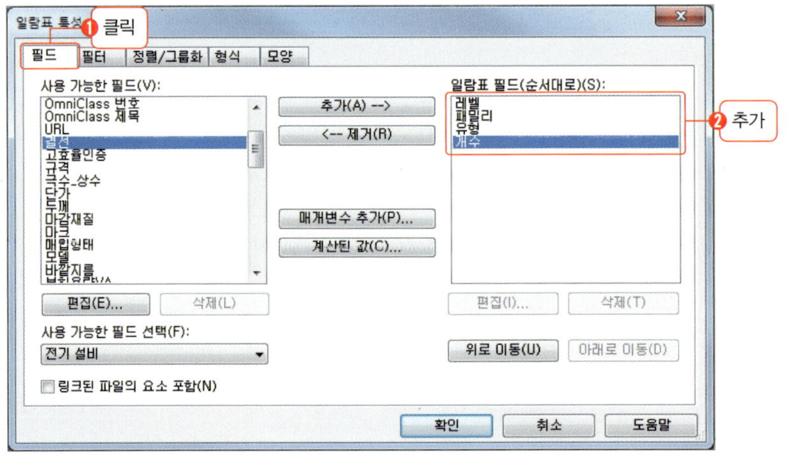

**04** [정렬/그룹화] 탭을 클릭하고 다음과 같이 지정합니다.

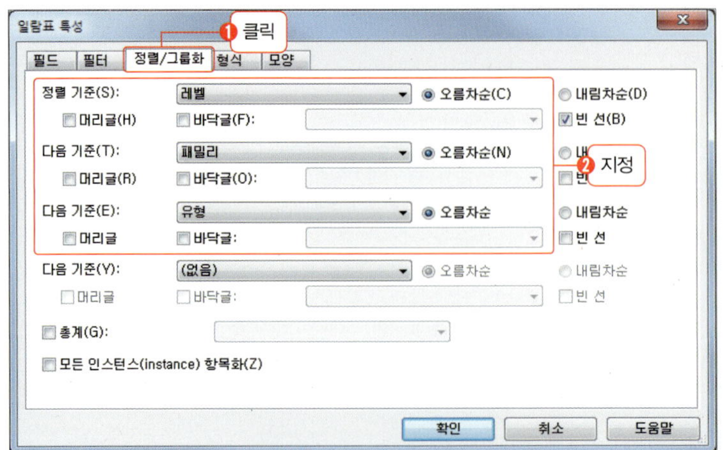

**05** [일람표 특성] 대화상자에서 설정한 값에 따라 일람표가 작성됩니다.

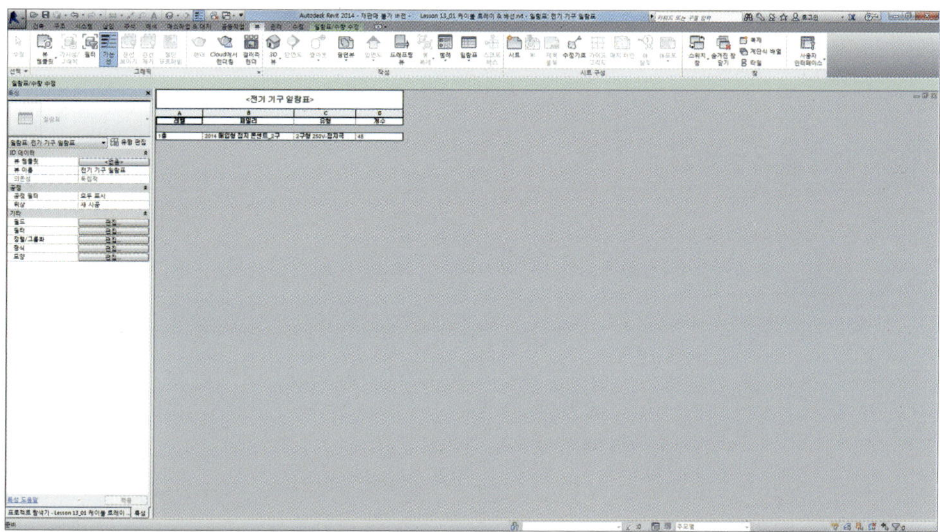

시방서 세트의 각 시트에 대한 시트 뷰를 작성하고 여러 개의 도면이나 일람표를 각 시트에 배치할 수 있습니다.

## 01 제목 블록 만들기

**01** 모델링을 완료한 프로젝트 파일을 열고 ▶ [새로 만들기] ▶ [제목 블록]을 클릭합니다.

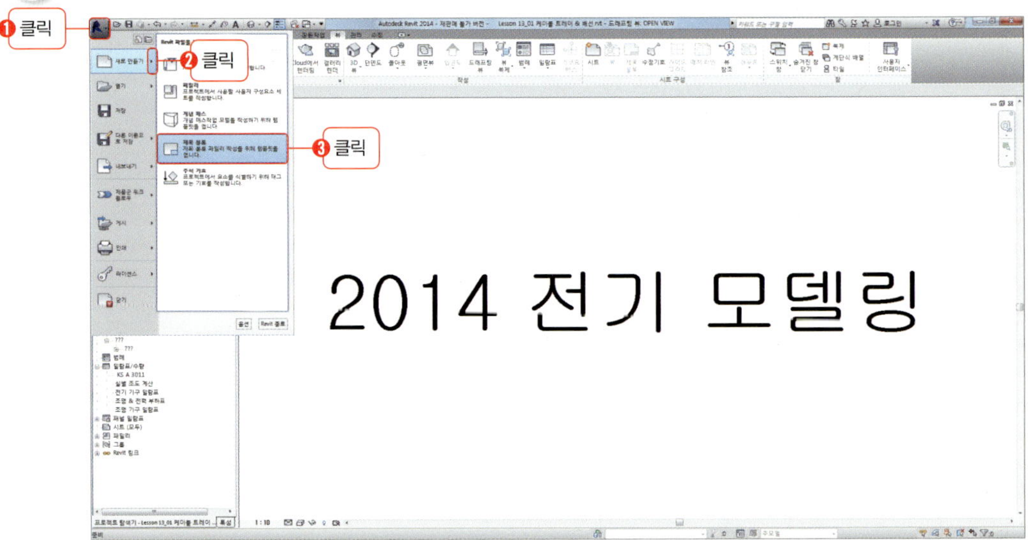

**02** [새 제목 블록 − 템플릿 파일 선택] 대화상자가 나타나면 'A1 미터법.rft' 파일을 선택하고 [열기] 버튼을 클릭합니다.

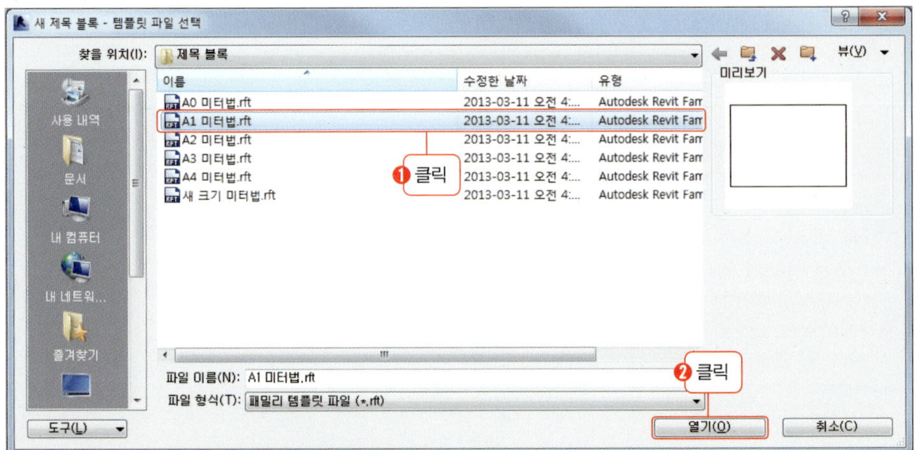

**03** [삽입] 탭 ➤ [가져오기] 패널 ➤ [CAD 가져오기]를 클릭합니다. [CAD 형식 가져오기] 대화상자가
나타나면 LINK ➤ DWG' 폴더에서 'A1 도면 시트.dwg' 파일을 선택합니다.

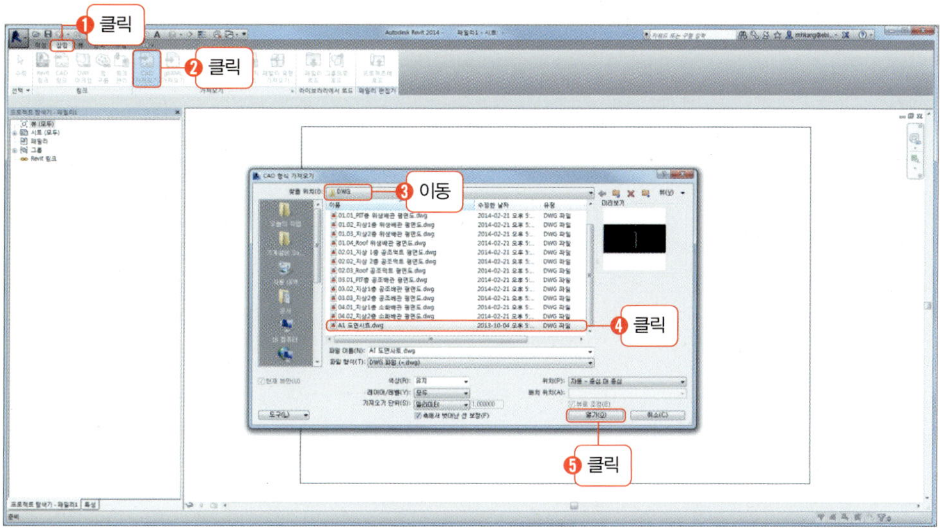

**04** 다음과 같은 메시지 창이 나타나면
[예] 버튼을 클릭합니다.

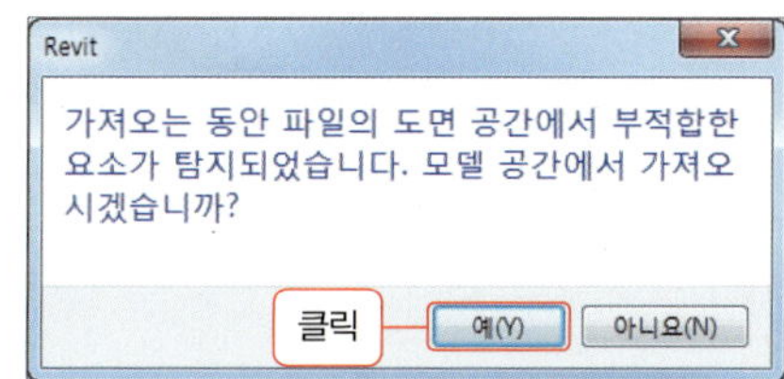


**05** 가져온 CAD 도면을 선택하고 [수정 | 패밀리로 가져오기] 탭 ➤ [수정] 패널 ➤ [이동]을 클릭한 후
왼쪽 상단 모서리에서 클릭하여 시트의 왼쪽 위로 이동합니다.

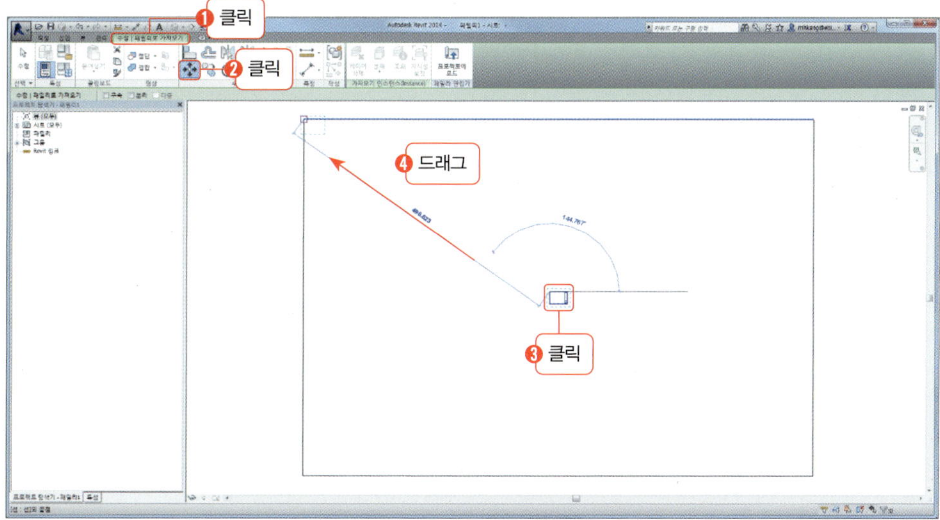

**06** CAD 도면 시트를 선택한 상태에서 [수정 | 패밀리로 가져오기] 탭 ▶ [수정] 패널 ▶ [축척]을 클릭하고 다음 순서대로 작업하여 CAD 도면을 A1 크기에 맞게 재조정합니다.

1. CAD 도면의 왼쪽 위 모서리를 클릭합니다.
2. CAD 도면의 오른쪽 위 모서리를 클릭합니다.
3. 시트의 오른쪽 위 모서리를 클릭합니다.

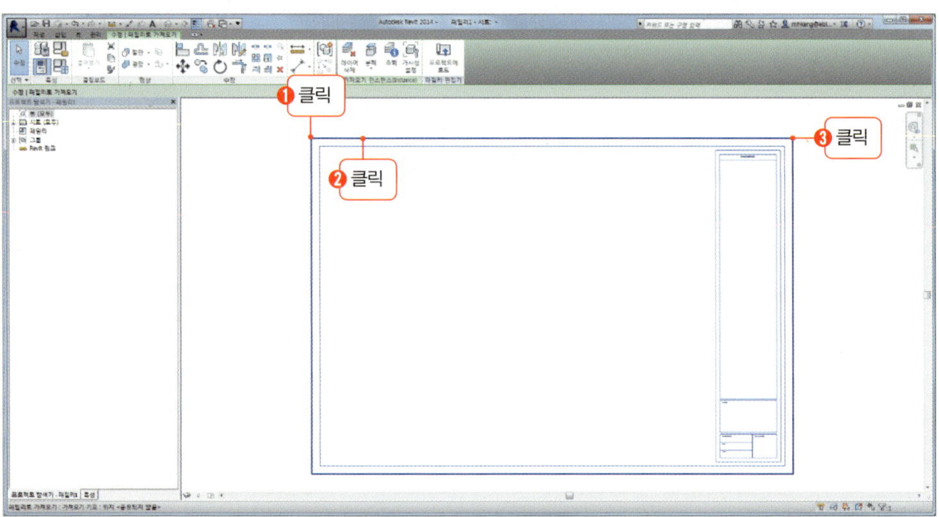


**07** [작성] 탭 ▶ [싱세 징보] 패널 ▶ [선] 을 클릭하고 [작성] 탭 ▶ [그리기] 패널 ▶ [선 선택] 을 클릭한 후 CAD 도면의 선들을 하나씩 클릭하여 시트의 선들을 같은 위치에 작성합니다. 이때 선을 선택할 때 중복되지 않도록 합니다.

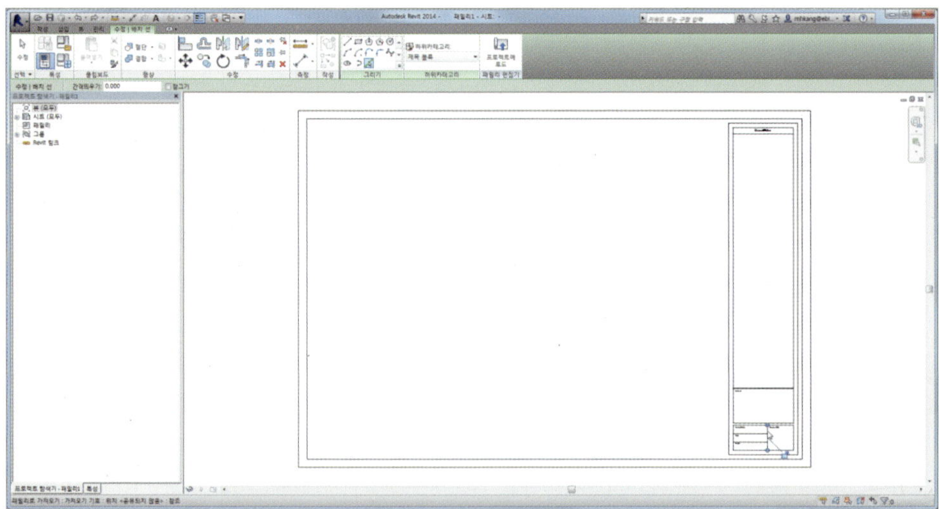

**08** [작성] 탭 ▶ [문자] 패널 ▶ [문자]를 클릭합니다. [특성] 대화상자가 나타나면 [유형 편집]을 클릭
하고 문자 '8mm'를 복제하여 '이름'을 '4mm'로 입력한 후 [확인] 버튼을 클릭합니다.

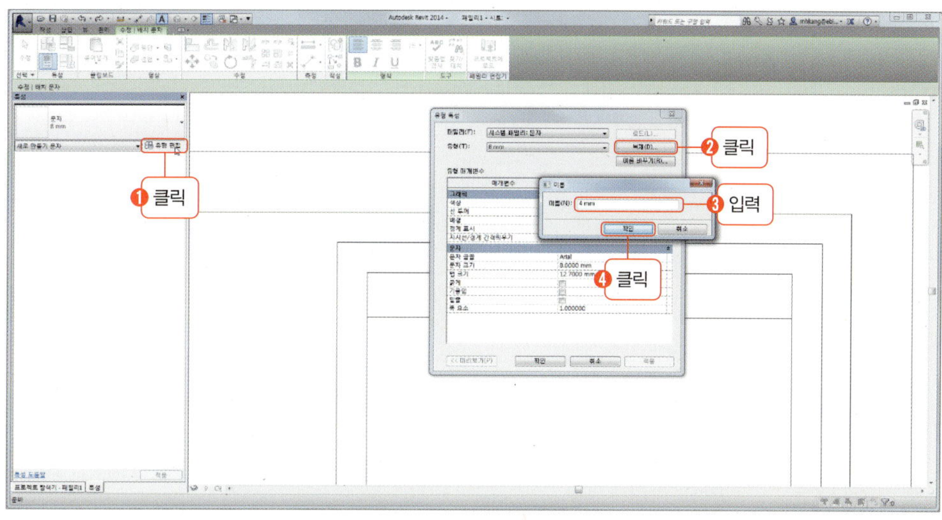

**09** [유형 특성] 대화상자에서 '유형 매개변수'의 '문자 크기'를 '4mm'로 재조정하고 [확인] 버튼을
클릭합니다.

**⑩** 시트의 오른쪽 위를 확대하고 문자를 입력할 곳을 선택한 후 'General Notes'를 입력합니다.

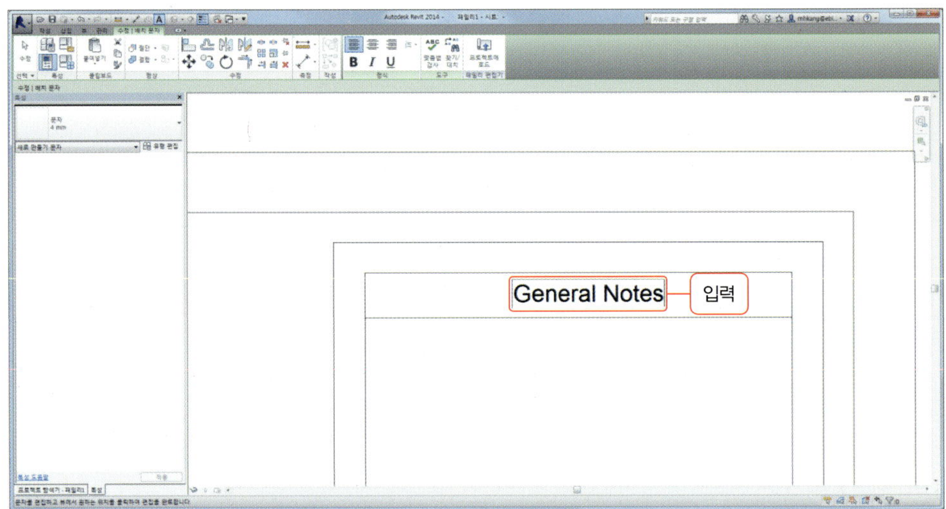


**⑪** 이와 같은 방법으로 문자 크기를 '2mm'로 지정하여 표제 블록의 아래쪽 내용을 다음과 같이 작성합니다.

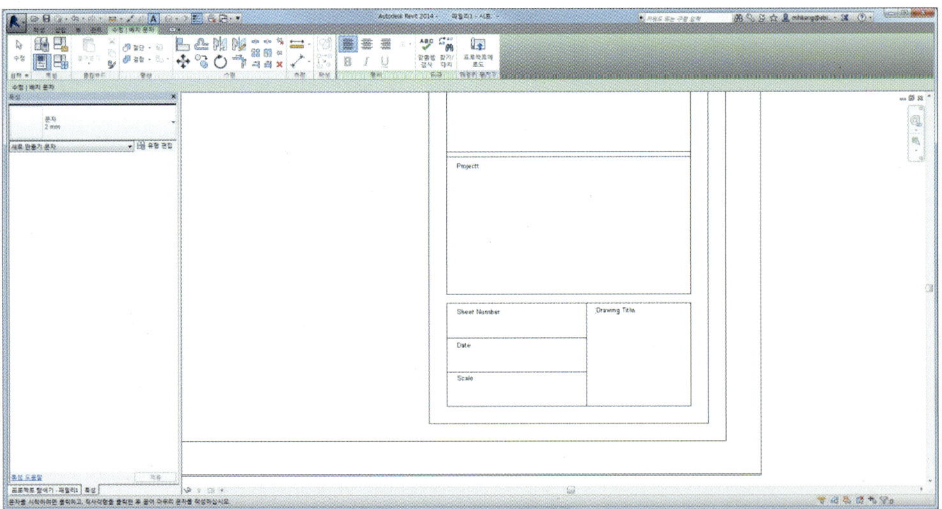

⑫ [작성] 탭 ➤ [문자] 패널 ➤ [레이블]을 클릭하고 도면 영역에서 '프로젝트 이름'이 들어갈 곳을 클릭합니다.

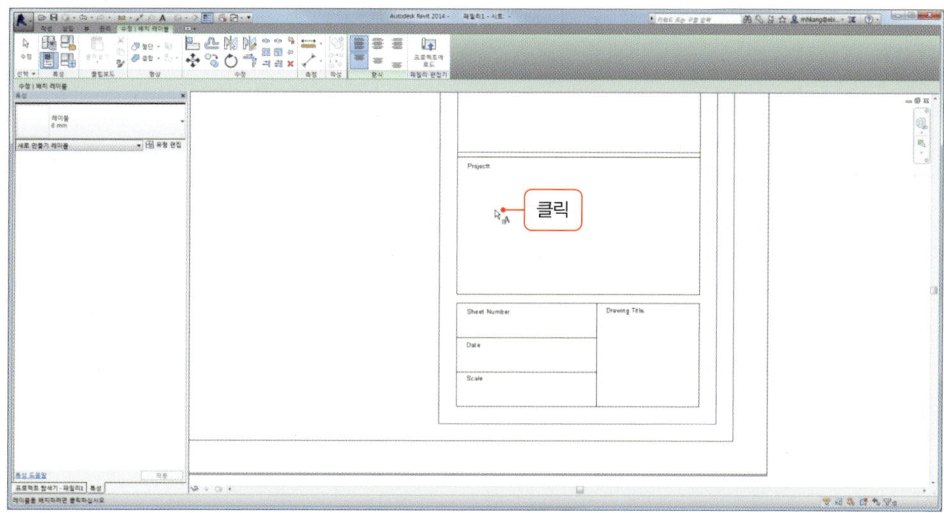



⑬ [레이블 편집] 대화상자가 나타나면 '카테고리 매개변수'에서 '프로젝트 이름'을 선택하고 [레이블에 매개변수 추가] 버튼을 클릭합니다. '레이블 매개변수'에 '프로젝트 이름'이 추가되면 [확인] 버튼을 클릭합니다.

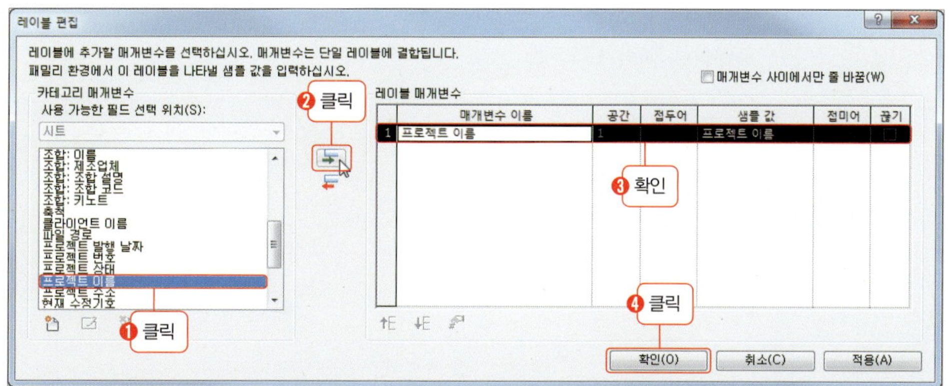



**Note**

프로젝트 정보는 시트의 제목 블록에 사용할 수 있습니다. 예를 들어 '프로젝트 이름'의 매개변수는 프로젝트 정보에 포함된 프로젝트 이름에 입력된 값을 사용하는데, [관리] 탭 ➤ [설정] 패널 ➤ [프로젝트 정보]를 클릭해 프로젝트 이름을 입력합니다.

**14** 작성한 레이블을 선택하고 [특성] 대화상자에서 '수직 정렬'은 '가운데'로, '수평 정렬'은 '중심'으로 지정한 후 다음과 같이 위치를 이동합니다.

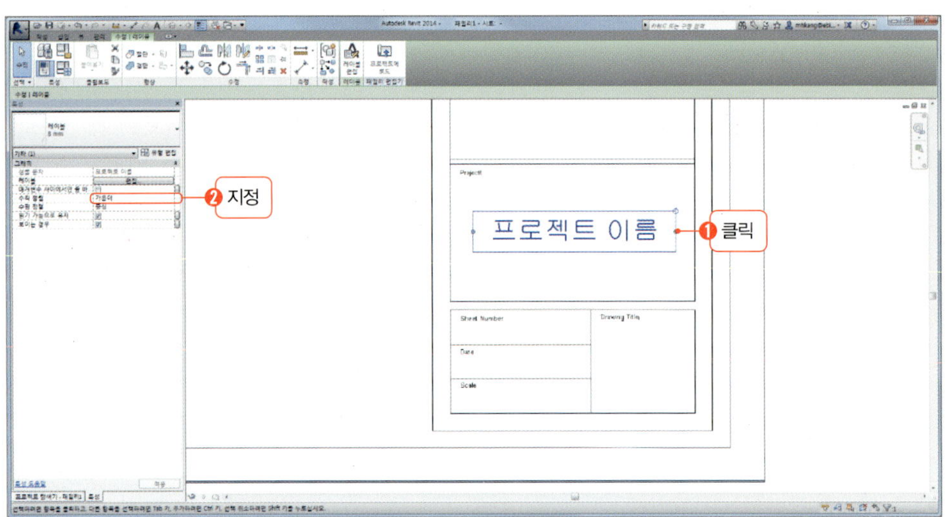


**15** 레이블 '4mm'로 다음과 같이 각각 레이블을 작성합니다.

- **Sheet Number** : 시트 번호
- **Date** : 시트 발행 날짜
- **Scale** : 축척
- **Drawing Title** : 시트 이름

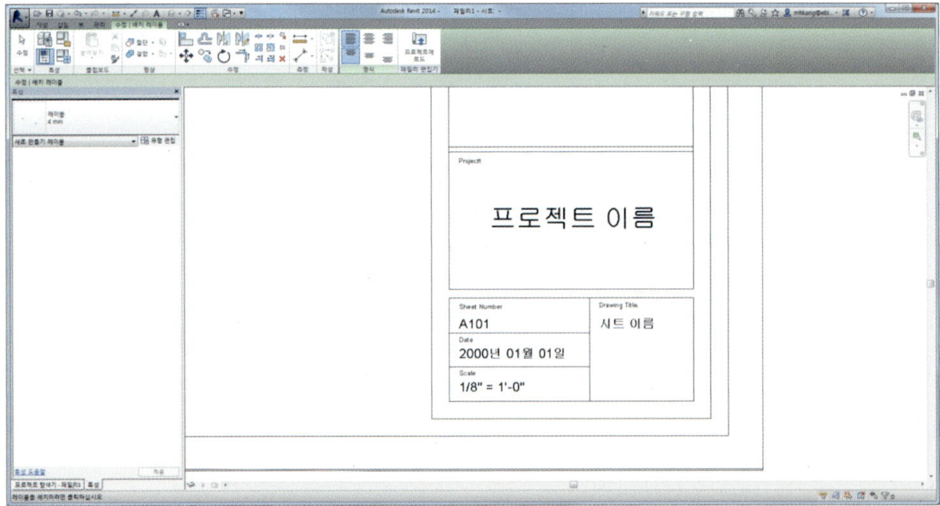

**16** 마우스로 드래그하여 모든 객체를 선택하고 [수정 | 다중 선택] 탭▶[선택] 패널▶[필터]를 클릭합니다. [필터] 대화상자가 나타나면 '패밀리로 가져오기'에 체크하고 [확인] 버튼을 클릭합니다.

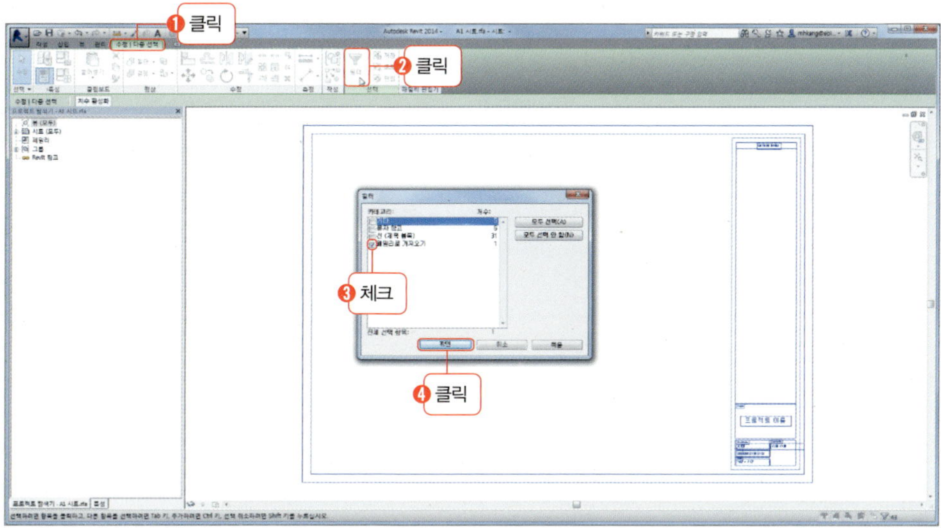

**17** 선택한 'CAD도면 시트'를 Delete 를 눌러 삭제합니다

**18** ▶[다른 이름으로 저장]▶[패밀리]를 클릭합니다. 경로를 지정하고 '이름'에 'A1 시트'로 입력한 후 제목 블록을 저장하고 닫습니다.

## **02** 제목 블록 적용하기

**01** 프로젝트에서 [뷰] 탭▶[시트 구성] 패널▶[시트]를 클릭합니다. [새 시트] 대화상자가 나타나면 [로드] 버튼을 클릭하고 제목 블록을 저장한 경로에서 'A1 시트'를 가져온 후 [확인] 버튼을 클릭합니다.

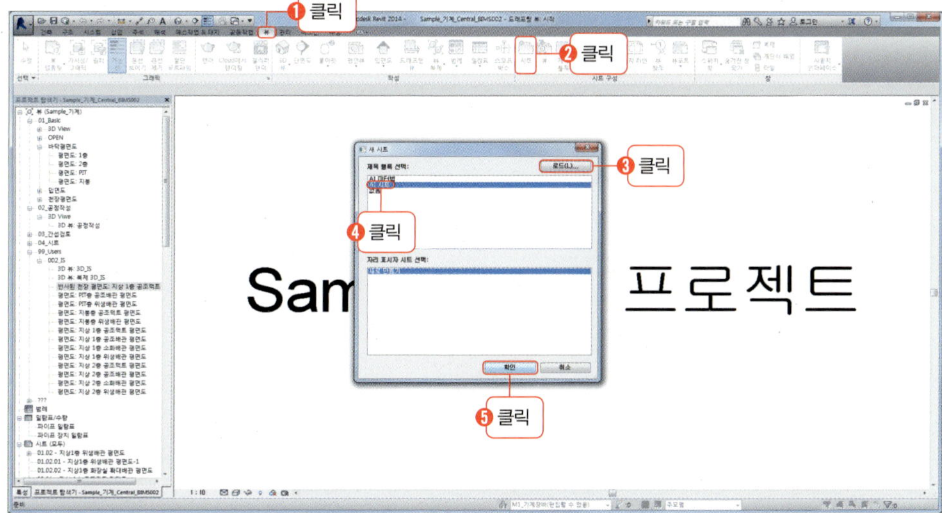

**02** [관리] 탭 ➤ [설정] 패널 ➤ [프로젝트 정보]를 클릭합니다. [프로젝트 특성] 대화상자가 나타나면
시트에 들어갈 프로젝트의 정보를 작성합니다.

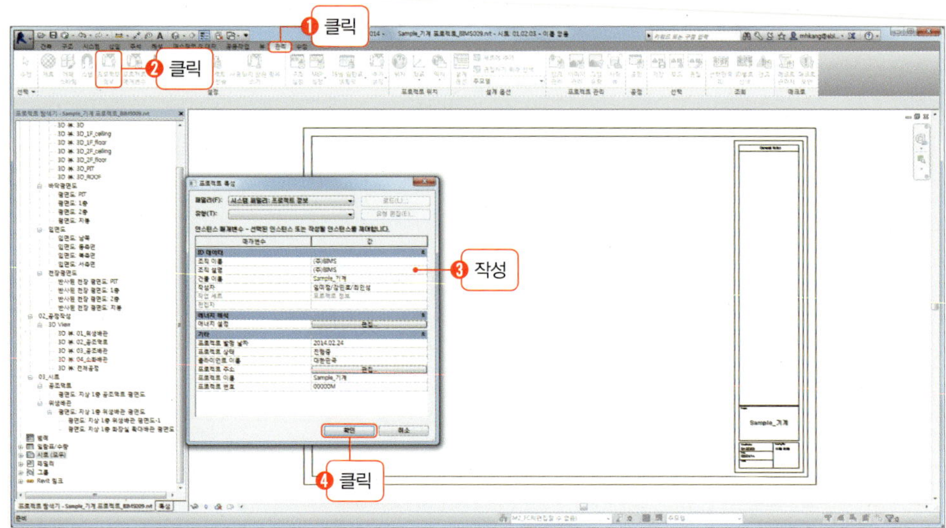

 **주석달기**

**01** 프로젝트 탐색기에서 '반사된 천장 평면도: 1층 조명설비 회로도'를 더블 클릭하고 V V (가시성/그래픽 재지정)를 누릅니다. 대화상자가 나타나면 [Revit 링크] 탭에서 'Sample_설비.rvt'의 가시성을 끄고 [확인] 버튼을 클릭합니다.

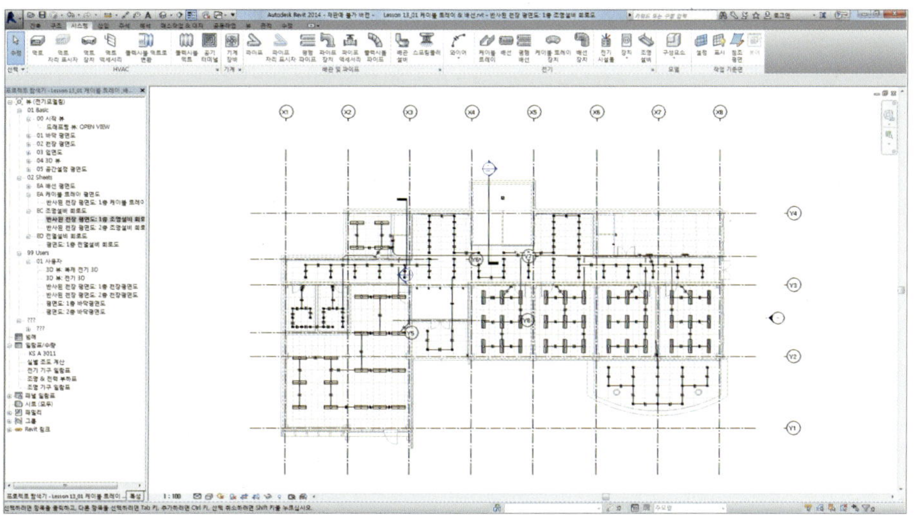

**02** [주석] 탭 ▶ [태그] 패널 ▶ [카테고리별 태그]를 클릭합니다. 옵션 막대에서 '수직'을 선택하고 '부착된 끝'이 선택되었는지 확인한 후 값에 '10mm'를 입력하고 [태그]를 클릭합니다.

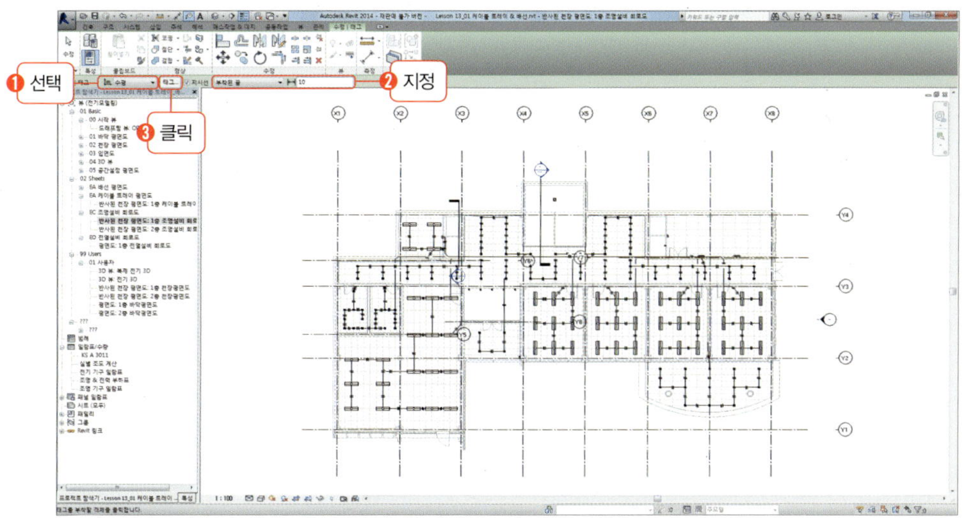

**03** [로드된 태그] 대화상자가 나타나면 [패밀리 로드] 버튼을 클릭합니다.

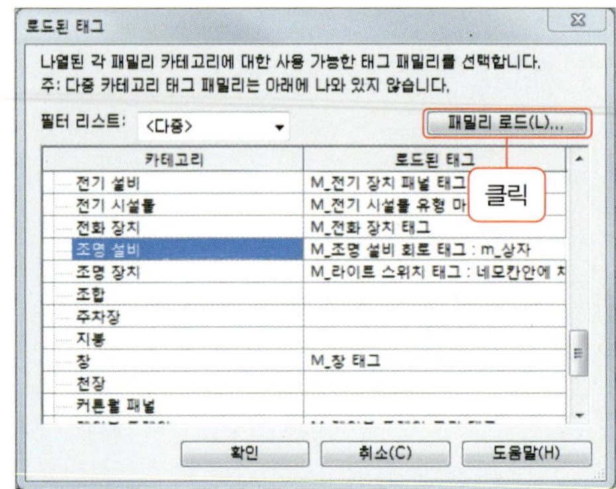

**04** [패밀리 로드] 대화상자가 나타나면 '주석\전기' 폴더에서 '조명 설비 태그.rfa'를 선택하고 [열기] 버튼을 클릭합니다.

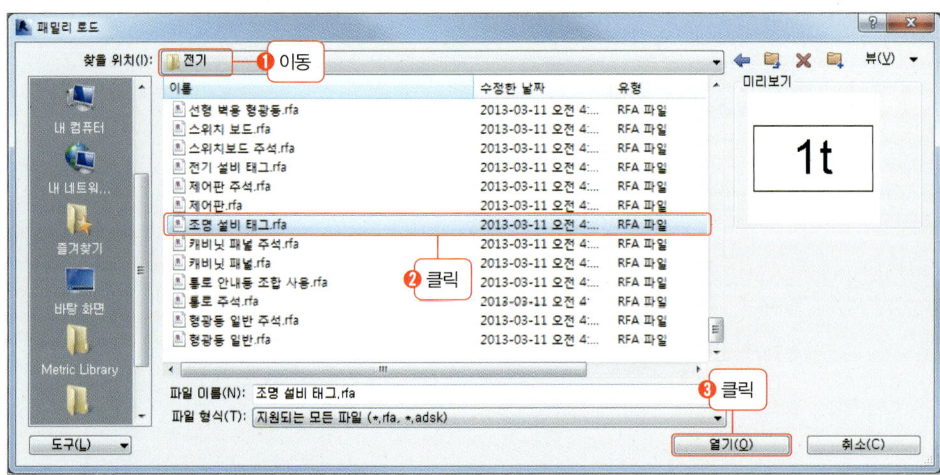

**05** 'X1-Y2, Y1-Y3'을 확대하고 조명기구를 선택하면 다음과 같이 태그로 표시됩니다.

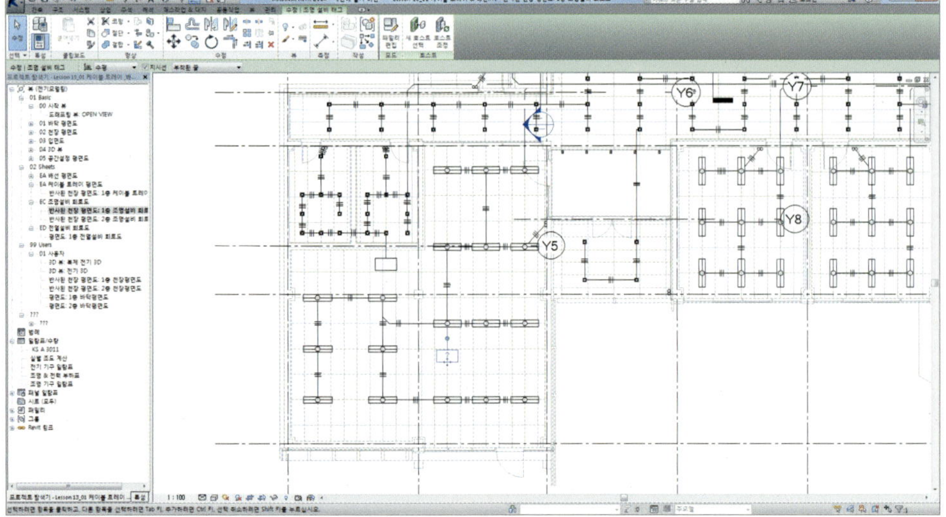

**01** X1–X2, Y1–3을 확대하여 주석을 선택합니다. [수정 | 조명 설비 태그] 탭 ▶ [모드] 패널 ▶ [패밀리 편집]을 클릭합니다.

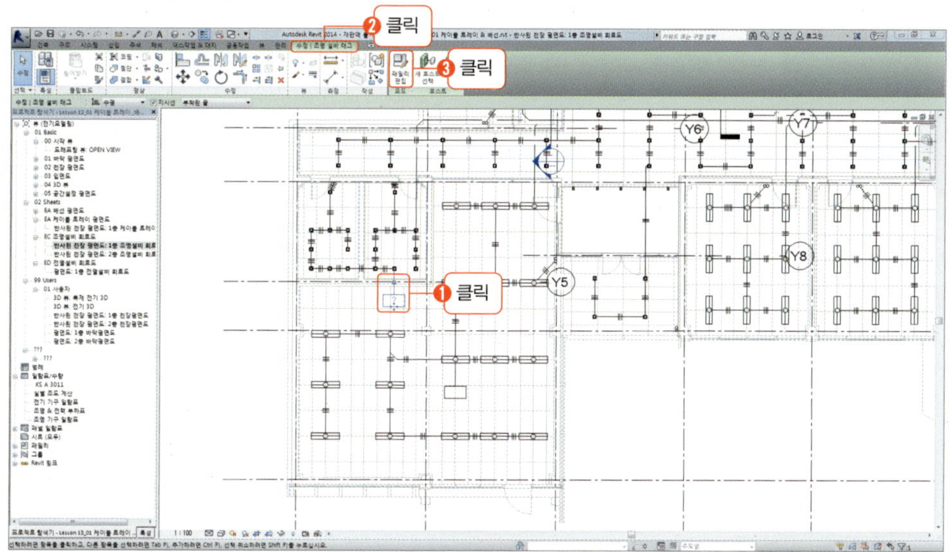

**02** 도면 영역의 레이블을 선택한 후 [수정 | 레이블] 탭 ▶ [레이블] 패널 ▶ [레이블 편집]을 클릭합니다.

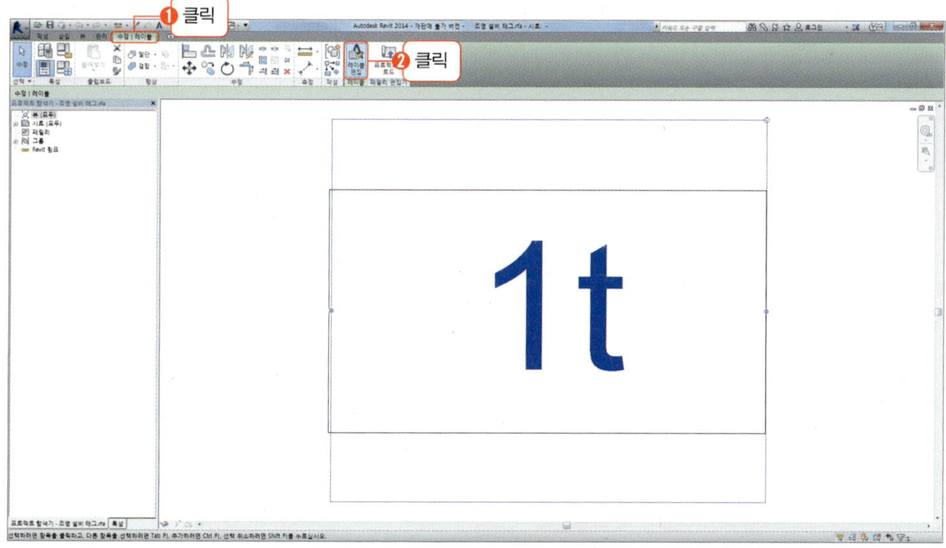

[레이블 편집] 대화상자가 나타나면 '카테고리 매개변수'의 '유형 이름'을 '레이블 매개변수'에 추가하고 '레이블 매개변수'에서 '유형 마크'를 삭제합니다.

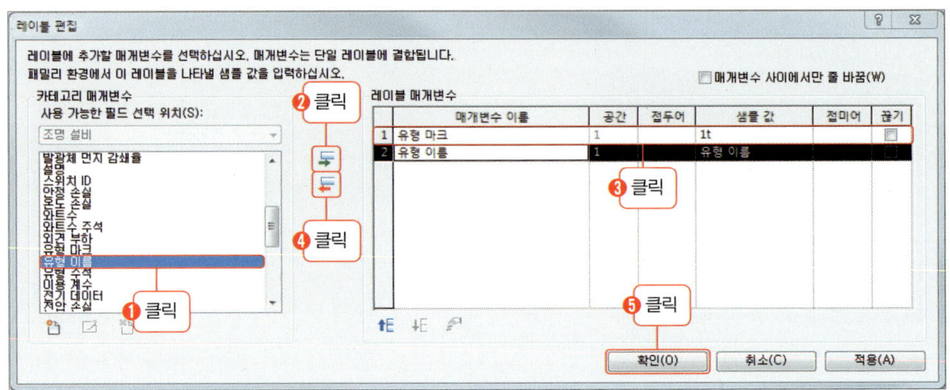


도면 영역에서 레이블 및 선을 조절합니다.

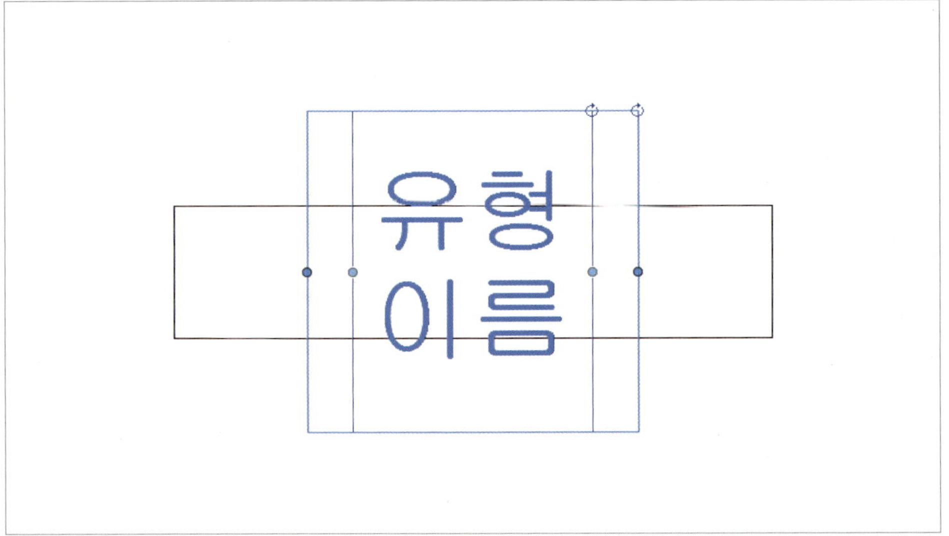



[수정] 탭 ▶ [패밀리 편집기] 패널 ▶ [프로젝트에 로드]를 클릭합니다.

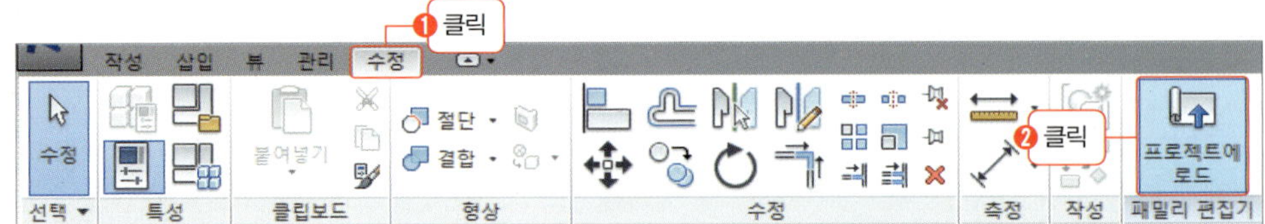

**06** [패밀리가 이미 있음] 경고 창이 나타나면 [기존 버전과 해당 매개변수 값 덮어쓰기]를 선택합니다.

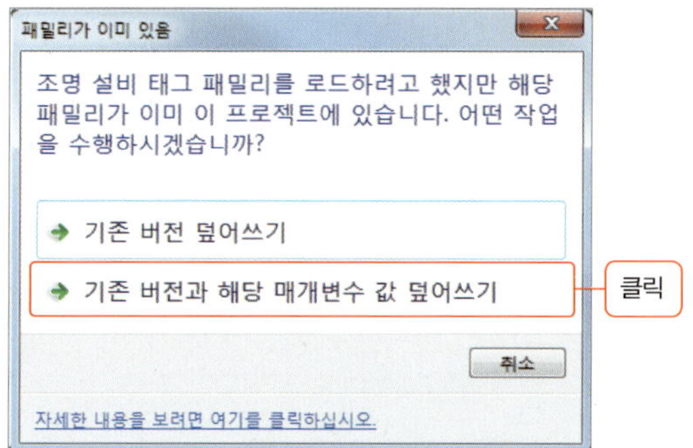


**07** 다음과 같이 주석이 설정됩니다.

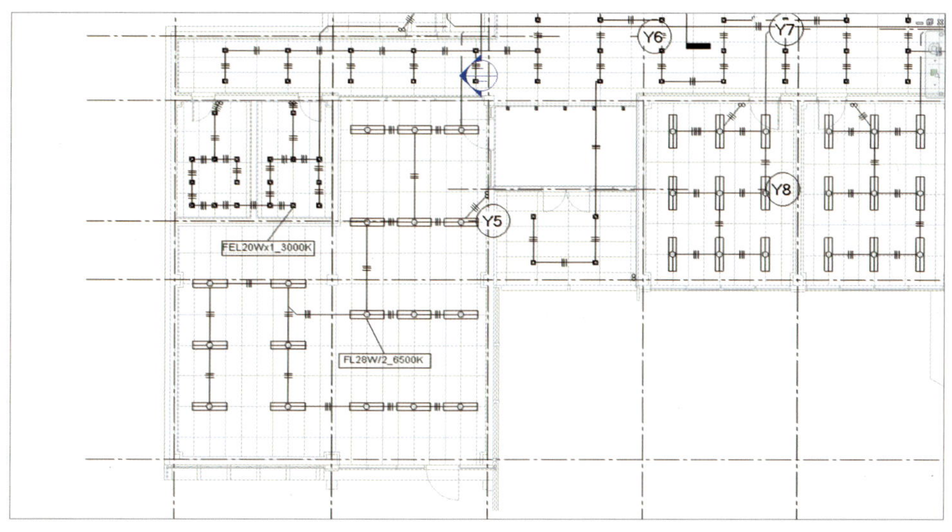

**01** [특성] 대화상자에서 '범위'의 '자르기 영역 보기'에 체크하고 [적용] 버튼을 클릭합니다.

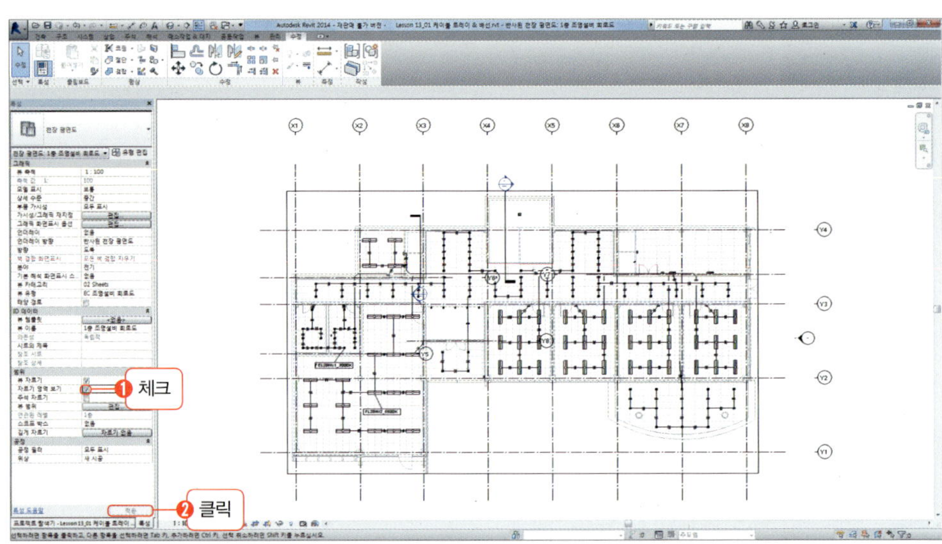



**TIP**

뷰 조절 막대에서 자르기 영역 표시 를 클릭하는 것과 같습니다.

**02** 평면 뷰에서 자르기 영역 상자를 선택한 후 다음의 세 가지 방법을 이용하여 영역의 크기를 조정합니다.

**방법 1.** 끌기 컨트롤을 사용하여 원하는 크기로 조절합니다.

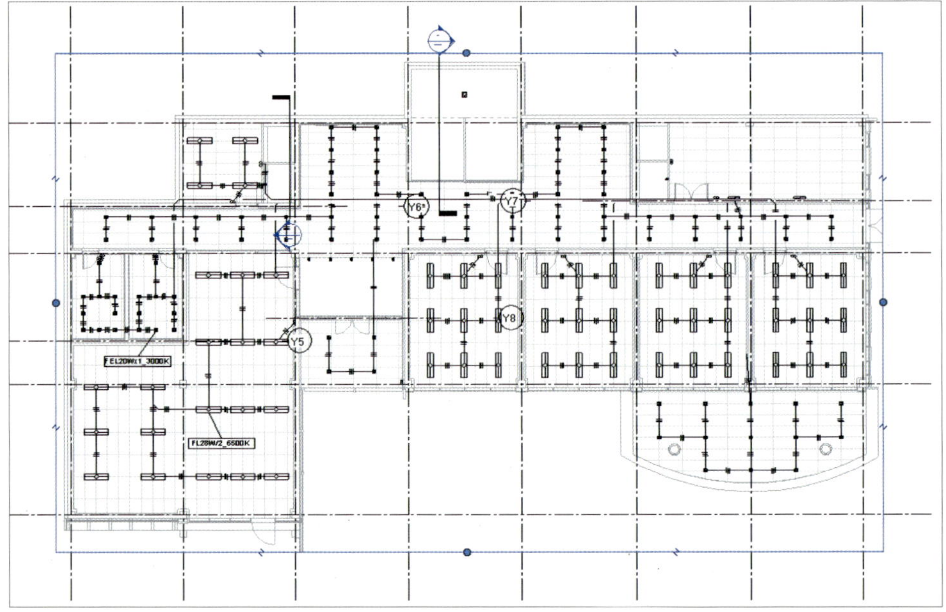

**방법 2.** [수정 | 천장 평면도] 탭 ▶ [모드] 패널 ▶ [편집 자르기]를 클릭하여 원하는 범위를 조정합니다. 이 기능을 이용하면 직사각형이 아닌 자르기 영역을 작성할 수 있습니다.

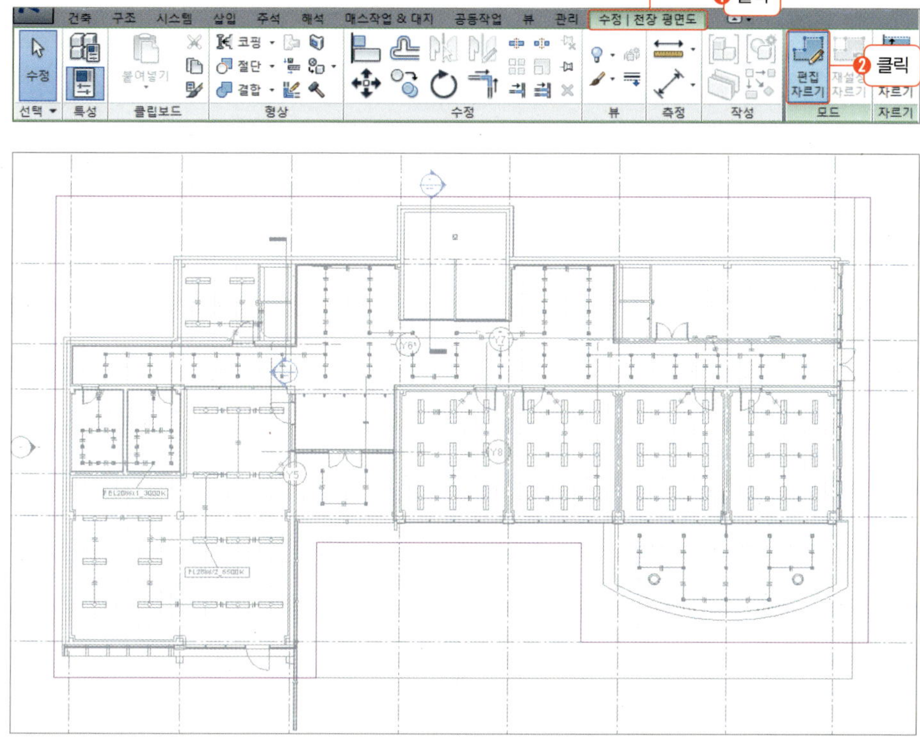

**방법 3.** [수정 | 천장 평면도] 탭 ▶ [자르기] 패널 ▶ [크기 자르기]를 클릭합니다. [자르기 영역 크기] 대화상자가 나타나면 원하는 크기로 재설정합니다.

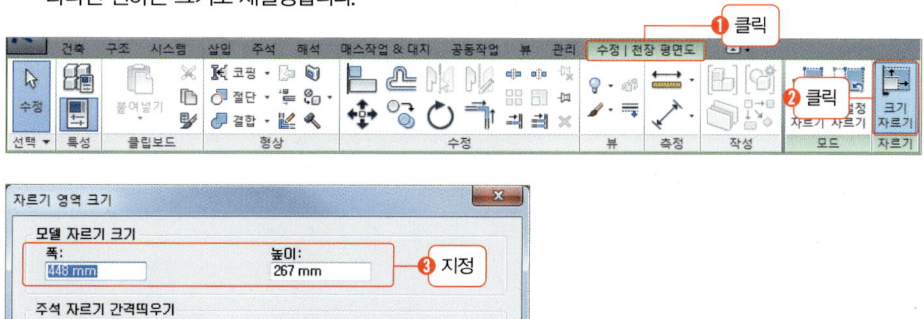

TIP

모델의 중심을 기준으로 설정된 크기에 맞춰 자동으로 재설정됩니다.

**03** [특성] 대화상자에서 '범위' 항목의 '뷰 자르기'에 체크한 후 [적용] 버튼을 클릭합니다.

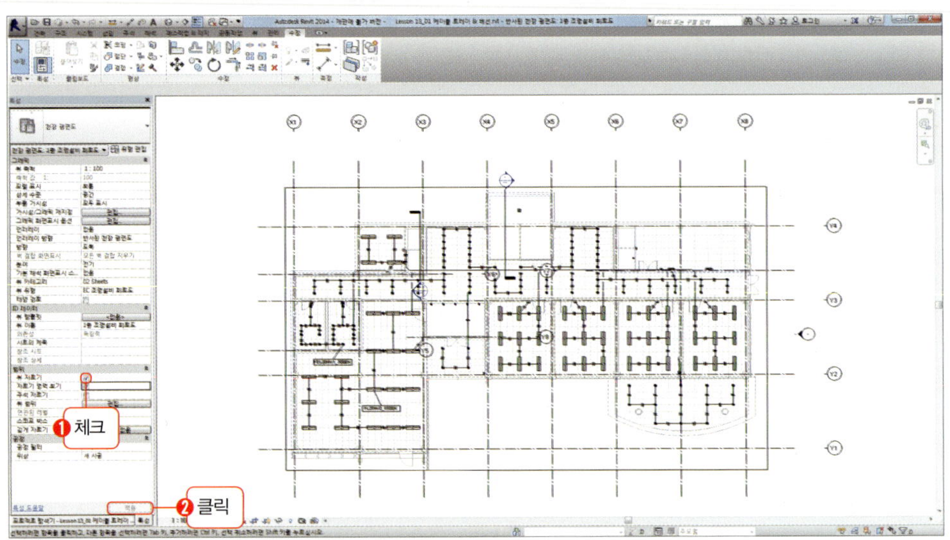




뷰 조절 막대에서 [뷰 자르기] 를 클릭해도 됩니다.

## 04 시트에 뷰 배치하기

**01** 프로젝트 탐색기에서 '시트 (모두)'를 마우스 오른쪽 버튼으로 클릭한 후 [새 시트]를 선택합니다.

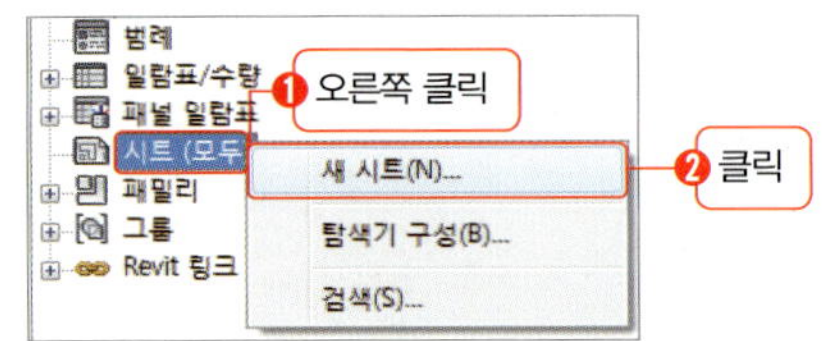


**02** [새 시트] 대화상자가 나타나면 '제목 블록 선택'에서 'A1 시트'를 선택하고 [확인] 버튼을 클릭합니다.

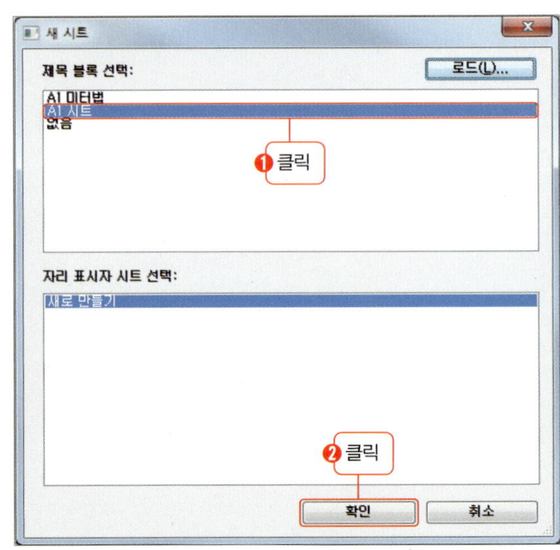

**03** 프로젝트 탐색기에서 '시트 (모두)' ➤ 'A101 – 이름 없음'을 마우스 오른쪽 버튼으로 클릭하고 바로 가기 메뉴에서 '뷰 추가'를 선택합니다.

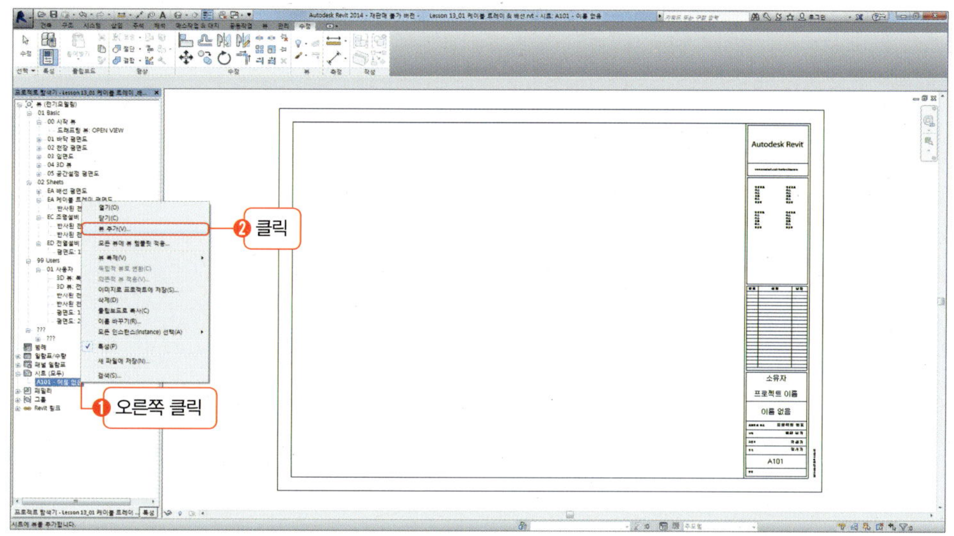

**04** [뷰] 대화상자에서 '반사된 천장 평면도: 1층 조명설비 회로도'를 선택한 후 [시트에 뷰 추가] 버튼을 클릭합니다.

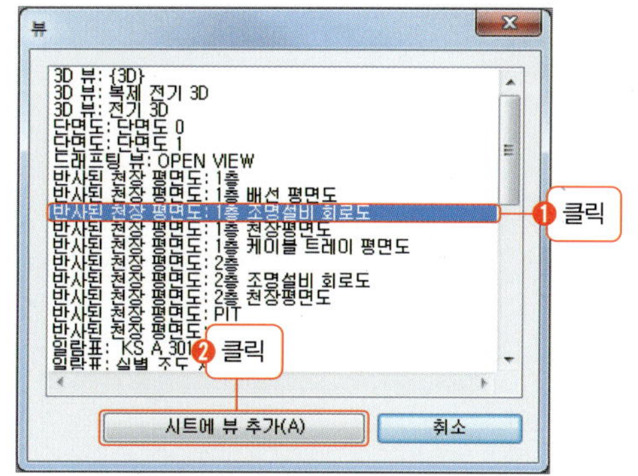

**05** 시트의 도면 영역을 클릭하여 1층 조명설비 회로도를 다음과 같이 배치합니다.

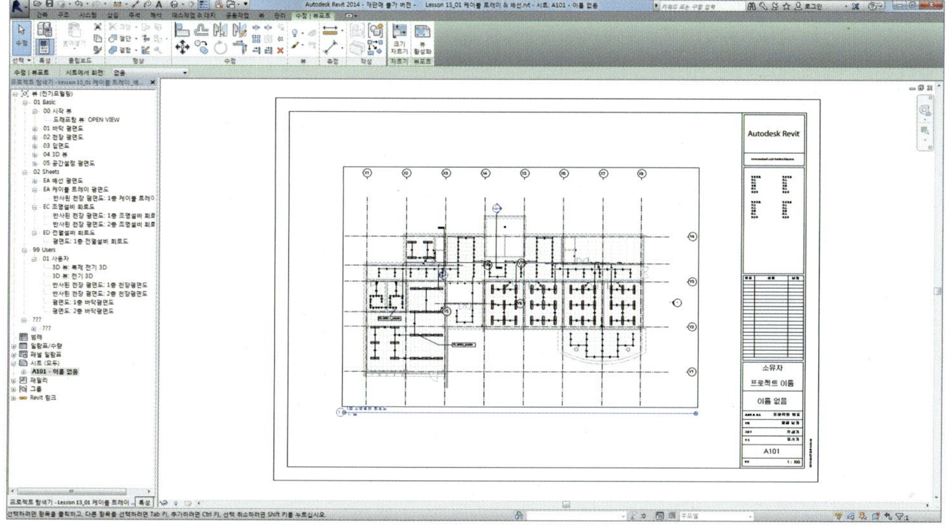

**06** 프로젝트 탐색기의 '시트' ➤ 'A101 – 이름 없음'에서 마우스 오른쪽 버튼을 클릭하고 바로 가기 메뉴에서 [이름 바꾸기]를 선택합니다. [시트 제목] 대화상자가 나타나면 도면 번호와 도면명을 입력한 후 [확인] 버튼을 클릭합니다.

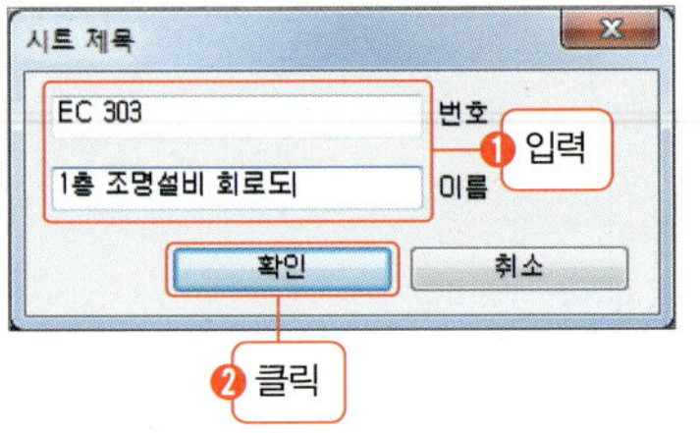



**07** 시트의 오른쪽 아랫부분을 확대하면 레이블로 작성된 값이 업데이트된 것을 확인할 수 있지만, Drawing Title 레이블 값이 틀을 벗어납니다. 이것을 수정하기 위해 제목 블록을 선택하고 [수정 | 제목 블록] 탭 ➤ [모드] 패널 ➤ [패밀리 편집]을 클릭합니다.

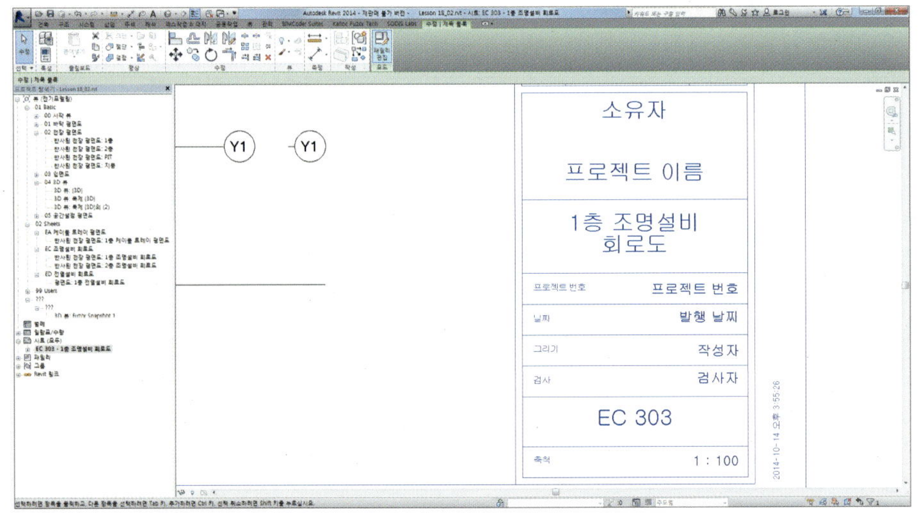



**08** 제목 블록에서 '시트 이름'의 범위를 다음과 같이 조절하고 [수정 | 레이블] 탭 ➤ [패밀리 편집기] 패널 ➤ [프로젝트 로드]를 클릭하여 패밀리를 업데이트합니다.

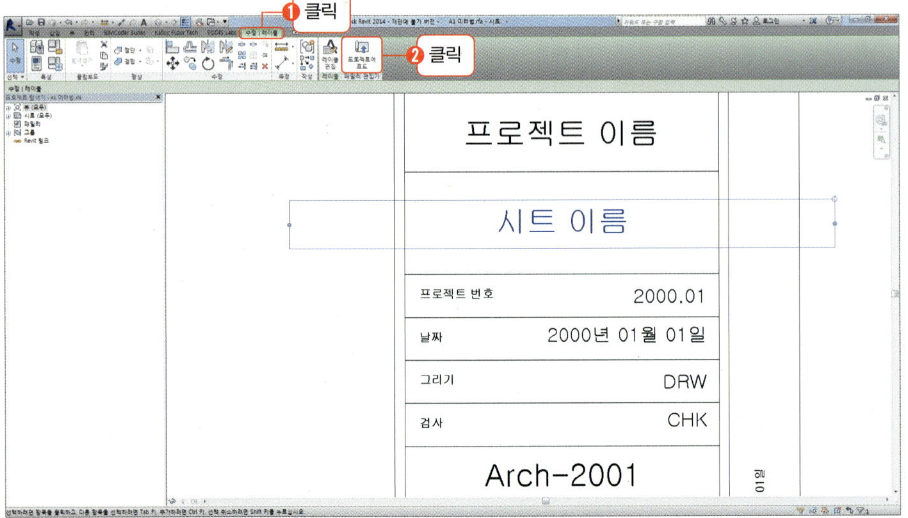

**09** [패밀리가 이미 있음] 경고 창이 나 타나면 '기존 버전과 해당 매개변수 값 덮어쓰기'를 선택합니다.

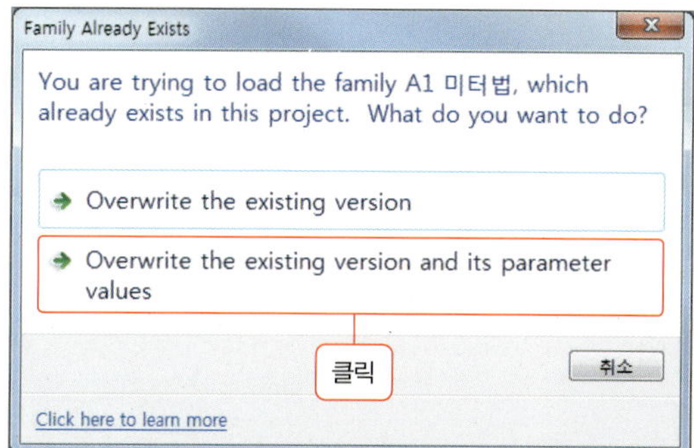


**10** 다음과 같이 Drawing Title 값이 틀 안으로 들어옵니다.

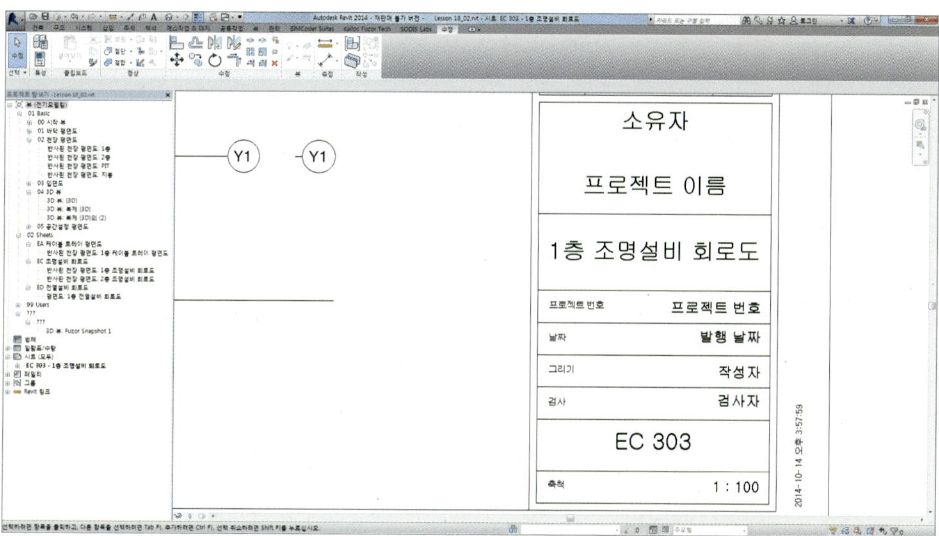

1차 뷰에 의존하는 뷰의 여러 사본을 작성할 수 있습니다. 의존적 뷰가 되는 모든 사본은 1차 뷰 및 다른 모든 의존적 뷰와 동기 상태를 유지하므로 하나의 뷰에서 작업된 뷰 특정 변경 사항(뷰 축척, 주석)은 모든 뷰에 반영됩니다. 의존적 뷰 작성은 다음의 경우에 유용합니다.

- 프로젝트 범위가 너무 넓어서 여러 뷰로 분할 할 때
- 둘 이상의 시트에 뷰를 배치해야 할 때

## 01 의존적 뷰 복제하기

**01**   ▶[열기] ▶ [프로젝트]를 클릭하여 [새 프로젝트] 대화상자가 나타나면 'Chapter09\Lesson 19' 폴더에서 'Lesson 19_04.rvt' 파일을 엽니다. 프로젝트 탐색기의 '1층 조명설비 회로도'에서 마우스 오른쪽 버튼을 클릭한 후 바로 가기 메뉴에서 [뷰 복제] ▶ [의존적 뷰로 복제]를 선택하여 2개의 뷰를 복제합니다.

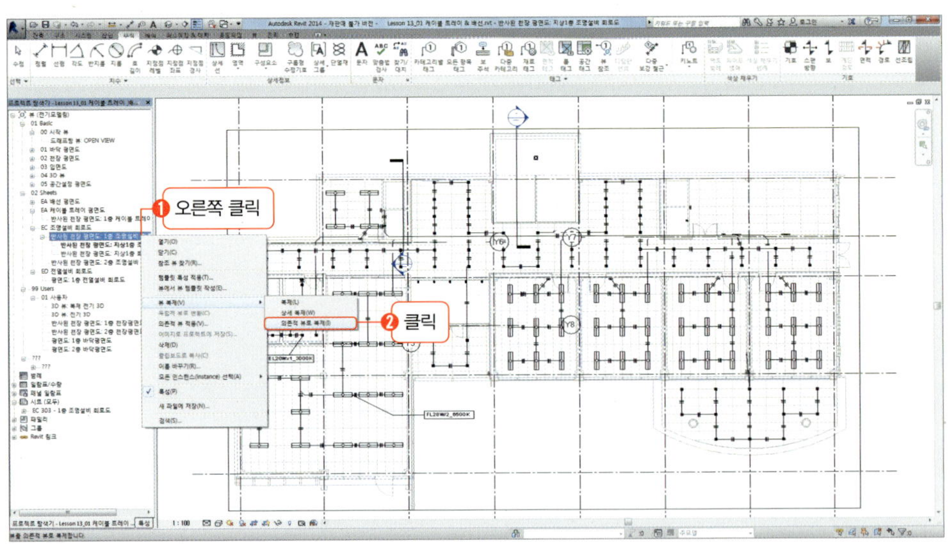


**TIP**

의존적 뷰에서는 새로운 의존적 뷰를 작성할 수 없습니다.

**02** 복제한 뷰의 이름을 다음과 같이
바꿉니다.

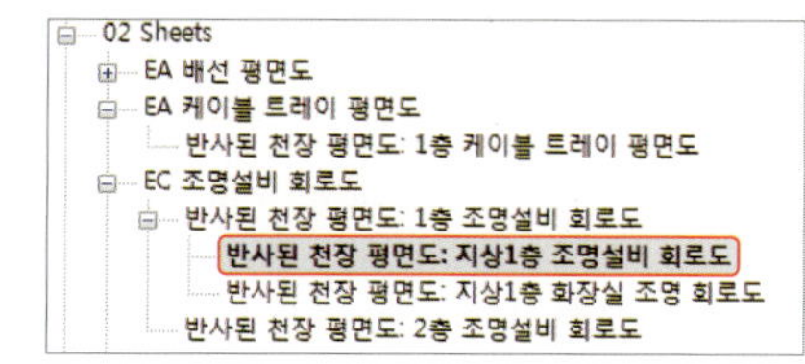

## 02 매치 라인 추가하기

매치 라인은 뷰가 분할된 지점을 나타내기 위해 뷰에 추가할 수 있는 스케치 선입니다.

**01** 프로젝트 탐색기에서 '반사된 천장 평면도: 1층 조명 설비 회로도'를 더블 클릭하고 [뷰] 탭 ▶ [시트 구성] 패널 ▶ [매치 라인]을 클릭합니다.

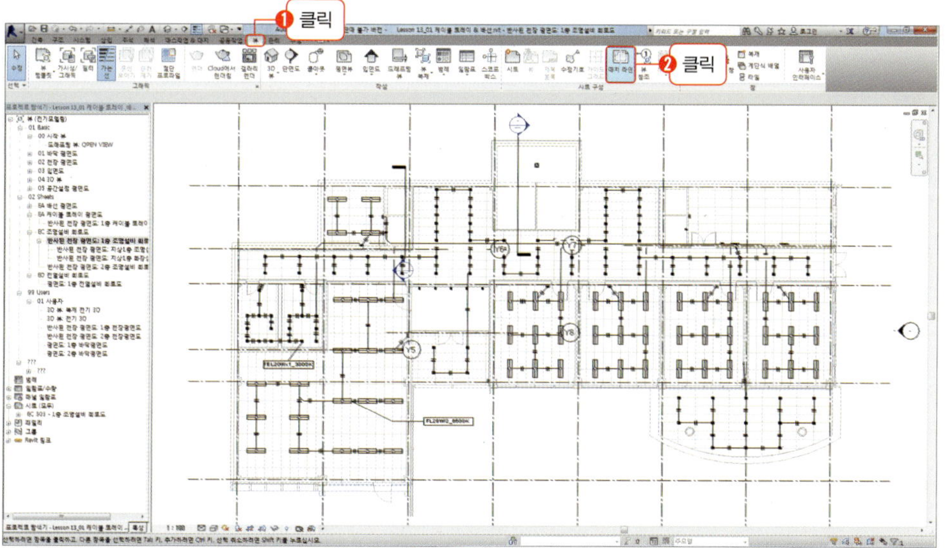


**02** [작업 기준면] 대화상자가 나타나면 '새 작업 기준면 지정'에서 '레벨 : 1층 천정속'을 지정하고 [확인] 버튼을 클릭합니다.

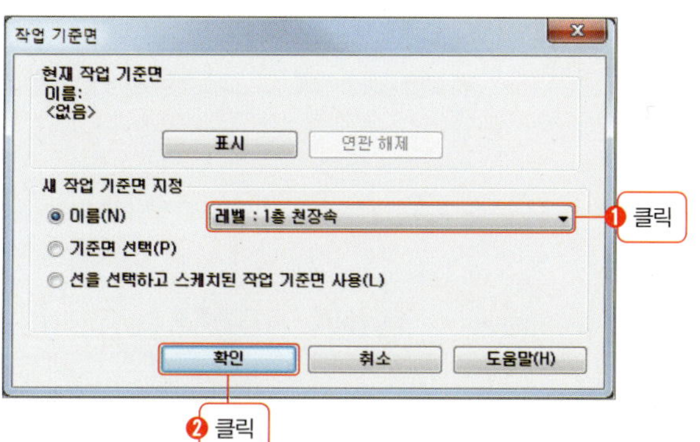

**03** [수정 | 매치 라인 스케치 작성] 탭 ➤ [그리기] 패널 ➤ [선] 🖊 을 클릭하고 옵션 막대에서 '간격띄우기'에 '500'을 입력합니다. 화장실 부분을 확대하여 다음과 같이 X1, X2, Y1, Y2에서 500mm 밖으로 사각형 박스를 그리고 [편집 완료] ✅를 클릭합니다.

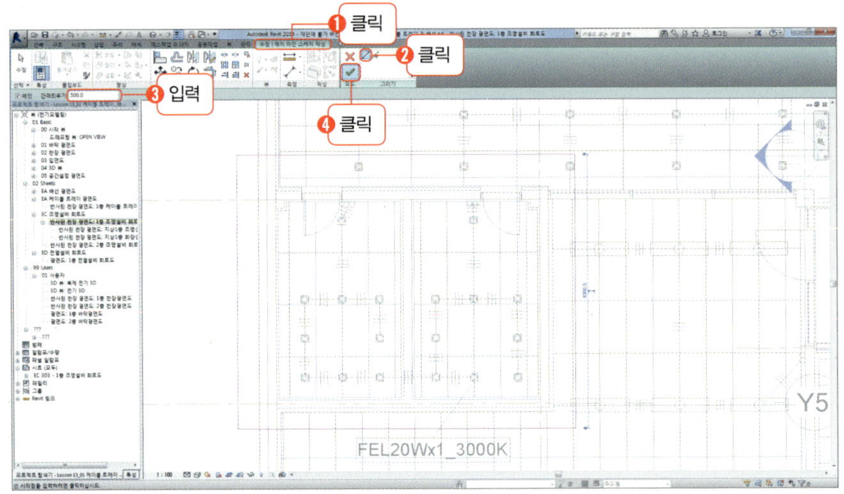

## **03** 마스킹 영역 작성하기

화장실 영역만 별도로 구성했으므로 다른 의존적 뷰에서는 화장실 영역이 보이지 않도록 마스킹 영역을 사용합니다. 마스킹 영역은 다음의 경우에 유용합니다.

- 프로젝트에서 요소를 숨겨야 할 경우
- 상세 패밀리 등을 작업할 때 상세 구성 요소를 마스킹할 요소의 배경이 필요한 경우
- 가져온 2D DWG 파일이 뷰에 배치될 때 다른 요소를 가려야 할 경우

**01** 프로젝트 탐색기에서 '반사된 천장 평면도: 지상 1층 조명설비 회로도'를 더블 클릭하고 [주석] 탭 ➤ [상세 정보] 패널 ➤ [영역] ➤ [마스킹 영역]을 선택합니다.

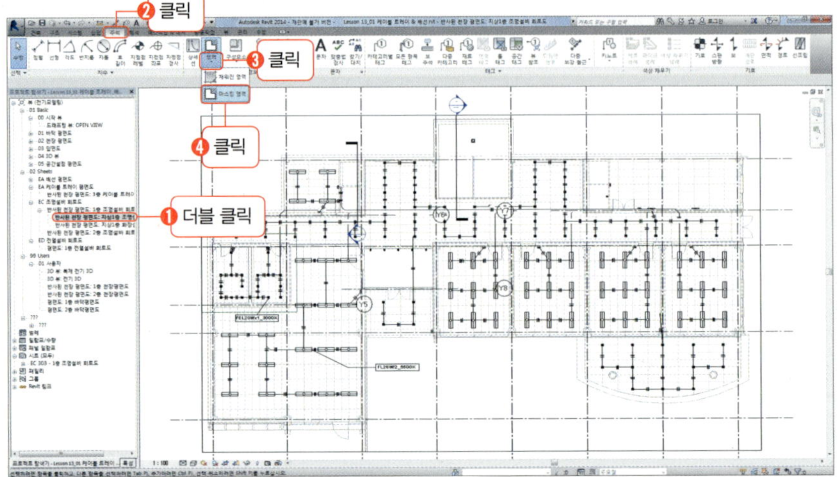

**02** [수정 | 마스킹 영역 경계 작성] 탭▶[그리기] 패널▶[직사각형] ▢을 클릭하고 옵션 막대의 '간격띄우기'에 '500'을 입력합니다. 화장실 부분을 확대하여 매치 라인과 동일하게 X1, X2, Y1, Y2에서 500mm 밖으로 사각 박스를 그리고 [편집 완료] ✓를 클릭합니다.

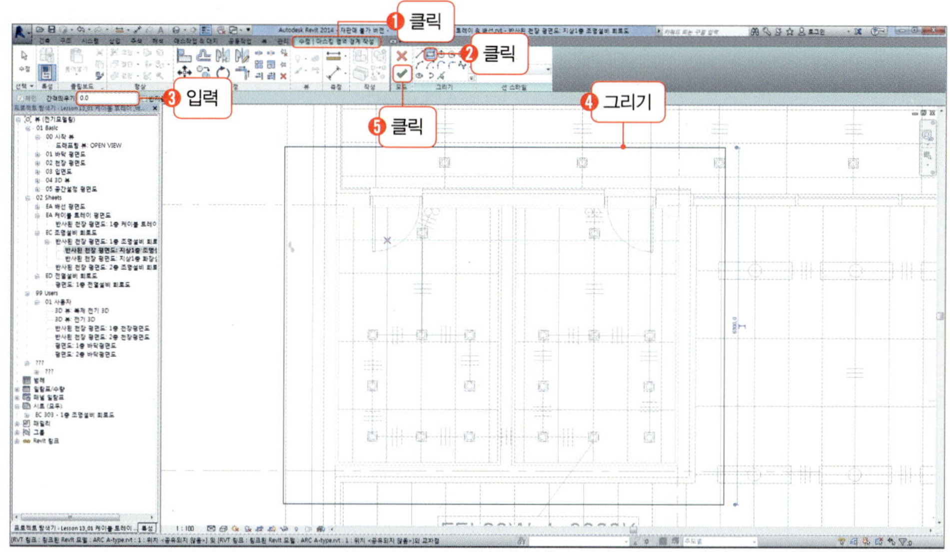


**TIP**

비주얼 스타일이 와이어 프레임으로 되어 있을 경우에는 마스킹 영역이 보이지 않습니다.

**03** 프로젝트 탐색기에서 '지상 1층 화장실 조명회로도'를 더블 클릭하고 [특성] 대화상자의 범위에서에서 '뷰 자르기', '자르기 영역 보기', '주석 자르기'에 체크합니다. '자르기 영역 박스'를 선택한 후 화장실만 보이게 설정합니다.

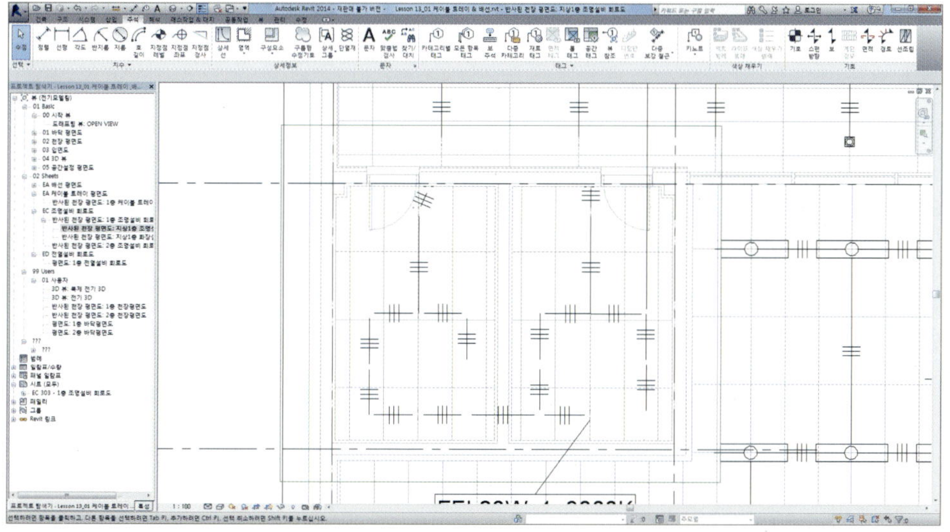

**04** ⓏⓉ(창에 맞게 줌)를 누르고 [뷰] 탭 ▶ [시트 구성] 패널 ▶ [시트]를 클릭합니다. [새 시트] 대화
상자가 나타나면 '제목 블록 선택'에서 'A1 시트'를 선택하고 [확인] 버튼을 클릭합니다.

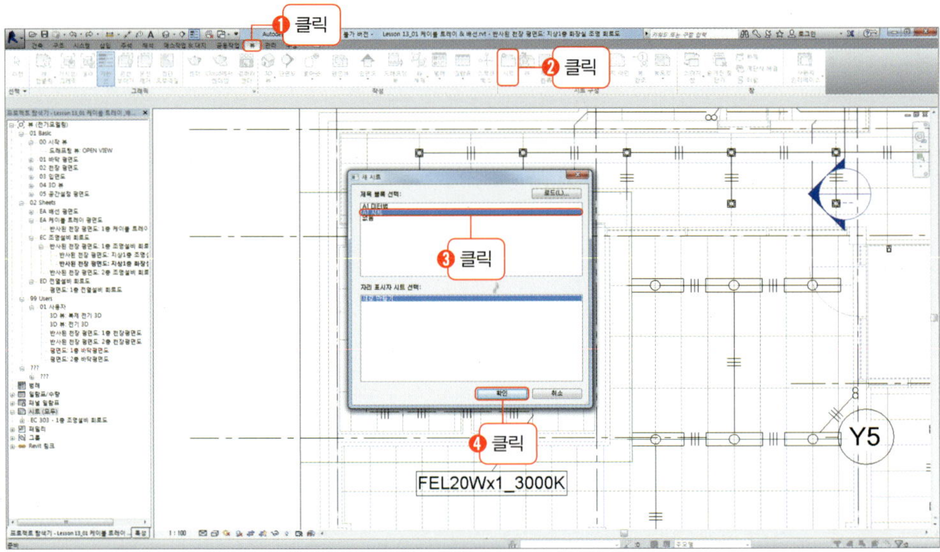


**05** 생성된 시트를 마우스 오른쪽 버튼으로 클릭하고 바로 가기 메뉴에서 [뷰 추가]를 선택합니다.

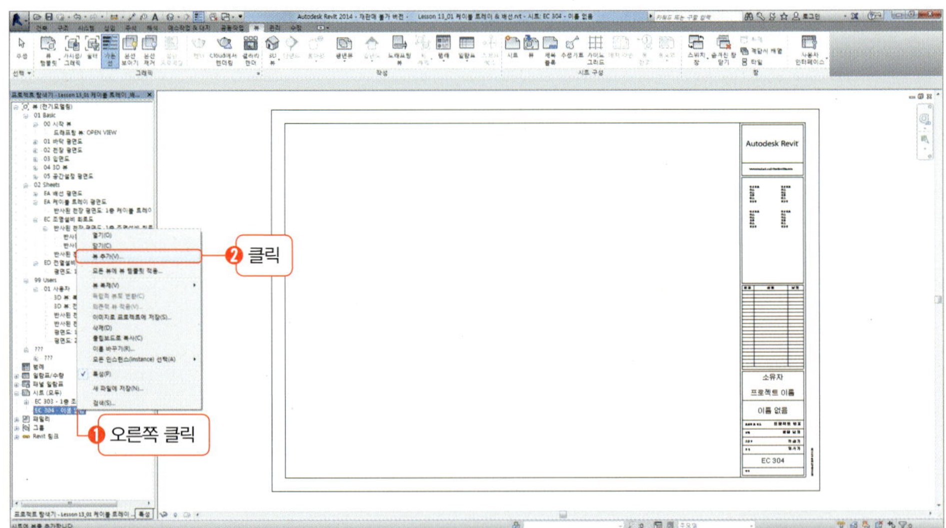


### Note

지상 1층 화장실 확대 배관 평면도는 의존적 뷰여서 1차 뷰 및 나머지 모든 의존적 뷰와 동기 상태이므로 뷰 축척 등을 다르
게 변경할 수 없습니다.

**06** [뷰] 대화상자가 나타나면 '반사된 천장 평면도: 지상 1층 조명설비 회로도'를 선택하고 [시트에 뷰 추가] 버튼을 클릭합니다.

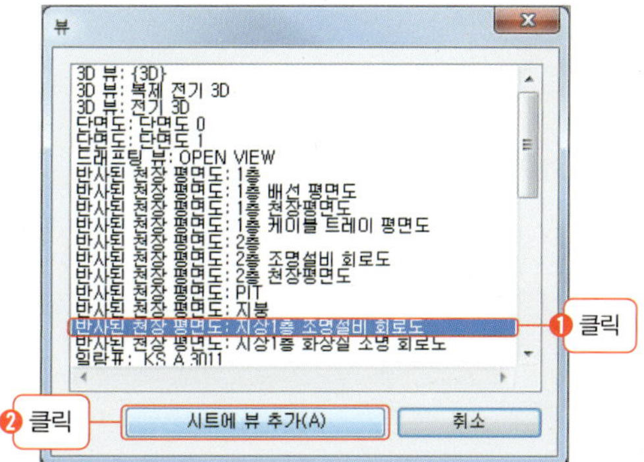

**07** 시트에 커서를 이동하여 평면 뷰를 배치하고 '이름 바꾸기'를 해서 도면 번호와 도면명을 입력한 후 [확인] 버튼을 클릭합니다.

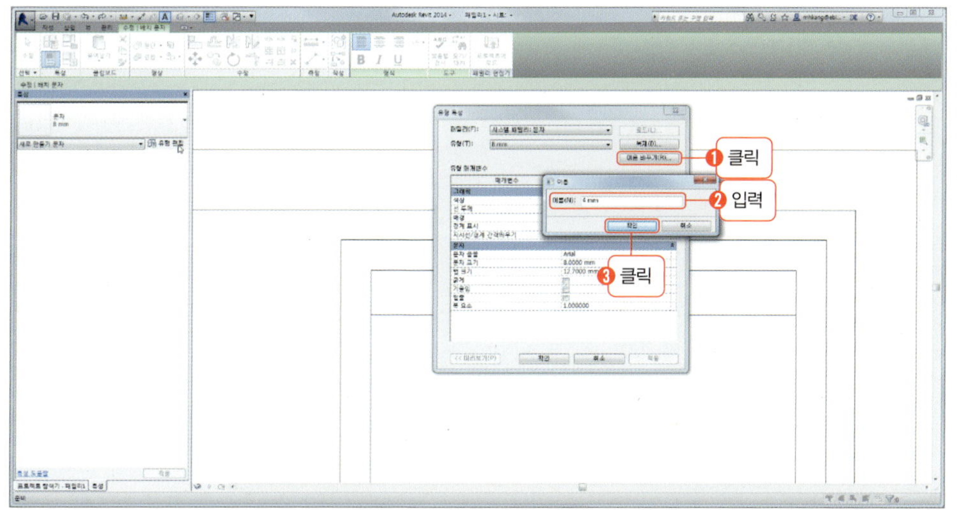

**08** 이와 같은 방법으로 지상 1층 조명설비 회로도-1, 지상 1층 화장실 조명 회로도 평면도를 시트에 배치하고 다음과 같이 시트의 번호와 이름을 수정합니다.

- **시트 번호 :** EC 305　　**시트 이름 :** 지상1층 조명 배치도
- **시트 번호 :** EC 306　　**시트 이름 :** 지상1층 화장실 조명 배치도

**01** 프로젝트 탐색기에서 '지상 1층 조명설비 회로도'를 더블 클릭하고 도면 영역에서 매치 라인이 작성된 화장실 부근을 확대합니다.

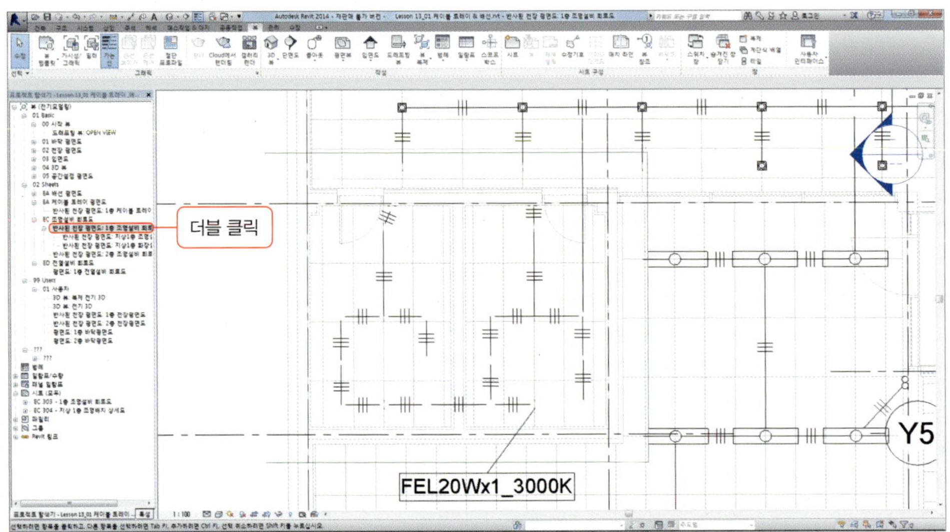


**02** [뷰] 탭▶[시트 구성] 패널▶[뷰 참조]를 클릭하고 매치 라인이 경계로 구분되도록 뷰 참조를 배치합니다. 그러면 시트에 배치할 때 추가되었던 시트 번호가 자동으로 배치됩니다.

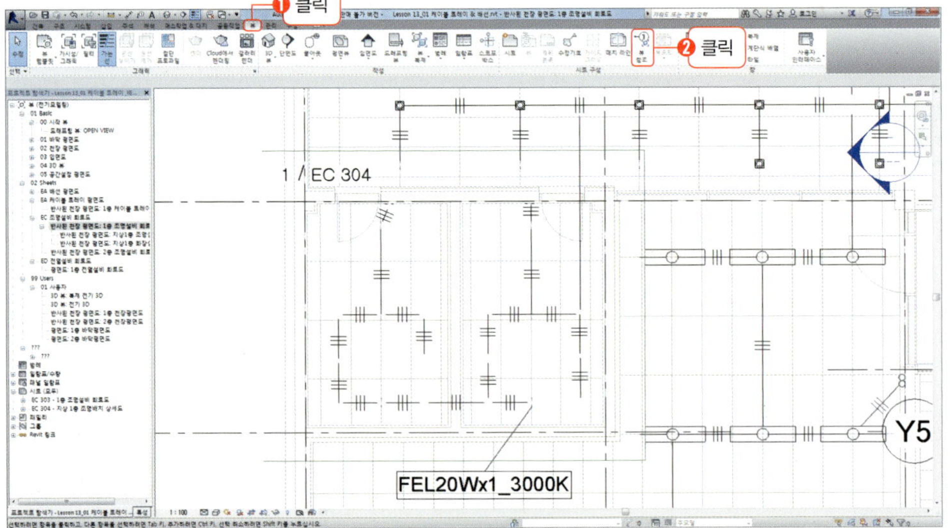

**03** 지상 1층 화장실 조명 회로도 내부에 설치된 시트 번호를 클릭하고 [수정 | 뷰 참조] 탭 ▶ [뷰 참조] 패널 ▶ [대상 뷰]에서 [반사된 천장 평면도 지상 1층 화장실 조명 회로도]를 선택합니다.

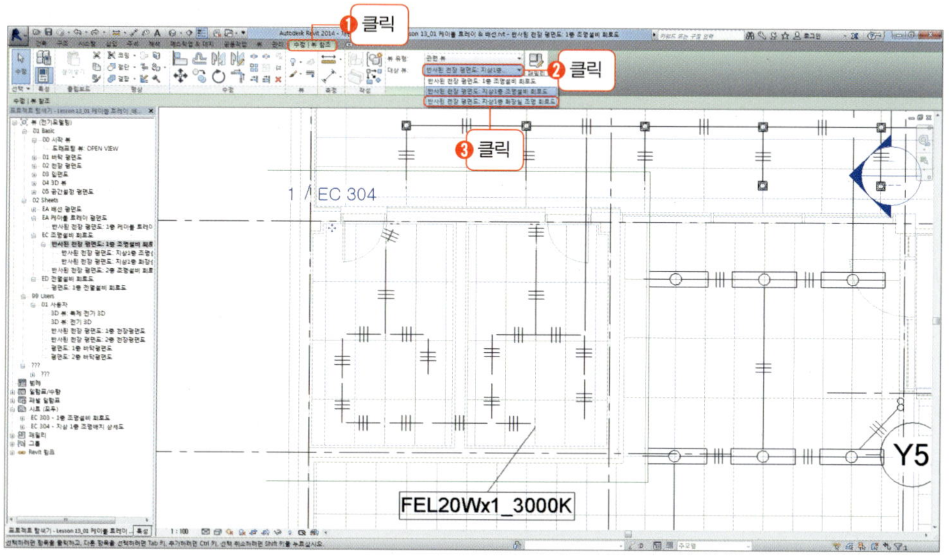




## 05 의존적 뷰 구성 전달하기

화장실 위치는 층별로 같게 구성되어 있는 경우가 많습니다. 이 경우 같은 위치에 기존에 작성된 의존적 뷰 구성이 필요한데, 이러한 상황에서는 의존적 뷰 구성 전달을 이용합니다.

**01** 프로젝트 탐색기의 '지상 1층 조명설비 회로도'에서 마우스 오른쪽 버튼을 클릭하고 바로 가기 메뉴에서 [의존적 뷰 적용]을 선택합니다.

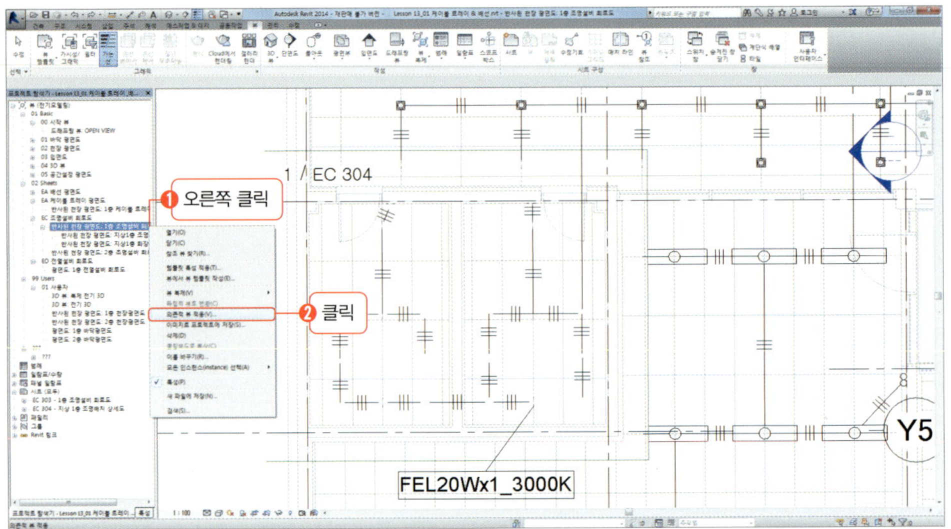


**02** [뷰 선택] 대화상자가 나타나면 '반사된 천장 평면도: 지상 2층 조명설비 회로도'를 선택하고 [확인] 버튼을 클릭합니다.

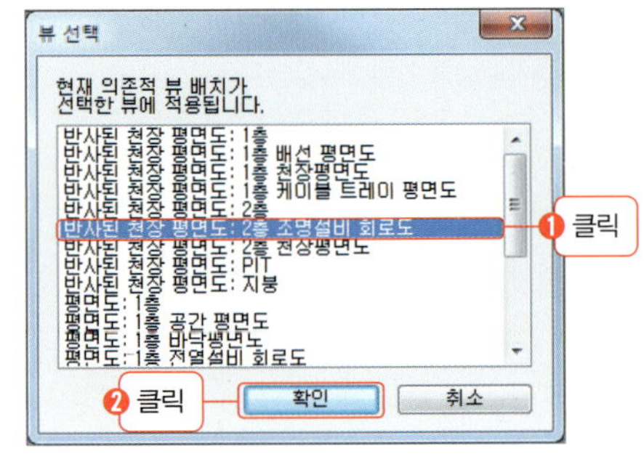


> **TIP**
>
> Ctrl 을 누른 상태에서 하나씩 뷰를 선택하거나 Shift 를 누른 상태에서 여러 뷰를 선택할 수 있습니다.

**03** 작성한 의존적 뷰 구성이 '지상 2층 조명설비 회로도'에 동일하게 적용됩니다. 이때 시트에는 개별 배치해야 합니다.

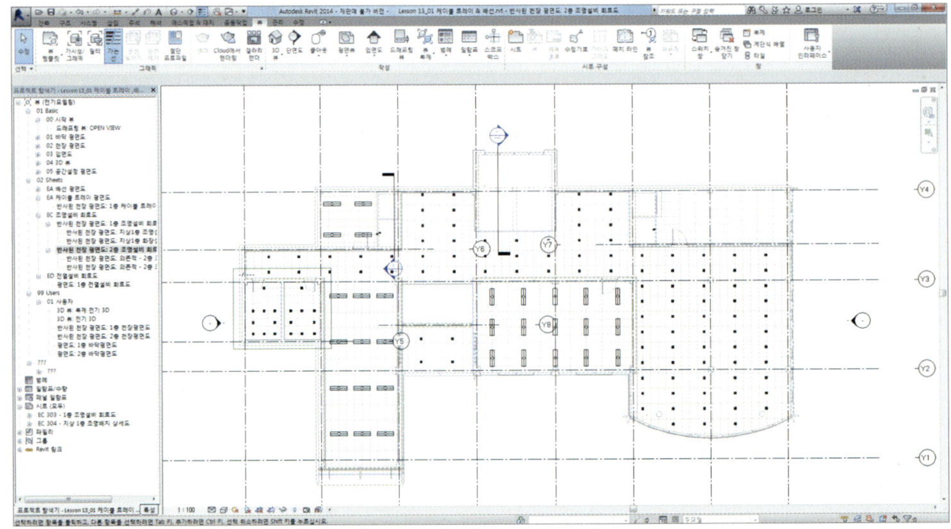

의존적 뷰가 있는 1차 뷰를 삭제하면 모든 의존적 뷰도 함께 삭제됩니다.

**01** 프로젝트 탐색기에서 '지상 2층 위생배관 평면도'를 마우스 오른쪽 버튼으로 클릭하고 바로 가기 메뉴에서 [삭제]를 선택합니다.

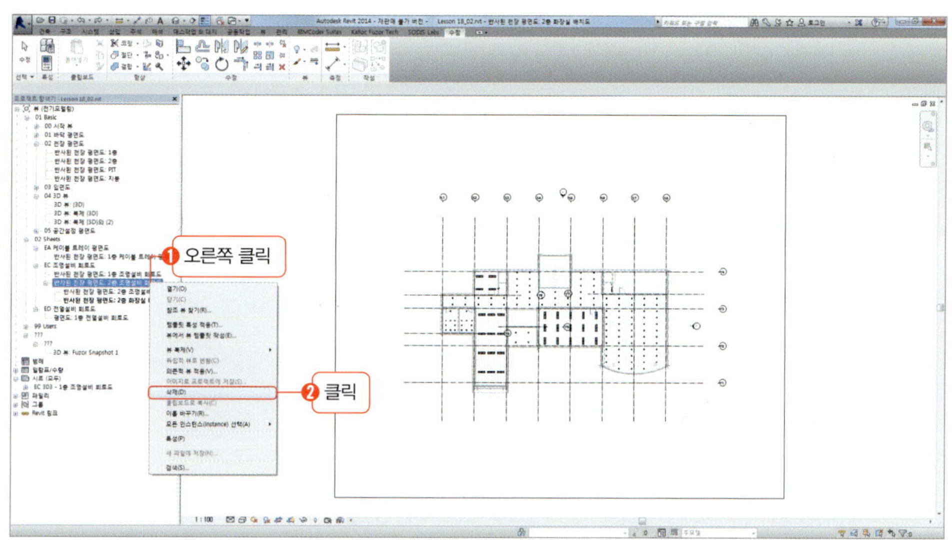


**02** 경고 메시지 창이 나타나면 [확인] 버튼을 클릭해 의존적 뷰로 있던 모든 뷰를 함께 삭제합니다.

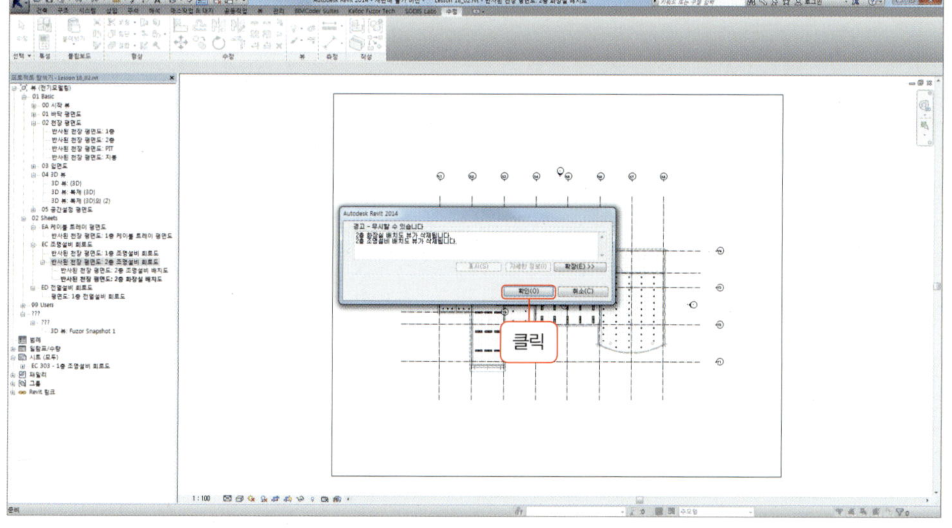

# Chapter 10

# 내보내기

내보내기 작업에서는 하나 이상의 Revit 뷰(또는 시트)를 다른 소프트웨어에서 사용할 수 있도록 다양한 형식으로 변환합니다. 이미지를 사실적으로 작성하기 위해서는 렌더링 작업을 해야 합니다. 보행 시선을 가진 모델을 통해 경로를 정의하고 애니메이션 또는 일련의 이미지를 작성하여 모델을 고객에게 보여줍니다. Revit 프로젝트 및 파일을 내보내고 게시하여 고객, 컨설턴트 및 다른 팀 구성원과 공유합니다.

# 내보내기

하나 이상의 Revit 뷰(또는 시트)를 다른 소프트웨어에서 사용할 수 있도록 다양한 형식으로 변환하여 내보낼 수 있습니다. 여기서는 CAD 형식, DWF 형식, FBX 형식, IFC, 이미지, 렌더링, 보행 시선을 이용하여 작업합니다. ODBC 내보내기는 서브 스크립션에서 애드인으로 추가되는 어플을 설치하면 편리합니다. gbXML은 제3의 에너지 계산 툴을 사용해야 하므로 여기서는 제외합니다.

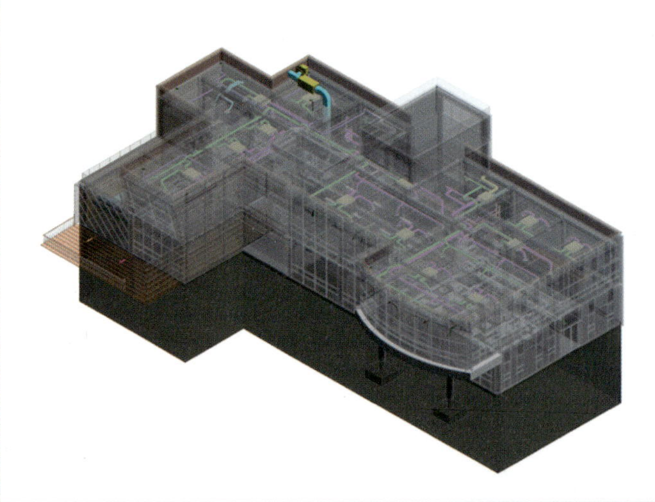

**핵심 Point**

- 내보내기 활용하기
- DWG, DWF, FBX, IFC, 이미지, 렌더링, 보행 시선 활용하기

DWG 형식은 AutoCAD 및 기타 CAD 응용 프로그램에서 지원됩니다. 3D 뷰에서 내보내기를 하면 2D 표현이 아닌 실제 3D 모델이 내보내지고, 3D 모델의 2D 표현을 내보내려면 3D 뷰를 시트에 추가한 후 시트 뷰를 내보내야 합니다.

**01** ▶ [열기] ▶ [프로젝트]를 클릭하여 'Chapter 10\Lesson20' 폴더에서 'Lesson20_01 DWG. rvt' 파일을 엽니다. 프로젝트 탐색기에서 '시트 (모두)' 아래의 '지상 1층 전등설비 평면도'를 더블 클릭하여 시트를 엽니다.

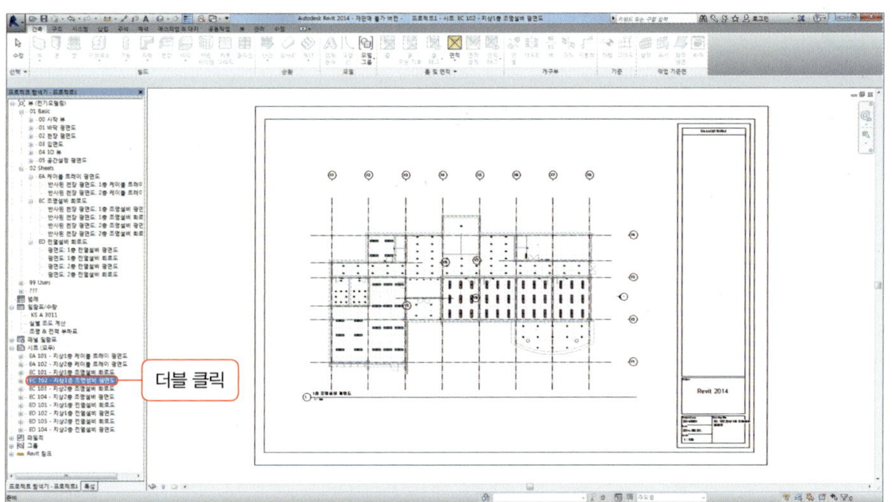

**02** ▶ [내보내기] ▶ [CAD 형식] ▶ [DWG]를 선택합니다.

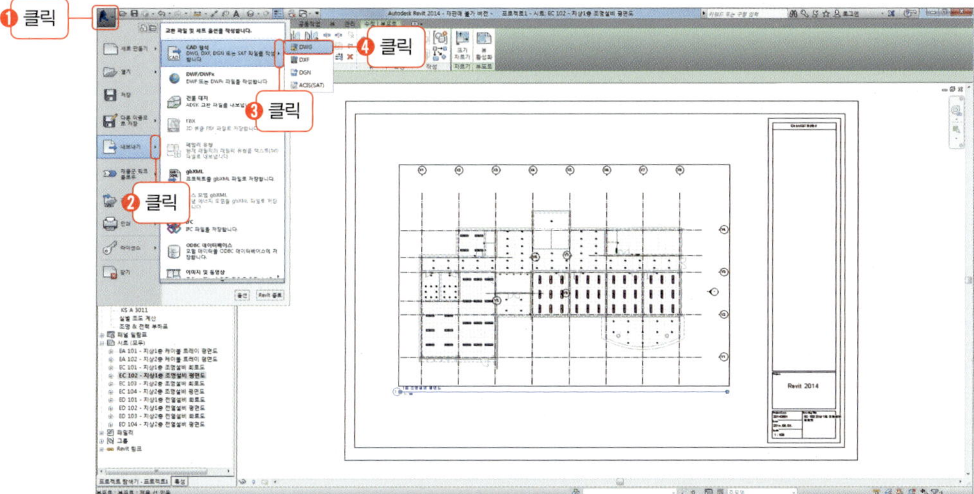

**③** [DWG 내보내기] 대화상자가 나타나면 '내보내기 설정 선택' 목록에서 원하는 설정을 선택합니다. 설정이 나열되어 있지 않으면 [내보내기 설정 수정] 버튼을 클릭합니다.

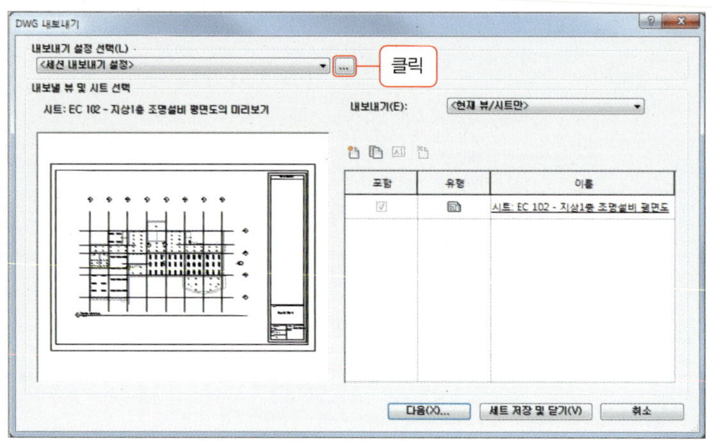

**④** [DWG/DXF 내보내기 설정 수정] 대화상자의 왼쪽 패널에 모든 기존 내보내기 설정이 나열되면서 현재 선택한 설정이 탭에 표시됩니다.

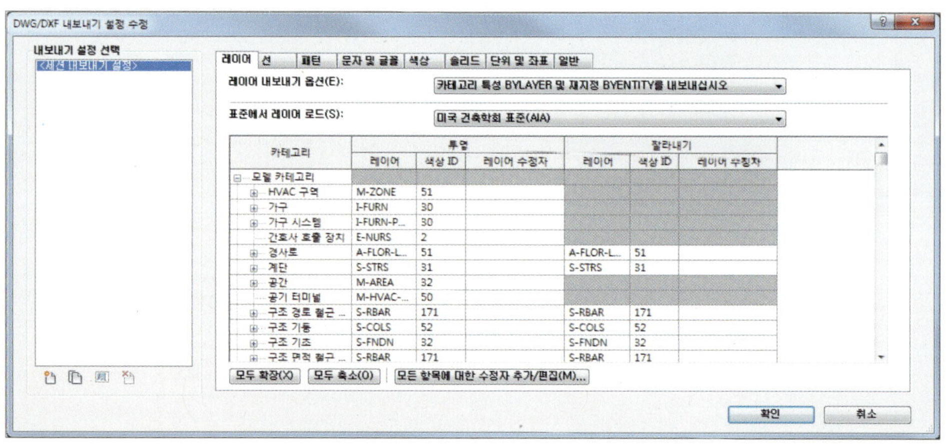

**TIP**

Revit의 카테고리 항목이 DWG의 레이어로 지정되어 내보내기되므로 이를 활용합니다.

**05** '내보내기 설정 선택' 항목의 아래쪽에 있는 [새 내보내기 설정] 버튼을 클릭합니다. [새 내보내기 설정] 대화상자가 나타나면 '이름'에 '조명설비 평면도 DWG 내보내기'를 입력하고 [확인] 버튼을 클릭합니다.

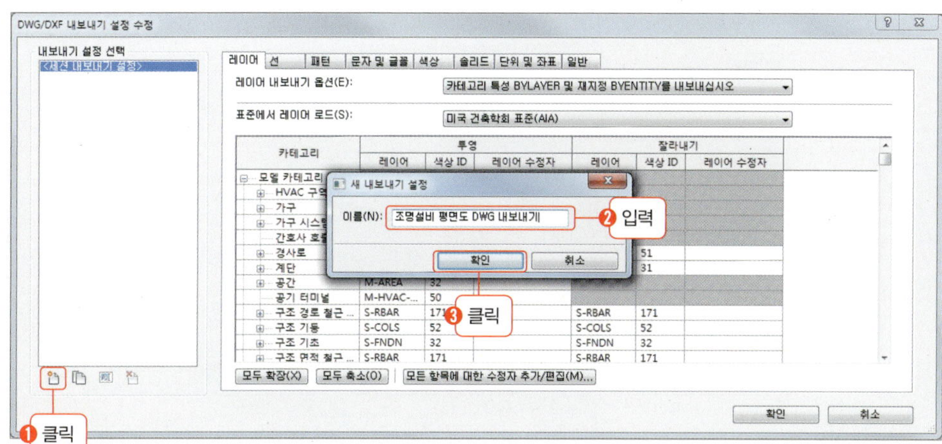

**06** [레이어] 탭의 '레이어 내보내기 옵션'에서 새 레이어의 재지정이 없도록 '카테고리 특성 BYLAYER 및 재지정 BYEUTITY를 내보내지만 재지정은 내보내지 마십시오'를 선택합니다.

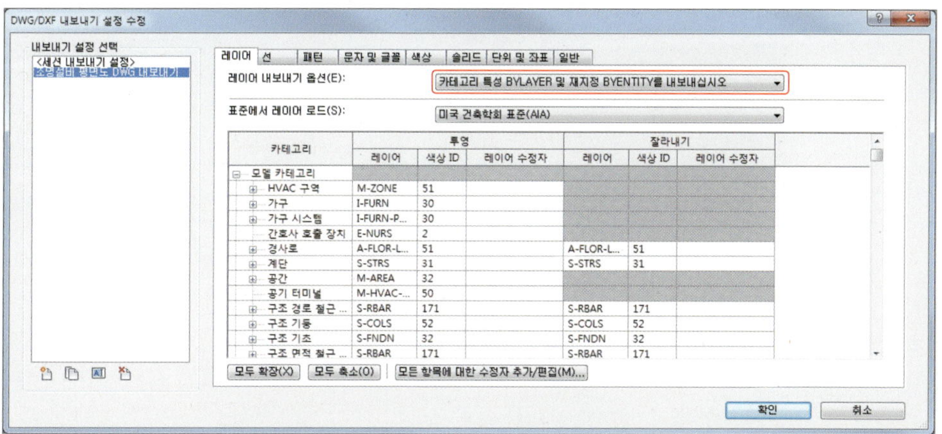

---

### Note

#### ■ 레이어 내보내기 옵션

**1 카테고리 특성 BYLAYER 및 재지정 BYENTITY를 내보내십시오**

뷰 특정 그래픽이 포함된 Revit 요소는 이러한 재지정을 CAD 응용 프로그램에 유지하지만, 같은 Revit 카테고리의 다른 도면 요소와 같은 CAD 레이어에 있습니다.

**2 모든 특성 BYLAYER를 내보내지만 재지정을 내보내지 마십시오**

뷰 특정 그래픽 재지정이 CAD 응용 프로그램에서 무시됩니다. 내보낸 모든 Revit 요소는 같은 Revit 카테고리의 다른 도면 요소로 같은 CAD 레이어에 있습니다. 모든 도면 요소가 해당 레이어에 의해 정의된 비주얼 특성을 강제로 표시해서 이 옵션은 레이어의 수를 줄이고 내보낸 DWG/DWF 파일에 대해 레이어별로 제어할 수 있는 기능을 제공합니다.

**3 모든 특성 BYLAYER를 내보내고 재지정에 대한 새 레이어를 작성하시오**

뷰 특정 그래픽이 있는 Revit 요소가 자체 CAD 레이어에 배치됩니다. 이 옵션을 사용하면 내보낸 DWG/DXF 파일을 레이어별로 제어할 수 있으며, 그래픽 의도를 유지할 수 있지만, 이렇게 하면 내보낸 DWG 파일에서 레이어의 수가 증가합니다.

**07** '표준에서 레이어 로드'에서 '미국 건축학회 표준(AIA)'을 선택합니다.

> **TIP**
>
> [파일의 설정 로드...]를 선택하면 다른 레이어 설정 파일(*.txt)을 가져와서 사용할 수 있습니다.

**08** '카테고리'의 '수정자' 항목의 아래에 있는 '작업 세트'에 CAD에서 사용할 레이어의 이름과 색상 ID를 입력합니다. 색상 ID를 입력할 때는 AutoCAD 색상 색인 번호를 참조합니다.

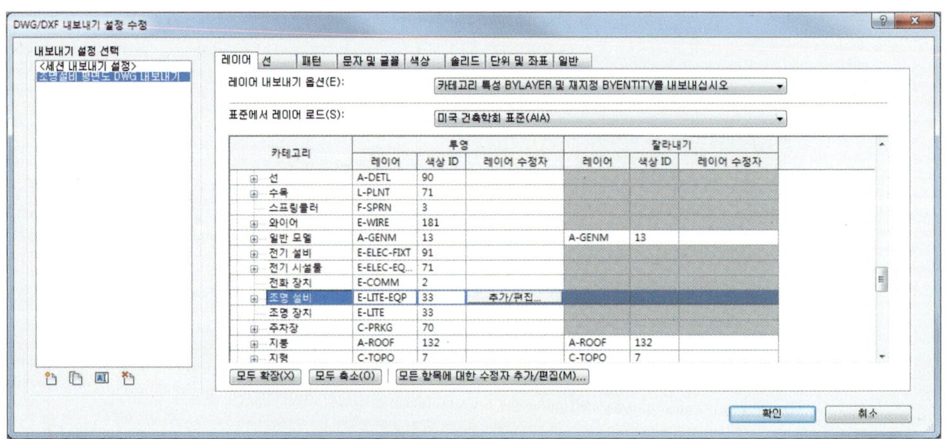

> **Note**
>
> AutoCAD 색상 색인 번호는 CAD 도면층의 [색상 선택] 대화상자에서 확인할 수 있습니다.

**09** '모델 카테고리' 항목의 아래에 있는 '덕트'의 '레이어 수정자' 값에서 [모든 항목에 대한 수정자 추가/편집...] 버튼을 클릭합니다.

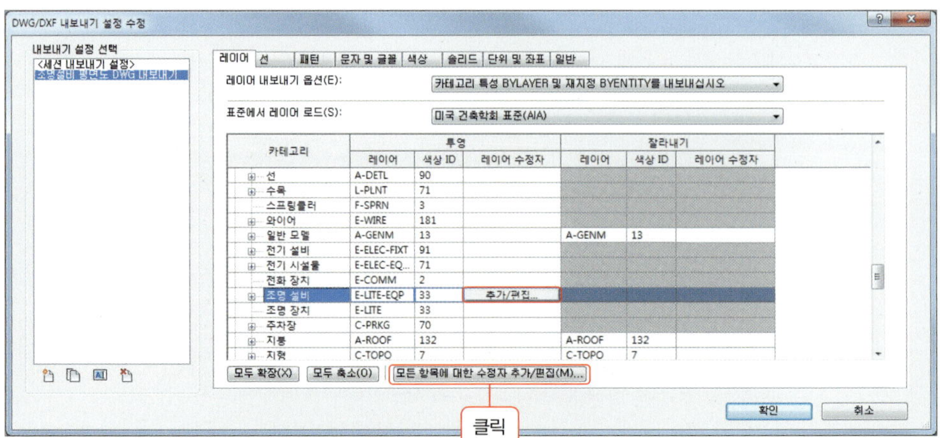

⑩ [레이어 수정자 추가/편집] 대화상 자가 나타나면 '사용 가능한 수정 자'에서 '{작업 세트}'를 선택한 후 [수정자 추가] 버튼을 클릭합니다.

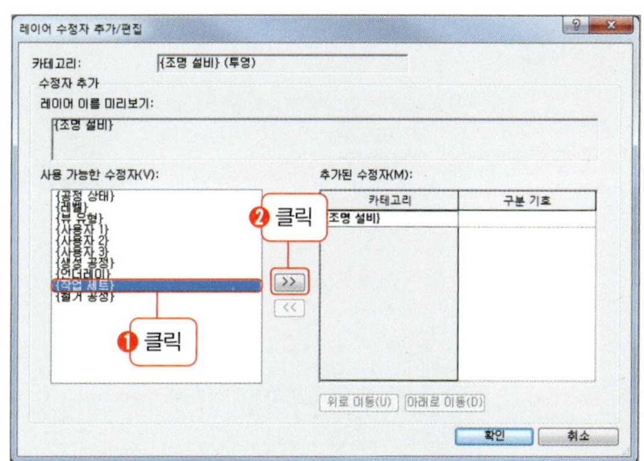

⑪ [위로 이동] 버튼을 클릭하여 오른 쪽 그림과 같이 설정한 후 [확인] 버 튼을 클릭합니다.

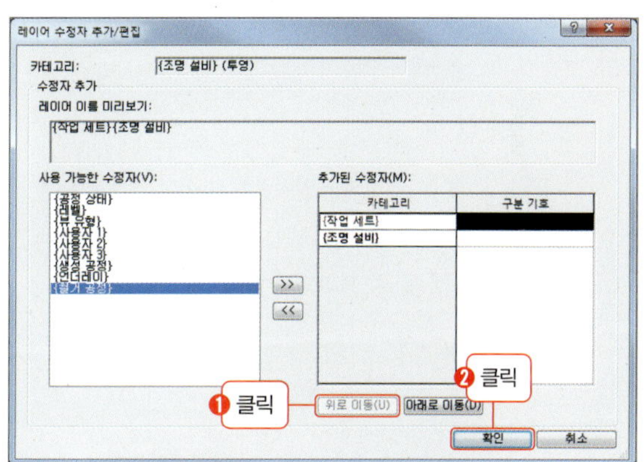

⑫ [DWG/DXF 내보내기 설정 수정] 대화상자로 되돌아오면 '조명 설비'의 '레이어' 이름 및 '색상 ID' 값을 설정합니다. 이와 같은 방법으로 카테고리에서 '전기 시설물', '조명 장치'의 색상 ID 및 레이어 수정자를 설정합니다.

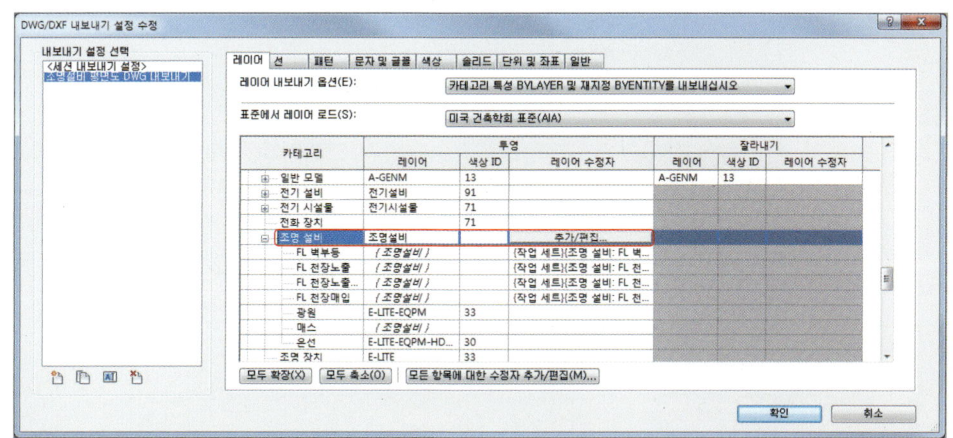



| 카테고리 | 투영 레이어 | 투영 색상 ID | 투영 레이어 수정자 | 잘라내기 레이어 | 잘라내기 색상 ID | 잘라내기 레이어 수정자 |
|---|---|---|---|---|---|---|
| 일반 모델 | A-GENM | 13 | | A-GENM | 13 | |
| 전기 설비 | 전기설비 | 91 | | | | |
| 전기 시설물 | 전기시설물 | 71 | | | | |
| 전화 장치 | | 71 | | | | |
| 조명 설비 | 조명설비 | | 추가/편집 | | | |
| FL 벽부등 | {조명설비} | | {작업 세트}{조명 설비: FL 벽... | | | |
| FL 천장노출 | {조명설비} | | {작업 세트}{조명 설비: FL 천... | | | |
| FL 천장노출... | {조명설비} | | {작업 세트}{조명 설비: FL 천... | | | |
| FL 천장매입 | {조명설비} | | {작업 세트}{조명 설비: FL 천... | | | |
| 광원 | E-LITE-EQPM | 33 | | | | |
| 매스 | {조명설비} | | | | | |
| 온선 | E-LITE-EQPM-HD... | 30 | | | | |
| 조명 장치 | E-LITE | 33 | | | | |

**TIP**

내보내기된 DWG 파일에서 필요한 사항을 1차적으로 점검한 후 Revit에서 재설정하는 것이 좋습니다. 색상 ID를 입력할 때 AutoCAD 색상 색인 번호를 참조합니다.

 [DWG 내보내기] 대화상자에서 [다음] 버튼을 클릭합니다.

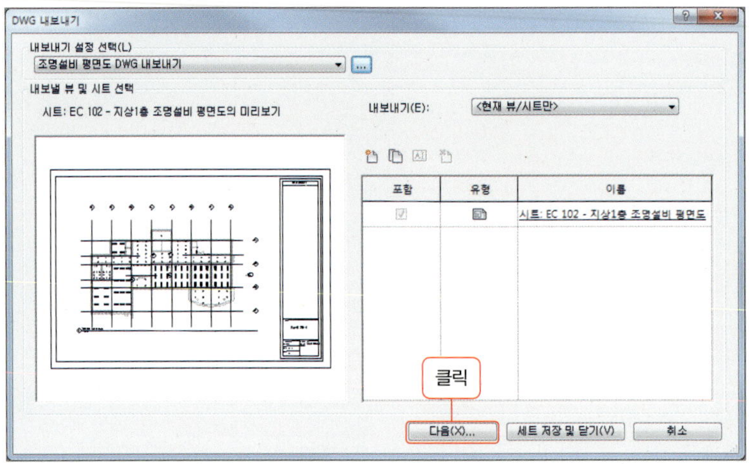



⓮ [CAD 형식 내보내기 – 대상 폴더에 저장] 대화상자가 나타나면 저장할 폴더를 지정하고 파일 이름을 입력합니다. '시트의 뷰 및 링크를 외부 참조로 내보내기'의 체크를 해제하고 [확인] 버튼을 클릭합니다.

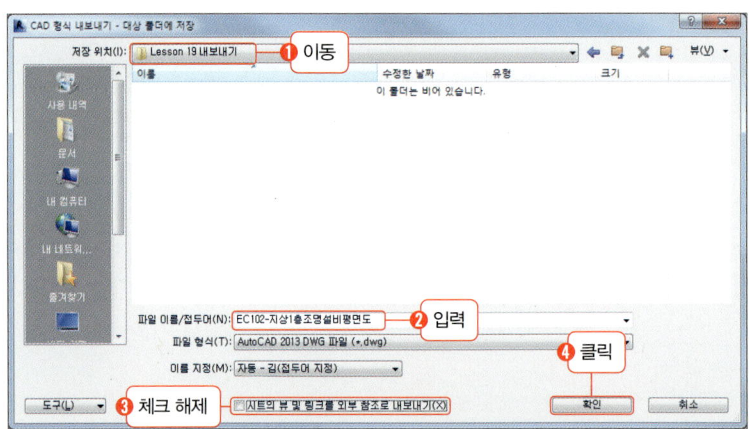



> **Note**
>
> '시트의 뷰 및 링크를 외부 참조로 내보내기'에 체크하면 시트에 삽입된 뷰와 제목 블록 및 링크 파일이 모두 외부 참조 파일로 지정되어 내보내기됩니다.

⑮ DWG 도면과 PCP 파일이 내보내기됩니다. Revit 파일에서 내보낸 레이어가 DWG 도면에서
다음과 같이 지정되어 나타납니다.

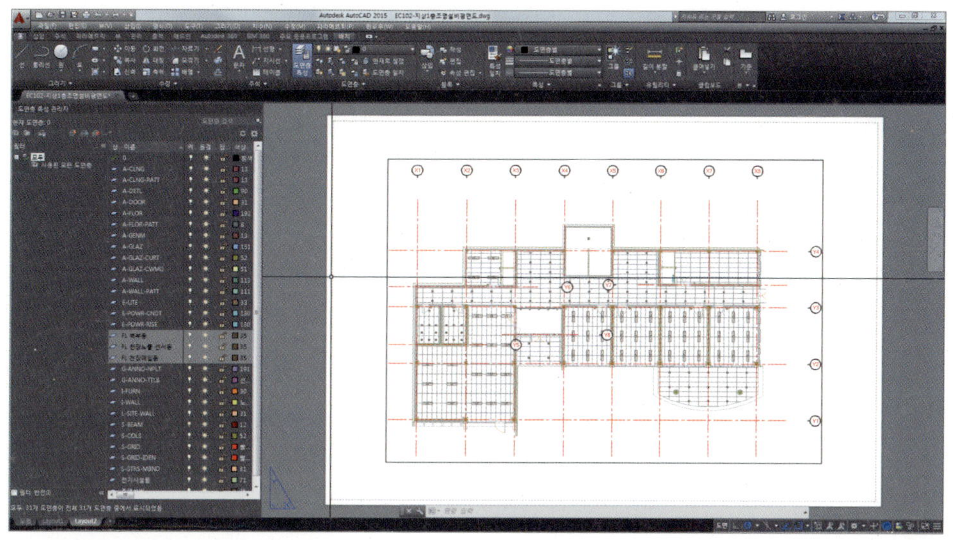



링크된 파일과 별도 설정되지 않은 부분은 기본 설정값에 따라 이름과 색상 등이 지정됩니다.

Design Review는 Autodesk에서 제공하는 무료 뷰어 프로그램입니다. 모델 데이터를 변환하여 적은 용량으로 가볍게 만들어서 모델을 가시적으로 검토할 수 있습니다.

---

**01** ► [열기] ► [프로젝트]를 클릭하여 'Chapter 10\Lesson20' 폴더에서 'Lesson20_02.rvt' 파일엽니다. 프로젝트 탐색기에서 '뷰 (전기모델링)' ► '01 Basic' ► '04 3D 뷰' ► '3D 뷰: {3D}' 를 열고 단면 상자의 모양 핸들을 조절하여 건물 주위만 해당되도록 조절합니다.

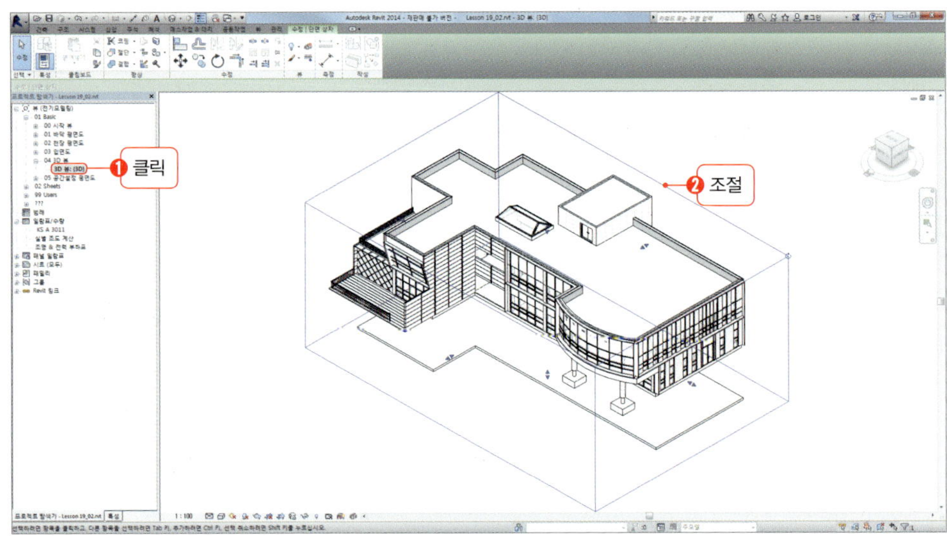


**02** ► [내보내기] ► [DWF/DWFx] 를 클릭한 후 [DWF 내보내기 설정] 대화상자에서 [다음] 버튼을 클릭합니다.

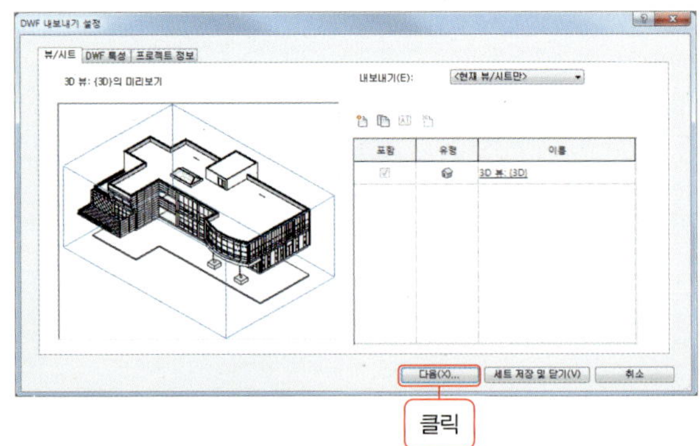


**Note**

2D 뷰에서 내보내기를 하면 2D 상태로 내보내기됩니다. 단면 상자로 자르기된 3D 뷰는 해당 범위만큼 내보내기가 되므로 내보내기 전에 충분히 조절하고 검토하는 것이 좋습니다.

**03** [DWF 내보내기 – 대상 폴더에 저장] 대화상자가 나타나면 저장할 경로를 지정한 후 파일 이름과 파일 형식을 선택하고 [확인] 버튼을 클릭합니다.

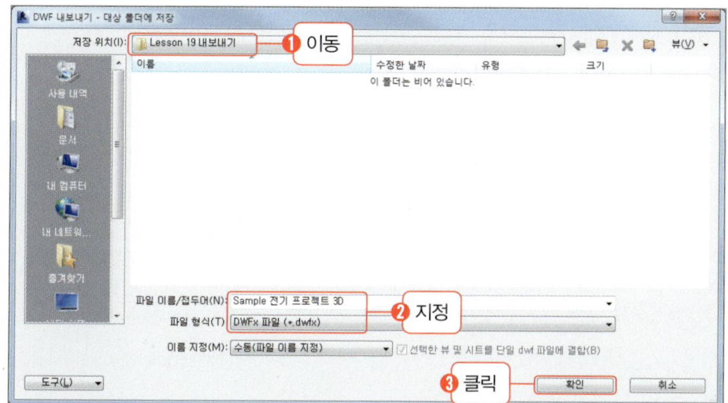

**알아두세요**

- **DWF와 DWFx :** 서로 같은 데이터로 2D 및 3D가 포함되어 있습니다.
- **DWFx :** MS XPS 뷰어를 사용하면 Design Review를 설치하지 않은 검토자와도 설계 데이터를 쉽게 공유할 수 있습니다. 마이크로소프트의 XPS 뷰어에서 직접 2D 도면을 열어 확인, 인쇄 및 검색할 수 있습니다.

  MS XPS Viewer에서 설계 데이터를 표시하기 위한 추가 정보를 포함하므로 같은 내용의 DWF 파일보다 큽니다. XPS 뷰어는 Microsoft Windows Vista 및 Internet Explorer®7 이상과 함께 자동 설치되며, 여기에는 .NET 3.0이 포함되고 Windows®R XP 및 2000 사용자들에게는 다운로드를 옵션으로 지원합니다. 또한 3D 설계 데이터, 객체 속성, 기타 메타데이터를 포함하는 DWFx 파일을 Autodesk Design Review로 열어볼 수도 있습니다.

**04** 내보내기를 한 후 Autodesk Design Review에서 열고 각각의 기능을 사용하여 모델을 검토합니다.

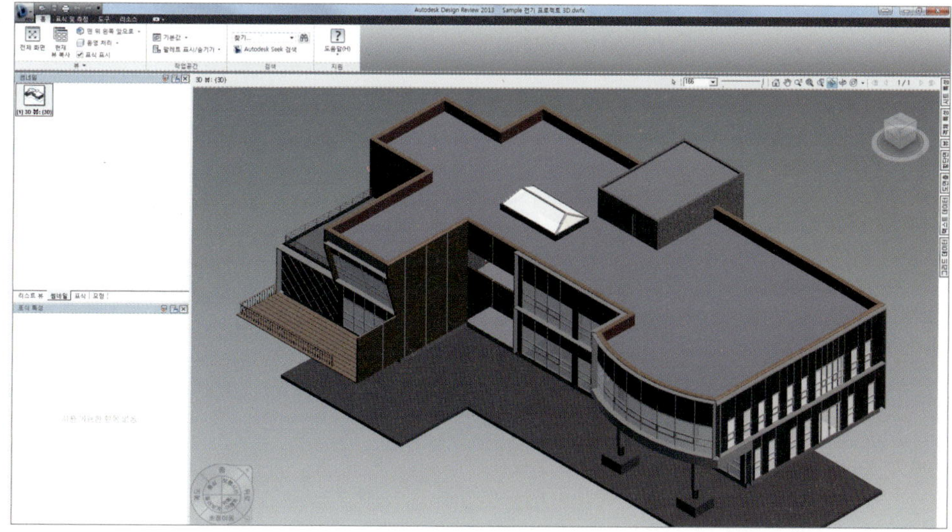

모델의 라이트, 렌더 모양, 재료 등 렌더링 정보를 포함한 상태로 모델을 내보낼 수 있습니다. 이렇게 내보내진 모델은 3D MAX, Showcase와 같은 렌더링 프로그램에서 좀 더 사실적인 이미지로 결과물을 얻을 수 있습니다.

**01** ▶ [열기] ▶ [프로젝트]를 클릭하여 'Chapter 10\Lesson20' 폴더에서 'Lesson20_02.rvt' 파일을 엽니다. 프로젝트 탐색기에서 '뷰 (전기모델링)' ▶ '01 Basic' ▶ '04 3D 뷰' ▶ '3D 뷰: 3D 단면 뷰'를 더블 클릭하여 불러옵니다.

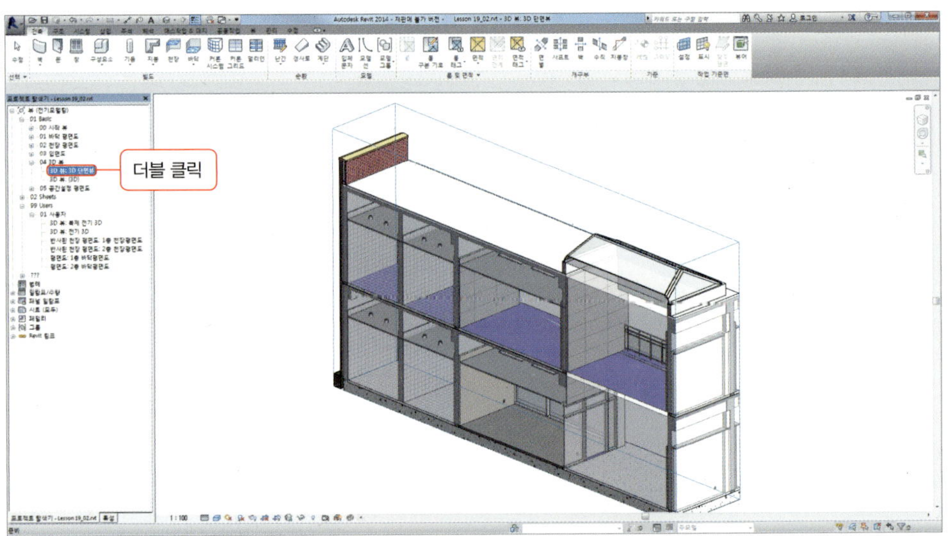


**02** ▶ [내보내기] ▶ [FBX]를 클릭합니다.

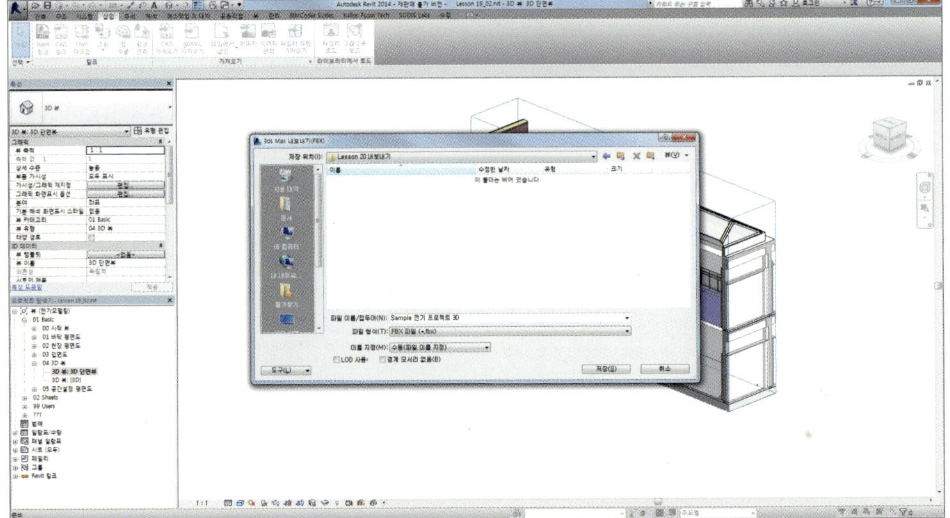

**03** [3ds Max 내보내기(FBX)] 대화상자가 나타나면 파일 이름을 입력한 후 [저장] 버튼을 클릭합니다.

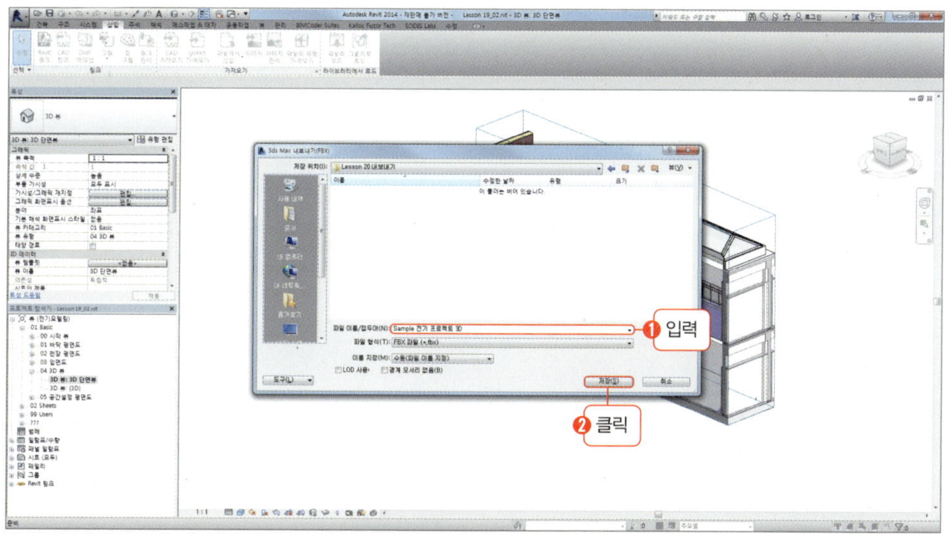

- **LOD 사용** : 체크하면 파일의 크기는 더 작아지고 모델의 면 처리가 많아집니다. 파일의 크기는 더 크지만 좀 더 실제 형상에 가까운 모델을 내보내려면 체크를 해제합니다.
- **경계 모서리 없음** : 체크하면 두 개의 표면 사이의 경계 모서리를 항상 숨겨서 좀 더 자연스럽고 사실적으로 보입니다. 표면 사이의 경계 모서리를 표시하려면 체크를 해제합니다.

**04** Showcase를 사용하여 내보낸 파일을 열어본 이미지입니다.

IFC는 산업용 기초 등급(Industry Foundation Classes)으로 산업용 상호 운영성 연합(IAI)에서 표준화를 추진하고 있는 건축 업무용 컴퓨터 지원 설계(CAD) 교환을 위한 표준 규격입니다. 그리고 IFC는 공인된 국제표준(ISO/PAS 16739) 규격을 통해 다양한 소프트웨어가 서로 공개적으로 모델 정보를 공유 또는 교환하기 위한 것입니다.

---

**01** ▶ [열기]▶ 프로젝트를 클릭하여 'Chapter 10\Lesson20' 폴더에서 'Lesson20_04.rvt' 파일을 엽니다. 프로젝트 탐색기에서 '뷰 (전기모델링)' ▶ 'Basic' ▶ '04 3D 뷰' ▶ '3D 뷰: 3D 단면뷰'를 더블 클릭 합니다.

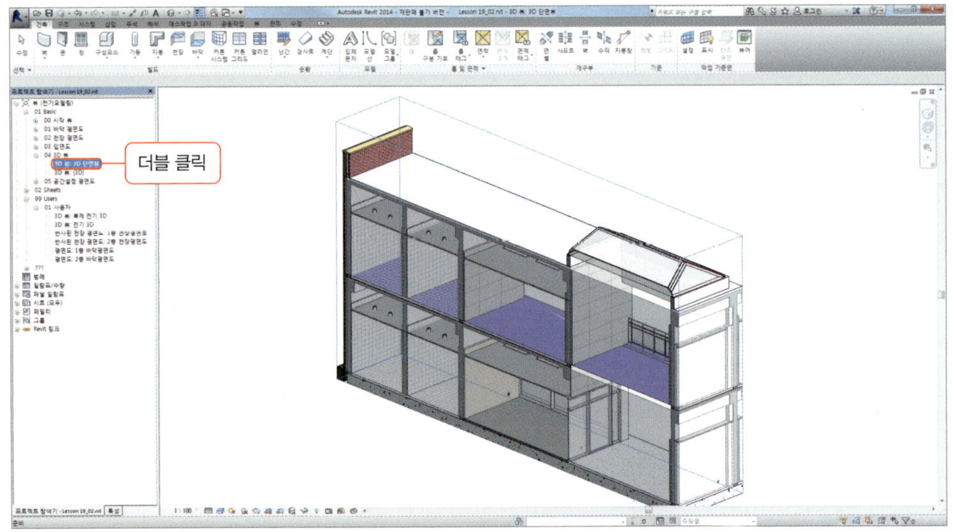


**02** [IFC 내보내기] 대화상자가 나타나면 저장할 파일 이름을 입력한 후 파일 형식과 내보내기 옵션을 선택하고 [저장] 버튼을 클릭합니다.

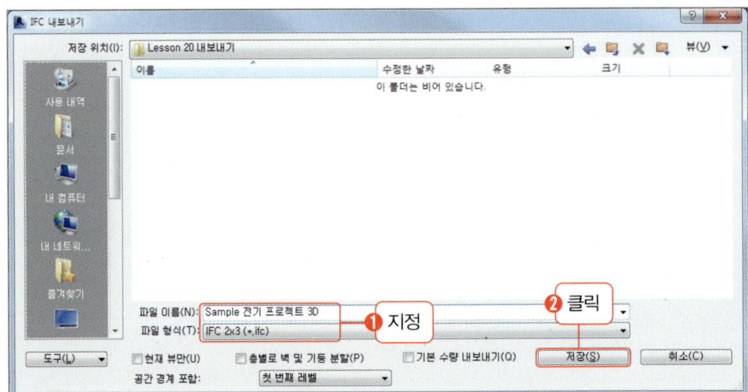

### ■ 파일 형식

- **IFC 2x2(*.ifc)** : 이전 IFC 2x2 구성표로 조정 뷰 모델 정의를 사용합니다.
- **IFC 2x3(*.ifc)** : 기본 설정으로, 다른 시스템에서 일반적으로 지원하는 최신 버전입니다.
- **IFC BCA ePlan 확인(*.ifc)** : 인증된 IFC 2x2 변형 중 하나로, Singapore BCA ePlan 확인 서버에 파일을 제출할 때 사용합니다. 이 파일의 유형으로 내보내는 경우 모든 룸 경계 요소가 선택되었는지 확인해야 합니다.
- **IFC 조정 뷰 2.0(*.ifc)** : IFC 2x3 구성표 및 새 조정 뷰 2.0 모델 뷰 정의를 기반으로 합니다.
- **IFC GSA 2010(*.ifc)** : 미국 GSA가 지정한 최신 형식으로 IFC 2x3 구성표를 기반으로 합니다.
  *GSA(Government Services Administration)

### ■ 내보내기 옵션

- **현재 뷰만** : 현재 뷰에 표시되는 요소를 내보낼 수 있습니다. 가시적 요소에는 은선이나 음영 처리 모드를 통해 숨겨진 요소, 뷰의 언더레이, 뷰에서 자르기 영역으로 잘린 요소가 포함됩니다. 임시 숨기기/분리를 사용하여 임시로 숨긴 요소는 내보내지 않습니다. [IFC 내보내기 클래스] 대화상자에서 내보내지 않음으로 표시된 카테고리는 내보내지 않습니다.
- **층별로 벽 및 기둥 분할** : 여러 레벨의 벽과 기둥을 레벨별로 나눌 수 있습니다
- **기본 수량 내보내기** : 내보내기 데이터의 모델 요소에 기본 수량이 포함됩니다. 기본 수량은 모델 형상에서 생성되며 측정 규칙이나 방법과는 별도로 실제 값을 반영합니다.
- **공간 경계 포함** : 공간 경계를 내보내지 않거나 첫 번째 레벨 공간 경계 또는 두 번째 레벨 공간 경계를 내보냅니다.

---

**알아두세요**

현재 조달청은 시설 사업의 공모 단계와 실시 설계 단계에서 개방형 BIM을 적용하고 있습니다. 개방형 BIM이란 공인된 국제표준(ISO/PAS 16739)을 지원하는 다양한 소프트웨어들이 공개적으로 모델 정보를 공유 또는 교환을 통하여 구현하는 BIM을 말하는데, 다양한 계약자의 여러 소프트웨어 환경(종류, 버전 등)에서 작성된 BIM 데이터를 표준화된 환경에서 검토, 관리 및 재활용하기 위해 개방형 BIM 적용을 원칙으로 하고 있습니다.

선택한 시트나 뷰를 지정된 파일의 이미지로 내보낼 수 있습니다. Revit에서는 래스터 이미지 파일로 뷰를 직접 인쇄한 후 해당 이미지를 온라인 프리젠테이션 또는 인쇄용 자료로 사용합니다.

**01** ▶ [열기] ▶ 프로젝트를 클릭하여 'Chapter 10\Lesson20' 폴더의 'Lesson20_05.rvt' 파일을 엽니다. 프로젝트 탐색기에서 '뷰 (전기모델링)' ▶ '01 Basic' ▶ '04 3D 뷰' ▶ '3D 뷰: 3D 단면뷰'를 더블 클릭하여 불러옵니다.

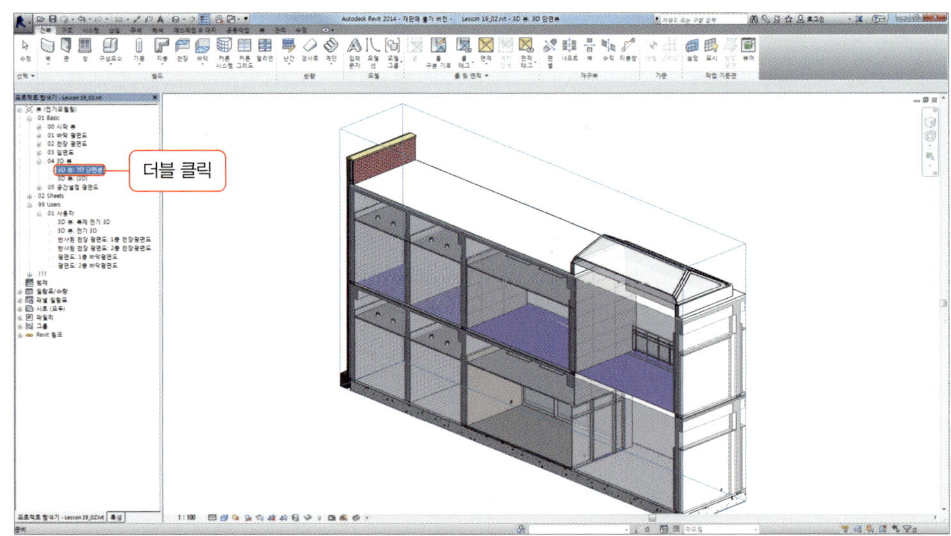


### Note

- 3D 뷰뿐만 아니라 평면 뷰, 입면 뷰 등 모든 뷰에서 이미지를 내보낼수 있습니다.
- '뷰 자르기'에 체크하면 [이미지 내보내기] 대화상자에서 내보내기 범위를 현재 창으로 선택했을 때 자르기 영역 안에 있는 것들만 이미지로 내보냅니다. 이렇게 내보낼 경우 렌더링 프로그램에서 불러오는 시간이나 작업 시간이 길어질 수 있기 때문에 필요한 범위의 모델만 내보내는 것이 좋습니다.

 스케일을 ‘1:1’로 조정합니다.

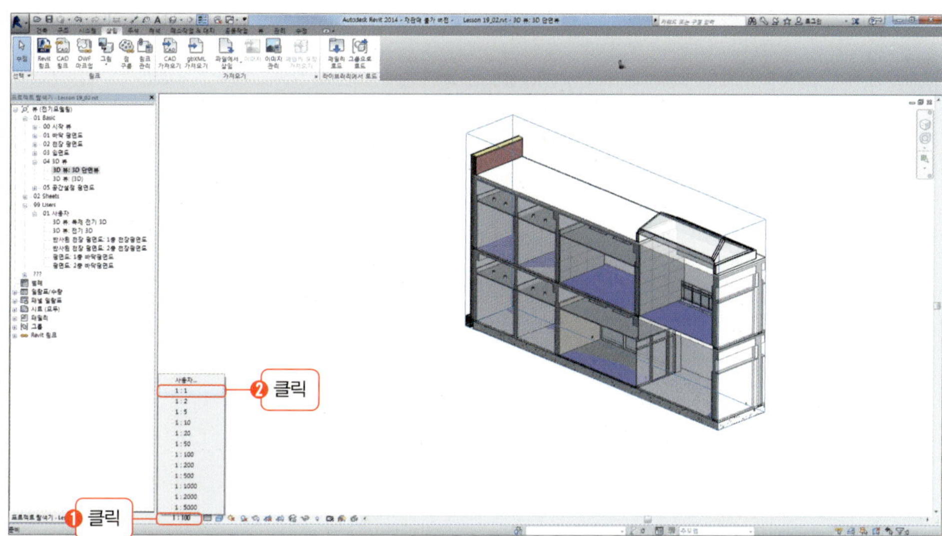





스케일은 선의 굵기에 영향을 미칩니다. 1:1 이외에 다른 스케일로 되어 있을 경우 선의 굵기가 너무 두꺼울 수 있습니다.

 ➤ [내보내기] ➤ [이미지 및 동영상] ➤ [이미지]를 선택합니다.

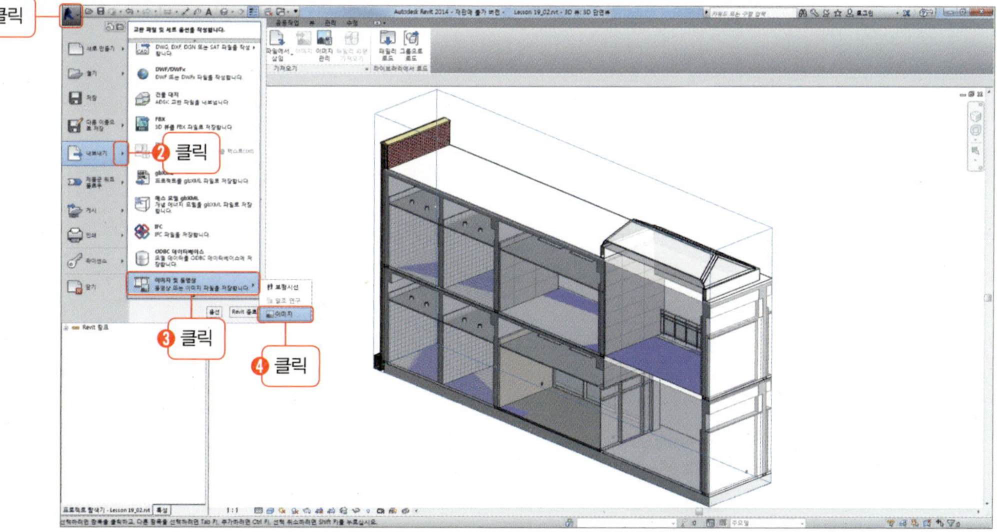

**04** [이미지 내보내기] 대화상자가 나타나면 [변경] 버튼을 클릭하여 저장되는 파일의 경로와 이름을 설정한 후 '내보내기 범위'에서 '현재 창'을 선택합니다.

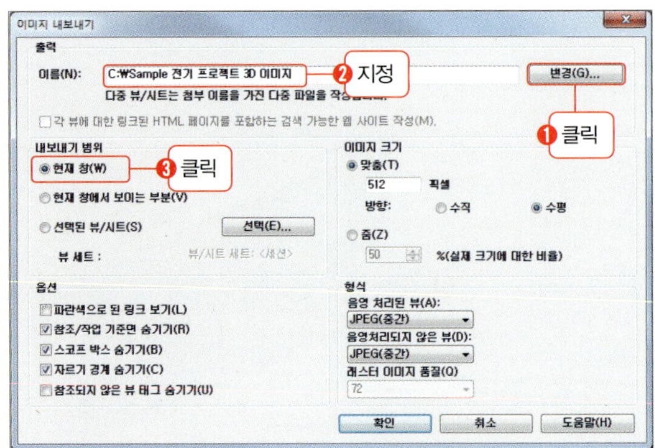

### Note

- **현재 창** : 현재 뷰 면적의 밖에 있는 부분을 포함하여 도면 영역의 전체를 내보냅니다.
- **현재 창에서 보이는 부분** : 현재 도면 영역에 표시되는 부분을 내보냅니다.
- **선택된 뷰/시트** : 지정된 시트와 뷰를 내보냅니다.

**05** '이미지 크기'를 '줌'으로 선택한 후 '100%'를 입력하고 '옵션'의 체크 항목을 확인합니다. 맞춤에 픽셀 수를 입력하거나 줌에 백분율을 입력하여 이미지의 크기를 조정할 수 있습니다.

### Note

'파란색으로 된 링크 보기'에 체크하면 링크 파일이 파란색으로 표시됩니다. '참조/작업 기준면 숨기기', '스코프 박스 숨기기', '자르기 경계 숨기기', '참조되지 않은 뷰 태그 숨기기'에 체크하여 내보내기를 원하지 않는 항목을 숨길 수 있습니다.

**06** '형식'에서 내보내기를 원하는 파일의 형식과 품질을 지정하고 [확인] 버튼을 클릭합니다.

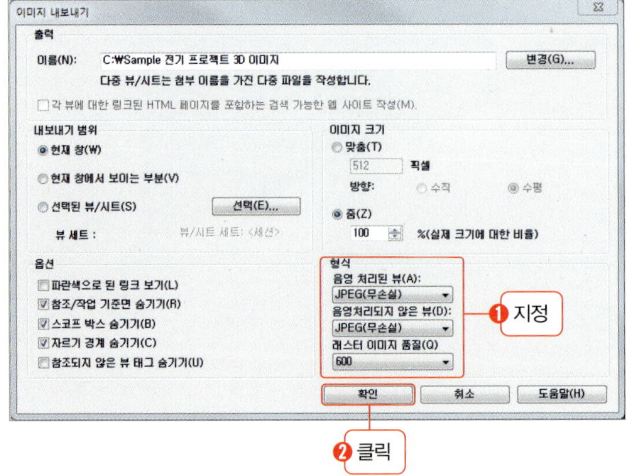

출력된 이미지를 확인합니다.

Lesson 20  내보내기

보행 시선은 건물 내부의 모델을 통해 경로를 정의하고 동영상 또는 일련의 이미지를 작성
하여 모델을 시각적으로 보여주는 것입니다. 보행 시선은 지정된 경로를 따라가는 카메라이
며, 경로는 프레임과 키 프레임으로 구성되는데, 키 프레임은 카메라의 방향 및 위치를 변경
할 수 있는 프레임입니다.

**01** ▶ [열기] ▶ [프로젝트]를 클릭하여 'Chapter 10 \ Lesson20' 폴더에서 'Lesson20_06 DWG.rvt' 파일을 엽니다. 프로젝트 탐색기에서 '지상 1층 전등설비 평면도'를 더블 클릭합니다.

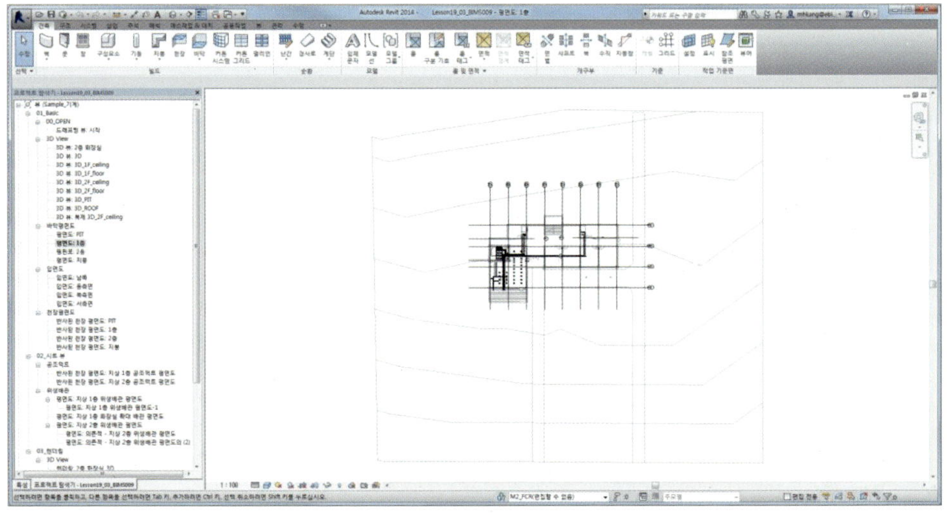

**02** [평면도: 1층에 대한 가시성/그래픽 재지정] 대화상자가 나타나면 [작업 세트] 탭에서 '00_Link', '00_공유 레벨 및 그리드'를 제외한 나머지 항목을 모두 숨기고 [확인] 버튼을 클릭합니다.

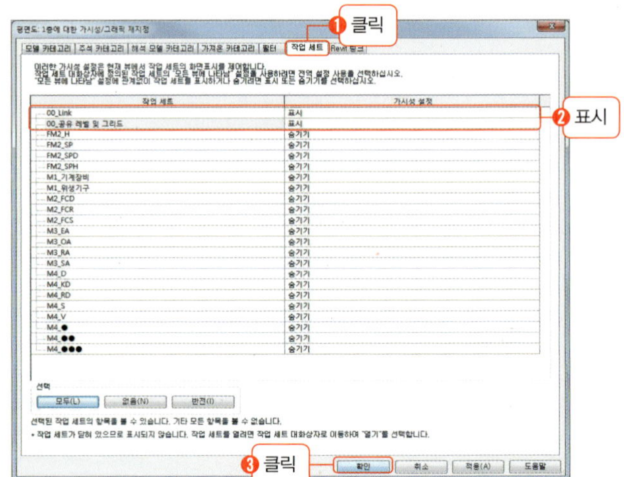

**03** [뷰] 탭 ▶ [작성] 패널 ▶ [3D 뷰] ▶ [보행시선]을 클릭하고 옵션 막대의 '간격띄우기'에 '1700'을 입력한 후 '기준 위치'를 '1층'으로 설정합니다.

**04** 작업 세트를 '00_공유 레벨 및 그리드'로 바꾸고 1층 평면 뷰에서 마우스를 클릭하여 보행 시선 경로를 작성한 후 [보행시선 편집] 탭 ▶ [보행 시선] 패널 ▶ [보행 시선 완료]를 클릭합니다.

**TIP**

건축물의 출입문 등에 유의하여 벽을 관통하지 않도록 경로를 설정합니다.

**05** 프로젝트 탐색기에서 보행 시선 뷰를 더블 클릭하고 [뷰] 탭 ▶ [그래픽] 패널 ▶ [뷰 템플릿] ▶ [현재 뷰에 템플릿 특성 적용]을 선택합니다. [뷰 템플릿 적용] 대화상자가 나타나면 뷰 카테고리와 뷰 유형을 다음과 같이 설정한 후 [확인] 버튼을 클릭합니다.

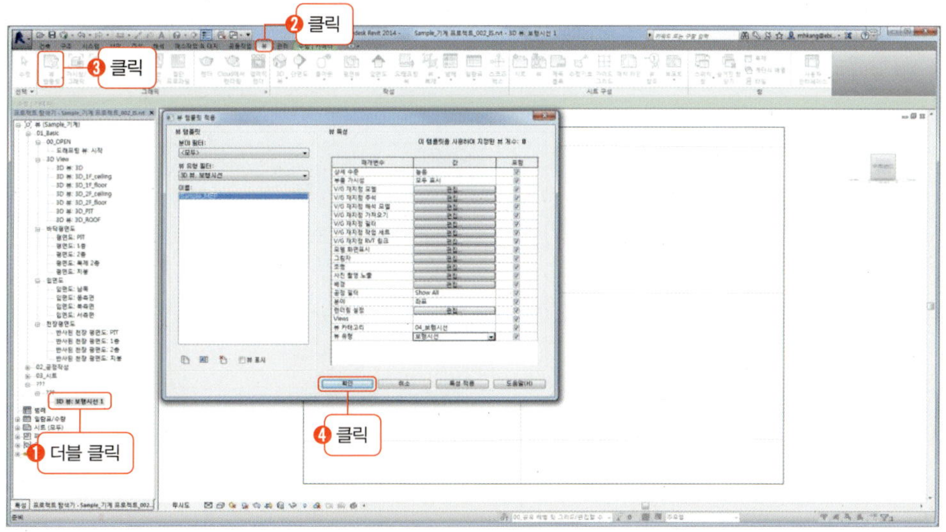

**06** [보행 시선] 뷰에서 '뷰 외곽 경계선'을 선택합니다.

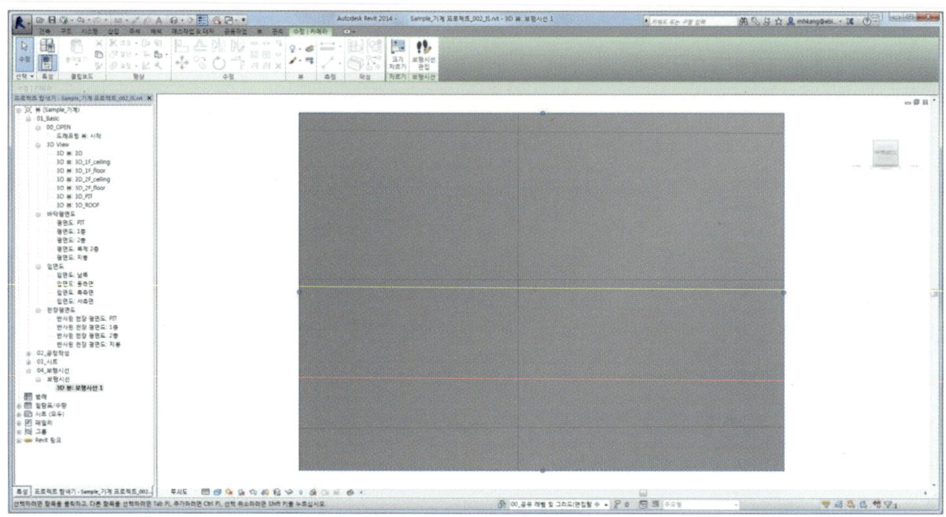

**07** [수정 | 카메라] 탭 ▶ [보행시선] 패널 ▶ [보행시선 편집]을 클릭합니다. 옵션 막대의 '프레임'에 '1' 을 입력하면 다음과 같이 보행 시선의 첫 번째 프레임으로 이동합니다.

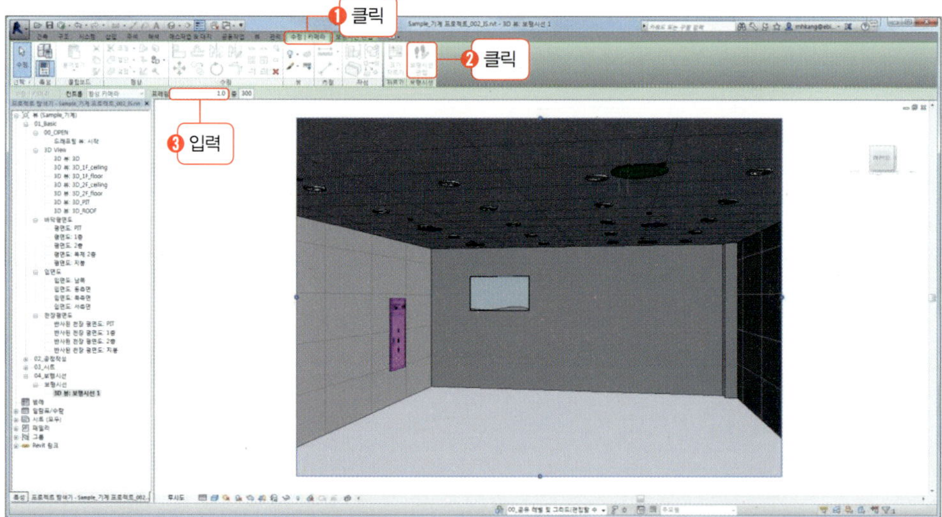

**08** [보행시선 편집] 탭 ➤ [보행시선] 패널 ➤ [재생]을 클릭하면 작성했던 경로를 따라 뷰가 이동합니다.

**TIP**

작성한 보행 시선 뷰는 편집을 통해 경로와 재생 속도를 수정할 수 있습니다.

**09** 경로를 수정하기 위해 '평면도 : 1층 뷰'를 더블 클릭합니다. 프로젝트 탐색기에서 '보행시선 뷰'를 선택한 후 마우스 오른쪽 버튼으로 클릭하고 바로 가기 메뉴에서 [카메라 표시]를 선택합니다.

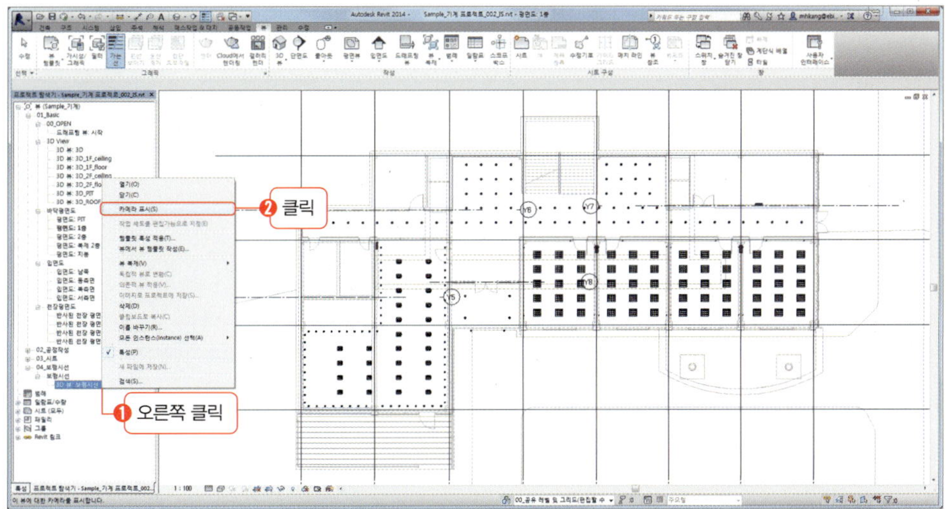

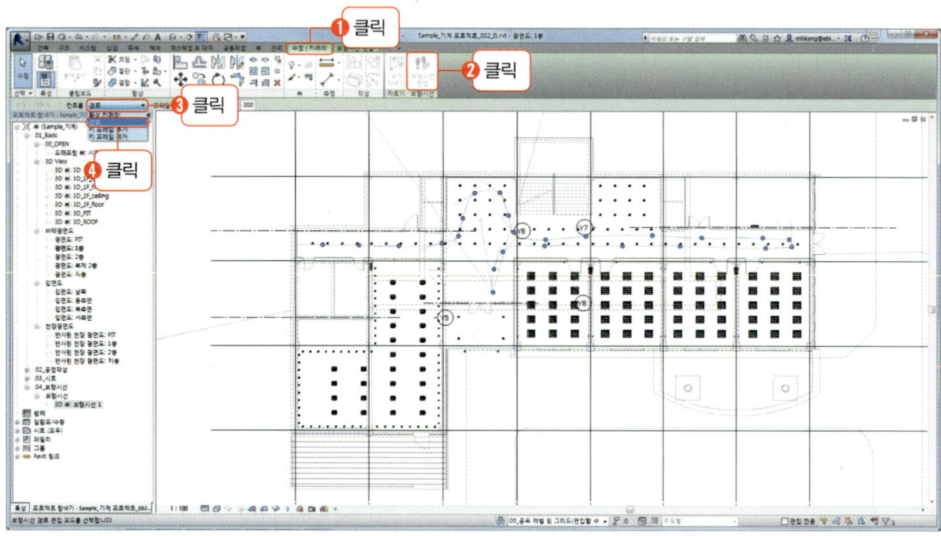

⑩ [수정 | 카메라] 탭 ➤ [보행시선] 패널 ➤ [보행시선 편집]을 클릭하고 옵션 막대의 '컨트롤'에서 '경로'를 선택합니다.

⑪ 보행 시선의 경로를 수정하고 옵션 막대에서 [프레임 설정]을 클릭합니다.

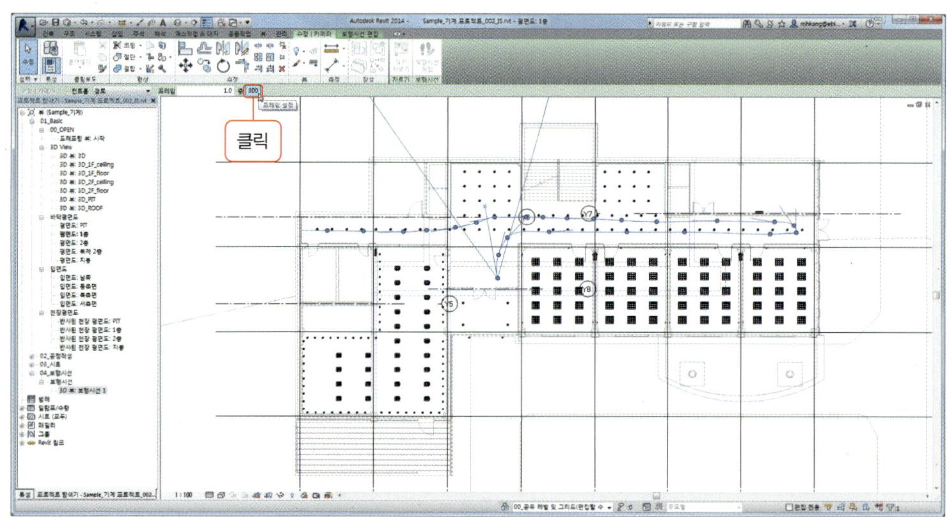



⑫ [보행시선 프레임] 대화상자가 나타나면 '총 프레임'은 '500'으로, '초당 프레임 수'는 '20'으로 수정하여 재생 속도 및 프레임 수를 조정한 후 [확인] 버튼을 클릭하여 편집을 완료합니다.

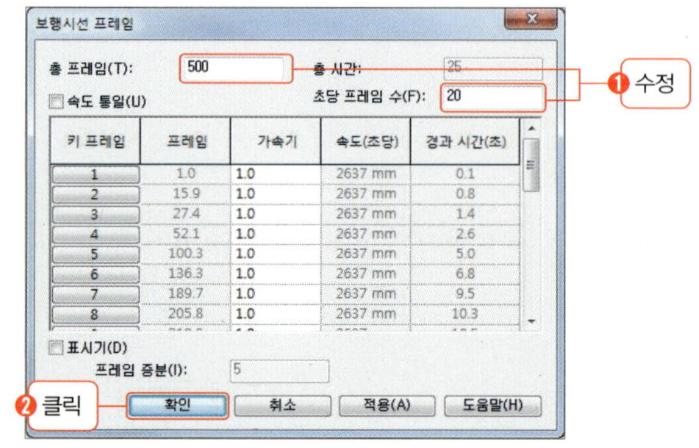

⑬ 내보내기를 실행하기 위해 프로젝트 탐색기에서 보행 시선 뷰를 더블 클릭합니다.

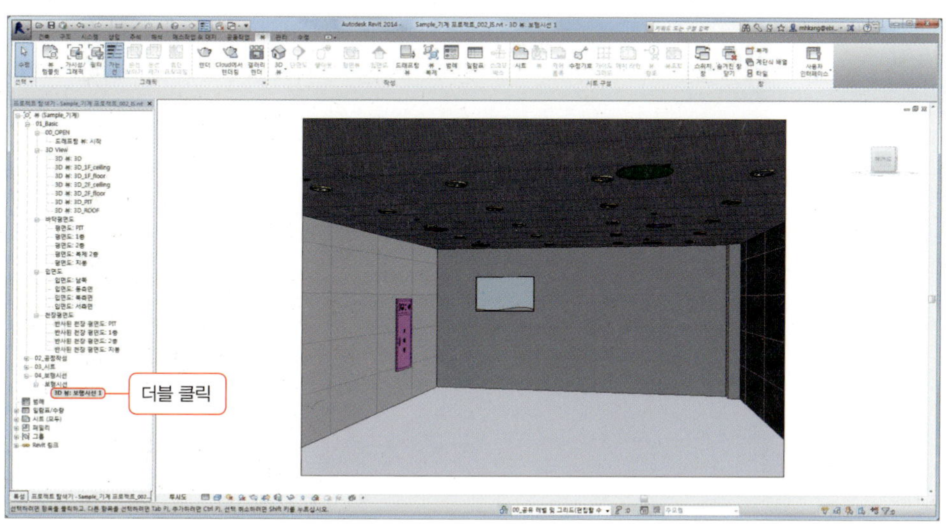


⑭ ![] ▶ [내보내기] ▶ [이미지 및 동영상] ▶ [보행시선]을 클릭합니다.

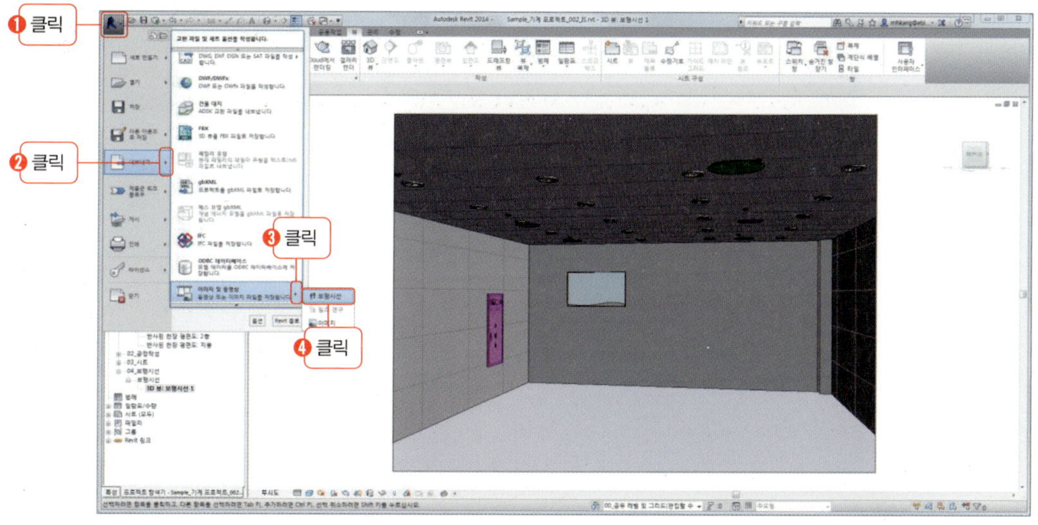


⑮ [길이/형식] 대화상자가 나타나면 '프레임 범위'를 선택하고 '형식' 항목의 '비주얼 스타일', '치수', '줌'을 원하는 값으로 지정한 후 [확인] 버튼을 클릭합니다. 경로와 이름을 입력하고 저장합니다.

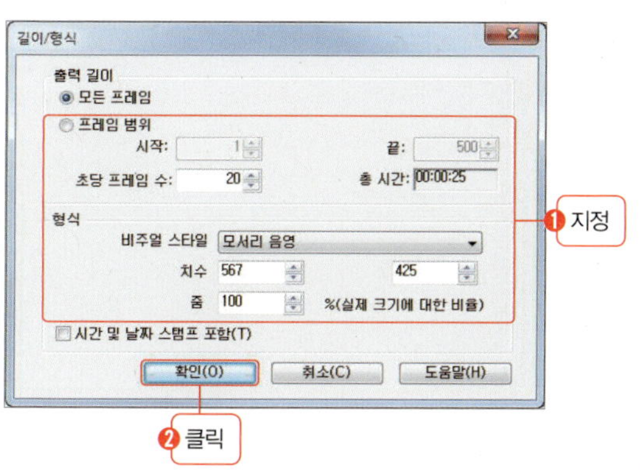




Lesson 20 내보내기

16 내보낸 보행 시선을 윈도우 미디어 플레이어로 확인합니다.


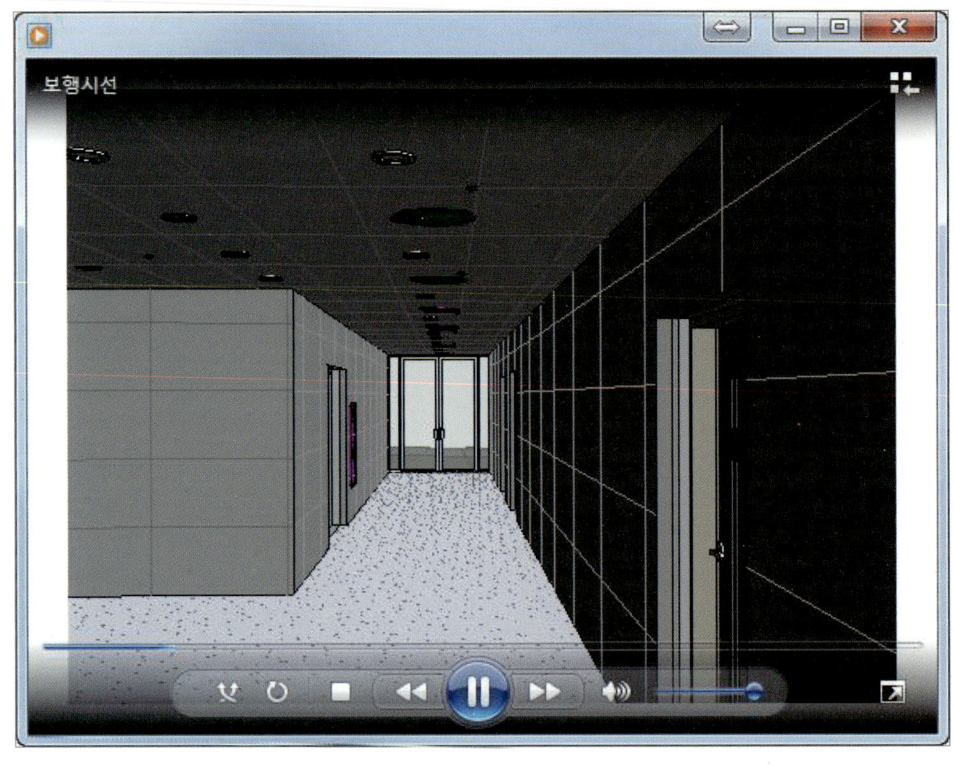

보행시선

# Chapter 11

# 작업 세트 활용하기

작업 공유는 여러 팀원이 동시에 같은 프로젝트 모델에서 작업할 수 있는 설계 방법입니다. 프로젝트에서 팀원은 특정 작업 영역에 지정되고, Revit 프로젝트를 작업 공유에 적합한 작업 세트로 세분화할 수 있습니다. 세분화를 레이어 구분에 적용하여 작업 세트의 편리한 편집과 가시성 제어 기능을 활용하는 방법으로 필터 기준에 작업 세트를 적용하면 작업 세트를 구성할 때 작업 세트 항목이 많아질 수 있습니다.

# 작업 세트

작업 세트는 덕트, 공기 터미널 또는 공조기와 같은 요소들의 집합으로, 프로젝트를 작업 세트로 나누면 프로젝트의 전체 섹션을 한 번에 쉽게 편집할 수도 있고, 다른 프로젝트의 전체 가시성을 제어할 수도 있습니다. 그리고 팀 구성원이 동시에 중앙 모델의 로컬 사본을 변경할 수 있도록 작업 공유를 사용하여 중앙 모델을 작성할 수 있습니다. 또한 작업 세트로 레이어를 구분하고 작업 세트로 모델링할 때 필요한 다양한 내용을 볼 수도 있습니다.

- 작업 세트 프로젝트는 여러 팀 구성원이 동시에 작업해야 하는 프로젝트인데, 프로젝트를 여러 개의 작업 세트로 나누면 프로젝트의 전체 단면을 한 번에 편집할 수 있도록 쉽게 지정할 수 있습니다.다. 이 경우 작업 세트에 화면 표시 모드를 지정하여 모델에서 시각적으로 식별하고 구분할 수 있기 때문에 편리합니다.

- 작업 세트를 사용하도록 설정하려면 Revit에서 프로젝트의 중앙 모델을 작성해야 합니다. 중앙 모델은 프로젝트의 모든 변경 사항을 저장하며, 모든 현재 작업 세트 및 요소 소유권 정보도 저장합니다. 중앙 모델이 작성된 후에는 중앙 모델의 로컬 사본에서 모든 작업을 수행하는 것이 좋습니다. 그리고 모든 사용자는 로컬 네트워크 또는 하드 드라이브에 중앙 모델의 사본을 저장해야 합니다.

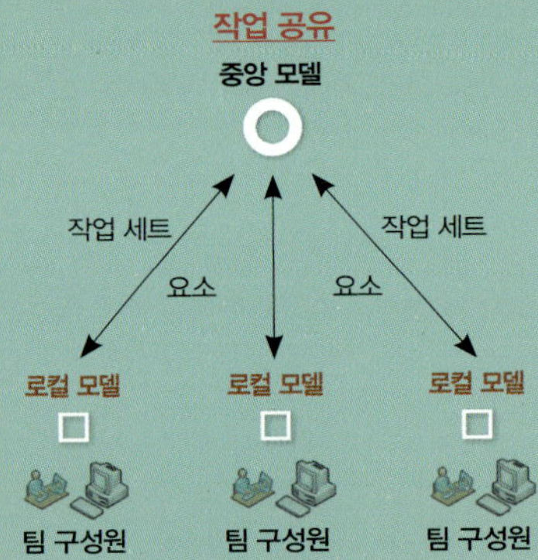


**핵심 Point**

- 작업 세트 만들기

**01**　[아이콘] ▶ [열기] ▶ [프로젝트]를 클릭하여 'Chapter 11\Lesson21' 폴더에서 'Lesson21_01 작업 세트.rvt' 파일을 열고 [공동작업] 탭 ▶ [작업 세트] 패널 ▶ [작업 세트]를 클릭합니다. [작업 공유] 대화상자가 나타나면 다음과 같이 입력하고 [확인] 버튼을 클릭합니다.

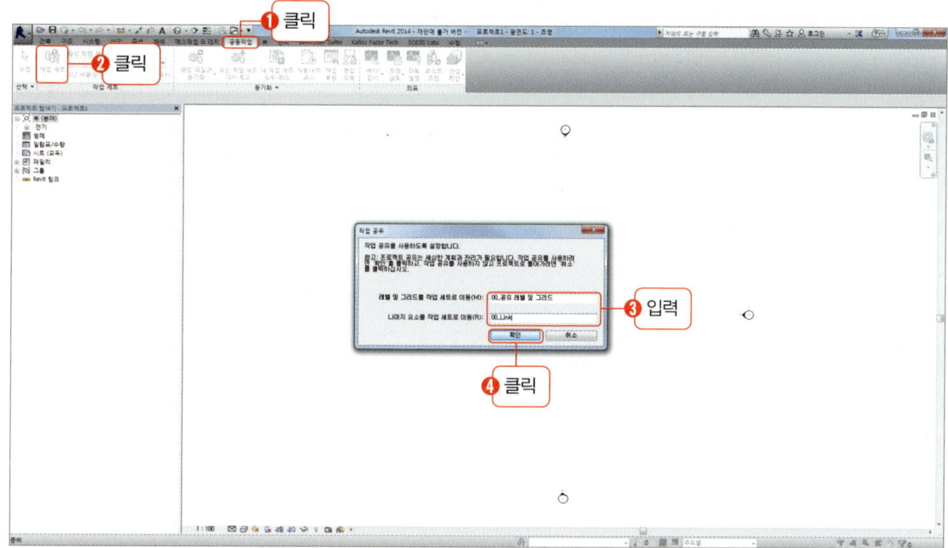

**Note**

- 공유 레벨과 그리드를 하나의 작업 세트로 만들고 건축 링크 파일들을 하나의 작업 세트로 구성합니다.
- 작업 세트 이름은 어순으로 정렬되므로 접두어(00_)를 붙여서 관리하는 것이 유용합니다.

**02**　[작업 세트] 대화상자가 나타나면 [새로 만들기] 버튼을 클릭합니다. [새 작업 세트] 대화상자가 나타나면 '새 작업 세트 이름 입력'에 'EE_EA 옥외전력설비'를 입력하고 [확인] 버튼을 클릭합니다.

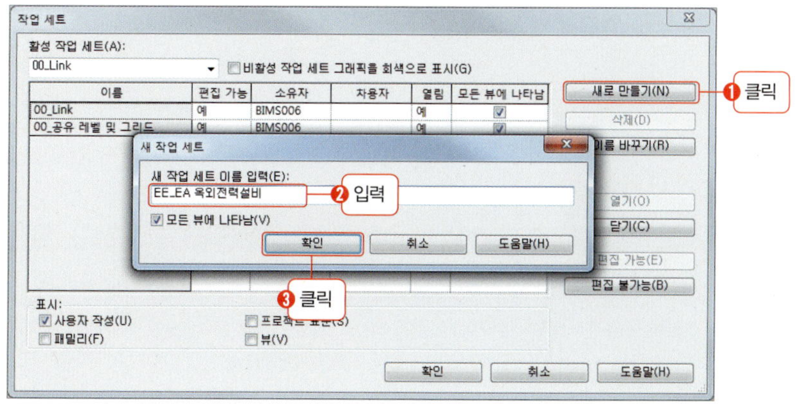

**03** 다음을 참고하여 필요한 작업 세트를 모두 작성하고 [확인] 버튼을 클릭합니다.

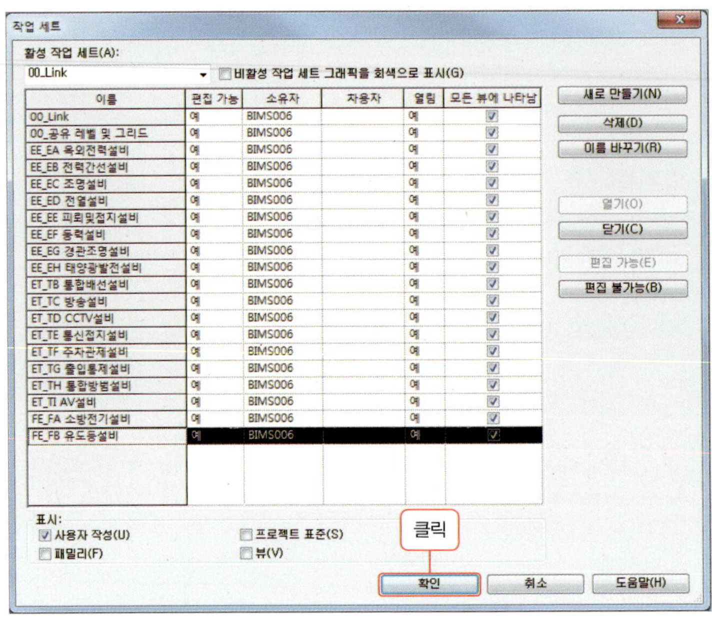


**04** ![]  ▶ [다른 이름으로 저장] ▶ [프로젝트]를 클릭하고 [다른 이름으로 저장] 대화상자에서 '파일 이름'에 'Sample_기계_Central'을 입력한 후 [옵션] 버튼을 클릭합니다. [파일 저장 옵션] 대화 상자가 나타나면 '파일 공유'의 '저장 후 중앙 모델로 만들기'에 체크되었는지 확인하고 [확인] 버 튼을 클릭합니다. [다른 이름으로 저장] 내화상자로 되돌아오면 [저장] 버튼을 클릭합니다.

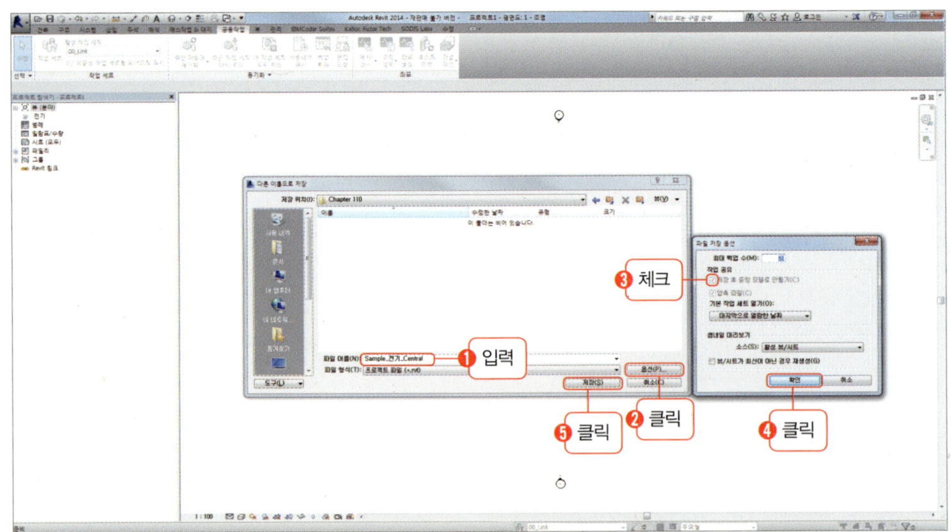

**05**  ▶ [열기] ▶ [프로젝트]를 클릭하고 저장되었던 중앙 파일을 선택합니다. [열기] 대화상자가 나타나면 '새 로컬 파일 작성'에 체크하고 [열기] 버튼을 클릭하세요.



**Note**

- 저장하려는 내 컴퓨터의 위치에 중앙 파일을 복사하고 이름 바꾸기를 해도 로컬 파일이 생성됩니다.
- 저장 위치를 별도로 설정하지 않으면 로컬 파일의 기본 위치는 내 문서로 저장됩니다.
- 저장 위치는 [옵션] 대화상자에서 '파일 위치'를 선택하고 '사용자 파일의 기본 경로'에서 별도로 지정할 수 있습니다.

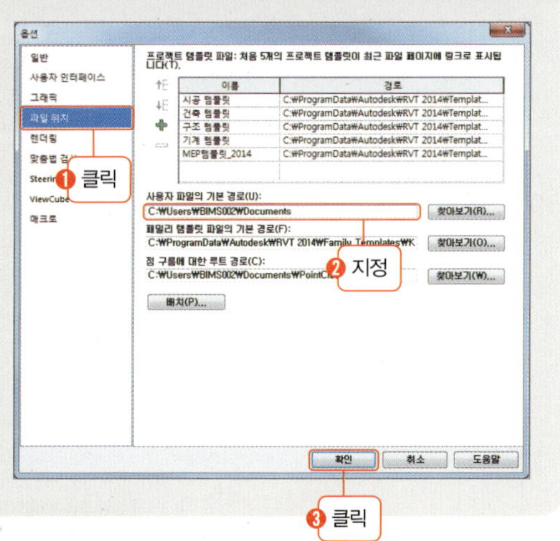


**06** [공동작업] 탭 ▶ [작업 세트] 패널 ▶ [작업 세트]를 클릭합니다. [작업 세트] 대화상자가 나타나면 작업 세트를 마우스로 드래그하여 모두 선택하고 [편집 불가능] 버튼을 클릭한 후 [확인] 버튼을 클릭합니다.

**주 의**

- 이 작업은 작업 세트를 만든 사용자의 컴퓨터에서만 진행할 수 있습니다.
- 중앙 파일로 저장하기 전에 [작업 세트] 대화상자를 다시 열어서 편집 불가능으로 설정할 수 있습니다.

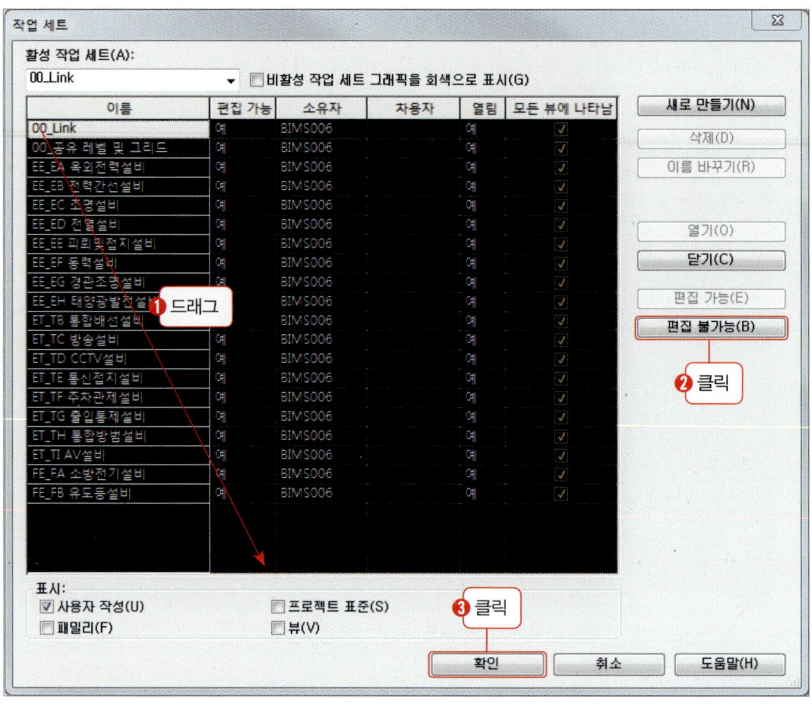




- 소유자 값은 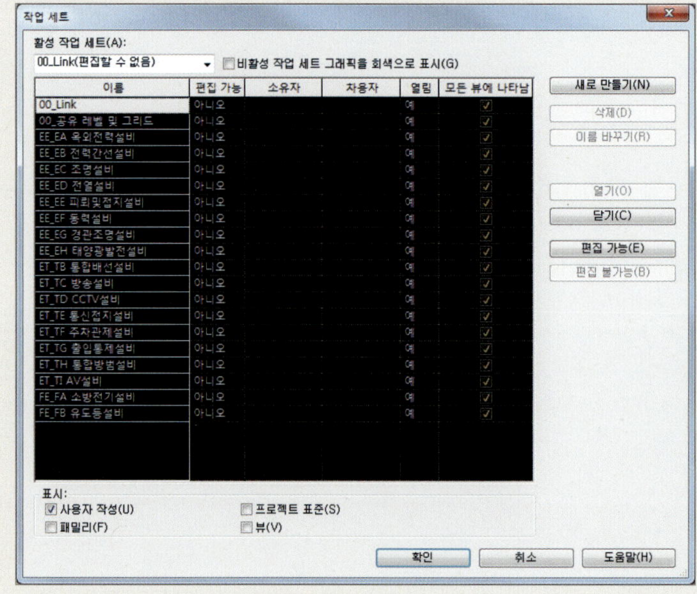 ➤ [옵션]을 선택하여 [옵션] 대화상자를 나타내고 [일반] 탭에 표시된 사용자 이름으로, 소유자는 작업 세트의 소유자를 나타냅니다. 소유자 이름은 작업 세트로 진행되는 프로젝트 작업 도중에는 변경하지 않는 것이 좋습니다. 작업 세트의 편집 가능 상태가 '예'이거나 상태를 '예'로 변경하는 경우 작업 세트의 소유자가 됩니다.

- 일반적으로 중앙 모델의 로컬 사본에서 작업하고 작업 세트는 편집 가능으로 지정하지 않는 것이 좋습니다. 요소를 편집하면 자동으로 요소의 차용자가 되어 필요한 사항을 변경할 수 있습니다. 중앙 파일과 동기화를 수행하면 기본적으로 차용한 요소가 권한 취소되어 다른 팀 구성원이 이 요소를 편집할 수 있으므로 작업중 자주 중앙 파일과 동기화하는 것이 좋습니다.

- 편집 권한을 모두 취소하면 작업 세트는 다음과 같은 상태가 됩니다.

**01**   [뷰] 탭 ➤ [그래픽] 패널 ➤ [필터]를 클릭합니다. [필터] 대화상자가 나타나면 [새로만들기]를 선택합니다. [필터 이름] 대화상자에서 STEP 01 에서 작성한 작업세트 명칭을 작성하고 [확인] 버튼을 클릭합니다.

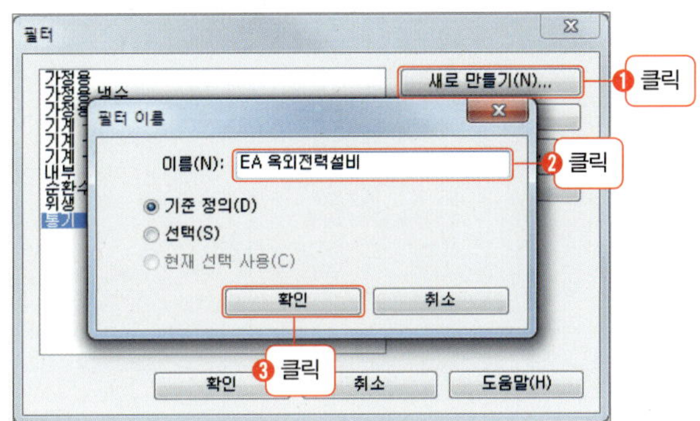

**02**   [필터] 대화상자가 나타나면 다음과 같이 카테고리를 지정합니다. '필터 규칙'의 '필터 기준'에서 '작업 세트'를 선택하고 아래는 '같음'으로 지정하고, '다음 기준'에서 'EA 옥외전력설비'를 선택한 다음 [적용] 버튼을 클릭합니다.

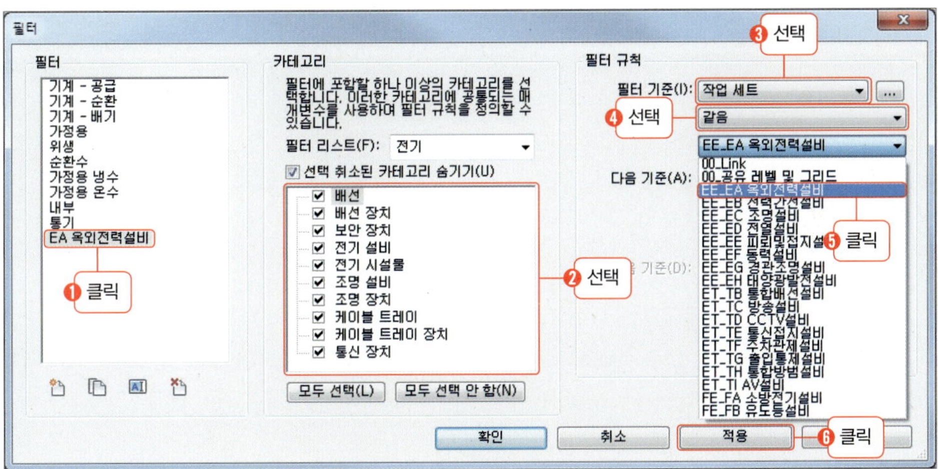

**03** 같은 방법으로 나머지 필터 항목을 해당 작업 세트에 맞게 지정하고 [확인] 버튼을 클릭합니다.

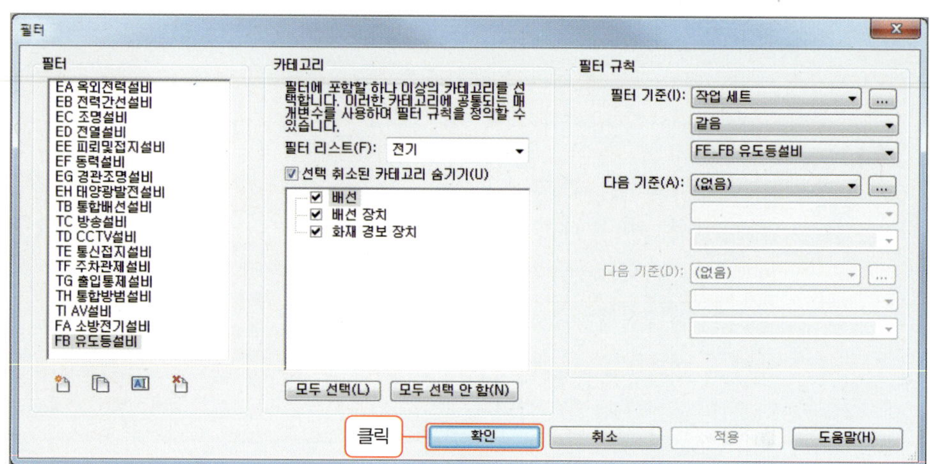

**04** [필터] 대화상자에서 [확인] 버튼을 클릭합니다.

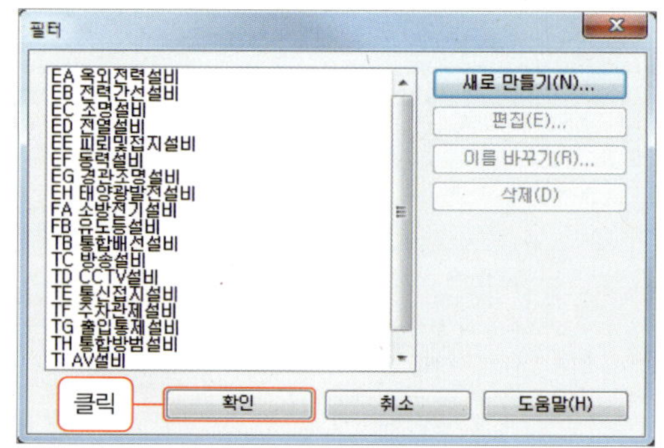

**05** 신속 접근 도구막대에서 [설정 동기화 및 수정] 버튼을 클릭하여 [설정 동기화 및 수정]을 선택합니다.

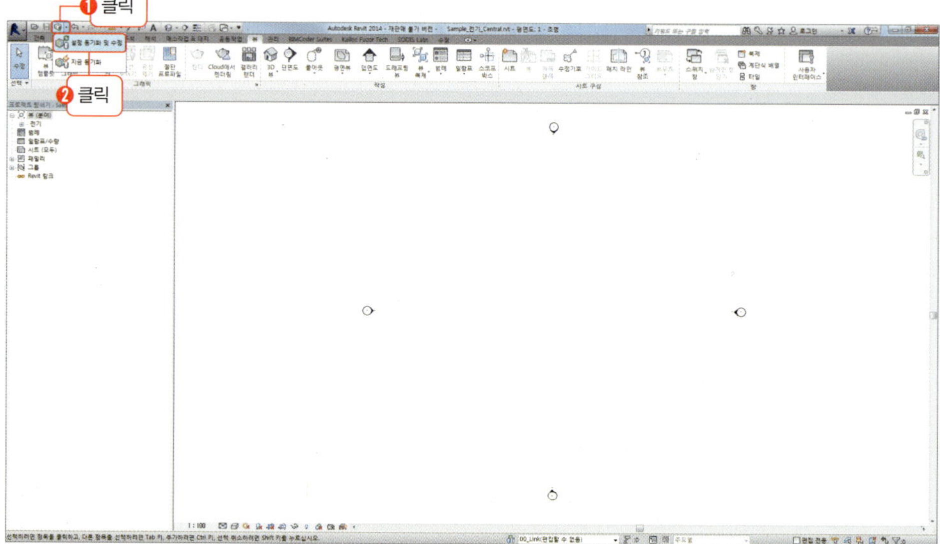

**06** [중앙 파일과 동기화] 대화상자에서 다음의 사항에 체크 또는 입력하고 [확인] 버튼을 클릭합니다.

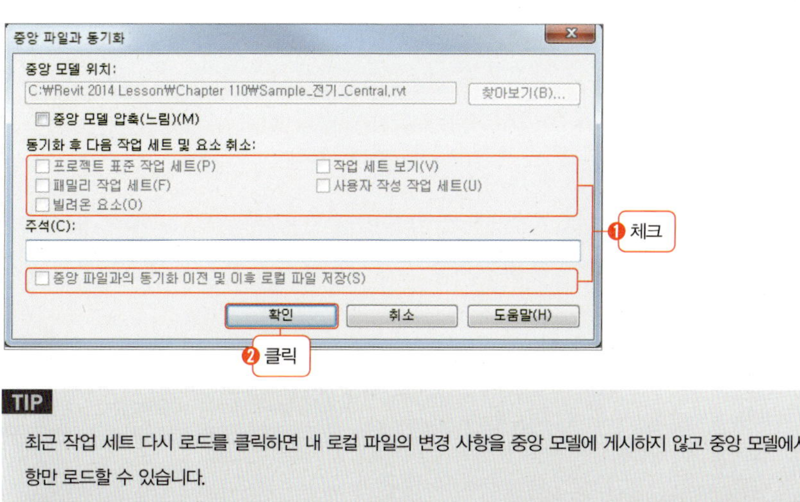



**TIP**

최근 작업 세트 다시 로드를 클릭하면 내 로컬 파일의 변경 사항을 중앙 모델에 게시하지 않고 중앙 모델에서 업데이트된 사항만 로드할 수 있습니다.

### ■ 작업 공유 모니터

작업 세트를 사용하여 팀으로 프로젝트가 진행될 때 작업 공유 모니터를 사용하면 Revit 소프트웨어를 더욱 유용하게 사용할 수 있습니다. 작업 공유 모니터는 작업 공유 프로젝트에 대해 다음과 같은 정보를 제공합니다.

① 현재 이 프로젝트에서 누가 작업중인가?
② 프로젝트의 내 로컬 사본이 업데이트되었는가?
③ 중앙 파일과 동기화 작업이 언제 끝날 것인가?
④ 빌린 요소에 대한 내 요청이 승낙되었는가?
⑤ Revit 프로젝트에서 내 작업을 방해하는 문제가 있는가?

Revit 소프트웨어에서 작업 공유 프로젝트를 열면 작업 공유 모니터(열거나 열려 있을 경우)가 시작됩니다. 다음은 팀으로 작업중인 프로젝트에서 작업 공유 모니터를 사용하고 있는 이미지입니다.

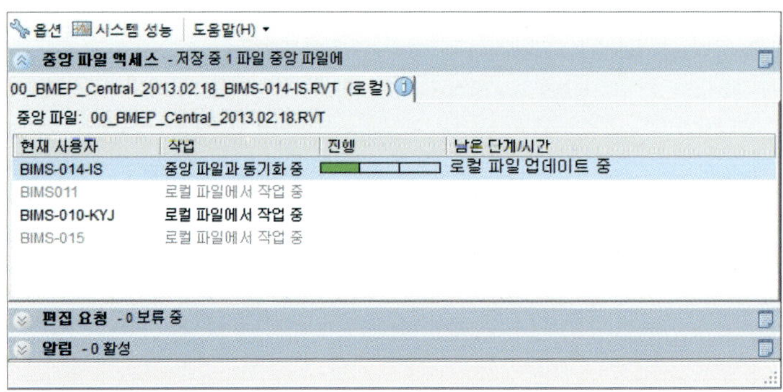


### ■ 중앙 파일 액세스

현재 작업하고 있는 프로젝트 파일에 대한 정보를 표시하고, 해당 프로젝트에서 작업하고 있는 다른 사용자를 식별합니다. 작업을 연 사용자들이 프로젝트에서 어떤 작업을 수행하고 있는지 확인합니다.

- **로컬 파일에서 작업 중** : 사용자가 프로젝트 파일의 로컬 사본에서 작업하고 있습니다.
- **중앙 파일 여는 중** : 사용자가 중앙 파일에서 직접 작업하기 위해 중앙 파일을 열고 있습니다.
- **중앙 파일에서 작업 중** : 사용자가 중앙 파일에서 직접 작업할 경우로, 빨간색으로 표시됩니다.
- **중앙 파일과 동기화 중** : 사용자가 변경 사항을 중앙 파일에 저장하고 있습니다.
- **최근 작업 다시 로드 중** : 사용자가 최근 버전의 중앙 파일로 프로젝트 파일의 로컬 사본을 업데이트하고 있습니다.

'중앙 파일과 동기화 중' 또는 '최근 작업 다시 로드 중' 작업을 동시에 여러 명이 진행할 경우 중앙 파일이 바빠서 처리 속도가 크게 떨어지거나 다른 작업이 처리되지 못할 수도 있습니다.

- **회색으로 표시된 사용자** : 사용자가 해당 프로젝트에서 작업중이지만 작업 공유 모니터를 사용하고 있지 않으므로 이 사용자는 작업 공유 모니터를 통해 편집 요청에 대한 정보를 수신할 수 없습니다.
- **검은색으로 표시된 사용자** : 사용자가 해당 프로젝트에서 작업중이고 작업 공유 모니터를 사용하고 있습니다.
  - ● **편집 요청** : 사용자가 프로젝트의 일부를 작업할 수 있는 권한을 요청하기 위해 다른 사용자에게 보낸 요청에 대한 정보 또는 작업 권한을 요구하는 다른 사용자의 요청을 표시합니다.
  - ● **알림** : Revit 프로젝트에서 작업하는 데 방해가 될 수 있는 문제에 대한 정보를 제공하는 경고 및 주의를 표시합니다.

중앙 파일과 동기화 작업에는 다음과 같은 단계가 포함됩니다.

① **변경 사항 조회** : 로컬 파일을 마지막으로 업데이트한 후 중앙 파일이 변경되었는지 확인합니다.
② **로컬 파일 업데이트** : 로컬 파일이 마지막으로 업데이트된 후 중앙 파일이 변경된 경우 최신 버전의 중앙 파일과 일치하도록 프로젝트 파일의 로컬 사본을 업데이트합니다.
③ **중앙 파일과 동기화시 변경 사항 저장** : 프로젝트 파일의 로컬 사본에서 변경한 사항을 중앙 파일에 저장합니다.
④ **로컬 파일 저장(선택적)** : 중앙 파일과 동기화 작업을 시작할 때 사용자가 이 옵션을 선택한 경우 변경 사항을 파일의 로컬 사본에 저장합니다.

[작업 공유 모니터] 대화상자가 항상 다른 응용 프로그램의 위에 있으려면 [옵션] 대화상자의 [일반] 탭에서 '다른 응용프로그램 위에 Worksharing Monitor 창 유지'에 체크해야 합니다.

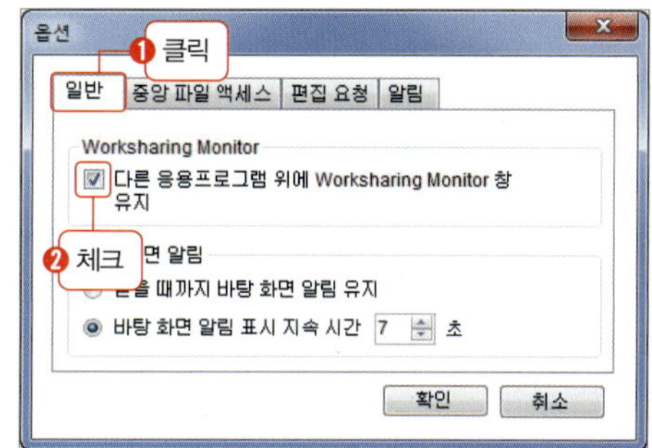


■ 시스템 성능 모니터링

Revit 프로젝트의 작업은 물리적 메모리, 가상 메모리, CPU 부하 및 디스크 공간과 같은 시스템 자원의 가용성에 의해 영향을 받을 수 있고, 시스템 성능 모니터를 사용하여 이러한 자원을 모니터링할 수 있습니다. 자원이 미리 정의된 임계 값에 도달하면 Worksharing Monitor에서는 알림을 표시합니다. [시스템 성능] 대화상자를 다른 응용 프로그램의 위에 유지하려면 '시스템 성능을 최상으로 유지'에 체크합니다.

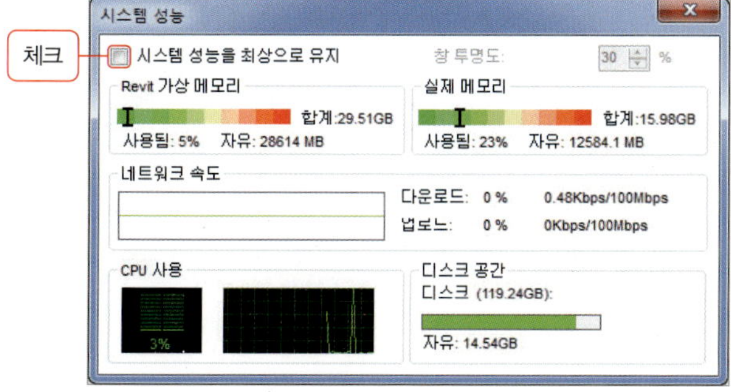

**01** 로컬 작업 공유 파일에서 변경 사항을 저장할 때 다음 중 하나를 수행할 수 있습니다.

- 중앙 모델과 동기화
- 로컬로 저장

**02** 저장하지 않고 로컬 파일을 닫는 경우, [변경 사항이 저장되지 않음] 대화상자가 표시됩니다. 세 가지 옵션 중 하나를 선택할 수 있습니다.

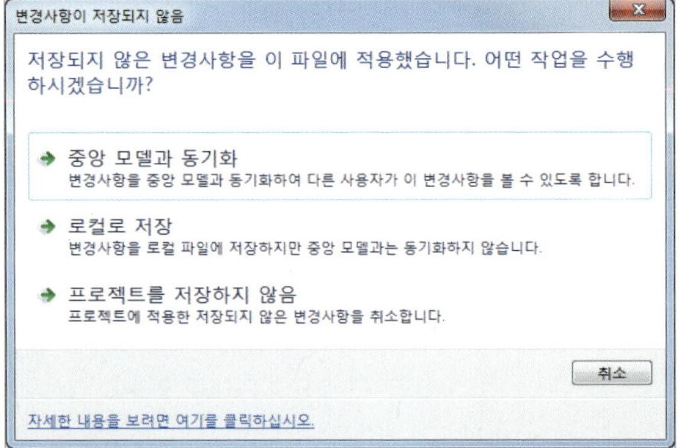

**• 중앙 파일과 동기화**

이 옵션을 사용하면 변경 사항이 중앙 모델에 저장됩니다. 로컬 모델에 변경 사항 저장을 포함한 기본 설정이 선택되어 있습니다. 또한 다른 팀 구성원이 저장한 변경 사항은 로컬 모델에 복사됩니다. 중앙 파일과 동기화하면 차용한 요소는 기본적으로 편집 권한이 취소됩니다.

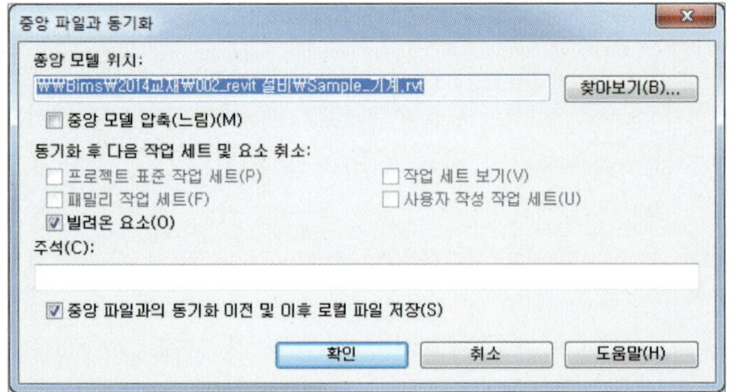

**TIP**

하단 중앙 파일과의 동기화 이전 및 이후 로컬 파일 저장을 체크하면, 동기화하면서 로컬 파일을 저장할 수 있습니다.

**• 로컬로 저장**

이 옵션을 사용하면 변경 사항이 중앙 모델과 동기화되지 않고 로컬 모델에 저장되며, [로컬 파일에 변경 사항 저장] 대화상자가 표시됩니다. 중앙 파일과 동기화하지 않았으므로 수정된 요소를 계속 소유하게 됩니다.

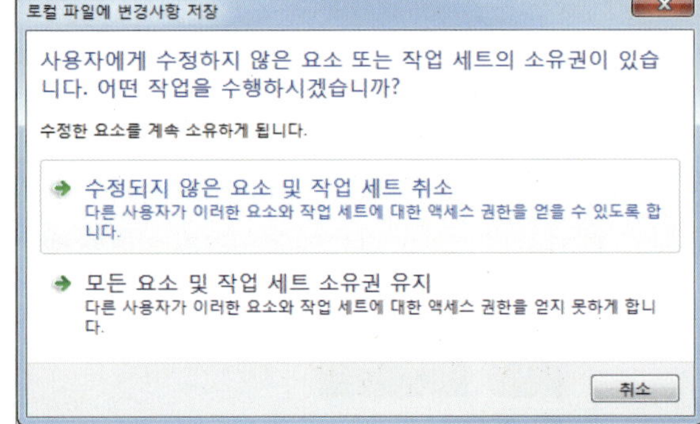

- **프로젝트를 저장하지 않음**

  이 옵션을 사용하면 로컬 모델에서 변경한 사항이 모두 취소됩니다.

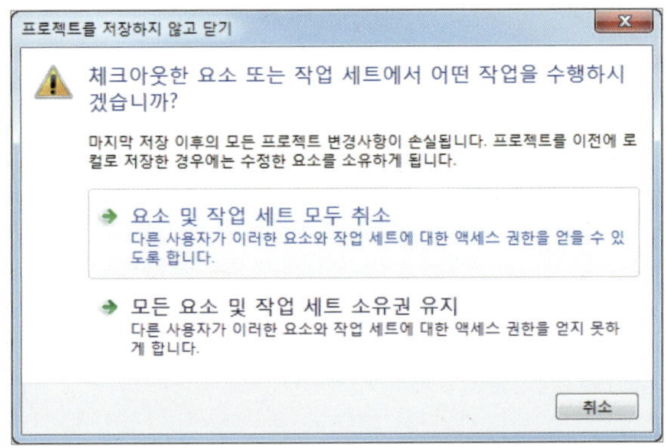



**03** 중앙 모델과 별도로 작업 공유 파일을 열 수 있습니다.

[열기] 대화상자에서 '주 데이터 경로에서 분리'를 선택한 후 [열기] 버튼을 누릅니다. 이 절차를 사용하면 독립적으로 파일을 열어서 요소 차용이나 요소 작업 세트 소유를 염려하지 않고 파일을 보거나 수정할 수 있습니다. 프로젝트 파일에서 작업하지 않지만 팀 업무를 방해하지 않고 해당 파일을 열어 검토하려는 프로젝트 관리자 또는 감독자에게 유용한 기능입니다.

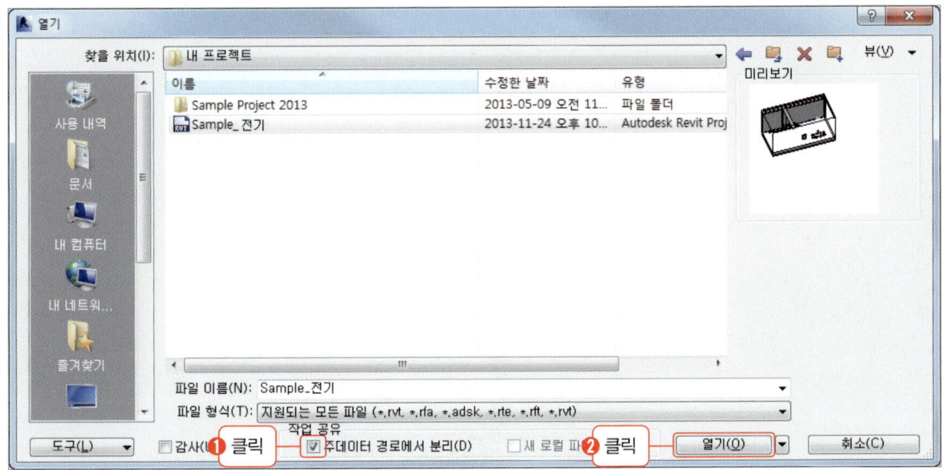

파일을 불러온 후에는 더 이상 경로 또는 권한 정보가 없습니다. 작업 공유를 처음 사용할 때와 비슷한 상태이며 파일에 있는 모든 요소를 수정할 수 있지만 변경 사항을 중앙 모델에 다시 저장할 수는 없습니다. 파일을 저장하는 경우에는 새 중앙 모델로 저장됩니다.

 중앙 모델과 동기화하지 않고 소유권을 취소할 수 있습니다.

로컬 모델을 연 상태에서 [공동 작업] 탭 ▶ 동기화 패널 ▶ 내 작업 세트 모두 취소를 클릭합니다.

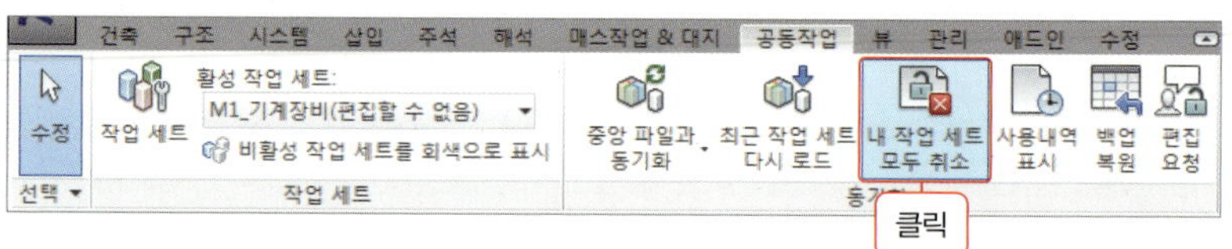


Revit에서는 중앙 파일과 동기화할 필요가 있는 변경 사항을 모두 확인하는데, 모델 요소에 변경 사항이 없으면 작업 세트 및 차용한 요소의 소유권이 취소됩니다.

변경 사항이 있을 경우에는 소유권 상태가 변경되지 않고 수정한 모델 요소를 계속 소유합니다. 변경된 사항이 있을 때에는 중앙 파일과 동기화하라는 대화상자가 표시됩니다.

[닫기] 버튼을 클릭해 대화상자를 닫습니다.

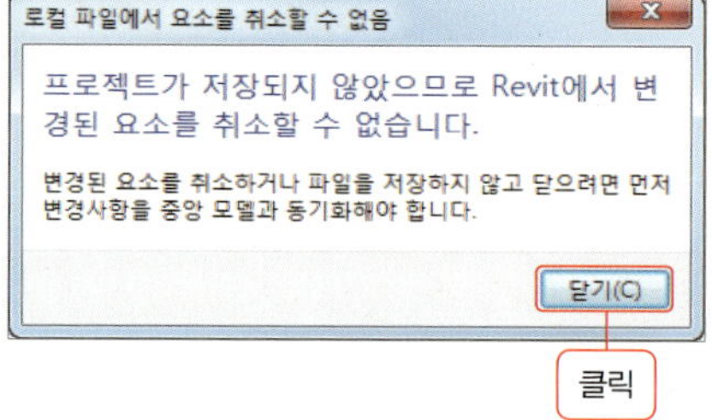


- ❷ 항목의 3가지 옵션 중 하나를 선택하여 저장한 후 로컬 파일을 닫습니다.

작업 공유 프로젝트를 저장하면 Revit에서 백업 파일의 디렉터리를 작성합니다. 사용자가 중앙 파일과 동기화하거나 중앙 모델의 로컬 사본을 저장할 때마다 해당 디렉터리에 백업 파일이 작성됩니다. 작업 중인 프로젝트에 문제가 생겼거나 적용된 변경 사항이 잘못된 경우, 프로젝트의 중앙 모델 또는 로컬 모델을 이전 버전의 프로젝트로 롤백할 수 있습니다. 연속적인 백업은 가능한 한 많은 요소 정보를 공유하므로, 백업 파일은 프로젝트 전체 크기보다 큽니다.

---

**01** [공동 작업] 탭 ▶ [동기화] 패널 ▶ [백업 복원]을 클릭합니다.

**02** 중앙 파일을 복원하고자 할 경우, 중앙 파일이 저장된 네트워크 폴더를 찾아 해당 백업 폴더를 선택합니다. Revit에서는 중앙 모델 백업 정보를 'Centralfilename]_backup'이라는 폴더에 저장합니다. 이 폴더에 있는 모든 파일은 삭제하거나 이름을 바꾸면 안 됩니다.

**03** [Centralfilename]_backup 폴더가 선택된 상태에서 [열기] 버튼을 클릭합니다.

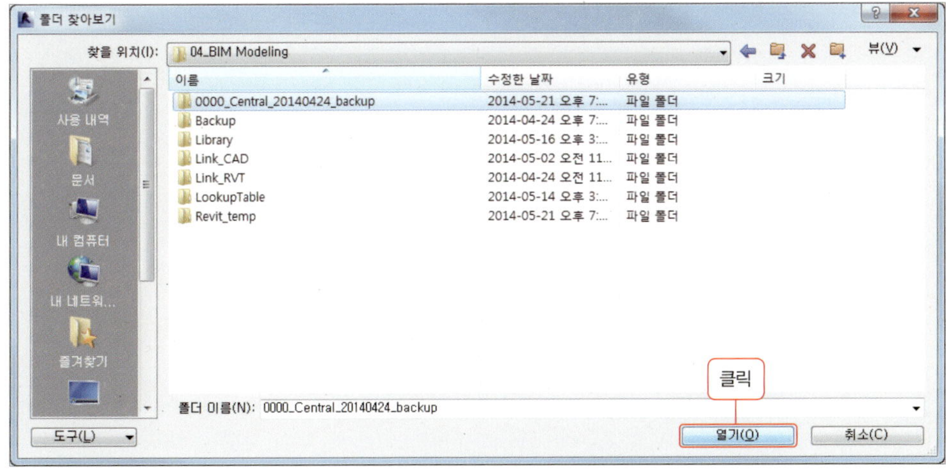


**주 의**

Revit Server를 적용할 경우, 서버 기반 작업 공유 프로젝트의 중앙 모델은 롤백할 수 없습니다.

**04** [프로젝트 백업 버전] 대화상자가 열립니다. 복원할 버전에 해당하는 파일을 선택하고 [롤백] 버튼을 클릭합니다.

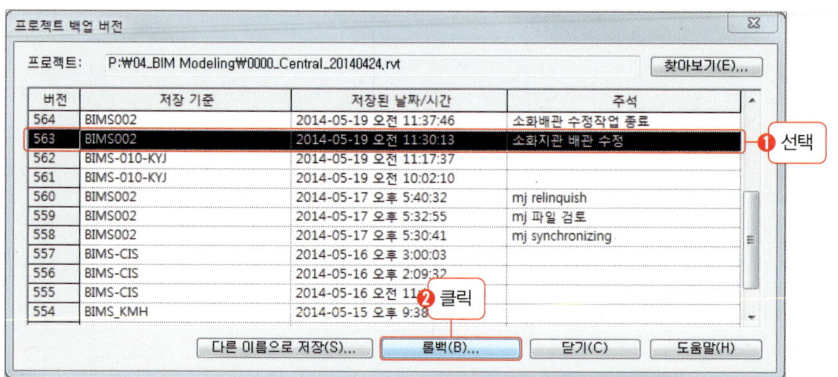





**05** [롤백 백업 파일] 대화상자가 열리면 [예] 버튼을 클릭합니다. 롤백이 완료되면 프로젝트 백업 버전 대화상자에서 [Close] 버튼을 눌러 종료합니다.

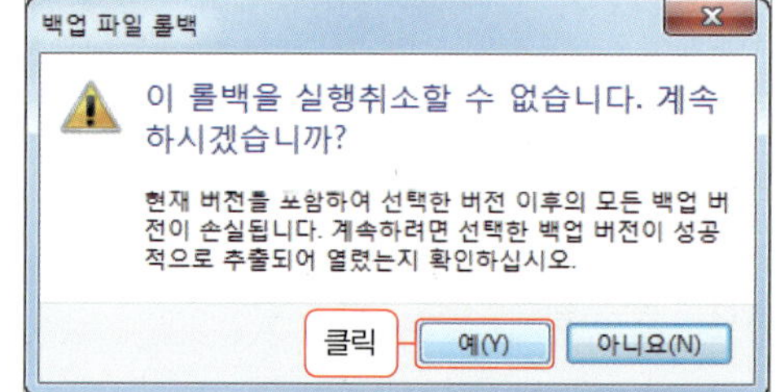



**06** 백업 복원 작업이 완료되면, 중앙 파일 버전에 따른 로컬 파일을 새로 생성해야 합니다.

**07** 복원된 중앙 파일과 새로 생성한 로컬 파일로 작업을 시작합니다.



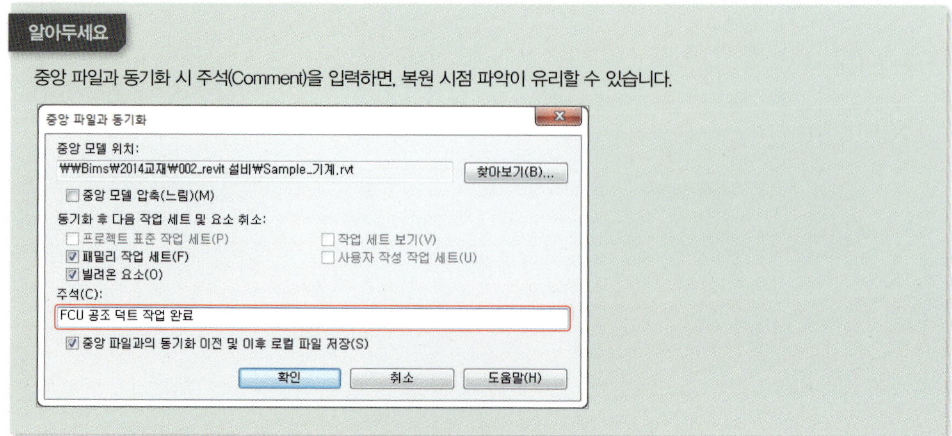

| GAGE | 직경 DIAMETER | | 단면적 AREA SQUARE | | | 중량(구리)WEIGHT(COPPER) |
|---|---|---|---|---|---|---|
| A.W.G | 밀<br>mil | 밀리미터mm<br>(in/1000) | 서큘러밀<br>CM | 제곱인치<br>in² | 제곱밀리미터<br>mm² SQ(스퀘어) | kg/km |
| 4/0 | 460.0 | 11.684 | 211,000 | 0.1662 | 107.2 | 953.0 |
| 3/0 | 409.6 | 10.404 | 167,772 | 0.1318 | 85.03 | 755.9 |
| 2/0 | 364.8 | 9.266 | 133,079 | 0.1045 | 67.42 | 599.4 |
| 0 | 324.9 | 8.200 | 105,560 | 0.08291 | 53.49 | 475.5 |
| 1 | 289.3 | 7.348 | 83,694 | 0.06573 | 42.41 | 377.0 |
| 2 | 257.6 | 6.544 | 66,358 | 0.05212 | 33.63 | 299.9 |
| 3 | 229.4 | 5.827 | 52,624 | 0.04133 | 26.66 | 237.0 |
| 4 | 204.3 | 5.189 | 41,738 | 0.03278 | 21.15 | 188.0 |
| 5 | 181.9 | 4.621 | 33,088 | 0.0259 | 16.77 | 149.1 |
| 6 | 162.0 | 4.115 | 26,244 | 0.02061 | 13.30 | 118.2 |
| 7 | 144.3 | 3.665 | 20,822 | 0.01635 | 10.55 | 93.79 |
| 8 | 128.5 | 3.264 | 16,512 | 0.01297 | 8.368 | 74.39 |
| 9 | 114.4 | 2.906 | 13,087 | 0.01028 | 6.632 | 58.96 |
| 10 | 101.9 | 2.588 | 10,384 | 0.008156 | 5.262 | 46.78 |
| 11 | 90.74 | 2.305 | 8,234 | 0.006467 | 4.172 | 37.09 |
| 12 | 80.81 | 2.053 | 6,530 | 0.005129 | 3.309 | 29.42 |
| 13 | 71.96 | 1.828 | 5,178 | 0.004067 | 2.624 | 23.33 |
| 14 | 64.08 | 1.628 | 4,106 | 0.003225 | 2.081 | 18.500 |
| 15 | 57.07 | 1.450 | 3,257 | 0.002558 | 1.650 | 14.670 |
| 16 | 50.82 | 1.291 | 2,583 | 0.002029 | 1.309 | 11.640 |
| 17 | 45.26 | 1.150 | 2,048 | 0.001608 | 1.037 | 9.219 |
| 18 | 40.30 | 1.024 | 1,624 | 0.001275 | 0.8226 | 7.313 |
| 19 | 35.89 | 0.9116 | 1,288 | 0.001012 | 0.6529 | 5.807 |
| 20 | 31.96 | 0.8118 | 1,021 | 0.0008019 | 0.5174 | 4.600 |
| 21 | 28.46 | 0.7229 | 810.0 | 0.0006362 | 0.4105 | 3.649 |
| 22 | 25.35 | 0.6438 | 642.6 | 0.0005047 | 0.3256 | 2.895 |
| 23 | 22.57 | 0.5733 | 509.4 | 0.0004001 | 0.2581 | 2.295 |
| 24 | 20.10 | 0.5106 | 404.0 | 0.0003173 | 0.2047 | 1.820 |
| 25 | 17.90 | 0.4547 | 320.4 | 0.9002516 | 0.1623 | 1.443 |
| 26 | 15.94 | 0.4049 | 254.1 | 0.0001996 | 0.1288 | 1.145 |
| 27 | 14.20 | 0.3606 | 201.6 | 0.0001583 | 0.1021 | 0.9077 |
| 28 | 12.64 | 0.3211 | 159.8 | 0.0001255 | 0.08097 | 0.7198 |
| 29 | 11.26 | 0.2859 | 126.8 | 0.00009959 | 0.06425 | 0.5712 |
| 30 | 10.03 | 0.2546 | 100.6 | 0.00007901 | 0.05097 | 0.4531 |
| 31 | 8.928 | 0.2268 | 76.71 | 0.0000626 | 0.04039 | 0.3591 |
| 32 | 7.950 | 0.2019 | 63.20 | 0.00004964 | 0.03203 | 0.2847 |
| 33 | 7.080 | 0.1798 | 50.13 | 0.00003937 | 0.0254 | 0.2258 |
| 34 | 6.305 | 0.1601 | 39.75 | 0.00003132 | 0.02014 | 0.179 |
| 35 | 5.615 | 0.1426 | 31.53 | 0.00002476 | 0.01597 | 0.142 |
| 36 | 5.000 | 0.127 | 25.00 | 0.00001963 | 0.01267 | 0.1126 |
| 37 | 4.453 | 0.1131 | 19.83 | 0.00001557 | 0.01005 | 0.08934 |
| 38 | 3.965 | 0.1007 | 15.72 | 0.00001235 | 0.007968 | 0.07084 |
| 39 | 3.531 | 0.08969 | 12.47 | 0.000009794 | 0.006319 | 0.05618 |
| 40 | 3.145 | 0.07987 | 9.891 | 0.000007768 | 0.005012 | 0.04456 |
| 41 | 2.800 | 0.07113 | 7.842 | 0.000006159 | 0.003973 | 0.03532 |
| 42 | 2.494 | 0.06334 | 6.219 | 0.000004884 | 0.003151 | 0.02801 |
| 43 | 2.221 | 0.05641 | 4.932 | 0.000003873 | 0.002499 | 0.02222 |
| 44 | 1.978 | 0.05023 | 3.911 | 0.000003072 | 0.001982 | 0.01762 |
| 45 | 1.761 | 0.04473 | 3.102 | 0.000002436 | 0.001572 | 0.01398 |